KEYGUIDE
GUIA
PRAGA

PubliFolha

SUMÁRIO

LEGENDA
- ✚ Localização no mapa
- ✉ Endereço
- ☎ Telefone
- 🕐 Horários de funcionamento
- Entrada paga
- Estação de metrô
- Número do ônibus
- Estação de trem
- Ferryboat/barco
- Orientações
- Informação turística
- Visitas guiadas
- Guia turístico
- Restaurante
- Café
- Bar
- Loja
- Número de quartos
- Ar-condicionado
- Piscina
- Sala de ginástica
- Mais informações
- ▷ Outras referências
- ★ Início do percurso

Introdução a Praga	**4**
Vida em Praga	11
A história de Praga	25
Como chegar e circular	**39**
Chegada	40
Como circular	45
Portadores de deficiência	56
Regiões	**57**
Staré Město	**58**
Atrações turísticas	60
Roteiros e passeios	90
Arte, compras, diversão e noite	94
Onde comer	102
Onde ficar	107
Nové Město	**112**
Atrações turísticas	114
Roteiros e passeios	136
Arte, compras, diversão e noite	142
Onde comer	148
Onde ficar	152
Malá Strana	**158**
Atrações turísticas	160
Roteiros e passeios	176
Arte, compras, diversão e noite	180
Onde comer	183
Onde ficar	186

Hradčany	**190**
Atrações turísticas	192
Roteiros e passeios	222
Arte, compras, diversão e noite	226
Onde comer	228
Onde ficar	229
Excursões	**232**
Český Krumlov	236
Karlštejn	240
Konopiště	242
Kutná Hora	244
Nelahozeves	246
Plzeň	248
Terezín	250
Troja	253
Zbraslav	256
Passeios guiados	258
Informações essenciais	**259**
Mapas	**292**
Índice	**308**

INTRODUÇÃO A PRAGA

"Introdução a Praga" traz um amplo panorama da capital tcheca, com informações sobre a geografia, a economia, a história e o povo. O cotidiano do local é apresentado em "Vida em Praga", enquanto "A história de Praga" reconstitui o rico passado da cidade.

Introdução a Praga	6
O melhor de Praga	8
Vida em Praga	11
A história de Praga	25

INTRODUÇÃO A PRAGA

Extremamente encantadora ao primeiro olhar, Praga revela sua complexidade apenas a quem se deixa saboreá-la por inteiro. Para apreciar a Praga atual é preciso conhecer sua vida noturna agitada e os moderníssimos shopping centers, bem como sua incomparável herança artística e arquitetônica. Desde a queda do comunismo, Praga tornou-se um dos destinos turísticos mais populares da Europa. Milhões de pessoas viajam para lá todo ano, atraídas pela justificada fama da cidade de ser a capital histórica mais bem preservada do continente. Cada pedaço da sua história está à vista, mas também se sente certa urgência no lugar: por ter entrado na rede de instituições e alianças ocidentais, o povo de Praga e da República Tcheca vê-se diante dos efeitos da globalização e da tentação dos diversos estilos de vida e do consumo.

COMO CIRCULAR

Parte do atrativo de Praga é a sua complexidade e as regiões labirínticas. Boa parte da Staré Město (Cidade Velha) e do Malá Strana consiste em um emaranhado de ruas tortas e vielas estreitas. Portas e outras passagens são uma tentação para entrar por um dos "três Ps" – *průchod*, *pavlač* ou *pasáž*. A *průchod*, ou passagem, costuma levar a um pátio escondido, ou *pavlač*, um conjunto de moradias espremidas, à moda antiga. A *pasáž*, criação do final do século XIX ou começo do XX, é uma galeria comercial que leva para o interior de um prédio, talvez com cinemas, cafés, boates e outros locais de diversão. Juntos, os três Ps facilitam a locomoção pela cidade sem ser necessário sair na rua.

Outras partes da cidade não se parecem com esse labirinto. O planejamento urbano racional começou cedo em Praga. Logo se percebe que as vias retas da área do mercado, à volta da rua Havelská, foram projetadas na prancheta de um topógrafo, enquanto a Nové Město (Cidade Nova), com ruas e praças dispostas segundo uma lógica – como o largo bulevar da Václavské náměstí (praça Venceslau) –, é o exemplo máximo do planejamento urbano medieval. Aí é mais fácil se locomover pela cidade, mas ficar perdido faz parte da vivência em Praga – por maior que seja a confusão, em algum momento você reconhecerá um ponto de referência ou verá que está em uma das margens do rio.

O Vltava é um elemento essencial na paisagem. Em vez de dividir a cidade, ele une suas partes com uma linda série de pontes, cada qual com personalidade própria. A natureza também ajuda: muitos dos panoramas da cidade têm como pano de fundo não só o castelo, no alto, junto ao rio, mas também o verde do monte Petřín ou da planície de Letná. E, além desses amplos espaços abertos, existem outros parques arborizados e lindos jardins, ótimos para descansar depois de ter percorrido muitas atrações.

POLÍTICA E ECONOMIA

Durante a longa presidência (1989-2003) de Václav Havel, Praga às vezes parecia ser a capital de um país suspenso entre o Oriente e o Ocidente, constituindo uma alternativa tanto para o desacreditado comunismo como para o capitalismo desenfreado. Embora inspirador, Havel era mais admirado no exterior do que no próprio país.

O sucessor dele, antes primeiro-ministro e atual presidente, Václav Klaus, é um franco defensor do livre mercado e crítico da União Europeia, a ponto de ter tirado uma folga deliberadamente no dia em que seu país aderiu a ela, em 2004. Em geral, seus compatriotas aceitaram a integração com as alianças ocidentais, inclusive a Otan, embora quase sempre sem entusiasmo. A República Tcheca é o único antigo satélite soviético em que um partido comunista não reformado desfruta uma dose de apoio substancial.

Praga, como a maioria das capitais, não é representativa do país como um todo. Enquanto partes da República Tcheca ainda lutam para superar o legado econômico do comunismo, a capital floresceu e hoje desfruta um índice de desemprego baixo.

A crise econômica de 2008 e 2009 provocou problemas, como o fechamento de lojas e restaurantes, mas a cidade está pronta para se recuperar no momento em que a economia mundial começar a crescer de novo.

O POVO E A LÍNGUA

A cidade, há não muito tempo habitada quase exclusivamente por tchecos, foi atingida pelas tendências mundiais nos últimos anos. Entre as influências estão não só as constantes ondas de turistas estrangeiros, mas também trabalhadores imigrantes vindos de países mais orientais não tão ricos e diversas comunidades de expatriados. Muitos destes são americanos, embora já tenha passado o auge da época emocionante pós-Revolução de Veludo, quando Praga foi comparada, na década de 1990, com a Rive Gauche da Paris dos anos 1920 e 1930. O alemão, que foi o segundo idioma – se não o primeiro – da cidade, viu-se superado pelo inglês. Poucos dos estrangeiros que visitam a cidade tentam falar o tcheco, desestimulados por sua gramática assustadora, pela profusão de acentos, pelas frases aparentemente sem vogais e pelo quase impronunciável "ř". É uma língua eslava, aparentada do russo e mais próxima do polonês. Tem relação ainda mais estreita com o eslovaco, e ambos os idiomas eram usados na rádio e na televisão nacionais até o Divórcio de Veludo, que dividiu a Tchecoslováquia. Hoje em dia os jovens dessas nacionalidades acham a comunicação mais difícil.

A comunidade roma (subgrupo dos romanis) da República Tcheca costuma ser muito incompreendida. A maioria descende de ciganos eslovacos que foram levados mais para o Ocidente após a Segunda Guerra Mundial na tentativa de dar vida aos despovoados Sudetos alemães. O regime comunista cuidou dela com mão de ferro, mas muitos dos seus membros estão agora marginalizados na sociedade, que tem mudado rapidamente. Em Praga, os romas costumam instalar-se em bairros mais próximos do centro, como Smíchov e Žižkov.

OS BAIRROS DE PRAGA
AS QUATRO CIDADES HISTÓRICAS

De início cidades totalmente independentes, elas formam atualmente o centro histórico de Praga.

Hradčany O bairro do castelo localiza-se em um afloramento rochoso que sobressai na curva do rio Vltava e no restante da cidade.
Malá Strana Às vezes chamado Cidade Menor ou Bairro Menor, entre a margem do rio e a colina do castelo, é o bairro mais bem preservado, com uma abundância de palácios da aristocracia e jardins, como a área verde do monte Petřín.

Nové Město A Cidade Nova, que tem plano urbanístico do século XIV, estende-se ao sul e a leste da Cidade Velha e se concentra em torno de uma série de feiras livres, como a da Václavské náměstí (praça Venceslau). É o centro comercial da cidade.
Staré Město A Cidade Velha, na margem leste do rio Vltava, fica no espaço formado por uma curva do rio. Limitada pelas avenidas que correm por onde ficavam as muralhas medievais, demolidas há muito tempo, ela tem como centro a Staroměstské náměstí (praça da Cidade Velha), com a prefeitura e um relógio astronômico. O Josefov, antigo gueto judeu, também se encontra na Cidade Velha.

BAIRROS PERTO DO CENTRO

Esses subúrbios bastante urbanizados dos séculos XIX e XX circundam o centro histórico de Praga.

Holešovice Bairro misto, aninhado em um meandro do Vltava ao norte da Staré Město, com algumas atrações turísticas, inclusive o parque da planície de Letná.
Karlín Bairro ribeirinho misto, em parte industrial, a nordeste da Nové Město.
Smíchov Ex-bairro operário, hoje em desenvolvimento, ao sul do Malá Strana.
Vinohrady Subúrbio de classe média do final do século XIX e início do século XX, a sudeste da Nové Město.
Vyšehrad Centrado na cidadela no topo do despenhadeiro, com vista para o Vltava, ao sul da Nové Město.
Žižkov Uma versão operária de Vinohrady, a leste da Nové Město.

BAIRROS PERIFÉRICOS

Dejvice e Střešovice Vila atraente e prédios da universidade, a norte e noroeste de Hradčany.
Troja Bairro ribeirinho semirrural, ao norte do centro da cidade, com zoológico, jardim botânico e um palácio.
Zbraslav Antes cidade independente, hoje faz parte da Grande Praga, na margem oeste do Vltava, 12km ao sul do centro da cidade.

O MELHOR DE PRAGA

STARÉ MĚSTO

Allegro (▷ 102): O restaurante do Four Seasons Hotel Prague (veja adiante) foi o primeiro da Europa central que ganhou uma estrela do guia Michelin – em 2009 voltou a ser vencedor (outro primeiro lugar).

Anežský klášter (▷ 62-4): O Convento de Santa Inês abriga algumas das mais belas obras de pintura e escultura medieval da Europa.

Angel (▷ 102): Pratos do Sul da Ásia preparados com requinte, em local aconchegante da Cidade Velha.

Artěl Glass (▷ 95): Essa loja luxuosa de vidraria e presentes tem reproduções de peça do início do Modernismo tcheco dos anos 1920 e 1930.

Botanicus (▷ 95): Enorme sortimento de produtos naturais em belas embalagens, de sabonetes a temperos.

Buddha-Bar Prague (▷ 103): Esse restaurante asiático cheio de estilo representa a incursão no mercado tcheco da famosa rede de hotéis e restaurantes cuja matriz está em Paris. A comida é memorável, e, se você tiver umas coroas de sobra, hospede-se no hotel vizinho.

Český Granát Turnov (▷ 96): As joias desenhadas e feitas por tchecos vendidas aqui são da autêntica granada da Boêmia.

Chrám Panny Marie před Týnem (▷ 84): As torres gêmeas da Igreja da Virgem Maria Diante de Týn sobressaem na praça da Cidade Velha.

La Degustation (▷ 103): O mais comentado restaurante de Praga. Peça uma das três refeições de preço único com sete pratos, depois recoste-se e faça a digestão.

Four Seasons Hotel Prague (▷ 108): Perto da Karlův most (Ponte Carlos), esse elegante hotel é resultado da adaptação de três prédios históricos, cada qual com seu estilo arquitetônico.

Karlův most (▷ 74-7): Adornada com estátuas barrocas e lotada de artistas de rua e camelôs, a grande Ponte Carlos, toda de pedra, construída pelo imperador Carlos IV no século XIV, atravessa o rio Vltava e é um dos melhores locais de encontro de Praga.

Obecní dům (▷ 80-1): A Casa Municipal, uma conquista da arquitetura art nouveau, tem um café fascinante e é a sede da Orquestra Sinfônica em Praga.

Orloj (▷ 83-4): A Prefeitura da Cidade Velha atrai multidões, que de hora em hora vão ver o espetáculo do Orloj, relógio astronômico famoso no mundo inteiro.

Pizza Nuovo (▷ 104-5): Ótimo para famílias. Além de se pagar um preço único, com todas as pizzas e massas que se pode imaginar, a comida é maravilhosa, e há até um recinto pequeno com monitores para crianças, para que os pais possam realmente apreciar a comida.

Pomník Jana Husa (▷ 84): A esplêndida estátua art nouveau de Jan Hus na Staroměstské náměstí (praça da Cidade Velha) é um ponto de encontro bem popular.

Staroměstská mostecká věž (▷ 75): Consegue-se ver melhor o grande comprimento e a curva graciosa da Karlův most (Ponte Carlos) do alto da Torre da Ponte da Cidade Velha.

Torre da Staroměstská radnice (▷ 83): O prêmio pelo esforço para subir a torre da Prefeitura da Cidade Velha é a vista dos antigos telhados vermelhos e, embaixo, do calçamento de pedras da praça.

Staronová synagóga (▷ 69): A Sinagoga Velha-Nova, no centro do que já foi um gueto, é um lembrete pungente da história da comunidade judaica de Praga.

Starý židovský hřbitov (▷ 69-70): O emocionante Antigo Cemitério Judeu de Josefov foi por mais de 500 anos o principal lugar de sepultamento da comunidade judaica.

Uměleckoprůmyslové muzeum (UPM, ▷ 88-9): O Museu de Artes Decorativas tem coleções excepcionais de objetos de vidro, cerâmica e móveis, entre outras.

U Vejvodů (▷ 101): É uma animada cervejaria autenticamente tcheca de três andares, com comida substanciosa e vários chopes excelentes.

NOVÉ MĚSTO

Alcron (▷ 148): Existem excelentes pratos de peixe nesse pequeno restaurante, junto ao saguão do Hotel Radisson SAS Alcron.

Aromi (▷ 148): Podendo pagar, esse restaurante de Vinohrady serve a melhor comida de Praga. Culinária italiana fina desse nível não é barata, mas a comida, o ambiente e o serviço valem cada centavo.

Carlo IV (▷ 153): Relaxe em um dos mais chiques hotéis de Praga e aproveite a elegante vizinhança.

Duplex (▷ 145): Boate, restaurante e salão de bar glamorosos com uma sacada enorme com vista para a praça Venceslau.

Moser (▷ 143): Essa empresa tcheca de cristais produz taças para a realeza de todo o mundo desde 1857.

Národní divadlo (▷ 121): O Teatro Nacional de Praga é o palco da melhor dramaturgia, dança e às vezes ópera da República Tcheca. Os ingressos, acessíveis a todos, em geral são vendidos no dia do espetáculo.

Národní muzeum (▷ 122): O Museu Nacional, na parte norte da Václavské náměstí (praça Venceslau), tem um acervo variado de pássaros empalhados, amostras de minérios e muito mais.

Palác Akropolis (▷ 135): Há muito tempo a âncora da vida noturna de Žižkov, esse velho teatro reformado recebe ótimas bandas de todo o mundo.

Monumento a Venceslau (▷ 127): Santo padroeiro dos tchecos, Václav está montado em seu corcel no alto da praça que leva seu nome.

MALÁ STRANA

Aria (▷ 186): Hotel inusitado, tem quartos batizados com o nome de músicos e um salão de música.

David (▷ 183-4): Em uma ruazinha tranquila, esse restaurante proporciona versões reinventadas de pratos tradicionais da Boêmia.

Parque de Kampa (▷ 176): Parque sossegado à beira do rio, na ilha de Kampa.

Pálffy palác (▷ 184): Come-se em meio ao luxo barroco no salão do segundo andar desse palácio no Malá Strana.

Svatého Mikuláše (▷ 172-3): Maior prédio religioso barroco da cidade, a Igreja de São Nicolau tem interior extravagante e uma cúpula visível em toda Praga.

Torre da Svatého Mikuláše (▷ 172-3): É longa a subida até o alto do campanário da Igreja de São Nicolau, mas lá em cima vê-se o bairro do Malá Strana na companhia de santos barrocos de pedra.

U zlaté studně (▷ 187): Esse hotel encantador, em ótima localização perto do castelo, tem quartos luxuosos e belas vistas da cidade.

Vrtbovská zahrada (▷ 175): Escondido no pé do monte Petřín, o Jardim Vrtba é a mais encantadora de todas as paisagens barrocas da cidade.

Zahrady pod Pražským hradem (▷ 175): Inteiramente restaurados, os Jardins do Palácio, em estilo barroco e distribuídos em terraços, descem do castelo até os palácios da aristocracia no Malá Strana.

HRADČANY

Bazilika svatého Jiří (▷ 205): Por trás da fachada barroca da Basílica de São Jorge existe um interior românico austero, o mais bonito do país.

Černínský palác (▷ 195): O enorme Palácio de Černín era um projeto tão ambicioso que levou à falência o aristocrata que o construiu.

Jiřský klášter (▷ 197-8): Obras-primas da arte tcheca do século XIX podem ser vistas no restaurado Convento de São Jorge, no terreno do castelo.

Jižní zahrady (▷ 207): Os Jardins do Sul do castelo, com paisagismo requintado, propiciam um passeio maravilhoso no verão, com vistas românticas.

Královská zahrada (▷ 195): O Jardim Real é um refúgio arborizado e tranquilo.

Loreta (▷ 199-200): Multidões ainda se deslocam para o santuário de Loreta, com magnífica fachada barroca, carrilhão, pátio e uma *santa casa* (réplica da casa da Virgem Maria na Terra Santa).

Národní technické muzeum (▷ 202): O Museu Técnico Nacional merece uma visita por causa dos seus maravilhosos exemplares de veículos veteranos das estradas, das ferrovias e dos céus.

Pražský hrad (▷ 203-7): Altivo acima da cidade, o Castelo de Praga, de mil anos, é em si praticamente uma cidade, bem como uma mina da história e da cultura da nação tcheca.

Schwarzenberský palác (▷ 208-9): Sede do acervo nacional de arte barroca, o Schwarzenberg é o mais esplêndido dos palácios esgrafiados de Praga.

Strahovský klášter (▷ 212-3): O Mosteiro de Strahov é um amplo conjunto de igrejas, pátios, bibliotecas e galerias de arte.

Šternberský palác (▷ 210-1): O palácio é um lugar digno para a arte europeia do país.

Svatého Víta (▷ 214-7): A Catedral de São Vito é o coração espiritual do país, cheio de reluzentes retábulos, vitrais e capelas.

Veletržní palác (▷ 218-20): Um dos primeiros belos edifícios da arquitetura modernista, o Palácio da Feira do Comércio constitui uma esplêndida sede para a arte tcheca e internacional dos séculos XX e XXI.

AS MELHORES EXPERIÊNCIAS

Desfrute uma ópera no Národní divadlo (Teatro Nacional, ▷ 121, 146), na Státní opera Praha (Ópera Estatal, ▷ 117) ou no Stavovské divadlo (Teatro das Classes, ▷ 101).

Banqueteie-se com a comida tradicional da Boêmia em um superbar como o Kolkovna (▷ 104).

Perca-se no labirinto de vielas e pátios entre a Staroměstské náměstí (praça da Cidade Velha, ▷ 82-5) e a Betlémské náměstí.

Ouça um concerto de câmara em um lugar histórico como a Capela dos Espelhos do Klementinum (▷ 101) ou na sala de espetáculos do Muzeum Hudby (▷ 164).

Navegue devagar pelo Vltava a bordo de um vapor de recreação enquanto a noite cai e veja os holofotes sendo acesos para iluminar os edifícios (▷ 138-9).

Tome um café ou um coquetel em um ambiente luxuoso como o café da Obecní dům (Casa Municipal, ▷ 80-1).

Atravesse a Karlův most (Ponte Carlos) até a Staré Město (Cidade Velha) e veja o espetáculo do Orloj (Relógio Astronômico, ▷ 83-4), que acontece de hora em hora na Staroměstské náměstí (praça da Cidade Velha).

Bata o pé ao som de marchas e polcas tocadas pela banda militar nos Jižní zahrady (Jardins do Sul, ▷ 207) do castelo.

Saboreie uma bela Pilsner ou Staropramen em uma taberna ou, no verão, em um bar ao ar livre.

Convide-se para uma refeição incrível em um restaurante com vista panorâmica como o U zlaté studně (▷ 187), logo abaixo do castelo.

Prove uma cerveja artesanal com sabor de banana ou cereja na Pivovarský dům (▷ 150).

Visite o castelo (Pražský hrad, ▷ 203-7), encante-se com a Svatého Víta (Catedral de São Vito, ▷ 214-7) e desça a linda Zlatá ulička (viela Dourada, ▷ 207).

VIDA EM PRAGA

Comida e bebida	12
Artes	14
O legado comunista	16
Cultura e lazer	18
Turismo	20
A Praga da atualidade	22
O Vltava	24

COMIDA E BEBIDA

Os lugares para comer em Praga estão ficando mais sofisticados e variados, mas é só piscar o olho que um restaurante novo aparece e outro some. Os tchecos adoram chucrute, *knedlíky* (bolinho de massa) e carne de porco, mas isso não impede o sucesso de cafés vegetarianos e orgânicos, restaurantes tailandeses, tabernas gregas, bistrôs franceses, sushi bars japoneses e churrascarias paquistanesas. Praga ainda está meio longe de ser uma capital gastronômica, mas tem crescido na cidade o número de chefs que apostam em pratos inovadores com ingredientes produzidos no país. Alguns dos melhores restaurantes estão em hotéis internacionais – os do Four Seasons e do Radisson SAS Alcron ganham elogios rasgados –, mas são chefs tchecos que cada vez mais comandam as cozinhas, e tanto moradores de Praga quanto viajantes fazem a sua reserva. O Grupo Kampa, proprietário da Brasserie Provence, do Kampa Park, do Cowboys e da Hergetova cihelná, sempre encanta os fregueses com boa cozinha e decoração agradável.

Ao contrário da culinária tcheca, a cerveja nacional vem ganhando prêmios há anos. Duas razões para a *pivo* ser tão elogiada são os séculos de aprimoramento das técnicas de elaboração e as rígidas leis de pureza, em vigor desde a Idade Média. Os tchecos têm a fama de fazer a cerveja mais saborosa do mundo, e os maiores apreciadores são eles mesmos. Ninguém faz careta ao ver uma pessoa saboreando um chope recém-tirado às dez da manhã.

Da esq. p/ dir. *Relaxando com um jornal e um café no Kafka Café, em Praga; Canecas com Prazdroj, cerveja local com 12% de álcool, servidas no U Dvou koček, em Praga; O vinhedo da Velké Bílovice na Morávia do Sul, região que produz vinhos excelentes*

A FESTIVA TRADIÇÃO DOS PEIXES

No auge da época do advento, quando quase toda praça tem uma árvore de Natal e uma cabana de madeira vendendo vinho quente, também surge a tradição do pescado. A costumeira ceia da véspera de Natal com *kapr* (carpa) sustenta a indústria da pesca no país, cujos lagos abrigam milhares de peixes. Em dezembro eles são transportados para Praga em tanques. Os vendedores montam uma mesa forte e banheiras lotadas de carpas; os fregueses apontam para o peixe que querem e pouco tempo depois recebem os filés cortados. Quem quer peixe mais fresco ainda leva a carpa viva para casa e a deixa na banheira até a hora certa. Existem diversas receitas, de sopa a bolinho de carpa, mas não é o gosto que faz o peixe tão popular. Diz a lenda que, se você colocar uma escama na bolsa ou na carteira, na certa vai ter dinheiro no novo ano.

MINHA VERDURA FAVORITA: UMA LINGUIÇA!

A comida de todo o mundo chegou ao país, mas os tchecos ainda preferem a carne nacional. Fazer um homem adulto comer um pedacinho de brócolis é quase missão impossível. A tradição se mantém firme, apesar da proliferação de periódicos como o *Apetit*, que esperam derrotar o trio porco/bolinhos/chucrute com comida mais saudável, como rúcula e mussarela. As cantinas das escolas fazem sua parte, oferecendo ao menos um *bezmasá jídla* (prato sem carne) no cardápio do almoço. Ainda assim, os vegetarianos não devem se assustar com um pedaço de salame oculto na sua fatia de queijo frito, e fora de Praga eles terão sorte se conseguirem uma massa que não esteja contaminada por pedaços de bacon. As frituras continuam queridas: de cogumelos a gorgonzola, tudo passa por um banho ritual de óleo fervente.

FAST-FOOD À MODA TCHECA

Praga tem sua cota de lanchonetes McDonald's e KFC, mas muita gente ainda prefere a versão tcheca da comida pronta, que é servida em toda a cidade em lugares com sistema de bufê chamados *bufet* ou *jídelna*. O almoço é a refeição mais importante do dia para muitos tchecos, e embora as saladas e os sanduíches tenham cativado alguns, nada além de uma refeição quente e nutritiva satisfaz a maioria, mesmo que o trabalho hoje em dia demande comer depressa. Por cerca de 80Kč consegue-se comprar um prato tradicional de carne de porco, bolinhos de massa e chucrute e, caso se queira, um chope por mais 25Kč. Não há cadeiras, e sim mesas altas para se comer em pé, mas, como as porções são fartas, baratas e matam a fome, ninguém costuma reclamar. A rotatividade de clientes é rápida, já que não há motivo para demorar.

A BATALHA DAS CERVEJARIAS

Quem tem direito de chamar a sua cerveja de "Budweiser"? Esse é o nó da atual batalha entre a cervejaria tcheca Budějovický Budvar e a gigante americana Anheuser-Busch. Essa briga de Davi e Golias percorre os tribunais europeus desde o início dos anos 1990, e por volta de 2005 mais de 40 casos de marca registrada e patente ainda não haviam sido solucionados. A Anheuser-Busch, que desde o final do século XIX faz a Budweiser, quer que a Budějovický pare de vender sua cerveja com o nome "Budweiser" em cerca de 60 países. No entanto, vários tribunais estrangeiros já decidiram em favor da cervejaria tcheca, citando seus mais de 700 anos no mercado e o uso histórico da marca "Budweiser Budvar", derivada de "Budweis", o nome alemão da cidade České Budějovice, onde a cerveja é produzida.

ENÓFILOS

Não existe risco de o vinho superar a preferência pela cerveja em Praga, mas a popularidade do *vino* tem aumentado por duas razões dignas: os importados ficaram mais baratos e as vinícolas do país estão melhorando. Por isso o número de adegas e lojas aumentou vertiginosamente. Petr Pipek, gerente de dois dos restaurantes gastronômicos da cidade, Flambée e Rybí trh (▷ 103, 105), é o dono da Wine Shop Ungelt (▷ 98), na Staré Město. Uma escada espiral de pedra desce para uma adega do século XIV com temperatura constante de 14°C. É onde ele guarda sua seleção particular de vinhos do mundo inteiro, inclusive garrafas dos melhores vinhedos da Morávia. Quem duvidar da possibilidade de um Sauvignon tcheco competir com seu primo francês deve degustá-lo; o pessoal terá orgulho de servi-lo.

ARTES

INTRODUÇÃO | VIDA EM PRAGA

Desde que Wolfgang Amadeus Mozart estreou sua ópera *Don Giovanni* no Stavovské divadlo (Teatro das Classes), em 1787, Praga ocupa um lugar especial no coração dos amantes da música clássica. Antonín Dvořák (1841-1904) e Bedřich Smetana (1824-84), famosos compositores do século XIX, solidificaram a reputação lírica da cidade – o festival anual de música Primavera de Praga é aberto com a apresentação de *Má vlast (Minha pátria)*, de Smetana, e andando pelas ruas se ouve música erudita escapando de igrejas, edifícios e escolas. O ambiente dos concertos tem um traço igualitário – em quase todos os lugares mais elegantes as pessoas vão bem vestidas, mas não com trajes de gala, e os estudantes se misturam aos frequentadores ricos.

A música clássica é só uma das muitas formas de criatividade cultuadas em Praga, que se orgulha de sua história de façanhas artísticas – o rosto de Franz Kafka está por todo lado, de livrarias a camisetas –, mas ainda assim tem um apetite crescente pela modernidade. A fascinante e abundante arquitetura de Praga inclui o Barroco, o Art Nouveau e prédios do Cubismo tcheco do início do século XX. Um novato na paisagem da cidade é o Tančící dům (Edifício Dançante), de 1996, à beira do rio, com forma que lembra dois dançarinos. A catedral gótica que corta o céu deu a Praga o apelido de "cidade das cem torres", mas no nível terreno existe uma sensibilidade vibrante e renovadora – basta ver os bebês de bronze gigantes na torre de televisão do bairro de Žižkov.

Da esq. p/ dir. *Concerto do festival de música Primavera de Praga no Národní divadlo (Teatro Nacional); O Tančící dům (Edifício Dançante), de Frank Gehry, também chamado Casa de Fred e Ginger, fica perto da Jiráskův most (Ponte Jirásek); Apresentação de* Cinderela *na Státní opera Praha*

MISSÃO IMPOSSÍVEL
Praga serviu de cenário para dezenas de filmes, mas aquele que despertou a atenção das plateias para o esplendor da cidade foi *Missão impossível* (1996). O filme de espionagem tem cenas rodadas ao longo do Vltava, na Karlův most (Ponte Carlos) e nas ruas de pedra do Malá Strana. Quase 15 anos depois, os aficionados ainda saem à procura das locações do filme. A cena com Tom Cruise e um agente da CIA no restaurante da Staroměstské náměstí, porém, cria um problema. Pressentindo uma cilada, Cruise gruda um chiclete na janela, e uma explosão arrebenta o vidro e estilhaça um aquário monumental. Cruise mergulha no ar e escapa pela praça. Pouca gente se dá conta de que esse restaurante não existe. A cena foi filmada em um estúdio, e só as tomadas da praça são reais.

MARIONETES POPULARES

Em Praga, as marionetes e seus teatrinhos não são apenas para crianças. Os colecionadores pagam um bom dinheiro por bonecos esculpidos à mão, como os feitos na Marionety Obchod Pod Lampou (▷ 97). A cidade tem vários teatros que dão vida às marionetes em apresentações populares. No mais antigo deles, as aventuras de duas marionetes, pai e filho, têm cativado crianças e adultos há quase 70 anos. O Teatro Spejbl e Hurvínek (▷ 226) foi fundado em 1945 por Josef Skupa, ex-prisioneiro de guerra dos alemães. A longevidade do teatro talvez se deva à combinação singular de faz de conta e ensinamento: toda peça tem uma lição de vida, e várias delas visam o público adulto. Na mais popular, o pai, Spejbl, e o filho, Hurvínek, conversam sobre nada mais, nada menos do que o significado da existência humana.

TALENTO EM BLOCO PARA O DESIGN

Desde a virada para o século XXI, Praga tornou-se um centro de estilo e inovação em design. Essa nova função é celebrada todo ano em outubro com a Feira Designblok, que se concentra na Cidade Velha e em Vinohrady, mas também se realiza em subúrbios emergentes, como Karlín e Holešovice, onde a maioria dos participantes tem showroom, estúdio, loja ou butique. É um evento festivo que dura uma semana, ótima oportunidade para artistas, arquitetos e designers se encontrarem em meio a apresentações, palestras, coquetéis e outros acontecimentos. Um programa paralelo no "Superstudio" mostra a obra de dezenas de designers jovens de toda a Europa central. Jana Zielinski, diretora do Designblok, produz com convidados internacionais o anuário *Design Guide for Prague (Guia de design de Praga)*, bíblia dos fãs das tendências modernas.

TEATRO LEGENDADO

A forte tradição teatral de Praga nasceu nos anos 1940, com comédias que satirizavam sutilmente os ocupantes alemães, e chegou ao auge na década de 1960, quando o "absurdo" deu voz aos adversários do governo comunista. Hoje dezenas de teatros apresentam peças contemporâneas e reinterpretam as clássicas, mas as encenações sempre foram feitas em tcheco. Isso mudou em 2005, quando o ultramoderno Švandovo divadlo (▷ 181-2) tornou-se a primeira casa a instalar a tecnologia da legenda. Mais comum em salas de ópera, o sistema permite que a plateia acompanhe os diálogos por meio de legendas em inglês projetadas na tela abaixo do palco. As encenações legendadas do Švandovo são um sucesso com plateias de estrangeiros. E a casa não se limita ao teatro, promovendo regularmente espetáculos de dança e musicais, e ainda tem um simpático café-bar.

CRISTAL DOS REIS

Os tchecos orgulham-se muito da sua fama mundial por produzirem desenhos delicados e fascinantes em objetos de cristal e vidro. Seus conjuntos de peças entraram em dezenas de residências da realeza, da Arábia Saudita ao Palácio de Buckingham. Em 2004, dois casamentos reais na Europa foram festejados com taças produzidas pela Moser: o príncipe herdeiro Felipe da Espanha e sua mulher, Letizia Ortiz, brindaram com cristal Copenhagen, e o príncipe herdeiro Frederick, da Dinamarca, e sua mulher, Mary Donaldson, com cristal Splendid da empresa. Os utensílios da Moser são o padrão-ouro do cristal tcheco. Fundada em 1857 por Ludwig Moser, ela ainda usa a técnica sem chumbo aperfeiçoada há 150 anos. Moser foi nomeado em 1873 provedor da corte do imperador austro-húngaro Francisco José I, e desde então a empresa tem como epíteto "o cristal dos reis".

O LEGADO COMUNISTA

As recordações dos mais de 40 anos em que os tchecos viveram sob o governo comunista estão por toda a parte em Praga: na movimentada rua Milady Horákové, que leva o nome de uma mulher executada por se opor ao regime; no monumental prédio da rua dos Politických vězňů (Prisioneiros Políticos), onde cidadãos desapareciam no quartel-general da polícia secreta; e nos nomes dos mortos em uma placa comemorativa no edifício da Český rozhlas (Rádio Tcheca), que transmitiu mensagens de socorro durante a invasão das tropas do Pacto de Varsóvia, em agosto de 1968, quando os moradores de Praga combateram com soldados soviéticos na rua Vinohradská. Na animada Václavské náměstí (praça Venceslau) até um dia ensolarado pode parecer sombrio quando se passa pela placa que assinala o local em que o estudante Jan Palach se imolou em 1969, em protesto contra a regularização imposta pelos soviéticos.

Desde 1989, quando a Revolução de Veludo derrubou o comunismo, os tchecos tentam saber qual a melhor maneira de corrigir os erros do passado sem perturbar o presente. Leis de reparação evitaram que membros do antigo regime assumissem cargos públicos, e os arquivos da polícia secreta acabaram abertos ao público. Os anos posteriores à revolução foram difíceis, mas cicatrizaram feridas, e os tchecos deram bons passos adiante. Em maio de 2004, na Staroměstské náměstí – local de inúmeros comícios comunistas e protestos populares –, a bandeira tcheca foi hasteada junto às dos outros países da União Europeia. Hoje, a sensação é de que o futuro promete.

Da esq. p/ dir. *A multidão comemora a Revolução de Veludo, em 1989; Uma flor solitária pende da placa em homenagem ao estudante que ateou fogo a si mesmo e morreu em 1969; O prédio da Rádio Svobodná Evropa (Rádio Europa Livre), ao fundo, com o Museu Nacional em primeiro plano, na Václavské náměstí*

MUSEU DO COMUNISMO
Na rua Na příkopě, entra-se no passado de Praga por uma porta estranhamente ensanduichada ao lado de um McDonald's. O Museu do Comunismo (▷ 120) está cheio de objetos da época desse regime e dá aos visitantes uma chance de ver a realidade de 1948 a 1989. São exibidas uma loja com apenas dois tipos de enlatado na prateleira e uma sala de aula dos anos 1950 com cartilhas em russo sobre as carteiras. Bustos de Lênin, cartazes de propaganda incitando os cidadãos a colher mais cereais e ainda fotografias da invasão das tropas do Pacto de Varsóvia revivem a opressão comunista. Talvez a recriação mais assustadora seja uma sala de interrogatório da polícia, com uma capa impermeável pendurada atrás de uma mesa de aço e uma máquina de escrever para registrar as "confissões". A intervalos de alguns minutos, o telefone preto de disco começa a tocar, como se fosse notícia ruim.

CULTURA DAS "CHATAS"

Para quem mora em Praga, dizer "estou indo para minha casa de campo" não tem o mesmo tom esnobe que teria em outros lugares. Como escreveu um jornal, "aqui, ter uma segunda casa não é só para a classe alta, mas sim mobilidade da massa". *Chatas* são as cabanas de madeira aonde muitos moradores vão todas as tardes de sexta-feira. Essa cultura da casa de campo espalhou-se após a Segunda Guerra Mundial, quando ficaram disponíveis terras e casas em que viviam descendentes de alemães, estranhamente expulsos quando a Alemanha foi derrotada. Até floresceu durante o regime comunista, pois os habitantes se aliviavam da opressão do Estado. O governo fez que não viu quando pequenas propriedades rurais mudaram de mãos, por acreditar, segundo alguns historiadores, que se as pessoas estivessem cuidando do jardim não teriam tempo de planejar um golpe contra ele.

PLASTIC PEOPLE OF THE UNIVERSE

As plateias de hoje que ouvem a Plastic People of the Universe (PPU – Povo Plástico do Universo) tocar aprendem, além de assistir ao show, um pedaço da história da Cortina de Ferro. A PPU já foi sinônimo de "rock dissidente", e entre seus fãs atuais estão os filhos dos tchecos que se arriscaram a ser presos há mais de 30 anos por assistir a seus shows proibidos. A banda de Praga tocava música inspirada no Velvet Underground, de Nova York, e atraiu uma legião de seguidores, no entanto foi banida pelo regime comunista. Depois de 1989, a PPU retornou à cena musical e foi convidada para tocar no mundo inteiro. A música dos plastics faz parte de *Rock 'n' Roll*, peça de Tom Stoppard dedicada às questões da dissidência, e os próprios músicos apresentaram-se na Broadway antes de a peça estrear nos Estados Unidos, em 2007.

PANELÁKY MODERNOS

A poucas estações de metrô dos prédios góticos, barrocos e renascentistas do centro de Praga há vastos terrenos com blocos de edifícios de concreto chamados *paneláky*. Cerca de 2 milhões de apartamentos de *panelák* foram erigidos pelo regime comunista, todos com o mesmo material pré-fabricado barato. Hoje o espaço ocupado por esses blocos no subúrbio é muito valorizado, e as construtoras já começaram a construir apartamentos completos e a derrubar paredes para criar os lofts da moda. Algumas têm feito uma nova leva de blocos residenciais, com material de qualidade e vista para o campo. Mais de 200 mil pessoas ainda moram nos *paneláky* de Praga, e as cooperativas habitacionais gastam anualmente centenas de milhões de coroas em melhoramentos. A tendência atual é pintar o lado de fora com os mesmos tons de amarelo, azul e verde usados nos lindos prédios antigos do centro de Praga.

MONUMENTOS MARXISTAS

O metrô limpo e eficiente de Praga talvez seja o legado mais positivo da engenharia da era comunista. Seus vagões robustos tiveram como modelo o firme patrimônio ferroviário do metrô de Moscou. Útil ou não, o antigo prédio da Rádio Europa Livre, intimidante ao lado do Museu Nacional, não é amado por ninguém. Foi erigido em 1972 para alojar o Parlamento Federal Comunista, e sua fachada sinistra de vidro acobreado ainda transmite um ar de ameaça. Construído muito anteriormente também nos tempos do domínio soviético, quando tudo que fosse russo devia ser copiado servilmente, o hotel Crowne Plaza (▶ 229) ergue-se no nobre subúrbio de Dejvice. Antes chamado International Hotel, é um exemplo perfeito de arranha-céu stalinista em estilo pomposo de bolo de casamento, embora o seu interior seja luxuoso. O hotel é atualmente monumento nacional e ponto de atração turística.

CULTURA E LAZER

INTRODUÇÃO — VIDA EM PRAGA

A cultura eslava não costuma ser associada à palavra "despreocupação", mas em Praga essa expressão vem à tona sempre que se vê uma multidão de patinadores nos parques, grupos brindando com *na zdraví!* nos bares e casais passeando à margem do rio. A própria cidade parece incentivar o prazer. Como ficar preocupado se o Castelo de Praga se ilumina toda noite como se saísse de um conto de Hans Christian Andersen? Ou quando um vagão do metrô abre as portas e sai um ruidoso grupo de estudantes com roupa de festa a caminho do seu primeiro baile?

É fácil encontrar atividades de lazer: há música ao vivo em todo o canto, do bar da esquina à danceteria no centro. No Natal, as praças são tomadas por feiras de artesanato, e mesmo nos dias frios as pessoas ficam na rua bebericando um vinho quente. Na Páscoa, as árvores ainda sem folhas são enfeitadas com fitas de cores pastel e ovos de plástico. Quando os primeiros dias quentes da primavera fazem aparecer as flores do açafrão, há uma corrida louca às floriculturas para comprar mudas para o jardim. Os cafés ao ar livre ficam lotados e os barcos de jazz no Vltava começam a sair com estampidos para os cruzeiros noturnos. A cidade adota uma rotina mais tranquila, e todos vão um pouco mais devagar. Afinal, não é muito fácil se apressar em ruas de pedra.

Da esq. p/ dir. *A Feira de Natal na Staroměstské náměstí (praça da Cidade Velha) é tradição popular; Comemoração do Ano-Novo na praça da Cidade Velha; Curtindo o sossego junto ao Vltava*

A CAÇA DOS *HOUBY*

Uma cena curiosa ocorre no metrô de Praga na passagem do verão para o outono: homens adultos carregando cestas de vime. Na última parada da linha, eles saem da estação junto com esposas e filhos e entram propositalmente a passos largos nos bosques próximos. Estão em busca de cogumelos silvestres. A caça dos *houby* é bastante popular entre os tchecos. Um estudo diz que 80% da população já saiu para catá-los ao menos uma vez na vida. Durante os três meses da estação, moradores de Praga armados de cesta ou sacolas de rede pegam o metrô até a floresta, coletam o tesouro e depois fazem conserva, desidratam ou usam os cogumelos em pratos tradicionais como *houbová polévka* (sopa de cogumelo). Esse passatempo é tão popular porque incorpora valores tchecos tradicionais, como união familiar, gosto pela natureza e frugalidade.

OS BAILES DA VIDA

De novembro ao fim de março, moradores de Praga de todas as idades calçam os sapatos para dançar e atravessam a noite fria para ir aos bailes culturais e sociais realizados em vários locais da cidade. Todo *ples* (baile) tem um tema: Baile dos Caçadores, Baile da Casa Municipal, Baile da África, Baile Morávio e até um Baile Erótico. A maioria é aberta ao público, mas alguns, como os bailes de partidos políticos, exigem convite. Lá dentro, a moda vai do curtinho e cintilante ao longo e conservador, mas o segredo não é ter a melhor roupa, mas dançar o máximo de músicas que se conseguir. Os garçons empurram carrinhos que vão tilintando com garrafas de Bohemia Sekt, estranhos se convidam para dançar e ninguém nem imagina ir para casa enquanto a orquestra não para de tocar. Ao chegar, espera-se que você compre o máximo possível de rifas, e o ponto alto da noite é o sorteio dos prêmios.

DE COPO NA MÃO

Como o bistrô está para Paris e o pub para Dublin, o *hospoda* está para Praga. Do ponto de vista dos moradores, o *hospoda* mais próximo é a segunda sala de estar, local para encontrar amigos após o trabalho, à volta de uma mesa de madeira, e deixar os problemas do dia para trás. O objetivo desses lugares, onde os garçons trazem outra cerveja ao ver uma caneca vazia, é sempre beber, não comer. Mas o estilo de vida moderno mexeu com o *hospoda* tradicional. A cervejaria tcheca Pilsner Urquell aproveitou-se do desejo do consumidor e abriu as suas versões de bar: Kolkovna (▷ 104), Celnice (▷ 149) e Olympia (▷ 184). Essas cervejarias são iluminadas limpas e têm longos cardápios de pratos tchecos e até vegetarianos. É imprescindível fazer reserva, pois os moradores enchem as mesas toda noite. Ao contrário dos bares tradicionais, esses dispõem de área de não fumantes relativamente grande.

PAÍS SEM MAR

Apesar de não ter litoral e localizar-se a centenas de quilômetros do mar, a maioria dos tchecos adora água: mais de 99% da população afirma que sabe nadar. Até bebês têm aulas de natação em piscinas aquecidas, e elas continuam por todo o tempo de escola. Sempre houve muitas piscinas para praticar, como no vasto conjunto Podolí (▷ 147) de Praga. Hoje em dia são construídos parques aquáticos em shopping centers e empreendimentos imobiliários. Todavia, natação é só o começo. Durante verão, todos os rios principais tornam-se uma via de flotilhas de caiaques e canoas, e diversas famílias passam as férias nos procurados *vodácké tábořiště* (acampamentos aquáticos). Os moradores que permanecem na cidade podem alugar um pedalinho ou um bote no píer do rio Vltava, logo abaixo do Teatro Nacional. Esta é uma excelente maneira de ver a cidade de outro ângulo.

GOLEIROS CANTORES

Para uma pessoa comum, hóquei no gelo e ópera não têm nada em comum. Para Martin Smolka e Jaroslav Dušek, respectivamente compositor e libretista da ópera tcheca *Nagano*, as semelhanças são infinitas. Ambos precisam de "atores" muito bem treinados e de rituais antes do espetáculo, e, explica Dušek, "os cantores de ópera, como os jogadores, são obrigados a dar o máximo fisicamente". E os tchecos adoram os dois. Dito isso, não parece tão estranha a ideia de uma ópera baseada na famosa vitória da República Tcheca sobre a arquirrival Rússia, por 1 a 0, nas Olimpíadas de 1998 em Nagano, no Japão. *Nagano* estreou no Stavovské divadlo (Teatro das Classes) em abril de 2004, no mesmo palco em que Mozart debutou sua *Don Giovanni* em 1787. Os goleiros cantores da *Nagano* foram um sucesso e tanto. Ela ainda é encenada regularmente e foi apresentada para casas lotadas por quatro noites em fevereiro de 2009.

TURISMO

INTRODUÇÃO | **VIDA EM PRAGA**

Com uma população de apenas 1,2 milhão, Praga recebe um volume de turistas que faria qualquer um parar para pensar: quase 4 milhões de pessoas a visitam todo ano, numa proporção de turistas para habitantes de quase 4 para 1. Como Praga ficou escondida atrás da Cortina de Ferro até 1990, ela ainda é uma novidade turística, o que, somado ao fato de que seu antigo centro escapou da destruição da guerra, faz dela um destino muito procurado. O maior contingente de turistas é da Alemanha, da Grã-Bretanha e dos Estados Unidos, seguidos de perto pela Itália. Em qualquer dia – nublado, com neve, ensolarado –, o Castelo de Praga apresenta um mar fervilhante de turistas de câmera a tiracolo ao som de uma cacofonia de línguas.

O turismo é fonte significativa de receita para a cidade – são bilhões de coroas todo ano –, o que ajuda a financiar serviços municipais como o metrô e as reformas de prédios históricos. Praga desenvolveu-se aos poucos para acomodar tanta gente que vai lá gastar dinheiro e ver suas atrações. A maioria dos restaurantes e das lojas hoje aceita cartões de crédito, e o horário de funcionamento se dilatou. O aeroporto de Praga ganhou um segundo terminal, e as linhas do metrô foram prolongadas. Os pontos negativos são os mesmos de qualquer destino turístico conceituado: lojas vendendo suvenires e preços inflacionados em restaurantes perto do centro. Embora seja difícil achar um assento no popular bonde 22 no verão, o movimento constante de turistas dá a Praga uma energia inegável. Sem eles, a cidade se sentiria vazia.

Da esq. p/ dir. *A Prefeitura de Praga, em uma praça movimentada; Placas indicam algumas das maiores atrações turísticas; Pedestres passam por retratistas e camelôs na Karlův most (Ponte Carlos)*

NADA DE SOLTEIROS
Não se surpreenda se vir na porta de um bar uma placa dizendo "No stags" (Solteiros não). Desde que as linhas aéreas baratas adotaram a rota Reino Unido-Praga há alguns anos, o fenômeno das despedidas de solteiro em Praga tem causado dor de cabeça na cidade. Todo fim de semana, aviões cheios de "rapazes" pousam para comemorações de 48 a 72 horas. É fácil identificar os grupos, até porque as pessoas em geral trazem na camisa sua função de "anfitrião" ou "padrinho" do casamento vindouro. Alguns donos de bar não suportaram mais a baderna e proibiram a entrada de solteiros. A Câmara Municipal até já pensa em mudar as leis de consumo de bebidas: ainda é permitido cambalear por algumas ruas de garrafa na mão, mas talvez por pouco tempo.

CORRIDA SUPERFATURADA

Há poucos anos, o jornal *Mladá fronta Dnes* publicou o resultado de uma investigação sobre os pontos de táxi da cidade: muitos motoristas cobravam a mais de passageiros que não falavam tcheco. Quando leu isso, o então prefeito Pavel Bém decidiu fazer um teste. Pôs um bigode falso e óculos escuros e, com sotaque italiano, parou dois táxis em momentos diferentes, perto da Staroměstské náměstí. Infelizmente, o resultado foi o mesmo do jornal: um motorista inflacionou a corrida em 200%, e o outro extrapolou para 500%. Bém convenceu-se da corrupção e ordenou às autoridades que aumentassem drasticamente as multas para os taxistas que cobrassem a mais. A situação melhorou um pouco, mas cuidado para não entrar em táxi que não tenha identificação, e verifique sempre se o taxímetro foi ligado. Mesmo assim, cautela com a gatunagem. Parece que os taxistas de Praga aprendem bem devagar!

O QUE É UMA STAROMĚSTSKÉ NÁMĚSTÍ?

Em todos os bairros centrais de Praga fica claro que os turistas realmente fazem parte da vida da cidade. Quadrados de metal brilhante incrustados nas calçadas marcam o antigo caminho real, chamado "Rota de prata", e os restaurantes anunciam "cardápios turísticos" de especialidades tchecas. Foram instaladas placas marrons de sinalização que apontam para que lado ficam as maiores atrações — mas só em tcheco. É comum ver turistas confusos forçando a vista para tentar entender se *Staroměstské náměstí* é mesmo "praça da Cidade Velha" (é sim). Já que um brasileiro não pode esperar ver a placa *Ponte Carlos*, nem um alemão tem esperança de topar com uma seta para a *Wenzelsplatz* (praça Venceslau), a saída é superar o receio que os acentos esquisitos das palavras tchecas provocam e fazer um esforço para entender o nome que os donos do lugar dão para as coisas.

A VOLTA DA FADA VERDE

Dizem que ela levou à loucura os artistas Edgar Degas, Vincent van Gogh e Henri de Toulouse-Lautrec, entre outros. Apesar de proibida em vários países, na República Tcheca ela é legal. Trata-se da bebida absinto, também chamada "fada verde" por causa da cor de esmeralda e do célebre efeito. Ela contém o óleo da planta absinto e a substância química tujona. Em doses altas, a tujona pode provocar alucinações, que os artistas do fim do século XIX e início do XX diziam ser a inspiração criadora que a fada lhes dava. A ilegalidade do licor em vários lugares fez surgir um número pequeno mas crescente de "turistas absínticos", que viajam a Praga determinados a vivenciar a experiência em pessoa. Todavia, o absinto moderno contém só uma fração do óleo vegetal de antigamente, de modo que, embora uma ressaca seja quase certa, é bem pouco provável que a fada verde dê o ar da graça.

VIAGEM NO TEMPO

Ao subir a escada espiral que dá no Grand Café Orient (▷ 103), sente-se que cada passo leva para mais perto de outra era. O café localiza-se na Dům U Černé Matky Boží (Casa da Virgem Negra, ▷ 65), construída de 1911 a 1912 por Josef Gočár e considerada um exemplo perfeito do Cubismo tcheco. O café original ficou aberto por apenas dez anos, até que fechou na década de 1920, quando o Cubismo saiu da moda. Ao reabrir na primavera de 2005, o café fez parecer que o tempo havia parado por mais de 80 anos, ainda que o recinto tenha sido ocupado em certo momento por escritórios. Os proprietários recriaram o café com base nos esboços arquitetônicos originais, incorporando excelentes cópias dos candelabros de latão aos espaços reservados forrados de lambris escuros e um móvel de bufê da época. Não deixe de ir a esse café, mesmo que para tomar um café expresso – a visita é memorável.

A PRAGA DA ATUALIDADE

Sob vários aspectos, a República Tcheca e Praga são o principal parâmetro de todos os antigos países do bloco oriental. Para qualquer pessoa que tenha conhecido a Praga do início dos anos 1990, ou a da era comunista anterior à Revolução de Veludo, o contraste com a cidade atual é impressionante. O cinza onipresente se foi, e poucos prédios ainda aguardam uma reforma; fazer compras é um prazer, não um sacrifício, e comer fora é uma questão de seleção de lugares e não de se contentar com algo mediano. Na verdade, até a crise econômica de 2009, a República Tcheca teve quase 20 anos – desde a própria Revolução de Veludo – de crescimento contínuo. A longa expansão permitiu aos moradores de Praga alcançar o padrão de vida dos turistas que a visitavam. Se o salário médio é ainda baixo em comparação com o dos países da Europa ocidental mais desenvolvidos, ele se equipara ao de membros menos ricos da União Europeia como Portugal e Grécia. Nada mau, considerando o ponto de que a cidade partiu em 1989, embora se deva reconhecer que nem todos, especialmente os aposentados, participam do aumento geral da prosperidade. A economia tcheca, por demais dependente da indústria automobilística, foi bastante atingida pela crise. Praga, em si, conta com o sustento da receita do turismo, mas o resto do país ainda sente o golpe. O governo, no entanto, tem enfrentado a queda com firmeza. Quando a economia mundial voltar a crescer, o país estará pronto para retomar o seu rápido desenvolvimento.

Acima *O terraço lotado de um restaurante de frente para o Vltava*
Página ao lado *O interior do shopping center Palladium, na Náměstí Republiky, na Nové Město*

LOUCURA POR CARRO

No comunismo, ter um carro significava muito. Além de as famílias poderem viajar facilmente para sua casa de campo nos fins de semana, o carro simbolizava liberdade pessoal, uma fuga das constantes restrições de uma sociedade opressiva. Um pouco dessa sensação persiste hoje em dia: quem tem carro usa, e muita gente parece feliz de ficar presa em um congestionamento a caminho do trabalho em vez de usar o supereficiente sistema de transporte público. Apesar dos grandes projetos de construir estradas e túneis, o problema do trânsito piora a cada dia, às vezes dando a impressão de que os 4 milhões de automóveis do país procuram se espremer pelas ruas da capital. O ex-prefeito Bém chegou a lançar a proposta de limitar o trânsito no centro, cobrando uma taxa de congestionamento como a de Londres, mas, como se previa, provocou ondas de protesto.

A "FARSA" TCHECA NA PRESIDÊNCIA DA UE

Ser associado de algo pode render privilégios, correto? Ao menos foi isso que os tchecos imaginaram quando conseguiram entrar para a União Europeia, em 2004. Tudo seria uma maravilha. Bem, o primeiro grande teste apareceu em 2009, quando a República Tcheca assumiu a presidência rotativa da UE. De repente os políticos do país viram-se às voltas com grandes crises como a paz no Oriente Médio, no Irã e a guerra do gás natural entre a Rússia e a Ucrânia, sem mencionar a maior derrocada econômica mundial desde os anos 1930.

Não ajudou em nada o presidente do país, Václav Klaus, ser há muito tempo um crítico da UE e ter prognosticado que ela estava fadada ao fracasso.

No fim, a presidência da UE mostrou ser um saco de gatos. Não, os tchecos nunca solucionaram os problemas do Oriente Médio, mas negociaram um acordo de paz temporário na questão do gás entre a Rússia e a Ucrânia e até conseguiram receber a visita memorável de Barack Obama em abril de 2009. Em uma nota menos positiva, na metade da presidência europeia tcheca, a briga política interna entre os dois maiores partidos desencadeou um colapso do governo sem precedentes na história do país. Essa queda fez os jornais da vizinha Áustria e de outros países declararem que a presidência da UE era uma "farsa" colossal.

É, talvez mas, já que a presidência da UE passa de um país para o outro, pelo menos os tchecos não precisarão se preocupar com ela de novo por um bom tempo.

QUEM PRECISA DOS POLÍTICOS?

Durante sete meses em 2006, a República Tcheca ficou sem governo. Enquanto os políticos discutiam sobre a formação de uma coalizão após uma eleição sem resultado, o público passou a se interessar por outros aspectos: os pretensos casos extraconjugais, as relações íntimas demais com empresas e a aquisição não explicada de milhões de *koruny* em ações. Apesar da falta de governo, o país continuou ativo e próspero, e muita gente começou a se perguntar se não estaria melhor sem os governantes dos últimos anos. Outros ficaram ansiosos com a volta aos velhos tempos, e o Partido Comunista continuou recebendo o apoio de uma minoria considerável.

IMIGRANTES E EXPATRIADOS

O espectro de tchecos, eslovacos e poloneses cuidando de bares e atendendo mesas no Reino Unido e na Europa ocidental é coisa do passado. No entanto, não é tão divulgado o número de estrangeiros — entre eles, muitos do Ocidente — que se mudaram para Praga a fim de dividir os frutos da nascente economia da cidade. A maioria dos recém-chegados é de camaradas eslavos, da vizinha Eslováquia, bem como da Rússia, da Ucrânia e da Bulgária. Alguns ocidentais são atraídos pela explosão imobiliária, mas outros vão ensinar inglês ou trabalhar com informática e logística. E não é difícil encontrar jovens vindos da Irlanda e do Reino Unido — sim, cuidando de bares e atendendo mesas.

CUIDADO COM O PAPEL DO CHICLETE!

O comunismo deveria ter promovido muito bem o civismo. Afinal, os países do antigo bloco oriental não eram chamados "repúblicas populares"? Na prática, porém, o comunismo não soube criar um sentido de dignidade pública. Ele empurrava as pessoas para dentro de si, deixando um legado de espaços públicos malcuidados e, fora do centro de Praga, ruas sujas. Todavia, com mais turistas chegando à cidade, as autoridades decidiram que os moradores precisavam limpar a imagem. Foi aprovada uma série de leis rigorosas sobre o descarte de lixo e a proibição de cachorros sem guia. Até jogar um papel de chiclete na rua pode dar ao infrator uma multa pesada.

O VLTAVA

INTRODUÇÃO — VIDA EM PRAGA

Durante séculos, o mais longo rio da República Tcheca desempenhou um papel fundamental no desenvolvimento econômico e cultural de Praga. Ele não só motivou a construção da Ponte Carlos — uma das maravilhas da Idade Média — como também inspirou a emocionante sinfonia *Moldau (Vltava)*, de Bedřich Smetana, sem dúvida alguma a mais conhecida peça da música clássica tcheca. A enchente catastrófica de 2002 destruiu boa parte de dois bairros ribeirinhos, Smíchov e Karlín, trechos do Malá Strana e locais como Zbraslav, ao sul, e à volta do zoológico, em Holešovice, ao norte, e fez a cidade mais uma vez voltar a atenção para o rio. A feliz ironia após a enchente e a reconstrução é que as autoridades municipais hoje consideram o rio um trunfo, e não uma ameaça. Todo ano aparecem novas calçadas e ciclovias ao longo das margens. E mais melhoramentos vêm aí.

HÁ MALES QUE VÊM PARA O BEM

As trágicas enchentes que atingiram Praga em 2002 foram um desastre inqualificável. As terras baixas dos bairros ribeirinhos de Smíchov, Karlín e Holešovice sofreram o maior impacto. Porém, quando as águas baixaram, a prefeitura despejou centenas de milhões de coroas para recuperar esses bairros pobres. Atualmente, a maior parte de Smíchov é uma bela área de comércio e escritórios e um lugar cada vez mais procurado para moradia. As mudanças em Karlín e Holešovice foram ainda mais impressionantes. Onde havia imóveis de aluguel e lúgubres fachadas de lojas hoje existem butiques da moda, galerias e restaurantes atraentes.

Todo mês de outubro Karlín acolhe a concorridíssima Designblok, feira de decoração de interiores e arquitetura. Holešovice, que antes era suja e feia, hoje abriga o incrível centro DOX de arte contemporânea.

PRAGA, A NOVA PARIS — DE NOVO?

Na década de 1990, era muito comum ouvir Praga ser chamada de "a Paris dos anos 90" — uma lembrança dos tantos futuros escritores que gravitaram pela cidade para usufruir a atmosfera e a cerveja barata. Basta lembrar de Hemingway e Scott Fitzgerald.

À medida que se tornou mais caro viver em Praga e o grupo literário partiu para outro lugar, a referência acabou sendo menos cabível e foi esquecida por inteiro.

No entanto, ao caminhar pela orla reformada do Vltava, especialmente no trecho em direção ao sul do Národní divadlo, ao longo da parte da Nové Město, é difícil não pensar no rio Sena parisiense. Embora não se vejam artistas aspirantes e *bateaux-mouches* pelo Vltava, você vai encontrar uma orla alegre, animada e limpa, cheia de crianças, casais de braços dados e muitos lugares para sentar, tomar uma cerveja e ver a cidade passar.

Acima Muitas pontes atravessam o Vltava, interligando a cidade; em primeiro plano está a most Legií, depois a Karlův most e, mais distante, a Mánesův most
Página ao lado *Uma das estátuas da Karlův most (Ponte Carlos)*

A HISTÓRIA DE PRAGA

100 a.C.-1300 d.C.: A origem de Praga   26
1300-1500: No coração da Europa   28
1500-1700: Caem as trevas   30
1700-1914: Das trevas à luz   32
1914-1945: Tchecoslováquia: ascensão e queda   34
1945-1989: Do comunismo à Revolução   36
1989-hoje: A Praga atual   38

100 a.C.-1300 d.C.: A ORIGEM DE PRAGA

INTRODUÇÃO — A HISTÓRIA DE PRAGA

A combinação de florestas, solo fértil, rio com trechos rasos e rochedos que poderiam servir como proteção tornou o lugar que viria a ser Praga atraente para povoar, mesmo na Antiguidade. Nos últimos séculos antes de Cristo, a região abrigou o povo celta, que era chamado de "boios" pelos romanos, nome que sobreviveu na forma "Boêmia". No derradeiro século antes de Cristo, os celtas, com uma cultura comparativamente avançada, foram expulsos pelos marcomanos, tribo germânica que dominaria a região por várias centenas de anos, até que, no século VI d.C., viu-se derrotada pelos eslavos, que avançavam do norte para o leste.

Divididos de início em ao menos uma dúzia de clãs beligerantes, os eslavos da Boêmia central acabaram unindo-se na família Přemyslid, que governou primeiramente em um ducado e depois em reinado, até o começo do século XIV. Entre eles estava aquele que talvez tenha sido o mais famoso tcheco, o chamado "bom rei" Václav ou Venceslau (que seria o santo padroeiro do país). A primeira fortaleza dos premislidas era em Levý Hradec, logo ao norte da cidade atual, onde o duque Bořivoj erigiu a primeira igreja cristã do país em meados do século IX. Poucos anos depois, Bořivoj mudou a sede do ducado para o rochedo de Hradčany, à beira do Vltava, tornando-se assim o fundador da cidade conhecida posteriormente como Praha (Praga). Parece que de início o duque e seu séquito habitaram uma espécie de cabana de madeira de grandes dimensões, embora a Igreja de Nossa Senhora que ele ergueu aqui (cujas fundações só foram descobertas na década de 1950) fosse uma sólida construção de pedra.

Da esq. p/ dir. *Gravura do século XIX que retrata a princesa Libuše; Os eslavos chegam a Vyšehrad; Estátua equestre de são Venceslau, feita em 1888 por Josef Václav Myslbek, na praça Venceslau*

A LENDÁRIA LIBUŠE

A figura principal na lenda da fundação de Praga é a bela e sábia princesa Libuše, que governou os tchecos do rochedo de Vyšehrad, onde ela fazia justiça sob uma limeira, que é sagrada para os eslavos.

Inquietos por serem governados por uma mulher, seus súditos a encorajaram a achar um marido. Ela escolheu um humilde lavrador chamado Přemysl, que deu nome à casa real.

Certa noite, olhando de Vyšehrad na direção da elevação cheia de árvores de Hradčany, Libuše entrou em transe e teve a visão de uma grande cidade, "cujo esplendor deverá alcançar as estrelas". Seus nobres receberam a ordem de vasculhar a floresta em busca de um homem que estivesse construindo um parapeito de pedra *(práh)* em uma casa, pois esse seria o local do seu palácio de governo, Praha.

A GUERRA DAS SOLTEIRAS

Os homens ofenderam-se com o papel exercido pelas mulheres na corte dos primeiros governantes tchecos, e as intrigas deles levaram ao corte dos privilégios das solteiras da corte. Lideradas pela enérgica Vlasta, as mulheres inconformadas passaram a estudar a arte da guerra, aprendendo a cavalgar e a usar a espada e o arco. Como os homens ainda as ridicularizavam, elas deixaram Praha para construir sua fortaleza, Děvín ("castelo das donzelas"), de onde incursionavam para matar seus inimigos. A gentil Šárka ofereceu ao jovem e belo Ctirad um vinho de mel, mas, enquanto ele o bebia, foi dominado pelas guerreiras, torturado e morto. A vingança masculina veio rápido e, apesar da resistência das mulheres, Děvín caiu, e as solteiras que não morreram foram forçadas a se casar.

O BOM REI SANTIFICADO

O príncipe Václav (Venceslau) era neto de Bořivoj e de sua consorte Ludmila. No início do século X, a corte de Přemyslid fracionou-se com a disputa entre facções, especialmente por causa de brigas entre cristãos e aqueles que passaram a adotar práticas pagãs. Ludmila, que era cristã, foi morta por sua filha pagã, Drahomíra, mãe de Venceslau. Em 929 ou 935, chegou a vez de Venceslau ser assassinado por seu irmão Boleslav, mas nesse caso parece que o motivo foi político, e não religioso. É bem provável que os nobres da corte de Venceslau tenham entendido que ele era conciliatório demais com os vizinhos germânicos da Saxônia e da Baviera. Seja qual fosse a razão do seu assassinato, logo em seguida o canonizaram, e a partir daí os habitantes da Boêmia atribuíram a ele todas as qualidades ideais.

HISTÓRIA DE FORASTEIRO

A velha rota comercial leste-oeste ao longo do Danúbio foi cortada pelo avanço dos temidos húngaros, ainda pagãos, e Praga, que em meados dos século X compunha-se apenas de Hradčany e do Malá Strana, recorreu à alternativa da rota norte. Em 965, um observador estrangeiro, vindo da Espanha, a descreveu pela primeira vez. Enviado pelo califa de Tortosa para fazer um relato sobre a Europa central, o mercador judeu Ibrahim ibn Yaqub descreveu em árabe um cidade aparentemente sólida feita de calcário.

Segundo ele, a cidade fervilhava de comerciantes de lugares distantes e origens diversas – Turquia e Rússia, judeus e muçulmanos –, todos querendo comprar mercadorias como escravos, lata e peles. Era "um lugar mais enriquecido pelo comércio que qualquer outro". Hoje Praga talvez não seja tão cosmopolita como era, mas aquela prosperidade explica o legado de belos edifícios que existem atualmente.

UM REI DE OURO E DE FERRO

O reino da Boêmia atingiu sua maior área sob Otacar II (c. 1233-78), que ampliou as fronteiras na direção da Áustria e quase até o mar Adriático. Os rivais estrangeiros respeitavam o poder militar do "Dirigente de Ferro", epíteto que ele ganhou por explorar os abundantes recursos de metais preciosos do reino. Otacar, que era meio germânico – sua mãe pertencia à dinastia dos Hohenstaufen –, desenvolveu ainda mais o reino ao chamar agricultores, comerciantes e técnicos germânicos para que abrissem florestas, fundassem novas cidades e promovessem o comércio e a indústria. Os burgueses germânicos predominaram na sociedade de Praga, que se espalhara para a Cidade Velha, do outro lado do rio, com seus bairros ligados por uma das maravilhas da época, a ponte românica Judite. Otacar morreu no campo de batalha, derrotado por um Habsburgo, nome agourento durante toda a história tcheca.

1300-1500: NO CORAÇÃO DA EUROPA

INTRODUÇÃO — A HISTÓRIA DE PRAGA

Até hoje os tchecos consideram a metade do século XIV a época áurea da história do país. Sob o governo sábio e vigoroso de Carlos IV – sacroimperador romano-germânico e também rei da Boêmia –, Praga tornou-se a capital do Império, uma das maiores e mais belas cidades da Europa. Carlos fundou a primeira universidade da Europa central, construiu a esplêndida ponte que hoje leva seu nome e iniciou a construção da catedral gótica em Hradčany. Seu mais ambicioso projeto foi a Nové Město (Cidade Nova), a ampliação planejada de Praga, tão sensata que atendeu ao crescimento da cidade durante 500 anos. Mas quando Venceslau IV, filho de Carlos, o sucedeu, em 1378, o reino começou a se desfazer, minado por conflitos religiosos.

A corrupção da Igreja atingira tal nível que um clérigo radical, Jan Hus (c. 1372-1415), protestante prematuro, encontrou uma plateia predisposta a ouvir suas pregações especialmente entre os pobres de língua tcheca, rancorosos com os concidadãos germânicos ricos. Proibido de fazer seus sermões inflamados na Capela de Belém, em Praga, Hus acabou encontrando um destino violento na fogueira, mas seus seguidores, os hussitas, animados pela convicção de serem "guerreiros de Deus", disseminaram suas crenças religiosas por todo o país e fora dele. Seu fanatismo e suas táticas militares revolucionárias garantiram-lhes por um tempo a vitória contra tropas mais numerosas enviadas pelo papa e pelo imperador para combatê-los, mas na metade do século XV o movimento se dividira. Certa tranquilidade voltou ao país no governo de um nobre provinciano, Jorge de Poděbrady, único tcheco de nascimento consagrado rei.

CARLOS, O COLECIONADOR

O rei-imperador Carlos IV tinha uma personalidade complicada. Alguns de seus traços eram realmente estranhos, entre os quais um interesse obsessivo por relíquias religiosas, que ele guardava no grande Castelo de Karlštejn, construído para esse fim. Começou sua coleção já muito bem, com objetos herdados que incluíam pedaços da cruz de Cristo e a lança que lhe perfurou o flanco. Amigos e aliados costumavam lhe arranjar outros objetos de qualidade. O herdeiro do trono francês foi convencido a lhe doar relíquias muito preciosas – dois espinhos da coroa de Cristo. Da Hungria veio a toalha de mesa usada na última ceia, e de Constantinopla, ossos de Abraão com certificado de autenticidade.

Da esq. p/ dir. *A Ponte Carlos (Karlův most) em dia claro e seco de inverno; Jan Hus, o reformador religioso tcheco, foi queimado na fogueira por heresia em julho de 1415; A primeira defenestração ocorreu em 30 de julho de 1419*

CARLOS E A COROA TCHECA

Carlos IV era um inventor de tradições, entre elas o culto a São Venceslau. As joias da coroa do Rei Bom foram retiradas e recolocadas de modo diferente na peça usada durante a cerimônia de coroação de Carlos, em 1346. Um dos espinhos sagrados doados pelo delfim da França foi inserido na cruz de safira e passou a fazer parte da coroa, que não pôde ser tirada do lugar em que era guardada até o momento da coroação. Em 1942, o Reichsprotektor (protetor do império alemão) nazista Reinhard Heydrich zombou da crença de que só um futuro rei poderia pôr a coroa na cabeça e se fez fotografar fazendo exatamente isso. Seis semanas depois ele estava morto, assassinado por paraquedistas tchecoslovacos enviados da Inglaterra.

PARA A FOGUEIRA!

Irritada com as heresias de Jan Hus e sua condenação da corrupção eclesiástica, a chefia da Igreja o convocou em 1414 para se apresentar a um grande concílio na cidade suíça de Constança. Hus esperava vencer seus adversários pela argumentação. Embora tivesse recebido garantias de salvo-conduto, ele foi mais tarde condenado e executado na fogueira. Mas primeiro o humilharam. Tiraram-lhe as vestes sacerdotais, fizeram-no usar um ridículo chapéu de papel e o arrastaram até uma enorme fogueira alimentada por seus livros confiscados. Depois o levaram a um depósito de lixo malcheiroso no limite da cidade. Hus, amarrado a uma estaca, recusou a oferta de se retratar. A fogueira foi acesa e o grande pregador morreu proferindo uma prece. Suas cinzas foram lançadas no Reno.

A PRIMEIRA DEFENESTRAÇÃO

A tradição em Praga de atirar adversários pela janela para encerrar disputas políticas parece ter sido criada em julho de 1419. Nessa data, um sacerdote hussita chamado Jan Želivský levou uma multidão irada até a prefeitura da Nové Město (Cidade Nova), onde os conselheiros haviam aprisionado alguns cidadãos participantes de uma manifestação proibida. A raiva transformou-se em fúria quando foram lançadas pedras de uma janela alta da prefeitura. Os revoltosos derrubaram as portas trancadas, subiram a escada, libertaram os prisioneiros e lançaram os membros do conselho pela janela, em cima dos espetos e lanças que a multidão segurava logo abaixo. Os sobreviventes tiveram a cabeça esmagada nas pedras da rua. O mesmo Želivský continuou a provocar agitação política, até ter um final violento: foi decapitado no pátio da prefeitura da Staré Město (Cidade Velha).

VITÓRIA EM VÍTKOV

Grande parte do sucesso dos hussitas nas batalhas deveu-se ao general caolho Jan Žižka (1360-1424), proprietário rural do Sul da Boêmia. Žižka transformou a falta de boas armas dos seus seguidores camponeses em vantagem, ao ensiná-los a usar mortalmente seus manguais e foices. Sua vitória mais espetacular ocorreu em 1420, na planície de Letná, contra o exército cruzado do imperador Sigismundo, bem equipado e numericamente superior. No topo do morro de Vítkov, no lado extremo do Vltava, Žižka construiu barricadas com o material que encontrasse, inclusive bancos arrancados de uma igreja próxima. Quando atacaram, os cavaleiros de Sigismundo foram contidos pelos hussitas (mulheres também), que lutavam com ferocidade fanática. Dando voltas desorientadas, os cavaleiros foram vítimas do contra-ataque de Žižka, e muitos mergulharam para a morte ao cair das encostas íngremes como de um penhasco.

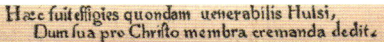

1500-1700: CAEM AS TREVAS

Quando o imperador Rodolfo II decidiu fazer de Praga a sua capital, em 1583, a dinastia dos Habsburgo já governava as terras tchecas havia meio século. O reinado dessa família hispano-germânica e católica romana durou quatro séculos e só terminou com a abdicação do imperador Carlos, em 1918. O governo de Rodolfo foi relativamente bom. Fizeram-se acordos com a maioria protestante do país, e a corte transformou-se em centro cultural na Europa, atraindo pintores, escultores, arquitetos e artesãos, bem como astrônomos, astrólogos e alquimistas. Solteiro, o imperador tornou-se cada vez mais excêntrico e sua política, mais incompreensível, até que seu irmão Matias o depôs, em 1611, e levou a corte de volta para Viena. Por toda a Europa central as relações entre católicos e protestantes se deteriorava. Em 1618, surgiu o sinal da eclosão da Guerra dos Trinta Anos quando um grupo de nobres protestantes lançou os representantes do imperador pelas janelas do Castelo de Praga. Dois anos depois, o exército protestante foi rechaçado na batalha da montanha Branca e teve início o que muitos tchecos chamam de *Temno*, o tempo das trevas. As formas de culto religioso nascidas no país foram proibidas, uma aristocracia estrangeira foi trazida, milhares de protestantes viram-se obrigados a emigrar e a língua tcheca deu lugar ao alemão.

TYCHO NARIZ DE LATA
Um dos eminentes cientistas atraídos para a corte de Rodolfo II foi o astrônomo e matemático dinamarquês Tycho Brahe (1546-1601). Ele chegou a Praga em 1599 com astrolábios, ampulhetas e sextantes, além de seu famoso nariz de lata, uma prótese que substituiu o nariz de verdade, decepado em um duelo. Enquanto os alquimistas Edward Kelley (1555-95) e John Dee (1527-1608) trabalhavam nos laboratórios do castelo, tentando em vão transformar metais em ouro para o imperador, Tycho e seu assistente Johannes Kepler (1571-1630) traçaram o curso dos planetas para o senhor imperial com grande sucesso. O pobre Tycho teve um fim terrível: por não querer sair da mesa do anfitrião para se aliviar, sua bexiga estourou e ele passou cinco dias agonizando até morrer.

Da esq. p/ dir. *Gravura da batalha da montanha Branca, travada em 8 de novembro de 1620; Estátua do rabino Loew, na Cidade Velha; As 27 cruzes brancas na Staroměstské náměstí, em homenagem aos protestantes executados nessa praça*

O RABINO E O GOLEM

O imperador Rodolfo tinha uma queda por ocultismo. Uma das pessoas que o aconselhavam nesses mistérios era o rabino Loew (c. 1520-1609), que de vez em quando era chamado em segredo ao castelo, onde o imperador o ouvia por trás de um biombo. Atribui-se ao rabino a criação do Golem, uma versão de Praga do monstro Frankenstein. Criado do barro das margens do Vltava, o robótico Golem torna-se o fiel criado do rabino e protetor do gueto. No entanto, em certa noite o ritual que o faz adormecer é esquecido e o Golem sai desembestado pelas ruas, aterrorizando a população. No fim, o rabino Loew consegue apaziguá-lo. O monstro se desfaz em barro e seus restos são colocados no sótão da Sinagoga Velha-Nova. A história foi transformada em musical e é apresentada ocasionalmente durante a temporada turística de verão.

MAIS UMA DEFENESTRAÇÃO

Insuflado pela constante pressão dos católicos, um grupo de nobres protestantes irrompeu no castelo na manhã de 23 de maio de 1618, decidido a enfrentar os representantes do imperador Matias. Dois conselheiros imperiais acabaram liberados, mas dois outros, Vílem Slavata e Jaroslav Martinic, foram jogados por uma janela do Velho Palácio Real. Slavata agarrou-se ao parapeito por um tempo, até que alguém quebrou-lhe os dedos com o punho de uma adaga. Para coroar o episódio, o secretário Filip Fabricius também foi lançado pela janela. Surpreendentemente, todos os defenestrados sobreviveram à queda de 15m, atenuada por um enorme monte de estrume. O secretário desafortunado recebeu depois uma compensação pelo contratempo: foi alçado à aristocracia com o título de "Von Hohenfall" (dom Filipe da Queda Alta).

MONTANHA BRANCA

Bílá Hora — montanha Branca — é o nome dado à inóspita meseta a oeste de Praga. Aqui, em 8 de novembro de 1620, travou-se a mais funesta batalha da história tcheca, entre o exército protestante da Boêmia e as forças católicas do imperador. Os protestantes tinham a vantagem de estar no topo do morro e, como muito estava em jogo, seu moral deveria ser mais alto que o dos adversários. Todavia, seu comandante-chefe, o rei Frederico, preferiu ficar no castelo a aparecer no campo de batalha, e muitos dos seus soldados pareciam dar preferência aos bordéis de Praga que aos perigos da vida militar. Em apenas uma hora a batalha transformou-se em retirada, com as tropas protestantes correndo de volta para a cidade em total desordem. No dia seguinte o exército católico entrou em Praga sem ter disparado um só tiro.

21 DE JUNHO DE 1621

Nessa data, um espetáculo repugnante foi realizado em Praga para deixar claro quem mandava na Boêmia. O mestre de cerimônias foi o príncipe Karl von Liechtenstein, ex-protestante que prudentemente se convertera ao catolicismo. Ao som ensurdecedor de tambores e na presença de inúmeros homens armados, um grupo de protestantes "rebeldes", entre eles alguns dos defenestradores de 1618, foi levado à Staroměstské náměstí (praça da Cidade Velha) para execução. Em um cadafalso pintado de preto, os que eram aristocratas foram decapitados e os que eram do povo, enforcados. Suplícios especiais couberam a alguns. Pedaços dos corpos ficaram em exposição no morro de Žižkov, enquanto 12 cabeças decepadas foram servir de decoração na Staroměstská mostecká věž (Torre da Ponte da Cidade Velha).

1700-1914: DAS TREVAS À LUZ

Houve muita luz durante os dias sombrios da *Temno*, apesar do nome. Essa foi a época do Barroco, quando os aristocratas competiam para construir palácios luxuosos, e quando a triunfante Igreja Católica tentava conquistar congregações com locais de culto cada vez mais opulentos. Embora não fosse mais a capital (o imperador Matias levara a corte de volta para Viena em 1612) e com a população reduzida à metade, Praga tornou-se uma das mais belas cidades da Europa. Na metade do século XVIII, estava germanizada por completo, e o tcheco viu-se relegado à condição de dialeto. A defesa do imperador José de que o alemão fosse a única língua oficial do império poderia ter acabado de vez com o tcheco, não fosse o crescente interesse pela história e herança tchecas.

Com o grande aumento de atividades, fenômeno que passou a ser conhecido como Despertar Nacional, intelectuais como Josef Jungmann (1773-1847) reanimaram e codificaram a língua, enquanto o historiador František Palacký (1798-1876) mergulhava no passado esquecido da nação. Durante o século XIX, Praga transformou-se em uma cidade inteiramente tcheca. Uma das causas dessa mudança foi a industrialização. A Boêmia e a Morávia haviam se tornado a força motriz do Império Austro-Húngaro. Praga cresceu rapidamente, atraindo trabalhadores tchecos da zona rural. A cidade se enfeitou com grandiosos prédios públicos, como o Národní muzeum (Museu Nacional), símbolos imponentes do renascimento da autoconfiança tcheca.

Da esq. p/ dir. *O grandioso interior da principal estação ferroviária de Praga, projetada por Josef Fanta em 1909; Um café de Praga nos anos 1920; Retrato de František Palacký*

SÃO NEPOMUCENO

Um dos problemas enfrentados pela cúpula da Igreja Católica no século XVII era a persistente popularidade de Jan Hus, herético condenado e executado. Para dar ao povo um mártir mais apropriado, a Igreja forjou com sucesso o culto a outra figura do século XIV, o vigário-geral da Catedral de São Vito, Jan Nepomuk (ou João Nepomuceno). Além das suas funções habituais, Nepomuk era confessor da rainha. Obrigado pelo ciumento marido da rainha, o rei Venceslau IV, a revelar os segredos do confessionário, o clérigo recusou-se. Furioso, o rei ordenou que dessem um jeito em Nepomuk. Em 1393, subalternos encapuzados o torturaram, amarraram-no dentro de um saco e o levaram para a Karlův most (Ponte Carlos). De lá eles o lançaram para a morte por cima do parapeito. Hoje existe uma estátua de Nepomuk no exato local de onde ele foi jogado.

IMPERADOR ESCLARECIDO

O imperador José II foi um verdadeiro filho do Iluminismo do século XVIII, desejoso de transformar seu reino majoritariamente feudal em um Estado moderno e centralizado, dirigido segundo princípios racionais. Muitas das suas ideias pareciam bem razoáveis, entre elas a educação universal, a abolição da escravatura, a liberdade de culto e a emancipação dos judeus. Infelizmente, José não era tão sensível assim. Seu discernimento musical foi resumido no filme *Amadeus* (1984) em sua frase "notas demais, Mozart!" Ele sinceramente achava que fazer do alemão a única língua oficial criaria "um senso de fraternidade", e se surpreendeu quando parentes preferiram enterrar os entes queridos em sacos, para economizar madeira. Em Praga, sua "racionalização" da religião provocou a perda de metade das igrejas e dois terços dos mosteiros da cidade — muitos foram transformados em quartéis, depósitos e armazéns.

O PATRIOTA PALACKÝ

František Palacký (1798-1876) é lembrado principalmente por sua obra monumental *História da nação tcheca na Boêmia e na Morávia*, escrita durante mais de 40 anos, de 1830 à sua morte.

Criado em um mundo germanizado, Palacký achou mais fácil pensar e escrever em alemão, e só mais tarde sua história foi traduzida para o tcheco.

Para começar, ele não era inimigo do império habsburgo, afirmando que, "se a Áustria não existisse, teria de ser inventada". No entanto, quando o império se mostrou incapaz de atender à crescente exigência dos tchecos de serem reconhecidos como nação, Palacký mudou de ideia e declarou: "Estávamos aqui antes da Áustria e continuaremos aqui quando ela tiver desaparecido".

A memória de Palacký persiste na geografia da moderna Praga e é relembrada na Palackého náměstí (praça de Palacký), que se localiza ao sul do Národní divadlo (Teatro Nacional).

A BATALHA DAS RUAS

O crescente predomínio da população tcheca em Praga refletiu-se no modo como a prefeitura denominava as ruas. Os nomes tradicionais eram bilíngues, escritos em letras góticas floreadas, com o alemão primeiro e o tcheco depois. Pouquíssimos ainda existem dessa forma, entre eles Georgi Gasse/Jiřská ulice (alameda São Jorge), no castelo. Quando os tchecos começaram a dominar a Câmara Municipal, a partir dos anos 1860, considerou-se intolerável aquela maneira de denominar. Primeiro veio a ordem de inverter a sequência, pondo o nome tcheco antes do alemão. Então, em 1892, depois que os últimos vereadores alemães haviam renunciado ao conselho, decidiu-se eliminar o alemão. Daí por diante o nome das ruas seria apenas em tcheco, com letras brancas sobre fundo vermelho — a cor nacional.

SOCIEDADE DO CAFÉ

Nos últimos anos da monarquia dos Habsburgo, Praga tornou-se um centro movimentado da vida literária, e grande parte dela ocorria nos mais de cem cafés. Eles funcionavam menos como lugares para relaxar do que como fóruns de discussão e sala de leitura, e até como local de trabalho aquecidos. Cada um era comandado pela figura imperial de um garçom-chefe, que, por um golpe de sorte, poderia fornecer o material necessário ao empobrecido escriba.

Escritores alemães, na maioria judeus, como Franz Kafka (1883-1924), frequentavam o Café Arco e se gabavam do seu título de "Arconautas". Já os tchecos davam preferência ao União, chamado de "Unionka", enquanto o famoso Slavia (▷ 106), com vista para o Vltava, atraía ambas as nacionalidades e hoje é muito procurado por turistas.

1914-1945: TCHECOSLOVÁQUIA: ASCENSÃO E QUEDA

Na Primeira Guerra Mundial, os tchecos, como cidadãos austríacos, lutaram ao lado da Alemanha do Kaiser Guilherme contra seus aparentados, os eslavos russos. Unidades completas desertaram e se juntaram às linhas russas. Nesse ínterim, emigrados como Tomáš Masaryk (1850-1937), Edvard Beneš (1884-1948) e o eslovaco Milan Štefánik (1880-1919) convenceram os aliados ocidentais a apoiar a criação de um Estado tcheco e eslovaco independente das ruínas do império habsburgo. Em 28 de outubro de 1918, na Obecní dům (Casa Municipal) de Praga, foi proclamada a nova República da Tchecoslováquia, tendo Masaryk por presidente.

Democracia-modelo sob vários aspectos, o novo Estado teve um começo malfadado. Os 7 milhões de tchecos mal constituíam a maioria, e a maior das minorias – 3,1 milhões – era formada por seus velhos adversários, os alemães. O governo de Praga, firmemente tcheco, incomodava demais os alemães, que viviam no que se chamaria Sudetenland (Sudetos), sobretudo quando a Grande Depressão os atingiu desproporcionalmente, no início da década de 1930. Hitler explorou essas queixas, ameaçando com a guerra caso não lhes permitissem voltar *"heim ins Reich"* (para o lar, no império). Em setembro de 1938, a Grã-Bretanha e a França assinaram o Acordo de Munique, deixando a Tchecoslováquia indefesa e entregando os Sudetos a Hitler. Pouco depois, em março de 1939, a Alemanha forçou a Eslováquia a separar-se, e o que restou do país foi incorporado ao Terceiro Reich como "Protetorado da Boêmia-Morávia". A ocupação alemã continuou até o fim da Segunda Guerra Mundial. Em 1945, o presidente Beneš dizia esperar que a Tchecoslováquia servisse de ponte numa Europa dividida. Isso não ocorreria.

Da esq. p/ dir. *Tropas alemãs desfilam em Praga pouco depois da conquista da Tchecoslováquia; Detalhe do andar superior do Palácio Koruna; Parte de uma colagem composta de retratos dos homens que morreram no massacre de Lídice*

AS LEGIÕES

Dezenas de milhares de tchecos e eslovacos lutaram como legionários ao lado dos aliados em 1918. Recrutados entre desertores, prisioneiros de guerra e migrantes, um contingente substancial serviu na frente ocidental e na Itália, mas o mais numeroso estava na Rússia. Quando os bolcheviques assinaram a paz com a Alemanha antes de a guerra terminar, a Legião Tchecoslovaca viu-se em situação incômoda. Tomou-se a decisão de retirá-la de lá por Vladivostok, e os Estados Unidos a comandaram na lendária "longa marcha", que levou dois anos para terminar, de 1918 a 1920. Em certo momento, a Legião controlava toda a extensão da ferrovia Transiberiana e rechaçava os ataques do Exército Vermelho de Trótski. As façanhas dos legionários são homenageadas na escultura que embeleza o Banco das Legiões, na rua Na poříčí, em Praga.

O PRIMEIRO PRESIDENTE FILÓSOFO

Tomáš Garrigue Masaryk (1850-1937), professor de filosofia chamado com carinho de T.G.M, era filho de um cocheiro eslovaco e mãe morávia de língua alemã. Oposto ao preconceito e a tudo que fosse irracional, entrou para a vida pública como denunciante das mentiras nacionalistas e adversário do anti-semitismo. Já tinha idade quando viajou pelo mundo, durante a Primeira Guerra Mundial, em defesa da causa tchecoslovaca, e cumpriu três mandatos como presidente do novo Estado. Passou em revista as tropas montado em um cavalo pela última vez, aos 83 anos. Essa vivacidade era lendária: nos anos 1920, em vez de dar a volta e entrar pela porta principal do Thunovský palác (Palácio de Thun) para se reunir com o embaixador britânico, Masaryk vinha pelo castelo, descia por uma escada particular e entrava pelo jardim da embaixada.

17 DE NOVEMBRO DE 1939

A promessa de Hitler de que os tchecos teriam "uma vida nacional plena" dentro do império alemão logo se mostrou vazia. Uma comemoração estudantil do Dia da Independência, em 28 de outubro de 1939, acabou brutalmente, e o estudante de medicina Jan Opletal morreu baleado. Outras manifestações e confrontos seguiram-se ao funeral dele, e então, na madrugada de 17 de novembro, o dormitório da universidade foi invadido: nove estudantes acabaram baleados e outros 1.200 presos a esmo e enviados a campos de concentração na Alemanha. O governador da Boêmia-Morávia, Reichsprotektor Konstantin von Neurath, ordenou o fechamento de todas as universidades e instituições tchecas de ensino superior. Os prédios foram dados ao Exército e à SS e as bibliotecas, desfeitas. Os professores descobriram que poderiam ser executados se dessem aulas particulares.

O CARRASCO HEYDRICH

A nomeação do SS Obergruppenführer Reinhard Heydrich, em 1941, para Reichsprotektor interino prenunciou um reino de terror que destruiu o movimento clandestino de resistência. Ao mesmo tempo, a mão de obra tcheca, cuja colaboração era vital para a campanha bélica nazista, foi seduzida com rações extras e boas condições de trabalho. Apreensivo com os acontecimentos, o governo tchecoslovaco no exílio na Grã-Bretanha enviou um grupo de paraquedistas para assassinar Heydrich. Em 27 de maio de 1942, dois soldados – um tcheco e um eslovaco – interceptaram "o Carrasco" quando ele ia de sua residência no campo para Praga. Uma submetralhadora emperrou, mas uma granada provocou um ferimento fatal em Heydrich, que morreu oito dias depois. Os paraquedistas fugiram do local, mas depois foram emboscados na Svatého Cyrila a Metoděje (Igreja de São Cirilo e São Metódio) com outros soldados e acabaram morrendo.

LÍDICE

Lídice, aldeia de mineração a noroeste de Praga, foi alvo de uma das maiores atrocidades cometidas em terras tchecas durante a Segunda Guerra Mundial. Indignados com o assassinato de Heydrich (▷ ao lado), os alemães, determinados a se vingar e com um pretexto débil, bloquearam a vila na noite de 9 de junho de 1942. Os homens foram mortos na hora; as mulheres e as crianças, transportadas para campos de concentração. Os mineiros que voltavam do turno da noite foram presos e também mortos. Por fim, engenheiros do Exército alemão destruíram todos os vestígios de Lídice. A propaganda nazista vangloriou-se do fato de que seria plantado milho no lugar antes ocupado pelo vilarejo. Porém, o tiro saiu pela culatra, e Lídice tornou-se um símbolo internacional da brutalidade nazista e da injustiça com os tchecos. Após a guerra, o local virou monumento nacional e se construiu uma nova Lídice ao lado.

1945-1989: DO COMUNISMO À REVOLUÇÃO

INTRODUÇÃO — A HISTÓRIA DE PRAGA

No final da Segunda Guerra Mundial, o Exército Vermelho libertou grande parte da República Tcheca, impulsionando o comunismo soviético. Eleições diretas tornaram o Partido Comunista majoritário, e seu líder, Klement Gottwald, passou a ser primeiro-ministro. Em fevereiro de 1948, os comunistas deram um golpe de Estado – milicianos saíram às ruas e ocuparam edifícios públicos, e as manifestações contrárias foram abafadas. Gottwald proclamou vitória à massa na praça da Cidade Velha, e o presidente Beneš cedeu à ameaça de uso da força. Dezenas de milhares de tchecos fugiram para o exterior. Outros milhares foram presos, a indústria privada acabou nacionalizada e a Tchecoslováquia virou satélite da União Soviética.

Em 1968, Alexander Dubček (1921-92), líder do Partido Comunista, comandou uma tentativa – chamada Primavera de Praga – de ressuscitar o comunismo tcheco, afirmando ser esse o desejo do povo. A brutal intervenção de tanques soviéticos em agosto daquele ano deu início a duas décadas de repressão política e cultural. A vasta maioria dos tchecos e dos eslovacos abaixou a cabeça, concentrando-se na vida familiar. Alguns corajosos mantiveram em pé a bandeira da liberdade, entre eles o dramaturgo Václav Havel e os cossignatários da Carta 77, que exigia do governo respeito às próprias leis. No fim dos anos 1980, os países comunistas da Europa oriental estavam em crise. Em Praga, a pacífica Revolução de Veludo, em novembro de 1989, foi coordenada por Havel e seus colegas, encorajados por enormes manifestações na cidade. O grito era "Havel na hrad" (Havel para o castelo), e ele se tornou presidente.

Da esq. p/ dir. *Na Revolução de Veludo, Alexander Dubček discursa para 500 mil tchecoslovacos ao voltar para Praga, após 20 anos de exílio; Tropas soviéticas são recebidas com festa ao entrar em Praga, em maio de 1945; O povo sai às ruas durante a Revolução de Veludo*

LIBERTAÇÃO

No início de maio de 1945, com a aproximação do Exército Vermelho pelo leste e dos americanos pelo oeste, Praga insurgiu-se contra os ocupantes nazistas. A maioria dos soldados alemães queria escapar da ira soviética rendendo-se aos americanos, mas a Gestapo e a SS lutavam ferozmente. Centenas de combatentes e civis tchecos morreram no conflito, e o bombardeio alemão destruiu a ala norte do Staroměstská radnice (Prefeitura da Cidade Velha). A Rádio Praga pediu ajuda às forças do general Patton, que estavam na libertada Plzeň. Uma multidão em Praga foi à loucura quando dois jipes americanos entraram na cidade, mas era só uma missão de reconhecimento. Os aliados concordaram que Praga seria libertada pelos soviéticos. Os tanques do Exército Vermelho chegaram em 9 de maio, dando à União Soviética e aos comunistas locais enorme vitória de propaganda.

EXECUÇÕES À MODA DE STÁLIN

Um dos mais fanáticos membros do governo comunista era Rudolf Slánský (1901-52), incansável na perseguição a "traidores, inimigos do povo e nacionalistas burgueses". Pessoas como Jiří Mucha, filho do pintor Alfons, eram enviadas às minas de urânio, enquanto adversários políticos, como a ex-parlamentar Milada Horáková, eram executados. Mas a tirânica máquina repressiva montada por Slánský acabou devorando o criador. Com a ajuda de especialistas mandados de Moscou por Stálin, armaram-se acusações falsas contra Slánský e outros antigos comunistas. Presos, ele e os outros sofreram tortura e lavagem cerebral para confessar uma profusão de crimes improváveis, como o de trabalharem como "agentes do imperialismo" e serem "conspiradores sionistas". Dos 13 homens com altos cargos no Partido Comunista que foram executados, dez, inclusive Slánský, eram de origem judaica.

2 A 0

A invasão soviética em agosto de 1968 deixou os tchecos e os eslovacos assombrados. Por um tempo, com Alexander Dubček ainda no comando, ao menos nominalmente, pareceu que um pouco do espírito da Primavera de Praga sobreviveria. Mas, em março de 1969, o time de hóquei no gelo da Tchecoslováquia venceu a União Soviética por 2 a 0. Minutos depois do final do jogo, dezenas de milhares de pessoas afastaram-se da televisão e convergiram em êxtase para a Václavské náměstí (praça Venceslau), cantando, gritando e escrevendo o resultado em qualquer superfície que encontrassem. As coisas saíram de controle quando parte da multidão atacou a loja da Aeroflot, linha aérea soviética, destroçando-a. Isso passou dos limites para os soviéticos. Dubček foi retirado com jeito do poder e substituído por *apparatchiks* (servidores do governo) prontos para fazer o que os chefes mandassem.

JAN PALACH

Em 16 de janeiro de 1969, em gesto que fez lembrar o mártir Jan Hus, um estudante de filosofia de 21 anos, Jan Palach, jogou gasolina no corpo e ateou fogo, na parte alta da Václavské náměstí (praça Venceslau). Ele morreu três dias depois. O bilhete que deixou apenas exigia liberdade de imprensa e o fechamento de um boletim de propaganda de inspiração soviética, mas ele inevitavelmente se tornou um símbolo do protesto contra a invasão da Tchecoslováquia pelo Pacto de Varsóvia. Meio milhão de pessoas seguiu a procissão do seu funeral por Praga. Palach foi enterrado no cemitério de Olšany (▷ 135). Porém, como o túmulo atraía muitos visitantes, a polícia secreta exumou seu corpo, cremou-o, e seus restos voltaram a ser enterrados, mas em sua aldeia natal. Só após 1989 eles voltaram para Olšany. Pouco depois de Palach ter-se imolado, outro mártir juntou-se a ele: Jan Zajíc ateou fogo ao corpo e morreu em 25 de fevereiro de 1969, perto da praça Venceslau.

17 DE NOVEMBRO DE 1989

Na noite de 17 de novembro de 1989, para assinalar o 50º aniversário do assassinato do estudante de medicina Jan Opletal (▷ 35), cometido pelos nazistas, uma manifestação de 50 mil jovens, aprovada oficialmente, seguiu de Vyšehrad para o Národní divadlo (Teatro Nacional). Quando a massa estava na Národní třída indo para a Václavské náměstí (praça Venceslau), viu o caminho bloqueado pela polícia de choque. Alguns se sentaram, cantaram o hino nacional e entoaram slogans. De repente, a polícia atacou, provocando pânico nos que não conseguiram escapar. Muitos foram espancados e gravemente feridos, e dizia-se que um manifestante tinha sido morto. O acontecimento logo ficou conhecido como "o massacre" e se tornou uma das fagulhas que desencadearam a Revolução de Veludo. Todavia, a morte do manifestante, soube-se depois, foi um boato espalhado pela polícia secreta, por motivos que até hoje continuam desconhecidos.

INTRODUÇÃO | A HISTÓRIA DE PRAGA

1989-HOJE: A PRAGA ATUAL

INTRODUÇÃO | **A HISTÓRIA DE PRAGA**

Na virada do século XXI, a esperança que Havel tinha em uma "terceira via" entre o capitalismo e o comunismo se desfez. Praga era então a capital de um país ocidental mais ou menos "normal", com governo eleito democraticamente e economia privatizada. Os antigos problemas entre os tchecos e os eslovacos haviam sido solucionados no "Divórcio de Veludo", embora a divisão da Tchecoslováquia em duas repúblicas distintas nunca tenha sido apresentada ao povo na forma de um plebiscito. A República Tcheca tornou-se membro da Otan em 1999 e da União Europeia em 2004. O mais óbvio efeito da mudança em Praga foi o estado dos edifícios – o cinza e a decadência onipresentes da era comunista desapareceram quando os novos proprietários reformaram e pintaram seus imóveis. Os turistas ocidentais que evitavam a cidade durante os anos da Guerra Fria puderam, então, compensar o tempo perdido.

A GRANDE ENCHENTE

A enchente de 2002 foi drástica porque ninguém a esperava e, mesmo vendo a água subir por todos os lados, os moradores de Praga não conseguiam acreditar no que acontecia. A cidade teve um prejuízo de bilhões de coroas, mas a recuperação foi surpreendentemente rápida, e poucos sinais da inundação persistem, fora a marca da altura que a água atingiu em alguns prédios.

O LEGADO DE GASTON

Bem depois que as águas da enchente baixaram, Praga ganhou um presente inesperado de Gaston, o bravo leão-marinho que escapou de seu tanque no zoológico da cidade durante a inundação. Gaston nadou 120km pelo Vltava e pelo Elba até ser recapturado perto de Dresden, na Alemanha. Poucos dias depois, ele morreu de exaustão, e pessoas de várias partes do mundo que haviam acompanhado sua aventura ficaram tristes. No entanto, dez meses mais tarde, a companheira de Gaston, Bára, deu à luz uma fêmea que, segundo os tratadores do zoológico, só podia ser filha de Gaston. O filhote foi batizado publicamente de Abeba, que é o mascote oficial do zoo de Praga, e lembrou a todos a corajosa odisseia de Gaston.

VÁCLAV X VÁCLAV

Os dois presidentes após 1989 – Havel, no cargo até 2003, e Klaus, que o substituiu – têm o sobrenome Václav, mas eles próprios são inteiramente diferentes. Havel acha que a política é um braço da filosofia moral, enquanto seu adversário se concentra na economia. Havel, extrovertido, adorava aparecer para o mundo, ao contrário de Klaus, que se afastou das comemorações da entrada da República na UE. Os dois continuam rivais implacáveis até hoje, mas Havel é muito mais conhecido e respeitado fora do país. Nos últimos tempos Klaus arranjou um novo papel para si: é um dos principais críticos da União Europeia.

Acima *Fachadas coloridas no bairro de Smíchov*
Página ao lado *Vista a partir da Kostel svatého Mikuláše (Igreja de São Nicolau), no Malá Strana*

COMO CHEGAR E CIRCULAR

Esta seção oferece informações detalhadas sobre as várias opções de viagem para Praga e explica as melhores maneiras de circular pela cidade depois de sua chegada. Dicas práticas vão ajudar você com tudo de que precisar, da compra de bilhetes ao aluguel de um carro.

Chegada	40
De avião	40
De trem	42
De ônibus	43
De carro	44
Como circular	45
De metrô	47
De bonde	50
Outras maneiras de circular	52
De táxi	53
De carro	54
Como partir de Praga	55
Portadores de deficiência	56

CHEGADA

DE AVIÃO

É muito fácil chegar de avião a Praga, no coração da Europa central: a cidade fica a apenas uma ou duas horas de muitas das maiores cidades do continente. A contínua modernização e expansão do aeroporto de Praga, em Ruzyně, melhorou muito a situação, e a filiação da República Tcheca à União Europeia, em 2004, reduziu ao mínimo as formalidades para entrar no país.

O advento das passagens econômicas e das pontes aéreas simplificou as viagens e reduziu os preços, possibilitando estadias curtas na capital tcheca para muitas pessoas. Além de Praga estar ligada por voos diretos a muitas cidades europeias, há linhas sem escalas que partem dos Estados Unidos e do Canadá (Nova York, Atlanta, Montreal, Toronto) e linhas com apenas uma escala partindo de várias cidades de todo o mundo.

O aeroporto de Praga (PRG) fica perto da cidade de Ruzyně, 19km a noroeste do centro de Praga. Os prédios e as instalações são modernos e bem cuidados. O percurso de desembarque e a passagem pela verificação de passaportes e a alfândega são mais rápidos do que antes e sinalizados em inglês e em tcheco. Há quatro terminais: o T1 serve a destinos fora da Área Schengen – a fronteira comum da UE –, inclusive Reino Unido, Irlanda, Canadá e EUA; o T2 atende aos estados membros da UE e à Suíça, que compartilham a fronteira internacional e a alfândega; o T3 é para voos fretados; e o T4, para voos especiais.

Entre as instalações e os serviços no saguão de chegada e outros lugares do terminal estão bares, cafés, restaurantes e lanchonetes, achados e perdidos, lojas e câmbio. Há um balcão de informação do aeroporto (tel 220 113 314), e as informações turísticas são dadas por hotéis e agências de viagem privadas. Existe reserva computadorizada

PRINCIPAIS COMPANHIAS AÉREAS

EMPRESA	SITE
Air France	www.airfrance.com
Alitalia	www.alitalia.com
American Airlines	www.aa.com
Austrian Airlines	www.aua.com
British Airways	www.britishairways.com
Czech Airlines/ČSA	www.csa.com
Delta Airlines	www.delta.com
Jet2	www.jet2.com
KLM Royal Dutch Airlines	www.klm.com
Lufthansa	www.lufthansa.com
Ryanair	www.ryanair.com
Sky Europe	www.skyeurope.com
Smartwings	www.smartwings.com
TAM	www.tam.com.br

TELEFONES ÚTEIS

Informação de chegada/saída	220 113 314 ou 220 113 321
Primeiros socorros	220 113 301-2
Polícia	220 114 444
Correios	222 240 265
Salas VIP	220 562 525

de hotéis no saguão de bagagens, e o Departamento de Transportes de Praga (Dopravní podnik hl. m. Prahy - DPP) tem pontos de informação nos saguões de chegada dos terminais (tel 296 191 817, diariam 7h-22h).

COMO IR DO AEROPORTO PARA PRAGA

Embora o aeroporto não disponha de conexão ferroviária, é muito fácil chegar ao centro de Praga.

DE TRANSPORTE PÚBLICO

É econômico e seguro para chegar à maioria dos bairros de Praga. Saindo da estação rodoviária diante do terminal, o ônibus nº 119 vai até a estação Dejvická do metrô, de onde se está a poucos pontos de estações que vão ao centro de Praga. Os ônibus param em poucos pontos e levam cerca de 25 minutos do aeroporto até a estação Dejvická. Funcionam das 4h à 0h e passam a intervalos de 7 a 8 minutos nos horários de pico, ou por volta de 30 minutos de manhã cedo e tarde da noite. Os trens do metrô chegam a intervalos de poucos minutos das 5h à meia-noite. É preciso ter um bilhete comum de transporte público (26Kč), que pode ser comprado no DPP no aeroporto, em máquina de passagens nos pontos de ônibus e com o motorista (caso em que custa 30Kč). Deve ser validado (▷ 46) e permite viajar pela cidade por até 75 minutos. Pode-se baldear entre ônibus, metrô e bonde quantas vezes for preciso. O ônibus nº 100 vai do aeroporto à estação Zličín, terminal da Linha B do metrô nos subúrbios a oeste, que pode ser mais indicada para chegar a determinados destinos, enquanto o nº 225 leva até a mesma linha B, mas para na estação Nové Butovice.

Há um ônibus noturno (nº 510) de hora em hora do aeroporto até o ponto final de bondes de Divoká Šárka. O bonde noturno nº 51 parte daí a cada meia hora para a Nádraží Strašnice via Náměstí Republiky (praça da República) e Václavské náměstí (praça Venceslau) e outros pontos no centro de Praga, inclusive a rua Lazarská, onde se faz baldeação para outros bondes.

Existem também ônibus expressos especiais do aeroporto, com as letras AE, que levam direto às estações de trem Holešovice e Hlavní (principal). A tarifa é de 50Kč em qualquer sentido.

DE MICRO-ÔNIBUS

Com balcão no saguão de chegada, a companhia Cedaz tem uma linha de micro-ônibus para a estação de metrô Dejvická e para a Náměstí Republiky (praça da República), perto da Obecní dům (Casa Municipal) e da Prašná brána (Torre da Pólvora), no centro de Praga. A viagem até o metrô demora cerca de 15 minutos e custa 90Kč, e para a Náměstí Republiky, cerca de 30 minutos, por 120Kč. Os micros partem da frente do terminal a cada meia hora, das 5h30 às 21h30. Também levam direto ao hotel ou a um endereço específico por uma tarifa a combinar.

DE TÁXI

Os motoristas de táxi de Praga em geral têm má fama (▷ 21), mas as duas empresas com licença para operar no aeroporto são confiáveis. Um balcão no saguão de chegada distribui os passageiros entre os veículos prateados da companhia FIX (tarifas fixas), enquanto os carros amarelos da AAA (com taxímetro) são encontrados sem intermediários fora do terminal. A viagem até o centro de Praga custa em torno de 600Kč, conforme o local de destino e, no caso da AAA, de acordo com as condições do trânsito.

DE CARRO

Talvez você conclua que um carro em Praga só atrapalha, pois o tráfego é pesado, é difícil estacionar e o transporte público vai a todo lado. Mas um carro vai ser útil para fazer algumas das excursões das pp. 232-57.

Várias locadoras de veículos têm filiais no aeroporto, mas em geral é menos caro contratar o aluguel com antecedência. Pode ser mais barato ainda alugar um carro de uma empresa local (▷ abaixo). É preciso estar com a carteira de habilitação, ter mais de 21 anos e pagar com cartão de crédito.

Uma estrada vicinal de 1,5km vai do aeroporto à rodovia nº 7, que leva a Praga. Para chegar ao centro, siga as placas Centrum ou Praha.

LOCADORAS DE CARROS		
EMPRESA	TELEFONE	SITE
Alimex ČR Rent a Car	220 114 860	www.alimexcr.cz
Avis	235 362 420	www.avis.cz
Budget	220 113 253	www.budget.cz
CS-Czechocar	220 113 454	www.czechocar.cz
Dvořák Rent a Car	220 113 676	www.dvorak-rentacar.cz
Europcar	220 113 207	www.europcar.cz
Hertz	225 345 021	www.hertz.cz
Sixt	220 115 346	www.e-sixt.cz

DE TREM

Além de atender toda a República Tcheca, a companhia ferroviária nacional České Drahy (ČD) faz a conexão com estradas de ferro dos países vizinhos, permitindo viagens internacionais de trem. Linhas diretas ligam Praga a cidades da Áustria, Alemanha e diversos países da Europa oriental, e com apenas uma baldeação pode-se chegar a muitas outras cidades.

TRENS INTERNACIONAIS

» É possível viajar de trem de Londres a Praga através do túnel do Canal da Mancha, mas isso normalmente obriga a pelo menos duas baldeações de trem e a fazer pernoite. Com a velocidade e o preço relativamente baixo dos voos, a opção do trem entre o Reino Unido e Praga só faz sentido para quem planeja fazer ao mesmo tempo outra viagem por terra na Europa. Os trens Eurostar vão da estação St. Pancras e do aeroporto Ashford International, em Londres, à Paris--Nord e Bruxelles-Midi. O tempo de viagem partindo de Londres é de 2h15 até Paris e 1h51 até Bruxelas. Percorrendo uma velocidade máxima de 300km/h, os trens foram modernizados e têm vagões-restaurante de primeira classe e bufês.

» Os trens da Thalys percorrem a linha entre Bruxelas e Colônia e são parecidos com os trens da Eurostar.

» A viagem de longa distância na Alemanha e até a República Tcheca costuma ser com trens da ICE (InterCityExpress) ou a EC (EuroCity), que têm padrão equivalente ou superior. De Colônia a Frankfurt os trens usam um novo ramal que permite velocidades altíssimas.

» Os modernos trens noturnos das Deutsche Bahn (Ferrovias Alemãs) entre Bruxelas-Berlim e Frankfurt--Praga têm acomodações confortáveis nos vagões-leito (1, 2 ou 3 leitos) e liteiras (4 ou 5 leitos), bem como nos vagões comuns. Geralmente há petiscos e bebidas.

ESTAÇÕES EM PRAGA

A maioria dos trens internacionais, se não todos eles, que vão a Praga chegam à Praha hlavní nádraží, principal estação ferroviária da cidade. A estação está passando por uma reforma de muitos anos que deverá livrar a região de atividades ilícitas ou imorais e restaurar o esplendor art nouveau da estação. Nela você encontra bilheterias, achados e perdidos e uma filial do departamento municipal de informação turística. A estação, que tem uma estação de metrô, fica na beira do centro histórico da cidade, a uma caminhada de menos de dez minutos da Václavské náměstí (praça Venceslau).

Duas outras estações recebem trens internacionais: Praha-Smíchov, nos subúrbios a sudoeste, e Praha--Holešovice, na zona norte. Ambas são construções modernas e têm estação de metrô, mas estão em péssimo estado de conservação.

A Praha hlavní nádraží não é necessariamente a estação mais conveniente para chegar à capital tcheca, e alguns trens internacionais que não vão até Praga param na Praha-Holešovice. Verifique qual das três estações de Praga é melhor para chegar ao lugar a que você pretende ir na cidade, lembrando que todas elas têm conexão direta com o eficiente sistema de metrô e transporte público. Há um escritório de informação sobre ferrovias internacionais na Praha hlavní nádraží (no lado sul do prédio, subindo do saguão principal para o primeiro andar).

EMPRESAS DE TREM

EMPRESA	TELEFONE	SITE
České Drahy (Ferrovias Tchecas)	840 112 113	www.cd.cz
Deutsche Bahn (Ferrovias Alemãs)	08718 80 80 66	www.bahn.de
Eurostar (na Grã-Bretanha)	0870 518 6186/0870 160 6600	www.eurostar.com
(de fora da Grã-Bretanha)	0044 1233 617 575	

LINHAS INTERNACIONAIS DE TREM PARA PRAGA

PAÍS	CIDADE	TEMPO DE VIAGEM	TRENS DIÁRIOS
Áustria	Viena	4h30	7
Alemanha	Berlim	4h45	7
	Dresden	2h30	8
	Frankfurt	8h	1
	Hamburgo	7h	4
	Munique	6h	3
	Nuremberg	5h	2
Hungria	Budapeste	6h45	7
Polônia	Varsóvia	9h	1
Eslováquia	Bratislava	4h	6

LINHAS COM BALDEAÇÃO

Londres-Praga

Da estação St. Pancras: baldeações em Bruxelas-Midi, Köln (Colônia) e Frankfurt Hbf (trem noturno Frankfurt-Praga). Tempo de viagem: 17h.

Da estação St. Pancras: baldeação em Bruxelas-Midi e Berlim (trem nortuno Bruxelas-Berlim; há cabines de luxo). Tempo de viagem: 19h.

Paris-Praga

Da estação Paris-Est: baldeações em Karlsruhe, Frankfurt Hbf, Dresden. Tempo de viagem: 13h.

Da estação Paris-Nord: baldeações em Köln (Colônia), Frankfurt-Flughafen, Frankfurt Hbf, Dresden. Tempo de viagem: 13h.

DE ÔNIBUS

Várias companhias oferecem linhas de ônibus internacionais que ligam Praga a outras cidades europeias. As passagens são mais baratas que as de trem, e o tempo de viagem às vezes é menor.

A Eurolines tem uma ampla rede de linhas rodoviárias internacionais. Os ônibus em geral são modernos, bem conservados e têm toaletes a bordo, ar-condicionado e poltronas reclináveis. Em viagens mais longas, são feitas paradas para comer e descansar em lugares predeterminados, e pode ser que existam alguns lanches a bordo. Os ônibus costumam parar na estação rodoviária Florenc de Praga, aparentemente muito caótica, mas na verdade bastante eficiente, com serviços que vêm sendo modernizados. Ela fica na ponta do centro histórico, a menos de 15 minutos a pé da Prašná brána (Torre da Pólvora) e da Obecní dům (Casa Municipal). Há transporte para todas as partes da cidade, seja de metrô, saindo da estação Florenc, seja de bonde, nos pontos nas redondezas.

ČSAD

A antiga companhia nacional de ônibus da República Tcheca foi dividida entre várias empresas operadoras, que têm linhas para cidades europeias diversas, como Amsterdã e Varsóvia. É mais prático encontrar horários e preços no site www.jizdnirady.cz.

INFORMAÇÕES SOBRE ÔNIBUS PARA PRAGA

Eurolines	www.eurolines.com	Reservas e informações
	República Tcheca	tel 420 245 005 245
	Alemanha	tel 49(0)69 7903-501
	Itália	tel 08 717 818181
	França	tel 0 892 89 90 91
	Reino Unido	tel 0870 80 08 80

A tabela abaixo mostra a distância em quilômetros entre as maiores cidades europeias

	Ams	Bel	Berl	Bern	Bra	Brux	Buca	Bud	Cop	Lju	Lon	Lux	Mad	Mos	Par	Pra	Rom	Sar	Var	Vie
Belgrado	1718																			
Berlim	655	1247																		
Berna	838	1363	922																	
Bratislava	1225	577	671	938																
Bruxelas	206	1673	763	637	1181															
Bucareste	2181	619	1646	1893	977	2136														
Budapeste	1398	388	864	1111	194	1353	788													
Copenhague	920	1832	564	1378	1255	1048	2231	1449												
Ljubljana	1241	530	999	836	435	1153	1146	443	1656											
Londres	533	2039	1090	947	1546	370	2502	1719	1375	1537										
Luxemburgo	386	1469	762	431	1010	213	1965	1183	1066	956	582									
Madri	1800	2573	2343	1535	2458	1599	3189	2489	2642	2046	1750	1662								
Moscou	2449	2084	1830	2644	1885	2556	1758	1831	2385	2300	2888	2523	4138							
Paris	525	1800	1068	592	1340	324	2295	1513	1367	1287	475	407	1300	2861						
Praga	891	904	341	769	328	902	1304	522	927	664	1272	731	2300	1855	1031					
Roma	1658	1282	1493	932	1175	1457	1898	1198	2126	755	1772	1275	1945	3040	1417	1281				
Sarajevo	1727	303	1389	1372	707	1682	824	539	2143	539	2052	1478	2581	2370	1779	1046	1291			
Varsóvia	1202	1056	584	1402	643	1309	1240	668	1138	1057	1641	1281	2891	1247	1596	612	1797	1207		
Viena	1148	622	629	861	66	1103	1022	240	1214	378	1473	933	2380	1923	1233	285	1117	758	681	
Zagreb	1326	394	988	968	417	1281	1009	347	1741	135	1647	1074	2177	2178	1406	645	887	400	1039	359

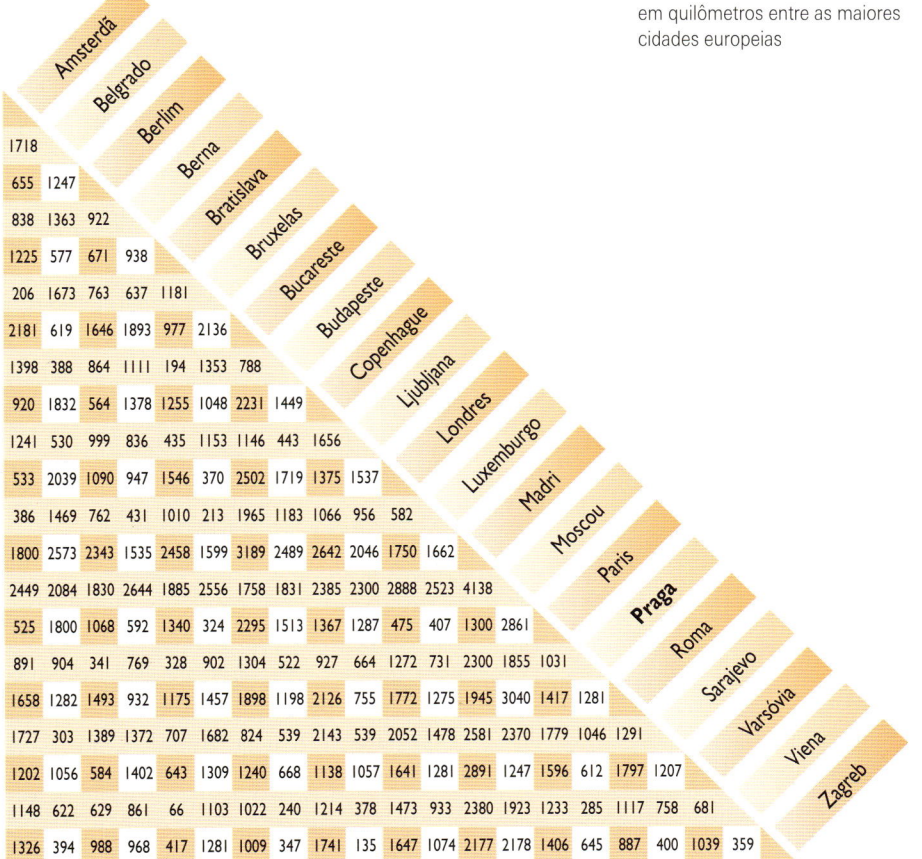

DE CARRO

Devido à grande distância e à alta qualidade do sistema de transporte público da cidade, não há um grande motivo para viajar de carro da Grã-Bretanha a Praga (uma viagem de cerca de 1.250km de Londres via Dover-Calais). No entanto, se você pretende visitar outras cidades no meio do caminho e conhecer outras regiões da República Tcheca, a viagem de carro torna-se plenamente justificável.

Praga é o ponto de convergência da rede de estradas e rodovias da República Tcheca. As principais estradas são identificadas por um número de um ou dois algarismos, as rodovias por um D (*dalnice*, rodovia) e um só algarismo. As estradas expressas da rede europeia (E) são identificadas por um número de um ou dois algarismos brancos sobre fundo verde.

Duas rotas principais ligam a capital tcheca à Alemanha e a outros países da Europa ocidental. A D8/E55 sai de Praga em direção ao norte até Dresden, e continua (como E55) para Berlim e Rostock, no Báltico.

A D5/E50 sai para oeste, passa por Plzeň e se liga à rede de autoestradas da Baviera e do oeste da Alemanha.

Como a República Tcheca está dentro da Área Schengen, a fronteira comum da União Europeia, você não precisa parar na fronteira nem mostrar o passaporte quando vier da Alemanha, da Áustria, da Polônia ou da Eslováquia.

Saiba que se cobra uma tarifa para usar as rodovias e outras autoestradas na República Tcheca. A comprovação do pagamento é um selo ou adesivo, que pode ser comprado na fronteira, na maioria dos postos de gasolina e em agências dos Correios, e deve ficar à mostra no para-brisa do carro. Existem vários adesivos disponíveis: um é válido por sete dias e custa 220Kč, e o outro vale por um mês e custa 330Kč.

Veja mais informações sobre como dirigir em Praga e na República Tcheca, ▷ 54.

PERCURSOS

A maioria das pessoas que vão dirigindo da Grã-Bretanha até Praga ou outras regiões da República Tcheca usa o percurso curto de Dover até Calais ou o trem pelo túnel do Canal da Mancha.

Há outros serviços de transporte de carros por mar entre Dover e Dunquerque (Dunkirk), Harwich e Hoek van Holland (Esquina da Holanda) e entre Hull e Zeebrugge ou Roterdã.

Partindo de Calais, a rota mais direta – quase toda por rodovias – é pela E40, atravessando a Bélgica até Köln (Colônia), na Alemanha, depois pela E35, E41 e E45, passando por Frankfurt, Würzburg e Nürnberg (Nuremberg), até a E50, que atravessa a fronteira tcheca em Waidhaus (Rozvadov), e seguindo pela D5/E50 até Praga. Só um trecho curto a leste de Nuremberg ainda não foi convertido para o padrão de rodovia.

Uma alternativa um pouco mais longa, mas fácil de seguir, é permanecer na E40 Alemanha adentro, a qual se junta à E55 perto de Dresden. Daí até Praga, praticamente todo o percurso é por uma rodovia excelente.

Partindo da Holanda, a rota mais direta através da Alemanha é pela E30 até Magdeburg, depois pela E49 e pela E55, como descrito acima.

FERRYBOATS NO CANAL DA MANCHA E NO MAR DO NORTE

EMPRESAS	PERCURSO	TELEFONE	SITE
DFDS Seaways	Newcastle-Amsterdã	0871 522 9955	www.dfdsseaways.co.uk
Norfolk Line	Dover-Dunquerque	0844 847 5042	www.travel.norfolkline.com
P&O	Dover-Calais, Hull-Zeebrugge/Roterdã	08716 645 645	www.poferries.com
SeaFrance	Dover-Calais	0871 222 2500	www.seafrance.com
Stena Line	Harwich-Hoek van Holland/Roterdã	0870 570 7070	www.stenaline.com

COMO CIRCULAR

Praga tem orgulho do seu sistema de transporte público integrado de bondes, ônibus, metrô e até um funicular. O sistema permite ir a praticamente qualquer lugar da cidade, mas as viagens que usam mais de um meio de transporte talvez sejam demoradas, e o aperto pode ser grande nos horários de pico. Mesmo que continue subindo, o preço das passagens ainda é razoável, e existem várias opções de passes diários para turistas que não pretendem ficar muito tempo.

O sistema é gerido pelo Dopravní podnik hl.m.Prahy (DPP, Departamento de Transportes de Praga), o que garante a integração das várias modalidades de transporte público.

Muitas das viagens, se não a maioria, obrigam a passar de um meio de transporte para o outro, sobretudo porque as estações do metrô são relativamente distantes entre si e na verdade funcionam mais como pontos centrais para seguir viagem de bonde ou ônibus. O mapa da p. 49 mostra essa inter-relação. Veja o panorama completo da rede de transportes em www.dpp.cz e faça o download dos mapas atualizados de bonde e metrô em formato PDF.

Uma alternativa é o livreto e mapa *Guide to Praga by the Metro (Guia de Praga pelo metrô)*, de uma série de guias de transportes públicos de várias cidades do mundo, publicado nos Estados Unidos por Michael Brein.

O transporte costuma ser frequente durante o dia, ainda mais nos horários de pico, e há ônibus e bondes mais espaçados também à noite.

DPP

Os escritórios de informação do DPP nos dois terminais de chegada do aeroporto de Praga abrem diariamente (7h-22h, tel. 296 191 817). Além de bilhetes, mapas e outras publicações, os escritórios do DPP dão dicas sobre rotas, tarifas, horários e mudanças temporárias no serviço. Pode-se conseguir informação de viagem no site www.dpp.cz.

Há escritórios de informação do DPP (geralmente com pessoal que fala inglês) nestas estações do metrô:
Anděl No saguão da estação (seg-sex 7h-18h).
Můstek No salão subterrâneo abaixo da Jungmannovo náměstí (seg-sex 7h-18h).
Muzeum No salão subterrâneo (diariam 7h-21h).
Nádraží Holešovice Junto à saída para a rua Plynární (seg-sex 7h-18h).

PLANEJAMENTO ANTECIPADO

Vale a pena planejar como você pretende conhecer Praga e verificar se o sistema de transporte público pode ajudar. Apesar de ser possível explorar o centro histórico da cidade a pé – e parte dele apenas a pé –, ele ocupa uma área muito grande, e há ladeiras em alguns trechos. Pode ser bastante cansativo sair caminhando da Staré Město (Cidade Velha), atravessar a Karlův most (Ponte Carlos), depois subir as vielas e a escadaria do Malá Strana até o castelo e voltar ao ponto de partida. Familiarize-se com o mapa da cidade e conforme-se em gastar um tempo planejando os passeios pela cidade, especialmente aqueles que necessitam baldeação do metrô para um bonde e vice-versa. O itinerário do bonde nº 22 é muito interessante para os turistas, pois é uma viagem pitoresca que sai da Nové Město (Cidade Nova), atravessa o Vltava, cruza o coração do Malá Strana e depois sobe sem esforço a ladeira íngreme até os portões do castelo (▷ 203-7). Pode-se pegar esse bonde em vários pontos, entre eles o das importantes estações de metrô de Národní třída e Malostranská.

BILHETES E PASSES

Há bilhetes únicos à venda nos escritórios de informação, na recepção dos hotéis, bancas de jornal/tabacarias, agências de viagem, bilheterias de algumas estações de metrô, escritórios do PIS (▷ 272) e máquinas em todas as estações de metrô e em algumas paradas de bonde e ônibus. Você pode comprar passes para um dia nas máquinas de bilhetes. Se quiser passes de duração maior, vá a um centro de informação no metrô.

» **Bilhetes únicos** Existem dois tipos, que custam 18Kč e 26Kč (metade do preço para crianças de 6 a 15 anos). O bilhete de 18Kč chama-se nepřestupní jízdenka (bilhete sem baldeação); dá direito a viagens únicas com duração de até 20 minutos de ônibus ou bonde, ou viagens de metrô por não mais que cinco estações (que podem incluir baldeações de uma linha para outra). O bilhete de 26Kč é o přestupní jízdenka, ou bilhete de baldeação. Permite viajar por todo o sistema e fazer baldeações ilimitadas, desde que a viagem se complete em 75 minutos (à noite, 90 minutos). Claro, o bilhete sem baldeação é indicado para viagens curtas.

» **Passes de viagem** Evitam a confusão de ficar com um monte de bilhetes únicos, mas só valem a pena se você pretende usar o transporte público muitas vezes por dia. Há opções para 24 horas (adulto, 100Kč, criança, 50Kč, em viagens na região central), para 3 dias/72 horas (330Kč) e para 5 dias/120 horas (500Kč).

» **Bilhetes de temporada** Valem a pena se a sua estadia em Praga for mais longa. O bilhete mensal/30 dias custa 550Kč (adulto), 130Kč (criança); o bilhete trimestral, 1480Kč (adulto), 360Kč (criança); e o bilhete anual, 4750Kč (adulto), 1350Kč (criança). Para comprar, apresente uma identificação sua e uma foto de passaporte.

» **Bilhetes SMS** Se você usa um celular com cartão SIM local, pode requisitar um bilhete de transporte por meio de mensagem de texto. Mande o torpedo para o número 902 0626 e ponha "DPT" no texto da mensagem. Você receberá a confirmação por outra mensagem. O bilhete custa 26Kč e é válido por 90 minutos para viagens em metrô, bonde e ônibus.

» **Bilhetes de bagagem** Bagagens grandes exigem um bilhete de 10Kč.

» **Validação de bilhetes** Os bilhetes ficam válidos quando são inseridos em uma máquina de validação, encontrada perto das portas dos bondes e dos ônibus e na proximidade das plataformas nas estações de metrô (em geral no topo das escadas rolantes). Insira o bilhete na máquina com a face para cima, na direção da seta impressa. Você DEVE validar o bilhete; inspetores à paisana (mas com identidade numerada) perambulam pela rede à procura de estrangeiros inocentes que não conhecem as normas locais ou imaginam que basta comprar o bilhete. Não adianta alegar desconhecer as normas, e quem for pego com um bilhete sem validação ou sem bilhete deverá pagar multa (atualmente de 700Kč, se paga na hora); se você se recusar a pagar, a polícia será chamada. Lembre-se de pegar um recibo com o inspetor, caso você tenha a infelicidade de precisar pagar a multa.

DICAS

» É proibido fumar em qualquer transporte e nas estações do metrô.
» Menores de 6 anos não pagam.
» Uma alternativa ao passe de três dias ou similar é o "Prague Card", que custa 860Kč e dá direito (por um ano) a diversas atrações de Praga gratuitamente ou com preço reduzido, assim como usar ilimitadamente o transporte público por dois dias (ou cinco dias, por mais 300Kč). É encontrado em uma série de estabelecimentos, entre eles o escritório da Euroagentur Praha no aeroporto e no Centro Turístico, Celetná 14, perto da praça da Cidade Velha; www.praguecard.info.
» Quem é jovem ou está com boa saúde deve ceder o assento a idosos ou doentes no metrô e em todos os tipos de transporte público. Os moradores da cidade fazem isso sem que lhes peçam.

DE METRÔ

O metrô de Praga – rede substerrânea de trânsito rápido – é constituído por três linhas com código de cor, que formam um triângulo de estações de baldeação na região central da cidade e se estendem para os subúrbios. Os trens e as estações são modernos, limpos e muito bem cuidados, e o sistema é seguro e fácil de usar.

O moderno metrô de Praga é uma rede concebida como a espinha dorsal do sistema de transporte público totalmente integrado da cidade. Comemorou 35 anos em 2009. O primeiro trecho, parte da Linha C (vermelha), foi inaugurada em 1975 de Florenc (então chamada Sokolovská) a Kačerov. Hoje a rede tem 57 estações e extensão total de quase 60km. Sua ampliação constante durante três décadas possibilitou a remoção de bondes e ônibus das ruas centrais, que foram transformadas em ruas de pedestres. Novos terminais de transporte público, perto de estações do metro como Anděl, Hradčany e Dejvická, foram criados nos limites da região central, onde os moradores e outros passageiros transitam para linhas de bonde e ônibus que seguem para os bairros. A rede continua a se expandir. A Linha C foi levada em 2008 até o local da futura feira de comércio em Letňany. As obras na linha A (verde) pretendem levar o metrô até o aeroporto de Praga.

TRENS
O plano inicial do metrô pretendia usar trens leves, como o metrô de Milão. Após a invasão soviética em 1968, o plano tornou-se impensável do ponto de vista ideológico. Foram encomendados trens mais pesados, parecidos com os do metrô de Moscou, e tornou-se necessário replanejar muitas coisas e reforçar construções como a ponte da via expressa Nusle. Os vagões mais modernos são feitos no próprio país pela Siemens/ČKD.
» Os trens antigos estão sendo modernizados, com um interior bonito e assentos mais variados.
» Os trens andam em alta velocidade, com aceleração e frenagem rápidas.

ESTAÇÕES
» As estações do metrô são sinalizadas por placas com um M estilizado. No centro de Praga, o metrô foi construído bem abaixo do nível da rua, também para servir de abrigo em eventual ataque nuclear.
» Nos subúrbios, as estações podem estar ao nível da rua ou acima dela.
» Em geral tem-se acesso às estações por amplos corredores subterrâneos, alguns dos quais podem ser bem extensos, e por longas escadas rolantes, nas quais as pessoas costumam ficar paradas, e não correndo para cima ou para baixo.
» Em geral as plataformas ficam dos lados de uma larga passarela central, à qual se ligam por arcos.
» Relógios eletrônicos no final da plataforma mostram a hora e também quantos minutos se passaram desde a saída do último trem.
» Em geral as estações são muito limpas e bem ventiladas.

COMO SE LOCALIZAR
» Nas estações há mapas da rede do metrô, embora sejam poucos.
» Depois de saber para qual estação você vai, veja qual é a cor da linha em que essa estação está e o nome da última estação da mesma linha.
» Lembre-se de validar seu bilhete, depois siga as placas com a cor da linha escolhida e observe o diagrama na passarela central para saber qual a plataforma correta.
» Quando o trem vai partir, uma gravação em tcheco avisa para se afastar das portas, que serão fechadas. Com o trem em movimento, anuncia-se a estação seguinte (*Příští stanice, Hradčanská*, por exemplo).

FUNCIONAMENTO
» O metrô funciona das 5h à 0h. O intervalo entre os trens chega a 2min30s nos horários de pico nos dias úteis e a 10 minutos em outros dias.

LINHAS E ESTAÇÕES DO METRÔ

LINHA A (VERDE)
Vai de Dejvická, ao norte, a Depo Hostivař, a leste.
» **Dejvická** é a estação que leva o nome do subúrbio relativamente rico

de Dejvice e fica no início da Evropská, avenida ainda dentro da cidade que segue para oeste, na direção do aeroporto. É uma importante estação de integração e ponto final do ônibus nº 119 do aeroporto.

» **Hradčanská** é a estação do bairro Hradčany, mas não é a melhor para ir ao castelo.

» **Malostranská** é a estação do Malá Strana, embora muitos locais desse bairro histórico fiquem a certa distância dela. É um importante ponto de integração com bondes, inclusive o nº 22, que vai ao castelo e à parte alta do bairro de Hradčany. É uma das poucas estações subterrâneas de metrô no mundo que têm um jardim.

» **Staroměstská** não fica longe da Karlův most (Ponte Carlos) e é a estação para a Staré Město (Cidade Velha), embora, mais uma vez, muitos locais fiquem bem distantes, alguns mais próximos das estações Můstek ou Náměstí Republiky, na Linha B.

» **Můstek** é a estação de integração com a Linha B, no trecho inicial da Václavské náměstí (praça Venceslau), e é boa para muitos trechos da Staré Město. Tem longos corredores subterrâneos, com várias saídas, inclusive uma para a praça, quase na metade do caminho.

» **Muzeum** é uma estação de integração com a Linha C no fim da Václavské náměstí e tem esse nome por causa do Národní muzeum. É uma esplanada subterrânea movimentada, com lojas e o principal escritório de informações do DPP.

» **Náměstí Míru** (praça da Paz) serve a parte do subúrbio de Vinohrady e diversos hotéis.

» **Jiřího z Poděbrad** (praça Jorge de Poděbrady) é a estação central de Vinohrady.

» **Flora** localiza-se no lado oeste dos cemitérios de Olšany.

» **Želivského** está na extremidade leste dos cemitérios de Olšany.

LINHA B (AMARELA)

Vai de Zličín, nos subúrbios a oeste mais distantes, à Černý most, no lado leste da cidade.

» **Zličín** é o ponto final do ônibus nº 100 do aeroporto.

» **Smíchovské nádraží** (estação ferroviária de Smíchov) é a interligação com os trens do ramal principal e os ônibus suburbanos (inclusive o ônibus para Zbraslav).

» **Anděl** (Anjo) é a estação para o shopping Nový Smíchov e importante interligação com bondes.

» **Karlovo náměstí** (praça Carlos) tem localização central na Nové Město (Cidade Nova) e é uma importante estação de integração com bondes.

» **Národní třída** fica perto de várias atrações da Staré Město e da Nové Město e é uma importante interligação com bondes.

» **Můstek** (▷ Linha A).

» **Náměstí Republiky** situa-se na ponta leste da Staré Město, ao lado da Prašná brána (Torre da Pólvora) e da Obecní dům (Casa Municipal).

» **Florenc** é uma interligação com a Linha C. Também serve à estação rodoviária de Florenc.

LINHA C (VERMELHA)

Vai de Letňany, no norte, a Háje, nos subúrbios a sudeste.

» **Nádraží Holešovice** (estação ferroviária de Holešovice) é uma estação de interligação com os trens do ramal principal e o ônibus nº 112 para Troja.

» **Florenc** (▷ Linha B).

» **Hlavní nádraží** (estação principal) é uma estação de interligação com os trens da linha principal.

» **Muzeum** (▷ Linha A).

» **I.P. Pavlova** é uma estação indicada para ir a vários lugares da Nové Město (Cidade Nova).

» **Vyšehrad** é a estação para ir ao Centro do Congresso e ao rochedo de Vyšehrad.

Tanto a rede de metrô quanto o sistema de bondes foram recentemente reformados e ampliados.

ENTENDA O MAPA DOS TRANSPORTES

A informação abaixo ajuda a entender o mapa dos transportes ao lado e no verso da contracapa.

BALDEAÇÃO SÓ NO NÍVEL DA RUA

Certas baldeações só podem ser feitas no nível da rua.

INTERLIGAÇÕES

As interligações com outras linhas aparecem em círculos brancos.

LINHAS COM CÓDIGO DE COR

Cada linha tem sua cor para facilitar a locomoção.

O detalhamento abaixo mostra parte da Linha B do metrô. As interligações com outras linhas do metrô e de bonde são mostradas abaixo da linha.

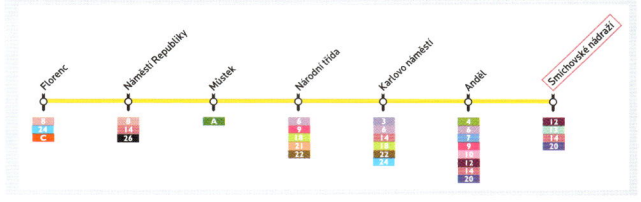

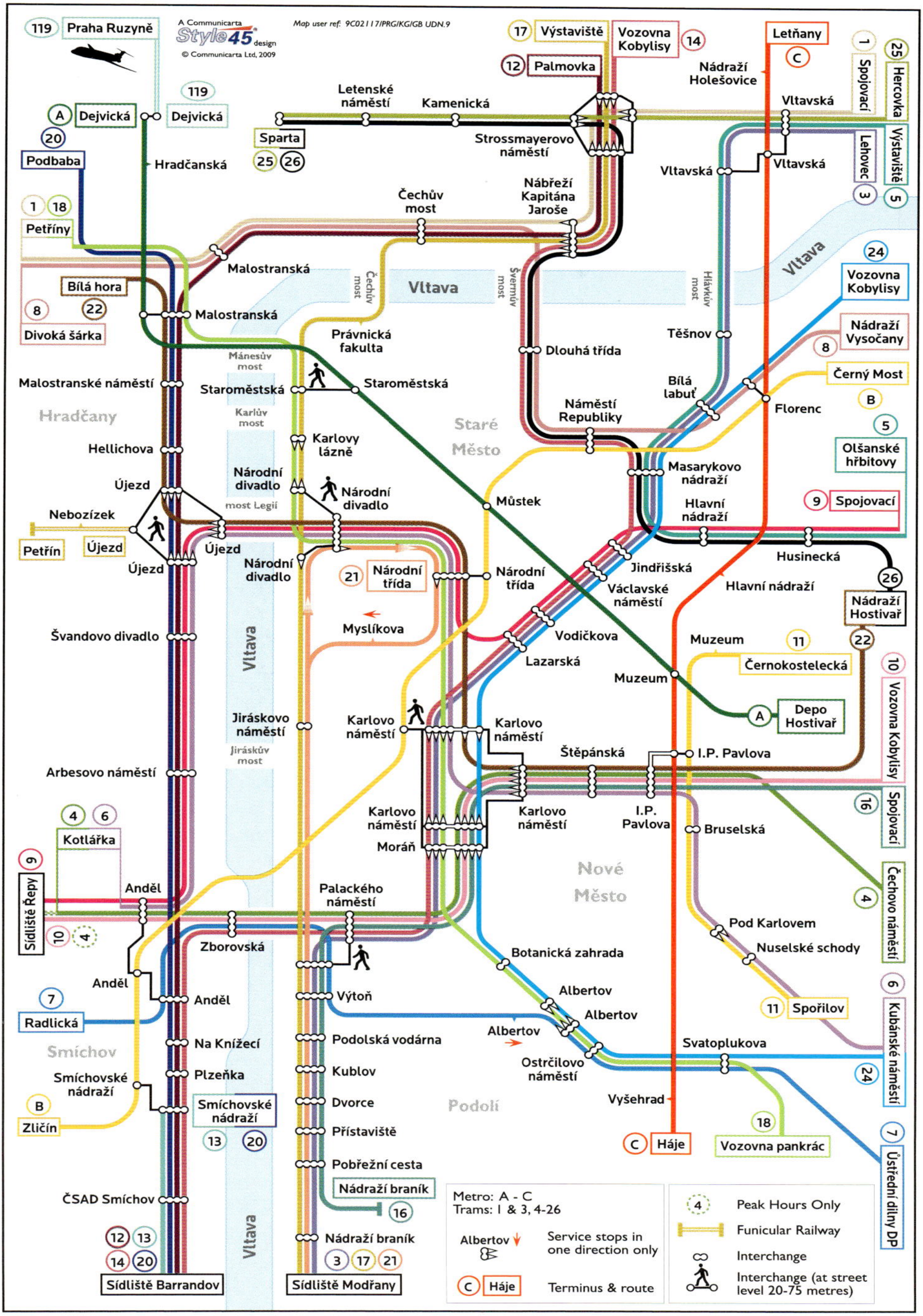
A Communicarta Style45 design
© Communicarta Ltd, 2009
Map user ref: 9C02117/PRG/KG/GB UDN.9
119 Praha Ruzyně
119 Dejvická
A Dejvická
20 Podbaba
Hradčanská
1 18 Petřiny
Bílá hora
8 22 Divoká šárka
Letenské náměstí
Kamenická
Sparta 25 26
17 Výstaviště
12 Palmovka
Vozovna Kobylisy 14
Letňany C
Nádraží Holešovice
Vltavská
Strossmayerovo náměstí
Nábřeží Kapitána Jaroše
Čechův most
Malostranská
Vltava
Čechův most
Švermův most
Hlávkův most
1 Spojovací
25 Hercovka
Lehovec 3
Výstaviště 5
24 Vozovna Kobylisy
Nádraží Vysočany 8
Černý Most
B
5 Olšanské hřbitovy
9 Spojovací
Malostranské náměstí
Hradčany
Mánesův most
Staroměstská
Právnická fakulta
Dlouhá třída
Těšnov
Bílá labuť
Florenc
Náměstí Republiky
Karlův most
Karlovy lázně
Staré Město
Hellichova
Národní divadlo
most Legií
Můstek
Masarykovo nádraží
Hlavní nádraží
Husinecká
Újezd
Nebozízek
Petřín
Národní třída
21
Jindřišská
Václavské náměstí
26 Nádraží Hostivař 22
Hlavní nádraží
Myslíkova
Vodičkova
Lazarská
Švandovo divadlo
Muzeum
11 Černokostelecká
A Depo Hostivař
10 Vozovna Kobylisy
Jiráskovo náměstí
Jiráskův most
Karlovo náměstí
Štěpánská
I.P. Pavlova
Arbesovo náměstí
16 Spojovací
4 6 Kotlářka
Moráň
Bruselská
Nové Město
9 Sídliště Řepy 10 4
Anděl
Palackého náměstí
4 Čechovo náměstí
Zborovská
Pod Karlovem
Nuselské schody
Botanická zahrada
7 Radlická
Výtoň
Albertov
11 Spořilov
6 Kubánské náměstí
Smíchov
Na Knížecí
Podolská vodárna
Svatoplukova
Ostrčilovo náměstí
Smíchovské nádraží
Plzeňka
Kublov
24
B Zličín
Smíchovské nádraží 13 20
Dvorce
Podolí
Vyšehrad
Přístaviště
18 Vozovna pankrác
C Háje
Pobřežní cesta
7 Ústřední dílny DP
ČSAD Smíchov
Nádraží braník 16
12 13 14 20 Sídliště Barrandov
3 17 21 Sídliště Modřany
Metro: A - C
Trams: 1 & 3, 4-26
Service stops in one direction only
Terminus & route
Peak Hours Only
Funicular Railway
Interchange
Interchange (at street level 20-75 metres)

DE BONDE

Cerca de mil bondes trafegam pelas ruas de Praga, levando mais de 1 milhão de passageiros diariamente por 24 itinerários. Suplantados pelo metrô como espinha dorsal do transporte público, mesmo assim eles continuam sendo essenciais na rede. Para os turistas, eles proporcionam um olhar fascinante e particular sobre a cidade, além de serem um meio de locomoção eficiente.

Se o metrô tem a vantagem de ser rápido, o bonde leva a praticamente todos os locais turísticos interessantes. Caso não tenha pressa, é muito mais agradável se deslocar tranquilamente de bonde do que usar o metrô.

BONDES

Bondes modernos vêm sendo acrescentados à frota, mas a maioria dela ainda é de carros antigos, da década de 1960. Estão em bom estado, e o interior de muitos foi modernizado, com assentos estofados mais confortáveis em lugar das tradicionais banquetas de plástico. Todavia, eles são projetados para levar mais passageiros em pé do que sentados. Na maior parte do dia o bonde típico é composto de dois veículos, um motorizado e um reboque, embora em alguns itinerários e fora dos horários de pico se veja apenas um carro.

» Os bondes, em sua maioria, são vermelho e brancos, cores bem destacadas, mas alguns viraram propagandas ambulantes.
» As portas sanfonadas – na frente, no meio e na traseira – ficam do lado direito do veículo.
» Os bondes têm breques potentes, que podem parar o veículo quase instantaneamente numa emergência. Portanto, atenção para se agarrar às alças de apoio a qualquer momento.
» Fique na parte de trás do bonde para apreciar melhor a paisagem.
» Não fale com o motorneiro.

HORÁRIOS

» O horário de funcionamento normal dos bondes é das 4h30 à meia-noite, e depois disso eles passam a intervalos de meia hora.
» Os bondes diurnos passam a intervalos de 6 minutos nos horários de pico e, no máximo, a cada 30 minutos nos demais horários.
» O quadro de horários das linhas pode ser obtido nos escritórios de informação do DPP, e a tabela afixada em todas as paradas mostra em quantos minutos a partir da hora cheia o bonde passará, além do tempo que ele levará para chegar a outras paradas da linha.

SUBIDA E DESCIDA

» Os bondes param em todos os pontos.
» A maioria das paradas consiste em uma plataforma baixa separada do tráfego da rua, às vezes com um abrigo rudimentar.
» Ainda existem algumas paradas à moda antiga, nas quais os passageiros aguardam na calçada e atravessam a rua para subir no bonde quando ele chega.
» Os motorneiros são obrigados a manter o veículo parado enquanto há gente subindo ou descendo.
» A entrada nos bondes é feita pelas portas centrais ou traseiras, e as da frente são usadas para descer (ao menos em tese).
» Ao entrar no bonde, lembre-se de validar seu bilhete na máquina.
» Uma gravação avisa sobre as próximas paradas.
» O sinal de advertência para os outros usuários da rua é uma campainha tilintante, em geral tocada quando o bonde dá a partida.

ITINERÁRIOS

» Com números de 1 a 26, a maioria dos bondes diurnos faz um itinerário que começa e termina em pontos finais nos subúrbios, atravessando a região central de Praga, enquanto outros permanecem nos bairros mais distantes.
» As linhas que atravessam o centro de Praga podem ter itinerários diversos, e os bondes chegam e partem a intervalos bastante frequentes.
» Os bondes têm um letreiro com seu número e o destino final. Além de observar o número do itinerário desejado, é bom também guardar o nome do destino final para não pegar o bonde certo mas na direção errada.

BONDES NOTURNOS

» Com números de 51 a 59, esses bondes passam a intervalos de 30 minutos durante o período em que o metrô está fechado.

» Todos os bondes convergem para a parada da rua Lazarská, perto da estação Národní třída, no centro de Praga. Junto com os ônibus com que se interligam nos pontos finais e em outras paradas, os bondes permitem chegar a quase todo canto, mas lentamente.

BONDES HISTÓRICOS

Os bondes fazem parte da paisagem urbana de Praga há mais de um século. Muitos dos veteranos estão expostos no Muzeum městské hromadné dopravy (Museu do Transporte Público, ▷ 201), e outros veteranos do período entreguerras, extremamente bem conservados, propiciam um passeio "nostálgico" em certas épocas. A linha nº 91 roda nos fins de semana e nos feriados (abril a novembro) entre o museu de Střešovice e o Pavilhão de Exposições de Výstaviště, em Holešovice. O bonde sai da parada final toda hora, do meio-dia às 18h, e a viagem dura cerca de 40 minutos. É divertido conhecer a cidade desse modo (adulto 25Kč, criança 10Kč).

BONDE Nº 22: ÓTIMO ITINERÁRIO PARA AS PRINCIPAIS ATRAÇÕES

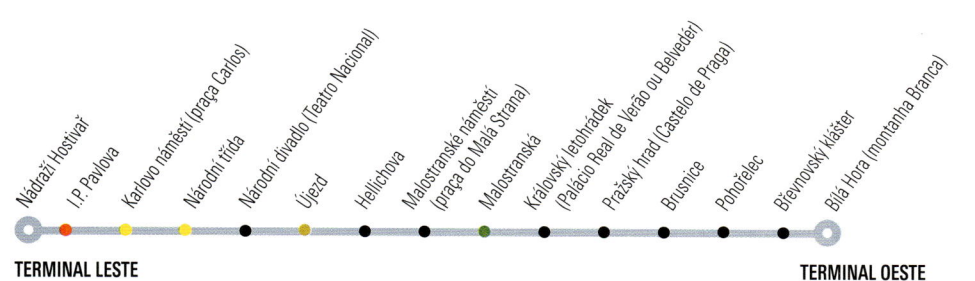

Paradas (leste para oeste):
- Nádraží Hostivař
- I.P. Pavlova
- Karlovo náměstí (praça Carlos)
- Národní třída
- Národní divadlo (Teatro Nacional)
- Újezd
- Hellichova
- Malostranské náměstí (praça do Malá Strana)
- Malostranská
- Královský letohrádek (Palácio Real de Verão ou Belvedér)
- Pražský hrad (Castelo de Praga)
- Brusnice
- Pohořelec
- Břevnovský klášter
- Bílá Hora (montanha Branca)

TERMINAL LESTE — **TERMINAL OESTE**

O bonde nº 22, Nádraží Hostivař-Bílá Hora (estação ferroviária de Hostivař-Montanha Branca), sai do ponto final dos subúrbios a leste, atravessa a Nové Město (Cidade Nova), a most Legií (Ponte das Legiões), o coração do Malá Strana, e sobe até os portões do castelo, na parte alta do bairro de Hradčany, e Strahovský klášter (Mosteiro de Strahov), e depois prossegue para o ponto final oeste na Bílá Hora (montanha Branca). Para os turistas, esse talvez seja o itinerário mais útil e pitoresco, pelas vistas maravilhosas do Vltava e do Malá Strana e por poupar a subida até o castelo. A interligação pode ser feita na estação de metrô Malostranská.

LEGENDA
Integração com o metrô:
- Linha A
- Linha B
- Linha C
- Interligação com o funicular do monte Petřín

PARADAS PRINCIPAIS

Národní třída: interligação com a Linha B do metrô; perto do início da Václavské náměstí (praça Venceslau), do trecho da Betlémské náměstí na Staré Město (Cidade Velha).

Národní divadlo (Teatro Nacional): perto do lado leste da Karlův most (Ponte Carlos).

Újezd: integração com o funicular do monte Petřín; perto da parte sul do Malá Strana e da ilha de Kampa.

Hellichova: parte sul do Malá Strana e ilha de Kampa.

Malostranské náměstí (praça do Malá Strana): no meio do bairro do Malá Strana; Svatého Mikuláše (Igreja de São Nicolau); perto do lado oeste da Karlův most (Ponte Carlos).

Malostranská: integração com a Linha A do metrô; perto da base da Staré zámecké schody (Escadaria Antiga do Castelo).

Královský letohrádek (Palácio Real de Verão ou Belvedér): entrada para o Královská zahrada (Jardim Real).

Pražský hrad (Castelo de Praga): entrada norte do castelo.

Brusnice: perto da rua Nový Svět.

Pohořelec: parte alta do bairro de Hradčany; Strahovský klášter (Mosteiro de Strahov); Loreta; monte Petřín.

Břevnovský klášter: Mosteiro de Břevnov.

Bílá Hora (montanha Branca): terminal oeste; desça na Vypích ou na Malý Břevnov para ir ao Letohrádek Hvězda (Castelo da Estrela).

OUTRAS MANEIRAS DE CIRCULAR

Embora a rede de metrô e bondes seja um sistema eficiente para se deslocar por Praga, existem muitas outras maneiras de circular, de ônibus e táxis a caminhadas e bicicleta, e até uma estrada de ferro funicular.

ÔNIBUS

Ao olhar o mapa do transporte público de Praga, logo se vê a função que os ônibus desempenham no sistema integrado. No mapa predominam as cores vivas e as linhas grossas do metrô e das rotas dos bondes, enquanto as rotas dos ônibus são representadas com linhas finas azul-claras. Poucas dessas 196 rotas entram no centro de Praga, mas servem para preencher as lacunas deixadas pelo metrô e pelos bondes nos subúrbios e na zona rural. Diante disso, a rede de ônibus é ampla. Eles transportam diariamente o mesmo número de pessoas que os bondes, e é difícil encontrar um endereço de Praga que fique a mais de algumas centenas de metros de um ponto de ônibus.

Porém, os ônibus não servem para a maioria dos turistas. Entre os poucos lugares que podem despertar interesse e são acessíveis com ônibus estão o *zámek* de Zbraslav (▷ 256-7) e Troja (▷ 253-5), com palácio, zoológico e jardim botânico. Chega-se a Zbraslav com o ônibus nº 243 e outros que partem da estação do metrô Smíchovské nádraží, e a Troja com o ônibus nº 112, saindo do metrô Nádraží Holešovice.

Os ônibus, com portas na frente e no meio, são vermelho e brancos. As tarifas e os bilhetes são os mesmos do metrô e do bonde, mas se pode comprar um bilhete simples com o motorista. Os ônibus passam a intervalos que variam conforme o itinerário, mas vão de 5 minutos nos horários de pico a 30 minutos em outros períodos e fins de semana. A tabela de horários fica em painéis nas paradas, do mesmo modo que nos pontos de bonde. Doze linhas noturnas de ônibus, números 501 a 512, complementam o serviço noturno dos bondes e passam a intervalos de 30 minutos a uma hora. As principais paradas no centro são no Muzeum e na I.P. Pavlova.

TRENS

As ferrovias dos subúrbios de Praga não formam uma rede completa como o metrô. Só interessam a moradores e uma minoria e levam a poucos lugares interessantes, se é que há. A viagem de trem é mais útil para lugares fora da cidade, como o castelo de Karlštejn (▷ 240-1). Existem planos de longo prazo para ampliar a rede ferroviária ao longo das linhas da S-Bahn que vão a cidades alemãs, com linhas novas ou modernizadas que liguem, por exemplo, o centro de Praga ao aeroporto.

A *LANOVKA*

A *lanovka*, ou ferrovia funicular, subiu pela primeira vez o monte Petřín na época da Grande Exposição de 1891, facilitando a subida da multidão que ia admirar no topo a recém-construída minitorre Eiffel. De início, funcionava por gravidade: bombeava-se água para dentro do carro na estação de cima, que descia e puxava o carro que estava na estação de baixo. Hoje o funicular funciona com energia elétrica. Foi reaberto ao público em 1985, depois de fechado por 20 anos por causa de deslizamentos no morro.

Com pouco mais de 500m de extensão, a *lanovka* interliga a estação de baixo, perto da parada de bonde da Újezd, à estação de cima, perto do Observatório Štefánik, vencendo uma diferença de 130m. Os dois carros se cruzam e param na estação intermediária de Nebozízek, perto do restaurante panorâmico de mesmo nome. Logo abaixo do topo, os trilhos atravessam o medieval Hladová zed' (Muralha da Fome), erigido nos anos 1360. A viagem no funicular propicia uma vista fabulosa de toda Praga e permite vários tipos de caminhada – ao Strahovský klášter (Mosteiro de Strahov) e à parte alta de Hradčany, ou descendo para a cidade pelo meio de pomares e áreas verdes.

O funicular funciona todos os dias (9h-23h30; 23h20 nov-fim mar), a intervalos de 10 minutos (15 minutos nov-fim mar). Os bilhetes normais e passes do transporte público podem ser usados no funicular.

DE TÁXI

Com o passar do tempo, os motoristas de táxi de Praga infelizmente ganharam fama de antipáticos e desonestos. Até o ex-prefeito da cidade foi roubado quando, em 2004, usou um disfarce para ver com os próprios olhos se eles eram tão terríveis como se dizia (▷ 21). Com a qualidade do transporte público e a facilidade de andar pela cidade, é perfeitamente possível evitar os táxis. Se você realmente precisar de um, siga estas orientações:

» Não pegue carros nos pontos.
» Chame um táxi de uma das empresas listadas abaixo.
» Ou use uma empresa de táxi indicada por um hotel confiável. Será mais seguro e, apesar de mais caro, não será uma exorbitância.
» Combine o preço antes de sair ou verifique se o taxímetro foi ligado na tarifa correta (é a bandeira 1 no centro de Praga).
» Peça um recibo adequado, impresso no fim da corrida.

PREÇOS DE TÁXI

Os táxis registrados são identificados por uma lâmpada amarela na capota e pelas tarifas e informações sobre a empresa afixadas no painel das portas.

Tarifas máximas oficiais (sujeitas a aumento):
40Kč iniciais
28Kč por quilômetro
6Kč por minuto de espera (inclusive demora no trânsito)

A PÉ

É muito fácil caminhar em Praga, e, na verdade, muitas das atrações só podem ser conhecidas a pé. A cidade histórica, que se compõe das quatro cidades originalmente separadas de Hradčany, Malá Strana, Staré Město (Cidade Velha) e Nové Město (Cidade Nova), é relativamente pequena. Pode-se atravessá-la a pé com facilidade em menos de uma hora. A proibição do tráfego de veículos em muitas das ruas e praças centrais aumentou a segurança dos pedestres e o prazer de caminhar. A região de Hradčany praticamente não tem veículo algum. É possível andar pelo Caminho Real, que parte da Prašná brána (Torre da Pólvora), no extremo leste da Staré Město, passando pela Karlův most (Ponte Carlos), e segue até o castelo, atravessando ruas movimentadas apenas duas vezes (ainda que um desses pontos, do lado leste da ponte, seja bem perigoso). O melhor jeito de fazer esse percurso é na direção contrária, para poder descer a colina do castelo, e não subi-la. Mesmo que você vá ficar pouco tempo em Praga, vale a pena se familiarizar com o transporte público para que os passeios a pé sejam construtivos, e não cansativos.

Alguns percursos a pé são detalhados nos capítulos sobre cada parte da cidade, mas existem muitas outras opções. Dê preferência aos passeios a pé pelas calçadas nas margens do Vltava e pelos caminhos que serpenteiam por diversos parques, especialmente os da planície de Letná, da ilha de Kampa e do monte Petřín. O inconveniente para os pedestres é a quantidade de veículos em determinadas ruas, principalmente na Nové Město. As ruas de mão única que dão na via expressa central são bastante barulhentas.

BICICLETAS

Sem dúvida a bicicleta não é a melhor maneira de explorar Praga. Há muita gente e veículos demais competindo por espaço. Os pedestres não vão gostar que você se intrometa no terreno deles, e os motoristas talvez nem prestem atenção em você. Os trilhos de bonde e as pedras do calçamento também dificultam.

Entretanto, a cidade criou algumas ciclovias numeradas, identificadas por placas amarelas. Elas passam por parques, ruas mais tranquilas, marginais do rio e faixas exclusivas em ruas principais, mas não conseguem formar uma rede ampla. Você pode levar sua bicicleta no metrô, mas não nos horários de pico, e ela deve sempre ir no último vagão. City Bike e Praha-bike (▷ direita) alugam bicicletas e oferecem uma série de passeios guiados na cidade e nas redondezas.

ALUGUEL DE BICICLETAS
City Bike

✉ Králodvorská 5, Staré Město, Praga 1 ☎ 776 180 284 🚇 Náměstí Republiky

Praha-Bike

www.prahabike.cz
✉ Dlouhá 24, Staré Město, Praga 1
☎ 732 388 880 🚋 Bondes 5, 8, 14 para Dlouhá třída

EMPRESAS DE TÁXI

Empresa	Telefone
AAA Taxi	140 14
Citytaxi	257 257 257
Halotaxi	244 114 411
Profitaxi	844 700 800
Sedop	281 000 040
Taxi Praha	222 111 000

DICAS PARA CAMINHADAS

» Obedeça aos semáforos nos cruzamentos e não atravesse no meio das ruas.
» Cuidado com os bondes, que podem se aproximar sem ruído algum.
» O tráfego é, como no Brasil, pelo lado direito da rua (embora fosse pela esquerda até a ocupação alemã, em 1939).

DE CARRO

É fácil chegar à maioria das atrações turísticas de Praga sem carro, mas o seu veículo – ou um alugado – passa a ser útil se você pretende sair da cidade.

Praga tem um número enorme de veículos, e as condições do trânsito são iguais às de qualquer grande cidade ocidental, com atrasos nos semáforos e congestionamentos. A competição com os bondes por espaço nas ruas aumenta a irritação.

As artérias viárias são razoavelmente bem sinalizadas, mas pode ser difícil localizar-se nas ruas estreitas e de mão única no centro de Praga e achar uma vaga para estacionar.

NORMAS DE TRÂNSITO

Em geral, as normas são as mesmas que as de outros países europeus. A aplicação da lei pode ser bem rigorosa, sem desculpa para pequenos erros ou desconhecimento das normas.
» Tenha uma carteira de habilitação válida (a carteira internacional não costuma ser necessária).
» Tenha o documento de registro do automóvel e o comprovante de seguro.
» Como no Brasil, dirija pela direita da rua e ultrapasse pela esquerda.
» Os cintos de segurança devem ser usados sempre.
» Os faróis devem ser acesos a qualquer hora do dia.
» Não há tolerância para dirigir depois de beber. Não pode haver quantidade alguma de álcool no sangue. Nunca beba antes de dirigir.
» Crianças com menos de 12 anos só podem ir no banco de trás.
» Dê passagem aos pedestres nas faixas de segurança ou ao fazer uma curva, mesmo com sinal verde.
» Dê passagem aos bondes e, nas paradas em que não há abrigo, pare e dê passagem às pessoas que vão subir no bonde ou descer.
» É obrigatório portar um estojo de primeiros socorros, um triângulo de sinalização e lâmpadas de reserva.
» É proibido usar celular ao dirigir.

LIMITES DE VELOCIDADE
» 50km/h na zona urbana (início do limite de velocidade determinado por placa com o nome da cidade ou povoado; fim do limite, por placa com o nome riscado).
» 90km/h fora da zona urbana.
» 130km/h nas rodovias (selo obrigatório, ▷ 44).

ESTACIONAMENTO
É difícil estacionar no centro de Praga. Os hotéis podem ter acesso a garagens ou estacionamentos, mas o preço em geral é alto. Muitas ruas não têm vagas para estacionar, ou os locais existentes são reservados para moradores ou portadores de bilhete de temporada. Algumas ruas têm parquímetros, com estacionamento permitido por período limitado, com tarifa de até 40Kč por hora. Existem alguns estacionamentos de vários andares ou subterrâneos. Entre os que ficam fora do centro, mas perto de estações do metrô, estão: shopping Nový Smíchov (2.000 vagas); estação do metrô Anděl; Kongresové centrum (Centro do Congresso, 1.100 vagas); estação do metrô Vyšehrad.

Entre os estacionamentos nos limites da Staré Město (Cidade Velha) há: loja de departamentos Kotva (300 vagas), na Náměstí Republiky, perto do Obecní dům (Casa Municipal) e o Hotel InterContinental (200 vagas).

Os subúrbios dispõem de estacionamentos integrados com transporte público em estações do metrô. Se eventualmente precisar disso, decida se um carro realmente vale a pena. No entanto, pode ser uma solução razoável se, por exemplo, você estiver passando por Praga e quiser ficar um dia na cidade usando o transporte público. Esses estacionamentos integrados nas seguintes estações de metrô têm boa localização em relação a estradas principais:
Černý most: perto da autoestrada D11, rodovia principal nº 10 e ramal leste do Pražský okruh (Anel Externo);
Ládví: perto da autoestrada D8;
Opatov: perto da saída 2 da autoestrada D1; Zličín: perto da saída 1 do ramal oeste do Pražský okruh.

DICAS
» Um item essencial para dirigir em Praga é o mapa *Praha pro motoristy* (disponível no escritório de informação turística, ▷ 272), que traz informações sobre as vias que atravessam a cidade, ruas de mão única, estacionamentos e muito mais (legendas em inglês, alemão e tcheco).
» Podem ocorrer furtos em carros na República Tcheca. Sempre tranque o veículo, não deixe objetos em lugar visível e leve o aparelho de som, se possível.
» Se decidir estacionar na rua, verifique se não há uma marca azul na calçada. Ela significa que esse trecho é reservado a moradores das 8h às 6h (sim, é isso mesmo). Se servir de consolo, você pode estacionar de graça das 6h às 8h. Nesses locais, não é possível estacionar nem mesmo pagando, ainda que nas redondezas costume haver parquímetros. Quem desrespeitar a norma corre o risco de ter o carro imobilizado.
» Se o carro for imobilizado, mantenha a calma. A polícia não reage bem a comportamento descontrolado nem a impropérios, até porque o que motivou tudo foi o carro ter sido parado ilegalmente. Se houver um "jacaré" na roda, haverá também um adesivo no vidro com o auto de infração e um telefone para ligar. A polícia costuma ser pontual, e a multa será de cerca de 2.000Kc.
» Os sistemas de localização por satélite (GPS) ajudam muito a se orientar em Praga e na República Tcheca. Se você pretende dirigir durante a sua viagem, não se esqueça de levar o seu aparelho e instalar mapas europeus (ou centro-europeus) atualizados. A maioria dos sistemas comerciais SatNav tem cobertura parcial ou completa de Praga e da República Tcheca.

COMO PARTIR DE PRAGA

Praga tem quatro estações ferroviárias. Como todas servem a destinos diversos, ao comprar a passagem pergunte de que estação o trem partirá. Não presuma que o trem vai sair da Hlavní nádraží (estação principal).

» A estação principal de Praga (Praha hlavní nádraží) tem trens para a maioria dos destinos nacionais e internacionais, com exceções importantes. A própria estação é uma miscelânea arquitetônica, composta da base original art nouveau e do acréscimo exagerado de um pesado salão dos anos 1980. Está passando por reforma completa, que, esperam as autoridades, acabará com a má fama da estação e a tornará uma porta de entrada acolhedora na República Tcheca. Tem todos os serviços necessários, inclusive bilheteria, informações, caixas eletrônicos, achados e perdidos e guarda-volumes, além de uma filial do órgão de informação turística local, PIS. Tem ótima localização, na Linha C (vermelha) do metrô, que é uma estação ao norte da Muzeum, a cerca de 10 minutos a pé do final da Václavské náměstí.

» Praha-Holešovice, no subúrbio de Holešovice, ao norte, e também na Linha C (vermelha) do metrô, é o principal local de partida para Bratislava, Budapeste, Viena, Dresden e Berlim, embora alguns desses trens também saiam da Hlavní. Holešovice é um edifício envelhecido dos anos 1970, bem necessitado de uma reforma, mas mesmo assim serve para pegar o trem.

» Praha Smíchovské nádraží (estação de Smíchov), no subúrbio de Smíchov, ao sul, e localizada na Linha B (amarela) do metrô, é uma estação sem atrativos, usada por moradores que saem de casa para ir ao trabalho, mas útil para viagens a Karlštejn, Plzeň e localidades menores, a sudoeste da cidade.

» Praha Masarykovo nádraží (estação de Masaryk) é uma estação com localização central, não longe da Náměstí Republiky e situada na Linha B (amarela) do metrô. É útil para algumas excursões pelo Vltava, como uma viagem a Nelahozeves.

PORTADORES DE DEFICIÊNCIA

Durante o comunismo, foram tomadas poucas medidas para facilitar o acesso de portadores de deficiência aos transportes e edifícios públicos. A situação melhorou bastante, mas ainda há muito por fazer para que Praga seja considerada transitável para cadeiras de rodas.

CONSELHOS GERAIS
Os prédios mais novos devem ter acesso para cadeiras de rodas por lei, mas em outros locais rampas e ajuda são raras, e o predomínio de pedras no calçamento e os meios-fios bem altos não ajudam a transitar com elas. No entanto, Praga tem uma associação muito atuante, a POV, que defende os direitos dos cadeirantes e luta pela acessibilidade e a maior integração possível dos deficientes na vida da cidade. Ela pode ajudar a levar as pessoas do aeroporto para a cidade e na sua locomoção, se receber pedidos suficientes. O site da associação relaciona (em tcheco) os prédios acessíveis (como hotéis, restaurantes, museus, locais de diversão, correios e bancos), bem como parques e jardins. A POV também publica o manual *Přístupná Praha (Praga acessível)*, em tcheco e inglês.
Contato: Pražská organizace vozíčkářů, Benediktská 688/6, Staré Město, Praga 1, tel. 224 827 210; www.pov.cz.

COMO CHEGAR
DE AVIÃO
O aeroporto de Praga (▷ 38) foi modernizado e está relativamente bem equipado para receber portadores de deficiências. A locomoção pelo aeroporto é feita sobretudo no mesmo piso e as distâncias são curtas.
» Avise à companhia aérea com boa antecedência se você precisar de ajuda na chegada, e ela deverá informar o aeroporto sobre isso.
» Como alternativa, contate as ČSA (Linhas Aéreas Tchecas), tel. 239 007 007 (na República Tcheca).
» Os hotéis Ramada e Transit, que se localizam no próprio aeroporto, têm plena acessibilidade para cadeira de rodas, e o Ramada dispõe de um quarto todo equipado para portadores de deficiência.

DE TREM
» Praha hlavní nádraží (estação principal) e a Praha-Holešovice têm elevadores, mas não espere uma adaptação total para cadeiras de rodas. A estação principal está passando por reforma completa, que deverá atender às exigências para receber portadores de deficiências.

COMO CIRCULAR
Continua difícil circular pela cidade em transporte público, ainda que o DPP (▷ 45) tenha feito progressos.

DE ÔNIBUS
Muitas linhas de ônibus usam veículos com piso baixo, e duas linhas entre as moradias acessíveis e o centro de Praga operam com ônibus inteiramente adaptados (só nos dias úteis).
» A linha 1 vai de Chodov à Černý most, parando no centro de Praga na I.P. Pavlova, na Náměstí Republiky e na Florenc.
» A linha 3 percorre da Zličín à Sídliště Ďáblice e para no centro de Praga na Hradčanská, na Malostranská, na Náměstí Republiky e na Nádraží Holešovice.
» O horário desses ônibus é sincronizado para permitir a interligação com outro na Náměstí Republiky.

DE METRÔ
As primeiras estações de metrô não foram feitas com acesso para cadeiras de rodas, mas as mais recentes são adaptadas. Outras têm elevadores operados somente por um funcionário. No total, há 22 estações de fácil acesso, a maioria nos subúrbios. Só a Linha C tem estações desse tipo no centro de Praga: Nádraží Holešovice, Florenc, Hlavní nádraží, Muzeum, I.P. Pavlova e Vyšehrad. As estações sem obstáculos são relacionadas em um quadro no Plán Města Praha (Mapa do Transporte Público).

DE BONDE
Com poucas exceções, os bondes não recebem cadeiras de rodas. O DPP, segundo seu site, pretende rever essa questão futuramente.

SITES ÚTEIS

Access Project
www.accessproject-phsp.org
✉ 39 Bradley Gardens, West Ealing, Londres, W13 8HE, Reino Unido
☎ Sem telefone

Holiday Care Service
www.holidaycare.org.uk
Informações sobre condições para locomoção.
☎ 0845 124 9971 (Reino Unido)

Mobility International USA
www.miusa.org
Promove programas de intercâmbio internacional.
☎ 541/343-1284

Society for Accessible Travel and Hospitality (SATH)
www.sath.org
Site de uma organização norte-americana de inclusão.
☎ 212/447-7284

REGIÕES

Esta seção é dividida nos quatro distritos de Praga (▷ 7). O nome das regiões serve apenas aos objetivos deste guia, e as atrações estão listadas em ordem alfabética dentro de cada distrito.

Bairros de Praga	**58-231**
Staré Město	58
Nové Město	112
Malá Strana	158
Hradčany	190

REGIÕES | STARÉ MĚSTO

ATRAÇÕES TURÍSTICAS 60

ROTEIROS E PASSEIOS 90

ARTE, COMPRAS, DIVERSÃO E NOITE 94

ONDE COMER 102

ONDE FICAR 107

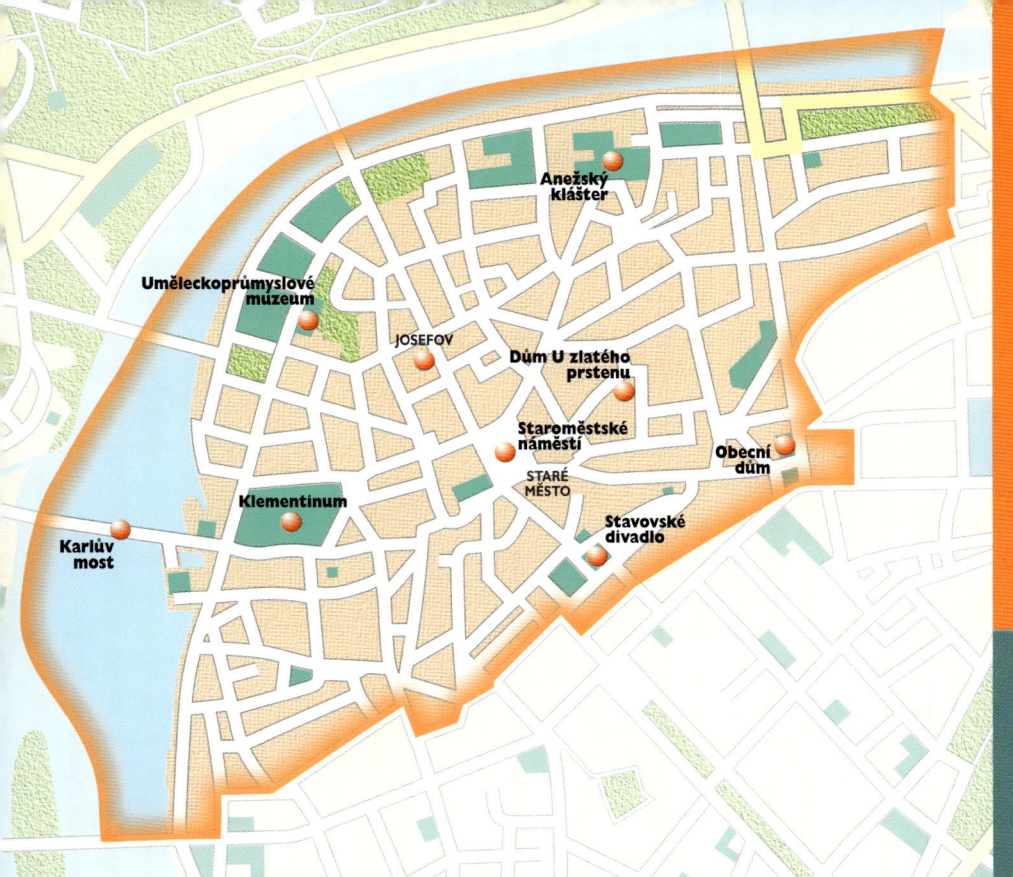

STARÉ MĚSTO

A Staré Město (Cidade Velha), como o nome indica, é o coração da cidade antiga. O centro da Staré Město – e o ponto de partida lógico de qualquer exploração do bairro – é a Staroměstské náměstí (praça da Cidade Velha). Nessa praça, um mercado funcionou por mais de mil anos. Era tradicionalmente o centro de poder da classe média, e a elegância dos edifícios dá mostras de seu crescente domínio ao longo dos séculos. Foi também, no final do século XIX, o lugar da infância de Franz Kafka, que nasceu muito perto da praça, frequentou escolas e morou em casas diversas pelo distrito.

O bairro preserva a vitalidade. De dia, fica repleto de turistas. À noite, os prédios, com iluminação espetacular, formam um pano de fundo memorável para comer ou tomar uma bebida em um dos cafés e restaurantes.

Entre as principais atrações da praça da Cidade Velha estão o Staroměstská radnice (Prefeitura da Cidade Velha), com o popular Orloj (Relógio Astronômico). Você pode subir na torre, talvez o melhor mirante da cidade. Do outro lado da praça está a Chrám Panny Marie před Týnem (Igreja de Týn), com duas torres, antiga sede da poderosa seita religiosa hussita. No meio da praça vê-se a estátua do fundador desse movimento, Jan Hus, o clérigo inflamado que incomodou o papa no século XV e pagou com a própria vida.

Logo ao norte da Staroměstské náměstí localiza-se Josefov, o antigo bairro judeu. Boa parte dele foi derrubada no final do século XIX, mas várias sinagogas permanecem em pé. O Starý židovský hřbitov (Velho Cemitério Judeu), com milhares de lápides tortas que datam de centenas de anos, é uma das maiores atrações da cidade.

A leste de Josefov encontra-se a Anežský klášter (Convento de Santa Inês), ex-convento da Idade Média que hoje abriga um incrível acervo de arte medieval.

REGIÕES **STARÉ MĚSTO: ATRAÇÕES TURÍSTICAS**

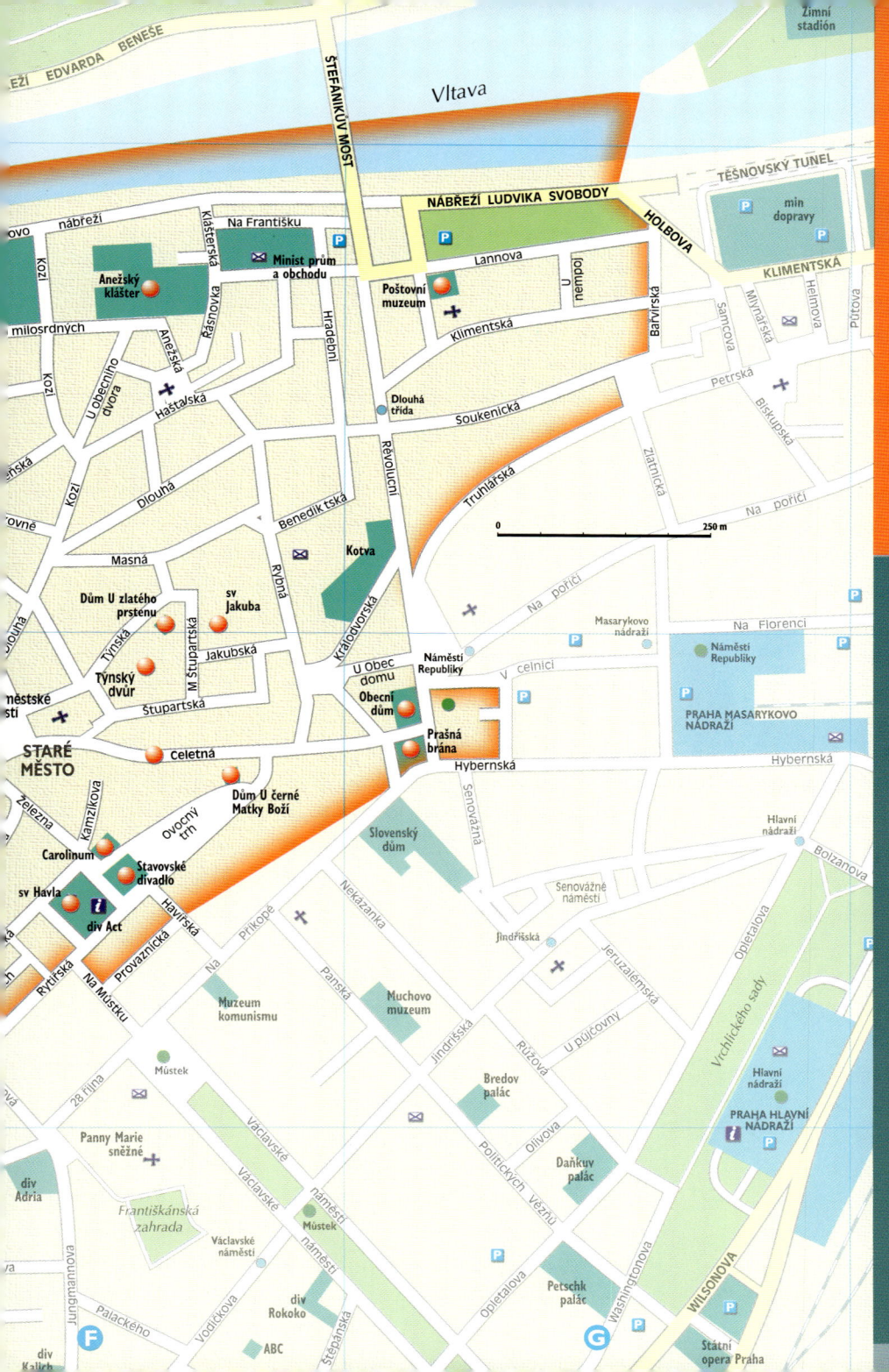

STARÉ MĚSTO: ATRAÇÕES TURÍSTICAS

REGIÕES | **STARÉ MĚSTO:** ATRAÇÕES TURÍSTICAS

ANEŽSKÝ KLÁŠTER

O acervo nacional de arte medieval, uma formidável variedade de pinturas e esculturas, é guardado no Convento de Santa Inês, prédio muito bem restaurado, após um século de abandono.

INTRODUÇÃO

Perto do rio, no limite norte da Staré Město (Cidade Velha) e Josefov, o Convento de Santa Inês foi resgatado da ruína total e do abandono nas últimas décadas do século XX. Ele é uma sede extremamente apropriada para o acervo da galeria nacional de arte medieval e do início do Renascimento, um dos melhores e maiores de qualquer lugar. Pinturas, esculturas e outros objetos são não apenas da Boêmia, mas também de regiões vizinhas da Europa central, o que permite fazer comparações e observar as influências.

O convento em si é um conjunto bastante intricado. É o mais antigo exemplo da arquitetura gótica que se construiu na Cidade Velha, com salas e câmaras de tamanho e características diferentes, realçando as obras que são expostas nelas. Há claustros medievais e não apenas uma, mas duas igrejas: Kostel svatého Salvátora (Igreja de São Salvador) e a Kostel svatého Františka (Igreja de São Francisco), que foi adaptada durante a reconstrução para servir de sala de concerto.

É muito difícil ter uma noção geral da planta do convento caminhando por ele, mas tem-se uma bela vista dele como um todo quando se está nas partes mais altas da planície de Letná, do outro lado do Vltava (▷ passeio, 222-3). Daí você poderá ver que o convento se encontra em um terreno baixo ao lado do rio, o que o deixou tão vulnerável durante a terrível enchente de 2002. Uma das maiores vítimas desse desastre natural, o Convento de Santa Inês ainda está se recuperando, e por algum tempo a distribuição e a exposição do acervo poderão mudar.

Santa Inês era uma princesa da dinastia primislida que escapou da possibilidade de ter um casamento arranjado tornando-se freira. Inspirada no exemplo de São Francisco, ela fundou um convento e um hospital às margens do Vltava e veio a ser a abadessa em 1234. Aparentemente ela seguiu à risca o voto de pobreza franciscano, conta-se que com uma dieta de cebola e frutas. Ainda em vida Inês tornou-se alvo de veneração popular, que se intensificou após sua morte, em 1282, e a partir daí acreditou-se que ela seria santificada. De todo modo, esse processo levou centenas de anos – Inês foi canonizada apenas em novembro de 1989, o que ocorreu dois dias antes de se iniciar a Revolução de Veludo. No mesmo ano ela foi declarada santa padroeira dos setores do gás e do abastecimento.

A instituição fundada por Inês floresceu, principalmente por ter acesso aos recursos financeiros do rei, e as coroações e o enterros reais eram realizados dentro de seus muros. Todavia, em 1420 as freiras foram expulsas pelos hussitas (seguidores de Jan Hus, ▷ 29), que derreteram os preciosos objetos de prata que elas tinham e utilizaram os prédios como arsenal. Na metade do século XVI, o convento passou para as mãos dos dominicanos, que pareciam dedicar-se aos negócios tanto quanto à vida de contemplação – passaram a aceitar inquilinos, faziam cerveja e abriram um depósito de madeira e uma fábrica de vidros. O convento e a área ao redor ganharam uma reputação dúbia, que persistiu até a era moderna, muito tempo depois de fechado pelo imperador José II, em 1782. No final do século XIX, ele teria sido derrubado para reurbanização, como o vizinho Josefov, não fosse a pressão popular. Afinal, o regime comunista o restaurou, usando-o inicialmente como sede do acervo nacional de arte do século XIX, depois levado para o Veletržní palác (Palácio da Feira do Comércio, ▷ 218-20).

INFORMAÇÕES

www.ngPraga.cz
✠ 61 F5 ✉ U Milosrdných 17/ Anežská 1, Staré Město, Praga 1
☎ 224 810 628 ✋ Ter-dom 10h-18h
✋ Exposição permanente: adulto 150Kč, criança (6-16) 80Kč. Preço reduzido após 16h: adulto 80Kč, criança (6-16) 40Kč. Gratuito primeira qua do mês 15h-20h
🚋 Bonde 17 para Právnická fakulta, depois a pé 5min; bondes 5, 8, 14 para Dlouhá třída, depois a pé 5min ☞ Visita guiada a combinar com antecedência; preço a combinar ☕ Café 🏪 Loja com livros de arte, cartões-postais e pôsteres

STARÉ MĚSTO: ATRAÇÕES TURÍSTICAS

Página ao lado *O retábulo* Ressurreição *(c. 1380), feito pelo artista conhecido por mestre de Třeboň*

DICAS

» Dê uma volta no convento para perceber por que ele é um sobrevivente impressionante da Praga da Idade Média. Melhor ainda, vá à planície de Letná para ver o conjunto inteiro (▷ 222-3).
» Não deixe de ver a maravilhosa imagem chamada *Nossa Senhora de Český Krumlov* – é um exemplo do "estilo belo" que vicejou por volta de 1400.

Abaixo *O sol banha os claustros abobadados do convento*

DESTAQUES

MESTRE TEODORICO

Mestre Teodorico (morto *c.* 1381) era o printor preferido do imperador Carlos IV. Na ativa dos anos 1350 aos 1360, ele fazia retratos fortes de santos e dignatários, de cores vivas e às vezes mundanos que continuam a impressionar hoje em dia, sobretudo porque representam umas das primeiras tentativas de mostrar os indivíduos como eles são. A principal encomenda feita a Teodorico compunha-se das dezenas de retratos pendurados nas paredes da Capela da Santa Cruz do Castelo de Karlštejn (▷ 240-1). Aqui, a seleção dos seus retratos começa, muito apropriadamente, com São Lucas, padroeiro dos pintores, e continua com figuras como o imperador Carlos Magno e Santa Catarina, identificada pela roda de tortura em que ela morreu.

RETÁBULOS

Entre os maiores tesouros da galeria estão retábulos e outras obras pintadas por mestres boêmios do século XIV, identificados apenas por seu lugar de origem. O retábulo do mestre de Vyšší Brod está representado por uma Nossa Senhora em forma de ícone e por nove painéis com quase o mesmo estilo vivo mas bem estático. Essas obras são de cerca de 1350. O retábulo pintado uns 30 anos depois pelo mestre de Třeboň é inteiramente diferente, com uma intensidade visionária misturada a detalhes vigorosos. Cristo aparece rezando no monte das Oliveiras com gotas de suor ensanguentado na testa, enquanto Judas e os soldados espreitam atrás de uma cerca de vime. Depois, quando a esbelta figura do Salvador levanta-se dos mortos, os guardas negligentes fogem desordenadamente.

OBRAS POSTERIORES

No início do século XVI, mais de cem anos depois de o retábulo de Třeboň ter sido pintado, o mestre de Litoměřice realizou um tríptico magnífico retratando a Santa Trindade, obra cujo realismo avantajado marca a transição da Idade Média para o Renascimento. De algum tempo antes, de cerca de 1482, e representando a figura humana de forma mais dura, há um quadro de Santa Inês cuidando de um paciente acamado. Os artistas germânicos estão bem representados, com a encantadora *Senhorita de chapéu*, de Lucas Cranach, o Velho (*c.* 1472-1553), e o *Martírio de São Floriano*, de Albrecht Altdorfer (*c.* 1480-1538), em que o infeliz santo é atormentado por um bando particularmente repulsivo de facínoras.

BETLÉMSKÁ KAPLE
www.studenthostel.cz

Foi na Capela de Belém que Jan Hus pregou a palavra de Deus para os moradores analfabetos de Praga em sua língua. Embora Hus, condenado por heresia, tenha sido queimado na fogueira em 1415 (▷ 29), sua capela continuou a ser um baluarte de crenças radicais até ser dada aos jesuítas na Contrarreforma. No século XIX, a capela praticamente desapareceu quando partes dela foram incorporadas a prédios vizinhos. Foi reconstruída em 1952 pelo regime comunista. Grande a ponto de acomodar 3 mil fiéis, o interior austero é muito simples. Hoje a capela é o salão de solenidades da Universidade Técnica.

🕀 60 E6 ✉ Betlémské náměstí 4/256, Staré Město, Praga 1 ☎ 224 248 595 🕒 abr-fim out ter-dom 10h-18h30; nov-fim mar ter-dom 10h-17h30 💰 Adulto 50Kč, criança (6-16) 30Kč Ⓜ Národní třída 🚌 Bondes 6, 9, 18, 22, 23 para Národní třída

CAROLINUM

A universidade fundada por Carlos IV em 1348 e batizada com seu nome é uma das mais antigas e mais famosas da Europa, com um número de alunos que hoje beira os 40 mil. Sua história reflete a do país, com brigas seguidas a respeito do seu duplo caráter tcheco e alemão. Mesmo após sua divisão em seções tcheca e alemã inteiramente separadas em 1882, continuaram as disputas sobre quem deveria ficar com o brasão original da universidade. Tudo isso acabou em 1945, com a eliminação completa da parte alemã, e hoje a Carolinum (Karolinum ou Universidade Carlos) é uma instituição toda tcheca, ou melhor, cosmopolita.

Os departamentos da universidade estão espalhados por Praga, mas sua sede principal continua sendo no prédio gótico para o qual se mudou em 1383, várias vezes reformado e modificado. O traço original mais notável é a janela saliente que dá para o Stavovské divadlo (Teatro das Classes), e alguns cômodos servem de galeria para exposições de arte temporárias.

🕀 61 F6 ✉ Ovocný trh 3-5, Staré Město, Praga 1 🕒 Galeria aberta 10h-18h só durante exposições 💰 Preço conforme exposição Ⓜ Můstek

CELETNÁ

Compondo a primeira etapa do Caminho Real, a Celetná, por onde só passam pedestres, é uma das principais vias da Cidade Velha e vai da Prašná brána (Torre da Pólvora) à Staroměstské náměstí (praça da Cidade Velha). Uma procissão de edifícios na maior parte medievais resguarda a rua dos dois lados, e quase todos eles ganharam mais tarde encantadoras fachadas barrocas ou rococós. Muitos são hoje ocupados por lojas de vidros e cristais. Há alguns detalhes fascinantes para admirar, entre eles as figuras de mineiros de Kutná Hora sustentando o balcão do prédio que já foi a Casa da Moeda, no nº 36/587, defronte da Dům U Černé Matky Boží (Casa da Virgem Negra, ▷ abaixo). Entre no *pavlač* do nº 11/598, belo exemplar de pátio antigo com galeria.

🕀 61 F6 ✉ Celetná, Staré Město, Praga 1 Ⓜ Náměstí Republiky 🚌 Bondes 5, 8, 14 para Náměstí Republiky

DŮM U ČERNÉ MATKY BOŽÍ
www.ngPraga.cz

A Casa da Virgem Negra, formidável prédio de Praga em estilo cubista, é um lar bastante apropriado para o Museu do Cubismo Tcheco.

Erigido em 1911-2 pelo arquiteto progressista Josef Gočár, esse edifício extraordinário ocupa uma posição destacada no Caminho Real. Foi de início uma loja de departamentos, com um famoso café no primeiro andar (▷ 103). Atualmente, parte do andar térreo é ocupada por uma loja que vende réplicas maravilhosas – e caras – de mobília e de outros objetos desenhados por artistas e artesãos cujas obras originais estão expostas nos andares superiores.

Foi somente na Boêmia que o movimento artístico cubista estendeu-se para a arquitetura, quebrando as fachadas e recompondo-as com desenhos complexos, às vezes límpidos, do mesmo modo que pintores como Braque e Picasso e seus colegas tchecos remodelaram rostos, paisagens e naturezas-mortas. O

Acima *Estatuária acima da entrada de uma das residências na rua Celetná*

Cubismo arquitetônico teve vida curta e atingiu seu auge nos dois ou três anos antes da Primeira Guerra Mundial. Depois da guerra ele evoluiu para o Rondocubismo, também de vida curta.

As características quase únicas da Casa da Virgem Negra surpreendem qualquer pessoa que comece o passeio pelo Caminho Real na Obecní dům (Casa Municipal), a poucos passos de distância. Não há contraste maior do que o existente entre a opulência da decoração da Casa Municipal e a concisão dessa atrevida fachada de arenito vermelho e vidro. Ainda assim, os dois prédios têm poucos anos de diferença. Suba a esplêndida escadaria em curva para admirar o café, restaurado com primor, e a coleção de pinturas, desenhos, esculturas e mobília cubistas (com rótulos em inglês).

Dê uma olhada na pequena Virgem Negra, que deu nome ao prédio barroco construído originalmente no mesmo lugar (ela está dentro de uma redoma dourada no lado do prédio que fica na Celetná).

🕀 61 F6 ✉ Muzeum českého kubismu, Ovocný trh 19, Staré Město, Praga 1 ☎ 224 211 746 🕒 Ter-dom 10h-18h 💰 Adulto 100Kč, criança (6-16) 50Kč. Gratuito primeira qua do mês 15h-20h Ⓜ Náměstí Republiky 🚌 Bondes 5, 8, 14 para Náměstí Republiky 🔎 Visita guiada a combinar antes 📖 Guia 135Kč 🛍 Loja especializada em réplicas de objetos cubistas

DŮM PÁNŮ Z KUNŠTÁTU A PODĚBRAD

Na estreita rua Řetězová, a Casa dos Senhores de Kunštat e Poděbrady tem um dos recintos internos mais antigos da cidade. Foi fechado em 2009 e ainda não se sabe quando reabrirá. Seus porões abobadados do século XIII formam o andar térreo original, transformado em subsolo quando o nível do chão da maior parte da Cidade Velha foi elevado para tentar combater as enchentes do rio Vltava. Durante um tempo no século XV, foi a residência urbana de Jorge de Poděbrady, o mais ilustre dos "senhores" (aristocratas menores do Leste da Boêmia). Em1458, ele foi eleito rei da Boêmia, único tcheco de nascimento que teve essa honra.
✚ 60 E6 ✉ Řetězová 3, Staré Město, Praha 1 ⊙ Fechada para restauração 🚇 Staroměstská 🚋 Bondes 17, 18 para Karlovy lázně

DŮM U ZLATÉHO PRSTENU
▷ 67.

JOSEFOV
▷ 68.

KARLŮV MOST
▷ 74.

KLEMENTINUM
▷ 78.

KŘIŽOVNICKÉ NÁMĚSTÍ

Esse pequeno espaço aberto ainda é chamado de "uma das mais belas praças da Europa".

A praça dos Cavaleiros da Cruz é delimitada por três das mais bonitas construções de Praga: Staroměstská mostecká věž (Torre da Ponte da Cidade Velha), Kostel svatého Františka (Igreja de São Francisco) e Kostel svatého Salvátora (Igreja de São Salvador). Todo mundo passa por aí ao se aproximar da Ponte Carlos, indo para o Malá Strana e o castelo, mas poucos se detêm para admirar o refinamento da praça, talvez por causa de sua localização em uma via norte--sul movimentada.

Os pedestres que se dirigem para a ponte pela rua Karlova não se misturam com o tráfego que surge de repente por baixo de um arco e só para intermitentemente ao farol vermelho. Depois de enfrentar a travessia, a maioria das pessoas se contenta em ir direto para a ponte o mais rápido possível. Como é fácil ser levado pela multidão que atravessa a rua a caminho da Ponte Carlos, tenha atenção e só atravesse com farol verde.

Um bom ponto para começar é a estátua de ferro fundido de Carlos IV. Atrás dela há uma vista linda através do Vltava em direção ao Malá Strana e ao castelo. O lado norte da praça é limitado pelos prédios do mosteiro de Křižovnici, dos Cavaleiros da Cruz da Estrela Vermelha. Além do Kostel svatého Františka, obra-prima barroca com cúpula projetada pelo arquiteto francês Jean-Baptiste Mathey (c. 1630-c. 1695), os cavaleiros gerem o Muzeum Karlova mostu (Museu da Ponte Carlos). Aberto em 2007 no 650º aniversário da ponte, ele conta sobre a construção e a história da ponte. Também se pode ver o arco que restou da Ponte Judite. A leste está o Kostel svatého Salvátora, parte do Klementinum, com escultura no telhado de Jan Bendl (1620-80).
✚ 60 E6

Kostel svatého Františka
✉ Křižovnické náměstí 3, Staré Město, Praha 1 ☎ 794 192 232 ⊙ Visitas a combinar antes abr-fim out 🚇 Staroměstská 🚋 Bondes 17, 18 para Staroměstská ou Karlovy lázně

Muzeum Karlova mostu
✉ Křižovnické náměstí 3, Staré Město, Praha 1 ☎ 776 776 779; www.muzeumkarlovamostu.cz ⊙ maio-fim set diariam 10h-20h; out-fim abr diariam 10h-18h ✋ Adulto 150Kč, criança (6-16) 70Kč 🚇 Staroměstská 🚋 Bondes 17, 18 para Staroměstská ou Karlovy lázně

Abaixo *As estátuas que enfeitam o Kostel svatého Salvátora, perto da cúpula hexagonal*

DŮM U ZLATÉHO PRSTENU

Descubra pequenas obras-primas da arte moderna tcheca nos interessantes arredores de uma das mais célebres residências da cidade, a Casa do Anel Dourado.

A fachada estreita dessa construção medieval encontra-se na convergência de vielas, arcos e becos a leste da Staroměstské náměstí (praça da Cidade Velha). Entrando profundamente no tecido urbano que o circunda, o misterioso interior consiste em uma série de cômodos de formato estranho, interligados por portas baixas e escadas em espiral. É um ambiente desorientador, sem dúvida parte da "Praga mágica" e bem de acordo com sua função atual, de uma galeria com o acervo de arte moderna tcheca pertencente ao município.

AS PEÇAS

O prédio é, essencialmente, uma construção gótica do século XIII, embora tenha passado por muitas reformas e modificações durante o Renascimento. Vestígios de pinturas murais dos primeiros anos do edifício estão à mostra em vários pontos, e às vezes há por onde espiar seu enorme vizinho, a Chrám Panny Marie Týnem (Igreja de Týn), ou o curso sinuoso da alameda Týnská. Mesmo que valha a pena pagar a entrada só para perambular pelo labirinto de cômodos, as peças expostas (em três andares) constituem uma boa amostra da arte tcheca do século XX, sendo uma excelente alternativa à grande diversidade de obras apresentadas no Veletržní palác (Palácio da Feira do Comércio).

Quase todas as celebridades estão representadas por obras de primeira categoria, mas saiba que elas passam por um rodízio constante. São expostas tematicamente, não cronologicamente. Sem dúvida você encontrará quadros de figuras muito conhecidas há um século, como Max Švabinský (1873-1962) e Jan Zrzavý (1890-1977), além das obras sempre perturbadoras de surrealistas como Jindřich Štyrský (1899-1942) e Marie Čermínová ("Toyen"; 1902-80), quadros lúgubres de membros do Grupo 42 – conjunto de artistas que se reuniram para trabalhar em 1942 apesar das pressões da ocupação alemã – e outras obras de artistas mais recentes.

INFORMAÇÕES

✚ 61 F5 ✉ Týnská 6, Staré Město, Praha 1 ☎ 224 827 022 ⊙ Ter-dom 10h-20h ✋ Adulto 120Kč, criança (6-16) 60Kč 🚇 Náměstí Republiky 🚊 Bondes 5, 8, 14 para Dlouhá třídá ou Náměstí Republiky ⊙ Visita guiada a combinar (mínimo de 2 semanas antes): 40Kč por pessoa 💻 📅

DICA

» Depois de ver a exposição, vá à livraria, no térreo, ou tome algo no café literário, bem ao lado.

Acima *A fachada muito bem preservada da Dům U Zlatého prstenu*

REGIÕES | STARÉ MĚSTO: ATRAÇÕES TURÍSTICAS

JOSEFOV

STARÉ MĚSTO: ATRAÇÕES TURÍSTICAS
REGIÕES

INFORMAÇÕES
www.jewishmuseum.cz
✚ 60 F5
Židovské muzeum (Museu Judaico, sinagogas e Velho Cemitério Judeu)
✉ U Starého hřbitova 3a, Staré Město/ Josefov, Praga 1 ☎ 222 317 191 🕐 Abr-fim out dom-sex 9h-18h; nov-fim mar dom-sex 9h-16h30; fechado feriados judeus
💰 Adulto 300Kč, criança (6-16) 200Kč
🚇 Staroměstská 🚌 Bondes 17, 18 para Staroměstská 📖 Várias publicações
👉 Visitas guiadas e reservas para grupos: Reservační Centrum (tel.222 317 191)

Da esq. p/ dir. O Velho Cemitério Judeu, ao lado da Klausová synagóga; parte de fora da Maiselova synogóga; lápide de um nobre no Velho Cemitério Judeu

INTRODUÇÃO

Este cemitério impressionante e um grupo de sinagogas constitui um testemunho evocativo dos mil anos dos judeus em Praga.

Josefov – ou Josephstadt – era o nome dado ao famoso gueto de Praga após a emancipação dos seus habitantes concedida pelo imperador ilustrado José II, em 1781. As casas aglomeradas e as ruas tortuosas do gueto foram demolidas no final do século XIX, mas suas sinagogas permaneceram. Algumas são museus; outras, ainda usadas como local de culto pela comunidade atual, sucessora daquela que foi uma das mais prósperas colônias judaicas da Europa inteira. Quase todos os turistas que vão a Praga são atraídos pela gótica Staronová synagóga (Sinagoga Velha-Nova) e pelo singular Starý židovský hřbitov (Velho Cemitério Judeu), com 12 mil lápides. Mas, para vivenciar plenamente o Josefov e entender seu passado, é preciso não ter pressa e apreciar tranquilamente as peças expostas nas diversas sinagogas. Lembre-se de que o cemitério e cinco das sinagogas são administrados pelo Židovské muzeum (Museu Judaico), enquanto a Sinagoga Velha-Nova pertence à comunidade – um ingresso conjunto dá acesso aos primeiros, mas deve-se comprar outro ingresso para essa última. Os homens devem cobrir a cabeça no cemitério e na Sinagoga Velha-Nova (são fornecidos quipás de papel).

A presença judia em Praga remonta pelo menos ao século X. Instalados originalmente no Malá Strana, no século XIII os judeus foram obrigados a mudar para o que é hoje o Josefov, que acabaria por ser uma cidade murada. A sorte da comunidade se alternava entre pogroms e expulsões e períodos de tolerância e prosperidade, e os governantes quase sempre eram conscientes das vantagens de proteger os súditos judeus da perseguição cristã. Ocorreu uma "Era Áurea" no final do século XVI, quando pessoas como Mordecai Maisel e o rabino Loew tinham a atenção do imperador Rodolfo II. Outra surgiu no fim do século XIX e início do XX, quando os judeus tiveram papel significativo na vida intelectual e comercial. Muitos se mudaram para os subúrbios, mais espaçosos, e o gueto foi reurbanizado com belos prédios da virada do século XX, como os da avenida Pařížská. Os nazistas deram fim à longa história dos judeus em Praga, mas uma pequena comunidade conseguiu reinstalar-se lá posteriormente.

DESTAQUES
STARONOVÁ SYNAGÓGA
Iniciada por volta de 1270, a Sinagoga Velha-Nova revela as raízes da vida dos judeus na Europa. Fácil de ser identificada por fora por causa do alto frontão de tijolo, ela pode ter sido construída pelos pedreiros cristãos que trabalhavam no vizinho Anežský klášter (Convento de Santa Inês). Seu nome paradoxal é objeto de lenda e controvérsia. A explicação mais plausível, porém, é que ela foi chamada de "nova" sinagoga quando substituiu um prédio mais antigo no mesmo terreno, e depois se acrescentou "velha" ao nome quando ela, por sua vez, foi substituída no século XVI pela sinagoga da rua Široká, bem próxima.

Entra-se por um portal decorado com uma parreira, cujas 12 raízes representam as 12 tribos de Israel, e os quatro ramos, os quatro rios da Criação. A nave é sustentada por abóbadas com cinco nervuras, em vez das costumeiras quatro, pois poderiam ser interpretadas como símbolo da cruz cristã. Um recinto central, marcado por uma grade gótica, é ocupado pela *bimah*, ou púlpito. Está exposta a bandeira dada pelo imperador Ferdinando II em homenagem à participação da comunidade judaica na luta contra os suecos na Guerra dos Trinta Anos (1618-48); dentro da sua estrela de Davi há uma representação do elmo sueco. Por muitos anos as mulheres sentaram-se separadas na sinagoga, acompanhando o culto em uma câmara lateral, através de várias janelas com treliça.

✉ Červená 2, Staré Město/Josefov, Praga 1 🕒 Abr-fim out dom-sex 9h30-18h; nov-fim dez dom-qui 9h30-17h, sex 9h-14h; jan-fim mar dom-qui 9h30-16h30, sex 9h-14h; fechado feriados judaicos 💰 Adulto 200Kč, criança (6-16) 140Kč 🚇 Staroměstská 🚊 Bondes 17, 18 para Staroměstská

STARÝ ŽIDOVSKÝ HŘBITOV
Iluminado pela luz filtrada pela folhagem das árvores altas, o Velho Cemitério Judeu é um lugar inquietante, com lápides tortas em um espaço limitado por prédios e muros altos. Apesar dos muitos visitantes, o cemitério faz lembrar a Praga judaica morta para sempre. Em 1439, os judeus foram proibidos de enterrar os mortos fora do gueto, e até à época do imperador José todos os enterros eram realizados aqui, e os túmulos usados várias vezes, até haver 12 corpos empilhados.

Se as primeiras lápides simplesmente marcavam o local, as posteriores tornaram-se mais elaboradas, com inscrições gravadas e símbolos para evocar o

DICAS
» Dos andares superiores de prédios vizinhos, sobretudo a Pinkasova synagóga e o Uměleckoprůmyslové muzeum (▷ 88-9), você vê o Velho Cemitério Judeu de ângulos incomuns.
» A quantidade de gente que visita o Josefov às vezes incomoda. Os melhores momentos para a visita são o começo do dia ou a hora do almoço dos turistas.
» A distribuição do Museu Judaico de Praga pode confundir. Não se sabe de imediato onde comprar as entradas e por onde entrar no prédio. A principal bilheteria fica na ria Široká, defronte do restaurante Le Café Colonial. Aqui você compra o ingresso único, válido para as principais atrações (infelizmente não se pode comprar ingressos para cada uma delas). Observe também que a Staronová synagóga não faz parte do Museu Judaico, de modo que é preciso comprar outro ingresso, defronte da entrada da sinagoga.
» Mesmo sem tempo ou sem dinheiro para o ingresso, você pode dar uma espiada no Starý židovský hřbitov (Velho Cemitério Judeu) através de uma janelinha na rua Pomníček 17 listopadu, que corre por trás do cemitério. Para encontrá-la, vá à entrada do Uměleckoprůmyslové muzeum e continue caminhando no sentido norte pela rua que dá no Hotel Intercontinental. A 17 listopadu está poucos metros adiante. Não se trata de uma abertura enorme, mas suficientemente larga para se ter uma ideia do cemitério e bater uma foto.

A ASANACE

No final do século XIX, o Josefov havia sido abandonado pelos moradores judeus que podiam arcar com casas melhores nos subúrbios. Os pobres que ficaram receberam a companhia de destituídos de todas as espécies, e o bairro se tornou uma favela insalubre. A reação dos patriarcas da cidade foi arrasar as pitorescas casas em ruínas e retificar as vielas sinuosas, em uma reurbanização integral do lugar, chamada *asanace* (saneamento).

nome e os feitos dos mortos. Assim, uma raposa podia indicar um membro da família Fuchs e um rato, da família Meisel, enquanto mãos postas para rezar lembravam os Cohens, sacerdotes. O túmulo mais visitado é o do rabino Loew (c. 1520-1609), lendário criador do Golem (▷ 31). Remodelado em estilo barroco, o túmulo tem como decoração um leão e um cacho de uvas.

Ao lado da entrada do cemitério, o pequeno prédio neorromânico do Obřadní síň (Salão Cerimonial) é onde se preparavam os corpos para o enterro. Hoje tem peças sobre os rituais associados com a morte, o enterro e a celebração.

Após o fechamento do cemitério, no final do século XVIII, a comunidade passou a enterrar os mortos em outros lugares, e por fim no terreno mais espaçoso do Nový židovský hřbitov (Novo Cemitério Judeu), no subúrbio de Olšany, onde há outro túmulo judaico muito visitado, o de Franz Kafka.

ŽIDOVSKÁ RADNICE

A Prefeitura Judaica é uma lembrança de que o gueto havia sido uma cidade com governo próprio. O bonito edifício atual é uma reconstrução de meados do século XVIII sobre uma estrutura existente. O campanário tem no alto uma estrela de Davi e quatro relógios comuns, mas o mais famoso relógio da Prefeitura está montado no frontão de frente para a Sinagoga Velha-Nova. Muito admirado por devotos do ocultismo e atração menor da "Praga mágica", o relógio tem ponteiros que se movem em sentido anti-horário em um mostrador com letras hebraicas. A prefeitura original, como outras construções do gueto, foi um presente para a comunidade de um de seus moradores mais ilustres, o prefeito Mordecai Maisel, homem mais rico de Praga. Maisel também financiou o edifício pegado à prefeitura, a Vysoká synagóga (Alta Sinagoga), utilizada pela comunidade e sem acesso ao público em geral.

Abaixo *A Španělská synagóga (Sinagoga Espanhola) foi construída em 1868*

À esq. *O bimah (púlpito), cercado por uma grade, na Staronová synagóga*
Acima *Dois relógios da Židovská radnice (Prefeitura Judaica)*

KLAUSOVÁ SYNAGÓGA

Construção barroca de 1689, mas muito alterada no final do século XIX, a Sinagoga Klausen foi sucessora de um conjunto de prédios (*klausen*, em alemão) erigidos na gestão do prefeito Maisel. Hoje é museu, como a maioria das sinagogas do Josefov, nesse caso dedicado à vida religiosa cotidiana. Entre os mais fascinantes itens está uma série de pinturas que retratam com belos detalhes as atividades da sociedade funerária. Outras peças lembram a importância de Praga e seu lugar de destaque na Europa na área de impressão e encadernação feitas por judeus.

PINKASOVA SYNAGÓGA

A Sinagoga Pinkas, que hoje funciona principalmente como monumento solene aos judeus da Boêmia e da Morávia assassinados pelos nazistas, teve origem no começo do século XVI, quando a construíram para ser o local privado de culto de uma das famílias mais ricas do gueto. Muito modificada e restaurada ao longo dos anos, ela mistura traços góticos tardios e renascentistas e preserva uma linda grade rococó de ferro fundido à volta da *bimah* (púlpito). O nome e as datas de nascimento e morte de 77.297 homens que pereceram em campos de con-

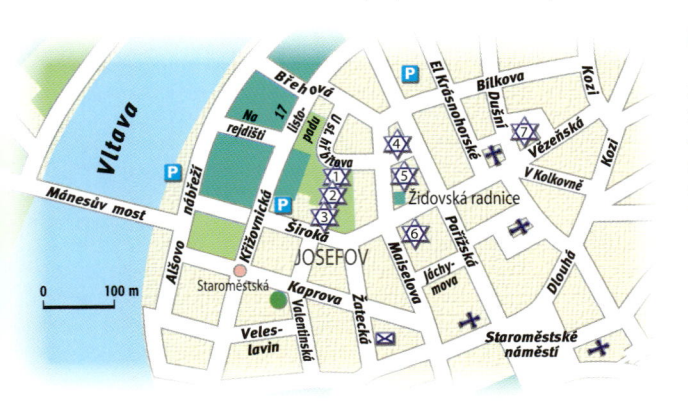

LEGENDA DO MAPA
1. Klausová synagóga
2. Starý židovský hřbitov
3. Pinkasova synagóga
4. Staronová synagóga
5. Vysoká synagóga
6. Maiselova synagóga
7. Španělská synagóga

O HOLOCAUSTO

Muitos visitantes compreensivelmente se confundem com os termos "Gueto Judeu" e "Bairro Judeu", muitos usados em referência ao Josefov. Nós nos acostumamos a usar essas expressões apenas para nos referirmos aos guetos impostos pelos nazistas aos judeus durante a Segunda Guerra Mundial, como o gueto de Kazimierz, em Cracóvia, retratado no filme *A lista de Schindler*. Embora haja em Praga (na Sinagoga Pinkas) um monumento solene aos judeus tchecos e morávios que morreram no Holocausto, o Josefov não foi um local do Holocausto e nunca existiu aí um gueto nazista. Quando os alemães ocuparam o território tcheco por inteiro em 1939, relativamente poucos judeus ainda viviam nessa parte de Praga. A maioria dos judeus foi expulsa de outras localidades. O nome "gueto", ao contrário, remete aos séculos – até meados do XIX – em que a comunidade judaica era obrigada por lei a viver e trabalhar nessa região da cidade. Depois da suspensão dessas restrições no século XIX, muitos judeus preferiram mudar-se. O Starý židovský hřbitov (Velho Cemitério Judeu) provoca tristeza não porque os mortos foram vítimas de nazistas ou mesmo de antissemitas, mas por lembrar o tamanho e a riqueza de uma comunidade que aí teve prosperidade e hoje, tragicamente, não tem mais.

Página ao lado *Decoração art nouveau em prédio na rua Kaprova, no Josefov*

centração estão escritos nas paredes com simplicidade, em letras pretas e vermelhas. Dificilmente se imaginaria uma forma mais pungente de homenagem. O trabalho meticuloso de caligrafia foi realizado nos anos 1950 e demorou cinco anos, mas em 1968 a sinagoga acabou fechada, supostamente por causa de infiltração de umidade, embora se acredite que um motivo mais importante tivesse sido a posição antissionista do regime comunista em seguida à vitória israelense na Guerra dos Seis Dias. O prédio permaneceu fechado até depois da Revolução de Veludo, desde quando os nomes têm sido restaurados meticulosamente. No andar de cima, há uma exposição igualmente pungente de desenhos de crianças de Terezín (Theresienstadt, ▷ 250-2), a cidade-gueto no Norte da Boêmia onde muitos judeus tchecos morreram.

MAISELOVA SYNAGÓGA

A Sinagoga Maisel, construída pelo prefeito Maisel em 1592 para ser local privado de culto, era o prédio mais luxuoso do gueto. Infelizmente foi danificado mais de uma vez por incêndios, sobretudo o de 1689, que se espalhou por todo o gueto, e o edifício atual, em estilo neogótico, é uma reconstrução feita no início do século XX. Entre as peças expostas estão uma boa variedade de objetos rituais feitos de metais preciosos. A existência desse e de outros tesouros judeus em Praga deve-se a um projeto bizarro criado pelos nazistas: quando a aniquilação dos judeus europeus se completasse, o gueto de Praga se tornaria o "Museu de uma Raça Extinta", repleto de objetos roubados na Boêmia e na Morávia.

ŠPANĚLSKÁ SYNAGÓGA

Em Vězeňská, a leste do conjunto principal de construções do gueto, a Sinagoga Espanhola, de 1868, simboliza o prestígio e a prosperidade da comunidade judaica de Praga no final do século XIX. Foi erigida no estilo então em voga para sinagogas, uma versão opulenta da arquitetura moura de Alhambra, na Espanha. Ela guarda peças da história moderna dos judeus tchecos, como imagens fascinantes do gueto antes e depois da reurbanização nos últimos anos do século XIX.

DESTAQUES
AS RUAS DO JOSEFOV

Apesar da profanação generalizada dos bens dos judeus em todo canto, os nazistas decidiram preservar as sinagogas e outras construções do gueto de Praga. Não, porém, com boas intenções. Objetos dos judeus pilhados por todo o país foram acumulados em Praga pelos nazistas pois, assim que os judeus da Europa fossem exterminados, Josefov se tornaria o "Museu de uma Raça Extinta", em que guias com trajes de época fariam o papel dos antigos habitantes.

Nos últimos anos, muitos dos antiquários e lojinhas curiosas que se sucediam nas ruas foram substituídos por diversas bancas de suvenir vendendo camisetas e objetos de vidro praticamente iguais aos que se veem pelo centro da cidade. Resista à tentação de comprar esses artigos no Josefov, já que o enorme volume de turistas faz os preços serem mais altos aí que em qualquer lugar. Se você quer suvenires genuínos ou pequenas lembranças do Bairro Judeu, experimente a lojinha de presentes na entrada da Maiselova Synagóga.

Depois de visitar o Museu Judaico, reserve um tempo para perambular pelo bairro. Quando as autoridades municipais ordenaram a demolição do gueto no final do século XIX, o local foi reconstruído segundo os estilos reinantes na época: Art Nouveau e Secessão (na maioria importados de Viena). No Josefov você vai ver algumas das mais belas casas da cidade da virada do século XX, ostentando os elegantes elementos decorativos que definem o movimento Secessão.

Embora muitas sinagogas não funcionem mais como casas de culto, ainda são consideradas lugares sagrados e devem ser respeitados como tais. Isso significa, em primeiro lugar, que os homens devem cobrir a cabeça com um quipá (ou *yarmulke*). Há caixas repletas deles na entrada de algumas sinagogas. Se não encontrar, um chapéu comum ou um boné resolvem o problema.

REGIÕES | **STARÉ MĚSTO:** ATRAÇÕES TURÍSTICAS

KARLŮV MOST

REGIÕES | **STARÉ MĚSTO:** ATRAÇÕES TURÍSTICAS

INFORMAÇÕES
✚ 60 E6

DICAS
» A multidão que se junta em volta dos artesãos e dos artistas de rua são uma tentação irresistível para batedores de carteira. Tenha extremo cuidado com seus pertences em lugares assim.
» Em 2009 foram iniciadas obras de restauração e reconstrução da ponte, e alguns trechos são às vezes obstruídos. Prepare-se para caminhar por espaços apertados e para a possibilidade de alguns lugares com um bom panorama estarem bloqueados por andaimes e tapumes.

INTRODUÇÃO

A mais longa e mais encantadora ponte medieval da Europa proporciona vistas incomparáveis do rio e da cidade, e ainda por cima tem um enorme conjunto de esculturas ao ar livre.

Com 516m de comprimento, a Ponte Carlos atravessa há mais de 650 anos o largo rio Vltava da Staré Město (Cidade Velha) ao Malá Strana (Bairro Menor). Durante esse tempo, serviu não só de via urbana, mas também de rota de desfile e lugar de comércio, comemoração e punição. Teve uma das primeiras linhas de bonde de Praga, mas o tráfego de veículos de qualquer tipo foi proibido faz tempo, e hoje a principal função da ponte é ser um mirante inigualável das belezas da cidade de todos os lados. O comércio, representado por vendedores de suvenires, mantém-se bastante presente, assim como a diversão, na forma de músicos e artistas de rua.

O Caminho Real (o desfile da coroação) passava por ela vindo do palácio real, na Cidade Velha, a caminho da catedral, e a ponte continua sendo um elo vital no roteiro turístico desde o centro da cidade até o bairro do castelo. Vale a pena lembrar, no entanto, que ela não é o único ponto de travessia do rio e que existem muitos outros percursos para cruzar de uma margem à outra. A Ponte Carlos pode ficar lotada de gente. Os melhores momentos para apreciar o clima que ela transmite são o começo da manhã e tarde da noite.

Karlův most, chamada simplesmente de "a ponte" ou "a ponte de pedra", só ganhou o nome atual em 1870, em homenagem ao imperador Carlos IV (1316-78), época em que a construção de outras pontes sobre o Vltava significava que ela não seria mais a única. A construção dessa façanha da engenharia medieval foi ordenada por Carlos como um dos tópicos dos melhoramentos na capital. Em 1378 ela ainda não estava concluída, mas aguentou a procissão fúnebre do imperador. Antes dela havia uma construção de madeira, depois, por volta de 1160, surgiu a primeira ponte de pedra, batizada com o nome da rainha Judite. A Juditín most (Ponte Judite) acabou destruída por enchentes em 1342, mas a Ponte Carlos, com argamassa reforçada pela mistura de vinho e ovos, suportou a maior parte do que o Vltava lançou contra ela – três de seus arcos foram destruídos na terrível enchente de 1890.

DESTAQUES

STAROMĚSTSKÁ MOSTECKÁ VĚŽ

Com telhado em forma de cinzel e torretas de canto pontudas, a Torre da Ponte da Cidade Velha mostra sua inconfundível silhueta na extremidade leste da ponte. Atualmente o primeiro arco da ponte está escondido sob o pavimento da Křižovnické náměstí (praça dos Cavaleiros da Cruz), e a fundação da torre é formada por 16 sapatas enormes.

Tanto a torre quanto a ponte são obra do arquiteto e engenheiro do imperador Carlos IV, Peter Parler (1330-99), que os projetou ao mesmo tempo que trabalhava na Catedral de São Vito. A torre ganhou significação simbólica por meio da decoração com esculturas. Sua face leste é adornada com a estátua de São Vito ladeada pelas de Carlos e seu filho Venceslau IV, bem como dos santos padroeiros da Boêmia e os signos do zodíaco.

A função defensiva da torre era verdadeira. Em 1648, uma milícia improvisada de estudantes e moradores judeus juntou-se aqui para rechaçar os soldados suecos que tentavam invadir a Cidade Velha, e em outras ocasiões foram montadas barricadas no mesmo lugar. Da galeria da torre, depois de subir 138 degraus, tem-se uma vista esplêndida da ponte.

✉ Karlův most, Staré Město, Praha 1 ☎ 224 220 569 ⊕ Jan-fim abr, out-fim dez diariam 10h-19h; maio-fim set diariam 10h-22h 🏛 Adulto 60Kč, criança (10-16) 40Kč, (menor de 10) 20Kč
Ⓜ Staroměstská 🚋 Bondes 17, 18 para Staroměstská

MALOSTRANSKÁ MOSTECKÁ VĚŽ

Erigida na metade do século XV, a Torre da Ponte do Malá Strana foi inspirada na torre na extremidade da Ponte da Cidade Velha. Com a torre menor à sua esquerda, forma um par bastante fotografado. Essa construção defensiva do século XII fazia parte do acesso fortificado à Ponte Judite, antecessora da Ponte Carlos. A Torre da Ponte abriga uma pequena exposição e dá uma boa vista de sua galeria.

✉ Mostecká, Malá Strana, Praha 1 ⊕ Abr-fim out diariam 10h-18h 🏛 Adulto 70Kč, criança (6-16) 50Kč Ⓜ Malostranská 🚋 Bondes 12, 20, 22 para Malostranské náměstí

ESTATUÁRIA E ESCULTURA

As estátuas agrupadas em pares opostos nos parapeitos da ponte (▷ 77) parecem sempre ter estado ali, mas por muito tempo a estrutura só trazia um calvário de madeira. A estátua de Bruncvík – guerreiro nos moldes de Rolando, o famoso herói franco –, simbolizando direitos civis e privilégios, foi posta no início do século XVI, mas abaixo do parapeito, em uma das sapatas, em parte da gloriosa procissão de santos barrocos. A maioria dos que se veem hoje são cópias, pois as estátuas originais foram retiradas para protegê-las das intempéries. Vale a pena ver todas, mas algumas são verdadeiras obras-primas dos mais destacados escultores da época e merecem um exame mais detido (▷ 76, coluna lateral).

Entretanto, você poderá ver somente poucas originais. Algumas delas encontram-se no Lapidarium, no pavilhão de feiras de Praga, Výstaviště (▷ 221),

AJUDA COZIDA

Quando a grande ponte estava sendo construída, lançou-se por todo o país um pedido de vinho e ovos, para serem misturados ao calcário e fazer uma argamassa extremamente forte. A reação foi magnífica: cidades e aldeias enviaram uma quantidade generosa do material. Mas os construtores ficaram desconcertados ao verem que os ovos enviados por uma vila remota estavam cozidos!

O ANIVERSÁRIO DA PONTE

Diz a lenda que, sob a supervisão de Carlos IV, a pedra fundamental da ponte foi lançada às 5h31 de 9 de julho de 1357. O sábio governante teria escolhido essa data por ela ser favorável do ponto de vista astrológico e pelo fato de os números do ano, do mês e da hora formarem o mesmo número em ambas as direções (1 3 5 7 9 7 5 3 1). Seiscentos e cinquenta anos depois, em julho de 2007, um suntuoso festival "medieval" de três dias foi realizado na ponte e perto dela, culminando em uma cerimônia de bênção conduzida pelo arcebispo de Praga. O ano de aniversário também presenciou a inauguração de um museu sobre a história e a construção da ponte no prédio dos Cavaleiros da Cruz (▷ 66).

Página ao lado *Os turistas procuram a ponte por causa da vista da cidade*
Abaixo *Detalhe da estátua de São João Nepomuceno na ponte*

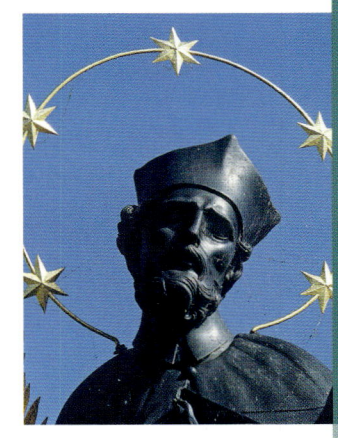

ESCULTURAS DA PONTE

Ao atravessar a ponte, pare para admirar as seguintes estátuas e esculturas dignas de atenção:

» São Ivo, patrono dos advogados, de Matthias Bernhard Braun. O santo é retratado em pose animada, traço característico da escultura barroca.

» São Cirilo e São Metódio, de Karel Dvořák. A dupla foi acrescentada no 20º aniversário da criação da Tchecoslováquia e, embora tenha o seu valor, carece do dinamismo e do impacto emocional dos seus pares barrocos.

» São Francisco Xavier, considerada em geral a melhor obra de Ferdinand Maximilian Brokoff. O missionário jesuíta batiza um príncipe pagão. Uma das figuras de apoio talvez seja um retrato do próprio Brokoff.

» São João Nepomuceno, de Matthias Rauchmüller e Jan Brokoff, pai do talentoso Ferdinand Maximilian. Está colocada no local em que o santo teria sido lançado para a morte na água por ordem do ciumento rei Venceslau IV.

» Os missionários São Vicente Ferrer e Santo Procópio, de F. M. Brokoff. Vicente revive um morto, enquanto Procópio pisa em um demônio.

» Santa Lutgarda, de M. B. Braun. Em um acesso de intensidade emocional sem precedentes, a freira cega Lutgarda beija uma das feridas do Cristo moribundo.

» São João de Mata e São Félix de Valois, de F. M. Brokoff. Esses santos foram responsáveis pelo resgate dos cristãos que caíram em mãos infiéis, como os que aparecem aqui prostrados na caverna, guardados por um turco barrigudo e seu cão.

enquanto outras estão guardadas nas catacumbas embaixo da fortaleza de Vyšehrad (▷ 132-3).

Muitas das estátuas da ponte têm ligação com lendas. A mais popular é sem dúvida a de São João Nepomuceno, do lado direito da ponte, indo em direção ao Malá Strana, quase na metade. Na base da estátua veem-se marcas de latão polido, ponto em que inúmeras pessoas a tocaram em busca de sorte ou até, quem sabe, com o desejo de um dia voltar a Praga.

A CONTRARREFORMA

As estátuas alinhadas na Ponte Carlos não tiveram apenas um fim estético: foram parte importante do empenho dos Habsburgos da Áustria para recatolicizar as terras tchecas após sua vitória sobre os tchecos na batalha da montanha Branca, em 1620. Muitos tchecos eram bastante influenciados pelas pregações protestantes de Jan Hus de dois séculos antes, e reconquistá-los para as hostes católicas constituía um objetivo fundamental dos senhores austríacos (e católicos) do país. A beleza foi uma das armas empregadas, enfeitando a ponte com representações idealizadas de santos e motivos religiosos. Chegou-se a afirmar que São João Nepomuceno seria uma invenção consciente da Igreja Católica para dar ao tchecos um ícone que substituísse seu querido Jan Hus.

À dir. *A ponte na aurora, com poucos pedestres que madrugaram*

ESCULTURAS E ESTATUÁRIA DA PONTE

TORRES DA PONTE DO BAIRRO MENOR

São Venceslau
de J. K. Böhm, 1858

São Cosme e São Damião
de J. O. Mayer, 1709

São João de Mata, São Félix de Valois, São João de Rila e figura de um turco
de F. M. Brokoff, 1714

São Vito
de F. M. Brokoff, 1714
(mármore)

Santo Adalberto
de F. M. Brokoff, 1709
(cópia, 1973)

São Felipe Benizi
de M. B. Mandl, 1714

Santa Lutgarda
de M. B. Braun, 1710 (cópia, 1995)

São Caetano
de F. M. Brokoff, 1709

São Nicolau de Tolentino
de J. F. Kohl, 1706
(cópia, 1969)

Santo Agostinho
de J. F. Kohl, 1708 (cópia, 1974)

São Vicente Ferrer e Santo Procópio
de F. M. Brokoff, 1712

São Judas Tadeu
de J. O. Mayer, 1708

São Francisco Seráfico
de E. Max, 1855

Santo Antônio de Pádua
de J. O. Mayer, 1707

Santa Ludmila e São Venceslau
oficina de M. B. Braun, *c.* 1730
(cópia, 1999)

São João Nepomuceno
de M. Rauchmüller e J. Brokoff, 1683; fundida em bronze por W. H. Heroldt, Nurembergue, 1683

São Francisco de Bórgia
de J. e F. M. Brokoff, 1710
(restaurada por R. Vlach, 1937)

São Venceslau, São Norberto e São Sigismundo
de J. Max, 1853

São Cristóvão
de E. Max, 1857

São João Batista
de J. Max, 1857

São Francisco Xavier
de F. M. Brokoff, 1711
(cópia, 1913)

São Cirilo, São Metódio e três figuras alegóricas
(Boêmia, Morávia e Eslováquia) de K. Dvořák, 1938

São José
de J. Max, 1854

Santa Ana com a Virgem e o Menino
de M. W. Jäckel, 1707 (cópia, 1999)

Pietà
de E. Max, 1859
(originalmente, 1695)

Crucifixo de bronze
fundido por J. Hilger, 1629; primeira escultura da ponte, colocada em 1657; inscrição em hebraico, 1696; figuras de E. Max, 1861

Santa Bárbara, Santa Margarete e Santa Elizabete
de F. M. Brokoff,
1707 (cópia)

Virgem com São Domingos e São Tomás de Aquino
de M. W. Jäckel, 1709 (cópia, 1961)

São Ivo
de M. B. Braun, 1711
(cópia, 1908)

Virgem com São Bernardo
de M. W. Jäckel, 1709 (cópia)

TORRE DA PONTE DA CIDADE VELHA

REGIÕES | STARÉ MĚSTO: ATRAÇÕES TURÍSTICAS

INFORMAÇÕES
www.klementinum.com
✚ 60 E6 ✉ Národní knihovna, Klementinum 190, Staré Město, Praha 1
☎ 222 220 879 🕐 Visitas ao Salão da Biblioteca, à Torre Astronômica e à Capela dos Espelhos: jan-fim mar diariam 10h-17h; abril, out-fim dez diariam 10h-18h; maio-fim ago diariam 10h-20h; set diariam 10h-19h. Visitas a cada hora ✋ Adulto 220Kč, criança (6-16) 140Kč 🚇 Staroměstská
🚊 Bondes 17, 18 para Staroměstská
🗣 Visitas guiadas em inglês 📖 45Kč

Acima Afresco no teto da Zrcadlová kaple (Capela dos Espelhos)

KLEMENTINUM

Os muros severos do Klementinum escondem um dos mais luxuosos recintos barrocos de Praga. Essa importante instituição é o segundo maior conjunto de prédios da cidade depois do castelo. Hoje digna sede da Biblioteca Nacional, ele já foi o escritório central da Companhia de Jesus. Sua construção implicou a demolição de dezenas de moradias e o novo traçado de várias ruas.

Na metade do século XVI, os jesuítas foram chamados a Praga pelas autoridades habsburgas para ajudar a acabar com a tendência dos tchecos ao protestantismo. Após o breve triunfo protestante em 1618, eles foram expulsos da cidade, mas voltaram depois da batalha da montanha Branca, em 1620, quando assumiram a direção do Carolinum (Universidade Carlos). Seus dias de glória chegaram ao fim quando foram expulsos e o imperador reformista José II confiscou a esplêndida biblioteca jesuíta.

NÁRODNÍ KNIHOVNA

O Klementinum consiste em edificações de várias datas dispostas ao redor de pátios. Diversas igrejas, entre elas a Kostel svatého Salvátora (Igreja de São Salvador), repetem seu exterior austero. A fachada mais grandiosa, enfeitada com estátuas de imperadores romanos, volta-se para o oeste.

A Národní knihovna (Biblioteca Nacional) é essencialmente uma instituição de trabalho, com acesso limitado para quem não é sócio. No entanto, existe uma visita guiada a três das partes mais fascinantes do conjunto. Abrange o Barokní knihovní (Salão da Biblioteca), de 1727, um dos mais magníficos recintos barrocos da cidade, com preciosos volumes em estantes de carvalho, um afresco no teto sobre o tema da sabedoria e uma mostra de globos geográficos e astrológicos. A visita também inclui a igualmente suntuosa Zrcadlová kaple (Capela dos Espelhos), toda de mármore artificial, vidro e estuque dourado, e a Hvězdárenská věž (Torre Astronômica), rematada por uma figura de Atlas e usada para observações astronômicas e meteorológicas desde 1722.

MARIÁNSKÉ NÁMĚSTÍ

A praça Mariana é um espaço aberto agradável, delimitado a oeste pelo Klementinum, ao norte pela Biblioteca da Cidade e a leste pela Nová radnice (Prefeitura Nova). Esta construção art nouveau austera, feita em 1911, não é a Prefeitura da Cidade Nova, mas uma substituta da sede municipal histórica que se encontra na Staroměstské náměstí (praça da Cidade Velha), só usada atualmente para cerimônias. A fachada da Nová radnice tem adorno de esculturas simbólicas e, de cada lado, duas estátuas magníficas feitas por Ladislav Šaloun (1870-1946): à esquerda está o Homem de Ferro, patrono dos armeiros; à direita, o rabino Loew (▷ 31). Ao sul da praça, há uma fonte com uma figura feminina, representando o Vltava e chamada por todos de Terezka.

✚ 60 E6 ✉ Mariánské náměstí, Staré Město, Praga 1 ☺ Staroměstská 🚋 Bondes 17, 18 para Staroměstská

MUZEUM BEDŘICHA SMETANY
www.nm.cz

O museu dedicado ao grande compositor tcheco Bedřich Smetana (1824-84) está instalado em um belo prédio neorrenascentista do fim do Novotného lávka, o píer que adentra o Vltava pouco acima da Karlův most (Ponte Carlos). O edifício possui decoração ousada de esgrafito retratando a defesa da ponte contra o exército sueco invasor na Guerra dos Trinta Anos (1618-48). Lá dentro há objetos que remontam ao fundador da música orquestral tcheca moderna e pode-se ouvir trechos de suas obras.

✚ 60 E6 ✉ Novotného lávka 1, Staré Město, Praga 1 ☎ 222 220 082 ⊙ Quaseg 10h-12h, 12h30-17h ✋ Adulto 50Kč, criança (6-16) 25Kč ☺ Staroměstská 🚋 Bondes 17, 18 para Karlovy lázně ou Staroměstská

NÁPRSTKOVO MUZEUM
www.nm.cz

O Museu de Etnografia Náprstek leva o nome de seu fundador, Vojta Náprstek (1826-94). Esse cavaleiro abraçou o espírito da época, fomentando invenções técnicas e a emancipação feminina e exibindo, ao mesmo tempo, um entusiasmo ilimitado pelas culturas "primitivas". Depois de ter participado da malograda revolução de 1848, foi obrigado a fugir do país, porém, aproveitou o exílio nos Estados Unidos e na Grã-Bretanha para se atualizar no desenvolvimento tecnológico e quanto à ideia do museu como recurso educacional. O museu que ele criou na cervejaria da família compensa com charme e qualidade o que lhe falta de abrangência. Contém alguns objetos fascinantes de culturas nativas das Américas do Norte e do Sul, Australásia e Oceania. As exposições temporárias também costumam ser de alta qualidade.

✚ 60 E6 ✉ Betlémské náměstí 1, Staré Město, Praga 1 ☎ 224 497 500 ⊙ Ter-dom 9h-18h ✋ Adulto 80Kč, criança (6-16) 40Kč. Gratuito primeira sex do mês ☺ Národní třída 🚋 Bondes 6, 9, 18, 21, 22, 23 para Národní třída

OBECNÍ DŮM
▷ 80.

POŠTOVNÍ MUZEUM
www.cpost.cz

O Museu Postal localiza-se em uma parte pouco conhecida no limite da Cidade Nova e ocupa uma casa do século XVI onde morou um moleiro rico. Seu acervo é vasto e bem organizado. A ênfase recai sobre os selos e outros objetos filatélicos da Tchecoslováquia, mas também se veem selos de muitos outros países. Mesmo quem não se interessa tanto por filatelia pode se impressionar com os selos que ilustram a história tcheca e com o talento artístico presente em muitos deles. Em 1918 e 1919, os primeiros selos tchecoslovacos eram sobreimpressões de séries austríacas, o que deu uma curta sobrevida ao já arruinado império habsburgo. Logo depois, artistas como Alfons Mucha (1860-1939) produziram desenhos requintados dignos da nova república. Essas estampas deram lugar ao Führer da Alemanha durante a ocupação. Após 1948, o regime comunista produziu diversos selos pitorescos seguindo o estilo do realismo socialista.

As salas do primeiro andar são usadas para exposições temporárias. Na metade do século XIX, Václav Michalovic gastou parte de sua fortuna na decoração dessas salas, realizada pelo pintor Josef Navrátil. Há a Sala Verde, a Sala Alpina e a Sala do Teatro, com cenas de peças teatrais e óperas e um autorretrato do artista.

✚ 61 G5 ✉ Nové mlýny 2, Nové Město, Praga 1 ☎ 222 312 006 ⊙ Ter-dom 9h-12h, 13h-17h ✋ Adulto 50Kč, criança (6-16) 10Kč 🚋 Bondes 5, 8, 14 para Dlouhá třída

Abaixo *Detalhe da parte superior da entrada do Náprstkovo Muzeum (Museu de Etnografia)*

REGIÕES **STARÉ MĚSTO: ATRAÇÕES TURÍSTICAS**

OBECNÍ DŮM

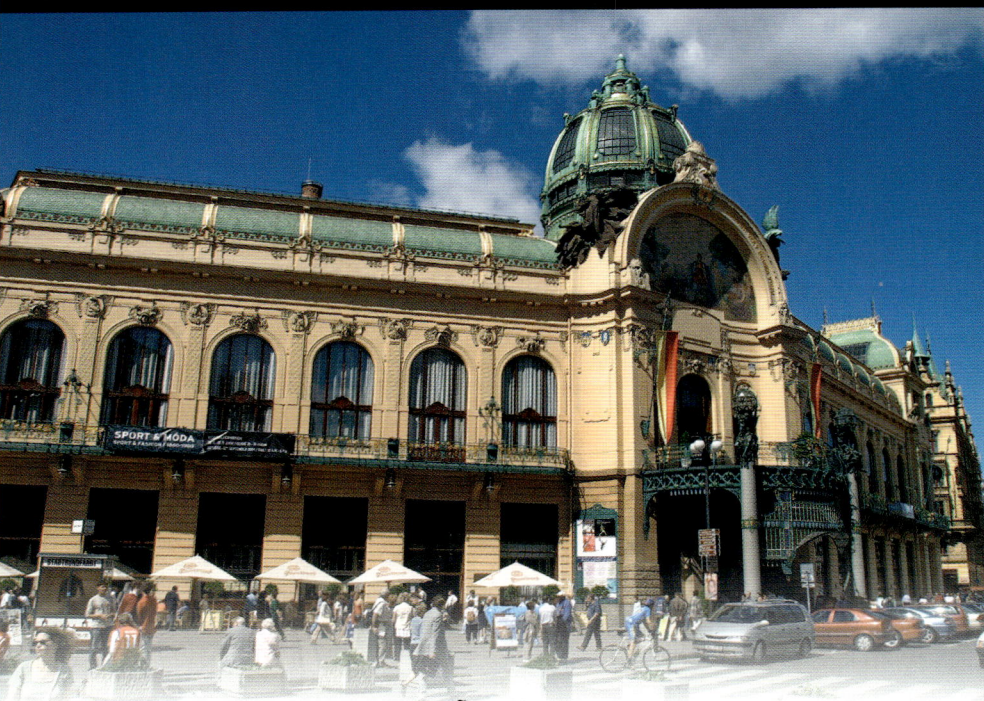

REGIÕES STARÉ MĚSTO: ATRAÇÕES TURÍSTICAS

INFORMAÇÕES

www.obecnidum.cz
🗺 61 G6 ✉ Náměstí Republiky 5, Staré Město, Praha 1 ☎ 222 002 101
🛈 Bilheteria e informação sobre visitas guiadas 10h-19h ✋ Visita guiada às Salas de Solenidades: adulto 270Kč, criança (6-16) 220Kč Ⓜ Náměstí Republiky 🚋 Bondes 5, 8, 14 para Náměstí Republiky 🎧 Audioguia
📖 Folheto de alta qualidade em inglês ☕ Café 🍷 Bar 🍴 Francouzská restaurace (▷ 103), Plzeňská restaurace (▷ 105) 🛍 Loja no porão com excelente variedade de suvenires de primeira

Acima A Obecní dům (Casa Municipal) fica na movimentada Náměstí Republiky

INTRODUÇÃO

A Casa Municipal sempre tem algo a oferecer para todos, e até mesmo o visitante mais apressado deve sentar-se por alguns instantes no suntuoso espaço do café para sentir a atmosfera de uma casa clássica de muito tempo atrás. Comer no Francouzská restaurace (▷ 103) será uma experiência gastronômica incrível, enquanto o Plzeňská restaurace (▷ 105), no porão, tem um clima alegre de cervejaria. Quem gosta de música vai querer assistir a um concerto na Smetanova síň (Sala Smetana), sede da Orquestra Sinfônica de Praga. É aqui que começa o festival de música Primavera de Praga, com uma estimulante apresentação de *Má vlast (Minha pátria)*, de Smetana. Os projetistas do edifício deram grande atenção aos espaços funcionais e aos equipamentos, e vale a pena apreciar elementos como escadas, elevadores e até a chapelaria. Se você se identificar com o espírito do prédio e sua decoração luxuosa, participe da visita guiada às Salas de Solenidades.

No fim do século XIX tornou-se óbvio que a cidade em expansão precisava de um edifício com vários fins que também expressasse seu novo caráter predominantemente tcheco. Com a demolição do velho Palácio Real ao lado da Torre da Pólvora, na extremidade leste da Na příkopě, apareceu um lugar ideal. Em concordância com a história, ele também serviria para lembrar a comunidade alemã de Praga de que ela não poderia mais considerar essa parte da cidade só sua. Os arquitetos foram contratados em 1903, e oito anos depois a Casa Municipal estava pronta. O papel do prédio de ser um símbolo nacional e municipal confirmou-se em 28 de outubro de 1918, quando a independência da Tchecoslováquia da Áustria-Hungria foi proclamada nele.

Nos anos 1980, a beleza do prédio perdera a intensidade e sua infraestrutura técnica estava ultrapassada. Em 1997, ele voltou à cena totalmente restaurado após uma reconstrução que levou três anos, criticada por pessoas que a acharam insensata e exagerada.

DESTAQUES
FACHADA EXTRAVAGANTE
A fachada ocre com decoração pomposa e a cúpula de cobre vitrificado da Obecní dům contrastam com a cantaria escura da sua venerável vizinha, a Prašná brána (Torre da Pólvora). Os arquitetos Antonín Balšánek (1865-1921) e Osvald Polívka (1859-1931) foram responsáveis pelo desenho do prédio e, assim como a "geração do Teatro Nacional" trabalhou neste grande monumento um quarto de século antes, muitos dos destacados artistas e escultores da Art Nouveau de Praga colaboraram para o embelezamento da Casa Municipal. O portal é um aperitivo das maravilhas que há adiante, como ourivesaria de filigrana, encrustações com joias, figuras alegóricas, medalhões de estuque e um mosaico, *Apoteose de Praga*, de Karel Špillar (1871-1939). A inscrição dourada à volta dele diz "Salve, Praga! Continuai firme contra o Tempo e a Maldade, como suportastes as tempestades das eras", e é de um poema de Svatopluk Čech (1846-1908).

SALAS SUNTUOSAS
O coração da Casa Municipal compõe-se da espaçosa Smetanova síň (Sala Smetana), usada para todos os tipos de evento, bem como do auditório de concertos. O grande compositor é homenageado não só com o nome da sala, mas também com esculturas de ambos os lados do palco que representam suas composições *Vyšehrad* e *Danças eslavas*. Embora a Sala Smetana seja esplêndida, é na sucessão das Salas de Solenidades no primeiro andar que a decoração do prédio atinge o auge. Além de outras salas, uma confeitaria deliciosa, um salão do folclore morávio-eslovaco e a Sala Oriental, há ainda o Primatorský sál, ou Gabinete do Alcaide-mor – o artista responsável por ele foi Alfons Mucha (1860-1939), que se superou não só com pinturas patrióticas, mas com letreiros elegantes e vitrais. Até as cortinas foram costuradas sob a supervisão dele. Mucha teria gostado de desempenhar um papel mais importante na decoração do edifício, mas os ciúmes profissionais de seus colegas artistas contiveram sua ambição.

DICA
» Dá para tirar fotografias da Obecní dům se você tomar uma boa distância, mas vale mais a pena fotografar bem de perto para registrar as preciosidades e as extravagâncias desse prédio luxuoso.

Abaixo *Detalhe de um vitral art nouveau na Obecní dům*

REGIÕES | **STARÉ MĚSTO:** ATRAÇÕES TURÍSTICAS

STAROMĚSTSKÉ NÁMĚSTÍ

INTRODUÇÃO
Casas de comerciantes, duas belas igrejas e a alta torre da Prefeitura da Cidade Velha, com o Relógio Astronômico, predominam nesse espaço que foi palco tempestuoso de muitos dramas históricos.

A praça da Cidade Velha é onde o antigo coração de Praga bate mais forte. Principal ponto de encontro da cidade, alimentado por rios de pedestres que vêm das ruas e vielas convergentes, a praça atrai mais gente quando o Orloj (Relógio Astronômico) marca a mudança da hora. Há espaço de sobra para perambular e um monte de lugares para comer e beber. A Staroměstská radnice (Prefeitura da Cidade Velha), composta de um conglomerado pitoresco de prédios, atualmente tem apenas função cerimonial, embora sirva também de sede ao escritório central de informação turística. Da torre da Prefeitura da Cidade Velha tem-se uma vista estonteante do movimento na praça e um panorama incomparável do mar de telhados vermelhos da Cidade Velha.

De início o local do mercado, a praça da Cidade Velha também foi palco de muitos momentos simbólicos da história da Boêmia. Em 1437, dezenas de "hereges" hussitas morreram na forca aqui. Depois de vencerem a batalha da montanha Branca, em 1620 (▷ 31), os católicos se vingaram dos seus adversários, os protestantes, decapitando os nobres e enforcando os plebeus. Em 1650, comemorou-se a supremacia católica com a construção de uma coluna à Virgem Maria Vitoriosa. Por três anos a coluna Mariana manteve uma proximidade tensa com o Pomník Jana Husa (Monumento a Jan Hus), até que foi arrasada por um bando nacionalista em 1918, que a considerava símbolo do domínio austríaco.

Em maio de 1945, a ala norte da Prefeitura, do século XIX, acabou vítima do fogo alemão, que destruiu a unidade arquitetônica da praça e deixou um espaço que nunca foi preenchido.

INFORMAÇÕES
✚ 61 F6 ✉ Staré Město, Praga 1
Ⓜ Staroměstská, Můstek, Náměstí Republiky 🚋 Bondes 17, 18 para Staroměstská

DESTAQUES
STAROMĚSTSKÁ RADNICE
A Prefeitura da Cidade Velha é um conjunto bem aleatório de prédios surgidos em várias datas a partir do início do século XIII. Um dos componentes mais venerados é a capela gótica, no primeiro andar, do lado leste do edifício. Na calçada abaixo da linda janela saliente há 27 cruzes em homenagem aos nobres rebeldes executados aqui em 1621. A entrada principal da Prefeitura tem batentes com entalhes requintados do gótico tardio. A janela renascentista a oeste, também ornamentada, mostra a inscrição "Praga caput regni" (Praga, capital do reino). Mais a oeste, a linda Dům U Minuty (Casa do Diminuto), com esgrafito, recebeu por curto tempo a família Kafka. Dentro da Prefeitura da Cidade Velha, as salas de solenidades merecem uma visita, mas a sensação é a vista do alto da torre.
✉ Staroměstské náměstí 1 ☎ 224 482 751, 724 508 584 🕐 Interior: seg 11h-18h, ter-dom 9h-18h. Torre: seg 11h-20h, ter-dom 9h-20h 💰 Interior: adulto 100Kč, criança (6-15) 50Kč. Torre: adulto 100Kč, criança (6-15) 50Kč

ORLOJ
Um dos mais conhecidos símbolos da "Praga mágica", o Relógio Astronômico tem três ponteiros, que não só mostram as horas de maneiras diferentes, mas também indicam a posição do Sol, da Lua e das estrelas. Foi instalado no início do século XV, e seu mecanismo foi aprimorado constantemente, sobretudo pelo mestre Hanuš, perto do final do século. Diz a lenda que o Conselho Municipal mandou arrancar os olhos de Hanuš para que ele nunca transmitisse os segredos de sua arte. A vingança dele foi estragar o mecanismo imobilizando-o indefinidamente. O mostrador de baixo, acrescentado no século XIX, mostra os signos do zodíaco e os trabalhos do mês. Quando bate a hora,

Página ao lado *Os signos do zodíaco na face superior do Orloj*

STARÉ MĚSTO: ATRAÇÕES TURÍSTICAS

DICA
» A praça da Cidade Velha readquire algo de sua atmosfera medieval como local de comércio ao sediar o animado mercado de Natal nos dias que precedem o 25 de dezembro (▷ 279).

os famosos bonecos esculpidos iniciam sua caminhada – os apóstolos são acompanhados pelas figuras de um turco, um judeu, da Vaidade e da Morte, balançando uma ampulheta. Por fim um galinho canta para encerrar o espetáculo.

POMNÍK JANA HUSA (MONUMENTO A JAN HUS)
O Monumento a Jan Hus, em requintado estilo art nouveau, é uma obra de Ladislav Šaloun em memória do grande pregador reformista e mártir Jan Hus. Levou 13 anos para ser concluído e teve inauguração em 1915. A figura alta e lânguida de Hus olha ao longe como um profeta, enquanto abaixo dele figuras esculpidas em poses dinâmicas simbolizam as tribulações dos compatriotas e sua emancipação final. A inscrição estilizada ao longo da base do monumento inclui sua declaração lacônica "Pravda vítězí" (A verdade prevalecerá), lema reconfortante muito repetido pelos tchecos em épocas difíceis.

CHRÁM PANNY MARIE PŘED TÝNEM
É impossível deixar de notar na praça a Igreja da Virgem Maria Diante de Týn (Igreja de Týn), com uma profusão de campanários e agulhas. Seu alto interior gótico está preservado, mas boa parte da mobília e dos complementos é da era barroca. O astrônomo Tycho Brahe (1546-1601) tem o túmulo mais estranho, mostrando claramente o nariz artificial posto no lugar do natural, decepado em um duelo (▷ 30).

✉ Staroměstské náměstí 14 ☎ 222 318 186, 602 457 200 ⊙ Ter-sáb 10h-13h, 15h-17h. Cultos: ter, sex 17h, qua, qui 18h, sáb 20h ✋ Gratuito

Abaixo *O calendário embaixo do Orloj, pintado por Josef Mánes (1820-71)*

À esq. *Vista do alto para a Staroměstské náměstí*

Acima *Decoração renascentista de esgrafito na Casa do Diminuto*

CASAS E PALÁCIOS

Do lado sul da praça alinham-se as fachadas de cores vivas das mais suntuosas mansões de Praga, que ostentam nomes como U zlatého jednorožce (O Unicórnio Dourado) e U kamenného beránka (O Cordeiro de Pedra). A imponente Storchův dům (Casa Štorch) tem um afresco do século XIX que retrata São Venceslau, mas as construções mais fascinantes talvez sejam as do lado leste da praça. Por trás dos frontões arredondados da Týnská škola (Escola de Týn), a Dům U kamenného zvonu (Casa do Sino de Pedra), com telhado em forma de cinzel, é um palácio gótico do final do século XIII cujos traços verdadeiros ficaram escondidos até os anos 1970 sob uma fachada barroca. É um bom local para exposições temporárias levadas pela Galeria Nacional. Seu vizinho, o Palác Kinských (Palácio Kinský), é um dos mais belos prédios rococós de Praga. Tem mais ligações com Kafka do que se poderia esperar: o armarinho de seu pai era no térreo, o apartamento da família, no primeiro andar, e em outra parte do prédio ficava o colégio alemão que o jovem Franz frequentava. Em uma manhã gelada e funesta de fevereiro de 1948, o líder comunista Klement Gottwald apareceu no balcão do palácio para proclamar a vitória do seu golpe de Estado a milhares de seguidores reunidos na praça cheia de neve. O Palácio Kinský apresenta atualmente a exposição "Paisagem da Arte Tcheca", da Galeria Nacional.

Dům U kamenného zvonu ✉ Staroměstské náměstí 13 ☎ 224 827 526 ⊕ Ter-dom 10h-18h em exposições temporárias ✋ Adulto 120Kč, criança (6-16) 60Kč em exposições temporárias; www.citygalleryPraga.cz

Palác Kinských ✉ Staroměstské náměstí 12 ☎ 224 810 758 ⊕ Ter-dom 10h-18h ✋ Adulto 100Kč, criança (6-16) 50Kč. Gratuito primeira qua do mês 15h-20h; www.ngPraga.cz

KOSTEL SVATÉHO MIKULÁŠ

Muito branca, a segunda grande igreja barroca de Praga consagrada a São Nicolau está em posição destacada na ponta noroeste da praça. Com torres gêmeas e um cúpula, é uma obra-prima de Kilián Ignác Dientzenhofer (1689-1751), com projeto engenhoso para que coubesse em um terreno de forma esquisita diante de uma rua estreita. A demolição da parte norte da praça para fazer a rua Pařížská, por volta de 1900, e a destruição da ala norte da Prefeitura em 1945 deram à São Nicolau uma proeminência que Dientzenhofer nunca imaginara.
✉ Staroměstské náměstí 27a ☎ 224 190 991 ⊕ Diariam 10h-16h

REGIÕES STARÉ MĚSTO: ATRAÇÕES TURÍSTICAS

PRAŠNÁ BRÁNA
www.Praga-info.cz
Ponto de referência em Praga, a famosa Torre da Pólvora monta guarda em um dos acessos à Staré Město pelo leste. Por causa da vista, vale a pena subir até a galeria abaixo do telhado em forma de cinzel, com a rua Celetná orientando os olhos por cima dos telhados na direção da Staroměstské náměstí e mais além, até o castelo. Nos andares mais baixos da torre há uma exposição sobre sua história e a vida na Praga da Idade Média.

A Torre da Pólvora foi erigida em 1475 para ser uma entrada cerimonial da Cidade Velha. Ocupou o lugar de uma das torres das fortificações da Cidade Velha, as quais, após a construção da Nové Město (Cidade Nova; ▷ 112-57) um século antes, tornaram-se dispensáveis. Seu vizinho, onde hoje se encontra a Obecní dům (Casa Municipal), era o palácio real, e a torre também serviu de ponto de partida digno para o cortejo da coroação que seguia pelo Caminho Real. Não estava concluída quando a corte tornou a mudar-se para o castelo no início do século XVI, e durante muitos anos teve apenas um telhado temporário. Chegou a ser depósito de pólvora – daí o nome – e ficou bastante danificada no cerco prussiano de 1757. Em 1875 caiu nas mãos do arquiteto restaurador Josef Mocker (1835-99), que a deixou como nova quando lhe acrescentou o telhado em forma de cinzel e uma profusão de esculturas e outros elementos decorativos.

✝ 61 G6 ✉ Náměstí Republiky/ Na příkopě, Staré Město, Praha 1 ☎ 724 063 723 ⏰ Abr-fim out diariam 10h-18h
🎫 Adulto 70Kč, criança (6-16) 50Kč
Ⓜ Náměstí Republiky 🚋 Bondes 5, 8, 14 para Náměstí Republiky

RUDOLFINUM
www.galerierudolfinum.cz
O grande Rudolfinum, neorrenascentista, localiza-se do lado da Cidade Velha na Mánesův most (Ponte Mánes). Galeria de arte e também destacado local de concertos – é sede da Filarmônica Tcheca –, foi construído em 1884 e ganhou toda a ornamentação a que tinha direito, entre estátuas de leões e esfinges e uma sucessão de compositores na balaustrada do telhado. O Rudolfinum tem duas salas: a Dvořák, para música orquestral, e a Suk, para concertos de câmara.

A galeria, iluminada por claraboia, tem excelentes salas de exposição e é conhecida por fomentar a arte contemporânea internacional. Há também um belo café no térreo.

✝ 60 E5 ✉ Rudolfinum, Alšovo nábřeží 79/12, Staré Město, Praha 1 ☎ Galeria: 227 059 205 ⏰ Galeria: ter-dom 10h-18h
🎫 Galeria: adulto 120Kč, menos de 15 gratuito Ⓜ Staroměstská 🚋 Bondes 17, 18 para Staroměstská

STAROMĚSTSKÉ NÁMĚSTÍ
▷ 83.

STAVOVSKÉ DIVADLO
▷ 87.

SVATÉHO HAVLA
O santo consagrado no nome da igreja é São Havel, também chamado São Galo, monge irlandês do século VII. Sua igreja em Praga encontra-se no centro da parte da cidade também com o nome dele, a Havelské město. No século XIII, construiu-se uma ampliação da Cidade Velha até esse lugar, sobretudo para atrair comerciantes e negociantes alemães.

Com ruas retas e praças de mercado retilíneas, difere bastante das ruazinhas e passagens do restante da Cidade Velha. As animadas bancas de feira guardam algo da atmosfera medieval. A Igreja de São Havel foi reconstruída e ampliada mais de uma vez. Sua fachada barroca só perde em originalidade para a São Nicolau do Malá Strana. Lá dentro está o túmulo do grande pintor barroco Karel Škréta (1610-74).

✝ 61 F6 ✉ Havelská, Staré Město, Praha 1 ☎ 222 318 186 ⏰ Visitas meia hora antes das missas (seg-sex 12h15, dom 8h), ou a combinar Ⓜ Můstek

SVATÉHO JAKUBA
A São Tiago é uma das grandes igrejas de Praga – perde em comprimento para a Catedral de São Vito – e só parte de seu esqueleto gótico se distingue por trás de tanta ornamentação barroca. Por ter uma acústica reconhecida e um interior resplandecente, costuma ser um ótimo lugar para concertos. A exuberância da decoração começa já na entrada, acima da qual há relevos de estuque que retratam a vida de São Francisco e Santo Antônio, além da de São Tiago. No interior, uma procissão de altares laterais magníficos leva para o altar-mor, que tem uma pintura monumental do martírio de São Tiago realizada por Václav Vavřinec Reiner (1689-1743).

O mais impressionante, no entanto, é o túmulo do conde Jan Václav Vratislav de Mitrovice. Foi desenhado pelo escultor vienense Johann Bernard Fischer von Erlach (1656-1723) e executado por Ferdinand Maximilian Brokoff em 1716. A igreja guarda uma lembrança pavorosa de um crime antigo. Um ladrão tentou furtar as joias de uma imagem da Virgem Maria, mas seu braço foi agarrado com força por ela própria. O braço, que precisou ser amputado, está pendurado à direita da entrada, um tanto decomposto após 400 anos.

✝ 61 F5 ✉ Malá Štupartská 6, Staré Město, Praha 1 ☎ 224 828 816 ⏰ Seg-sáb 9h30-12h, 14h-16h, dom 14h-15h45
Ⓜ Náměstí Republiky 🚋 Bondes 5, 8, 14 para Náměstí Republiky

TÝNSKÝ DVŮR
Só se entra no pátio de Týn, feito de pedra na Idade Média, por seus dois portões. Também chamado Ungelt, com restaurantes e lojas muito procurados, ele preservou um pouco do clima medieval, quando era uma espécie de área de livre comércio de mercadores estrangeiros, na maioria alemães. Pagando taxas ("Ungelt", em alemão antigo), os comerciantes viviam e trabalhavam aqui sob a proteção do rei e obedeciam a leis próprias. O prédio mais bonito da Ungelt é o Granovský palác (Palácio Granov).

✝ 61 F6 ✉ Staré Město, Praha 1
Ⓜ Náměstí Republiky 🚋 Bondes 5, 8, 14 para Náměstí Republiky

STAVOVSKÉ DIVADLO

O neoclássico Teatro das Classes, um dos mais bonitos teatros líricos históricos da Europa, tem uma ligação inesquecível com Mozart.

O majestoso edifício verde e creme, uma das sedes da companhia do Teatro Nacional, encerra a ponta oeste da Ovocný trh com um floreio cheio de brio. Seu interior restaurado do século XVIII é um palco magnífico para peças teatrais, balé e ópera. Durante a maior parte do século XVIII, os amantes do teatro de Praga tiveram de se contentar com lugares variados, entre eles um recinto de mercado e uma armação de madeira que só podia ser usada no verão.

Foi o conde Nostitz quem respondeu aos reclamos de um prédio adequado: forneceu o dinheiro para a construção de um teatro consagrado "à Pátria e às Musas". Houve objeção à construção nesse local, tanto da parte dos carmelitas da Igreja de São Havel quanto da Universidade. O que se construía de dia era às vezes destruído à noite por bandos contratados. Chamou-se primeiro Teatro Nostitz, nome do fundador, e foi inaugurado em 21 de abril de 1783 com uma apresentação de *Emilia Galotti*, do dramaturgo alemão Gotthold Ephraim Lessing. Em 1799, quando ganhou subsídio do conselho governante da Boêmia (composto das "classes" da nobreza, do clero e da burguesia), mudou de nome para Teatro das Classes. Em 1920, a instituição, que se tornara alemã, foi tomada à força por uma multidão comandada por atores do Teatro Nacional e transformada em estabelecimento totalmente tcheco. Depois de 1948, ganhou o nome de Teatro Tyl, em homenagem a Josef Kajetán Tyl (1808-56), compositor da melodia de *Kde domov můj (Onde está o meu lugar?)*, hino nacional tcheco.

Mozart tem relação com esse teatro: seu *Figaro* foi apresentado aqui e houve estreias triunfais de *La clemenza di Tito*, *Don Giovanni* e de uma obra orquestral posterior, que acabaria conhecida como *Sinfonia de Praga*. O teatro serviu de local para cenas do filme *Amadeus* (1984), de Miloš Forman.

INFORMAÇÕES
www.narodni-divadlo.cz
61 F6 Ovocný trh 1, Staré Město, Praha 1 224 901 448 Bilheteria: diariam 10h-18h Ingressos para espetáculos até 1.030Kč Můstek Bondes 5, 8, 14 para Náměstí Republiky

DICA
» Pode-se marcar uma visita guiada para conhecer o Teatro das Classes por dentro (tel. 224 902 231). Se não conseguir, compre um ingresso para um espetáculo, pois você não se decepcionará.

Abaixo *O teatro destaca-se bastante entre os prédios vizinhos*

REGIÕES STARÉ MĚSTO: ATRAÇÕES TURÍSTICAS

UMĚLECKOPRŮMYSLOVÉ MUZEUM (UPM

INFORMAÇÕES

www.upm.cz
✚ 60 E5 ✉ 17. listopadu 2, Staré Město, Praga 1 ☎ 251 093 111
🕐 Ter 10h-19h, qua-dom 10h-18h
💰 Adulto 120Kč, criança (6-16) 70Kč. Gratuito ter 17h-19h. Taxa adicional para exposições temporárias
🚇 Staroměstská 🚊 Bondes 17, 18 para Staroměstská 📖 Guia 230Kč
🎧 Audioguia. Visitas guiadas em inglês: 600Kč (combinar 1 semana antes, tel. 251 093 206) ☕ Bom café expresso
🛍 Loja com artigos do museu

Acima O prédio neoclássico do UPM abriga um museu revitalizado

INTRODUÇÃO

As ricas coleções do Museu de Artes Decorativas, entre as melhores do gênero na Europa, tiram proveito do modo original como são expostas.

Conhecido comumente por UPM (pronuncia-se "Um Prum"), o museu ocupa um pomposo edifício neoclássico de 1900, de um grupo de prédios públicos majestosos no lado da Cidade Velha da Manesův most (Ponte Mánes). Abriga o maior acervo do país de artes e ofícios, abrangendo vidraria, porcelana, objetos de prata, ouro e outros metais, artes gráficas, cartazes, fotografia, moda, mobiliário e relógios. O museu, que era menosprezado pelos visitantes por causa da aparência "cansada" das peças, foi inteiramente reformulado e hoje faz justiça à excelência de suas coleções. As peças abrangem um período desde a Antiguidade até o presente e provêm de muitos países europeus. A contribuição de artistas e artesãos da Boêmia é particularmente grande, com exemplares maravilhosos de obras da Art Nouveau e da Art Déco.

DESTAQUES

Os tesouros do museu são dispostos de acordo com uma série de vitrines temáticas, definidas pelo material de que as peças são feitas e acompanhadas de móveis escolhidos a dedo. A História da Fibra abrange os têxteis de todos os tipos, como renda e bordado, mas as peças mais memoráveis são as tapeçarias de desenho ousado do entreguerras criadas por František Kysela (1881-1941) e Marie Teinitzerová (1879-1960). Nascido no Fogo contém uma coleção de vidro e porcelana e, além de obras-primas da porcelana de Meissen dos séculos XVIII e XIX, há belos exemplares da inventividade tcheca moderna na criação de objetos de vidro muito originais de vários tipos. Impressão e Imagem inclui livros, artes gráficas e fotografia – nessa mostra, os objetos talvez mais fascinantes são os cartazes do período da Primeira República da Tchecoslováquia (191838), com a atmosfera otimista e inovadora da época estampada em um uso variado de formas, cores e letras. O Tesouro contém joias e artigos de metal de toda espécie, assim como objetos que enfeitaram os armários de curiosidades de governantes renascentistas como Rodolfo II, imperador responsável pela encomenda do famoso quadro em *pietra dura* de Hradčany ao mestre artesão italiano Castrucci, que está exposto.

INÍCIO DO MODERNISMO
O design tcheco e tchecoslovaco dos anos 1920 e 30 teve imensa influência dos movimentos funcionalista e Bauhaus, da Alemanha, e da escola construtivista da então União Soviética. Na época, esses estilos eram considerados "modernos" e uma expressão clara do recente despertar da Tchecoslováquia como nação independente (e da rejeição ao passado do país como integrante do Império Austro-Húngaro). Procure ver especialmente as impressionantes artes gráficas e visuais dos cartazes, das capas de livro e das fotos feitas por artistas célebres como Karel Teige e o fotógrafo František Drtikol, entre outros. Mesmo hoje, os criadores tchecos entendem que essa época foi o ponto alto do design no país.

A BIBLIOTECA
Além das peças expostas, o museu dispõe de uma grande biblioteca, que os visitantes podem usar à vontade, desde que mostrem o passaporte ou uma carteira de identidade. Os catálogos e as revistas despertam um interesse particular, pois mostram como os traços estilísticos eram aplicados às casas e aos escritórios da época. Entre os favoritos estão os materiais da exposição da Tchecoslováquia de 1928, realizada em Brno, que pretendem exemplificar os desenhos modernistas então em voga no mobiliário, na iluminação e no projeto de casas. Como é proibido tirar da sala de leitura os livros e as revistas (mas os funcionários parecem não se importar que os livros sejam fotografados), faça como todo mundo e passe uma tarde folheando as criações de antigamente.

DICAS
» O espaço de exposição do UPM é limitado, mas seu acervo é enorme. Informe-se sobre as exposições temporárias, baseadas em seu vasto patrimônio.
» Não saia do museu sem dar uma olhada na lojinha de lembranças no térreo. São muito interessantes os pôsteres do período da Primeira República, bem como um bom sortimento de livros de arte, calendários e cartões-postais com os caprichosos desenhos art déco, construtivistas e funcionalistas que estavam na moda naquela época.
» O pequeno café à direita da entrada do museu é bem mais animado que os cafés típicos de museu. Atrai estudantes da Faculdade de Filosofia da Universidade Carlos, bem próxima, e parece mesmo um ponto de encontro. Embora esteja juntinho do museu, a multidão de turistas passa longe.

À esq. Comércio de cerâmica, *de František Kysela, em História da Fibra*
Abaixo *Vitral nas escadas dentro do museu*

ROTEIROS E PASSEIOS

RUAS E PRAÇAS DA STARÉ MĚSTO

O Caminho Real segue direto das ruas Celetná e Karlova para a Ponte Carlos, mas este percurso mais longo permite conhecer alguns dos lugares mais fascinantes da Cidade Velha.

O PASSEIO
Distância: 1,8km
Duração: 1 hora
Início: Náměstí Republiky
Fim: Estátua de Smetana no píer Novotného lávka

COMO CHEGAR
🚇 Náměstí Republiky
🚊 Bondes 5, 8, 14 para Náměstí Republiky

★ Da estação do metrô ou parada de bonde da Náměstí Republiky, atravesse a praça e caminhe pela frente da Obecní dům (Casa Municipal, ▷ 80-1).

❶ A Obecní dům é o melhor exemplo da arquitetura art nouveau de Praga. Seu café é um ótimo lugar para entrar no clima e se preparar para a caminhada que vem a seguir.

Saia da Casa Municipal, vire à direita por baixo da ponte que a liga à Prašná brána (Torre da Pólvora, ▷ 86) e vire levemente à esquerda na rua Celetná (▷ 65). A Torre da Pólvora marca o início do que passou a ser chamado Caminho Real, a rota do desfile da coroação, que partia do antigo palácio real (no lugar da Casa Municipal), atravessava a Cidade Velha e o rio e subia para a catedral, onde se realizava a cerimônia da coroação. Continue pela Celetná, passe pelo maravilhoso prédio cubista conhecido por Dům U Černé Matky Boží (Casa da Virgem Negra, ▷ 65) e vire à direita no pátio do nº 17/595, que leva para a rua Malá Štupartská, local da Svatého Jakuba (Igreja de São Tiago, ▷ 86), uma das grandes igrejas medievais de Praga. Ela ganhou uma decoração interna barroca nos séculos XVII e XVIII. Mesmo que você não entre, pare para admirar as magníficas esculturas em relevo de gesso sobre a entrada. Volte poucos passos e vire à direita no Týnský dvůr (pátio de Týn, ▷ 86) ou Ungelt.

❷ Na Idade Média e já quase chegando à era moderna, o Týnský dvůr era como um mundo à parte, um encrave onde mercadores estrangeiros viviam e negociavam sob a proteção do rei, seguindo leis próprias, com isenção dos impostos comuns. Foi restaurado e tem lojas especializadas e lugares sofisticados para comer e beber.

Saia do pátio da Staroměstská Mostecká Věž pela passagem mais distante e caminhe junto à Chrám Panny Marie před Týnem (Igreja da Virgem Maria Diante de Týn) para a Staroměstské náměstí (praça da Cidade Velha).

❸ A larga esplanada da Staroměstké náměstí (▷ 82-5), com uma

Acima *O Týnský dvůr (pátio de Týn)*, visitado no começo do passeio
Página ao lado *A Staroměstské náměstí*

abundância de belos edifícios, é um local de encontro muito popular. Como há muita coisa para se ver, passeie tranquilamente para aproveitar o clima.

Saia da praça passando pelo Staroměstské radnice (Prefeitura da Cidade Velha), onde está o Orloj (Relógio Astronômico), e entre na praça seguinte, bem menor, Malé náměstí (praça Pequena).

❹ As mansões que se sucedem na Malé náměstí são tão fascinantes quanto as da Staroměstské náměstí. A mais impressionante é a de nº 3/142, com fachada pintada pelo célebre artista Mikuláš Aleš (1852-1913) para o proprietário, o comerciante de ferragens V. J. Rott. No meio da praça, o velho poço é coberto por um dossel de ferro fundido do século XVI, rematado por um leão da Boêmia dourado.

Deixando para trás a multidão que segue pelo Caminho Real, vá pela direita na direção da rua Karlova e saia da Malé náměstí no sentido norte, virando imediatamente à esquerda na Linhartská, pela lateral da Nová radnice (Prefeitura Nova), e entrando na Mariánské náměstí (praça Mariana, ▷ 79).

❺ Na Mariánské náměstí, predomina a Prefeitura Nova. Em sua fachada há duas estátuas formidáveis do Homem de Ferro (à esquerda) e do famoso rabino Loew (▷ 31), criador do Golem (à direita). Uma figura mais graciosa do que essas faz parte da fonte, no canto esquerdo oposto da praça: é o espírito feminino do Vltava, chamado Terezka.

Vire à esquerda na rua Husova, que leva o nome do mártir Jan Hus, queimado na fogueira em 1415. Pouco depois dos gigantes que sustentam o portal do enorme Clam-Gallasovský palác (Palácio de Clam-Gallas), atravesse a rua Karlova para a continuação da Husova, depois vire à direita na rua Řetězová. No nº 3, a Dům pánů z Kunštátu a Poděbrad (Casa dos Senhores de Kunštát e Poděbrady, ▷ 66), foi a residência de Jorge de Poděbrady, chamado de "Rei Hussita". Do lado contrário, no nº 8, está uma das placas residenciais mais antigas da cidade, "A Bota Preta". Siga pela Řetězová e pela Anenská e vire à esquerda na Anenské náměstí (praça Inês), sede do Divadlo na zábradlí (Teatro na Balaustrada, ▷ 99).

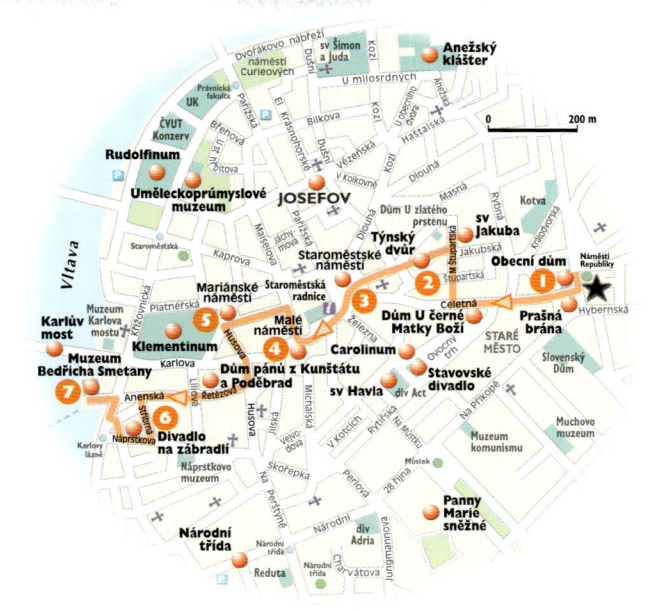

❻ O teatro ganhou fama como uma ilha de dissensão na era comunista. Foi então que o dramaturgo e depois presidente Václav Havel começou sua carreira, como assistente de contrarregra.

Atravesse a praça para a Stříbná e vire à direita no fim dessa viela estreita para a rua Náprstkova. Cruze a rua Karoliny Světlé, suba os degraus ao lado do restaurante Bellevue, vire à esquerda e, pela faixa de pedestres, atravesse a movimentada Smetanovo nábřeží (avenida marginal Smetana). Vire à direita na direção da Karlův most (Ponte Carlos) e à esquerda pelo píer chamado Novotného lávka, que termina na antiga usina de tratamento de águas, que hoje abriga o Muzeum Bedřicha Smetany (Museu Smetana, ▷ 79).

❼ O Muzeum Bedřicha Smetany é digno de uma visita, mas por ora encoste-se na grade junto à estátua sentada do grande compositor e aprecie o espetáculo do rio batendo contra a represa e a paisagem de cartão-postal da Ponte Carlos, do Malá Strana e do castelo.

QUANDO IR

O passeio pode ser feito a qualquer hora.

ONDE COMER

No coração de Praga há muitos lugares para comer. Além da Obecní dům (Casa Municipal), um bom lugar para passar um tempo é o Grand Café Orient (▷ 103), com vista para o Orloj (Relógio Astronômico).

ROTEIROS E PASSEIOS

O "CAMINHO REAL" MENOS CONHECIDO

O Caminho Real é o passeio de Praga por excelência. Antigo percurso da coroação, que vai da Torre da Pólvora, na Cidade Velha, percorrendo a Celetná e atravessando a praça da Cidade Velha e a Ponte Carlos, até o castelo, ele é não só obrigatório como o modo mais econômico de conhecer as principais atrações turísticas da cidade. O problema é que, com tanta coisa importante para ver, às vezes as atrações menores – mas não menos interessantes – passam despercebidas. Abaixo está uma versão encurtada do Caminho Real, que começa na praça da Cidade Velha e termina no lado do Malá Strana da Ponte Carlos, mas se concentra em pequenas curiosidades que os turistas normalmente não veem.

O PASSEIO
Distância: 2km
Duração: 2 horas
Início: Staroměstské náměstí
Fim: Malostranské náměstí

COMO CHEGAR
Staroměstská
Bondes 17, 18 para Staroměstská

★ Saia da estação do metrô e vá para a Kaprová, que dá na Staroměstské náměstí (praça da Cidade Velha) defronte da Kostel svatého Mikuláš (Igreja de São Nicolau), toda branca.

❶ Aprecie a estátua do reformador religioso tcheco Jan Hus (▷ 84) que está à sua frente, do lado esquerdo da praça. Quando apresentada ao público em 1915, no 500º aniversário da execução de Hus na fogueira em Constança, a obra de Ladislav Šaloun gerou polêmica, pois foi considerada uma expressão inconfundível do nacionalismo tcheco numa época em que a Boêmia ainda fazia parte do Império Austro-Húngaro. Mas ao menos parte da força da estátua não está mais lá. Perceba que o olhar de Hus volta-se para o nada, do outro lado da praça. Quando a estátua foi feita, havia uma coluna mariana – símbolo tradicional do poder austríaco e católico – no ponto que Hus mira (e com olhar irado!). A coluna foi derrubada por um grupo de nacionalistas tchecos em 1918 após a independência.

❷ Agora atravesse a praça na direção da Celetná (▷ 65) e pare na casa de nº 17. Veja a placa despretensiosa na frente: "Aqui, no salão da Sra. Berta Fanta, Albert Einstein, professor da Universidade de Praga de 1911 a 1912, criador da teoria da relatividade, ganhador do Prêmio Nobel, tocou violino e encontrou com seu amigos e escritores famosos Max Brod e Franz Kafka". Einstein era professor visitante em Praga mais ou menos na época em que o jovem Kafka iniciava a carreira de escritor. É maravilhoso imaginar os dois frente a frente tocando violino.

Na verdade, para os fãs de Kafka, a Staroměstské náměstí (▷ 82-5) é o epicentro de tudo que se refere a ele. Kafka nasceu na casa do lado esquerdo da Igreja de São Nicolau, cursou o colégio do Palác Kinských (Palácio Kinský, no nº 12), morou por um tempo na Dům U Minuty (nº 2) e depois morou com os pais no nº 5.

❸ Vá até o Palác Kinských (▷ 85), no nº 12. Esse elegante prédio rococó cor-de-rosa teve várias participações importantes na história tcheca. Além de abrigar o colégio de Kafka (e o armarinho do pai dele), foi de sua sacada que o chefe do Partido Comunista Tcheco, Klement Gottwald, anunciou a tomada do poder pelos comunistas em 1948. Na época, o público, casti-

Acima *A estátua de Jan Hus encontra-se na Staroměstské náměstí, com a Kostel svatého Mikuláš atrás*

gado pela guerra, comemorou a notícia com júbilo. Mais adiante, o escritor tcheco Milan Kundera satirizou a cena no seu tragicômico *O livro do riso e do esquecimento*. Durante boa parte do século XIX, o palácio foi também a casa da família da baronesa Bertha von Suttner, pacifista por toda a vida e secretária de Alfred Nobel, que daria nome ao Prêmio Nobel. A baronesa pode ter sido a inspiradora do Nobel da Paz, que ela acabaria ganhando em 1905.

A partir do palácio, passe a Staroměstská radnice (Prefeitura da Cidade Velha, ▷83), atravessando a Malé náměstí (praça Pequena) e seguindo a multidão pela rua Karlova rumo à Ponte Carlos.

❹ Siga pela rua Karlova e procure uma travessa que se chama Husova. Na esquina dela há um bar, o U zlatého Tygra. Se, quando você passar por lá, já forem mais de 15h, quando o bar abre, entre e tome o excelente chope Pilsner Urquell. Esse bar tem pelo menos dois motivos para ser famoso: era o boteco preferido do grande escritor tcheco Bohumil Hrabal (1914-97), e em 1994 recebeu, para uma única noitada de brindes, o próprio Hrabal, o presidente tcheco Václav Havel e o presidente americano Bill Clinton. Lá dentro ainda está pendurada a foto desse encontro.

❺ Saia do bar e volte para a Karlova, seguindo de novo na direção da Ponte Carlos. Veja a casa no nº 4. Praga tem um enorme poder de atração sobre os astrônomos. O dinamarquês Tycho Brahe morou aí, assim como o austríaco Christian Doppler, descobridor do deslocamento Doppler. Essa casa também foi habitada por ninguém menos que Johannes Kepler, aquele que desemaranhou os mistérios das leis dos movimentos planetários.

Prossiga na direção da Ponte Carlos (▷ 74-7), tomando cuidando com os veículos ao atravessar para o outro lado.

❻ Ao olhar para as estátuas que se enfileiram na ponte (▷ 77), fica fácil perceber que os mitos e as histórias que as cercavam acabaram há muito tempo e que a sociedade evoluiu. Isso sem dúvida se aplica, por exemplo, à estátua de João Nepomuceno, que está do lado direito (norte) da ponte, quase na metade. Hoje não parece interessar a ninguém se foi verdade ou não que Venceslau IV mandou jogar João da ponte, em 1393, por este não ter lhe contado as confissões da rainha.

Mas agora preste atenção na estátua dos cristãos aprisionados, a segunda à esquerda, na extremidade do lado do Malá Strana. A estátua retrata um turco (ou tártaro) guardando os prisioneiros cristãos e foi feita numa época em que os turcos muçulmanos ameaçavam invadir a Europa cristã. Agora que a Turquia tenta entrar para a União Europeia e com o medo do fundamentalismo islâmico ainda vivo, fica o lembrete de que nem todas as preocupações da Idade Média são tão distantes das atuais.

Termine o passeio atravessando para o lado do Malá Strana e seguindo pela Mostecká até a Malostranské náměstí (▷ 165), onde você pode pegar um bonde para onde quiser ir.

QUANDO IR
Esse passeio pode ser feito o ano inteiro, mas é mais agradável fora da temporada turística, quando as praças, a rua Karlova e a Ponte Carlos têm menos gente.

ONDE COMER
A Staré Město é cheia de lugares para comer. Se procura algo rápido e leve para antes do passeio, pense numa pizza da Pizzeria Rugantino (▷ 105), ou pegue uma salada e um sanduíche na Bakeshop Praha (▷ 95). Depois, do lado do Malá Strana, vá a Cukr Káva Limonáda (▷ 183) para tomar o desejado cafezinho ou saborear uma refeição leve de sanduíche ou massa.

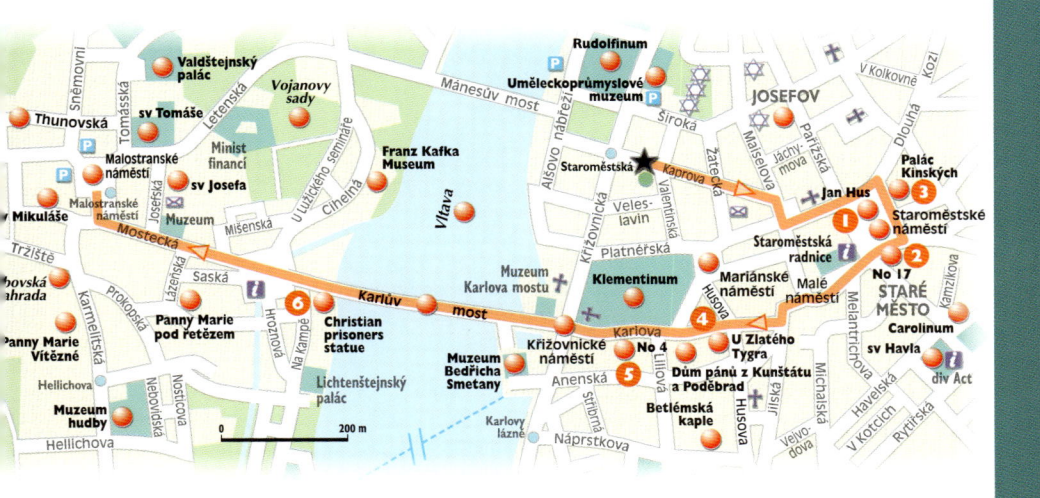

ARTE, COMPRAS, DIVERSÃO E NOITE

STARÉ MĚSTO: ARTE, COMPRAS, DIVERSÃO E NOITE

SHOPPING

ALBERTO GUARDIANI
www.albertoguardiani.it
A tradução para o japonês do nome da loja, na fachada, é uma indicação de que esse sapateiro italiano ganhou muita fama em outras paragens. Os sapatos femininos são altos e pontudos; os masculinos, brilhantes e esportivos.
✚ 110 F5 ✉ Pařížská 24, Josefov, Praga 1 ☎ 222 422 821 ⏰ Seg-sex 10h30-19h30, sáb 11h-19h30, dom 12h-19h 🚇 Staroměstská 🚊 Bondes 17, 18 para Staroměstská

ALMA MAHLER ANTIQUE
www.almamahler.cz
(compras on-line em www.antiqueshop.cz)
A família tcheca dona dessa loja (e de outra na Radnické schody 9) é uma das maiores vendedoras de antiguidades do país. A maioria das peças vem de residências da Boêmia e datam do século XIX ao XX.
✚ 110 E6 ✉ Valentinská 7, Josefov, Praga 1 ☎ 222 325 865 ⏰ Diariam 10h-18h 🚇 Staroměstská 🚊 Bondes 17, 18 para Staroměstská

ANAGRAM BOOKSTORE
www.anagram.cz
Além de uma seção dedicada a autores tchecos, essa pequena livraria de língua inglesa tem excelentes livros de arte, arquitetura, fotografia e design.
✚ 111 F6 ✉ Týnský dvůr (pátio de Týn/Ungelt), Staré Město, Praga 1 ☎ 224 895 737 ⏰ Seg-sáb 10h-20h, dom 10h-19h 🚇 Náměstí Republiky 🚊 Bondes 5, 8, 14 para Dlouhá třída

ANNE FONTAINE, PARIS
www.annefontaine.com
Essa estilista romântica é especializada em blusas brancas de todos os cortes e modelos. Ela também faz lindas capas e xales de lã.
✚ 111 F5 ✉ Masná 8, Staré Město, Praga 1 ⏰ Ter-sex 10h30-18h30, sáb 11h-17h 🚇 Náměstí Republiky 🚊 Bondes 5, 8, 14 para Dlouhá třída

ANNIE'S TULIP
www.anniestulip.cz
Annie, filha da tcheco-canadense Katherine Drbal, é a dona, junto com sua mãe, desta encantadora floricultura. Tulipas e rosas são as únicas flores tradicionais à vista, já que as duas preferem flores modernas como heléboro-verde e cosmos. A loja prima pelos buquês diferenciados para eventos especiais.
✚ 110 F5 ✉ Bílkova 8, Josefov, Praga 1 ☎ 222 311 013 ⏰ Seg-sex 10h-19h, sáb 10h-18h 🚇 Staroměstská 🚊 Bondes 17, 18 para Staroměstská

ANTIKVARIÁT PTOLOMAEUS
Você se encantará com os mapas históricos e os globos desta loja. Não se esqueça de olhar em volta: há lindas pinturas antigas e esboços a lápis nas paredes.
✚ 110 F5 ✉ Široká 15, Josefov, Praga 1 ☎ 222 329 985 ⏰ Diariam 10h30-18h 🚇 Staroměstská 🚊 Bondes 17, 18 para Staroměstská

ANTIKVARIÁT VALENTINSKÁ
www.valentinska.cz
Esse *antikvariát*, um dos sebos da cidade, é especializado em enciclopédias, livros de arte e guias. Fica perto da Biblioteca Municipal e do Departamento de Filosofia da universidade. Vendas também na internet.
✚ 110 E6 ✉ Valentinská 8, Staré Město, Praga 1 ☎ 224 816 253 ⏰ Seg-sex 10h-18h 🚇 Staroměstská 🚊 Bondes 17, 18 para Staroměstská

ART DÉCO GALERIE
Visitar essa loja é como ter livre acesso ao sótão da vovó excêntrica. Aberta poucas horas por semana, é especializada em artigos de preço médio dos anos 1920 aos 1950.
✚ 110 F6 ✉ Michalská 21, Staré Město, Praga 1 ☎ 224 223 076 ⏰ Seg-sex 14h-19h 🚇 Národní třída 🚊 Bondes 6, 9, 18, 22 para Národní třída

Página ao lado Turistas olham as bancas no lado norte da Staroměstské náměstí

ART DÉCORATIF
A Art Décoratif é especializada em réplicas de qualidade de joias, vidros e luminárias dos períodos Secessão e Art Nouveau. Artistas tchecos recriam peças como luminárias Tiffany, brincos de candelabro e cântaros de vinho com pescoço de cisne. A fachada elegante da loja é uma reprodução perfeita do estilo popularizado pelo pintor tcheco do mesmo período Alfons Mucha (1860-1939).
✚ 110 F6 ✉ Melantrichova 5, Staré Město, Praga 1 ☎ 224 222 283 ⏰ Diariam 10h-20h Ⓜ Můstek

ARTĚL GLASS
www.artelshop.com
A americana Karen Feldman faz objetos de vidro a partir de desenhos tchecos clássicos do começo do século XX. Sua loja está cheia de artigos únicos de vidro e de cristal, além de joias e brinquedos retrô.
✚ 111 F6 ✉ Celetná 29, Staré Město, Praga 1 ☎ 224 815 085 ⏰ Diariam 11h-19h Ⓜ Náměstí Republiky 🚋 5, 8, 14 para Náměstí Republiky

BAKESHOP PRAHA
www.bakeshop.cz
Um exemplo de padaria não tão típica mas bem útil, com enorme variedade de pães, bolos e biscoitos, e também pães largos ao estilo americano e leste-europeu. Há ainda ótimos sanduíches e bebidas para consumir lá mesmo ou para levar.
✚ 111 F5 ✉ Kozí 1, Staré Město, Praga 1 ☎ 222 316 832 ⏰ Diariam 7h-19h Ⓜ Staroměstská

BIG BEN BOOKSHOP
www.bigbenbookshop.com
Você vai achar os mais recentes títulos americanos e britânicos de ficção e não ficção nessa livraria de língua inglesa bem abastecida. Os indicados e os ganhadores dos principais prêmios literários têm prateleira própria, e a seção de história é realmente impressionante.
✚ 111 F6 ✉ Malá Štupartská 5, Staré Město, Praga 1 ☎ 224 826 565 ⏰ Seg-sex 9h-19h, sáb 10h-18h, dom 12h-17h Ⓜ Náměstí Republiky 🚋 Bondes 5, 8, 14 para Dlouhá třída

BLUE PRAHA
www.bluepraha.cz
A Blue Praha vende objetos modernos de vidro feitos à mão. Há ótima variedade de tigelas, jarros e taças caprichados de vidro azul vivo com detalhes laranja, amarelo e vermelho, e ainda camisetas de qualidade feitas por artistas retratando atrações como a Karlův e o Castelo de Praga. Há outras lojas na Pařížská 3, Josefov (metrô/bonde Staroměstská), Celetná 2 e Celetná 17 (metrô Můstek).
✚ 110 F6 ✉ Malé náměstí 14, Staré Město, Praga 1 ☎ 224 216 717 ⏰ Seg-qui 9h30-23h30, sex-dom 10h30-23h30 Ⓜ Můstek

BOHEME
www.boheme.cz
Peças de tricô, malhas, saias e acessórios clássicos mas interessantes, para usar no trabalho ou depois, criados pela estilista Hana Stocklassa. Ela mistura o senso de aventura de Praga com a sensibilidade escandinava que assimilou quando estudou na Suécia.
✚ 111 F5 ✉ Dušní 8, Staré Město, Praga 1 ☎ 224 813 840 ⏰ Seg-sex 11h-19h, sáb 11h-17h Ⓜ Staroměstská 🚋 17, 18 para Staroměstská

LE BOHÊME
A butique boêmia de Renata Vokáčová é conhecida pelas roupas com aparência natural mas muito bem feitas. Usando quase sempre linho e tecidos fortes de algodão, ela faz roupas por encomenda e também desenha vestidos de casamento e roupas para grávidas. Não deixe de ver os chapéus modernos!
✚ 111 F6 ✉ Štupartská 7, Staré Město, Praga 1 ☎ 224 827 379 ⏰ Seg-sex 10h-19h, sáb 10h-17h Ⓜ Můstek ou Náměstí Republiky

BOTANICUS
www.botanicus.cz
Há um aroma inebriante nessa loja rústica, que vende produtos naturais para banho e cozinha. A grande variedade de chás de ervas, óleos essenciais, temperos, vinagres com ervas, óleos e sais marinhos vem com belas etiquetas para presente. Há filiais pela cidade.
✚ 111 F6 ✉ Týnský dvůr (pátio de Týn/Ungelt), Staré Město, Praga 1 ☎ 234 767 446 ⏰ Diariam 10h-18h30 Ⓜ Náměstí Republiky

BOUTIQUE TATIANA
www.tatiana.cz
Tatiána Kovaříková tinha sucesso como figurinista antes de abrir essa loja, e sua queda pelo teatro aparece nas criações: um casaco de inverno branco, até os tornozelos, com zíper torto e colarinho indiano; um vestido tomara que caia rosa-choque coberto de rosas pretas, com uma armação sustentando a saia. Tatiana frequentemente faz as roupas da cantora popular tcheca Helena Vondráčková.
✚ 111 F5 ✉ Dušní 1, Staré Město, Praga 1 ☎ 224 813 723 ⏰ Seg-sex 10h-19h, sáb 11h-16h (ligue para Silvie se não puder ir no horário da loja: 224 934 850) Ⓜ Náměstí Republiky 🚋 Bondes 5, 8 para Dlouhá třída

BRIC A BRAC
Há coisas interessantes em qualquer canto dessa loja atulhada mas charmosa, que fica numa passagem atrás da Igreja de Týn: máquinas de escrever em cirílico batidíssimas, gavetas repletas de medalhas militares, bolsas femininas suspensas em um fio, marionetes e pilhas de discos de 33 rotações. Você pode sair de lá com uma raridade ou uma bugiganga curiosa.
✚ 111 F5 ✉ Týnská 7, Staré Město, Praga 1 ☎ 222 326 484 ⏰ Diariam 11h-19h Ⓜ Náměstí Republiky 🚋 Bondes 5, 8, 14 para Dlouhá třída

CELETNÁ CRYSTAL
Aqui há uma enorme variedade de cristal de alta qualidade, vidro lapidado, joias e lustres nos vários andares deste prédio que fora uma loja Bat'a de calçados da moda, de estilo funcional dos anos 1930. Os preços não são baixos, mas há mais opção que em qualquer outro local da Cidade Velha, e a sensação de que querem que você compre e vá embora é menor.

✚ 111 F6 ✉ Celetná 15, Staré Město, Praha 1 ☎ 222 324 022 ⊕ Diariam 11h-19h Ⓜ Náměstí Republiky 🚋 Bondes 5, 8, 14 para Náměstí Republiky

ČESKÝ GRANÁT TURNOV
Todas as peças dessa joalheria, vindas direto da fábrica, são feitas por uma cooperativa de artistas de Turnov, e as pedras têm garantia de que são granadas da Boêmia de verdade. Há outra loja na Dlouhá 28.
✚ 111 F5 ✉ Dlouhá 28, Staré Město, Praha 1 ☎ 222 315 612 ⊕ Diariam 10h-19h Ⓜ Staroměstská

COUNTRY LIFE
www.countrylife.cz
Country Life é o melhor lugar para comprar alimentos vegetarianos e orgânicos. Tem diversos tipos de chá, produtos de tofu, cereais, biscoitos e pães sem glúten, tamari, tahine, entre outros. Ao lado, uma lanchonete vegan serve comida quente substanciosa.
✚ 110 F6 ✉ Melantrichova 15, Staré Město, Praha 1 ☎ 224 213 366 ⊕ Seg-qui 8h30-19h, sex 8h30-16h, dom 11h-18h Ⓜ Můstek

CULINARIA
www.culinaria.cz
Nesta loja gastronômica de importados, Pop Tarts e Doritos dividem o espaço com os picles ingleses Branston e o sal marinho Maldon. Os donos, americanos, abasteceram a Culinaria com um sortimento excêntrico de comida dos EUA e da Europa ocidental nem sempre à venda em outros lugares. Procure a pequena seção de artigos da Fauchon e da Maxim's de Paris. A loja também tem pratos prontos tentadores e um bar de sucos frescos.
✚ 110 F6 ✉ Skořepka 9, Staré Město, Praha 1 ☎ 224 231 017 ⊕ Seg-sáb 10h-19h, dom 12h-17h Ⓜ Národní třída 🚋 Bondes 6, 9, 18, 22 para Národní třída

DESSOUS-DESSUS
Compre a sua diáfana lingerie, roupas de dormir e peças de baixo francesas ou italianas da Lise Charmel, Millesia e Au Bade. Corpetes de renda, shortinhos de seda e camisolas elegantes parecem das estrelas de cinema.
✚ 111 F6 ✉ Králodvorská 7, Staré Město, Praha 1 ☎ 222 316 915 ⊕ Seg-sex 10h-19h, sáb 10h-18h Ⓜ Náměstí Republiky 🚋 Bondes 5, 8, 14 para Náměstí Republiky

DIOR
www.dior.com
A maior loja da Christian Dior entre Paris e Moscou ocupa um imóvel de primeira na rua mais fashion de Praga. Ao ver bolsas, sapatos de salto e vestidos multicoloridos você vai querer se cobrir de Dior da cabeça aos pés. Há uma sala privada para escolher joias caras.
✚ 110 F5 ✉ Pařížská 4, Josefov, Praha 1 ☎ 222 310 134 ⊕ Seg-sex 10h-19h, sáb 10h-18h, dom 12h-18h Ⓜ Staroměstská 🚋 Bondes 17, 18, para Staroměstská

DOROTHEUM
www.dorotheum.cz
Aberta em 1992 como filial do renomado estabelecimento vienense de mesmo nome, a principal casa de leilões de arte e antiguidades de Praga fica no coração da Cidade Velha, defronte do Stavovské divadlo. É uma mina de prataria, vidraria, porcelana, joias, relógios e pinturas bem expostos, por preços razoáveis.
✚ 111 F6 ✉ Ovocný trh 2, Staré Město, Praha 1 ☎ 224 216 676 ⊕ Seg-sex 10h-21h, sáb 10h-17h Ⓜ Můstek

GALERIE ART PRAHA
http://galerie-art-praha.cz
A Art Praha tem arte tcheca excelente do século XX, e pode-se levar os objetos para casa, se quiser gastar bastante. É uma das melhores galerias particulares da cidade, embora menos exclusivista que outras e mais convidativa para quem quer olhar. Procure as pinturas dos anos 1920 e 1930, cujos preços estão disparando. A arte do período comunista é mais acessível.
✚ 111 F6 ✉ Staroměstské náměstí 20, Staré Město, Praha 1 ☎ 224 211 087 ⊕ Seg-sex 10h30-18h, sáb 10h30-17h Ⓜ Staroměstská 🚋 17, 18 para Staroměstská

HAVELSKÁ TRŽIŠTĚ
O Mercado de Havel, central, com quatro quadras de extensão, é uma combinação eclética de bancas de frutas, verduras e legumes, camelôs com bugigangas baratas e artesãos sérios. A maioria das mercadorias é desinteressante, mas numa ou noutra banca você encontra à venda obras de um artista talentoso.
✚ 111 F6 ✉ Havelská at Melantrichova, Staré Město, Praha 1 ⊕ Abr-set seg-sex 6h-18h30, sáb 7h-18h30, dom 8h-18h Ⓜ Můstek

KENZO
www.kenzo.com
O estilista japonês radicado em Paris continua explorando influências étnicas nas roupas masculinas e femininas. Sua loja elegante, perto da Obecní dům, tem uma pequena amostra de sua coleção internacional, além de perfumes, óculos escuros, bolsas e bijuteria de inspiração africana.
✚ 111 G6 ✉ Obecní dům 2, Staré Město, Praha 1 ☎ 222 002 302 ⊕ Seg-sex 10h-19h, sáb 10h30-18h, dom 11h-17h Ⓜ Náměstí Republiky 🚋 Bondes 5, 8, 14 para Náměstí Republiky

KLÁRA NADEMLÝNSKÁ
www.klaranademlynska.cz
A estilista Klára Nademlýnská faz uma coleção pequena de roupas sensuais para mulheres confiantes. Você pode sair de lá com um impermeável azul-claro, um top de cetim ou um chique jeans branco com costura preta.
✚ 111 F5 ✉ Dlouhá 3, Staré Město, Praha 1 ☎ 224 818 769 ⊕ Seg-sex 10h-19h, sáb 10h-18h Ⓜ Náměstí Republiky 🚋 Bondes 5, 8, 14 para Dlouhá třída

KOTVA
www.od-kotva.cz
A loja de departamentos Kotva foi um estrondo quando abriu em meados dos anos 1970, mas sua arquitetura brutalista, que esteve na moda, está datada, e boa parte dos cinco andares da loja está vazia ou pouco utilizada. Mesmo assim, os quiosques do térreo são úteis para objetos pequenos, como artigos de toucador. Vale dar uma espiada para sentir o clima da era comunista, mesmo que você não queira comprar nada.
✚ 111 G5 ✉ Náměstí Republiky 8, Staré Město, Praha 1 ☎ 224 801 111 ⊕ Seg-sex 9h-20h, sáb 10h-19h, dom 10h-18h Ⓜ Náměstí Republiky 🚋 Bondes 5, 8, 14 para Náměstí Republiky

LOUIS VUITTON
Quem compra pela marca adora essa loja, que tem grande variedade de sapatos, bolsas e acessórios pequenos de couro que levam o "LV" prontamente reconhecível. Atendentes multilíngues estão prontos para ajudar.
✚ 110 F5 ✉ Pařížská 13, Josefov, Praha 1 ☎ 224 812 774 ⏰ Seg-sex 10h-19h, sáb 10h-18h, dom 12h-18h
Ⓜ Staroměstská 🚋 Bondes 17, 18 para Staroměstská

MARIONETY OBCHOD POD LAMPOU
Marionetes de madeira de alguns dos melhores artesãos do país estão à venda na "Loja sob o Poste de Luz". Escolha entre reis e rainhas, príncipes e princesas, demônios e gnomos de roupas muito coloridas.
✚ 111 F6 ✉ Týnský dvůr (pátio de Týn/Ungelt), Staré Město, Praha 1 ☎ 606 924 392 ⏰ Diariam 10h-21h Ⓜ Náměstí Republiky 🚋 Bondes 5, 8, 14 para Dlouhá třída

MANUFAKTURA
www.manufaktura.biz
Tudo nessa loja de artesanato tcheco é feito à mão com materiais orgânicos e naturais: cobertores macios de lã, canecos de cerâmica pintados, sabonetes de azeite e enfeites de madeira. Existem outras lojas pela cidade.
✚ 110 F6 ✉ Melantrichova 17, Staré Město, Praha 1 ☎ 221 632 480 ⏰ Seg-sáb 10h-20h, dom 10h-18h Ⓜ Můstek

MODERNISTA
www.modernista.cz
Especializada em arte decorativa e design tchecos, essa loja fascinante faz réplicas de cerâmica cubista, mobília tubular modernista e luminárias funcionalistas no estilo Bauhaus. Pode-se admirar e comprar obras contemporâneas de bons designers locais, como Rony Plesl ou o estúdio Olgoj Chorchoj. A remessa das compras para casa é feita com eficiência.
✚ 111 F6 ✉ Celetná 12, Staré Město, Praha 1 ☎ 224 241 300 ⏰ Diariam 10h-20h Ⓜ Můstek

NAVARILA-DESIGN
www.navarila.cz
Esta grife tcheca é especializada em confecções de ponto com produção limitada e desenhadas pela talentosa e original Martina Navařilová. Estão à venda roupas de qualidade modernas para verão e inverno, feitas com os melhores materiais nacionais.
✚ 110 F5 ✉ Elišky krásnohorské 4, Praha 1 ☎ 271 742 091 ⏰ Diariam 10h-19h Ⓜ Staroměstská 🚋 Bondes 17, 18 para Staroměstská

POHÁDKA
Brinquedos de madeira são uma especialidade tcheca, e essa loja declara que tem a maior variedade de Praga. As prateleiras estão lotadas deles – pintados ou não, grandes e pequenos –, para crianças de todas as idades. Há trens, bonecas, quebra-cabeças e animais, balões pendurados no teto e um maravilhoso carrossel movido a pilha com um desfile de ursos, leões e macacos sorridentes.
✚ 111 F6 ✉ Celetná 32, Staré Město, Praha 1 ☎ 224 239 469 ⏰ Diariam 9h-20h Ⓜ Můstek

QUBUS DESIGN STUDIO AND STORE
www.qubus.cz
Nessa oficina e loja, um grupo de jovens designers tchecos, britânicos e alemães produz artigos modernos caprichados de vidro e cerâmica para a casa. Um castiçal de parede em forma de pomba e botas de cano alto de cerâmica estão entre as peças mais inventivas, mas também há bandejas e copos sofisticados. É a única loja de Praga que tem a cultuada câmera austríaca LOMO.
✚ 111 F5 ✉ Rámová 3, Staré Město, Praha 1 ☎ 222 313 151 ⏰ Seg-sex 10h-18h Ⓜ Náměstí Republiky 🚋 Bondes 5, 8, 14 para Dlouhá třída

STUDIO ŠPERK
www.drahonovsky.cz
Essa pequena oficina de criação traz a joalheria tcheca de granada ao século XXI com engastes em prata e ouro. Os preços são um pouco mais altos que o das lojas comuns para turista, mas o trabalho em geral é melhor e a qualidade das pedras é garantida.
✚ 111 F5 ✉ Dlouhá 19, Staré Město, Praha 1 ☎ 224 815 161 ⏰ Seg-sex 10h-19h, sáb 10h-18h Ⓜ Staroměstská 🚋 17, 18 para Staroměstská

TIMOURE ET GROUP (TEG)
www.timoure.cz
Alexandra Pavalová e Ivana Šafránková desenham roupas cinza, brancas, azul-marinhas, pretas e vermelhas de linhas sóbrias e corte moderno. Um tubinho preto simples torna-se mais atraente com uma estampa redonda; uma capa preta

Abaixo *A Wine Shop Ungelt, no Týnský dvůr, tem grande variedade de boas safras*

Acima *Os mojitos estão no cardápio do La Bodeguita del Medio*

fica mais chique com encanamento branco; uma saia espinha de peixe bege e branca ostenta uma fivelinha vermelha.
🕂 111 F5 ✉ V Kolkovně 6, Josefov, Praga 1 ☎ 222 327 358 🕒 Seg-sex 10h-19h, sáb 11h-17h 🚇 Staroměstská 🚌 Bondes 17, 18 para Staroměstská

WINE SHOP UNGELT
www.flambee.cz/wine_shop/default.htm
Desça a íngreme escada de pedra para chegar a essa adega do século XIV, que tem uma seleção feita pelo dono com os melhores varietais de todo o mundo, entre os quais alguns que ele considera as mais extraordinárias safras tchecas. Há até garrafas de *eiswein* (vinho de sobremesa).
🕂 111 F6 ✉ Týnský dvůr (pátio de Týn/Ungelt), Staré Město, Praga 1 ☎ 224 827 501 🕒 Diariam 11h-23h 🚇 Náměstí Republiky 🚌 Bondes 5, 8, 14 para Dlouhá třída

LA VECCHIA BOTTEGA
www.bottega.cz
Os dois andares dessa loja estão repletos de utensílios de cozinha e pratos franceses, alemães e italianos. Ao lado, a loja gastronômica italiana homônima tem temperos, massas frescas, vinhos e licores italianos, queijos, carnes, azeites especiais e vinagres envelhecidos. Abasteça-se para o piquenique.
🕂 111 F6 ✉ Národní 21, Staré Město, Praga 1 ☎ 224 219 488 🕒 Diariam 9h-20h 🚇 Národní třída

DIVERSÃO E NOITE

AGHARTA JAZZ CENTRUM
www.agharta.cz
Essa boate é uma conhecida vitrine de jazz moderno instrumental, vocal e fusion. Grandes nomes do jazz europeu passam por aqui. Há também um balcão de CDs impressionante.
🕂 111 F6 ✉ Železná 16, Staré Město, Praga 1 ☎ 222 211 275 🕒 Shows toda noite 21h. Boate: diariam 19h-0h. Bar: diariam 18h-1h. Loja de CDs: 18h-0h
💰 250Kč 🚇 Můstek

BAR AND BOOKS
www.barandbooks.net
Como a matriz, a filial de Praga desse bar de classe de Nova York tem as mesmas paredes vermelhas, reservados de couro e estantes do chão ao teto. O clima é de sofisticação e elegância, do jazz brasileiro nos alto-falantes ao champanhe.
🕂 111 F5 ✉ Týnská 19, Staré Město, Praga 1 ☎ 224 808 250 🕒 Seg-sex 14h-4h, sáb 18h-4h, dom 18h-3h 🚇 Náměstí Republiky 🚌 Bondes 5, 8, 14 para Dlouhá třída

BLACK LIGHT THEATRE IMAGE
www.imagetheatre.cz
A pequena trupe desse que é o segundo mais antigo teatro de luz negra de Praga apresenta espetáculos requintados e inventivos que incorporam dança, pantomima e projeção. É uma diversão perfeita para famílias. Para os adultos, o Image Bar tem música ao vivo nas sextas à noite e ainda um café (16h30-2h).
🕂 110 F6 ✉ Pařížská 4, Josefov, Praga 1 ☎ 222 314 448 🕒 Apresentações: diariam 20h. Bilheteria: diariam 9h-20h
💰 480Kč 🚇 Staroměstská 🚌 Bondes 17, 18 para Staroměstská

BLUES SKLEP
www.bluessklep.cz
"Sklep" significa "porão", e essa boate, em um porão gótico reformado, apresenta empolgantes shows de blues, jazz e folk. Chegue cedo, porque há poucos lugares.
🕂 110 E6 ✉ Liliová 10, Staré Město, Praga 1 ☎ 774 277 060 🕒 Diariam 19h-2h30 💰 100Kč-200Kč
🚇 Staroměstská 🚌 17, 18 para Karlovy lázně

LA BODEGUITA DEL MEDIO
www.kubanskarestaurace.cz
O ambiente desse restaurante e coquetelaria cubanos está lotado de referências ao período cubano de Ernest Hemingway: há fotos do autor, um enorme balcão de carvalho e umidificadores cheios de charutos cubanos. O pessoal é atencioso e fica todo animado quando você pede várias jarras de mojito. Dançarinas latinas esquentam o clima.
🕂 110 E6 ✉ Kaprova 5, Staré Město, Praga 1 ☎ 224 813 922 🕒 Diariam 10h-2h
🚇 Staroměstská 🚌 Bondes 17, 18 para Staroměstská

BOMBAY COCKTAIL BAR
Dentro desse belo bar de coquetéis, madeira escura, pilares de tijolo e paredes cor de açafrão criam o cenário indiano, bem como as ânforas e os vasos pendurados no teto.
🕂 111 F5 ✉ Dlouhá 13, Staré Město, Praga 1 ☎ 721 882 557 🕒 Diariam 12h-4h
🚇 Staroměstská 🚌 Bondes 5, 8, 14 para Dlouhá třída

BUGSY'S
www.bugsysbar.com
O Bugsy's é um bar chique, no subsolo, que atrai uma multidão elegante de príncipes e donzelas. O porteiro costuma olhar de alto a baixo quem entra para conferir o traje. Os bartenders, de camisa branca engomada, dão um show ao misturar os coquetéis, e os martínis são lendários. Há também um coquetel do mês para provar. Os palitos de queijo de boas-vindas que estão nas mesas são uma grata surpresa.
✚ 110 F5 ✉ Pařížská 10, Josefov, Praga 1 ☎ 224 810 287 ⚙ Diariam 19h-2h Ⓜ Staroměstská 🚋 Bondes 17, 18 para Staroměstská

CAFFREY'S IRISH BAR
www.caffreys.cz
Contraponto do bar inglês George and Dragon, na porta seguinte (▷ ao lado), esse bar irlandês tem baias aconchegantes com divisórias de vitral. É tranquilo de dia, mas à noite, quando começa o futebol na TV, começa também a festa dos homens, Guinness rolando e o barulho tomando conta. Da primavera ao outono, as mesas do lado de fora são muito procuradas.
✚ 111 F6 ✉ Staroměstské náměstí 10, Staré Město, Praga 1 ☎ 224 828 031 ⚙ Dom-sex 9h-1h, sáb 9h-2h Ⓜ Staroměstská 🚋 Bondes 17, 18 para Staroměstská

LA CASA BLŮ
www.lacasablu.cz
Bar e café muito procurado, sobretudo por estudantes. Boa cerveja, bom clima e um dos poucos bares na capital tcheca em que é proibido fumar. Serve comida mexicana e latino-americana decente.
✚ 111 F5 ✉ Kozí 15, Staré Město, Praga 1 ☎ 224 818 270 ⚙ Seg-sáb 11h-1hm, dom 14h-1h Ⓜ Staroměstská 🚋 17 para Právnická fakulta

CHAPEAU ROUGE
www.chapeaurouge.cz
Para muita gente, essa danceteria antiquíssima é a melhor. Em prédio histórico, tem paredes vermelhas e janelas com decoração moderna. Os vários andares formam um solo fértil para alguns dos melhores DJs, que tocam house, funk ou hip hop. Após a meia-noite, assiste-se à algazarra de grupos de homens.
✚ 111 F6 ✉ Jakubská 2, Staré Město, Praga 1 ☎ 222 316 328 ⚙ Diariam 17h-tarde Ⓜ Můstek ou Náměstí Republiky

DIVADLO HYBERNIA
www.hybernia.eu
Fechado por muitos anos, o Teatro Hybernia, defronte da Obecní dům, foi transformado em um magnífico espaço de apresentações. É um lugar ótimo para musicais e em geral tem algo para oferecer aos turistas.
✚ 111 G6 ✉ Náměstí Republiky 4, Praga 1 ☎ 221 418 419 ⚙ Espetáculos: seg, qua, sex 21h30 💰 199Kč-799Kč Ⓜ Náměstí Republiky

DIVADLO NA ZÁBRADLÍ
www.nazabradli.cz
O Teatro na Balaustrada foi o primeiro lugar em que o ex-presidente Václav Havel trabalhou como dramaturgo. Hoje são levadas versões de peças contemporâneas em tcheco. O café serve bebidas e pratos leves.
✚ 111 E6 ✉ Anenské náměstí 5, Staré Město, Praga 1 ☎ 222 868 868 ⚙ Espetáculos: 19h30. Bilheteria: seg-sex 14h-20h (fechado 16h-16h30), sáb-dom e feriados 2 horas antes da peça. Café: seg-sex 10h-1h, sáb-dom 16h-1h 💰 100Kč-325Kč Ⓜ Staroměstská 🚋 Bondes 17, 18 para Karlovy lázně

LA FABRIQUE
www.lafabrique.cz
No pé de uma escada íngreme, esta danceteria tem ambiente chique, apesar do piso de madeira gasto e dos corredores cheios. Fica tão lotada após a 1h que é bom chegar antes da 23h se quiser pegar uma mesa.
✚ 110 F6 ✉ Uhelný trh 2, Staré Město, Praga 1 ☎ 224 233 137 ⚙ Seg-sex 11h-3h, sáb-dom 17h-3h 💰 150Kč Ⓜ Národní třída 🚋 Bondes 9, 18, 22 para Národní třída

FRIENDS
www.friends-Praga.cz/site/en
Autointitulada "ponto principal da Praga gay", essa boate supermoderna tem muito a oferecer, seja você gay ou não. Com um tema por noite, uma pista de dança colossal, um bar, salas privativas e sistema de som de primeira, o clima é muito legal.
✚ 110 E7 ✉ Bartolomějská 11, Staré Město, Praga 1 ☎ 226 211 290 ⚙ Diariam 18h-4h 💰 100Kč Ⓜ Národní třída 🚋 Bondes 9, 18, 22 para Národní divadlo

GEORGE AND DRAGON
www.georgeanddragonPraga.com
Para alguns, não há nada melhor que esse bar inglês centrado no futebol. Pub longo, de teto abobadado, no Palác Kinských, tem paredes vermelho-escuras e madeiramento branco.
✚ 111 F6 ✉ Staroměstské náměstí 11, Staré Město, Praga 1 ☎ 222 326 137 ⚙ Diariam 9h-2h Ⓜ Staroměstská 🚋 Bondes 17, 18 para Staroměstská

HARLEY'S BAR
www.harleys.cz
Não tão brega quanto o nome indica, mas brega a ponto de ser divertido. Dá para não gostar de um bar que diz "Jack (o de Daniels) mora aqui"? À medida que a noite corre e os tragos de tequila descem, a pequena pista de dança fica lotada.
✚ 111 F5 ✉ Dlouhá 18, Staré Město, Praga 1 ☎ 227 195 195 ⚙ Seg-sáb 18h-4h Ⓜ Staroměstská 🚋 5, 8, 14 para Dlouhá třída

KARLOVY LÁZNĚ
www.karlovylazne.cz
Essa superboate diz ser a maior danceteria da Europa central. Ocupa um edifício inteiro às margens do Vltava e proporciona diversões variadas: uma sala com música ao vivo, uma para relaxar, áreas com DJ para dançar e um café no porão com internet grátis. É bom as mulheres saberem que o piso da pista de dança é transparente.
✚ 110 E6 ✉ Novotného lávka 1, Staré Město, Praga 1 ☎ 222 220 502 ⚙ Café: diariam 10h-5h. Boate: diariam 21h-5h 💰 150Kč Ⓜ Staroměstská 🚋 Bondes 17, 18 para Karlovy lázně

KLUB LÁVKA
www.lavka.cz
Com ótima localização, na ponta de um píer no rio, o Lavka é uma discoteca de vários pisos que vai até tarde.

REGIÕES — **STARÉ MĚSTO:** ARTE, COMPRAS, DIVERSÃO E NOITE

Tem várias pistas de dança e sacada com vista incrível da Karlův most.
🏠 110 E6 ✉ Novotného lávka 1, Staré Město, Praga 1 ☎ 222 082 299 🕐 Diariam 21h30-5h 💰 150Kč 🚇 Staroměstská 🚋 Bondes 17, 18 para Karlovy lázně

KOZIČKA
www.kozicka.cz
Pode ser difícil conseguir mesa no "Bode", bar subterrâneo frenético, um pouco cheio, e cervejaria à noite.
🏠 111 F5 ✉ Kozí 1, Staré Město, Praga 1 ☎ 224 81 83 08 🕐 Seg-sex 12h-4h, sáb 18h-4h, dom 18h-3h 🚇 Staroměstská 🚋 Bondes 5, 8, 14 para Dlouhá třída

LITERÁRNÍ KAVÁRNA
Uma porta pesada de madeira dá nesse café sossegado a poucos metros da praça da Cidade Velha.
🏠 111 F6 ✉ Týnská 6, Staré Město, Praga 1 ☎ 224 827 807 🕐 Diariam 10h-22h 🚇 Staroměstská 🚋 Bondes 17, 18 para Staroměstská

MOLLY MALONE'S
www.mollymalones.cz
A enorme lareira crepitante já é um bom motivo para ir a esse bar irlandês convidativo. Excelente culinária irlandesa e chope Guinness são outros dois motivos. Estrangeiros e moradores se juntam para conversar junto ao fogo.
🏠 111 F5 ✉ U Obecního dvora 4, Staré Město, Praga 1 ☎ 224 818 851 🕐 Diariam 9h-1h 🚇 Náměstí Republiky 🚋 Bondes 5, 8, 14 para Dlouhá třída

MONARCH VINNÍ SKLEP
www.monarch.cz
Essa adega é repleta de cores quentes. Vinhos internacionais por taça, inclusive varietais tchecos, são relacionados no quadro e mudam todo dia, e há também queijos franceses e pães crocantes. A loja de vinhos dispõe de rótulos difíceis de encontrar.
🏠 110 F6 ✉ Na Perštýně 15, Staré Město, Praga 1 ☎ 224 239 602 🕐 Diariam 12h-0h 🚇 Můstek 🚋 Bondes 9, 18, 22 para Národní třída

NÁRODNÍ DIVADLO MARIONET
www.mozart.cz
O Teatro Nacional de Marionetes apresenta a *Don Giovanni*, de Mozart, com bonecos de tamanho natural há mais de dez anos.
🏠 110 E6 ✉ Žatecká 1, Staré Město, Praga 1 ☎ 224 819 322 🕐 Espetáculos: diariam 20h. Bilheteria: 10h-20h 💰 590Kč 🚇 Staroměstská 🚋 Bondes 17, 18 para Staroměstská

OBECNÍ DŮM
www.obecni-dum.cz
A Sala Smetana, com 1.500 lugares, apresenta concertos de música clássica, com obras de Smetana, Dvořák, Vivaldi e Mozart. Reserve um tempo para apreciar a arquitetura e o interior art nouveau desse prédio de 1912. O vestuário é bem informal, e há café, restaurante e bar.
🏠 111 G6 ✉ Náměstí Republiky 5, Staré Město, Praga 1 ☎ 222 002 101 🕐 Espetáculos: diariam a partir 19h. Bilheteria: seg-sex 10h-19h e 1 hora antes dos concertos 💰 Adulto 1.200Kč, criança (menor de 12) 700Kč máximo 🚇 Náměstí Republiky 🚋 Bondes 5, 8, 14 para Náměstí Republiky

O'CHE'S
www.oches.com
Gente informal se junta nesse bar irlandês para jogar dardos, ver futebol na TV e beber de verdade.
🏠 110 E6 ✉ Liliová 14, Staré Město, Praga 1 ☎ 222 221 178 🕐 Diariam 10h-1h 🚇 Staroměstská 🚋 Bondes 17, 18 para Staroměstská

PONREPO
www.nfa.cz
O Ponrepo é uma joia de cinema, com poltronas de veludo vermelho e madeiramento ornamentado branco, que passa filmes de arte e clássicos tchecos e estrangeiros na língua original. Há um barzinho no saguão.
🏠 110 E7 ✉ Bartolomějská 11, Staré Město, Praga 1 ☎ 226 211 866 🕐 Bilheteria: seg-sex 15h30-20h15. Filmes 17h30 e 20h 💰 Adulto 150Kč, criança (menor de 12) 100Kč; passe anual obrigatório: adulto 40Kč, criança 30Kč 🚇 Národní třída

RED HOT AND BLUES
Esse restaurante americano tem jazz, creole e blues ao vivo das 19h30 às 22h30 em um belo jardim de inverno.
Serve excelentes bloody marys e tem no cardápio jambalaia, quiabo, burritos e nachos enormes.
🏠 111 F6 ✉ Jakubská 12, Staré Město, Praga 1 ☎ 222 314 639 🕐 Diariam 8h-0h 🚇 Náměstí Republiky 🚋 Bondes 5, 8, 14 para Dlouhá třída

ROXY
www.roxy.cz
A garotada vem a esta danceteria popular para ver atrações internacionais de trance, dub asiático e techno. Ex-teatro, a danceteria ampla tem aspecto sujo, mas é sempre divertida.
🏠 111 F5 ✉ Dlouhá 33, Staré Město, Praga 1 ☎ 224 826 296 🕐 Diariam 13h-1h. Shows perto de 20h 💰 100Kč-400Kč (conforme o show) 🚇 Náměstí Republiky 🚋 Bondes 5, 8, 14 para Dlouhá třída

RUDOLFINUM
www.ceskafilharmonie.cz
A renomada Osquestra Filarmônica Tcheca sente-se em casa na Sala Dvořák. Os assentos de madeira não oferecem um bom espaço, mas estique as pernas no intervalo junto ao rio. A Sala Suk recebe orquestras de câmara. Há também um bar.
🏠 110 E5 ✉ Alšovo nábřeží 12, Josefov, Praga 1 ☎ 227 059 227 🕐 Espetáculos a partir de 19h. Bilheteria: seg-sex 10h-18h e 1 hora antes do espetáculo 💰 Adulto 900Kč (máximo), criança (menor de 12) 150Kč; preços podem variar 🚇 Staroměstská 🚋 Bondes 17, 18 para Staroměstská

SVATÉHO MIKULÁŠE
São realizados diariamente concertos de música clássica na Igreja de São Nicolau, de estilo barrroco, mas costumam ser caros.
🏠 110 F6 ✉ Staroměstské náměstí, Staré Město, Praga 1 ☎ 224 190 994 🕐 Varia conforme o espetáculo 💰 Varia conforme o espetáculo 🚇 Staroměstská 🚋 Bondes 17, 18 para Staroměstská

SVATÉHO ŠIMON A JUDA
São apresentados concertos clássicos nessa igreja, que tem uma maravilhosa parede semicircular de vitral.
🏠 110 F5 ✉ Na Františku com Dušní, Josefov, Praga 1 🕐 Varia conforme o espetáculo 💰 Varia conforme o espetáculo 🚇 Náměstí Republiky

STAVOVSKÉ DIVADLO
www.narodni-divadlo.cz
Esse teatro neoclássico foi onde Mozart regeu em 1787 a estreia mundial de *Don Giovanni*. O auditório, que tem cinco andares dourados de balcões, é um ótimo palco para óperas. O público, muito bem vestido, corresponde ao ambiente.
✚ 111 F6 ✉ Ovocný trh 1, Staré Město, Praha 1 ☎ 224 901 448 ⊕ Espetáculos 19h30 e matinês nos fins de semana. Ingressos na bilheteria do Národní divadlo (Ostrovní 1, Nové Město, Praha 1) diariam 10h-18h ✋ Ópera: adulto 1.030Kč (máximo), criança (menor de 12) 780Kč. Balé: adulto 680Kč, criança 310Kč. Preços podem variar Ⓜ Můstek 🚋 Bondes 5, 8, 14 para Náměstí Republiky

Acima Concerto na Capela dos Espelhos do Klementinum

TRETTERS
www.tretters.cz
Os frequentadores desse bar elegante tendem para a sofisticação. O clima é Paris e Nova York dos anos 1930, com reservados de couro vermelho e paredes com lambris de carvalho. Serviço ótimo e coquetéis maravilhosos.
✚ 111 F5 ✉ V Kolkovně 3, Staré Město, Praha 1 ☎ 224 811 165 ⊕ Diariam 19h-3h Ⓜ Staroměstská 🚋 Bondes 17, 18 para Staroměstská

U STARÉ PANÍ/ USP JAZZLOUNGE
www.jazzlounge.com
Essa boate sofisticada tem jazz contemporâneo e moderno. Atrai famosos e fãs de verdade, mas, como os pilares podem atrapalhar a visão, chegue cedo para pegar um lugar bom. Há restaurante e bar.
✚ 110 F6 ✉ Michalská 9, Staré Město, Praha 1 ☎ 603 551 680 ⊕ Diariam 19h-2h, shows 21h ✋ 200Kč-300Kč Ⓜ Můstek

U VEJVODŮ
www.restauraceuvejvodu.cz
É uma cervejaria tcheca genuína de três andares, onde os fregueses comem num clima de diversão. Fica aberta até mais tarde que a maioria.
✚ 110 F6 ✉ Jilská 4, Staré Město, Praha 1 ☎ 224 219 999 ⊕ Seg-qui 10h-3h, sex-sáb 10h-4h, dom 11h-2h Ⓜ Národní třída 🚋 Bondes 6, 9, 18, 22 para Národní třída

U ZÁVOJE
www.uzavoje.cz
Nessa adega elegante, ao menos 40 garrafas atulham a longa mesa de fazenda que serve de bar, e uma estante de cem ou mais vinhos de safra cobre a parede. A sala dos fundos lembra a varanda de uma casa, com móveis de vime confortáveis.
✚ 111 F6 ✉ Havelská 25, Staré Město, Praha 1 ☎ 226 006 120 ⊕ Diariam 11h-0h Ⓜ Můstek 🚋 Bondes 17, 18 para Staroměstská

U ZLATÉHO STROMU
www.zlatystrom.cz
Principalmente turistas lotam essa discoteca em que dançarinas de topless dançam em postes. Há duas pistas de dança e três bares. A cozinha serve saladas, pizza, massa e os pratos tchecos comuns.
✚ 110 E6 ✉ Karlova 6, Staré Město, Praha 1 ☎ 222 220 441 ⊕ Diariam 20h-6h ✋ Dom-ter gratuito, qua-qui 60Kč, sex-sáb 100Kč Ⓜ Staroměstská 🚋 Bondes 17, 18 para Staroměstská

ZRCADLOVÁ KAPLE, KLEMENTINUM
www.klementinum.cz
Os espetáculos clássicos são realizados na Capela dos Espelhos.
✚ 110 E6 ✉ Karlova 1, Staré Město, Praha 1 ☎ 222 220 879 ⊕ Espetáculos 17h no inverno e 20h no verão ✋ Varia conforme o espetáculo Ⓜ Staroměstská 🚋 Bondes 17, 18 para Staroměstská

ESPORTES E ATIVIDADES
PRAHA BIKE
www.prahabike.cz
Alugue uma bicicleta e saia pedalando por Praga. Ou então tire uns dias e vá mais longe, sozinho ou com uma empresa de passeios com guia. Há acessórios para crianças. Se ninguém for com você, informe-se sobre os percursos mais seguros.
✚ 111 F5 ✉ Dlouhá 24, Staré Město, Praha 1 ☎ 732 388 880 ⊕ Meados mar a meados out Ⓜ Staroměstská

SQUASH CENTRUM HAŠTAL
Reservas com 24h de antecedência para uma das muitas quadras modernas nesse ginásio de squash. Há instrutores e quadras envidraçadas.
✚ 111 F5 ✉ Haštalská 20, Staré Město, Praha 1 ☎ 224 828 561 ⊕ Seg-sex 6h-21h, sáb-dom 8h-20h ✋ 170Kč-385Kč conforme o horário. Aluguel de raquete e bola Ⓜ Náměstí Republiky

SAÚDE E BELEZA
JAMES HAIR
www.jameshair.cz
Esse salão de cabeleireiro chique mas despretensioso é dirigido por James, ex-cabeleireiro de celebridades em Nova York. Vá para conferir a atenção aos detalhes e as mais recentes técnicas de corte.
✚ 111 F5 ✉ Malá Štupartská 9, Staré Město, Praha 1 ☎ 224 827 373 ⊕ Ter-sex 8h-20h, sáb 9h-18h ✋ Corte: preços começam em 500Kč Ⓜ Náměstí Republiky

ONDE COMER

PREÇOS E SÍMBOLOS
Os restaurantes estão em ordem alfabética (desconsiderando Le, La e Les). Os preços correspondem a um almoço de dois pratos (A) e um jantar de três pratos (J) para uma pessoa, sem bebidas. O preço do vinho é o da garrafa mais barata.

Para a legenda dos símbolos, ▷ 2.

ALLEGRO
www.fourseasons.com
O luxuoso restaurante de lambris de madeira do Four Seasons Hotel Praga (▷ 108) não só detém a única estrela do Michelin na República Tcheca como tem uma localização estupenda à beira do rio. O terraço é onde se aprecia melhor a eterna vista para o outro lado do Vltava, até o Malá Strana e o castelo. Pratos como vitela de leite ou leitão com purê de batata à raiz-forte são muito recomendados. Culinária boêmia e mediterrânea dessa qualidade tem um preço, mas pode-se dizer que vale cada centavo.
✚ 110 E6 ✉ Veleslavínova 2a, Staré Město, Praga 1 ☎ 221 427 000 ⏰ Diariam 7h-23h 🍴 A 990Kč, J 2.200Kč, vinho 950Kč
Ⓜ Staroměstská 🚋 Bondes 17, 18 para Staroměstská

AMBIENTE BRASILEIRO
www.ambi.cz
Esse restaurante do tipo "coma quanto quiser" é dedicado ao amor dos sul-americanos pela carne. De coração de galinha a filé mignon, tudo é preparado em espetos em churrasqueira e depois servido por garçons alegres. Isso, em Praga, é um artifício, mas dos bons. Escolha entre porão, barulhento e típico, ou o térreo, mais sossegado.
✚ 110 F6 ✉ U Radnice 8, Staré Město, Praga 1 ☎ 224 234 474 ⏰ Diariam 11h-0h 🍴 A 495Kč, J 625Kč, vinho 335Kč
Ⓜ Staroměstská 🚋 Bondes 17, 18 para Staroměstská

AMICI MIEI
www.amicimiei.cz
Esse restaurante italiano chique é um dos melhores lugares para comer quando você estiver no Bairro Judeu. Ambiente refinado e serviço simpático aumentam o prazer de escolher os pratos no cardápio tentador. Há uma carta de vinhos excelente e no verão pode-se comer do lado de fora.
✚ 111 F5 ✉ Vězeňská 5, Staré Město, Praga 1 ☎ 224 816 688 ⏰ Diariam 11h30-23h 🍴 A 900Kč, J 1.400Kč, vinho 900Kč
Ⓜ Staroměstská 🚋 Bondes 17, 18 para Staroměstská, 17 para Právnická fakulta

ANGEL
www.angelrestaurant.cz
A mestre-cuca Sophie Smith recriou um pedaço do Sudeste Asiático natal no meio da Cidade Velha de Praga, apresentando uma culinária asiática moderna e estimulante e dando-lhe um leve toque local em entradas como filé de vitela marinado em massamã tailandês com batatas amassadas com coentro. O clima é formal sem ser sufocante. Boa escolha para ostentar um pouquinho.
✚ 111 F5 ✉ V Kolkovně 7, Staré Město, Praga 1 ☎ 773 222 422 ⏰ Seg-sáb 11h30-0h 🍴 A 325Kč, J 900Kč, vinho 500Kč
Ⓜ Staroměstská 🚋 17, 18 to Staroměstská

BAROCK
www.barockrestaurant.cz
Com janelas do chão ao teto, bar longo e fotografias em tamanho natural de celebridades e estrelas do cinema, esse estabelecimento deslumbrante tenta se adaptar às tentações do momento na mais cara rua comercial da cidade. A clientela fina se esforça para corresponder à imagem, fazendo os pedidos a partir de um cardápio com forte influência asiática.
✚ 110 F5 ✉ Pařížská 24, Staré Město, Praga 1 ☎ 222 329 221 ⏰ Diariam 10h-1h 🍴 A 700Kč, J 1.100Kč, vinho 875Kč
Ⓜ Staroměstská 🚋 Bondes 17, 18 para Staroměstská, 17 para Právnická fakulta

BELLEVUE
www.zatisigroup.cz
Em um primeiro andar, junto ao rio, esse restaurante merece o nome – a vista para o Vltava, a Karlův most (Ponte Carlos) e o castelo é linda e fica ainda melhor no terraço, durante o verão. A cozinha internacional faz jus ao ambiente e o serviço é impecável. Em nenhum outro lugar você pode pedir costeletas de porco servidas

Acima Restaurantes ao ar livre se sucedem nas ruas junto à Prefeitura da Cidade Velha

com lentilhas-pretas ou vitela assada empanada com trufas pretas.
✚ 110 E6 ✉ Smetanovo nábřeží 19, Staré Město, Praga 1 ☎ 222 221 443 🕐 Diariam 12h-15h, 17h30-23h ✋ A 680Kč, J 1.290Kč, vinho 890Kč 🚇 Národní třída 🚌 Bondes 17, 18 para Karlovy lázně, 6, 9, 22 para Národní divadlo

BUDDHA-BAR PRAGA
www.buddha-bar-hotel.cz
Apesar da crise econômica, o final de 2008 e o ano de 2009 foram bons para os fãs da alta culinária em Praga, fazendo aparecer não só Celeste, Le Grill e Zinc, mas também o mais novo fruto da rede internacional de hotéis e restaurantes Buddha-Bar: o Buddha-Bar Praga. A ênfase está no refinamento, com paredes douradas e uma grande estátua de Buda, e nos pratos finos de inspiração asiática, como tamboril à tailandesa e polvo frito em wok. Tem atraído os endinheirados de Praga desde a inauguração, embora alguns digam que as porções são pequenas demais para o preço.
✚ 111 F6 ✉ Jakubská 8, Staré Město, Praga 1 ☎ 221 776 400 🕐 Diariam 18h-tarde ✋ A 700 Kč, J 1.800 Kč, vinho 900 Kč 🚇 Náměstí Republiky 🚌 Bondes 5, 8, 14 para Náměstí Republiky

LE CAFÉ COLONIAL
www.lecafecolonial.cz
Le Café Colonial fica no coração do Bairro Judeu. Tem paredes de cores vivas, mobília de madeira escura, lustres pesados e um clima um pouco decadente. A deliciosa comida é principalmente francesa, e os vinhos são de todo o mundo, com boa seleção de tintos e brancos da Morávia. O restaurante junta-se a um café também cheio de estilo.
✚ 110 E5 ✉ Široká 6, Staré Město, Praga 1 ☎ 224 818 322 🕐 Diariam 10h-0h ✋ A 600Kč, J 900Kč, vinho 420Kč 🚇 Staroměstská 🚌 Bondes 17, 18 para Staroměstská

CHEZ MARCEL
Chez Marcel é o mais autêntico possível – uma brasserie dirigida por um francês com todas as características esperadas, como réguas com jornais, cartazes antigos, uma lousa com os *plats du jour* e um cardápio principal com os pratos clássicos por preços mais que aceitáveis. Mais uma atração é a vista para uma pracinha perto do Anežský klášter (Convento de Santa Inês), no lado norte da Staré Město. E outra vantagem ainda: área para não fumantes.
✚ 111 F5 ✉ Haštalská 12, Staré Město, Praga 1 ☎ 222 315 676 🕐 Seg-sex 8h-1h, sáb-dom 9h-1h ✋ A 500Kč, J 700Kč, vinho 500Kč 🚇 Náměstí Republiky 🚌 Bondes 5, 8, 14 para Dlouhá třída

COUNTRY LIFE
www.countrylife.cz (em tcheco)
O Country Life esteve na linha de frente do combate vegetariano nesse país viciado em carne, primeiro com a loja de produtos naturais, depois com sua lanchonete self-service, muito popular. Pegue uma bandeja e escolha dentre uma saudável variedade de sopas, ensopados, saladas e frutas, tudo por preços bem razoáveis. Não são aceitos cartões de crédito.
✚ 110 F6 ✉ Melantrichova 15, Staré Město, Praga 1 ☎ 224 213 366 🕐 Seg-qui 9h-20h30, sex 9h-16h, dom 11h-20h30 ✋ Pratos principais cerca de 80Kč 🚇 Můstek

LA DEGUSTATION
www.ladegustation.cz
Pule o almoço no dia em que você reservar uma mesa na mais excêntrica e mais falada sensação para jantar em Praga. Os fregueses dispensam o tradicional (e de bom tamanho) couvert, a entrada e a sobremesa para aproveitar cerca de uma dúzia de pratos pequenos que chegam aos poucos durante um longo jantar. Escolha do cardápio "Bohemian-Bourgeois", com versões inspiradas de favoritos como truta e língua, ou do mais inventivo "Degustation du Chef", com pratos como pombo ao Anjou e bife Kobe. O sommelier indica a uva certa para cada prato.
✚ 111 F5 ✉ Haštalská 18, Staré Město, Praga 1 ☎ 222 311 234 🕐 Ter-qui 12h-14h30, seg-sáb 18h-0h ✋ A 590Kč, J 2.250Kč (menu degustação), vinho 600Kč 🚇 Staroměstská 🚌 Bondes 17, 18 para Staroměstská

FLAMBÉE
www.flambee.cz
Esse restaurante sofisticado em um porão do século XIV mantém a reputação de um dos estabelecimentos de primeira qualidade de Praga, com preços que correspondem à comida preparada por um chef famoso. Você terá vários deleites durante a refeição, principalmente se tiver escolhido um menu gastronômico de vários pratos. Adega de vinhos magnífica.
✚ 110 E6 ✉ Husova 5, Staré Město, Praga 1 ☎ 224 248 512 🕐 Diariam 12h-0h ✋ A 1.100Kč, J 1.800Kč, vinho 890Kč 🚇 Staroměstská, Národní třída 🚌 Bondes 17, 18 para Staroměstská

FRANCOUZSKÁ RESTAURACE
www.obecnidum.cz
O Restaurante Francês, na art nouveau Obecní dům (Casa Municipal), era "o" lugar para jantar há um século. Em meio a uma magnificência lindamente restaurada, você sentirá que está participando de uma peça de época. A toalha das mesas é extremamente branca, os lustres cintilam, o serviço é atencioso e a cozinha, principalmente francesa, excelente. Estando em Praga, é uma ótima oportunidade, apesar de cara.
✚ 111 G6 ✉ Obecní dům, Náměstí Republiky 5, Staré Město, Praga 1 ☎ 222 002 770 🕐 Diariam 12h-16h, 18h-23h ✋ A 1.050Kč, J 1.790Kč, vinho 590Kč 🚇 Náměstí Republiky 🚌 Bondes 5, 8, 14 para Náměstí Republiky

GRAND CAFÉ ORIENT
www.grandcafeorient.cz
Esse café famoso, parte inseparável da Dům U Černe Matky Boží (Casa da Virgem Negra), foi restaurado ao antigo resplendor. A mobília e os acessórios são autênticos, e quem se interessa pela expressão singular do Cubismo em Praga, do início do século XX, não pode deixar de conhecê-lo. Café da manhã, saladas, petiscos e bebidas não deixam a desejar.
✚ 111 F6 ✉ Ovocný trh 19, Staré Město, Praga 1 ☎ 224 224 240 🕐 Seg-sex 9h-22h, sáb, dom 10h-22h ✋ A 250Kč, J 350Kč, vinho 180Kč 🚇 Náměstí Republiky 🚌 Bondes 5, 8, 14 para Náměstí Republiky

HAVELSKÁ KORUNA

Logo depois do Mercado de Havel encontra-se esse restaurante self-service bem dirigido, frequentado por moradores e turistas, não só devido ao excelente custo-benefício. Existe boa variedade de pratos tchecos convencionais, de sopas substanciosas, carnes, bolinhos de massa e fartas sobremesas. O bufê de saladas, bem variado, satisfaz plenamente quem gosta de comida saudável. Entre as bebidas há chope. A comanda entregue na entrada é preenchida à medida que você avança com a bandeja de um balcão ao outro, e você paga a modesta conta no caixa, ao sair.

✚ 111 F6 ✉ Havelská 21-23, Staré Město, Praga 1 ☎ 224 239 331 ⊙ Diariam 11h-20h ✋ A, J 165Kč ⓜ Můstek

KAVÁRNA OBECNÍ DŮM
www.kavarnaod.cz

Não há lugar melhor para saborear um café e um bolo delicioso do que no esplêndido café da Obecní dům (Casa Municipal), de estilo art nouveau. As guloseimas podem parecer caras, mas não quando se pensa em quanto deve ter custado para construir, decorar e restaurar esse recinto espaçoso, joia arquitetônica de um século atrás. No verão, o terraço fica aberto, mas até o Sol deve achar difícil competir com o brilho que há lá dentro.

✚ 111 G6 ✉ Náměstí Republiky 5, Staré Město, Praga 1 ☎ 603 245 510 ⊙ Diariam 7h30-23h ✋ Pratos leves a partir de 210Kč, vinho 290Kč ⓜ Náměstí Republiky 🚌 Bondes 5, 8, 14 para Náměstí Republiky

KING SOLOMON RESTAURANT
www.kosher.cz

O aclamado King Solomon Restaurant, de comida kosher, localiza-se no coração do Josefov, o antigo Bairro Judeu de Praga. Lá dentro a atmosfera é típica, mas a boa comida é que atrai os fregueses. Usando sempre ingredientes frescos, ele oferece os melhores pratos da tradicional culinária do Oriente Médio e do Leste europeu, especialmente seu estupendo gefilte fisch (almôndega de peixe). Também há vinhos kosher, importa-dos da França, de Israel, da Hungria e feitos na própria República Tcheca.

✚ 110 E5 ✉ Široká 8, Staré Město, Praga 1 ☎ 224 818 752 ⊙ Dom-qui 12h-23h; sex jantar e sáb almoço só com reserva ✋ A 550Kč, J 1.300Kč, vinho 450Kč ⓜ Staroměstská 🚌 Bondes 17, 18 para Staroměstská

KOLKOVNA
www.kolkovna.cz

O Kolkovna é uma das mais bem-sucedidas iniciativas da cervejaria Pilsner Urquell de trazer o tradicional bar tcheco para o tempo presente. É mais limpo, tem menos fumaça e a comida é sem dúvida melhor do que antes. Fique no térreo, com um brilhante tanque de fermentação de cerveja, ou no porão, mais reservado, para entregar-se a pratos tradicionais como joelho de porco, acompanhado da incomparável cerveja de lúpulo.

✚ 111 F5 ✉ V Kolkovně 8, Staré Město, Praga 1 ☎ 224 819 701 ⊙ Diariam 11h-0h ✋ A 140Kč, J 575Kč, vinho 350Kč ⓜ Staroměstská 🚌 Bondes 17, 18 para Staroměstská; 17 para Právnická fakulta

LARY FARY
www.laryfary.cz

Pertinho da Staroměstské náměstí (praça da Cidade Velha), esse restaurante faz de tudo para impressionar com sua originalidade. Uma mistura eclética de objetos vagamente orientais preenche o recinto abobadado, e o cardápio oferece pratos tchecos.

✚ 111 F5 ✉ Dlouhá 30, Staré Město, Praga 1 ☎ 222 320 154 ⊙ Diariam 11h-0h ✋ A 200Kč, J 650Kč, vinho 395Kč ⓜ Náměstí Republiky 🚌 Bondes 5, 8, 14 para Dlouhá třída

METAMORPHIS
www.metamorphis.cz

No pé de uma escada sinuosa, o porão românico desse prédio antigo, na entrada leste do pátio de Týn (ou Ungelt), hoje é ocupado por um restaurante que faz diversos pratos tchecos e internacionais, além de servir o café da manhã para os hóspedes do hotel. No térreo, o café tem pizzas e massas bem comuns, mas a grande atração é sentar do lado de fora para apreciar o clima do pátio medieval, vendo as agulhas das torres da Igreja de Týn despontar acima dos telhados.

✚ 111 F6 ✉ Malá Štupartská 5/636, Staré Město, Praga 1 ☎ 224 827 777 ⊙ Diariam 9h-1h ✋ A 450Kč, J 750Kč, vinho 550Kč ⓜ Náměstí Republiky 🚌 Bondes 5, 8, 14 para Náměstí Republiky

MLÝNEC
www.zatisigroup.cz

Esse restaurante está localizado em um lugar incomum no Novotného lávka, um píer bem ao lado da Karlův most (Ponte Carlos). Seu luxuoso salão dá para uma parede de vidro e um terraço ao ar livre com uma vista única da própria ponte e da Torre da Ponte da Cidade Velha. A cozinha cosmopolita é de primeira classe – dê-se ao luxo de comer o robalo assado com broto de repolho chinês temperado com coco.

✚ 110 E6 ✉ Novotného lávka 9, Staré Město, Praga 1 ☎ 227 000 777 ⊙ Diariam 12h-15h, 17h30-23h ✋ A 600Kč, J 1.200Kč, vinho 790Kč 🚌 17, 18 para Karlovy lázně

LES MOULES
www.lesmoules.cz

Como o nome indica, mexilhões figuram com grande destaque no cardápio desse restaurante tipicamente belga transplantado para o coração do antigo Bairro Judeu, na Cidade Velha. Mas há vários outros pratos substanciosos, que podem ser apreciados olhando pelas janelas altas para a Sinagoga Velha-Nova. Para completar a cena, há dezenas das famosas cervejas belgas.

✚ 110 E5 ✉ Pařížská 19, Staré Město, Praga 1 ☎ 222 315 022 ⊙ Diariam 9h-0h ✋ A 600Kč, J 900Kč, vinho 390Kč ⓜ Staroměstská 🚌 Bonde 17 para Právnická fakulta

PIZZA NUOVO
www.ambi.cz

É impossível não adorar o melhor bufê de entradas de Praga e pizzas napolitanas de verdade. O bufê é repleto de coisas nacionais como mortadela fatiada, peixe, cogumelos, pimentões-vermelhos grelhados e grandes tigelas de salada – Caesar em uma, gorgonzola na outra e ainda nozes em outra. Quem adora massa fina diz que a pizza é a melhor da cidade. Peça à la carte ou o rodízio. Há uma ampla área de não fumantes e um espaço para crianças, um alívio numa cidade em que os donos de restaurante parecem não dar a mínima para as famílias.

111 G5 ✉ Revoluční 1, Staré Město, Praga 1 ☎ 221 803 308 ⌚ Diariam 11h30-23h30 🍴 A 350Kč, J 600Kč, vinho 450Kč 🚇 Náměstí Republiky 🚌 Bondes 5, 8, 14 para Náměstí Republiky

PIZZERIA RUGANTINO
www.rugantino.cz

Esse baluarte da Cidade Velha existe desde meados da década de 1990, uma prova da popularidade da sua pizza, que tem coberturas relativamente raras, como verduras, e a opção de incluir mussarela italiana mesmo. A de pepperoni condimentado poderia ganhar o prêmio de "melhor pizza de Praga". A sala dos fundos é para as famílias, e as crianças são recebidas com um copo com lápis de cera e cardápios de papel para desenhar. Roupa informal e reservas nem sempre são necessárias, a não ser na Páscoa, quando turistas italianos abarrotam o lugar.

111 F5 ✉ Dušní 4, Staré Město, Praga 1 ☎ 222 318 172 ⌚ Seg-sáb 11h-23h, dom 12h-23h 🍴 A 350Kč, J 600Kč, vinho 200Kč 🚇 Staroměstská 🚌 Bondes 17, 18 para Staroměstská

PLZEŇSKÁ RESTAURACE
www.plzenskarestaurace.cz

Esse "Restaurante da Pilsner" é uma cervejaria no subsolo da suntuosa Obecní dům (Casa Municipal). A fabulosa decoração art nouveau usa murais de cerâmica de cenas campestres. Você se senta em mesas longas no meio do salão ou em alcovas laterais e come pratos tradicionais da Boêmia muito bem feitos, junto com Plzeňský prazdroj – Pilsner de origem –, acompanhados da serenata de um acordeonista que perambula pelo salão.

111 G6 ✉ Náměstí Republiky 5, Staré Město, Praga 1 ☎ 222 002 770 ⌚ Diariam 12h-23h 🍴 A 300Kč, J 500Kč, vinho 280Kč

Acima *O café dentro da Casa Municipal*

🚇 Náměstí Republiky 🚌 Bondes 5, 8, 14 para Náměstí Republiky

POTREFENÁ HUSA
www.staropoamen.cz
www.pivovarystaropramen.cz

O "Ganso Abatido" pertence a uma rede de bares e restaurantes novos criados para atrair os jovens tchecos cansados de beber *pivo* em lugares antiquados cheios de fumaça. É iluminado, elegante, alegre e tem comida de boa qualidade, como ganso assado ou peito de pato com bolinhos de massa, além de vários tipos de bebida (inclusive cervejas diversas). Esse restaurante ocupa o térreo rebaixado da "Casa dos Professores", um dos raros prédios cubistas de Praga. Veja outras filiais no site.

110 F5 ✉ Bílkova 5, Staré Město, Praga 1 ☎ 222 326 626 ⌚ Diariam 11h-0h 🍴 A 150Kč, J 400Kč, vinho 200Kč 🚇 Staroměstská 🚌 Bonde 17 para Právnická fakulta

PRAVDA
www.pravdarestaurant.cz

Esse restaurante da moda fica bem à vontade em meio às lojas e butiques de roupas da mais badalada rua comercial de Praga. No salão, a decoração bem pensada usa o estilo minimalista e a cozinha é tão cosmopolita quanto a clientela que ela atrai, com pratos cheios de estilo de terras tão diversas quanto a Escandinávia, a Tailândia, a Islândia e a Itália.

110 F5 ✉ Pařížská 17, Staré Město, Praga 1 ☎ 222 326 203 ⌚ Diariam 12h-0h 🍴 A 900Kč, J 1.250Kč, vinho 800Kč 🚇 Staroměstská 🚌 Bondes 17, 18 para Staroměstská

LA PROVENCE
www.kampagroup.com

Estabelecimento aclamado que consiste em uma brasserie à moda parisiense, no térreo, e um restaurante rústico, no porão, especializado na saborosa cozinha tradicional do Sul da França, na companhia de uma grande variedade de vinhos em geral franceses.

111 F6 ✉ Štupartská 9, Staré Město, Praga 1 ☎ 296 826 155, 224 816 692 ⌚ Restaurante: diariam 12h-23h; brasserie: diariam 11h-23h 🍴 A 450Kč, J 1.100Kč, vinho 495Kč 🚇 Náměstí Republiky

RYBÍ TRH
www.rybitrh.cz

Na outra ponta do espectro do Rybářsky Klub (Clube dos Pescadores), na ilha de Kampa, está o sofisticado Mercado do Peixe, no Týnský dvůr (pátio de Týn/Ungelt). Frutos do mar de todos os oceanos chegam de avião diariamente. O restaurante orgulha-se do frescor dos ingredientes, da qualidade do preparo e do ambiente requintado, que conta com aquários cheios de peixes tropicais.

111 F6 ✉ Týnský dvůr 5, Staré Město, Praga 1 ☎ 224 895 447 ⌚ Diariam 11h-0h 🍴 A 750Kč, J 1.800Kč, vinho 830Kč 🚇 Staroměstská 🚌 Bondes 17, 18 para Staroměstská

LE SAINT JACQUES
www.saint-jacques.cz

Este restaurante familiar serve comida regional francesa. O cardápio usa ingredientes frescos importados e conta com clássicos como filé mignon e *sole meunière* e algumas sobremesas maravilhosas. O ambiente é tranquilo, elegante e acolhedor,

sem ser pretensioso demais. Uma dupla formada por um pianista e um violinista proporciona o acompanhamento musical, com amplo repertório.
✚ 111 F6 ✉ Jakubská 4, Staré Město, Praha 1 ☎ 222 322 685 ⏰ Seg-sex 12h-15h, 18h-0h, sáb 18h-0h 🍴 A 450Kč, J 800Kč, vinho 600Kč 🚇 Náměstí Republiky 🚋 Bondes 5, 8, 14 para Náměstí Republiky

SARAH BERNHARDT
www.hotel-pariz.cz
Esse esplêndido restaurante do Hotel Paříž (▷ 109) equipara-se à vizinha Obecní dům (Casa Municipal) na suntuosidade art nouveau extravagante. Ainda guarda um pouco da atmosfera dos seus primeiros tempos, imortalizados no romance *Eu servi o rei da Inglaterra*, de Bohumil Hrabal. Se você quer um jantar com todas as formalidades, esse é o lugar ideal. O cardápio harmoniza as culinárias francesa, internacional e tradicional da Boêmia.
✚ 111 G6 ✉ U Obecního domu 1, Staré Město, Praha 1 ☎ 222 195 900 ⏰ Seg-sáb 12h-16h, 18h-23h, dom 18h30-22h30 🍴 A 550Kč, J 1.000Kč, vinho 450Kč 🚇 Náměstí Republiky 🚋 Bondes 5, 8, 14 para Náměstí Republiky

SLAVIA
www.cafeslavia.cz
Situado em local incomparável, defronte do Národní divadlo (Teatro Nacional), e com vista maravilhosa para o castelo através do Vltava, o Slavia ainda vive da reputação de café literário mais renomado de Praga, recanto secular de artistas, poetas e, nos tempos do comunismo, dissidentes. Hoje em dia é mais provável que você se sente em meio ao esplendor do salão art déco restaurado na companhia de outras turistas, mas o Slavia continua sendo uma parada essencial quando se quer conhecer a cidade. O serviço começa no café da manhã e lida com uma variedade de pratos tchecos e internacionais ao longo do dia.
✚ 110 E7 ✉ Smetanovo nábřeží 2, Staré Město, Praha 1 ☎ 224 218 493 ⏰ Diariam 8h-23h 🍴 A 250Kč, J 400Kč, vinho 230Kč 🚋 Bondes 6, 9, 17, 18, 21, 22 para Národní divadlo

LE TERROIR
www.leterroir.cz
Esse restaurante francês rústico merece a fama de uma das joias da coroa da gastronomia de Praga. Os pratos especiais do dia, com preço individual, ingredientes frescos e uma carta de vinhos impressionante nunca desapontam. Controle a despesa pedindo uma refeição de três, quatro, cinco ou seis pratos. Os vinhos são tanto tchecos como europeus.
✚ 110 F6 ✉ Vejvodova 1 (entrada pela Jilská), Staré Město, Praha 1 ☎ 222 220 260 ⏰ Ter-sáb 11h-23h 🍴 A 600Kč, J 1.380Kč, vinho 800Kč 🚇 Národní třída 🚋 Bondes 6, 9, 18, 21, 22, 23 para Národní třída

U MODRÉ RŮŽE
www.umodreruze.cz
Muitas das casas históricas da Cidade Velha têm porões com abóbadas, antigos andares térreos que viraram subsolo quando a região foi elevada para combater as enchentes. O "Rosa Azul" ocupa um desses porões com clima de época e serve uma boa variedade de pratos boêmios tradicionais. Quem tem pouco apetite deve pensar bem antes de pedir o prato de truta, fígado de ganso, pato e pescoço de porco, que é rematado por um bom pedaço de strudel.
✚ 111 F6 ✉ Rytířská 16, Staré Město, Praha 1 ☎ 224 225 873 ⏰ Diariam 11h30-23h30 🍴 A 800Kč, J 1.330Kč, vinho 870Kč 🚇 Můstek

U SÁDLŮ
www.usadlu.cz
O mundo da cavalaria medieval é recriado por inteiro no Salão do Cavaleiro e na Sala do Armamento, com armas penduradas e luminárias de ferro. O cardápio é igualmente admirável, com desafios como "Gradual do Senhor Venceslau" (bife com pimenta brava) e "Carne do Leitão Apocalíptico" (variações de porco), sem falar na sobremesa chamada "Fada Fria". Tudo muito saboroso e por um bom preço.
✚ 111 G5 ✉ Klimentská 2, Staré Město, Praha 1 ☎ 224 813 874 ⏰ Seg-sáb 11h-1h, dom 12h-0h 🍴 A 200Kč, J 450Kč, vinho 130Kč 🚋 Bondes 5, 8, 14 para Dlouhá třída

LA VERANDA
www.laveranda.cz
Esse restaurante contemporâneo que visa os gastronautas em ascensão é comandado por um chef premiado que pretende criar comida que provoque um "orgasmo no palato". Se isso falhar, os fregueses podem tentar o "Cardápio Sensual", com cinco pratos sob medida, por 1.165Kč.
✚ 110 F5 ✉ Elišky krásnohorské 2, Staré Město, Praha 1 ☎ 224 814 733 ⏰ Seg-sáb 12h-0h 🍴 A 295Kč, J 900Kč, vinho 500Kč 🚇 Staroměstská

V ZÁTIŠÍ
www.zatisigroup.cz
Bem perto da Betlémské náměstí (praça Belém), o "Natureza-Morta" foi um dos primeiros restaurantes gastronômicos abertos depois da Revolução de Veludo e tem sido considerado o melhor restaurante de Praga. Continua entre os principais do gênero, com recintos elegantes, cozinha tcheca e internacional refinada e uma carta de vinhos excepcional – mas tudo tem um custo.
✚ 110 E6 ✉ Liliová 1, Staré Město, Praha 1 ☎ 222 221 155 ⏰ Diariam 12h-15h, 17h30-23h 🍴 A 840Kč, J 1.200Kč, vinho 590Kč 🚇 Národní třída 🚋 Bondes 6, 9, 18, 21, 22 para Národní třída

ZLATÁ PRAHA
www.zlatapraharestaurant.cz
O "Praga Áurea", na cobertura do Hotel InterContinental (▷ 108), talvez tenha sido o mais prestigioso restaurante do período comunista. Preserva os mais altos padrões de conforto e de cozinha, além de propiciar a romântica vista das torres das igrejas da cidade. O cardápio, sempre renovado, conta com versões da tradicional culinária tcheca – perna de coelho e lombo de veado estão entre as melhores –, além de pratos internacionais sofisticados, com vinhos que se harmonizam. Os brunches de domingo atraem muita gente.
✚ 110 F5 ✉ Pařížská 30, Staré Město, Praha 1 ☎ 296 639 914, 296 631 111 ⏰ Diariam 17h-23h30, dom brunch 11h-15h 🍴 A 490Kč, J 1.800Kč, vinho 920Kč 🚇 Staroměstská 🚋 Bonde 17 para Právnická fakulta

ONDE FICAR

Acima *Muitos dos hotéis de Praga são um exemplo de boa arquitetura*

PREÇOS E SÍMBOLOS

Os preços são de uma diária em quarto duplo com café da manhã, a não ser que haja indicação em contrário. Os hotéis relacionados aqui aceitam cartão de crédito, a menos que indicado. Os preços variam muito durante o ano.

Para a legenda dos símbolos, ▷ 2.

BETLEM CLUB
www.betlemclub.cz

Uma pensão limitada que dispõe de quartos confortáveis mas simples por bom preço. O local é ótimo, perto de tudo para ir a pé e em um canto tranquilo. Há restaurante próprio e vários outros por todos os lados.

✚ 110 E6 ✉ Betlémské náměsti. 9, Staré Město, Praga 1 ☎ 222 221 575 ✋ A partir de 2.600Kč ❶ 22 Ⓜ Národní třída 🚋 Bondes 6, 9, 18, 22 para Národní třida

BUDDHA-BAR HOTEL
www.buddha-bar-hotel.cz

A ruidosa rede internacional abriu as portas em Praga no início de 2009, no auge da crise econômica. Entretanto, o hotel consegue cobrar preços bem altos por sua localização ideal no centro e pelos adereços suntuosos nos quartos e nos banheiros, em estilo asiático. Mesmo que você não se hospede aqui, passe pelo restaurante do Buddha-Bar ou pelo café Siddhartha para provar algo ou ver gente bonita.

✚ 111 F6 ✉ Jakubská 649/8, Staré Město, Praga 1 ☎ 221 776 300 ✋ A partir de 10.000 Kč ❶ 39 Ⓜ Náměstí Republiky 🚋 Bondes 5, 8, 14 para Náměstí Republiky

ČERNÁ LIŠKA
www.cernaliska.cz

Impossível encontrar um lugar mais central para ficar do que o "Raposa Preta", que dispõe de quartos com vista para a Kostel Svatého Mikuláš (Igreja de São Nicolau), na Staroměstské náměstí (praça da Cidade Velha). Hotel pequeno e acolhedor, tem quartos confortáveis, alguns com vigas aparentes e teto decorado, em um prédio renascentista charmoso. O único inconveniente eventual é o barulho.

✚ 110 F6 ✉ Mikulášská 2, Staré Město, Praga 1 ☎ 224 232 250 ✋ 3.750Kč-5.200Kč ❶ 12 Ⓜ Staroměstská 🚋 Bondes 17, 18 para Staroměstská

ČERNÝ SLON
www.hotelcernyslon.cz

O "Elefante Preto" esconde-se bem no meio da Cidade Velha, e de suas janelas se veem a igreja e o pátio de Týn (ou Ungelt). É um dos prédios mais antigos da região, com fundações do século XIII, e tem quartos mobiliados com bom gosto e restaurante acolhedor, com abóbadas em cruzaria. Pode-se pedir camas extras.

✚ 111 F6 ✉ Týnská 629/1, Staré Město, Praga 1 ☎ 222 321 521 ✋ 3.100Kč-4.900Kč ❶ 16 Ⓜ Em alguns quartos Ⓜ Staroměstská ou Náměstí Republiky 🚋 Bondes 17, 18 para Staroměstská; 5, 8, 14 para Náměstí Republiky

CLEMENTIN
www.clementin.cz

Em uma travessa no coração da Cidade Velha, esse hotel pequeno diz estar na casa mais estreita ainda existente em Praga. A construção é do século XIV, mas tem traços renascentistas, barrocos e neoclássicos. Os quartos são de bom padrão e a recepção é calorosa.

✚ 110 E6 ✉ Seminářská 4, Staré Město, Praga 1 ☎ 222 221 798 ✋ 3.600Kč-5.500Kč ❶ 9 Ⓜ Staroměstská 🚋 Bondes 17, 18 para Staroměstská

CLOISTER INN
www.cloisTer-inn.com

Em um antigo convento cuja história remonta à Idade Média, esse hotel bastante recomendado fez parte do

REGIÕES STARÉ MĚSTO: ONDE FICAR

notório quartel-general da StB (polícia secreta), na rua vizinha Bartolomějská. Com ótima localização perto da principal rota turística na Cidade Velha, a poucos minutos da Karlův most (Ponte Carlos), hoje o hotel dispõe de quartos-padrão bem arrumados.
✚ 110 E7 ✉ Konviktská 14, Staré Město, Praga 1 ☎ 224 211 020 ✋ 2.730Kč-4.050Kč ⓘ 75 🚇 Na maioria dos quartos 🚋 Národní třída 🚌 Bondes 6, 9, 22 para Národní divadlo; 17, 18 para Karlovy lázně

FOUR SEASONS HOTEL PRAGA
www.fourseasons.com/Praga
O Four Seasons é uma adaptação de extremo bom gosto de três prédios históricos – um barroco, um neoclássico e um neorrenascentista. Proporciona o máximo de conforto, elegância e infraestrutura, fora o fato de estar junto ao rio, ao lado da Karlův most (Ponte Carlos). Os quartos vão do padrão à superluxuosa suíte presidencial, alguns com vista para o rio e o castelo. O restaurante Allegro (▷ 102) é um dos mais sofisticados de Praga. Os preços não incluem café da manhã.
✚ 110 E6 ✉ Veleslavínova 2a, Staré Město, Praga 1 ☎ 221 427 000

✋ 9.640Kč-20.250Kč ⓘ 161
🚇 🚋 Staroměstská 🚌 Bondes 17, 18 para Staroměstská

GRAND HOTEL BOHEMIA
www.austria-hotels.cz
Antes chamado Hotel Steiner, que era o nome do dono, esse estabelecimento art déco tradicionalíssimo recebeu os primeiros hóspedes em 1927 e foi transformado em hotel de luxo nos anos 1990. É difícil superar o conforto proporcionado, assim como a localização, no coração da Cidade Velha, logo atrás da Obecní dům (Casa Municipal). Há salão de dança e restaurante.
✚ 111 F6 ✉ Králodvorská 4, Staré Město, Praga 1 ☎ 234 608 111 ✋ 4.000Kč-8.000Kč ⓘ 78 🚇 🚋 Náměstí Republiky 🚌 Bondes 5, 8, 14 para Náměstí Republiky

GRAND HOTEL PRAHA
www.grandhotelpraha.cz
O Grand Hotel Praha e o ex-Apostolic Residence fundiram-se em um hotel que ocupa dois casarões barrocos restaurados com primor, do lado contrário do Relógio Astronômico, na praça da Cidade Velha. Os quartos duplos "deluxe" custam cerca de 500Kč a mais por noite, mas têm vista para o relógio e a praça.
✚ 111 F6 ✉ Staroměstské náměstí 22, Staré Město, Praga 1 ☎ 221 632 556 ✋ 4.000Kč-5.200Kč ⓘ 34
🚇 🚋 Staroměstská 🚌 Bonde 17 para Staroměstská

HAŠTAL
www.hastal.com
Na parte norte da Cidade Velha, perto do Anežský klášter (Convento de Santa Inês) e da marginal do Vltava, esse edifício majestoso foi indústria de cerveja e, após a invasão de 1968, a Kommandatura do Exército Soviético. Hoje é um hotelzinho hospitaleiro, com localização ideal para visitar as atrações turísticas no centro. Alguns dos quartos, com boa modernização, dão para uma praça pequena; outros voltam-se para o pátio central. Tem um agradável jardim de verão.
✚ 111 F5 ✉ Haštalská 16/1007, Staré Město, Praga 1 ☎ 222 314 335
✋ 1.930Kč-4.410Kč ⓘ 31 🚇 🚋
🚌 Bondes 5, 8, 14 para Dlouhá třída

INTERCONTINENTAL
www.icPraga.com
Feito nos anos 1970, o InterContinental foi o principal hotel da era comunista. Ainda transmite a luxuosa atmosfera de um grande hotel daquela época e propicia aos hóspedes todo tipo de conforto – um deles, a ótima localização, com vista para a Čechův most (Ponte Čech), de estilo art nouveau, no limite norte da Cidade Velha. O saguão, o café e o bar são os melhores lugares para encontros e, na cobertura, o Zlatá Praha (restaurante Praga Áurea, ▷ 106) é um dos melhores da cidade. O hotel tem também uma academia de ginástica.
✚ 110 F5 ✉ Pařížská 30, Staré Město, Praga 1 ☎ 296 631 111
✋ 6.000Kč-11.350Kč (sem café da manhã) ⓘ 372 🚇 🏊 🚋 🚌 Bonde 17 para Právnická fakulta

THE IRON GATE
www.irongate.cz
Escondido no labirinto de ruas ao sul da Staroměstské náměstí (praça da Cidade Velha), esse maravilhoso edifí-

Abaixo O InterContinental sobreviveu à era comunista como hotel de primeira

...cio histórico, com pátio interno, foi convertido com esmero em hotel de qualidade com suítes e apartamentos. Uma das suítes privilegiadas fica em uma torre, com vista magnífica por cima dos telhados. Mobília e acessórios de bom gosto complementam os traços que o prédio adquiriu em sua longa história, que começou no século XIV. O restaurante proporciona uma cozinha internacional requintada com um toque local, como linguiças de javali servidas com molho de raiz-forte.

110 F6 ✉ Michalská 19, Staré Město, Praga 1 ☎ 225 777 777
4.000Kč-6.000Kč 43
Staroměstská ou Můstek
Bondes 17, 18 para Staroměstská

JOSEF
www.hoteljosef.com
O Josef é um hotel de arquiteto por excelência, obra de Eva Jiřičná, que deixou sua marca diferenciada em outros lugares da cidade. Consegue-se harmonizar o máximo do minimalismo com elegância e conforto, e os quartos dispõem de todo tipo de comodidade. Há ainda um jardim privativo atraente e uma academia de ginástica na cobertura.

111 F5 ✉ Rybná 20, Staré Město, Praga 1 ☎ 221 700 111 A partir de 4.300Kč
109 Náměstí Republiky
Bondes 5, 8, 14 para Dlouhá třída

METAMORPHIS
www.metamorphis.cz
Esse hotel tem localização privilegiada no pátio medieval Ungelt (Týnský dvůr), atrás da Igreja de Týn e pertinho da Staroměstské náměstí (praça da Cidade Velha). Surgiu no século IX, e seus quartos confortáveis, que foram adaptados com sensibilidade, têm como características vigas aparentes e abóbadas. Pode-se dormir na antiga capela. O restaurante do hotel serve pratos tchecos e internacionais. As refeições leves também são servidas no café com terraço.

111 F6 ✉ Malá Štupartská 5/636, Staré Město, Praga 1 ☎ 221 771 011
3.800Kč-5.000Kč 32 Na maioria dos quartos Náměstí Republiky
Bondes 5, 8, 14 para Náměstí Republiky

PAŘÍŽ
www.hotel-pariz.cz
O luxuoso e enorme Paris quase se equipara ao seu suntuoso vizinho art nouveau, a Obecní dům (Casa Municipal, ▷ 80-1), na arquitetura e na extravagância da decoração, ainda que os espaços públicos tenham conservado mais o caráter original do que os quartos. Com equipamentos e comodidades de primeira classe, esse hotel é considerado por muitos um dos melhores de Praga e sem dúvida preservava a atmosfera da virada para o século XX, principalmente no restaurante, Sarah Bernhardt (▷ 106).

111 G6 ✉ U Obecního domu, 1 Staré Město, Praga 1 ☎ 222 195 195
4.000Kč-8.000Kč 86
Náměstí Republiky Bondes 5, 8, 14 para Náměstí Republiky

PRESIDENT
www.hotelpresident.cz
O monolítico President foi reaberto em 2004, pois passou por ampla reforma depois de ser danificado na grande enchente de 2002. A localização ao lado do rio é um dos grandes trunfos do hotel, que tem vista para o Vltava de muitos dos seus quartos espaçosos e luxuosos, mas outros quartos propiciam um panorama comparável da Staré Město. O hotel conta ainda com um cassino, um restaurante na beira do rio, que serve pratos internacionais, e um bar com piano.

110 F5 ✉ Náměstí Curieových 100, Staré Město, Praga 1 ☎ 234 614 111
3.500Kč-6.000Kč 130
Bonde 17 para Právnická fakulta

U PRINCE
www.hoteluprince.com
A localização desse hotel, de frente para o Orloj (Relógio Astronômico), na Prefeitura da Cidade Velha, é insuperável, assim como seu terraço de cobertura, que dá vista para boa parte das "cem torres" da cidade. A construção é do século XII, e a reforma de 2001 deu aos quartos bastante confortáveis um clima antigo aconchegante. O hotel dispõe de café e restaurante movimentados no andar térreo, mas o barulho é contido pelas vidraças duplas.

110 F6 ✉ Staroměstské náměstí 29, Staré Město, Praga 1 ☎ 224 213 807
3.500Kč-7.000Kč 24
Staroměstská Bondes 17, 18 para Staroměstská

Abaixo *O restaurante no terraço do Hotel U Prince, em noite quente de verão*

REGIÕES **STARÉ MĚSTO: ONDE COMER E ONDE FICAR**

REGIÕES **STARÉ MĚSTO: ONDE COMER E ONDE FICAR**

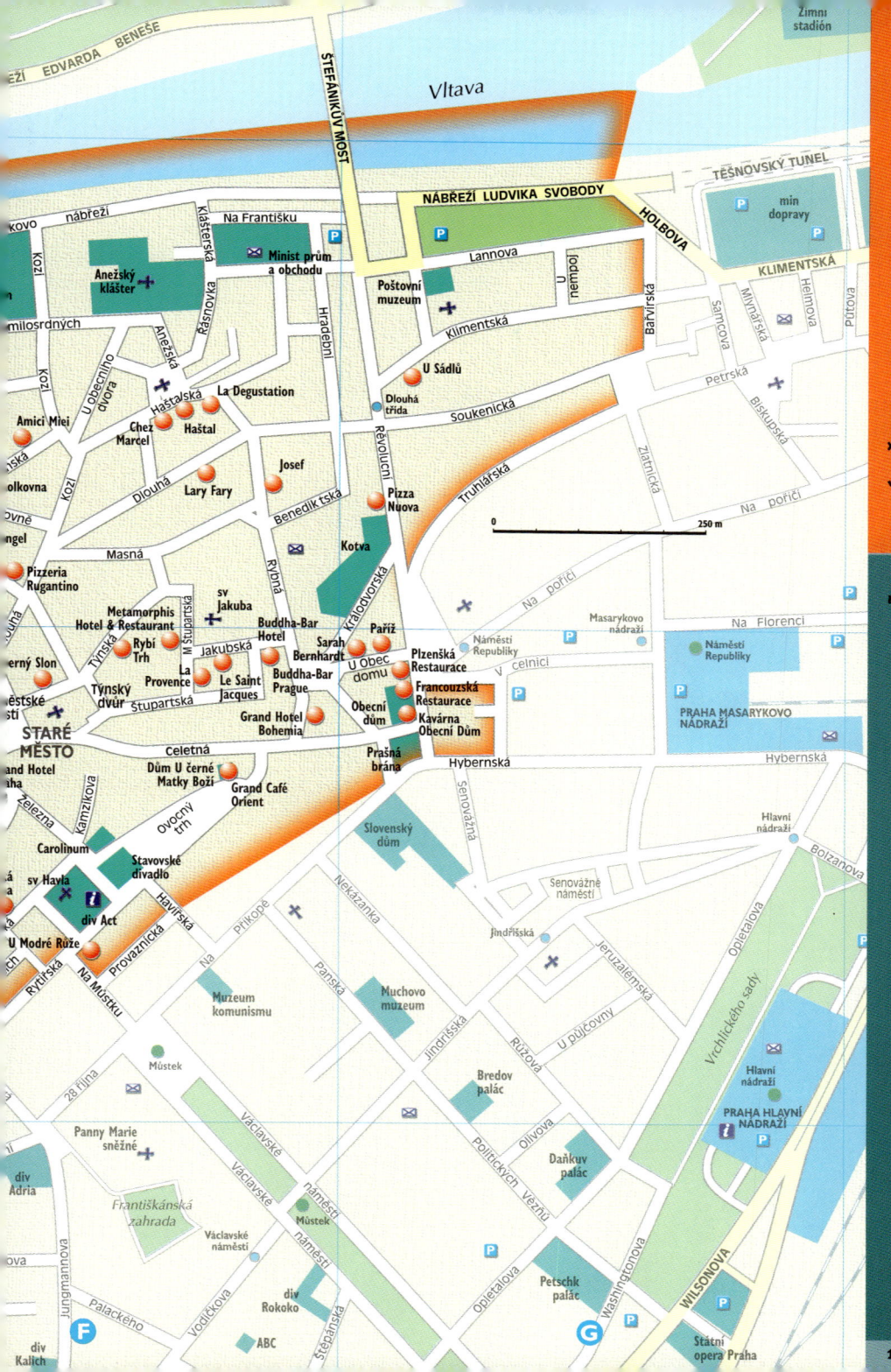

REGIÕES NOVÉ MĚSTO

ATRAÇÕES TURÍSTICAS 114

ROTEIROS E PASSEIOS 136

ARTE, COMPRAS, DIVERSÃO E NOITE 142

ONDE COMER 148

ONDE FICAR 152

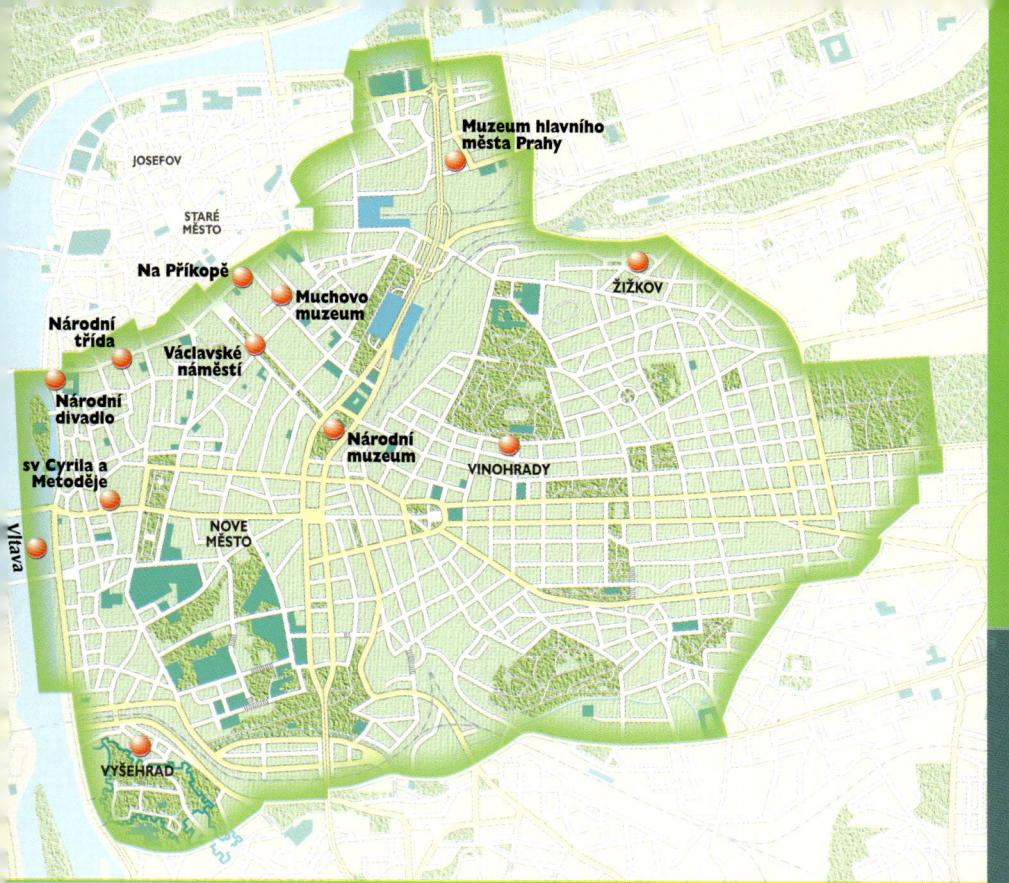

NOVÉ MĚSTO

A tradução de Nové Město é "Cidade Nova", embora não seja nem um pouco nova. O bairro foi construído no século XIV pelo imperador Carlos IV quando a Staré Město começou a ultrapassar os limites da muralha medieval. A Nové Město forma um arco pelo sul e pelo leste da Staré Město, além do eixo das ruas atuais Národní třída e Na příkopě, onde se localizavam as muralhas. Com o passar dos séculos, a Nové Město se tornou rival da Cidade Velha, o que se pode constatar no tamanho de suas duas praças principais, Václavské náměstí (o antigo mercado de cavalos da cidade) e Karlovo náměstí. Até hoje elas são as duas maiores praças da cidade.

Atualmente Nové Město funciona como coração comercial da cidade. Tempos atrás a Václavské náměstí foi comparada à Times Square, de Nova York, por ter uma vida fervilhante de dia e uma diversão "para adultos" à noite. A praça esteve no centro dos mais significativos movimentos sociais do país ao longo dos anos, inclusive da Revolução de Veludo, de 1989, que derrubou o regime comunista.

Ao sul da Nové Město está o velho castelo de Vyšehrad, a primeira corte dos príncipes da Boêmia e o lugar em que Libuše teria previsto a fundação de uma grande cidade que se tornaria Praga.

A leste, existem diversos subúrbios que hoje mantêm uma atmosfera histórica. Vinohrady, que já teve extensos vinhedos, é um próspero encrave de classe média e está repleto de restaurantes e boates. Žižkov, bairro operário tradicional, é mais prosaico, mas talvez mais interessante. Os aluguéis baixos atraíram artistas, e hoje se veem cafés da moda lado a lado com antros barulhentos. Karlín, junto ao rio, era até recentemente uma área degradada. Sofreu bastante com a enchente de 2002, mas recebeu muito dinheiro para ser reurbanizada. Hoje abriga vários estúdios e também uma comunidade artística nascente.

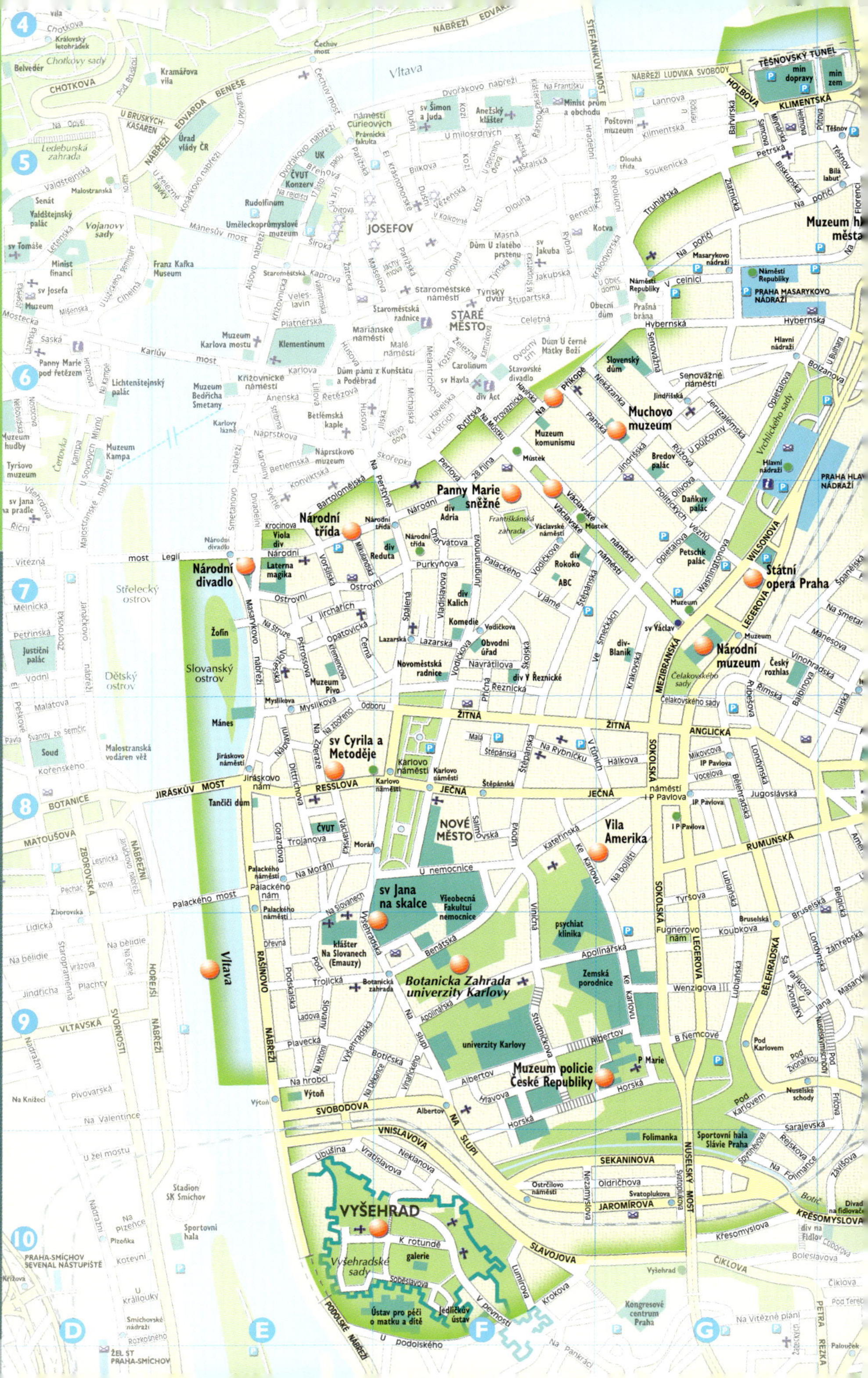
Vltava
JOSEFOV
STARÉ MĚSTO
NOVÉ MĚSTO
VYŠEHRAD
Národní divadlo
Národní třída
Panny Marie sněžné
Na Příkopě
Muchovo muzeum
Státní opera Praha
Národní muzeum
sv Cyrila a Metoděje
Vila Amerika
sv Jana na skalce
Botanicka Zahrada univerzity Karlovy
Muzeum policie České Republiky
Muzeum komunismu
Slovanský ostrov
Střelecký ostrov
Dětský ostrov
Karlův most
Jiráskův most
Palackého most
Mánesův most
Čechův most
Tančící dům
Václavské náměstí
Karlovo náměstí
PRAHA MASARYKOVO NÁDRAŽÍ
PRAHA HLAVNÍ NÁDRAŽÍ
Muzeum hl města
TĚŠNOVSKÝ TUNEL
Kongresové centrum Praha
RESSLOVA
JEČNÁ
ŽITNÁ
SOKOLSKÁ
LEGEROVA
WILSONOVA
ANGLICKÁ
RUMUNSKÁ
SVOBODOVA
VNISLAVOVA
SEKANINOVA
JAROMÍROVA
SLAVOJOVA
KŘESOMYSLOVA
NUSELSKÝ MOST
RAŠÍNOVO NÁBŘEŽÍ
PODOLSKÉ NÁBŘEŽÍ
NÁBŘEŽÍ LUDVÍKA SVOBODY
HOLBOVA
KLIMENTSKÁ
CHOTKOVA
BOTANICE
MATOUŠOVA
VLTAVSKÁ
PRAHA-SMÍCHOV SEVENAL NÁSTUPIŠTĚ
Stadion SK Smíchov
Sportovní hala Slávie Praha
4
5
6
7
8
9
10
D
E
F
G

115

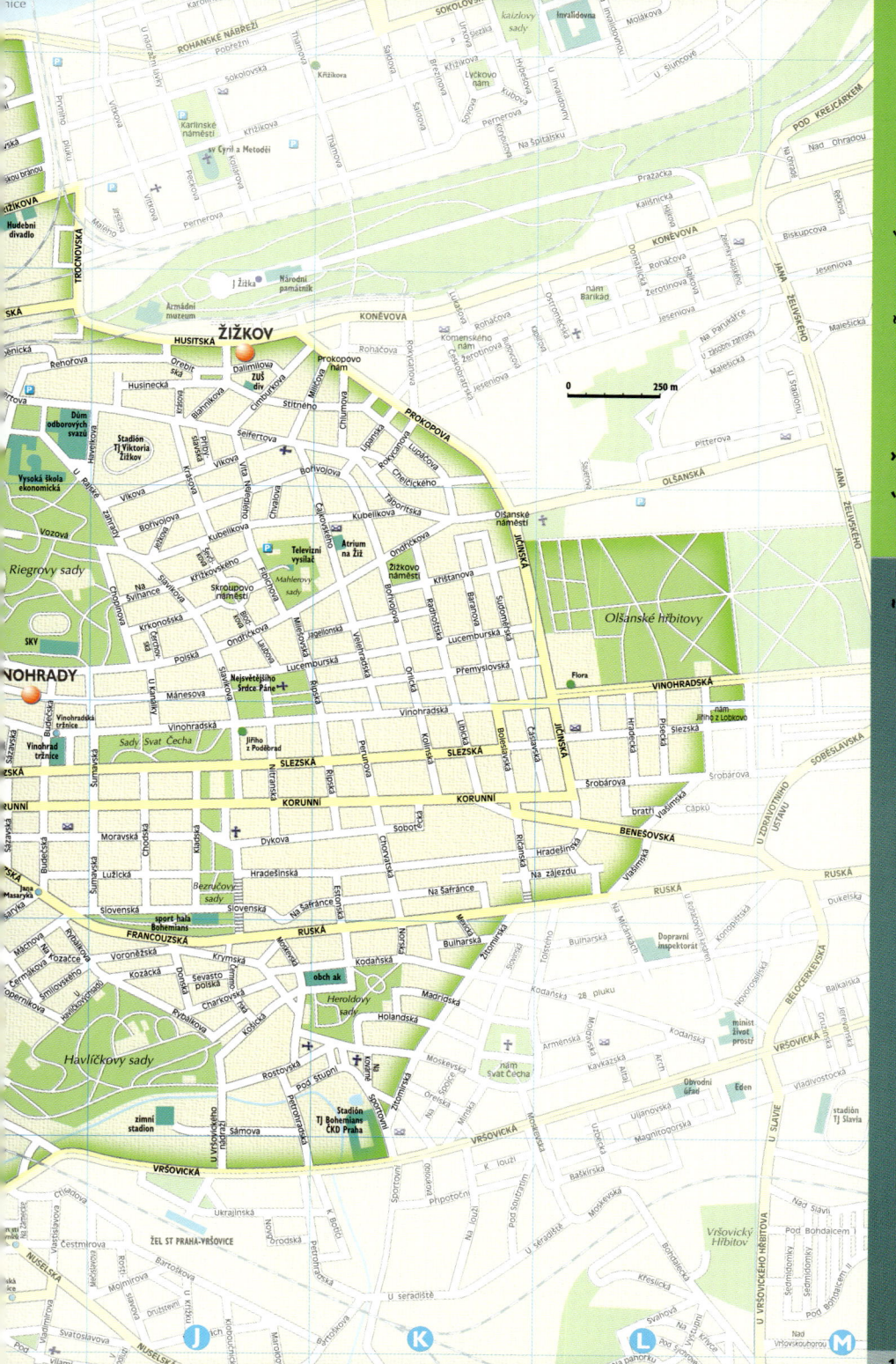

PRINCEZNA HYACINTA

REGIÕES | **NOVÉ MĚSTO:** ATRAÇÕES TURÍSTICAS

BOTANICKÁ ZAHRADA UNIVERZITY KARLOVY

www.bz-uk.cz

A principal função do Jardim Botânico da Universidade Carlos é acadêmica, e é provável que você veja alunos fazendo anotações e esboços das plantas. Mas o jardim de 3,5 hectares, em terreno escalonado, também serve de oásis verde acolhedor nesse lado bastante urbanizado da Cidade Nova. Há uma diversidade surpreendente de plantas de todos os tipos em um espaço relativamente pequeno, de flores tropicais na úmida estufa, que foi reformada, a belos espécimes de árvores, entre elas as mais antigas metassequoias do país.

✚ 114 F9 ✉ Na slupi 16, Nové Město, Praha 2 ☎ 221 951 885 🕐 Abr-fim ago diariam 10h-17h30; set-fim out diariam 10h-18h; nov-fim jan diariam 10h-16h 🎫 Gratuito para jardim; estufas: adulto 50Kč, criança (6-15) 25Kč Ⓜ Karlovo náměstí 🚊 Bondes 18, 24 para Botanická zahrada

MUCHOVO MUZEUM
▷ 118.

MUZEUM HLAVNÍHO MĚSTA PRAHY
▷ 119.

MUZEUM POLICIE ČESKÉ REPUBLIKY

Instalado em um antigo convento, o Museu da Polícia da República Tcheca ressalta nos tempos do comunismo acontecimentos como a prisão de dissidentes que tentavam fugir do país. Hoje a ênfase recai sobre a solução de crimes como furto e infrações de trânsito, mas há algumas reconstruções um pouco horripilantes de locais de crime. O convento fica na parte mais distante da Cidade Nova de Carlos IV, e foi o próprio imperador quem ordenou sua construção. Vale a pena entrar em sua igreja octogonal para ver a abóbada cravejada de estrelas, uma façanha técnica magnífica.

✚ 114 G9 ✉ Ke Karlovu 453/1, Nové Město, Praha 2 ☎ 224 922 183 🕐 Ter-dom 10h-17h 🎫 Adulto 30Kč, criança (6-16) 10Kč Ⓜ I.P. Pavlova 🚊 Bondes 6, 11 para PoJ Karlovem

Acima *O prédio da Státní Opera Praha com a iluminação noturna*
Página ao lado *Litogravura* Princezna Hyacinta *(1911), de Alfons Mucha, Muchovo Muzeum*

NA PŘÍKOPĚ
▷ 120.

NÁRODNÍ DIVADLO
▷ 121.

NÁRODNÍ MUZEUM
▷ 122.

NÁRODNÍ TŘÍDA
▷ 123.

PANNY MARIE SNĚŽNÉ

O imperador Carlos IV queria que a grande Igreja da Virgem Maria das Neves rivalizasse com a Catedral de São Vito e predominasse no horizonte da Cidade Nova. Mas as guerras hussitas forçaram a suspensão das obras, e só o coro ficou pronto. Do Jardim Franciscano vê-se melhor o exterior da igreja. O interior mostra tanto o domínio gótico do espaço quanto a determinação barroca de não ser superado: o enorme altar-mor preto e dourado, de 1650, atinge os 30m das abóbadas medievais.

✚ 114 F7 ✉ Jungmannovo náměstí 18, Nové Město, Praha 1 ☎ 224 490 350 🕐 Diariam 7h-19h (visita proibida nas missas) 🎫 Gratuito Ⓜ Můstek 🚊 Bondes 6, 9, 18, 21, 22 para Národní třída

STÁTNÍ OPERA PRAHA

www.opera.cz

A Ópera Estatal de Praga está instalada em um prédio neobarroco comparável em esplendor, e talvez em tamanho, ao Teatro Nacional, e na temporada oferece uma programação intensa de ópera e balé. Porém, a via expressa Magistrála a separa do coração da cidade, e chega-se lá por uma passagem em túnel. "Ópera Estatal" é o mais recente dos vários nomes do edifício. De início foi Neues Deutsches Theater (Novo Teatro Alemão), construído em 1888 pela comunidade alemã de Praga como contraponto ao inteiramente tcheco Národní divadlo (Teatro Nacional). Os arquitetos foram a dupla vienense Helmer e Fellner, e a ópera escolhida para a inauguração, *Os mestres cantores de Nuremberg*, de Wagner. Com o passar do tempo, o teatro tornou-se um polo de excelência, fazendo apresentações de muitos dos grandes nomes da ópera e estreias de composições de Mahler e Richard Strauss. Após a expulsão dos alemães de Praga em 1945, o teatro ganhou o nome de Teatro do 5 de Maio e, em 1948, Teatro Smetana. Depois de uma restauração de seis anos iniciada em 1967, foi reinaugurado com o nome de Ópera Estatal, em 1973.

✚ 114 G7 ✉ Wilsonova 4, Nové Město, Praha 2 ☎ 224 227 266 (bilheteria) 🕐 Bilheteria: seg-sex 10h-17h30, sáb-dom 10h-12h, 13h-17h30 🎫 Ingressos para apresentações 100Kč-1.150Kč Ⓜ Muzeum ou Hlavní nádraží

INFORMAÇÕES
www.mucha.cz
✚ 114 G6 ✉ Kaunický palác, Panská 7, Nové Město, Praga 1
☎ 224 216 415 ⏰ Diariam 10h-18h
✋ Adulto 120Kč, criança 60Kč
Ⓜ Můstek ou Náměstí Republiky
🚌 Bondes 3, 9, 14, 24 para Jindřišská
📄 Visitas guiadas a combinar antes: 500Kč por grupo até 15 pessoas
📖 Variedade de guias 🛍 Loja com suvenires elegantes e exclusivos

Abaixo *O interior do museu*

MUCHOVO MUZEUM

A vida e a obra do artista art nouveau Alfons Mucha são apresentadas habilmente nesse museu compacto e bem planejado.

Nascido na Morávia, Alfons Mucha (1860-1939), cuja carreira artística deslanchou em Paris, até hoje parece ter sido francês para muitos de seus admiradores. Ele garantiu a fama quando, em 1895, desenhou um cartaz anunciando *Gismonda*, de Sarah Bernhardt, e quando suas representações sensuais de moças com longas madeixas e vestidos soltos, para promover desde champanhe a cigarros, tornaram-se parte da ideia que todos faziam do que era a Art Nouveau.

Mucha era idealista em princípio e esperava que a Art Nouveau rompesse as barreiras entre a grande arte e o desenho cotidiano. Era também profundamente nacionalista e eslavófilo fervoroso e, em 1910, quando a atração de Paris começou a desvanecer, ele voltou à sua terra natal. Aqui trabalhou em uma extraordinária variedade de projetos, da decoração interna da Obecní dům (Casa Municipal, ▷ 80-1) ao desenho de selos e cédulas da nova República da Tchecoslováquia e o vitral da Catedral de São Vito. Após uma vida longa, Mucha teve um fim inglório: esse orgulhoso patriota tcheco foi interrogado pela Gestapo nos primeiros dias da ocupação e morreu pouco depois de libertado.

ACERVO DO MUSEU

Instalado no Kaunický palác, do século XVIII, o museu tem em seu acervo desenhos, pastéis, esculturas e fascinantes objetos de Mucha, além de pinturas. A atmosfera de seu estúdio em Paris, que ele dividia com Rodin e Gauguin, é recriada de maneira convincente, tendo até uma fotografia desse último tocando um harmônio apenas com a roupa de baixo. A essência da obra posterior de Mucha foi o *Épico eslavo*, um ciclo de 20 telas imensas retratando episódios significativos da história tcheca e eslava. Pretendia-se deixar as pinturas expostas permanentemente em Praga, mas elas continuam envelhecendo na distante Moravský Krumlov, no sul da Morávia; o museu, entretanto, exibe um excelente filme em inglês sobre essas obras.

MUZEUM HLAVNÍHO MĚSTA PRAHY

O museu municipal, surpreendentemente pouco visitado, tem muita coisa interessante, como uma maquete única da antiga cidade de Praga.

O Museu Principal da Cidade de Praga ocupa um daqueles pesados palácios neorrenascentistas construídos para promover a imagem do município no final do século XIX, dos quais o exemplo primordial é o Národní muzeum (Museu Nacional). Sua distinção sofreu um forte golpe quando passou a ter como vizinho a via expressa, e a proximidade da estação rodoviária de Florenc não melhorou o local. Ele atrai poucos turistas do exterior, apesar do rico acervo, talvez de maior interesse que o do Museu Nacional.

ACERVO

A história de Praga até o final do século XVIII é lembrada por meio de pinturas, desenhos, esculturas, maquetes, plantas e objetos de todos os tipos, alguns de extrema qualidade. A história mais recente é enfocada em exposições temporárias. Uma das peças mais significativas do acervo permanente é o mostrador inferior original do Orloj (Relógio Astronômico), na Prefeitura da Cidade Velha. Pintado por Josef Mánes em 1865, retrata com primor os signos do zodíaco e camponeses realizando suas tarefas sazonais. Mas a estrela do espetáculo é a famosa maquete de Praga, na sala 7. Essa peça enorme, de 20m², foi construída com um detalhismo obsessivo, de 1826 a 1834, por Anton Langweil, um litógrafo. Feita de papelão e papel na escala 1:148, ela abrange toda a Staré Město (Cidade Velha) e boa parte do Malá Strana e de Hradčany. É tão precisa que provou ser um instrumento indispensável na conservação da cidade e no planejamento urbanístico, por mostrar exatamente como era Praga dois séculos atrás. As margens do rio ainda pediam muito trabalho, com depósitos de madeira e de lixo, em lugar de passeios elegantes; a Coluna Mariana continuava de pé na Staroměstské náměstí (praça da Cidade Velha); o Josefov não fora reurbanizado, e a Catedral de São Vito estava longe de ser concluída. No fim, entretanto, o mais extraordinário no trabalho apaixonado de Langweil é deixar claro que Praga mudou tão pouco em comparação com a maioria das capitais.

INFORMAÇÕES

www.muzeumprahy.cz (em tcheco)
114 H5 ✉ Na poříčí 52, Karlín, Praga 8 ☎ 224 816 772 🕐 Ter-dom 9h-18h (20h primeira qui do mês) 👤 Adulto 100Kč, criança (6-16) 40Kč 🚇 Florenc 🚌 Bondes 8, 24 para Florenc 📖 Revista da visita guiada em inglês: 100Kč 📙 Guia 35Kč 🎁 Pequena variedade de artigos relacionados com o museu

Acima A praça da Cidade Velha no inverno *(1862), de Ferdinand Lepie (1824-83)*, está no acervo do museu

NOVÉ MĚSTO: ATRAÇÕES TURÍSTICAS

Muzeum komunismu
www.museumofcommunism.com
☎ 224 212 966 🕐 Diariam 9h-21h
🎟 Adulto 180Kč, estudante (11-18) 140Kč, criança menor de 10 gratuito

NA PŘÍKOPĚ

Rua comercial muito visitada, principalmente para pedestres, a Na příkopě (No Fosso) é uma avenida central movimentada que tem um museu incomparável.

Indo da Casa Municipal ao início da Václavské náměstí (praça Venceslau), a Na příkopě é uma das vias mais concorridas de Praga, com bancos, locais de diversão e lojas de prestígio, apesar de o trânsito de veículos ser proibido em grande parte da sua extensão. Junto com sua continuação para o oeste, a Národní, ela percorre o lugar do fosso medieval que durante séculos separou as cidades Velha e Nova e só foi eliminado definitivamente no século XVIII.

TCHECOS E ALEMÃES

Até serem expulsos, os alemães de Praga consideravam a Na příkopě uma rua "deles"; o famoso Café Continental localizava-se aqui, no nº 22/859, no Vernierovský palác (Palácio Vernier), e funcionava como uma espécie de centro comunitário, o Deutsches Casino. O costumeiro passeio de domingo era uma ocasião social importante que às vezes saía do controle, quando surgiam brigas entre estudantes alemães e tchecos. Como reflexo da mudança dos tempos, depois de 1945 o Palácio Vernier passou a ser a Slovanský dům (Casa Eslava), e atualmente virou um shopping center. No final do século XIX, a crescente maré do nacionalismo tcheco chegou às ruas com a construção, em 1896, do Živnostenská banka (Banco de Investimento), no nº 20/858, que pretendia refrear o predomínio alemão no comércio e na indústria. Com um excesso de estátuas, pinturas e vitrais, a pompa e circunstância da parte interna do banco rivalizam com as do Národní muzeum (Museu Nacional). Em mais um gesto grandioso, ele foi ligado ao vizinho na rua Nekázanka por uma espécie de Ponte dos Suspiros, de Veneza. Outros bancos próximos não estão à altura dessa extravagância, pois a maioria foi construída em estilo art nouveau ou funcionalista.

IDEAIS E ATUALIDADE

É provável que o prédio mais distinto da Na příkopě seja o nº 10/852, o Palác Sylva-Taroucca, esplêndido palácio rococó construído em 1751 pela famosa parceria de Anselmo Lurago e Kilián Ignác Dientzenhofer. Hoje é moradia de inquilinos bastante incongruentes, entre eles um McDonald's, um cassino e o Muzeum komunismu (Museu do Comunismo), pelo qual vale a pena subir ao primeiro andar. Iniciativa privada que provocou grande controvérsia, o museu põe frente a frente os sonhos utópicos do comunismo e a dura realidade das lojas vazias, dos lemas sem sentido e do policiamento onipresente. No final, porém, há uma nota de alento – um curta-metragem a respeito da Revolução de Veludo, que provocou a queda do regime opressivo.

Acima *Um dos prédios da Na příkopě*

NÁRODNÍ DIVADLO

O luxuoso Teatro Nacional, cidadela da cultura tcheca diante do Vltava, é um dos principais prédios da cidade.

O Teatro Nacional é o carro-chefe das artes cênicas no país e apresenta o melhor da ópera, do balé e do teatro. Foi iniciado em 1868, com o lançamento das pedras fundamentais colhidas em lugares de significação nacional em todo o país e até do exterior – a comunidade emigrada para Chicago enviou uma pedra com a inscrição "O que o sangue uniu o mar não afasta". A construção do teatro marcou o empenho dos tchecos para promover a sua cultura: com o Stavovské divadlo (Teatro das Classes; ▷ 87) dotado de um caráter predominantemente germânico, os tchecos careceram por muito tempo de um local à altura para apresentar peças de teatro e música. O governo recusou todo tipo de ajuda, mas as pessoas – ricos e pobres – buscaram recursos como puderam, e o grandioso prédio acabou inaugurado em junho de 1881 com a estreia da ópera patriótica de Smetana, *Libuše*. Semanas depois, um incêndio provocado por trabalhadores negligentes reduziu o prédio a escombros. Destemidos, tchecos de todo o país mais uma vez contribuíram e logo recolheram recursos suficientes para a reconstrução. Um tanto envergonhados com sua mesquinhez anterior, a família imperial fez uma doação e enviou o príncipe Rodolfo à segunda inauguração.

A "GERAÇÃO DO TEATRO NACIONAL"

Nada se poupou para fazer o Teatro Nacional digno da vocação. Seu primeiro arquiteto, Josef Zítek (1832-1909), deu lugar a Josef Schultz (1840-1917), que supervisionou a reconstrução após o incêndio. Em majestoso estilo neorrenascentista, o teatro ganhou decoração suntuosa feita pelos principais talentos artísticos do país, que passaram a ser conhecidos como a "Geração do Teatro Nacional". Entre eles estavam Bohuslav Schnirch (charretes no topo dos pavilhões, dos lados da entrada principal), Josef Myslbek (esculturas na balaustrada), Mikuláš Aleš e František Ženišek (cenas no saguão, inspiradas em *Má vlast*, de Smetana) e Voytěch Hynais (pintura da cortina antifogo). O lema "Národ sobě" ("A nação para si mesma"), sobre o arco do proscênio, lembra as nobres aspirações do teatro.

A "NOVA CENA"

Em 1983, o Teatro Nacional ganhou um novo auditório (a "Nová scéna") e outras instalações, construídos ao longo da Národní třída. Se por um lado criaram mais espaço e uma sede para o Laterna magika (▷ 145), sua arquitetura não teve aprovação unânime, e o exterior de vidro chegou a ser comparado nada elogiosamente a plástico-bolha.

INFORMAÇÕES

www.narodni-divadlo.cz

✚ 114 E7 ✉ Národní třída 2, Nové Město, Praga 1 ☎ 224 901 448 (venda de ingressos) 🕐 Bilheteria: diariam 10h-18h (segunda bilheteria, na Ovocný trh 6, Staré Město) 💰 Ingressos para apresentações 50Kč-1.400Kč 🚇 Národní třída 🚊 Bondes 6, 9, 17, 18, 21, 22, 23 para Národní divadlo 🎧 Visitas guiadas a combinar, tel. 224 901 506 📖 Bilheteria: livros, gravações etc.

Abaixo *O Národní divadlo visto por dentro, com os andares de balcões*

INFORMAÇÕES

www.nm.cz

✚ 114 G7 ✉ Václavské náměstí 68, Nové Město, Praga 1 ☎ 224 497 111

🛇 O museu entrou em reforma em julho de 2011, com previsão de reabertura no primeiro semestre de 2015 Ⓜ Muzeum

Acima *A escadaria aberta do Museu Nacional, alcançando três andares*

NÁRODNÍ MUZEUM

Mais interessante pela arquitetura extravagante que pelo acervo, o majestoso Museu Nacional é o ponto supremo da Václavské náměstí (praça Venceslau).

A longa fachada do Museu Nacional, rematado por uma cúpula dourada e torres de esquina, tem largura maior que a do amplo bulevar que sobe suavemente em direção a ele. É evidentemente o prédio mais importante da cidade, e talvez por isso um soldado russo tenha desfechado nele uma rajada de metralhadora durante a invasão soviética de 1968. Embora seja a sede do Museu Nacional, o prédio contém um pouco das enormes coleções da instituição, que não são necessariamente as que mais interessam os visitantes. No entanto, o museu sempre se destacou pela suntuosidade e pelo tamanho descomunal do interior.

O MUSEU

O museu encontra-se no lugar do antigo Koňská brána (Portão do Cavalo), desaparecido juntamente com as fortificações que cercavam a Nové Město (Cidade Nova), demolidas na década de 1870. Foi concluído em 1891 e, com o Teatro Nacional, logo se tornou um dos grandes símbolos da nação tcheca. O tema do patriotismo é anunciado pelas grandes figuras femininas que adornam a fonte da entrada: elas representam os dois rios principais do país, o Vltava e o Elba, além da própria Czechia. Lá dentro, o enorme saguão com escadarias é suplantado pelo ainda maior Panteão, no primeiro andar, com um lindo piso de cerâmica, estátuas de ilustres da Boêmia e pinturas históricas de peso. Não haveria como o acervo fazer frente a esse esplendor, ainda que a mostra de insetos em vitrines tão antigas quanto o próprio museu tenha aquele charme desvanecido de uma verdadeira peça de época. Quem tem interesse por geologia, pré-história, numismática, botânica ou zoologia vai encontrar muita coisa fascinante, enquanto os outros visitantes talvez se sintam atraídos por uma das exposições temporárias, quase sempre excelentes. O museu está fechado para reformas até o primeiro semestre de 2015.

NÁRODNÍ TŘÍDA

A movimentada avenida que vai da Václavské náměstí (praça Venceslau) ao Národní divadlo (Teatro Nacional) e ao Vltava tem algumas das construções mais impressionantes do começo do século XX.

A via chamada Národní třída (avenida Nacional), como a Na příkopě para o leste, marca a linha das muralhas e do fosso medievais que separavam a Cidade Velha da Nova. Ao contrário da Na příkopě, não é de pedestres, e tem aparência bem diferente com a presença de bondes e carros. No final do século XIX e início do XX, com a apropriação da Na příkopě pela colônia alemã, os tchecos de Praga apossaram-se da Národní třída, e era aí que o *korzo* de domingo se realizava. Hoje não se passeia mais pela avenida do mesmo jeito, mas a Národní continua a ser uma das ruas em que a vida cotidiana da cidade está mais presente.

RARIDADES DA ARQUITETURA

Estando no início da praça Venceslau, o acesso à Národní třída é pela 28 řijna (28 de Outubro), pequeno trecho sem veículos. Uma alternativa mais interessante é atravessar a pequena galeria da loja de calçados Bat'a para a praça e descobrir uma verdadeira curiosidade, um poste dos tempos do Cubismo. Esse objeto único de concreto esculpido data de cerca de 1912 e comprova a habilidade dos artistas e projetistas tchecos em dar à imaginação cubista uma utilidade prática. No lado sul da praça ergue-se o formidável bloco de um dos grandes projetos de Carlos IV, a Panny Marie Sněžné (Igreja da Virgem Maria das Neves, ▷ 117), enquanto atrás da estátua de Josef Jungmann (1773-1847), um dos líderes do Renascimento Nacional Tcheco, desponta outro prédio enorme, o Palác Adrie (Palácio Adria), de 1924. Esse edifício cheio de linhas, decorado com esculturas de temática social, é o maior exemplar da cidade do breve estilo arquitetônico chamado Rondocubismo.

VIOLÊNCIA E VELUDO

Foi do auditório no porão do Palácio Adria que Václav Havel e seus companheiros conspiradores orientaram a Revolução de Veludo no final de novembro de 1989. O estopim do movimento foi a brutal repressão da polícia de choque a uma manifestação estudantil poucos dias antes, no 17 de novembro. Embora ninguém tenha de fato morrido, o violento episódio logo se tornou conhecido como *masakyr* (massacre) – ele é lembrado na escultura de mãos em prece na galeria do lado sul da avenida. Mais adiante, as construções dos nºs 7/1011 e 9/1010 são exemplos ornamentados de prédios de escritórios art nouveau.

INFORMAÇÕES

114 E7 ✉ Národní třída, Nové Město, Praga 1 Můstek ou Národní třída Bondes 6, 9, 18, 21, 22 para Národní třída

Abaixo *O Palácio Adria, na Národní třída, participou da Revolução de Veludo*

REGIÕES | **NOVÉ MĚSTO: ATRAÇÕES TURÍSTICAS**

Acima Encaixadas em uma parede da igreja, as esculturas em relevo de um padre e um paraquedista guarnecem a homenagem aos paraquedistas que assassinaram Reinhard Heydrich em 1942 e depois buscaram refúgio na igreja

SVATÉHO CYRILA A METODĚJE

Essa igreja barroca é mais conhecida por ter sido o último baluarte de combatentes da resistência na Segunda Guerra Mundial.

A Igreja de São Cirilo e São Metódio, construída por Paul Ignaz Bayer e Kilián Ignác Dientzenhofer, foi concluída em 1736. De início era um templo católico dedicado a São Carlos Borromeu. Fechada durante o reinado do imperador José II, teve uso secular até 1935, quando se tornou catedral da congregação ortodoxa da Tchecoslováquia, consagrada aos missionários eslavos Cirilo e Metódio.

A igreja foi palco da última batalha dos combatentes da resistência que haviam assassinado o protetor do Reich nazista Heydrich. A placa na parede externa da igreja lembra o drama que se desenrolou lá em 18 de junho de 1942. Depois de cumprir a missão de matar Heydrich, os paraquedistas tchecos e eslovacos enviados da Inglaterra mudaram-se de um esconderijo para o outro. Por fim, conseguiram asilo na igreja. Infelizmente, o refúgio foi denunciado por um deles, que se separara do grupo e fora convencido pela família a se entregar aos alemães. A igreja foi cercada por soldados da SS. Seguiu-se um combate sangrento na nave do prédio, após o qual os paraquedistas sobreviventes fugiram para a cripta. De algum modo eles conseguiram rechaçar os alemães, ao mesmo tempo que, em desespero, tentavam fugir pelo esgoto que passava por baixo da rua. Mas os bombeiros receberam a ordem de tirá-los de lá bombeando água para dentro da cripta. Em vez de cair nas mãos dos inimigos, eles usaram suas últimas balas em si mesmos. No subsequente "terror de Heydrich", centenas de pessoas foram executadas, inclusive o bispo ortodoxo Goradz, que viria a ser canonizado mais tarde.

Hoje a cripta é o Národní památník hrdinů Heydrichiády (Monumento Nacional aos Heróis do Terror de Heydrich) e um local de reconciliação.

INFORMAÇÕES
www.pravoslavnacirkev.cz
✝ 114 E8 ✉ Resslova 9, Nové Město, Praha 2 ☎ 224 920 686, 224 916 100
⏰ Maio-fim set ter-dom 10h-17h; out-fim abr ter-dom 10h-16h 💰 Adulto 60Kč, criança (6-16) 30Kč 🚇 Karlovo náměstí
🚋 Bondes 3, 4, 6, 7, 10, 14, 16, 17, 18, 21, 22, 23, 24 para Karlovo náměstí
👁 Visitas guiadas e projeção de vídeo, a combinar antes; preço a combinar (tel. 224 916 000)

SVATÉHO JANA NA SKALCE

A Igreja de São João Nepomuceno na Rocha é uma obra-prima menor da arquitetura barroca de Kilián Ignác Dientzenhofer (1689-1751). O local em que ela foi construída fica bem acima da rua e tem área pequena. Dientzenhofer explorou essas limitações e criou uma composição dinâmica maravilhosa, colocando a igreja no topo de uma esplêndida escadaria dupla, angulando as torres para dentro e usando as formas curvilínea, convexa e côncava tão representativas do Barroco. Dentro da igreja, fechada ao público, há a pintura no teto *Apoteose de São João Nepomuceno*, de Karel Kovář, e a imagem de madeira do santo feita por Jan Brokoff, a qual serviu de modelo para a estátua de bronze da Karlův most (Ponte Carlos). Defronte da igreja está o Emauzy (Mosteiro dos Emaús), doado pelo imperador Carlos IV. Tem claustros com pinturas murais bem preservadas, uma igreja alta vazia e um excêntrico par de torres modernas.

✚ 114 F9 ✉ Vyšehradská, Nové Město, Praha 2 ☎ 224 915 371 🚫 Fechada ao público 🚇 Karlovo náměstí 🚋 Bondes 3, 4, 6, 7, 10, 14, 16, 17, 18, 22, 24 para Karlovo náměstí

VÁCLAVSKÉ NÁMĚSTÍ
▷ 126.

VILA AMERIKA
www.nm.cz

Essa residência de verão foi erigida em 1720 por Kilián Ignác Dientzenhofer para o conde Jan Václav Michna. Afastada da rua por um jardim planejado, com esculturas de Matthias Bernhard Braun (1684-1738), e ladeada por dois pavilhões idênticos, é um palácio barroco maravilhoso em miniatura. Desde 1932 ela abriga o Muzeum Antonín Dvořáka (Museu de Dvořák), contraponto urbano da casa rústica em que o compositor nasceu na aldeia de Nelahozeves (▷ 246-7). Há poucos objetos desse homem ilustre, mas um dos que estão expostos é a beca que ele usou quando recebeu o título de doutor honorário da Universidade de Cambridge. O lugar ganha um encantamento maior quando está sendo realizada uma das frequentes noites musicais.

✚ 114 G8 ✉ Ke Karlovu 20, Nové Město, Praha 2 ☎ 224 918 013 🕐 Abr-fim set ter-dom 10h-13h30, 14h-17h30; out-fim mar ter-dom 9h30-13h30, 14h-17h 💰 Adulto 50Kč, criança (6-16) 25Kč 🚇 I.P. Pavlova
🚋 Bondes 4, 6, 10, 11, 16, 22 para I.P. Pavlova

Abaixo *Portão ornamentado de ferro fundido protege a Vila Amerika*

VÁCLAVSKÉ NÁMĚSTÍ

INFORMAÇÕES
✚ 114 F7 ✉ Nové Město, Praga 1
Ⓜ Můstek (início da praça); Muzeum (fim da praça) 🚋 Bondes 3, 9, 14, 24 para Václavské náměstí

INTRODUÇÃO
Todo mundo acaba indo à praça Venceslau, a mais famosa via da cidade e seu principal ponto de encontro.

Apesar do nome, ela é mais um bulevar do que uma praça. Da parte inicial e mais baixa, conhecida como Cruz Dourada, ela sobe suavemente por pouco menos de 700m, após a famosa estátua de São Venceslau, até sua atração suprema, o Národní muzeum (Museu Nacional). O tráfego de veículos diminuiu muito – a praça não é mais a importante artéria viária que costumava ser, e os infalíveis bondes só aparecem às vezes, quando atravessam a praça quase na metade. As calçadas largas, arborizadas com belas limeiras, são cobertas com as pedras de granito (um pouco desniveladas e bastante escorregadias) tão características da cidade.

Há muita gente na praça durante o dia inteiro e boa parte da noite, entrando e saindo de lojas, galerias, hotéis, restaurantes e estações do metrô. É sempre interessante caminhar de um lado ao outro da praça, tanto para conhecer o povo como para apreciar a paisagem – a praça Venceslau tem exemplos de todos os tipos de arquitetura de mais ou menos cem anos para cá. A melhor vista é a do terraço na frente do Museu Nacional, ao qual só se pode chegar por uma passagem por baixo da Magistrála, a via expressa urbana de tráfego intenso.

Um dos três espaços públicos traçados pelo imperador Carlos IV na Cidade Nova, a praça Venceslau chamava-se primeiramente Mercado de Cavalos e serviu a esse fim séculos a fio. Com o tempo melhorou de condição, já que seu tamanho e sua localização fizeram dela um lugar central de encontro e de manifestações de toda espécie na cidade. O "Ano das Revoluções", 1848, começou nesse mesmo lugar com a cerimônia da Missa Eslava a céu aberto. Ao voltar do exílio, no final de 1918, o presidente Masaryk passou pela praça a caminho do castelo, e os tanques e as tropas da Wehrmacht – o exército alemão – desfilaram por ela em 1939, no início da ocupação do país. Em 1968, o exército do Pacto de Varsóvia repetiu o gesto dos alemães, e foi em protesto contra a repressão à Primavera de Praga (▷ 37) que o estudante Jan Palach se imolou perto da estátua de Venceslau, no ano seguinte (▷ 37). Em 1989, meio milhão de pessoas comemorou e balançou chaveiros quando Václav Havel, do alto do balcão do prédio Melantrich, no nº 36, proclamou o fim do regime comunista.

Acima *A praça está cheia de gente dia e noite, mas o tráfego não é pesado*

DESTAQUES
O MONUMENTO A VENCESLAU

Já em 1680 havia uma estátua de São Venceslau na praça, que então se denominava Mercado de Cavalos, mas o atual monumento equestre do santo padroeiro do país, conhecido no mundo inteiro, é de 1913. Esse símbolo inconfundível da nação tcheca é a obra-prima de Josef Václav Myslbek (1848-1922), que trabalhou no projeto durante décadas, mudando mais de uma vez sua concepção de Venceslau. A versão final mostra o santo guerreiro em pose tranquila mas alerta, montado em seu corcel em passo de trote, segurando com firmeza a lança com uma flâmula esvoaçante. O enorme pedestal de granito em que cavalo e cavaleiro se apoiam tem, nas laterais, estátuas solenes de outros padroeiros do país: Ludmila, Inês, Procópio e Vojtěch (Adalberto de Praga). Nele estão escritas palavras de um coral medieval tcheco: "Que nós e nossos descendentes não pereçamos".

EDIFÍCIOS

Reurbanizada em grande parte nas primeiras décadas do século XX, a praça forma uma espécie de museu da arquitetura moderna, no qual o Hotel Adria (nº 26, ▷ 152) é o único sobrevivente dos edifícios barrocos que a embelezaram. Parecendo bem mais velho, o Wiehlův dům (Prédio Wiehl; nº 34), com esgrafitos exuberantes e muitas mansardas, na esquina com a rua Vodičkova, é na verdade de 1895 e um belo exemplo do estilo neorrenascentista tcheco. Quase em frente está uma das construções art nouveau mais notáveis de Praga, o Grand Hotel Evropa (▷ 153), de 1905, cuja fachada, em obra primorosa, tem um frontão rematado por figuras douradas que seguram um farol mágico. Lá dentro, o famoso café do Evropa ostenta ainda mais luxo, com lambris, peças de metal e espelhos extravagantes perfeitamente conservados. Pouco mais acima na praça, em con-

DICAS

» Para conhecer a praça inteira, suba por um lado e desça pelo outro, indo até o meio para ver a estátua de São Venceslau e entrando em algumas das muitas galerias. Se tiver pouco tempo, saia pela estação Muzeum do metrô e desça a ladeira.

» Para descansar, tome um café em um dos diversos cafés da praça. Os estabelecimentos com varanda do lado leste da praça pegam sol a partir do meio-dia.

Abaixo *A estátua equestre de São Venceslau destaca-se na praça que leva seu nome*

REGIÕES NOVÉ MĚSTO: ATRAÇÕES TURÍSTICAS

REGIÕES **NOVÉ MĚSTO: ATRAÇÕES TURÍSTICAS**

MŮSTEK

Muzeum é o nome de uma das estações de metrô da praça que se explica por si só, mas o sentido do nome de outra estação, Můstek, é menos óbvio. *Most* significa "ponte" em tcheco, e *můstek* é "pontezinha". Na Idade Média, aqui havia uma ponte pequena que atravessava o fosso entre a Cidade Velha e a Nova, ainda que só tenha sido descoberta quando o metrô foi construído, nos anos 1970. Pode-se ver o que restou dela perto do alto da escada rolante principal.

traste intenso com toda essa opulência, está o Hotel Jalta (nº 45, ▷ 154). Construído de 1953 a 1955, é um dos monumentos da arquitetura comunista de Praga e por isso costumam caçoar dele, mas sua fachada clara de pedra transmite calma e serenidade. Entretanto, não se pode dizer que ele seja inovador como são algumas construções mais antigas na parte baixa da praça. A mais notável delas é o prédio Bat'a (nº 6), em estilo funcionalista, concluído em 1929 para o magnata dos sapatos e das botas Tomáš Bat'a, entusiasta da arquitetura e do design modernos que fez fortuna fornecendo calçados ao exército austro-húngaro na Primeira Guerra Mundial. Entre seus vizinhos estão dois prédios art nouveau, Adamova lékárna (Farmácia Adão, nº 8), de 1913, e Peterkův dům (Prédio Peterka, nº 12), terminado em 1899, um dos primeiros da cidade nesse estilo novo e fascinante.

No começo da praça vê-se a fusão da Art Nouveau com a Art Déco no monumental Palác Koruna, que ocupa a esquina com a Na příkopě. Mais para baixo da praça e obstruindo a vista para a Cidade Velha está o prédio ČKD, de granito e vidro, da era comunista. Feito em 1983, hoje abriga escritórios e uma boate.

GALERIAS

Quando o século XX iniciava, a *pasáž* (galeria) de Praga ganhou novo sopro de vida na própria Václavské náměstí (praça Venceslau) e ao redor dela. Conjuntos de prédios novos, com usos diversos, incorporaram passagens que davam acesso a um mundo labiríntico de lojas, butiques, bares, restaurantes, cinemas, boates e salões de baile. O mais ambicioso empreendimento desse tipo é o Palác Lucerna (Palácio Lucerna), conduzido pelo avô do ex-presidente Havel de 1907 a 1920. Procure a estátua satírica de Venceslau em um cavalo de cabeça para baixo. De tamanho bem menor, as galerias do Palác Alfa (Palácio Alfa) levam ao Františkánská zahrada (Jardim Franciscano, tel. 224 216 206; meados abr a meados set diariam 7h-22h; meados set a meados out diariam 7h-20h; meados out a meados abr diariam 8h-19h). Esse oásis no coração da cidade fez parte do mosteiro franciscano ligado à Kostel Panny Marie Sněžné (Igreja da Virgem Maria das Neves). Com arbustos aparados e dando uma sensação de isolamento, ele guarda um pouco do clima dos tempos monásticos.

Abaixo *A estátua satírica de Venceslau em um cavalo invertido, no Palác Lucerna*
À dir. *O Wiehlův dům (Prédio Wiehl), no nº 34, em estilo neorrenascentista*

VINOHRADY

Prédios de apartamentos art nouveau luxuosos circundam uma igreja fascinante nesse bairro próximo do centro da cidade.

Antes de os comunistas chegarem ao poder, esta cobiçada zona residencial era conhecida por Královské Vinohrady (Vinhedos Reais), lembrando as videiras plantadas aqui primeiramente pelo imperador Carlos IV. Os vinhedos desapareceram assim que começou a explosão imobiliária em Praga no início do século XX, e as fileiras aparentemente infinitas de apartamentos de classe média preencheram o novo traçado de ruas a leste do centro. Os construtores competiam entre si para diferenciar seus prédios – basta dar uma caminhada por praticamente qualquer rua de Vinohrady para observar a riqueza dos detalhes da decoração em estilo art nouveau. Embora seja densamente povoada, a região esbanja em praças e espaços abertos. O núcleo social de Vinohrady é a Náměstí Míru (praça da Paz), em que predomina o prédio neorrenascentista do Divadlo na Vinohradech (Teatro de Vinohrady) e as torres idênticas, de 60m, da Kostel svatého Ludmily (Igreja de Santa Ludmila), do século XIX. A uma quantidade de metros quase igual, mas abaixo da superfície, encontra-se a Náměstí Míru, a mais profunda estação do metrô da cidade. Pouco conhecido de turistas estrangeiros, o Riegrovy sady (Parque Rieger) espalha-se por encostas que sobem ao lado da estação ferroviária e proporciona uma vista incomum da cidade histórica. Vinohradská, a principal artéria da região, tem dois parques menores: Sady Svatopluka Čecha (Parque Svatopluk Čech) e Náměstí Jiřího z Poděbrad (praça Jorge de Poděbrady), no centro da qual está a igreja moderna mais surpreendente de Praga.

OBRA-PRIMA MODERNA

A Chrám Nejsvětějšího Srdce Páně (Igreja do Sagrado Coração de Nosso Senhor) costuma ser considerada a obra-prima do arquiteto esloveno Josip Plečnik (1872-1957). Contratado pelo presidente Masaryk para transformar o castelo em um símbolo condizente com o novo Estado democrático da Tchecoslováquia, ele ainda encontrou tempo para projetar essa igreja extraordinária em estilo bem diferente do funcionalismo, então em voga. Construção em forma de templo coberta de tijolos escuros e cravejada de pedras de granito cinza, ela tem uma torre robusta com um relógio enorme posto dentro de um espaço circular envidraçado. No interior, a simplicidade da vasta nave contrasta com a estatuária e os retábulos ornamentados desenhados pelo próprio Plečnik. Abaixo da igreja há uma cripta misteriosa com abóbada de berço. A igreja foi concluída em 1932, pouco antes de Plečnik retomar o trabalho de embelezamento da capital eslovena.

INFORMAÇÕES
✚ 115 H7

Chrám Nejsvětějšího Srdce Páně
✉ Náměstí Jiřího z Poděbrad, Vinohrady, Praga 3 ☎ 222 727 713 🕑 Talvez aberta 30min antes dos ofícios matinais, 1 hora antes dos outros ofícios. Missas: seg-sáb 8h, 18h, dom 9h, 11h, 18h
💰 Gratuito 🚇 Jiřího z Poděbrad
🚋 Bondes 11 para Jiřího z Poděbrad; 10, 16 para Vinohradská vodárna

Acima Prédio de apartamentos art nouveau na rua Slavikova, em Vinohrady

REGIÕES · NOVÉ MĚSTO: ATRAÇÕES TURÍSTICAS

VLTAVA

INFORMAÇÕES
✚ 114 E9

INTRODUÇÃO

O largo rio Vltava, em vez de separar os dois lados da cidade, une-os harmoniosamente. Pontes, ilhas, calçadas e caminhos ribeirinhos são um convite para aproveitá-lo de várias maneiras.

Depois de nascer nas florestas úmidas ao longo da fronteira com a Áustria e a Baváría e ser alimentado por afluentes grandes como o Sazava e o Berounka, o Vltava junta-se ao rio Elba (Labe, em tcheco) cerca de 40km adiante de Praga, e a água dos dois acaba chegando ao mar do Norte, para lá de Hamburgo. O rio passa por uma série de gargantas antes de chegar à cidade, no despenhadeiro de Vyšehrad. Aí ele se estreita e fica mais profundo, mas volta a se alargar ao se aproximar do rochedo em que está o Castelo de Vyšehrad, que o obriga a fazer uma curva abrupta para o leste. Você pode conhecer o Vltava de muitos modos. A viagem de barco a vapor é bastante procurada, ou se pode alugar um bote ou um pedalinho. Ao caminhar pelas margens e conhecer as ilhas, você verá a cidade de ângulos bem diferentes. A Karlův most (Ponte Carlos) reina absoluta, mas algumas das outras pontes são bons exemplos de engenharia, com detalhes e decoração que valem a pena ver. Entre os remanescentes fascinantes da era pré-industrial há rodas de moinho, diques e torres que forneciam água à cidade.

O Vltava, que tem um grande porto logo abaixo do centro da cidade, ainda é um rio ativo, ainda que só um pouquinho do trânsito comercial se aventure a subi-lo. Antes da metade do século XX, a atividade mais importante era o transporte de madeira. As árvores abatidas nas vastas florestas do centro e do sul da Boêmia eram enfeixadas em comboios de até 200m de comprimento e levadas com destreza rio abaixo para os depósitos de madeira que se alinhavam pelas margens. Esse tráfego tradicional chegou ao fim com a construção de barragens para gerar energia elétrica, com a vantagem adicional de controlar as enchentes repentinas que causavam estragos ao longo do curso do rio. A Ponte Judite, românica, foi destruída em 1342, e em 1890 três arcos da Ponte Carlos acabaram levados pelas águas. Em 2002, ficou provado que as barragens eram incapazes de conter a terrível enchente, ainda que todas as pontes da cidade tenham resistido. Apesar dos desastres, o Vltava continua a ser um rio amado, o único que faz seu curso inteiro dentro das fronteiras do país. Seus humores inconstantes foram lembrados no segundo movimento de *Má vlast (Minha pátria)*, de Smetana, que estreou na sala de concertos Žofín, na ilha Eslava.

Acima *A luz da manhã ilumina o Vltava e colore os prédios em suas margens*

DESTAQUES

PONTES

A exclusividade da Karlův most (Ponte Carlos) como única travessia do rio chegou ao fim no século XIX com a construção de pontes férreas e uma ponte levadiça batizada com o nome do imperador Ferdinando. Em 1876, foi construída a Palackého most (Ponte Palacký), de granito, em homenagem à grande figura literária do século XIX, cujo monumento ornamentado encontra-se logo adiante da extremidade da ponte na Nové Město (Cidade Nova). Outras estátuas colossais criadas por Josef Václav Myslbek (1848-1922), escultor da estátua de Venceslau, embelezavam ambos os lados da ponte; danificadas durante o bombardeio americano em 1945, elas foram levadas para Vyšehrad, onde ainda estão. Levando o nome de Alois Jirásek (1851-1930), autor popular de romances históricos, a Jiráskův most (Ponte Jirásek) foi feita de concreto armado em 1932.

Bem mais trabalhada e construída em estilo neobarroco com pequenos pavilhões em cada ponta, a most Legií (Ponte das Legiões) dá acesso à Střelecký ostrov (ilha dos Atiradores). Entre ela e a Ponte Carlos, um dique atravessa o rio em diagonal, onde a água cria um espetáculo de espuma e barulho. Embora a aparência um tanto séria da Mánesův most (Ponte Mánes; 1914) seja aliviada pela decoração de František Bílek (1872-1941) e Jan Štursa (1880-1925), ela não consegue de forma alguma competir com a exuberante Čechův most (Ponte Čech). Esse monumento ao poeta Svatopluk Čech (1846-1908), concluído no ano de sua morte, é uma composição perfeita da Art Nouveau, com belas peças de ferro e estátuas com tochas mirando a água. A Štefáníkův most (Ponte Štefáník) não teria atrativos não fosse o fato de lembrar o astrônomo e aviador eslovaco que foi um dos fundadores da Tchecoslováquia, em 1918.

ILHAS

O Vltava era – e pode voltar a ser – um rio turbulento, inquieto em seu leito e que às vezes mudava de curso drasticamente. Na Idade Média, ele tendia a evitar a grande curva após o Pražský hrad (Castelo de Praga) e pegava um atalho pela Cidade Velha, para desconsolo dos habitantes. Afinal, o problema só foi resolvido elevando o nível da região inteira, o que transformou em porão o andar térreo de muitos prédios, como a Dům pánů z Kunštátu a Poděbrad (Casa dos Senhores de Kunštát e Poděbrady). O material arrastado pelo rio formava ilhas, que mudavam de forma ou desapareciam por completo.

As ilhas em forma de parque, que hoje em dia são um atrativo e tanto, estão praticamente estabilizadas. A Dětský ostrov (ilha das Crianças) tem esse nome por causa da infraestrutura de brinquedos e instalações esportivas, enquanto a Slovanský ostrov (ilha Eslava) chama-se assim porque presenciou muitos acontecimentos patrióticos no século XIX. A Střelecký ostrov (ilha dos Atiradores) já foi o território dos atiradores da cidade. Até recentemente, a ilha de Kampa era separada do resto do Malá Strana pelo Čertovka (riacho do Diabo) e continuou agreste em grande parte por causa do constante risco de enchente. A maior de todas as ilhas é a Ostrov Štvanice (ilha Štvanice), onde estão as quadras de tênis do centro da cidade.

MARGINAIS

Largas avenidas correm paralelas a boa parte do rio, com uma sucessão de prédios de apartamentos e belos edifícios públicos, como o Národní divadlo (Teatro Nacional) e o Rudolfinum. As residências mais elegantes à beira do rio são as da Masarykovo nábřeží (marginal de Masaryk), uma parede quase ininterrupta de moradias ornamentadas em estilo art nouveau. A exceção a esse panorama requintado da mistura entre a cidade e o rio encontra-se nas margens no Malá Strana, onde muitas construções antigas resistem e onde, em certos lugares, a paisagem rústica permanece. Pouco acima da Mánesův most (Ponte Mánes), ficou preservado em um pequeno parque a descida para um ponto junto ao rio em que os carreteiros e os carroceiros levavam os cavalos para beber água.

DICAS

» Talvez a melhor maneira de ver Praga de dentro do Vltava (▷ 138-9) seja usando um vapor, que pode ser acessado na Rašínovo nábřeží (marginal Rašín), e descendo o rio para Troja. O barco passa por todas as atrações ribeirinhas do centro histórico até parar em Troja, que tem um palácio, um zoológico e um jardim botânico. A viagem de volta é feita do mesmo modo, ou se pode atravessar o Parque Stromovka e tomar um ônibus ou o metrô.

» Deixe a máquina fotográfica pronta durante o passeio de barco. Há muitas oportunidades para bater fotos de ângulos inusitados das atrações da cidade.

Abaixo *Barcos turísticos no rio, vistos da Jiráskův most*

REGIÕES NOVÉ MĚSTO: ATRAÇÕES TURÍSTICAS

VYŠEHRAD

INFORMAÇÕES

www.praha-vysehrad.cz
✚ 114 F10 ✉ Národní kulturní památka Vyšehrad, V Pevnosti 159/5b, Vyšehrad, Praha 2 ☎ 241 410 348, 261 225 3054 (centro de informação no portão Špička)
🚇 Vyšehrad, depois 10min a pé
(▷ passeio, 136-7) 🚊 Bondes 3, 16, 17, 21 para Výtoň ou 7, 18, 24 para Albertov, depois 10min a pé em ladeira
🛈 Local de informação no portão Špička, entre os portões Tábor e Leopoldo
📖 Guia em inglês *Reflections on Vyšehrad* 🍴 Cafés e restaurantes

Acima *Vyšehrad e Kostel svatého Petra a Pavla, do outro lado do Vltava*

INTRODUÇÃO

Local de mitos, lendas e histórias reais, essa penha escura que desaba para o Vltava é um lugar simbólico do desenvolvimento da consciência nacional tcheca.

A mistura de igrejas, capelas e outros prédios, fortificações e trechos ajardinados no rochedo do castelo, na parte sul da Nové Město, compõe um lugar agradável para passar uma ou duas horas distante da agitação da cidade pouco abaixo dali. O ponto mais importante é o Vyšehradský hřbitov (Cemitério Nacional), onde os grandes e valorosos da nação estão enterrados. Os túmulos, muito próximos entre si, têm excelentes esculturas, e outras figuras monumentais feitas por Josef Václav Myslbek (1848-1922), criador da estátua de Venceslau, enfeitam os gramados nas redondezas. Visível de muito longe, a Kostel svatého Petra a Pavla (Igreja de São Pedro e São Paulo), de duas torres, reconstrução do século XIX de um prédio bem anterior, é um dos pontos de referência mais destacados de Praga. As defesas naturais de Vyšehrad foram fortalecidas em várias épocas. As formidáveis muralhas constituem um mirante maravilhoso, com um panorama para o norte que abarca boa parte da cidade histórica e vistas para o sul de outros rochedos e ribanceiras à beira do rio. Os espaços misteriosos das casamatas estão escavados na parte baixa das muralhas, enquanto, em meio à insípida urbanização suburbana na base da fortaleza, há um grupo de edifícios em estilo cubista, tão peculiares de Praga.

Foi em Vyšehrad que a princesa Libuše teria entrado em transe e vislumbrado a fundação da cidade de Praga (▷ 26), e também desse lugar partiram os guerreiros para combater suas inimigas na Guerra das Solteiras (▷ 27). Deixando de lado os mitos e as lendas, os primeiros reis e príncipes tchecos usaram o rochedo como alternativa para defender Hradčany com facilidade.

Quando fortalezas como essa tornaram-se dispensáveis no século XIX, o passado romântico de Vyšehrad renasceu nas mãos dos tchecos de tendência nacionalista; as igrejas da cidadela foram restauradas ou reconstruídas, e o que era um campo-santo paroquial humilde tornou-se o Cemitério Nacional. Acontecimentos solenes de alcance nacional ocorreram aqui – um dos mais recentes foi o início da marcha de estudantes que precipitou a Revolução de Veludo, em 1989.

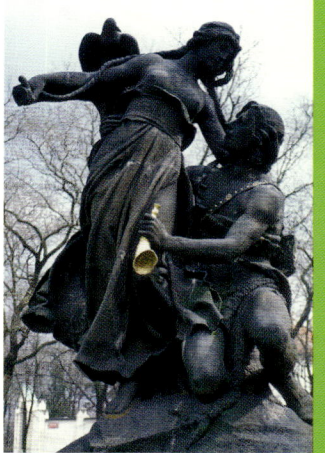

DESTAQUES
MURALHAS

O rochedo de Vyšehrad é protegido em grande parte pela formidável defesa natural das ribanceiras. O lado mais vulnerável da fortaleza era o sudeste, por onde vinha o antigo caminho do Sul da Boêmia até Praga. É também por aí que você talvez chegue quando visitar o local, sobretudo se partir da estação de Vyšehrad do metrô. Fortificado na era medieval, esse flanco hoje tem a proteção do Táborská brána (Portão Tábor), peça das extensas defesas barrocas acrescentadas em meados do século XVII, que contornam a maior parte do rochedo. A linha interna dessas defesas tinha outra passagem muito mais requintada, o Leopoldova brána (Portão de Leopoldo), projetado pelo arquiteto Carlo Lurago (c. 1618-84). Há uma passarela por praticamente toda a extensão das muralhas, e o melhor mirante fica na ponta sudoeste, defronte do Vltava. Abaixo de um vinhedo replantado recentemente, o Gotický sklep (Adega Gótica) tem uma exposição sobre a fascinante história de Vyšehrad. Do lado norte da fortaleza, o enorme Cihelná brána (Portão de Tijolo) dá acesso às Kasematy (Casamatas). Estendendo-se por baixo das muralhas por quase 1km, essa fortificação contém um amplo salão usado em outros tempos, curiosamente, para armazenar as verduras e os legumes da cidade.

✉ Gotický sklep, Cihelná brána a kasematy ⊕ Abr-fim out diariam 9h30-18h; nov-fim mar diariam 9h30-17h 💰 Adulto 30Kč, criança (6-16) 20Kč

Acima *Estátua de Ctirad e Šárka, personagens da "Guerra das Solteiras", no Parque Vyšehrad*

VYŠEHRADSKÝ HŘBITOV A SLAVÍN

O cemitério é um lugar de peregrinação respeitosa de patriotas tchecos. Nele se encontram os túmulos de aproximadamente 600 personalidades, muitas com nomes famosos no mundo inteiro. Bedřich Smetana (1824-84) está aqui, assim como Antonín Dvořák (1841-1904), enterrado na arcada que circunda três lados do local. O ponto central do cemitério é o Slavín, mausoléu gigantesco construído em 1887 para ser um espécie de panteão nacional. Entre cerca de 50 ilustres que descansam aqui estão Alfons Mucha (1860-1939) e Josef Václav Myslbek (1848-1922).

✉ K Rotundě 1 ☎ 224 919 815 ⊕ Maio-fim set diariam 8h-19h; mar-fim abr, out diariam 8h-18h; nov-fim fev 8h-17h 💰 Gratuito

CONSTRUÇÕES CUBISTAS

Enquanto os que gostam de história fotografam o túmulo dos famosos, estudantes de arquitetura são vistos com frequência desenhando os prédios cubistas no pé do rochedo de Vyšehrad. Em nenhum outro lugar de Praga existe uma concentração tão grande dessas construções singulares do início do século XX, ainda que isoladamente nenhuma delas se equipare à qualidade da Dům U Černé Matky Boží (Casa da Virgem Negra, ▷ 65). Projetadas por Josef Chochol (1880-1956), elas compreendem dois prédios de apartamentos (rua Neklanova, n°s 2/56 e 30/98) e uma plataforma de casas de família na marginal do Vltava (Rašínovo nábřeží, n°s 6-10/42), mas a que mais se destaca é a Vila Kovařovič (rua Libušina, 3/49), que teve uma restauração magnífica e até ostenta um jardim em estilo cubista.

ŽIŽKOV

INFORMAÇÕES
www.vhu.cz
✚ 115 J6 ✉ Žižkov, Praga 3

Armádní muzeum
www.militarymuseum.cz (em tcheco)
✉ U Památníku 2, Praga 3
☎ 973 204 924 ⏰ Ter-dom 9h30-18h
💰 Gratuito 🚌 Ônibus 133, 207 da estação Florenc do metrô para U Památníku, e curta caminhada para cima
🛍 Pequena variedade de suvenires

INTRODUÇÃO
Construídos há um século no pé do morro de Žižkov, a leste do centro de Praga, os prédios de apartamentos do "Žižkov Vermelho" sempre foram um baluarte proletário e ainda resistem ao aburguesamento. Entre as figuras arrojadas que surgiram nessas ruas lúgubres estão Jaroslav Seifert (1901-86), premiado com o Nobel, e Olga Plíchalová (1933-96), mais conhecida como Olga Havlová, primeira mulher do ex-presidente. Mais recentemente o bairro tornou-se moradia da maior comunidade étnica roma da capital. Seus botecos ruidosos são venerados pelos fregueses como exemplos imaculados de como deve ser um bar de Praga. O nome da região homenageia o general hussita Jan Žižka (1360-1424), cuja vitória mais espetacular ocorreu no rochedo hoje encimado pelo Národní památník (Monumento Nacional).

DESTAQUES
GRANDE E APARATOSO
Apesar de caolho, Žižka foi o general mais bem-sucedido das Guerras Hussitas. Em 1420, no morro que hoje leva seu nome, ele comandou um exército de camponeses em uma vitória decisiva sobre um exército profissional bem mais numeroso enviado pelo papa e pelo imperador (▷ 29). Sua aterradora estátua equestre de bronze, supostamente a maior do mundo, ergue-se à frente do Monumento Nacional, que parece um exemplo perfeito da arquitetura de concreto stalinista, mas foi erigido de 1925 a 1932 em homenagem às legiões tchecoslovacas que aderiram aos aliados na Primeira Guerra Mundial. Nos tempos do comunismo, os restos do Soldado Desconhecido que estão aqui receberam a companhia dos cadáveres de autoridades políticas do partido, mumificados à maneira de Lênin na praça Vermelha. Faz tempo que foram retirados daqui, mas, reinaugurado em 2009, o Monumento Nacional reencarnou como museu da história tcheca moderna. O prêmio para a árdua subida até o topo é o incrível panorama da região central de Praga. Há uma vista ainda mais magnífica do mirante da Televizní vysílač (torre de televisão, ▷ 135).

Acima Prédios de apartamentos no bairro operário de Žižkov

VIDA NOS BARES

Para os moradores de Praga, a fama de Žižkov vem dos bares. A maior concentração deles está sem dúvida na sinuosa rua Bořiivojova, que desfruta uma fama que ultrapassa em muito os limites da cidade. Certamente você poderia matar o tempo de um jeito melhor do que se arrastando pelos bares ao longo dos 3km dessa rua. Mas isso não é para fracos. Esqueça os chiques bares yuppies do centro. Os bares da Bořiivojova são os autênticos: sujos, enfumaçados e na maior parte do tempo cheios de gente batalhadora, e por isso mesmo uma ótima maneira de captar um pouco da vida de Praga. Outros bares, entre eles o melhor para shows ao vivo, Palác Akropolis, enfileiram-se na rua Kubelíkova, que corre paralela à Bořüvojova em parte do seu percurso.

ARMÁDNÍ MUZEUM

Construído ao mesmo tempo que o Monumento Nacional, o Armádní muzeum (Museu do Exército), no pé do morro, conta a história pouco conhecida em todo o mundo das forças armadas tchecoslovacas de 1914 a 1945. É uma história pungente de tempos difíceis e de lealdade dividida: de tchecos e eslovacos lutando em ambos os lados na Primeira Guerra Mundial; da traição em Munique, em 1938, a um dos exércitos mais modernos e motivados da Europa e da resistência no país e no exterior durante a Segunda Guerra Mundial.

TELEVIZNÍ VYSÍLAČ

Mais alta estrutura da cidade, a torre de televisão ergue-se a mais de 216m em um planalto entre os bairros de Vinohrady e Žižkov. Iniciada pelos comunistas em 1985, foi concluída após a queda do regime. As partes de cima da torre abrigam todo tipo de aparato, alguns para causar interferência na televisão da Alemanha Ocidental e proteger a população da tentação do consumo. Pouco abaixo dos 100m há três andares com galerias para ver a paisagem e um restaurante, aos quais se chega por um elevador rápido. Diz-se que em dias límpidos a visibilidade é de mais de 100km. Porém, os pontos históricos da cidade ficam um pouco distantes, e o que se consegue enxergar são os prédios de apartamentos do início do século XX de Vinohrady e Žižkov. Quando a torre passou a funcionar, quem morava perto reclamou de dores de cabeça e de não conseguir sintonizar estações de rádio. A mais recente inovação é a obra do *enfant terrible* da escultura David Černý: seus bebês gigantes sobem pela torre como se fossem lesmas.
115 J7 ✉ Mahlerovy sady 1, Žižkov, Praga 3 ☎ 267 005 766 ⏰ Diariam 10h-23h 💰 Adulto 150Kč, criança menor de 10 gratuito Ⓜ Jiřího z Poděbrad 🚋 Bondes 5, 9, 26 para Lipanská

OLŠANSKÉ HŘBITOVY

Os cemitérios de Olšany, bonitos e arborizados, estendem-se por uma vasta área e atraem visitantes de muitos lugares. Criados de início para as vítimas da grande peste no final do século XVII, compõem-se de várias seções. Em meio aos milhares de túmulos do cemitério principal, com entrada pela Vinohradská, está o do estudante Jan Palach (▷ 37). A leste, o cemitério militar tem as campas dos soldados do Exército Vermelho que morreram durante a libertação da cidade, em maio de 1945, assim como as de combatentes russos renegados, que lutaram ao lado dos nazistas. Também há, surpreendentemente, um pequeno cemitério de guerra britânico. Ainda mais a leste, o Nový židovský hřbitov (Novo Cemitério Judeu) é um lugar comovente. O túmulo mais visitado é o de Franz Kafka (1883-1924).
115 L7

Cemitérios de Olšany
✉ Vinohradská 153/1835, Žižkov, Praga 3 ☎ 267 310 652 ⏰ Maio-fim set diariam 8h-19h; mar-fim abr, out diariam 8h-18h; nov-fim fev diariam 8h-17h Ⓜ Flora ou Želivského 🚋 Bondes 5, 10, 11, 16 para Olšanské hřbitovy

Nono Cemitério Judeu
✉ Izraelská 1, Žižkov, Praga 3 ☎ 226 235 248 ⏰ Abr-fim set dom-sex 9h-16h30; out-fim mar dom-sex 9h-15h30. Fechado feriados judeus Ⓜ Želivského 🚋 Bondes 5, 10, 11, 16 para Želivského

Abaixo *Detalhe da estátua equestre do comandante hussita Jan Žižka, no Monumento Nacional*

REGIÕES NOVÉ MĚSTO: ATRAÇÕES TURÍSTICAS

PASSEIO A PÉ

VYŠEHRAD E NOVÉ MĚSTO

Este passeio começa em um dos principais prédios da Praga comunista, passa por atrações no rochedo de Vyšehrad e, depois de cruzar uma das vilas "esquecidas" da cidade, termina na Cidade Nova de Carlos IV.

O PASSEIO
Distância: 5km
Duração: meio dia
Começo: estação Vyšehrad do metrô
Fim: Václavské náměstí

COMO CHEGAR LÁ
Linha C do metrô, sentido Háje, para Vyšehrad

★ O metrô sobe à superfície para atravessar o vale profundo do riacho Botič pelo nível inferior da espetacular ponte da via expressa Nusle, mas você só se dará conta disso quando chegar à estação envidraçada de Vyšehrad. Da estação, suba a escada até a esplanada diante do enorme prédio do Kongresové centrum Praha (Centro do Congresso).

❶ O Kongresové centrum Praha, antes chamado Palác kultury (Palácio da Cultura), foi um dos grandes empreendimentos de engenharia do regime comunista, idealizado para ser a cidadela do partido, no mesmo nível que o Hradčany. Concluído em 1980, acolheu muitos congressos comunistas, até que a Revolução de Veludo acabou com eventos desse tipo. Hoje é usado, entre outros fins, para shows de música popular e reuniões de cúpula da Otan. Da esplanada, tem-se ótima vista do vale.

Caminhe para oeste pela esplanada até o Business Centrum Vyšehrad, desça à esquerda pela escada larga e, de novo à esquerda, siga pelo caminho. Continue por ele até fazer uma curva fechada à direita, atravesse a rua pela faixa de pedestres e acompanhe as fortificações do Táborská brána (Portão Tábor).

❷ De meados do século XVII, o Táborská brána – parte do cinturão de defesa ao redor da cidade após a Guerra dos Trinta Anos – guarda o caminho sudeste para a fortaleza de Vyšehrad (▷ 132-3). Passando por ele, à direita estão as ruínas do portão gótico, mais antigo, chamado Špička.

Continue até o portão seguinte, o barroco Leopoldova brána (Portão de Leopoldo), em homenagem ao imperador da época. À sua frente, à direita, encontra-se uma notável sobrevivente, a românica Rotunda svatého Martina (Rotunda de São Martinho), do século XI. Antes de chegar à rotunda, vire à esquerda pelo caminho que corre pelo topo das muralhas e prossiga até o canto sudoeste da fortaleza, onde há um mirante.

❸ O despenhadeiro íngreme e escuro cai abruptamente para o rio bem abaixo. Há vistas do rio Vltava no sentido da sua nascente, ao sul.

Desça das muralhas, atravesse o campo com estátuas gigantescas de figuras da mitologia tcheca, passe diante da fachada oeste da Kostel svatého Petra a Pavla (Igreja de São Pedro e São Paulo) e entre no Vyšehradský hřbitov (Cemitério de Vyšehrad). Personalidades estão enterradas nesse cemitério nacional e no panteão, o Slavín (▷ 133). Saia do cemitério pelo portão leste, perto do Slavín, vire à esquerda e desça a escada para o Cihelná brána (Portão de Tijolo), a entrada norte da fortaleza. Desça a rua em curva e dobre a primeira à direita, na rua Přemyslová.

O prédio na esquina à esquerda, na ponta da rua (nº 2/56), é uma das construções cubistas agrupadas em Vyšehrad. Vire à esquerda na rua Neklanova para encontrar outro desses prédios incomuns (nº 30/98) e prossiga até a Rašínovo nábřeží (marginal Rašín), onde, à esquerda, está o mais belo de todos, a Vila Kovařovič (rua Libušina, 3/49). Caminhe para o norte por baixo da ponte ferroviária, na direção das ruas movimentadas, pelos cruzamentos com semáforo. Você agora se encontra no lugar antes ocupado por uma das vilas "esquecidas" de Praga, Podskalí.

❹ Durante séculos, Podskalí ("Sob Pedras") foi a terra de uma comunidade ribeirinha improvisada de comerciantes de areia, limpadores de neve e, acima de tudo, jangadeiros responsáveis pelo transporte da madeira das florestas rio abaixo, para o sul. Esse estilo de vida tradicional acabou no começo do século XX, quando as barragens hidrelétricas mais próximas da nascente impediram a navegação e as margens do rio foram aprumadas com a construção da avenida marginal. Hoje nada resta de Podskalí, a não ser a bela Alfândega de Výtoň, do século XVI, transformada num pequeno e interessante museu.

Da alfândega, ande no sentido contrário ao do rio pela rua Na hrobci e vire à esquerda na Vyšehradská. Essa rua sobe entre a pequena Svatého Jana na skalce (Igreja de São João Nepomuceno na Rocha, ▷ 125), barroca, à direita, e o Emauzy (Mosteiro dos Emaús), à esquerda, e leva à Karlovo náměstí (praça Carlos).

❺ A Karlovo náměstí é a maior das praças da Cidade Nova. Entre várias construções fascinantes estão a Faustův dům (Casa Fausto), no nº 41, ao sul (habitada não pelo próprio dr. Fausto, mas por uma série de sujeitos suspeitos de fazer alquimia e pactos com o diabo); a Kostel svatého

Página ao lado *Torre da Novoměstská radnice, a Prefeitura da Cidade Nova*

Ignace (Igreja de Santo Inácio), a leste, e a Novoměstská radnice (Prefeitura da Cidade Nova), ao norte. Às vezes pode-se subir na torre.

Saia da Prefeitura para a rua Vodičkova, virando à direita na rua V jámě e à esquerda na galeria U Nováku, do começo do século XX. Seguindo por ela você chega à Václavské náměstí (praça Venceslau, ▷ 126-8).

ONDE COMER
Há lugares para comer em Vyšehrad, mas uma alternativa mais atraente na Cidade Nova é o Literarní kavárna (Vyšehradská, 53; diariam 9h-18h).

QUANDO IR
É melhor ir de dia, quando as várias atrações estão abertas (o Museu da Alfândega de Výtoň fecha às segundas).

O QUE VISITAR
ALFÂNDEGA DE VÝTOŇ
www.muzeumprahy.cz

✉ Podskalská celnice na Výtoni, Rašínovo nábřeží 412, Nové Město, Praha 2 ☎ 224 919 833 🕐 ter-dom 10h-18h 👤 Adulto 30Kč, criança 20Kč 🚋 Bondes 3, 7, 16, 17, 21 para Výtoň

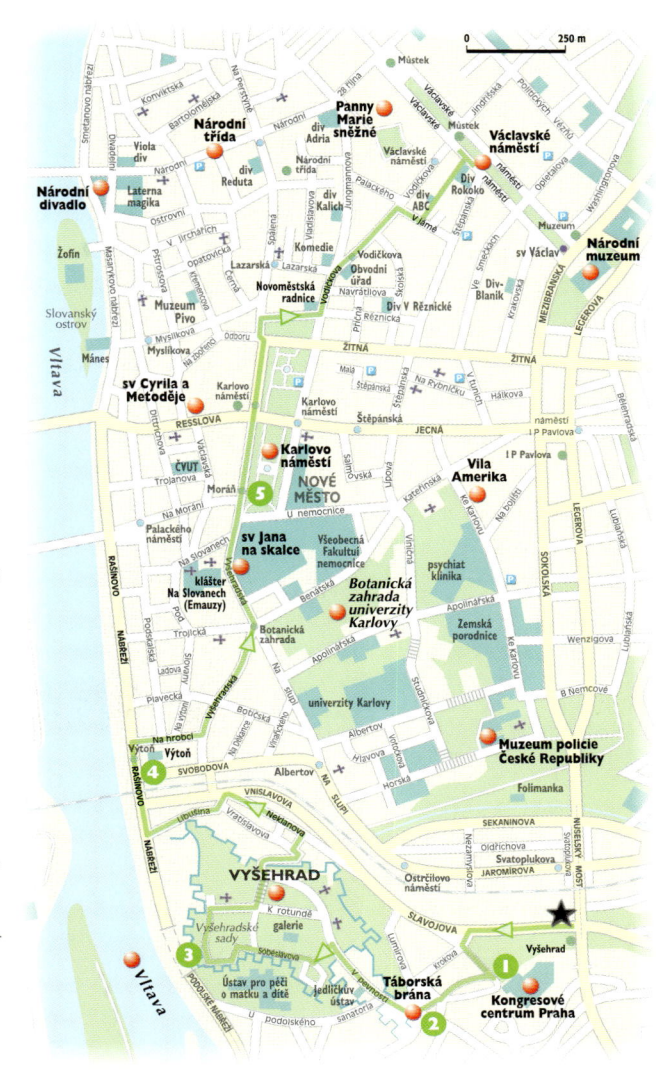

PASSEIO DE BARCO

PASSEIO PELO VLTAVA

Uma maneira maravilhosa de ver a cidade de um ângulo diferente é fazer um cruzeiro pelo Vltava. Algumas pontes são por si sós obras de arte, e há muitas outras atrações fascinantes associadas ao rio imortalizadas por Bedřich Smetana.

VIAGEM PELO RIO
Distância: 4,5km
Duração: 1h30
Começo: Rašínovo nábřeží (marginal Rašín), rio acima a partir da Jiráskův most (Ponte Jirásek)
Fim: Čechův most (Ponte Čech), perto do Hotel InterContinental

COMO CHEGAR LÁ
🚇 Karlovo náměstí (saída Palackého náměstí) 🚊 Bondes 2, 3, 4, 7, 10, 14, 16, 17, 21 para Palackého náměstí

★ O vapor começa a viagem no embarcadouro da avenida marginal com o nome de Alois Rašín, ministro das Finanças da Primeira República, assassinado em 1923. O ponto de referência mais visível na marginal, antes da Jiráskův most (Ponte Jirásek), é o Tančící dům (Edifício Dançante).

❶ Também conhecido como "Casa Fred e Ginger", o característico Edifício Dançante foi a primeira construção conscientemente pós-moderna de Praga, feita em 1996 de acordo com projeto de Vlado Milunič e Frank Gehry. Nele estão instalados escritórios e um restaurante requintado na cobertura.

O barco passa por baixo da Ponte Jirásek, de concreto armado, construída em 1932 e batizada com o nome do popular autor de romances históricos Alois Jirásek (1851-1930). Na margem direita, depois do dique, aproxima-se a Slovanský ostrov (ilha Eslava), uma das maiores do Vltava. O vapor dirige-se pela esquerda para o canal de navegação e uma série de comportas, separadas do canal principal pela longa e estreita Dětský ostrov (ilha das Crianças), com parquinhos e outras diversões. A torre de pedra escura na entrada do canal é a Malostranská vodáren věž (Torre de Água do Malá Strana).

❷ Erigida em 1483, a torre é uma de várias construções ainda existentes que eram parte vital do engenhoso sistema medieval de distribuição de água. A água era bombeada para torres desse tipo, de onde era levada por canos para toda a cidade, abastecendo prédios e chafarizes. Pode-se avistar outra torre de água perto da ponta da ilha Eslava, na margem oposta, que foi sabiamente incorporada ao complexo cultural de Mánes.

Antes de sair do canal de navegação, o barco passa sob a most Legií (Ponte das Legiões), construída em 1901 para substituir uma ponte pênsil mais antiga. Seu nome homenageia os legionários que combateram ao lado dos aliados na Primeira Guerra Mundial, cuja participação foi decisiva na criação de uma Tchecoslováquia independente em 1918. A ponte dá acesso à Střelecký ostrov (ilha dos Atiradores).

❸ Os atiradores que estão no nome da ilha são aqueles que costumavam praticar sua arte nesse lugar até o início do período comunista. Hoje a ilha é um dos mais atraentes parques da cidade, com ótimas vistas.

À esquerda, quando a embarcação sai de baixo da most Legií, surge a entrada do Čertovka, ou riacho do

Acima A navegação pelo Vltava na direção da Čechův most

Kramář; hoje é a residência oficial dos primeiros-ministros.

Mais adiante, no mesmo nível, encontra-se o garboso Hanavský pavilon (▷ 228), pequeno restaurante panorâmico, e mais à frente ainda vê-se o pedestal em que se alojava a monstruosa estátua de Stálin. O barco agora se aproxima da Čechův most (Ponte Čech).

❻ A Čechův most, que leva o nome do poeta lírico Svatopluk Čech, foi concluída em 1908, poucos anos antes da Mánesův most, mas mal se poderia imaginar um contraste tão grande de estilos. A Čechův é na verdade um equivalente de engenharia da Obecní dům (Casa Municipal), com magníficas obras de ferro e estatuária refinada.

Além da ponte há vistas interessantes do Anežský klášter (Convento de Santa Inês), na margem da Cidade Velha. A última ponte dessa viagem é a Štefánikův most (Ponte Štefánik).

❼ Terminada em 1951, a moderna Štefánikův most lembra Milan Rastislav Štefánik (1880-1919), astrônomo, aviador e general eslovaco que foi membro do triunvirato responsável pela fundação da Tchecoslováquia em 1918.

As barcas que descem para Troja e o Zoológico de Praga passam pelas comportas da Ostrov Štvanice (ilha Štvanice), mas então fazem meia-volta e sobem o rio, para atracar no ancoradouro junto à Ponte Čech.

INFORMAÇÕES
PRAGA STEAM NAVIGATION CO.
www.praguesteamboats.com
✉ Rašínovo nábřeží ☎ 224 931 013, 224 930 017 🕒 Meados mar a início nov diariam 15h30 💰 Adulto 290Kč, criança 140Kč

QUANDO IR
Dê preferência a um dia claro e de tempo firme. É melhor sentar no convés aberto, mas, como você vai tomar sol, não se esqueça de passar protetor solar e usar um chapéu.

É uma das várias obras realizadas há muito tempo para tornar o Vltava mais navegável. O espaço no meio permitia que os jangadeiros pilotassem o grande comboio de jangadas de toras rio abaixo. Na margem direita, o dique liga-se ao Novotného lávka (atracadouro Novotný), acima do qual ergue-se outra caixa-d'água, a mais alta e mais antiga da cidade, ainda que muito reformada.

Um dos pontos altos da viagem é ver a Karlův most (Ponte Carlos) do nível da água, com seus enormes talhantes de madeira, que protegem as sapatas da ponte contra detritos trazidos pelo rio. À esquerda, a saída do riacho do Diabo forma uma espécie de Pequena Veneza, e um pouco mais à frente, depois do restaurante Hergetova cihelná (▷ 184), há um pequeno parque onde os carreteiros e os carroceiros davam de beber aos seus cavalos na parte rasa do rio. Então, o barco passa por baixo da Mánesův most (Ponte Mánes).

❺ Chamada de início Rodolfo, por causa do príncipe herdeiro habsburgo que cometeu suicídio, depois batizada com o nome do arquiduque Francisco Ferdinando, assassinado, hoje a ponte homenageia o artista Josef Mánes (1820-71). Feita em 1914, é uma construção simples, com detalhes art nouveau posteriores. Evitando a altura da planície de Letná, o Vltava agora começa a fazer a grande curva para leste. A construção palaciana na margem esquerda é a sede do governo tcheco. Bem acima dele está a luxuosa mansão construída pelo primeiro dos primeiros-ministros da Tchecoslováquia, Karel

---

Diabo, que separa a ilha de Kampa da "terra firme" do Malá Strana. O ribeirão é na verdade uma calha de moinho, escavada na Idade Média para movimentar uma série de moinhos. Três deles ainda existem; o único que se vê do barco é o Sova, o maior, que hoje abriga o Muzeum Kampa (▷ 166). Depois do moinho Sova, o barco enfim sai do canal de navegação. À direita, as águas do Vltava estrondeiam pelo dique da Cidade Velha.

❹ É muito bonito ver a represa, principalmente quando o rio corre rápido.

PASSEIO A PÉ

PARQUES E RESIDÊNCIAS DE VINOHRADY

É improvável que você chegue a conhecer o mais aprazível (e caro) bairro de Praga, mas este passeio leva ao centro de Vinohrady, onde há belas casas com fachada art nouveau ou secessão que eram o melhor da moda no começo do século XX. Entre as atrações estão a Náměstí míru, a modernista e incomum Igreja do Sagrado Coração de Nosso Senhor e a torre de televisão de Žižkov.

O PASSEIO
Distância: 4km
Duração: 3h30 (ou mais, se você parar para tomar uma cerveja no Riegrovy sady)
Começo: Náměstí míru
Fim: estação do metrô Muzeum

COMO CHEGAR LÁ
Náměstí Míru
Bondes 4, 10, 16, 22 para Náměstí míru

★ A Linha A (verde) do metrô leva direto à Náměstí míru (▷ abaixo), o coração de Vinohrady.

❶ Náměstí míru é uma praça arborizada e um terminal de transportes, embelezada no alto pela neogótica Kostel svatého Ludmily (Igreja de Santa Ludmila), cujas torres atingem 60m. Logo à esquerda da igreja você vê o prédio neorrenascentista do Divadlo na Vinohradech (Teatro de Vinohrady), considerado um dos melhores do país, no qual a segunda mulher do ex-presidente Václav Havel, Dáša, apresentava-se regularmente.

Fique à vontade para explorar a praça. Com uma caminhada curta a praticamente qualquer uma das ruas próximas você aprecia o patrimônio de belas casas do bairro, ainda que em condições diferentes de conservação, num momento em que os moradores trabalham arduamente para melhorar seus imóveis.

Dirija-se para o longo bulevar Korunní, que sai da Náměstí míru, e siga por várias quadras a leste. Desde 1989, ruas como essa têm passado por uma transformação quase total, pois as lojas que eram estatais passaram à iniciativa privada e construtoras compraram imóveis destruídos e os tornaram apartamentos de luxo. As ruas que vão para o norte e o sul do Korunní estão entre as mais bonitas do bairro.

Depois de caminhar mais ou menos dez quadras, vire à esquerda na Řipská, onde a enorme torre de TV de Žižkov passa a ser visível. Siga pela Řipská e atravesse a movimentada Vinohradská para conhecer a muito incomum Chrám Nejsvětějšího Srdce Páně (Igreja do Sagrado Coração de Nosso Senhor), à esquerda.

❷ A Chrám Nejsvětějšího Srdce Páně é uma obra do mestre esloveno Josip Plečnik, que também ajudou a recuperar o Castelo de Praga na década de 1920. Embora a igreja tenha sido finalizada nos anos 1930, no auge do início do Modernismo, o estilo de Plečnik resiste a uma definição simples. Ele trabalhou com motivos correntes na época, como obeliscos e templos, agregando ao mesmo tempo traços personalíssimos. É uma pena que só seja possível ver a igreja

Acima Chrám Nejsvětějšího Srdce Páně (Igreja do Sagrado Coração de Nosso Senhor)
Página ao lado Náměstí míru

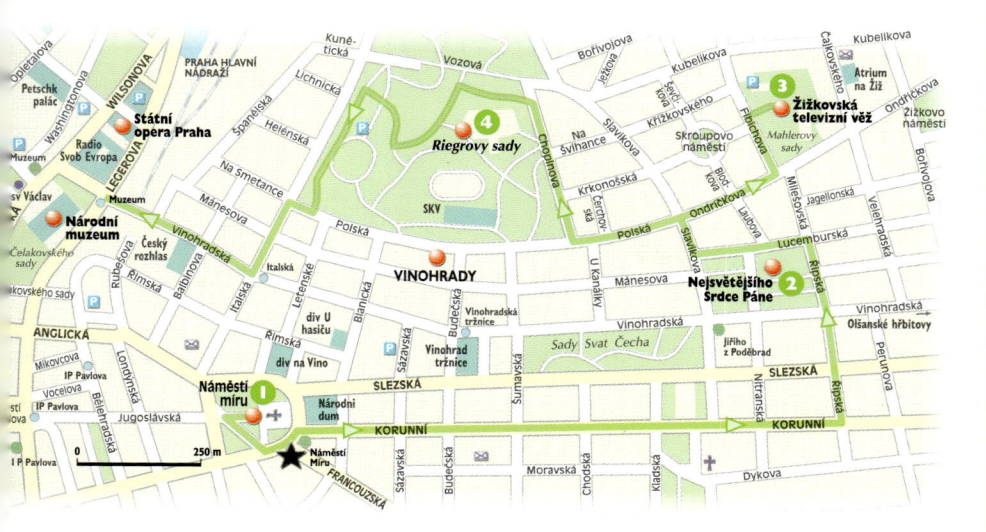

por dentro no horário das missas. Vá à rua Sláviková, defronte da igreja, vire à direita e, na próxima rua movimentada, a Ondříčkova, vire mais uma vez à direita. A entrada da torre de televisão de Žižkov fica a poucas quadras à esquerda.

❸ A Žižkov Televizní Vysílač (torre de TV, ▷ 135) é um caso de amor ou ódio. Para muitos tchecos, representa o apogeu do poder comunista, e correm boatos de que ela foi construída não tanto para transmitir sinais de TV, mas para impedir que sinais de rádio e televisão entrassem no país. Seja qual for a verdade, essa época passou faz tempo e Praga parece estar num impasse com sua atração "horrenda-linda". Você pode ir ao topo dela para ver a vista ou só admirá-la por fora. Os bebês de bronze que engatinham nela para cima e para baixo são obra do artista David Černý. O rosto dos bebês foi substituído por um plugue eletrônico para (talvez) insinuar uma sociedade que se alimenta da mídia.

Volte à Ondříčkova e depois à Sláviková. Atravesse esta rua e continue pela Polská até chegar à Chopinova, à sua direita. Nela as casas são simplesmente encantadoras. Algumas estão muito decadentes, outras ganharam restauração primorosa, mas grande parte ainda ostenta a fachada art nouveau ou secessão. Prossiga pela Chopinova até a próxima quadra, na rua Na Švihance, e então vire à esquerda para o parque, Riegrovy šady.

❹ Riegrovy šady (▷ 146) é a maior área verde de Vinohrady e de dia fica lotada de gente passeando, correndo e, com muita frequência, bebendo, pois também é nela que se encontra a maior e melhor cervejaria, em um jardim da cidade. Sinta-se à vontade para fazer uma pausa e tomar uma cerveja antes de prosseguir pelo parque.

Depois de seguir por cerca de 100m, você chega a um cume com vista incrível do Pražský hrad (Castelo de Praga) ao longe e da movimentação da Hlavní nádraží (principal estação de trem), em primeiro plano, abaixo.

Continue caminhando pelo parque e você acabará descendo até a rua Polská e depois à Vinohradská. A partir daí são apenas algumas quadras curtas até chegar à parte alta da Václavské náměstí e à estação Muzeum do metrô.

QUANDO IR
Esse passeio pode ser feito o ano inteiro, mas é melhor ainda no verão, quando o Riegrovy sady está todo florido e (talvez mais interessante) a cervejaria ao ar livre está aberta.

ONDE COMER
Vinohrady tem alguns dos melhores restaurantes da cidade. Se o preço não é problema, experimente o Aromi (▷ 148), a uma breve caminhada da Chrám Nejsvětějšího Srdce Páně (Igreja do Sagrado Coração de Nosso Senhor), descendo a Mánesova. Um pouco menos caro mas também bom é o Mozaika (▷ 150), ao lado da praça Jiřího z Poděbrad. Há muitos lugares para comer nas redondezas da Náměstí míru. Perto do final do passeio (veja o ponto 4), coma uma salsicha e tome uma cerveja na cervejaria Riegrovy sady (▷ 146).

ARTE, COMPRAS, DIVERSÃO E NOITE

COMPRAS

ANIMA TUA
www.animatua.com
Anima Tua é uma vitrine da moda sensual italiana de estilistas como Love Sex Money, Tenax e Pin Up. Aí você encontra biquínis minúsculos e maiôs inteiriços com decote enorme, vestidos espetaculares e jeans cravejados de cristais. Há também joias personalizadas sedutoras.
✚ 156 F6 ✉ Václavské náměstí 1 (Palác Koruna), Nové Město, Praga 1 ☎ 224 473 074 ⏱ Seg-sex 10h-20h, sáb 10h-19h, dom 12h-18h Ⓜ Můstek

BAŤA
www.bata.cz
Essa é a loja principal da mundialmente famosa sapataria tcheca, com três andares de calçados masculinos, femininos e infantis e grande sortimento de bolsas. A Baťa vende calçados de vários modelos, de atuais a clássicos, por preço acessível.
✚ 156 F6 ✉ Václavské námesti 6, Nové Město, Praga 1 ☎ 221 088 472 ⏱ Seg-sex 9h-21h, sáb 9h-19h, dom 10h-19h Ⓜ Můstek

BELDAFACTORY
www.belda.cz
Três gerações de uma família – trabalhando em Nova York, Turnov (Norte da Boêmia) e agora em Praga – fizeram nome a ponto de serem levadas em conta por conhecedores de joias originais de alta qualidade. A Jiří Belda elabora peças maravilhosas de aço, titânio e Perspex (acrílico), bem como de pedras preciosas, ouro, prata e platina.
✚ 156 E7 ✉ Mikulandská 10, Nové Město, Praga 1 ☎ 224 933 052 ⏱ Seg-qui 10h-18h, sex 10h-17h Ⓜ Národní třída 🚊 Bondes 6, 9, 17, 18, 21, 22 para Národní divadlo

BONTONLAND MEGASTORE
www.bontonland.cz
Vasto templo dedicado à música no andar mais baixo do Palác Koruna, a Bontonland tem enorme variedade de artistas de diversos estilos musicais. Acham-se inclusive discografias completas de determinados grupos. Com fones de ouvido, você ouve faixas dos CDs mais vendidos.
✚ 156 F6 ✉ Václavské náměstí 1 (Palác Koruna), Nové Město, Praga 1 ☎ 725 592 761 ⏱ seg-sáb 9h-20h, dom 10h-19h Ⓜ Můstek

DERMACOL STUDIO
www.dermacol.cz
Essa empresa foi criada em 1952 no estúdio de cinema Barrandov, em Praga, e afirma ser a primeira fabricante de "maquiagem corretiva" para o cinema, cuja licença ela teria vendido "para Hollywood em 1969". Veja a enorme variedade de produtos cosméticos e de cuidados com a pele, aplicação profissional de maquiagem e serviços de spa, inclusive depilação com cera, tratamentos contra celulite e limpeza de pele.
✚ 156 F6 ✉ Na příkopě 12 (prédio Černá růže), Nové Město, Praga 1 ☎ 221 014 346 ⏱ Seg-sex 9h-20h, sáb 9h-19h, dom 11h-19h Ⓜ Můstek

DŮM PORCELÁNŮ
www.dumporcelanu.cz
Uma abundância de porcelana tcheca e alemã por preços geralmente bons, por causa da localização da loja, fora do roteiro turístico. Tem peças da Thun, da Meissen e da Original Blue Onion, entre dezenas de nomes conhecidos.
✚ 156 G8 ✉ Jugoslávská 16, Vinohrady, Praga 2 ☎ 221 505 320 ⏱ Seg-sex 9h-19h, sáb 9h-17h, dom 14h-17h Ⓜ I.P. Pavlova, Náměstí míru 🚊 Bondes 4, 6, 10, 11, 16, 22 para I.P. Pavlova

EIFFEL OPTIC
www.eiffeloptic.cz
Aqui você encontra os melhores óculos escuros de Praga. Entre as marcas de óculos de sol e armações estão Persol, Ray Ban, Armani, Cartier,

Página ao lado Shopping da Na příkopě

Fendi, Hugo Boss, Chanel, Calvin Klein e Valentino. Há excelentes oftalmologistas e conserto de óculos sem necessidade de marcar hora.
✚ 156 F6 ✉ Na příkopě 25, Nové Město, Praga 1 ☎ 224 232 744 ⏰ Diariam 8h-20h Ⓜ Můstek

GEOX
www.geox.cz
Esses calçados italianos têm uma tecnologia secreta patenteada que não deixa os pés suarem. Não são muito modernos, mas até estrelas do rock os compram.
✚ 156 G6 ✉ Na příkopě 22 (Slovanský dům), Nové Město, Praga 1 ☎ 221 451 232 ⏰ Diariam 10h-20h Ⓜ Náměstí Republiky 🚋 Bondes 5, 8, 14 para Náměstí Republiky

THE GLOBE BOOKSTORE AND COFFEE HOUSE
www.globelivrostore.cz
O Globe faz parte da tradição dos expatriados de Praga – foi fundado por americanos no início dos anos 1990. Além do café excelente, há revistas e livros em inglês e acesso à internet.
✚ 156 E7 ✉ Pštrossova 6, Nové Město, Praga 1 ☎ 224 934 203 ⏰ Diariam 9h30-1h Ⓜ Národní třída 🚋 Bondes 6, 9, 18, 22 para Národní třída

HALADA
www.halada.cz
A Halada dispõe de lindos modelos clássicos de nomes lendários: brincos de coração de diamante de Nina Ricci e elegantes relógios de Raymond Weil. Há diversas alianças de ouro e prata, muitas com desenhos modernos e uso interessante de pedras preciosas.
✚ 156 G6 ✉ Na příkopě 16, Nové Město, Praga 1 ☎ 224 218 643 ⏰ seg-sáb 10h-19h, dom 10h-18h Ⓜ Můstek

HELENA FEJKOVÁ DESIGN
www.helenafejkova.cz
Esta é uma das lojas que mais chamam a atenção no shopping center Lucerna, construído dos anos 1920, junto à Václavské náměstí. Os estilos de Helena Fejková alternam entre o prático e o extravagante, mas mesmo que você não queira alta moda, é divertido dar uma olhada no que a loja tem.
✚ 156 F7 ✉ Štěpánská 61 (dentro da galeria Lucerna), Nové Město, Praga 1 ☎ 724 125 262 ⏰ Seg-sex 10h-19h, sáb 10h-15h Ⓜ Mustek 🚋 Bondes 3, 9, 14, 24 para Václavské náměstí

INTERNATIONAL NEWSSTAND
Esse é um dos melhores lugares para encontrar revistas e os principais jornais do mundo. As prateleiras têm uma quantidade enorme de publicações britânicas, italianas, francesas, alemãs, americanas e russas.
✚ 156 F6 ✉ Lado baixo da Václavské náměstí, Nové Město, Praga 1 ⏰ Diariam 8h-20h Ⓜ Můstek

KVĚTINY NA POŘÍČÍ
www.ekytky.cz
Essa bela floricultura na beira da principal zona comercial entrega flores frescas na hora e pela internet. Há diversos buquês e cestas para escolher. Pode-se fazer o pedido de qualquer lugar da Europa.
✚ 156 G5 ✉ Na poříčí 6, Praga 1 ☎ 224 238 141 ⏰ Diariam 8h-20h Ⓜ Náměstí Republiky 🚋 Bondes 5, 8, 14 para Náměstí Republiky

LUBOŠ SUPÍK
Conhecida de colecionadores, essa loja tem centenas de ovos pintados à mão com diferentes motivos da Morávia; os preços são de atacado. Após a Revolução de Veludo, a embaixada dos Estados Unidos encomendou à Supík uma quantidade desses ovos tchecos tradicionais para vender na sua loja interna.
✚ 156 F7 ✉ Passagem junto à Václavské náměstí 12, Nové Město, Praga 1 ⏰ Diariam 9h-19h30 Ⓜ Můstek

MOSER
www.moser-glass.com
Fundada em 1857, essa famosa empresa tcheca de cristais costuma ser lembrada porque faz o "cristal dos reis". Dê uma espiada nas muitas salas dessa loja principal da marca para entender por quê: há fotos de reis, rainhas e presidentes brindando com taças de cristal da Moser. Há uma diversidade estonteante de modelos à escolha – fortes e delicados, com borda prateada e gravação de ouro – e a opção ainda pode ser pelos transparentes tradicionais ou com coloração brilhante de topázio, alexandrita, água-marinha e outras. Existe outra loja na Malé náměstí, 11.
✚ 156 F6 ✉ Na příkopě 12 (prédio Černá růže), Nové Město, Praga 1 ☎ 224 211 293 ⏰ Diariam 10h-20h Ⓜ Můstek

PALÁC KNIH
www.neoluxor.cz
Com 45 mil títulos distribuídos por três andares, o Palácio dos Livros, na Vaclavské náměstí (praça Venceslau), declara que é a maior livraria do país – e convence. Quem é do exterior encontra uma diversidade de guias úteis e livros de fotos à esquerda da entrada. Há uma grande seção de publicações estrangeiras no porão.
✚ 156 G7 ✉ Václavské náměstí 41, Nové Město, Praga 1 ☎ 221 111 364 ⏰ Seg-sex 8h-20h, sáb 9h-19h, dom 10h-19h Ⓜ Můstek ou Muzeum

PALLADIUM
www.palladiumpraha.cz
Um shopping center supergrande e superdeslumbrante, com ótima localização no alto da Na příkopě, junto à Náměstí Republiky. Há cerca de 200 lojas, inclusive muitas das grandes redes com representação na República Tcheca. Boa praça de alimentação no andar de cima. Não espere preços baixos – trata-se de um dos imóveis mais caros do país.
✚ 156 G5 ✉ Náměstí Republiky 1, Nové Město, Praga 1 ☎ 225 770 250 ⏰ Diariam 8h-21h Ⓜ Náměstí Republiky

LE PATIO LIFESTYLE
www.lepatio.cz
A maravilhosa loja Le Patio transporta o freguês para o império colonial britânico. Os donos viajam muito à Índia e ao Sul da Ásia para munir a loja de objetos de decoração e mobiliário exclusivos, únicos, de bandejas a baús pesados. Ferreiros tchecos criam candelabros de ferro fundido magníficos e carpinteiros indianos fazem armários talhados à mão. Há

algo em todos os níveis de preço. A Le Patio também tem um café.
🚇 156 F7 ✉ Národní 22, Nové Město, Praga 1 ☎ 224 934 402 🕐 seg-sáb 10h-19h, dom 11h-19h Ⓜ Národní třída 🚌 Bondes 6, 9, 18, 21, 22 para Národní třída

RADOST CD VIDEO
www.radostfx.cz
Parte do conjunto de boate/salão/café da Radost, esta loja moderníssima vende dance, pop, house, techno, drum & bass, jazz e world music. Pode-se ouvir qualquer CD entregando-o à pessoa atrás do balcão, que o porá no aparelho e lhe dará fones de ouvido e um controle remoto.
🚇 156 G8 ✉ Bělehradská 120, Vinohrady, Praga 2 ☎ 224 252 741 🕐 seg-sex 11h-20h, sáb 13h-19h Ⓜ I.P. Pavlova 🚌 Bondes 4, 10, 11, 16, 22 para I.P. Pavlova

TESCO
www.tesco-shop.cz
A Tesco conta com seis andares que têm desde artigos de banho e papelaria até brinquedos e acessórios de esportes. Há uma enorme seção de eletrônicos e grande variedade de roupas e calçados para homens, mulheres e crianças, mas não procure marcas famosas – os produtos são básicos. A grande mercearia no subsolo tem uma série de itens importados da Alemanha e da Grã-Bretanha.
🚇 156 F7 ✉ Národní 26, Nové Město, Praga 1 ☎ 222 003 111 🕐 Loja: seg-sex 8h-21h, sáb 9h-20h, dom 10h-20h. Mercearia: seg-sex 7h-22h, sáb 8h-20h, dom 9h-20h. Lojinha de alimentos e artigos essenciais: seg-sex 7h-22h, sáb 8h-21h, dom 9h-20h Ⓜ Národní třída 🚌 Bondes 6, 9, 18, 22 para Národní třída

YANNY
www.yanny.cz
Os amantes da moda adoram essa butique elegante com uma variedade bem selecionada de calçados e roupas femininas dos maiores estilistas internacionais: Dolce & Gabbana, Versace e Gaultier.
🚇 156 F6 ✉ Na příkopě 27, Nové Město, Praga 1 ☎ 224 228 196 🕐 Seg-sex 10h-20h, sáb 10h-19h, dom 10h-18h Ⓜ Můstek, Náměstí Republiky

DIVERSÃO E NOITE

AERO
www.kinoaero.cz
Se existe uma sede extraoficial do mundo cinematográfico da cidade, ela fica neste surrado cinema de arte independente. Sessões especiais, filmes estrangeiros, clássicos, atuais e tchecos são projetados na língua original, com legendas, nessas salas antigas. Compre o ingresso no pátio e, do lado de dentro, beberique uma cerveja no bar antes de o filme começar. Os assentos de madeira são desconfortáveis e o som às vezes falha por instantes, mas todo mundo leva isso na esportiva.
🚇 Fora do mapa 157 M5 ✉ Biskupcova 31, Žižkov, Praga 3 ☎ 271 771 349 🕐 Sessões: 18h, 20h30. Bar: 16h-23h ✋ 100Kč 🚌 Bondes 9, 10, 16 ou 19 para Biskupcova

CHEERS
É um dos novos *hospodas* tchecos, o que significa que você pode tomar cerveja em ambiente moderno e comer também, se quiser. Entre as cervejas estão Stella Artois, Budvar, Radegast, Leffe Blonde e Belle-Vue Kreik. No longo balcão do bar há uma luminária que parece um ralador de queijo gigante. As janelas panorâmicas de frente para a Kostel svatého Ludmily (Igreja de Santa Ludmila) fazem o bar ser bom para relaxar.
🚇 156 H8 ✉ Belgická 42/116, Vinohrady, Praga 2 ☎ 222 513 108 🕐 Diariam 11h-1h Ⓜ Náměstí Míru 🚌 Bondes 4, 10, 16, 22 para Náměstí Míru

CINEMA CITY
www.cinemacity.cz
Os filmes nacionais e estrangeiros mais recentes são exibidos nesse moderno cinema multiplex em dois shopping centers. Muitos dos filmes americanos "para a família" (como *Shrek*, *Os Incríveis* e a série Harry Potter) são dublados em tcheco. O cinema do Palác Flora tem a única tela IMAX da cidade e passa filmes 3D.
🚇 157 L7 ✉ Palác Flora, Vinohradská 149, Žižkov, Praga 3 ☎ 255 742 021 🕐 Diariam 11h-1h ✋ Adulto 169Kč, criança (menor de 12) 119Kč Ⓜ Flora 🚌 Bondes 5, 10, 11, 16 para Flora

CORNER BAR & BISTRO
Talvez este seja o bar para tomar coquetéis e fumar charutos mais civilizado no bairro residencial nobre de Vinohrady. Lugar perfeito para tomar um champanhe e planejar os passeios do dia seguinte. O pequeno cardápio faz desse bistrô uma boa opção para jantar tarde.
🚇 157 J8 ✉ Mánesova 64, Vinohrady, Praga 2 ☎ 222 724 581 🕐 seg-dom 17h-4h Ⓜ Jiřího z Poděbrad 🚌 11

DIVADLO ARCHA
www.archatheatre.cz
É um lugar de primeira classe para música, teatro, dança e cinema contemporâneos. Pode haver um show de David Byrne, uma produção moderna de *Casa de bonecas*, de Ibsen, um autor irlandês lendo e discutindo suas obras ao som de uma harpa ou um espetáculo de uma companhia de dança conceitual. São realizados festivais de cinema estudantil e estreias de documentários.
🚇 156 G5 ✉ Na poříčí 26, Nové Město, Praga 1 ☎ 221 716 333 🕐 Varia conforme a apresentação. Café: seg-sex 9h-22h30, sáb 10h-22h, dom 12h-22h ✋ Varia conforme a apresentação Ⓜ Náměstí Republiky (saída pela Na poříčí) 🚌 Bondes 3, 24, 26 para Bílá labut'

DIVADLO KALICH
www.kalich.cz
Comédias e dramas contemporâneos são apresentados por uma companhia teatral com grande repertório neste auditório de 400 lugares. Às vezes há um show de um cantor popular tcheco. As peças são em tcheco.
🚇 156 F7 ✉ Jungmannova 9, Nové Město, Praga 1 ☎ 296 245 311 🕐 Apresentações: qua-sáb 20h. Bilheteria: diariam 10h-18h ✋ 100Kč-250Kč Ⓜ Můstek

DIVADLO KOMEDIE
www.prakomdiv.cz
Esta famosa companhia apresenta dramas e comédias. Pode ser difícil conseguir ingresso porque frequentemente os atores também são famosos no cinema e na televisão. Todas as peças são faladas em tcheco.
🚇 156 F7 ✉ Lazarská 7, Nové Město, Praga 1 ☎ 224 222 734 🕐 Bilheteria:

seg-sex 12h-19h30, sáb-dom 2h antes do espetáculo 🤚 200Kč-290Kč 🚇 Národní třída 🚋 Bondes 3, 9, 14, 24 para Vodičkova

DIVADLO NA VINOHRADECH
www.dnv-praha.cz
Um dos mais grandiosos teatros de Praga, o Teatro de Vinohrad foi inaugurado em 1907 e apresenta dramas clássicos em tcheco. A trupe de 45 artistas conta com alguns dos melhores atores do país. Em temporadas recentes incluíram-se obras de Shakespeare e Edward Albee. O saguão art nouveau tem um bar de madeira com entalhes, e o auditório de 665 lugares tem dois balcões.
✚ 156 H8 ✉ Náměstí míru 7, Vinohrady, Praga 2 ☎ 224 257 601 🕐 Apresentações: 19h30. Bilheteria: seg-sex 11h-19h, sáb 13h-16h, 16h30-19h 🤚 Adulto 60Kč-280Kč 🚇 Náměstí Míru 🚋 Bondes 4, 10, 16, 22 para Náměstí míru

DIVADLO PONEC
www.divadloponec.cz
O Divadlo Ponec é uma respeitada casa de dança e de movimentos contemporâneos que recebe grupos internacionais cuja companhia faz apresentações de vanguarda. Não desista porque não é no centro de Praga, pois não há nada igual na cidade. O Clube do Teatro abre uma hora antes dos espetáculos e fica aberto depois deles.
✚ 157 H6 ✉ Husitská 24A, Žižkov, Praga 3 ☎ 224 817 886 🕐 Varia conforme o espetáculo. Bilheteria: 18h-20h no dia do espetáculo 🤚 Adulto 140Kč, criança (menor de 12) 80Kč; preços podem variar 🚇 Florenc

DUPLEX
www.duplex.cz
Com uma das melhores localizações da cidade, essa boate superchique fica no último andar de um edifício que dá para a Václavské náměsti (praça Venceslau). Depois da inspeção da vestimenta feita pelos leões de chácara no térreo, um elevador sobe cinco andares e se abre para um amplo recinto branco, vermelho e rosa. Estrelas do cinema e do rock adoram o lugar – não admira que Mick Jagger tenha preferido comemorar seu aniversário na Duplex em 2004.

✚ 156 J7 ✉ Václavské náměstí 21, Nové Město, Praga 1 ☎ 732 221 111 🕐 Diariam 22h-5h 🤚 300Kč-500Kč 🚇 Můstek 🚋 Bondes 3, 9, 14 para Václavské náměstí

ESCAPE
www.escapeprague.eu
A menos de duas quadras da Václavské náměstí está esse fino bar de coquetéis, de tamanho médio, com clima amistoso para gays. Há um bar central sedutor, uma pista de dança fabulosa para quando o DJ começa, lá pelas 22h, e muitos lugares para quem prefere ver o movimento, que pode incluir um strip-tease, dançarinas ou diversões parecidas. Para comer, há pratos internacionais.
✚ 156 F7 ✉ V jámě 8, Nové Město, Praga 1 ☎ 724 768 248 🕐 Diariam 19h-5h 🚇 Můstek 🚋 Bondes 4, 10, 22 para Štepanská

JÁMA
www.jamapub.cz
Um dos bares mais procurados bem perto da Václavské náměstí. Tanto expatriados quanto tchecos gostam do clima de pub universitário. Serve pratos rápidos de alta qualidade, como alguns dos melhores hambúrgueres da cidade. Nos fins de semana, a grande TV passa esportes do Reino Unido e da América do Norte.
✚ 156 F7 ✉ V Jámě 7, Nové Město, Praga 1 ☎ 224 222 383 🕐 seg-dom 11h-1h 🚇 Můstek 🚋 Bondes 3, 9, 14, 24 para Můstek

JIŘÍ SRNEC: O TEATRO NEGRO DE PRAGA
www.blacktheatresrnec.cz
Aqui nasceu o teatro negro ou teatro da luz negra. Seu criador, Jiří Srnec, apresentou ao mundo esse tipo de teatro ilusório sem palavras no Festival Alternativo de Edimburgo em 1958, e o seu nível é dos melhores da cidade. Entre os espetáculos costumam estar *Alice no país das maravilhas*, *Peter Pan* e *Velocípede voador*.
✚ 156 E7 ✉ Národní 20, Nové Město, Praga 1 ☎ 257 921 835, 721 589 244 🕐 Apresentações: qua, qui, sáb, dom 19h30. Bilheteria: diariam 10h-18h 🤚 590Kč 🚇 Národní třída 🚋 Bondes 6, 9, 18, 22 para Národní třída

KINO SVĚTOZOR
www.kinosvetozor.cz
Autointitulado "zona 100% sem pipoca", esse amado cinema de arte tem várias sessões diárias de filmes independentes tchecos e estrangeiros na língua original, legendados. Faz parte do circuito do festival anual Dias do Cinema Europeu e toda semana tem as Segundas dos Documentários. Dois bares no saguão expõem fotos e vendem camisetas do Cine Světozor.
✚ 156 F7 ✉ Vodičkova 41, Nové Město, Praga 1 ☎ 224 946 824 🕐 Bar e bilheteria: diariam a partir de 12h30 🤚 80Kč-100Kč 🚇 Můstek 🚋 Bondes 3, 9, 14, 24 para Václavské náměstí

LATERNA MAGIKA
www.laterna.cz
O prédio moderno do Laterna Magika – um gigantesco cubo de vidro – faz um contraste assustador com o vizinho, o neoclássico Národní divadlo, mas ambos integram o grupo do Teatro Nacional. As apresentações usam meios sem palavras como projeção, dança, música, luz e pantomima para criar "narrações" fantásticas de fábulas dramáticas. O teatro, com 400 lugares, tem um bar no saguão, que fica aberto durante as apresentações.
✚ 156 E7 ✉ Národní 4, Nové Město, Praga 1 ☎ 224 931 482 🕐 Apresentações: seg-sáb 20h. Bilheteria: seg-sáb 10h-20h 🤚 Adulto 680Kč, criança (menor de 12) 300Kč 🚇 Národní třída 🚋 Bondes 6, 9, 18, 22 para Národní třída

LUCERNA
www.lucerna.cz/kino.php
No Lucerna, o espetáculo começa quando você sobe a escada dessa pérola art déco. Espelhos bisotados e colunas de mármore lembram a era da Secessão, e se vê na passagem abaixo a famosa escultura do cavalo de ponta-cabeça. Esse enorme cinema de uma sala tem balcões e balaustradas e reveza filmes tchecos atuais e sucessos americanos. Há um lindo bar circular no saguão.
✚ 156 F7 ✉ Vodičkova 36 (galeria Lucerna), Nové Město, Praga 1 ☎ 224 216 972 🕐 Diariam: horários variados. Café até 1h 🤚 110Kč 🚇 Můstek 🚋 Bondes 3, 9, 14, 24 para Václavské náměstí

LUCERNA MUSIC CLUB
www.musicbar.cz
Teatro famoso e querido de muita personalidade, o Lucerna foi feito pelo avô do ex-presidente Václav Havel. Veja um cover dos Beatles, um revival do Cure ou shows internacionais, com programação eclética. Há uma festa de vídeos dos anos 1980 e 1890 atraente aos sábados e domingos.
156 F7 ✉ Vodičkova 36 (galeria Lucerna), Nové Město, Praga 1 ☎ 224 217 108 ⓘ Diariam 20h-3h ✋ Varia conforme a programação Ⓜ Můstek 🚋 Bondes 3, 9, 14, 24 para Václavské náměstí

MAT
www.mat.cz
Os amantes do cinema vão querer conhecer essa sala pequena e aconchegante, onde são projetados filmes tchecos legendados e antigos ganhadores do Oscar.
156 F7 ✉ Karlovo náměstí 19, Nové Město, Praga 2 ☎ 224 915 765 ⓘ Sessões: em geral 18h e 20h30. Bilheteria: 9h-17h30. Restaurante: seg-sex 9h-0h, sáb-dom 14h-0h ✋ Adulto 100Kč, criança (menor de 12) 60Kč Ⓜ Karlovo náměstí 🚋 Bondes 3, 4, 6, 10, 14, 16, 18, 22, 24 para Karlovo náměstí

NÁRODNÍ DIVADLO
www.narodni-divadlo.cz
O grandioso e renascentista Teatro Nacional, no rio Vltava, é um marco em Praga, onde se realizam apresentações de ópera no magnífico auditório de três balcões. Antes de passar pelo pórtico de entrada, olhe para cima e veja a magnífica escultura dourada de Apolo e as nove musas, de Bohuslav Schnirch.
156 E7 ✉ Národní 2, Nové Město, Praga 1 ☎ 224 901 448 (venda de ingressos) ⓘ Apresentações a partir de 19h. Bilheteria: seg-sex 10h-18h e 45min antes do espetáculo ✋ Ópera: 50Kč (em pé)-1.400Kč. Preços podem variar Ⓜ Národní třída 🚋 Bondes 6, 9, 17, 18, 21, 22 para Národní divadlo

PALACE CINEMAS
www.palacecinemas.cz
Este cinema multiplex central tem poltronas confortáveis, telas enormes e petiscos e bebidas. Veja os últimos grandes sucessos de Hollywood, em geral poucos dias após a estreia.

Os filmes passam na língua original, muitos com legendas em inglês, alguns em tcheco.
156 G6 ✉ Na příkopě 22 (Slovanský dům), Nové Město, Praga 1 ☎ 840 200 240 ⓘ Diariam 11h-1h ✋ Adulto 179Kč, criança (menor de 12) 129Kč Ⓜ Náměstí Republiky

PIANO BAR
www.sweb.cz/pianobar/
Piano Bar é um refúgio cálido, semirrústico, dos bares e boates da cidade. Com paredes de tijolo, um piano de cem anos e mesas de bilhar descuidadas, atrai uma clientela que adora um cabaré e aceita gays.
157 J7 ✉ Milešovská 10, Vinohrady, Praga 2 ☎ 222 969 888 ⓘ Diariam 17h-5h Ⓜ Jiřího z Poděbrad 🚋 Bondes 11 para Jiřího z Poděbrad

REDUTA JAZZ CLUB
www.redutajazzclub.cz
A mais importante e mais antiga boate de jazz foi também o primeiro lugar em que os tchecos puderam ouvir rock 'n' roll na década de 1950. Hoje é lembrada pelo dia em que o presidente americano Bill Clinton fez uma jam session em 1994. Tem bancos estofados aconchegantes, espaço aberto e um jazz que mistura fusion, latino, Dixieland e trompete, com uma big band ou um grupo de suingue tradicional. Boa seleção de CDs à venda.
156 F7 ✉ Národní 20, Nové Město, Praga 1 ☎ 224 933 487 ⓘ Shows toda noite 21h30. Bilheteria: seg-sex 15h, sáb-dom 19h ✋ 250Kč Ⓜ Národní třída 🚋 Bondes 6, 9, 18, 22 para Národní třída

RETRO
www.retropraha.cz
O Retro tem decoração anos 1960 de azuis-claros, amarelos-claros e marrons, um longo banco estofado junto à parede e mesas pequenas para um cara a cara. É café de dia, restaurante da moda à noite e, quando a cozinha fecha, vira bar musical até as 5h. Ótima localização e janelas frontais grandes deixam os transeuntes espiar o ambiente relaxado lá dentro.
157 H8 ✉ Francouzská 4, Vinohrady, Praga 2 ☎ 222 510 592 ⓘ Seg-sex 8h-1h, sáb-dom 9h-5h Ⓜ Náměstí Míru 🚋 Bondes 4, 10, 16, 22 para Náměstí míru

RIEGROVY SADY
Em noite quente de verão é como se toda Praga estivesse em uma cervejaria a céu aberto nesse parque adorável em uma colina. Casais, skatistas, famílias e cães reúnem-se em mesas de piquenique. Às vezes se monta uma tela num canto para ver jogos de futebol, e há um palco improvisado para uma apresentação de música ocasional, mas existem muitos lugares silenciosos também.
157 H7 ✉ Vinohrady, Praga 2 ⓘ Maio-fim set diariam 17h-0h Ⓜ Jiřího z Poděbrad 🚋 Bondes 11 para Vinohradská tržnice

ROCK CAFÉ
www.rockcafe.cz
Na sala da frente deste café de dia e boate de noite, com internet, meio pesado mas amistoso, uma parede tem pintura imitando caverna. Os notívagos têm de 20 a 30 e poucos anos e vão para ouvir a música do dia. Nem cadeiras nem mesas no salão nu de teto baixo, para 400 pessoas, onde as bandas tocam.
156 E7 ✉ Národní 20, Nové Město, Praga 1 ☎ 224 933 947 ⓘ Seg-sex 10h-3h, sáb 17h-3h, dom 17h-1h, maioria dos shows 20h30 ✋ 100Kč-200Kč Ⓜ Národní třída 🚋 Bondes 6, 9, 18, 22 para Národní třída

ŠVEJK RESTAURANT HOSTINEC 'U KALICHA'
www.ukalicha.cz
Esse bar afirma ser o "bar original de Švejk", por causa da referência a ele no famoso romance de Jaroslav Hašek, *O bom soldado Švejk* – o lugar em que as duas personagens pretendem se encontrar, mas nunca se encontram. Como é muito frequentado, faça reserva.
156 G8 ✉ Na Bojišti 12, Vinohrady, Praga 2 ☎ 296 189 600 ⓘ Diariam 11h-23h Ⓜ I.P. Pavlova 🚋 Bondes 4, 10, 16, 22 para I.P. Pavlova

SHAKESPEARE AND SONS
www.shakes.cz
Elegante e antiga livraria-café, escondida em bairro pitoresco junto ao centro de Praga, na qual as leituras de poesia e prosa figuram quase sempre,

tabuleiros de xadrez e gamão ficam espalhados, obras de artistas locais enfeitam as paredes e um barzinho serve cerveja e vinho. Também se acham revistas americanas atuais.
✚ 157 J9 ✉ Krymská 12, Vršovice, Praha 10 ☎ 271 740 839 ⏰ Diariam 12h-0h 🚇 Náměstí Míru, depois bonde 4 ou 22 para Krymská

STÁTNÍ OPERA PRAHA
www.opera.cz
Ópera e balé são apresentados no majestoso auditório vermelho e dourado em forma de U no prédio da Ópera Estatal de Praga. Os espectadores vão com roupas elegantes.
✚ 156 G7 ✉ Wilsonova 4, Nové Město, Praha 1 ☎ 224 227 266 ⏰ Apresentações 19h; domingo matinê 14h. Bilheteria: seg-sex 10h-17h30, sáb-dom 10h-12h, 13h-17h30 💰 Ópera: adulto 1.400Kč (máximo), criança (menor de 12) 400Kč. Balé: adulto 850Kč, criança 300Kč 🚇 Muzeum

VILA AMERIKA
www.nm.cz
A Vila Amerika é de 1717 e abriga um museu dedicado ao compositor tcheco Antonín Dvořák. No elegante salão, o Teatro Musical Original de Praga faz um show de música e voz com roupas de época.
✚ 156 F8 ✉ Ke Karlovu 20, Nové Město, Praha 2 ☎ 224 918 013 ⏰ Apresentações: abr-fim out ter e sex 20h. Museu: ter-dom 10h-17h 💰 Concertos: 545Kč. Museu: 50Kč. Preços podem variar 🚇 I. P. Pavlova 🚌 Bondes 4, 6, 10, 11, 16, 22 para I.P. Pavlova

ESPORTES E ATIVIDADES
HARLEQUIN
Há 15 mesas nesse ventilado salão de sinuca (depois dos caça-níqueis na entrada), e dizem que os tacos são os melhores da cidade. Há uma área de bar com mesas para quem não joga. Às quintas, noite da liga.
✚ 156 H7 ✉ Vinohradská 25, Vinohrady, Praha 2 ☎ 224 217 240 ⏰ Diariam 16h-4h 💰 80Kč por hora 🚇 Jiřího z Poděbrad

K. I. BUNGEE JUMP AND GAMMA STUDIO
www.bungee.cz
Se gosta de adrenalina, vá para saltar da ponte (com correia). A maioria das atividades são na natureza. Há várias coisas arrepiantes do tipo bungee.
✚ Fora do mapa 156 G10 ✉ Hvězdova 2, Vyšehrad, Praha 4 ☎ 777 250 126 ⏰ Horários variados. Ligue para saber os locais 💰 900Kč por salto 🚇 Vyšehrad

PODOLÍ POOLS
www.pspodoli.cz
Esse complexo tem uma piscina coberta e duas ao ar livre e espaço para banho de sol. Também há academia de ginástica no local.
✚ Fora do mapa 156 E10 ✉ Podolská 74, Podolí, Praha 4 ☎ 241 433 952 ⏰ Diariam 6h-21h45 (entrada proibida após 20h) 💰 80Kč-125Kč 🚇 Karlovo náměstí, depois bondes 3, 16, 17, 21 para Kublov

TAIJI AKADEMIE
www.taiji.cz
Entre numa turma ou se inscreva em aulas individuais nessa academia da antiga e calmante arte do tai chi, dirigida por Radek Kolar.
✚ 157 J7 ✉ Polská 1, Vinohrady, Praha 2 ☎ 777 053 225 ⏰ Seg-qui 9h-22h, sex 16h-22h; ligue antes 💰 Preços variam 🚇 Jiřího z Poděbrad

TENNIS CLUB PRAGUE
www.tennisprague.eu
O tenista profissional Petr Štěpánek, que fala inglês, comanda esse clube amistoso de quadras de saibro desde 1993. Há aulas de especialistas e se faz de tudo para que os visitantes se entrosem. Promovem-se férias com partidas e aulas de tênis.
✚ 156 E8 ✉ Střelecký ostrov 336, Praha 1 ☎ 774 613 444 ⏰ Abr-fim out diariam 🚌 Bondes 6, 9, 22, 23 para Národní divadlo

SAÚDE E BELEZA
CYBEX HEALTH CLUB AND SPA
www.cybex-fitness.cz
Pode parecer uma mistura estranha, mas o tratamento de descamação com café e máscara de chocolate faz todo o sentido se você quer ficar com pele de bebê. Depois de enxaguar, o aroma doce é inebriante.
✚ 157 H5 ✉ Hilton Hotel, Pobřežní 1, Karlín, Praha 8 ☎ 224 842 375 ⏰ Diariam 6h-22h 💰 75min tratamento 2.000Kč 🚌 Bondes 8 e 24 para Florenc

MARK PHILLIPS SALON
Predileto de expatriadas, esse salão de prestígio agora fica perto da torre de TV de Žižkov. Continua com bons cortes e serviço atencioso.
✚ 157 J7 ✉ Na Švihance 2, Vinohrady, Praha 2 ☎ 222 254 096 ⏰ Horários variam 💰 Cortes 750Kč; luzes 2.200Kč; secador e escova 750Kč 🚇 Jiřího z Poděbrad

LE PALAIS
Há várias massagens e tratamentos no spa desse hotel cinco-estrelas (▷ 155), inclusive descamação, terapias corporais e um exclusivo sistema desintoxicante de "flutuação livre".
✚ 156 G9 ✉ U Zvonařky 1, Vinohrady, Praha 2 ☎ 234 634 111 ⏰ Spa: diariam 8h-20h 🚌 Bondes 6, 11 para Bruselská

SABAI STUDIO
www.sabai.cz
Dores musculares e fadiga somem nas mãos de fisioterapeutas que se especializaram em técnicas tailandesas. Há nove tipos de tratamento.
✚ 156 G6 ✉ Na příkopě 22 (Slovanský dům), Nové Město, Praha 1 ☎ 221 451 180 ⏰ Diariam 10h-22h 💰 Massagens 550Kč-1.500Kč 🚇 Náměstí Republiky

SALON PELUX
www.pelux.info
Esteticistas internacionais estão prontas para cuidar de qualquer necessidade nesse spa completo. Há também salão de beleza para cortar, tingir ou pentear os cabelos.
✚ 156 F7 ✉ Štěpánská 61 (galeria Lucerna), Nové Město, Praha 1 ☎ 224 215 959 ⏰ Diariam 9h-20h 💰 450Kč-1.500Kč, conforme o serviço 🚇 Můstek

YVES ROCHER
www.yvesrocher.cz
Nesse spa francês, fazem sobrancelha, depilação com cera, limpeza de pele para rejuvenescer e depois liberam a cliente com unhas perfeitas. Os produtos usados no tratamento estão à venda.
✚ 156 G7 ✉ Václavské náměstí 47, Nové Město, Praha 1 ☎ 221 625 570 ⏰ Seg-sex 8h30-20h, sáb 9h-18h, dom 10h-18h 💰 300Kč-2.000Kč, conforme o serviço 🚇 Muzeum

ONDE COMER

PREÇOS E SÍMBOLOS
Os restaurantes estão em ordem alfabética (desconsiderando Le, La e Les). Os preços correspondem a um almoço de dois pratos (A) e um jantar de três pratos (J) para uma pessoa, sem bebida. O preço do vinho é o da garrafa mais barata.

Para a legenda dos símbolos, ▷ 2.

ALCRON
www.prague.radissonsas.com
Esse restaurante exclusivo, com pouco mais de 20 lugares, abre-se para o saguão do hotel Radisson SAS Alcron (▷ 155). É especializado em pratos requintados de peixe, com ingredientes importados ou trazidos dos rios e lagos da Boêmia. Os dias de glória do velho Alcron (antigo nome do hotel) são lembrados em um enorme mural em estilo art déco.
✚ 156 F7 ✉ Štěpánská 40, Nové Město, Praga 1 ☎ 222 820 000 ⏰ Seg-sáb 17h30-22h30; dom brunch 🍴 A 1.480Kč, J 1.800Kč, vinho 990Kč Ⓜ Můstek, Muzeum 🚋 Bondes 3, 9, 14, 24 para Václavské náměstí

AMBIENTE THE LIVING RESTAURANTS
www.ambi.cz
Uma foto grande de James Dean mira as toalhas de mesa axadrezadas e as cadeiras de vime desse restaurante de porão em estilo americano. O cardápio é variado e descontraído, de burritos a asas de frango fritas e de tacos a bistecas. Fica a uma caminhada curta do metrô Náměstí Mirů.
✚ 157 J7 ✉ Mánesova 59, Vinohrady, Praga 2 ☎ 222 727 851 ⏰ Seg-sex 11h-0h, sáb-dom 12h-0h 🍴 A 250Kč, J 600Kč, vinho 290Kč Ⓜ Náměstí Mirů ou Jiřího z Poděbrad 🚋 Bonde 11 para Italská

AROMI
www.aromi.cz
O restaurante fino italiano preferido de todos está situado em uma rua arborizada no melhor bairro residencial da cidade. Os críticos exultam com os frutos do mar frescos e o ravióli da casa. Pratos como ravióli recheado de batata e robalo com molho de vôngole fazem uma refeição que provoca tantos "ohs" e "ahs" quanto a Ponte Carlos. Faça reserva com antecedência para as noites de fim de semana.
✚ 157 J8 ✉ Mánesova 78, Vinohrady, Praga 2 ☎ 222 713 222 ⏰ Seg-sáb 12h-23h 🍴 A 400Kč, J 800 Kč, vinho 600Kč Ⓜ Jiřího z Poděbrad 🚋 Bonde 1

BRASSERIE M
www.brasseriem.cz
Brasserie-bistrô francês central e atraente, contando principalmente com clássicos de bistrô como pato, *steak au poivre* e *coq au vin*. O cardápio varia não só com a estação mas todo dia, e os pratos têm preços bons. Carta de vinhos ponderada.
✚ 156 F7 ✉ Vladislavova 17, Nové Město, Praga 1 ☎ 224 054 070 ⏰ Seg-sex 11h-22h (fechado J fins de semana) 🍴 A 300Kč, J 900Kč, vinho 475Kč Ⓜ Národní třída 🚋 Bondes 6, 9, 18, 21, 22 para Národní třída

BREDOVSKÝ DVŮR
www.bredovskydvur.unas.cz
Em rua paralela à Václavské náměstí (praça Venceslau), esse restaurante-cervejaria atraente, com teto abobadado, orgulha-se da fama de ter a melhor Pilsner da cidade. A bebida é acompanhada de excelente variedade de pratos tchecos e eslovacos, e os notívagos podem tomar uma revigorante sopa de cebola.
✚ 156 G7 ✉ Politických vězňů 13, Nové Město, Praga 1 ☎ 234 215 428 ⏰ Seg-sáb 11h-0h, dom 11h-23h 🍴 A 200Kč, J 350Kč, vinho 350Kč 🚋 Bondes 3, 9, 14, 24 para Vaclavské náměstí ou Jindřišská

CAFÉ IMPERIAL
www.hotel-imperial.cz
O Imperial de 1914, como o Slavia (▷ 106) e o Café Louvre (▷ adiante), é um dos poucos portentos remanescentes da sociedade do café de Pra-

Página ao lado *O café do Hotel Evropa*

ja de um século atrás. Teve reinauguração triunfal em 2007 depois de restaurado, e sua decoração vistosa – azulejos orientais de alto a baixo – retomou o esplendor original. Fica no térreo do igualmente chique Hotel Imperial (▷ 154).
🏠 156 G5 ✉ Na poříčí 15, Nové Město, Praga 1 ☎ 246 011 600 🕐 Diariam 8h-23h 🍴 A 300Kč, J 700Kč, vinho 375Kč
🚇 Náměstí Republiky 🚊 Bondes 5, 8, 14 para Náměstí Republiky; 3, 24, 26 para Bílá abut ou Masarykovo nádraží

CAFÉ LOUVRE
www.cafelouvre.cz
Este espaçoso café, no primeiro andar, com grandes janelas tem vista panorâmica do movimento no bulevar da Národní třída. Tradição na cidade, até agora resistiu à tentação de mudar sua decoração bem aparatosa e continua bastante fora de moda. Só que isso atrai uma freguesia mais eclética que apenas turistas e expatriados, e os moradores costumam apreciar a comida e a bebida triviais enquanto folheiam os jornais do dia. Nos fundos há uma sala de bilhar muito procurada.
🏠 156 F7 ✉ Národní třída 22, Nové Město, Praga 1 ☎ 224 930 949
🕐 Seg-sex 8h-23h30, sáb-dom 9h-23h30 🍴 A 230Kč, J 370Kč, vinho 160Kč
🚇 Národní třída 🚊 Bondes 6, 9, 18, 21, 22 para Národní třída

CELESTE
www.celesterestaurant.cz
A inauguração do Celeste no final de 2008 deu vida nova ao que se tornara françoso no mais famoso ponto moderno da cidade, o prédio "Fred e Ginger", de Frank Gehry, ao sul do Teatro Nacional, junto ao Vltava. O cardápio está cheio de preparados inventivos como filé de esturjão com ervilha e toranja vermelha em molho cítrico. Os preços são altos, mas incluem o ambiente e as vistas estupendas do rio e do Castelo de Praga. É bom se vestir bem para tanto. Os pratos do almoço chegam a custar quase a metade.
🏠 156 E8 ✉ Rašínovo nábřeží 80 (Tančící dům), Nové Město, Praga 2 ☎ 221 984 160
🕐 Seg-sáb 12h-14h30, 18h30-22h30
🍴 A 450Kč, J 1.100Kč, vinho 800Kč
🚇 Karlovo náměstí 🚊 3, 4, 6, 10, 14, 16, 18, 22, 24 para Karlovo náměstí

CELNICE
www.celnice.com
Perto da Náměstí Republiky (praça da República) e da Obecní dům (Casa Municipal), a "Alfândega" é uma iniciativa extremamente bem-sucedida da cervejaria Pilsner Urquell de modernizar a ideia de bar em Praga. Além do clima alegre, cerveja de pressão e comida tradicional como *koleno* (joelho de porco), há carnes e saladas e, no porão, um sushi bar sensacional. Nos fins de semana o porão atrai mais gente (e música barulhenta).
🏠 156 G6 ✉ V Celnici 4, Nové Město, Praga 1 ☎ 224 212 240 🕐 Diariam 11h-0h
🍴 A 130Kč, J 490Kč, vinho 315Kč
🚇 Náměstí Republiky 🚊 Bondes 5, 8, 14 para Náměstí Republiky

DOBRÁ ČAJOVNA
www.tea.cz
Junto à Václavské náměstí (praça Venceslau), esse refúgio em um pátio ("A Boa Casa de Chá") dispõe de uma variedade incrível de chás, devidamente servidos em bule – avanço enorme em um país em que água morna e um saquinho de chá costumam ser a regra. É proibido usar celular e se pode saborear o chá sem ter de respirar a fumaça do cigarro dos outros – é um lugar ideal para fugir da agitação da cidade. Há poucos petiscos e não são aceitos cartões de crédito.
🏠 156 F7 ✉ Václavské náměstí 14, Nové Město, Praga 1 ☎ 224 231 480 🕐 Seg-sex 10h-21h30, sáb-dom 14h-21h30 🍴 Chá cerca de 65Kč 🚇 Můstek 🚊 Bondes 3, 9, 14, 24 para Václavské náměstí

FERDINANDA
www.ferdinanda.cz (em tcheco)
O nome Ferdinand vem da indústria cervejeira da cidade de Benešov, perto do Castelo de Konopiště, onde morava o arquiduque Francisco Ferdinando, herdeiro do trono dos Habsburgos que foi assassinado em Sarajevo em julho de 1914. As excelentes cervejas dessa fábrica são servidas aí, entre elas a escura e ligeiramente condimentada Sedm kulí ("Sete Balas"), nome que lembra os sete disparos contra o desafortunado arquiduque e sua esposa. Utensílios rústicos dão um toque excêntrico, e as especialidades boêmias combinam com a cerveja na qualidade e têm ótimo preço, considerando a localização, a um pulinho da estátua de Venceslau.
🏠 156 G7 ✉ Opletalova 24 (esquina com Politických vězňů), Nové Město, Praga 1
☎ 222 244 302 🕐 Seg-sáb 11h-23h
🍴 A 120Kč, J 185Kč, vinho 210Kč
🚇 Muzeum 🚊 Bondes 3, 9, 14, 24 para Václavské náměstí

LE GRILL
www.kempinski-prague.com
A inauguração do restaurante do Hotel Kempinski (▷ 154) talvez tenha sido a mais comentada em 2009. Como o nome indica, as melhores entradas – como carne à irlandesa e filé de atum vermelho – são preparadas sobre chama viva. O chef Marek Fichtner usa principalmente ingredientes da estação orgânicos. Para agradar os moradores da cidade, o strudel de maçã leva uma gota do fortíssimo licor de ameixa chamado *slivovice*.
🏠 156 G6 ✉ Hybernská 12, Nové Město, Praga 1 ☎ 226 226 167 🕐 Diariam 7h-11h, 12h-15h, 18h-22h30 🍴 A 600 Kč, J 1.600 Kč (menu de degustação 1.400 Kč), vinho 900 Kč
🚇 Náměstí Republiky 🚊 5, 8, 14, para Náměstí Republiky ou 3, 5, 14, 24, 26 para Masarykovo nádraží

HYBERNIA
www.hybernia.cz
Na parte norte da Nové Město, entre a Obecní dům (Casa Municipal) e a Estação Masaryk, esse restaurante, que tem lanchonete no porão e um pátio, oferece uma variedade barata da culinária tradicional tcheca.
🏠 156 G6 ✉ Hybernská 7, Nové Město, Praga 1 ☎ 224 226 004 🕐 Seg-sex 8h-23h30, sáb, dom 10h30-23h30 🍴 A 230Kč, J 500Kč, vinho 155Kč 🚇 Náměstí Republiky
🚊 Bondes 8 para Náměstí Republiky; 5, 14 para Náměstí Republiky ou Masarykovo nádraží; 3, 24 para Masarykovo nádraží

REGIÕES | **NOVÉ MĚSTO: ONDE COMER**

KÁVA KÁVA KÁVA

www.kava-coffee.cz

O Káva Káva Káva dá para um pátio com pavimentação bonita, que faz parte da *pasáž* (passagem) que liga a rua Národní ao Uhelný trh (Mercado de Carvão) e à Staré Město. Dizem servir o melhor café da cidade, além de bolos e roscas doces. Há jornais em uma estante e acesso à internet. Quando o tempo permite, pode-se sentar do lado de fora.

156 F6 Galeria Platýz, Národní 37, Staré Město, Praga 1 224 228 862 Seg-sex 7h-21h, sáb-dom 9h-22h Petiscos a partir de 45Kč Národní třída Bondes 6, 9, 18, 21, 22 para Národní třída

KOGO

www.kogo.cz

Bem lá para dentro do moderníssimo shopping center Slovanský dům há um restaurante italiano deslumbrante, um dos principais lugares da cidade para ver e ser visto. Está sempre movimentado e oferece uma enorme variedade de comida mediterrânea – carnes, saladas, frutos do mar, massas, pizzas, risotos –, que pode ser apreciada no salão, parecido com um jardim de inverno, ou do lado de fora, no verão.

156 G6 Na příkopě 22, Nové Město, Praga 1 221 451 259 Diariam 11h-23h A 650Kč, J 1.000Kč, vinho 520Kč Můstek, Náměstí Republiky Bondes 5, 8, 14 para Náměstí Republiky

MÁNES

www.restaurace-manes.cz

O prédio branco Mánes foi construído em 1930 para ser a sede da sociedade artística homônima. Os artistas Pablo Picasso e Salvador Dalí e o arquiteto Frank Lloyd Wright eram sócios da instituição. O prédio é um marco no rio. É uma obra fundamental na história da arquitetura modernista tcheca, mas também incorpora a torre de água com cúpula em forma de bulbo que já existia desde a Idade Média. Desfrute pratos tchecos e internacionais no salão interno ou no terraço de verão.

156 E8 Masarykovo nábřeží 250, Nové Město, Praga 1 224 931 112 Diariam 11h-23h A 250Kč, J 450Kč, vinho 180Kč Bondes 17, 21 para Jiráskovo náměstí

MASALA

www.masala.cz

Disseram que era impossível: um restaurante indiano excelente, com preços razoáveis, no meio da Europa central. Poucas surpresas para os conhecedores da culinária indiana. Todos os tandooris, masalas de frango e rogan joshes que se espera encontrar estão no cardápio. As diferenças são o cuidado dos donos no preparo da comida e o salão de refeições acolhedor. É melhor reservar com antecedência. Roupa informal.

156 H7 Mánesova 13, Vinohrady, Praga 2 222 251 601 Seg 17h-22h30, ter-sex 11h30-22h30, sáb-dom 12h30-22h30 A 250Kč, J 500Kč, bebidas 50-60Kč Muzeum 11 para Muzeum

MOZAIKA

www.restaurantmozaika.cz

Já se espalhou o segredo sobre aquele que seria o restaurante de melhor custo-benefício de Vinohrady. O cardápio pende para pratos franceses, com influências locais e asiáticas. O peito de pato à francesa é servido com batata amassada com pimenta-do-reino e salada de rúcula com molho de cereja em vinho tinto. É uma pechincha por 355Kč. O recinto é moderno e de bom gosto, e fica mais cálido com a iluminação suave e o rumor dos fregueses satisfeitos. A roupa é informal e as reservas são obrigatórias.

157 J8 Nitranská 13, Vinohrady, Praga 2 224 253 011 Seg-sex 11h30-0h, sáb 12h-0h, dom 16h-0h A 400Kč, J 700Kč, vinho 395Kč Jiřího z Poděbrad 11 para Jiřího z Poděbrad

PIVOVARSKÝ DŮM

www.gastroinfo.cz/pivodum

A "Casa Cervejeira" tornou-se uma quase tradição. Clima alegre e preços bem razoáveis atraem uma freguesia de moradores e turistas, todos aparentemente satisfeitos com as opções incomuns de cervejas (com sabor de banana, por exemplo) feitas na própria casa, além da tradicional comida substanciosa da Boêmia.

156 F8 Esquina de Ječná e Lipová 15, Nové Město, Praga 2 296 216 666 Diariam 11h-23h30 A 165Kč, J 310Kč, vinho 170Kč I.P. Pavlova Bondes 4, 6, 10, 16, 22 para Štěpánská

PŘÍČNÝ ŘEZ

www.pricnyrez.cz

O elegante Příčný Řez é muito procurado por oferecer um serviço cordial, ambiente gostoso de temas étnicos em três pisos e porções fartas de comida imaginativa e saborosa por preços razoáveis. O almoço, por 135Kč, é uma verdadeira pechincha, e no brunch de domingo há um cardápio especial. Reserve para garantir mesa.

156 F8 Příčná 3, Nové Město, Praga 1 222 233 283 Seg-sex 10h30-23h, sáb-dom 11h30-23h A 135Kč, J 350Kč, vinho 179Kč Karlovo náměstí Bondes 3, 4, 6, 10, 14, 16, 18, 22, 24 para Karlovo náměstí

RADOST FX

www.radostfx.cz

Esse bar, café e boate perto da Václavské náměstí também é considerado por muitos o melhor restaurante vegetariano de Praga. Há grande variedade de opções de comida saudável para tentar os clientes, que podem admirar o ambiente original sentados em sofás antigos. Os atendentes estão na moda como a comida e o clima, e os baladeiros gostam do horário de funcionamento, bem liberal.

156 G8 Bělehradská 120, Vinohrady, Praga 2 224 254 776 Restaurante: Seg-sex 9h-3h, sáb-dom 10h30-5h A 200Kč, J 300Kč, vinho 200Kč I.P. Pavlova Bondes 4, 6, 10, 11, 16, 22 para I.P. Pavlova

TAJ MAHAL

www.tajmahal.cz

Antigo favorito, esse restaurante indiano continua a servir seus bons samosas, vindaloos e outros clássicos com cortesia e eficiência. A ambientação típica melhora à noite com música ao vivo discreta.

156 G7 Škrétova 10, Nové Město 224 225 566 Seg-sex 12h-23h, sáb, dom 13h-23h A 275Kč, J 600Kč, vinho 345Kč Muzeum Bondes 11 para Muzeum; 4, 6, 10, 16, 22 para I.P. Pavlova

TRITON
www.tritonrestaurant.cz
Essa gruta estranha é povoada por criaturas das profundezas que surgem das paredes cobertas de estalactites. Parte do Hotel Adria (▷ 152), o Triton é uma fantasia art nouveau que por si só vale conhecer, ainda que o motivo real seja a qualidade da cozinha tcheca e internacional e a carta de vinhos. Há pratos do dia e combinações por bom preço.
✚ 156 F7 ✉ Václavské náměstí 26, Nové Město, Praga 1 ☎ 221 081 218 ⏰ Diariam 12h-0h 🍴 A 600Kč, J 1.000Kč, vinho 560Kč Ⓜ Můstek 🚍 Bondes 3, 9, 14, 24 para Václavské náměstí

U BÍLÉ KRÁVY
www.bilakrava.cz
Em rua tranquila, logo atrás do Museu Nacional, a "Vaca Branca" não tem igual em Praga porque serve refeições fartas e deliciosas feitas de novilhos charolais bem-dotados. E nisso conquistou uma freguesia de carnívoros devotados. Claro, existem alternativas de qualidade idêntica.
✚ 156 G8 ✉ Rubešova 10, Vinohrady, Praga 2 ☎ 224 239 570 ⏰ Seg-sex 11h30-23h, sáb 17h-23h; fechado J dom e sáb-dom em jul, ago 🍴 A 310Kč, J 800Kč, vinho 440Kč Ⓜ Muzeum 🚍 Bondes 4, 6, 10, 11, 16, 22 para I.P. Pavlova

U FLEKŮ
www.ufleku.cz
Forasteiros lotam esse bar famoso há mais de 500 anos. Seus recintos pitorescos e a cervejaria têm espaço para 1.200 fregueses, todos servidos com eficiência da velha cozinha boêmia e da excelente cerveja escura feita na casa. É parada de ônibus de turistas e, portanto, pode ficar lotado.
✚ 156 E7 ✉ Křemencova 11, Nové Město, Praga 1 ☎ 224 934 019-20 ⏰ Diariam 9h-23h 🍴 A 300Kč, J 600Kč, vinho 330Kč Ⓜ Národní třída 🚍 Bondes 6, 9, 18, 21, 22 para Národní třída

U KALICHA
www.ukalicha.cz
"O Cálice" talvez seja o bar mais famoso de Praga, e dar uma passada por ele é de máxima prioridade para os fãs da imortal personagem cômica do mais conhecido livro de Jaroslav Hašek, *O bom soldado Švejk* (1921-23). Esse era o boteco frequentado por Švejk na ficção, o lugar em que ele foi preso por caçoar inadvertidamente do imperador Francisco José quando estourou a Primeira Guerra Mundial. Você pode ver a reencarnação do soldado em um dos integrantes da banda de sopros que entretém os fregueses vindos de toda a parte do mundo. Faça reserva com alguma antecedência.
✚ 156 G8 ✉ Na Bojišti 12-14, Nové Město, Praga 2 ☎ 296 189 600 ⏰ Diariam 11h-23h 🍴 A e J 500Kč Ⓜ I.P. Pavlova 🚍 Bondes 4, 6, 10, 16, 22 para I.P. Pavlova

U PINKASŮ
www.upinkasu.cz
Esse bar-restaurante histórico foi reformado e não perdeu nada do clima. O térreo é para beber a Prazdroj (Urquell) de barril (foi nesse local, em 1843, que Praga conheceu essa cerveja). As salas mais elegantes do andar de cima servem versões refinadas da culinária da Boêmia. Coma do lado de fora no verão.
✚ 156 F6 ✉ Jungmannovo náměstí 16, Nové Město, Praga 1 ☎ 221 111 150 ⏰ Diariam 11h-1h 🍴 A 210Kč (prato do dia 89Kč), J 430Kč, vinho 210Kč Ⓜ Můstek

UNIVERSAL
www.universalrestaurant.cz
Esse restaurante em estilo francês próximo do Teatro Nacional atrai muitos jovens. Serve boas saladas e pratos especiais, entre eles chucrute da Alsácia e filé magro de pato. Os pratos do dia têm bom preço.
✚ 156 E7 ✉ V Jirchářích 6, Nové Město, Praga 1 ☎ 224 934 416 ⏰ Seg-sáb 11h30-0h, dom 11h-23h 🍴 A 150Kč, J 500Kč, vinho 330Kč Ⓜ Národní třída 🚍 Bondes 6, 9, 18, 21, 22 para Národní třída

VČELÍN
A "Colmeia" é uma lanchonete bacana do tipo bar em Vršovice – que passa por um aburguesamento cada vez maior –, a poucas paradas de bonde do centro de Praga. Atrai um pessoal jovem e na moda com um cardápio cosmopolita de excelente custo-benefício. Há chopes de vários tipos.
✚ 157 J9 ✉ Kodaňská 5, Vršovice, Praga 10 ☎ 271 742 541 ⏰ Seg-sex 11h-0h, sáb 11h30-0h, dom 11h30-23h 🍴 A e J 200Kč, vinho 240Kč 🚍 Bondes 4, 22 para Ruská

ZAHRADA V OPEŘE
www.zahradavopere.cz
O "Jardim da Ópera" tem como vizinho a Státní opera Praha. A decoração contemporânea é da lavra da equipe responsável pela remodelação da suíte presidencial no castelo. A qualidade dos pratos tchecos e internacionais é trivial, mas por preços excelentes.
✚ 156 G7 ✉ Legerova 75, Nové Město, Praga 1 ☎ 224 239 685, 724 138 020 ⏰ Diariam 11h30-1h (cozinha aberta até 0h) 🍴 A 300Kč, J 700Kč, vinho 340Kč Ⓜ Muzeum

ZINC
www.hiltonpragueoldtown.com
O pequeno canto do outro lado da Masarykovo nádraží acabou se tornando um epicentro da gastronomia sob o comando do mestre-cuca Ari Munandar. As primeiras resenhas são promissoras, por causa de pratos apetitosos como garoupa chilena recoberta de missô e lula crocante com sal e chili. A indumentária é informal chique e recomenda-se fazer reserva.
✚ 156 G5 ✉ V Celnici 7, Nové Město, Praga 1 ☎ 224 842 300 ⏰ Diariam 12h-15h, 18h-23h 🍴 A 600Kč, J 1.100Kč, vinho 900Kč Ⓜ Náměstí Republiky 🚍 3, 5, 8, 14, 24, 26 para Náměstí Republiky ou Masarykovo nádraží

ZVONICE
www.restaurantzvonice.cz
Esse restaurante fica no campanário da Kostel svatého Jindřicha (Igreja de Santo Henrique). Há boas vistas do topo e do restaurante, em dois dos andares mais baixos – mas altos mesmo assim. É um ambiente romântico, entre as velhas vigas do recinto do sino e perto do sino Maria, de 1518. Os bons pratos tchecos e internacionais espelham a localização.
✚ 156 G6 ✉ Jindřišská věž, Jindřišská ulice, Nové Město, Praga 1 ☎ 224 220 009 ⏰ Diariam 11h30-0h 🍴 A 290Kč, J 1.150Kč, vinho 690Kč 🚍 Bondes 3, 9, 14, 24 para Jindřišská

ONDE FICAR

Acima A inconfundível fachada do Grande Hotel Evropa na Václavské náměstí

PREÇOS E SÍMBOLOS

Os preços são de uma diária em quarto duplo com café da manhã, a não ser que haja indicação em contrário. Os hotéis relacionados aqui aceitam cartão de crédito, a menos que indicado. Os preços variam muito durante o ano.

Para a legenda dos símbolos, ▷ 2.

ADRIA
www.adria.cz
Em local privilegiado na parte baixa da Václavské náměstí (praça Venceslau), este hotel de propriedade familiar oferece todo conforto. O prédio rococó foi transformado em hotel pela primeira vez há cerca de um século e passou por várias reformas desde então. Os quartos nos fundos do prédio têm vista fascinante para o charmoso oásis central do Františkánská zahrada (Jardim Franciscano). No subsolo, o restaurante do hotel, Triton (▷ 151), proporciona pratos maravilhosos.
✚ 156 F7 ✉ Václavské náměstí 26, Nové Město, Praha 1 ☎ 221 081 111 ✋ A partir de 3.360Kč ⓘ 89 ❂ ⓜ Můstek 🚋 Bondes 3, 9, 14, 24 para Václavské náměstí

AMETYST
www.hotelametyst.cz
O imaculado Ametyst fica a menos de 15 minutos a pé da Václavské náměstí (praça Venceslau) e está bem localizado para pegar bondes para qualquer lado de Praga. Praticamente reconstruído em 1994, esse hotel pequeno e acolhedor tem sido reformado desde então. Os quartos são impecáveis, e os melhores são os que têm sacadas, no último andar. O restaurante do hotel é especializado em pratos tradicionais tchecos e austríacos e se orgulha da sua carta de vinhos. Tem estacionamento.
✚ 156 H9 ✉ Jana Masaryka 11, Vinohrady, Praha 2 ☎ 222 921 921, 222 921 946-7 ✋ 3.300Kč-6.200Kč ⓘ 84 ❂ ⓜ Náměstí Míru 🚋 Bondes 4, 22 para Jana Masaryka

ANDANTE
www.andante.cz
Opção simples e econômica bem perto da praça Venceslau. Os quartos são pequenos, mas valem o que custam pela localização. O hotel fez bons acréscimos para essa faixa de preço, como minibar nos quartos e acesso grátis por Wi-Fi. Alguns dos quartos têm terraço.
✚ 156 F8 ✉ Ve Smečkách 4, Nové Město, Praha 1 ☎ 222 210 021 ✋ 2.700Kč (duplo) a 3.600Kč (suíte) ⓘ 32 ⓜ Muzeum

ATLANTIC
www.hotel-atlantic.cz
A poucos passos da Obecní dům (Casa Municipal), o Atlantic ocupa uma antiga estalagem do século XVI que foi transformada em hotel quando a estrada de ferro chegou à vizinha estação Masaryk, em 1845. Inteiramente reformado em 2004, ele proporciona acomodações simples por preços razoáveis.
✚ 156 G5 ✉ Na poříčí 9, Nové Město, Praha 1 ☎ 224 812 084 ✋ 2.180Kč-2.670Kč ⓘ 62 ⓜ Náměstí Republiky

🚋 Bondes 5, 8, 14 para Náměstí Republiky; 3, 24, 26 para Masarykovo nádraží

BEST WESTERN HOTEL METEOR PLAZA
www.hotel-meteor.cz

Antes chamado The White Lion, esse estabelecimento foi mencionado pela primeira vez em 1307, e no século XVIII recebeu uma visita do futuro imperador José II. Reconstruído em estilo barroco, foi completamente modernizado e propicia todas as comodidades e quartos bastante adequados, a um pulinho da Prašná brána (Torre da Pólvora) e da Obecní dům (Casa Municipal) e a curta caminhada de todas as atrações centrais. Tem também um restaurante pitoresco em um porão com abóbadas de berço.

✚ 156 G6 ✉ Hybernská 6, Nové Město, Praha 1 ☎ 224 192 111, 224 192 559 💰 3.200Kč-4.400Kč ⓘ 88 🚇 🚆 🚋 Náměstí Republiky 🚌 Bondes 5, 8, 14 para Náměstí Republiky

CARLO IV
www.boscolohotels.com

O antigo prédio ornamentado do correio e da caixa econômica tornou-se o que, segundo se diz, é o hotel mais luxuoso da cidade. Após o estonteante saguão da recepção – o ex-salão principal do banco – estão os quartos, que são a última palavra em estilo e conforto. Além disso, você encontra bares acolhedores, um restaurante, um spa e uma piscina fabulosa, com piso de mosaico. O preço não inclui o café da manhã e as taxas.

✚ 156 G6 ✉ Senovážné náměstí 13, Nové Město, Praha 1 ☎ 224 593 111 💰 4.770Kč-8.417Kč ⓘ 154 🚇 🚆 🚋 Hlavní nádraží 🚌 Bondes 3, 9, 14, 24 para Jindřišská; 5, 9, 26 para Hlavní nádraží

ÉLITE
www.hotelelite.cz

Integrante do pequeno grupo de "hotéis de charme", o Élite fica pertinho da estação Národní třída de metrô e bonde. O prédio remonta ao século XIV e tem características fascinantes, como um quarto com pintura renascentista no teto. Dispõe de um bar no porão, uma boate e restaurante com churrasqueira, que serve pratos franceses, espanhóis e argentinos. No verão, tome o café da manhã no pátio.

✚ 156 F7 ✉ Ostrovní 32, Nové Město, Praha 1 ☎ 224 932 250 💰 3.280Kč-6.420Kč ⓘ 78 🚇 🚋 Národní třída 🚌 Bondes 6, 9, 18, 21, 22 para Národní třída

ESPLANADE
www.esplanade.cz

O Esplanade foi um dos hotéis de elite na Tchecoslováquia do entreguerras, construído em 1927 segundo os mais altos padrões em estilo do fim da Art Nouveau. Um pouco decaído no final do século XX, hoje ele conta com quartos reformados de características bastante diversas, de modo que é bom conhecer alguns deles antes de fazer a escolha. O hotel tem vista para a estação ferroviária principal e a Ópera Estatal. Para as refeições, você pode optar entre um café no terraço e um restaurante, que serve pratos internacionais e tchecos.

✚ 156 G7 ✉ Washingtonova 1600/19, Nové Město, Praha 1 ☎ 224 501 111 💰 3.600Kč-8.000Kč ⓘ 74 🚋 Em alguns quartos 🚆 Hlavní nádraží ou Muzeum

GRAND HOTEL EVROPA
www.evropahotel.cz

O Evropa é uma criação deslumbrante da arquitetura art nouveau. Mas só por fora. Lá dentro, a simplicidade dos quartos decepciona. Mesmo assim, certas pessoas se sentem recompensadas só de ficar em um prédio tão significativo, bem no meio de tudo na praça Venceslau. Por outro lado, você também pode apenas se sentar no maravilhoso café do térreo para tomar alguma coisa.

✚ 156 G7 ✉ Václavské náměstí 25, Nové Město, Praha 1 ☎ 224 215 387 💰 1.430Kč-3.000Kč ⓘ 90 🚇 Můstek 🚌 Bondes 3, 9, 14, 24 para Václavské náměstí

HARMONY
www.euroagentur.com

Esse é um hotel prático em uma movimentada rua comercial que parte da Obecní dům (Casa Municipal) no sentido leste. Prédio funcionalista dos anos 1930, seus quartos têm mobília simples mas são confortáveis. Os dois restaurantes servem culinária tcheca e internacional.

✚ 156 G5 ✉ Na poříčí 31, Nové Město, Praha 1 ☎ 222 319 807 💰 2.200Kč-3.800Kč ⓘ 60 🚇 Florenc ou Náměstí Republiky 🚌 Bondes 3, 8, 24, 26 para Bílá labuť

HILTON PRAGUE
www.prague.hilton.com

O Hilton de Praga é um enorme cubo de vidro de frente para uma via expressa urbana, ao lado da zona histórica da cidade. Ele compensa a localização sendo um mundo em si mesmo, com uma infraestrutura de serviços estupenda, entre eles um dos melhores restaurantes da cidade. Os quartos, modernizados em 2008, são espaçosos e confortáveis, e o hotel costuma ser a primeira opção das celebridades que vão à capital.

✚ 157 H5 ✉ Pobřežní 1, Karlín, Praha 8 ☎ 224 841 111 💰 3.800Kč-7.800Kč ⓘ 788 🚇 🚆 🚋 🚊 Florenc 🚌 Bondes 8, 24 para Florenc

HOTEL 16
www.hotel16.cz

Este hotel de uma família acolhe bem os hóspedes em um lugar que poderia parecer meio fora de caminho na Cidade Nova. Porém, fica a apenas dez minutos a pé da ponta mais alta da Václavské náměstí (praça Venceslau), e o Botanická zahrada (Jardim Botânico) encontra-se próximo. Os quartos são simples mas confortáveis e mobiliados em belo estilo italiano contemporâneo.

✚ 156 F8 ✉ Kateřinská 16, Nové Město, Praha 2 ☎ 224 920 636 💰 2.900Kč-3.500Kč ⓘ 14 🚇 I.P. Pavlova 🚌 Bondes 4, 6, 10, 16, 22 para Štěpánská

IBIS PRAHA OLD TOWN
www.hotelibis.cz

Dos quatro hotéis Ibis de Praga, esse pode ser considerado o principal, embora a precisão tenha fraquejado um pouco ao chamá-lo "Cidade Velha". Com localização bastante conveniente, literalmente a um pulo da Obecní dům (Casa Municipal), o hotel na verdade se situa na zona norte da Cidade Nova. Não importa – ele é quase novo em folha, com todas as características esperadas de um Ibis. Talvez não seja bom se hospedar

aqui se você quer um prédio que tenha a atmosfera do local, mas ao sair dele você se vê em meio a tudo que interessa.
✚ 156 G5 ✉ Na poříčí 5, Nové Město ☎ 266 000 999 💰 2.360Kč-3.360Kč ⓘ 271 🔧 🍴 Náměstí Republiky 🚋 Bondes 3, 8, 14 para Náměstí Republiky

IBIS VENCESLAU SQUARE
www.hotelibis.cz
Esse hotel da rede Ibis fica ao lado de uma estação de metrô e a curta caminhada do Národní muzeum (Museu Nacional), no alto da Václavské náměstí (praça Venceslau). Conta com uma piscina e o restaurante Estaminet, que serve pratos tchecos e internacionais.
✚ 156 G8 ✉ Kateřinská 36, Nové Město, Praha 2 ☎ 222 865 777 💰 2.360Kč-3.220Kč ⓘ 181 🔧 🏊 🍴 I.P. Pavlova 🚋 Bondes 4, 6, 10, 16, 22 para I.P. Pavlova

IMPERIAL
www.hotel-imperial.cz
Depois de amargar por décadas como um dos lugares para se hospedar mais baratos e sujos de Praga, o Imperial recuperou o antigo esplendor de um dos mercados art nouveau da cidade. Reaberto em 2007, é hoje um estabelecimento elegante, pronto para assumir um lugar na miríade de hotéis de qualidade na capital. Entre as maravilhas oferecidas está a chance de tomar o café da manhã no igualmente esplêndido Café Imperial (▷ 148-9), no térreo.
✚ 156 G5 ✉ Na poříčí 15, Nové Město, Praha 1 ☎ 246 011 600, 246 011 666 💰 4.500Kč-7.000Kč ⓘ 126 🍴 🔧 🍴 Náměstí Republiky 🚋 Bondes 5, 8, 14 para Náměstí Republiky; 3, 24, 26 para Bílá labut ou Masarykovo nádraží

JALTA
www.jalta.cz
O Jalta é um dos mais destacados prédios da era comunista, em estilo arquitetônico contido e elegante. Os recintos foram reformados detidamente; ficaram aconchegantes e acolhedores. O hotel costuma atrair pessoas a trabalho e delegados de convenções. O restaurante Como serve comida mediterrânea deliciosa.
✚ 156 G7 ✉ Václavské náměstí 45, Nové Město, Praha 1 ☎ 222 822 111 💰 3.200Kč-4.000Kč ⓘ 94 🔧 🍴 Muzeum

JEROME HOUSE
www.jerome.cz
Você encontra acomodações simples no Jerome House, situado no centro, mas em local silencioso, pertinho da estação Národní třída de metrô e bonde. A construção é da Idade Média, mas os quartos são em estilo atual despretensioso. Alguns comportam várias camas e têm infraestrutura compartilhada.
✚ 156 E7 ✉ V Jirchářích 13/153, Nové Město, Praha 1 ☎ 224 933 207, 224 933 140 💰 2.590Kč-3.660Kč ⓘ 52 🍴 Národní třída 🚋 Bondes 6, 9, 18, 21, 22 para Národní třída

K&K CENTRAL
www.kkhotels.com/central
O Central foi um dos primeiríssimos prédios art nouveau diferentes e funcionou muitos anos como teatro. Tão bonito quanto o Evropa (▷ 153) e obra dos mesmos arquitetos, ele o supera de longe em conforto. Os quartos são bem equipados e atraentes, mas não espere a opulência art nouveau – o estilo é o contemporâneo internacional. Tem também excelente localização, a poucos passos do Obecní dům (Casa Municipal), e um restaurante digno de nota. Ofertas especiais de momento na internet podem baixar o preço da estadia pela metade.
✚ 156 G6 ✉ Hybernská 10, Nové Město, Praha 1 ☎ 225 022 000 💰 7.200Kč-7.800Kč ⓘ 127 🔧 🍴 🍴 Náměstí Republiky 🚋 Bondes 5, 8, 14 para Náměstí Republiky; 3, 5, 14, 26, 24 para Masarykovo nádraží; 3, 9, 14, 24 para Jindřišská

KEMPINSKI
www.kempinski-prague.com
O ano de 2009 foi ótimo para inaugurações de hotéis de luxo. Não só o Kempinski abriu esse palácio cinco-estrelas como o Best Western e o Buddha-Bar também entraram no mercado com imóveis de luxo. Esse palacete barroco do século XVII, com restauração primorosa, já pertenceu à família Lobkowicz. O tamanho dos quartos é enorme – cerca de 50m² – e eles são decorados em estilo contemporâneo requintado.
✚ 156 G6 ✉ Hybernská 12, Nové Město, Praha 1 ☎ 226 226 171 💰 5.000Kč-8.000Kč ⓘ 75 🍴 🔧 🍴 Náměstí Republiky 🚋 5, 8, 14 para Náměstí Republiky

LIBERTY
www.hotelliberty.cz
Esse pequeno hotel de luxo, art nouveau, tem localização central invejável na rua sem veículos que liga a Národní třída à ponta mais baixa da Václavské náměstí (praça Venceslau). O mobiliário e os objetos são luxuosos, em estilo antigo, e há um terraço de verão. As suítes do último andar têm vista ótima para o castelo.
✚ 156 F6 ✉ 28 října 11/376, Nové Město, Praha 1 ☎ 224 239 598 💰 4.200Kč-6.000Kč ⓘ 32 🔧 🍴 🍴 Můstek

MERCURE
www.accorhotels.com
Integrante do grupo internacional Accor, o Mercure talvez seja o melhor dos hotéis agrupados nas proximidades da Na poříčí e nela mesma, rua comercial movimentada que sai da Obecní dům (Casa Municipal) no sentido leste. Ele aproveita ao máximo sua ligação com Franz Kafka – o escritor chegou a trabalhar no prédio como funcionário de uma companhia de seguros. Os quartos são interessantes e atuais, em um hotel que tem boa infraestrutura, uma cervejaria, bar e até biblioteca.
✚ 156 G5 ✉ Na poříčí 7, Nové Město, Praha 1 ☎ 221 800 800 💰 3.170Kč-5.780Kč ⓘ 174 🔧 🍴 Náměstí Republiky 🚋 Bondes 5, 8, 14 para Náměstí Republiky; 3, 5, 14, 24, 26 para Masarykovo nádraží

PALACE
www.palacehotel.cz
Construído em 1909 para ser um hotel, o Palace faz jus ao seu endereço prestigioso na esquina da "rua do Cavalheiro", onde também se localiza o Muchovo muzeum. Restaurações e reformas seguidas tiraram um pouco do aspecto que tinha no começo do século XX, mas os quartos e as áreas comuns são atraentes e confortáveis,

enquanto o serviço é exemplar. O hotel tem um restaurante gastronômico, assim como uma sala para bebidas e petiscos leves, e a Václavské náměstí (praça Venceslau) fica a apenas uma quadra de distância.

✚ 156 G6 ✉ Panská 12, Nové Město, Praga 1 ☎ 224 093 111 🍴 4.670Kč-10.770Kč ⓘ 114 ⚙ 🛏 Ⓜ Můstek 🚋 Bondes 3, 9, 14, 24 para Václavské náměstí ou Jindřišská

LE PALAIS
www.palaishotel.cz

Le Palais é um ótimo exemplo da exuberante arquitetura neorrenascentista de fins do século XIX, com uma profusão de detalhes decorativos criados pelo famoso artista Luděk Marold. O hotel ganhou reforma bem pensada e proporciona quartos e suítes de luxo com todas as instalações e comodidades atuais, inclusive banheiro de mármore. O restaurante Le Papillon serve culinária tcheca refinada e internacional, e do terraço de verão tem-se uma vista do vale do Nusle.

✚ 156 G9 ✉ U Zvonařky 1, Vinohrady, Praga 2 ☎ 234 634 111 🍴 4.000Kč-8.000Kč ⓘ 72 ⚙ 🛏 🚋 Bondes 6, 11 para Bruselská

PENSION MUZEUM
www.pension-museum.cz

De tamanho modesto, essa pensão bem ajeitada é moderna, acolhedora e confortável. A localização, ao lado do Museu Nacional, não poderia ser mais central, mas o trânsito constante de veículos na via expressa Magistrála decepciona um pouco quando se põe o pé na rua. Entretanto, trata-se de um estabelecimento barato altamente recomendado, ainda mais pelo farto café da manhã com bufê.

✚ 156 G7 ✉ Mezibranská 15, Nové Město, Praga 1 ☎ 296 325 186 🍴 1.970Kč-3.800Kč ⓘ 12 ⚙ Ⓜ Muzeum

PRAGUE MARRIOTT
www.marriott.com

Esse hotel enorme está bem equipado para os clientes de negócio, mas recebe com o mesmo conforto os outros hóspedes. Oferece quartos de alta qualidade, além de suítes, áreas comuns amplas e uma academia de ginástica excepcional, a grande Fitness Academy. A Brasserie Praha segue diversos tipos de culinária, da tcheca à californiana.

✚ 156 G6 ✉ V Celnici 8, Nové Město, Praga 1 ☎ 222 888 888 🍴 3.720Kč-8.240Kč ⓘ 293 ⚙ 🛏 Ⓜ Náměstí Republiky 🚋 Bondes 5, 8, 14 para Náměstí Republiky; 3, 5, 14, 24, 26 para Masarykovo nádraží

RADISSON SAS ALCRON
www.prague.radissonsas.com

Ao lado da Václavské náměstí (praça Venceslau), o suntuoso Alcron foi concluído em 1930, e durante boa parte da década seguinte foi o lugar preferido de políticos e jornalistas que cobriam a crise tchecoslovaca anterior à Segunda Guerra Mundial. A restauração do hotel preservou seu aspecto tradicional e ao mesmo tempo o colocou no mundo atual, fazendo-o continuar como um dos melhores hotéis de luxo da cidade. Os quartos, com linda decoração, têm banheiros de mármore e outros requintes, como aparelhos de som e TV. Experimente o restaurante gastronômico (▷ 148).

✚ 156 G7 ✉ Štěpánská 40, Nové Město, Praga 1 ☎ 222 820 000, 222 820 047 🍴 3.830Kč-7.410Kč ⓘ 211 ⚙ 🛏 🛏 Ⓜ Můstek, Muzeum 🚋 Bondes 3, 9, 14, 24 para Václavské náměstí

SALVATOR
www.salvator.cz

Distribuído em volta de um pátio, o Salvator dispõe de acomodações básicas em uma travessa a dois minutos a pé da Obecní dům (Casa Municipal). Os quartos mais baratos dividem o banheiro. O café da manhã é servido no porão, com decoração agradável de cartazes de cinema e similares. O hotel tem passagem para o restaurante vizinho, La Boca.

✚ 156 G5 ✉ Truhlářská 10, Nové Město, Praga 1 ☎ 222 312 234 🍴 1.600Kč-3.200Kč ⓘ 36 Ⓜ Náměstí Republiky 🚋 Bondes 5, 8, 14 para Náměstí Republiky

TOSCA
www.hotel-tosca.cz

O Tosca, inteiramente reconstruído, oferece quartos acessíveis em Vinohray, bairro cada vez mais na moda. Os quartos têm mobília modesta e são confortáveis. A Náměstí míru, coração de Vinohrady, com igreja, teatro, parada de bonde e estação de metrô, fica no fim da rua, e a Václavské náměstí (praça Venceslau) encontra-se a curta distância a pé, e também passa lá um bonde direto para o castelo.

✚ 157 H8 ✉ Blanická 10, Vinohrady, Praga 2 ☎ 221 506 111 🍴 1.500Kč-4.000Kč ⓘ 38 ⚙ Ⓜ Náměstí Míru 🚋 Bondes 4, 10, 16, 22 para Náměstí míru

U SVATÉHO JANA
www.accomprague.com

A casa paroquial pegada à Svatého Jana na Skalce (Igreja de São João Nepomuceno na Rocha), bela igrejinha barroca de Kilián Ignác Dientzenhofer, foi transformada em uma pousada pequena. Também confortáveis, os quartos têm linda decoração e saem por ótimo preço, enquanto as redondezas são ótimas. Fica a curta caminhada da Karlovo náměstí (praça Carlos) e tem parada de bonde na frente.

✚ 156 F9 ✉ Vyšehradská 28, Nové Město, Praga 2 ☎ 224 911 789 🍴 1.690Kč-2.090Kč ⓘ 14 Ⓜ Karlovo náměstí 🚋 Bondes 18, 24 para Botanická zahrada

YASMIN
www.hotel-yasmin.cz

Esse acréscimo recente ao número galopante de hotéis refinados é um dos mais luxuosos e originais de todos, com extraordinário paisagismo interior. Os quartos, confortáveis e muito bem equipados, são o que se esperaria de um estabelecimento dessa classe. Uma vantagem particular é a localização: através das várias galerias de Praga, chega-se rapidamente à Václavské náměstí (praça Venceslau), que fica a uma quadra. O preço cai cerca de 10% se você fizer reserva online por uma tarifa não reembolsável.

✚ 156 G7 ✉ Politických vězňů 12, Nové Město, Praga 1 ☎ 234 100 100 🍴 3.000Kč-5.050Kč ⓘ 196 ⚙ 🛏 Ⓜ Můstek ou Muzeum 🚋 Bondes 3, 9, 14, 24 para Václavské náměstí ou Jindřišská

REGIÕES
NOVÉ MĚSTO: ONDE COMER E ONDE FICAR

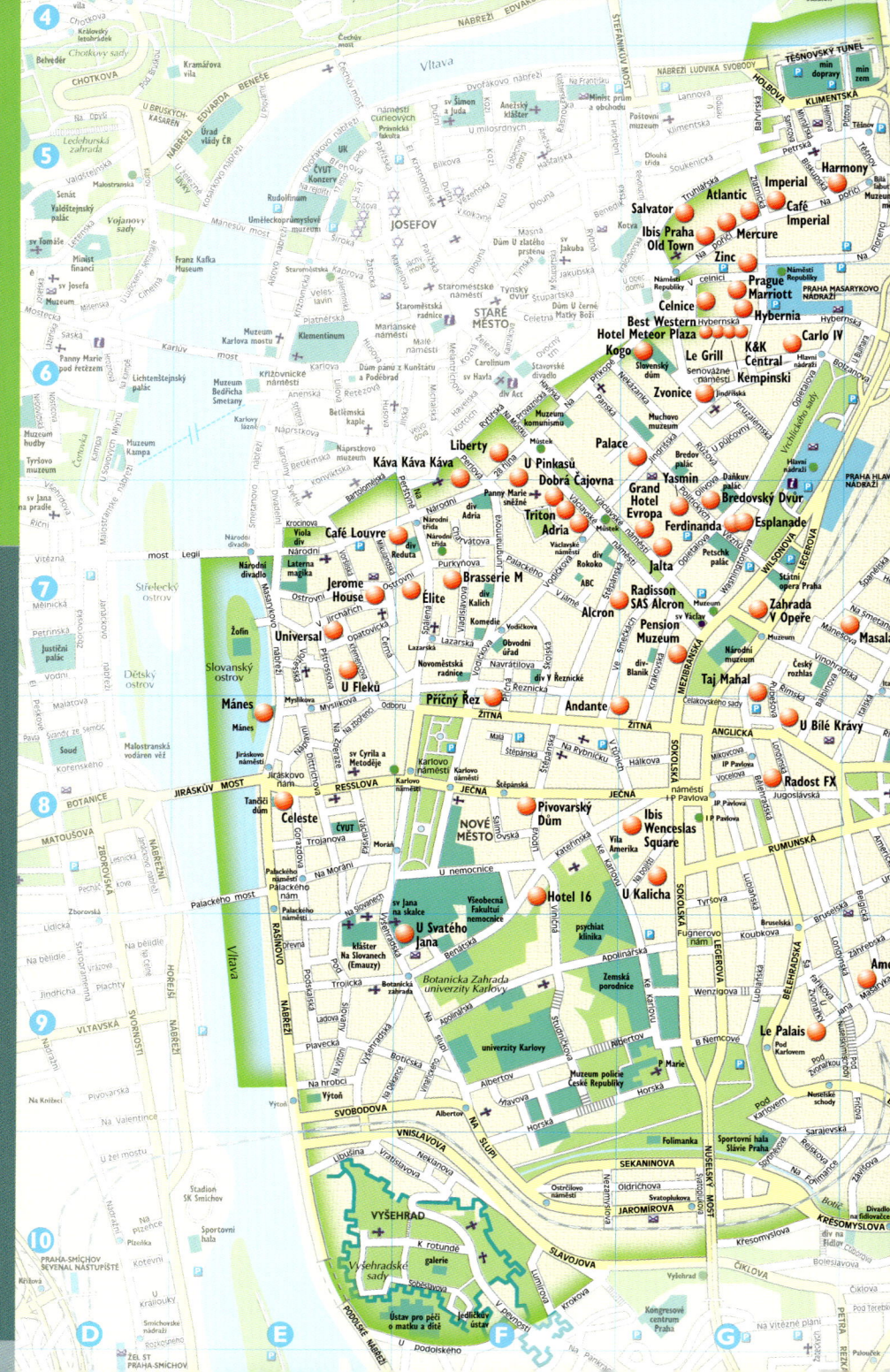

156

REGIÕES | **NOVÉ MĚSTO:** ONDE COMER E ONDE FICAR

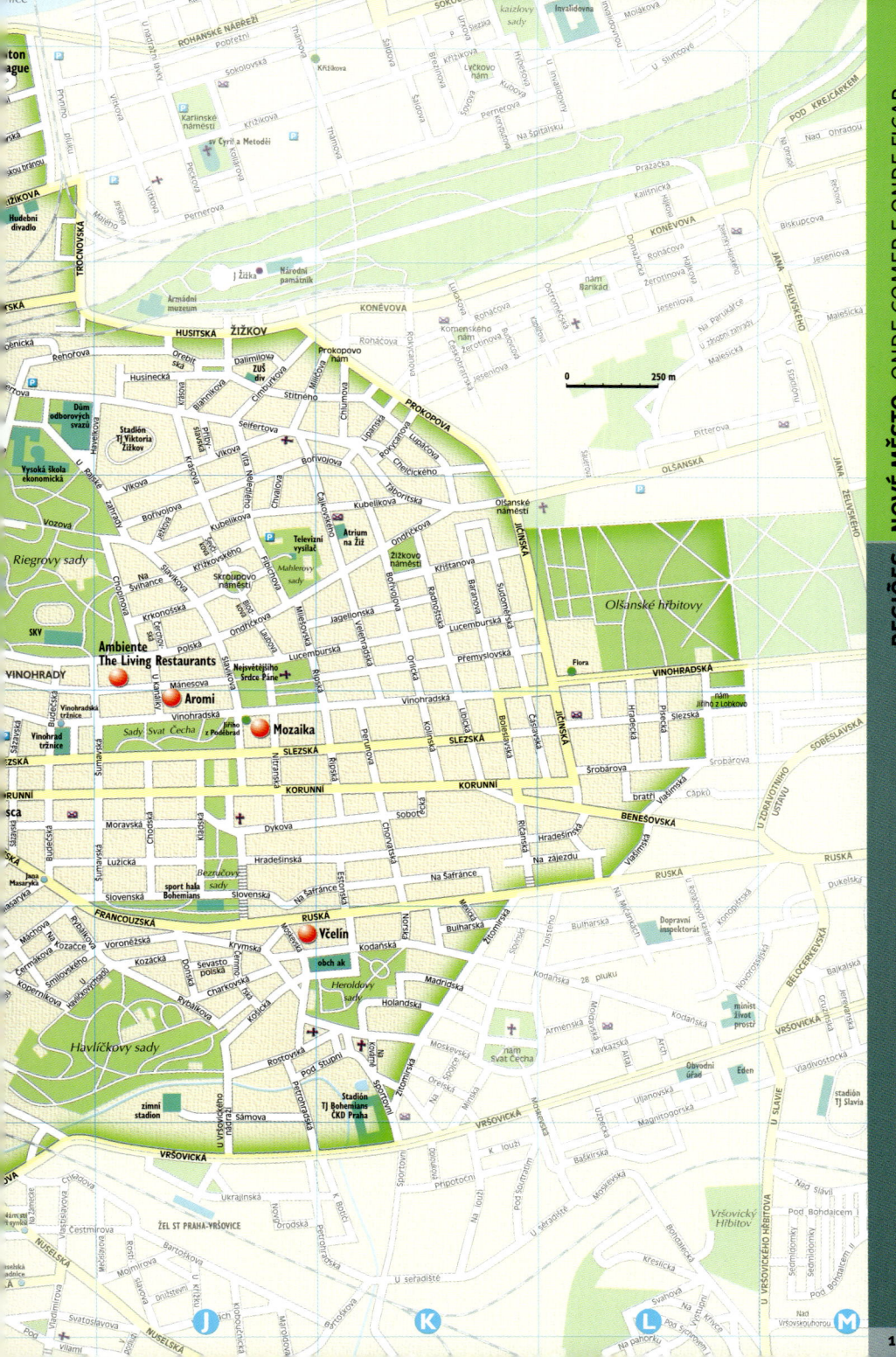

157

REGIÕES | MALÁ STRANA

ATRAÇÕES TURÍSTICAS 160

ROTEIROS E PASSEIOS 176

ARTE, COMPRAS, DIVERSÃO E NOITE 180

ONDE COMER 183

ONDE FICAR 186

MALÁ STRANA

Em geral se traduz Malá Strana por "Bairro Menor", o que leva a concluir que ele é inferior à Staré Město, do outro lado do rio. Não se deixe levar pelo rótulo. O Malá Strana é sem dúvida o bairro mais bonito de Praga. Está cheio de parques e jardins e enormes palácios barrocos projetados nos séculos XVII e XVIII por mestres italianos para os nobres habsburgos, para que passassem o tempo quando estivessem fora da capital do império, Viena.

É melhor entrar no Malá Strana pela obra-prima gótica do século XIV, a Karlův Most (Ponte Carlos), com sua coleção de fascinantes estátuas barrocas. Ao atravessar a ponte, a cúpula verde que se vê ao longe é da grandiosa Kostel svatého Mikuláše (Igreja de São Nicolau). Pode-se entrar na igreja e admirar a mistura exagerada de colunas, altares, afrescos e pinturas, todos imaginados para converter a cética população tcheca ao catolicismo. É também um ótimo lugar para assistir a um concerto de música clássica.

O coração do Malá Strana é a Malostranské náměstí, núcleo de transportes movimentado, com muitos cafés e restaurantes em volta. Você pode começar daqui a subida para o Pražský hrad (Castelo de Praga), pela bela rua Nerudova, com uma sucessão de palácios e casas pitorescas do século XVII que ainda têm nome e símbolos, como a "Casa do Cordeiro Vermelho", marcando uma época anterior ao uso de números para identificar os endereços.

Não deixe de visitar o descomunal Valdštejnský palác (Palácio Wallenstein), hoje sede do Senado tcheco, mas antigamente residência do lendário comandante habsburgo do século XVII, Albrecht von Wallenstein, que ousou enfrentar seus superiores vienenses e pagou com a própria vida.

Ao sul do Malá Strana está o promissor bairro de Smíchov. Como Karlín, Smíchov foi devastado nas enchentes de 2002 e recebeu uma quantidade enorme de recursos para a sua recuperação. Hoje é uma região vital de escritórios e lojas, com alguns hotéis e restaurantes muito bons.

REGIÕES | MALÁ STRANA: ATRAÇÕES TURÍSTICAS

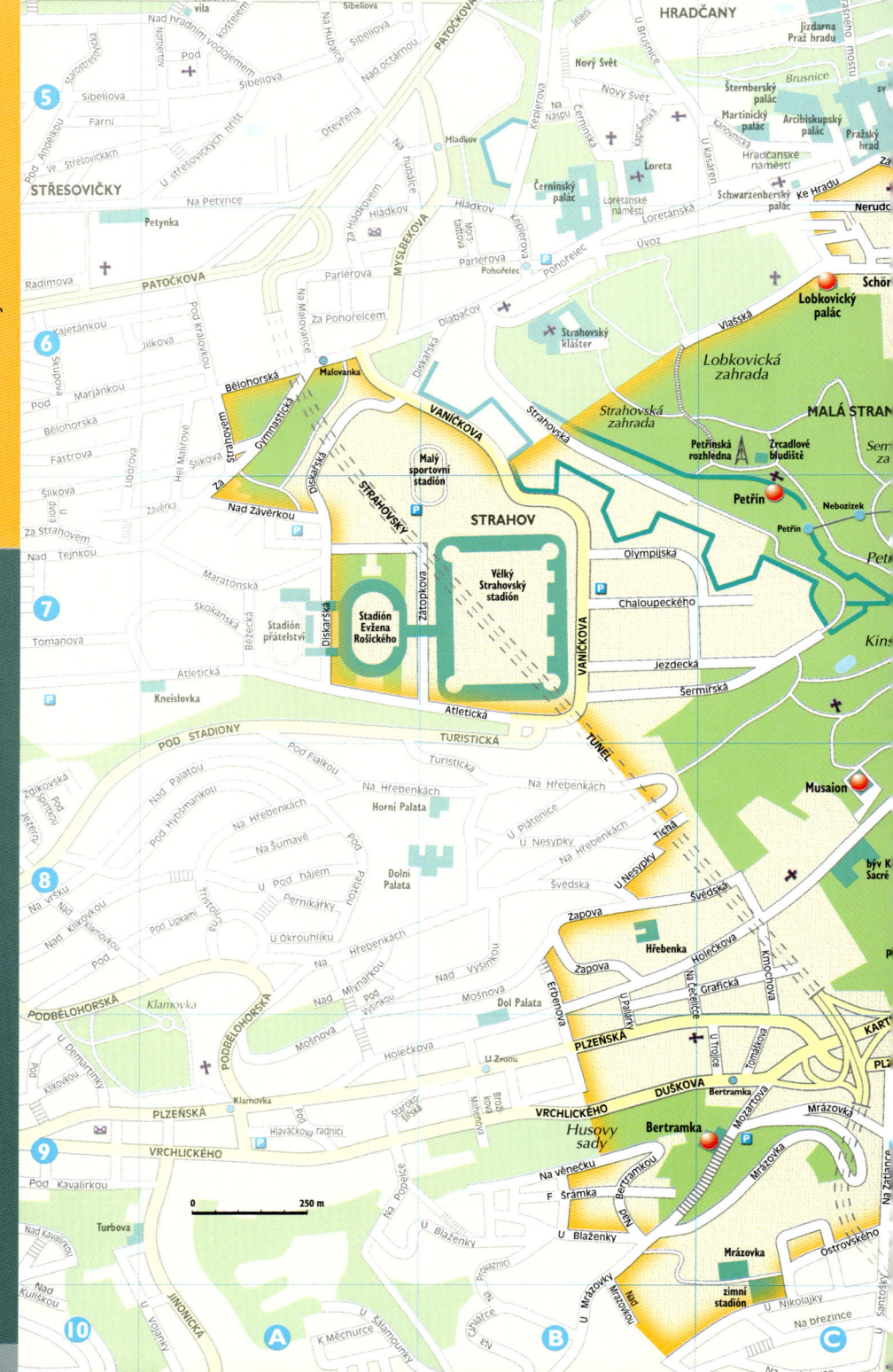

REGIÕES MALÁ STRANA: ATRAÇÕES TURÍSTICAS

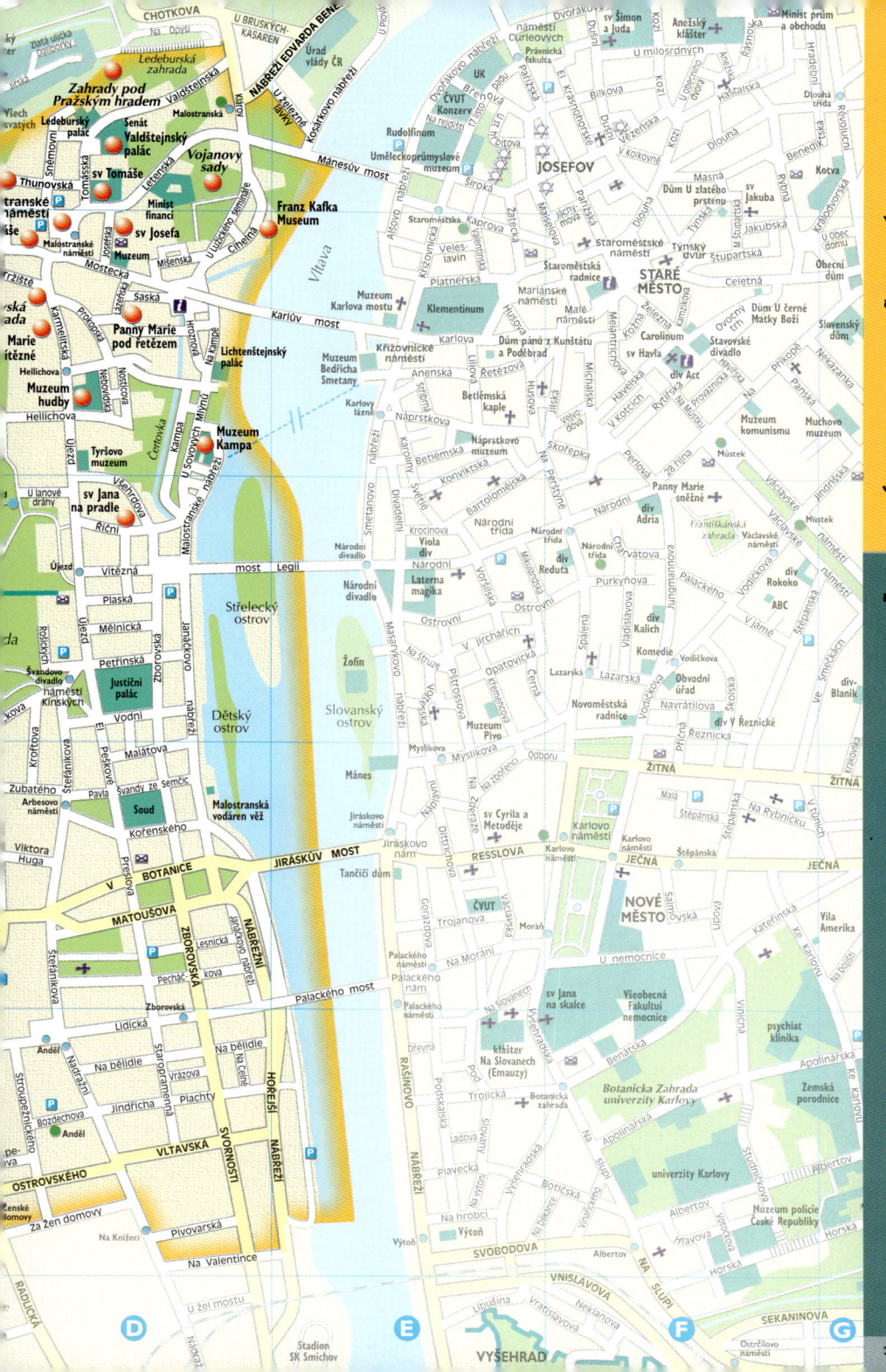

REGIÕES MALÁ STRANA: ATRAÇÕES TURÍSTICAS

BERTRAMKA

Obrigatória para os fãs de Mozart, esta mansão cercada de árvores foi onde o compositor deu os toques finais em sua ópera *Don Giovanni*.

No século XVIII, o campo para lá das muralhas de Praga era pontilhado de atraentes retiros rurais – fazendas e moradias de vinicultores reformadas onde os ricos escapavam dos odores e do calor do verão na cidade. Poucas restam hoje, mas uma delas, um oásis verde no subúrbio industrial de Smíchov, é um santuário à memória de Mozart.

A MANSÃO

Batizada com o nome de um de seus primeiros donos, Franz von Bertram, a Bertramka foi comprada em 1784 para a glamorosa cantora Josefa Dušková e seu marido, František Dušek, muito mais velho, por um dos admiradores dela, o conde Clam. Construída no pé da encosta do Černý vrch (morro Negro), compõe-se de uma moradia com belos terraços em galeria, de frente para outras construções domésticas do outro lado de um pátio, além de um amplo jardim à sombra de árvores. O Museu Mozart de Praga não poderia ter encontrado sede melhor, nem os concertos de verão poderiam ser realizados em local mais adequado. Os Dušek eram antigos amigos de Mozart e foram seus anfitriões em Bertramka em mais de uma ocasião. Corriam boatos de uma ligação amorosa entre Mozart e Josefa, que, a poucas horas da primeira apresentação de *Don Giovanni*, teria trancado o compositor em um cômodo para obrigá-lo a finalizar a partitura.

Mozart recebeu em Praga a acolhida de que sentia falta em Viena. Ele se deleitou com a "Figaromania" que tomou conta da cidade após as apresentações da sua *Figaro* em 1787, declarando com alegria: "Meus caros praguenses me entendem". Quando Mozart morreu, em 1791, os vienenses deixaram que ele fosse enterrado em uma cova pobre, mas em Praga uma multidão abarrotou a Svatého Mikuláše (Igreja de São Nicolau), ▷ 172-3) para assistir à sua suntuosa missa fúnebre. Uma restauração de bom gosto apagou de vez a negligência do passado e os estragos de um incêndio. A mansão irradia a atmosfera rococó da época de Mozart, com objetos como o cravo em que ele teria tocado. Um busto do compositor, feito no século XIX, decora o tranquilo jardim.

INFORMAÇÕES

www.bertramka.com
✚ 188 C9 ✉ Mozartova 169, Smíchov, Praga 5 ☎ 257 318 461 🕘 Abr-fim out diariam 9h-18h; nov-fim mar diariam 9h30-16h ✋ Adulto 110Kč, criança (6-16) 50Kč 🚇 Anděl 🚊 Bondes 4, 6, 9 10 para Bertramka 🍴

DICA

» Tanto melhor se a sua visita à Bertramka coincidir com um dos concertos de câmara que costumam ser realizados aí (no verão, ao ar livre).

Página ao lado *A Svathého Mikuláše (Igreja de São Nicolau) sob uma camada de neve*
Acima *Um pátio de pedra do lado de fora da mansão Bertramka*

MUSEU FRANZ KAFKA
www.kafkamuseum.cz

A definição de Franz Kafka (1883-1924) para sua cidade natal – "uma mãezinha com garras" – repercute ainda hoje. A personalidade literária mais famosa de Praga passou a maior parte da vida em um ou outro endereço perto da Staroměstské náměstí (praça da Cidade Velha). Há uma pequena exposição dedicada a ele no andar térreo do prédio erguido em seu lugar de nascimento (Franze Kafky náměstí 5). Todavia, esse museu relativamente novo instalado na antiga olaria Herget é um projeto bem mais ambicioso, com mostras multimídia sofisticadas e também uma reunião única de suas primeiras edições, cartas, manuscritos e fotografias. O museu lembra com sucesso a vida e a obra do escritor, que era um judeu entre alemães, um ateu entre os judeus, um falante do alemão entre os tchecos e um súdito do burocrático Império Habsburgo.

✚ 161 D6 ✉ Hergetova Cihelná, Cihelná 2b, Malá Strana, Praga 1 ☎ 257 535 507 🕐 Diariam 10h-18h 🍴 Adulto 120Kč, criança (6-16) 60Kč Ⓜ Malostranská 🚋 Bondes 12, 18, 20, 22 para Malostranská

LOBKOVICKÝ PALÁC
Essa esplêndida construção barroca, um dos vários palácios de Praga que ostentam o nome Lobkowicz, situa-se na ladeira da rua Vlašská, onde há uma pracinha. Iniciada em 1703, foi baseada em um desenho de Bernini para o Louvre de Paris que nunca se concretizou – um vestíbulo central circular com alas em curva. O arquiteto de origem italiana foi um dos mestres construtores de Praga, Giovanni Battista Alliprandi. Acrescentou-se outro andar na década de 1760. O palácio teve muitos donos, dos esplêndidos construtores ao ministro da Educação e da Instrução Pública da Tchecoslováquia do entreguerras.

Em 1971 o palácio passou a ser a sede da embaixada da Alemanha Ocidental e, nessa condição, ele passou pelos acontecimentos mais drásticos de sua história. No outono de 1989, prenunciando a queda dos regimes comunistas por toda a Europa, centenas de turistas da Alemanha Oriental abandonaram seus trôpegos carros Trabant nas ruas e nos becos em volta e treparam nas grades em busca de asilo. Reinou o caos enquanto os fugitivos se amontoavam e os diplomatas tentavam atender às diversas reivindicações deles. Enfim, o governo alemão-oriental se viu obrigado a fazer um acordo humilhante: seus cidadãos foram autorizados a ir para a Alemanha Ocidental, com a única condição de que os trens que os levavam ao exílio atravessassem a Alemanha Oriental. Para lembrar aqueles dias, um enorme Trabant dourado com pernas encontra-se no jardim (fechado ao público, mas se vê o carro pelas grades, do lado oposto).

✚ 160 C6 ✉ Vlašská 19/347, Malá Strana, Praga 1 🚋 Bondes 12, 20, 22 para Malostranské náměstí

MALOSTRANSKÉ NÁMĚSTÍ
▷ 165.

MUSAION
www.nm.cz

O Musaion (Templo das Musas) é o novo nome do Palácio de Verão Kinský, bela mansão neoclássica construída em 1831 pela família Kinský no centro de um belo parque ajardinado (▷ 169). Tanto a mansão quanto o parque foram restaurados com habilidade e merecem uma visita por si sós, mas mesmo quem tem um interesse superficial por folclore vai apreciar o acervo etnográfico tcheco exposto nos recintos da mansão. Além de roupas coloridas de todas as regiões do país, há entalhes e cerâmica, um magnífico presépio de Natal, pinturas em vidro e bordados, entre muitas outras coisas.

✚ 160 C8 ✉ Kinského zahrada 98, Malá Strana, Praga 5 ☎ 257 214 806 🕐 Maio-fim set diariam 10h-18h, out-fim abr diariam 9h-17h 🍴 Adulto 80Kč, criança (6-15) 40Kč 🚋 Bondes 6, 9, 12, 20 para Švandovo divadlo

MUZEUM HUDBY
www.nm.cz

O Museu Tcheco de Música, instalado no ambiente instigante de uma igreja no Malá Strana, exibe instrumentos e objetos de época que fazem jus a essa que é a mais musical das nações.

Qualquer turista que vá a Praga não demora a perceber o amor dos tchecos pela música e sua vontade de compartilhar sua herança musical com todos. Grupos e artistas solitários tocam nas ruas e nas praças, o som dos exercícios de alunos escapa por janelas abertas e se fazem concertos aparentemente em qualquer sala disponível. Os concertos sempre são compostos de um repertório mais difícil do que em outros lugares, e vale a pena ver todos eles. Os maiores compositores do país são heróis nacionais, lembrados não só em apresentações, mas em museus como a Vila Amerika (▷ 125) consagrada a Dvořák. Durante muito tempo o Museu Tcheco de Música não teve uma sede apropriada, mas desde 2004 seu acervo está exposto na velha Svatého Maří Magdaleny (Igreja de Santa Maria Madalena).

O edifício teve uma história movimentada. Perdeu o caráter religioso no final do século XVIII e serviu de depósito, hospital militar, alfândega e escola de equitação, até se tornar arquivo de documentos do Estado. Após a conversão, a nave passou a funcionar como sala de concertos, tendo no alto pisos com galerias em que as coleções são expostas com perfeição. Todo tipo imaginável de instrumento está exposto, de violinos que pertenceram a virtuoses a estranhas gaitas de foles, especialidade tcheca. São ainda mais esquisitos alguns instrumentos de sopro, dispostos por tipo em vitrines. Há também relógios musicais. Pode-se tocar certos instrumentos por meio de aparelhos interativos. A visita é divertida, mas também uma introdução séria à longa e gloriosa história da música e dos músicos em terras tchecas.

✚ 161 D6 ✉ Karmelitská 2/4, Malá Strana, Praga 1 ☎ 257 257 777 🕐 Seg 13h-18h, ter fechado, qua 10h-20h, qui, sáb e dom 10h-18h, sex 9h-18h 🍴 Adulto 100Kč, criança (6-16) 50Kč 🚋 Bondes 12, 20, 22 para Hellichova 📖 Guia 75Kč

MUZEUM KAMPA
▷ 166.

MALOSTRANSKÉ NÁMĚSTÍ

A praça do Malá Strana, em que predomina a maior igreja barroca da cidade, compõe o núcleo dessa região, além de ser ponto central no percurso da Cidade Velha para o castelo.

O enorme bloco da Svatého Mikuláše (Igreja de São Nicolau, ▷ 172-3) pode ser o destaque, mas há muito mais para ver e explorar na praça e nas ruas e vielas ao redor dela. É aqui, no coração do Malá Strana (Bairro Menor), que a maioria dos turistas para antes de enfrentar a subida íngreme para o castelo, também devido à tentação que são os numerosos bares, cafés e restaurantes.

OS PRÉDIOS

A São Nicolau divide a praça inclinada em uma metade de cima e outra de baixo, cada qual com os palácios e as residências de nobres tão característicos dessa parte da cidade. Alguns são muito antigos, mas a maioria foi reconstruída ou ganhou fachada barroca no final do século XVII e no XVIII. O mais grandioso desses prédios aristocráticos é o Lichteňštejnský palác (Palácio Lichtenstein), que ocupa todo o lado oeste da praça. Construído por encomenda de Karl von Lichtenstein (1569-1627), católico convertido que comandou com fervor o julgamento e a execução de protestantes rebeldes na praça da Cidade Velha, em 1621, hoje o palácio funciona como sede da Faculdade de Música da universidade. O Palác Smiřických, residência de Jan Albrecht Smiřický pintada de verde-pistache (nº 18/6), fica ao lado do Šternberský palác (Palácio Sternberg), no norte da praça. Chegou-se a considerar que Smiřický (1594-1618) poderia ser rei da Boêmia no lugar dos Habsburgos, e foi do seu palácio que os conspiradores partiram para o castelo já pensando na defenestração, em 1618 (▷ 31). Reserve um tempo para admirar as largas arcadas das casas dos burgueses no lado sul da praça e observe a entrada do nº 1/272, belo exemplo da antiga tendência em Praga para o *pavlač* (pátio com galerias arcadas). Esse imóvel tem o nome encantador de U petržilka (Casa da Salsinha).

INFORMAÇÕES

✚ 161 D6 ✉ Malostranské náměstí, Malá Strana, Praga 1 🚋 Bondes 12, 20, 22 para Malostranské náměstí

DICA

» Existem ótimas oportunidades para fotos a qualquer hora do dia e da noite. A iluminação com holofotes transforma a presença marcante da Igreja de São Nicolau, principalmente quando emoldurada pelos arcos da praça.

Abaixo *Os prédios da Malostranské náměstí vistos de cima*

REGIÕES | **MALÁ STRANA: ATRAÇÕES TURÍSTICAS**

Acima O museu fica na margem do rio Vltava

INFORMAÇÕES
www.museumkampa.cz
161 D6 ✉ Muzeum Kampa Nadace Jana a Medy Mládkových, U Sovových mlýnů 503/2, Malá Strana, Praga 1
☎ 257 286 147 🕐 Diariam 10h-18h
✋ Adulto 220Kč, criança (6-16) 110Kč
🚊 Bondes 12, 20, 22 para Hellichova 🍴

DICA
» De muitas das galerias tem-se vistas interessantes, mas, para apreciar todo o maravilhoso panorama dessa parte da cidade, suba até o "cubo" de vidro inclinado, no alto do prédio.

MUZEUM KAMPA
Em um moinho histórico com linda restauração, o Museu Kampa tem um acervo singular, com obras de dois dos mais importantes artistas tchecos do século XX.

É provável que o moinho Sova tenha sido o primeiro desse tipo em Praga e triturou milho por quase um milênio. O prédio atual, de imponente estilo neotudor, foi adaptado à nova função e ocupa uma posição esplêndida na ilha de Kampa, de frente para a grande represa em diagonal acima da Karlův most (Ponte Carlos).

AS COLEÇÕES
O ponto de partida desse acervo diferenciado foi a convicção de Jan (1912-89) e Meda Mládek de que a sobrevivência de um país depende da liberdade de expressão artística. Durante um longo exílio no Ocidente, eles superaram muitos obstáculos para colecionar a obra de artistas não reconhecidos e perseguidos pelos regimes comunistas da Europa central e oriental. Em Paris, nos anos 1950, Meda Mládek conheceu František Kupka (1871-1957), tcheco pioneiro da arte abstrata, que vivia na França desde 1896. Na época, Kupka era pouco conhecido em sua pátria, e Meda, certa de que a importância dele acabaria reconhecida, comprou algumas de suas obras, dos primeiros estudos a lápis e em aquarela a seus deslumbrantes óleos posteriores. Kupka é complementado no acervo por uma figura bem diversa, Otto Gutfreund (1889-1927), talvez o mais destacado escultor tcheco do século XX. Nos anos 1920, Gutfreund criou algumas surpreendentes esculturas cubistas de bronze, as primeiras do gênero. Entre as peças estão o busto torturado de *Viki* e um assombroso *Dom Quixote*. Mas, após a Primeira Guerra Mundial, Gutfreund largou essa forma de expressão e adotou preocupações sociais mais sérias, aqui representadas por figuras simpáticas em atividades diárias (*Comércio, Indústria*). O museu abrange o período criativo de Kupka – um dos pontos altos é *Cromática cálida*, de 1911-2. Das várias obras de outros artistas mais recentes, procure ver a desagregadora *Família* (1967), de Karel Nepraš.

NERUDOVA

Com uma profusão de casas com placas em belas fachadas barrocas e rococós, a íngreme Nerudova é uma das ruas da cidade mais bem conservadas.

Essa rua em ladeira, que leva o nome do escritor Jan Neruda (1834-91), o "Dickens do Malá Strana", compõe o trecho final do Caminho Real e sobe para o castelo. Faz parte de uma antiga rota que ligava o Strahovská brána (Portão de Strahov) ao lado oeste, atravessando o rio. Vestígios das casas que se sucediam na rua na época medieval persistem nos porões com abóbadas, embaixo dos prédios atuais, em sua maioria do século XVIII, dando à rua uma harmonia encantadora. Mais que em qualquer lugar da cidade, foram preservadas nos prédios as intrigantes placas pictóricas que serviam para identificá-los.

No início da rua, depois do antigo e famoso bar de esquina U kocoura (O gato), procure ver o nº 6, U červeného orla (A águia vermelha); o nº 12/210, U tří housliček (Os três violinozinhos), outrora lar de uma família de luthiers, e o nº 16/212, U zlaté číše (A taça de ouro). Há alguns belos palácios, que imprimem à rua um tom mais pretensioso do que essas casas relativamente modestas de burgueses. Os robustos mouros que sustentam o balcão do Morzinský palác (Palácio Morzin) fazem um trocadilho com o nome da família. Eles são obra de Ferdinand Maximilian Brokoff (1688-1731), enquanto as águias que realizam a mesma função no Thun-Hohenštejnský palác (Palácio Thun-Hohenstein), do lado contrário, foram esculpidas por Matthias Bernard Braun (1684-1738). Como muitos dos palácios do Malá Strana, ambos são hoje embaixadas (romena e italiana, respectivamente). No nº 33, o Bretfeldský palác (Palácio Bretfeld) é onde Mozart teria conhecido Casanova durante um baile luxuoso promovido pelo barão Bretfeld.

Mais acima da ladeira, no 47/233, U dvou slunců (Os Dois Sóis), hoje restaurante, foi a casa natal de Neruda. A partir daí a rua se alarga, dando opções de caminho: bem à frente está a escada que sobe para a Hradčanské náměstí (praça Hradčany); um pouco à esquerda, a Úvoz continua em direção ao Strahov. A maioria das pessoas vira bem à direita nesse ponto, seguindo para o castelo.

INFORMAÇÕES

✠ 160 C6 ✉ Malá Strana, Praga 1 🚋 Bondes 12, 20, 22 para Malostranské náměstí

DICA

» As lojas para turistas tomaram conta dessa rota principal para o castelo. Se tiver tempo, compare os preços com os de lojas em outros lugares da cidade.

MALÁ STRANA: ATRAÇÕES TURÍSTICAS

Abaixo *Violinos cruzados decoram a U tří housliček (Os três violinozinhos)*

PETŘÍN

INFORMAÇÕES
- 160 C7 ✉ Malá Strana, Praga 1
- 🚌 Bondes 22, 23 para Pohořelec (para Strahov); 12, 20, 22 para Újezd (para o *lanovka*)

Acima *Vista da Petřínská Rozhledna (Torre de Observação de Petřín) para o Vltava*

INTRODUÇÃO

O monte Petřín figura como belo pano de fundo para muitas vistas de Praga. Composto de vários parques e jardins antes separados, propicia ótimos mirantes, subidas e descidas difíceis ou caminhadas fáceis e graduais. Nele ergue-se uma miniatura da Torre Eiffel, a Rozhledna. Perto do pé da torre há uma curiosa combinação de labirinto de espelhos com um diorama histórico, enquanto roseirais imaculados formam uma moldura floral para o Štefánikova hvězdárna (Observatório Štefánik). Lagos, grutas, estátuas e uma igreja de madeira escondem-se entre as árvores do Kinského zahrada (Jardim Kinský), que forma o lado sul do monte. Para facilitar a subida do morro, pegue o *lanovka*, o funicular que vai de Újezd, no Malá Strana, ao observatório. A meio caminho, ele para perto do Nebozízek (▷ 184), famoso restaurante panorâmico, que, como o estabelecimento concorrente, Petřínské terasy, é um lugar excelente para relaxar.

As pedreiras do Petřín forneceram o calcário para construir grande parte da cidade na Idade Média, e ainda lhe deram o vinho proveniente de seus amplos vinhedos. Embora tenham sido destruídos durante da Guerra dos Trinta Anos (1618-48), são lembrados no pequeno vinhedo simbólico plantado abaixo do Mosteiro de Strahov nos anos 1990. As videiras originais acabaram substituídas por árvores frutíferas, e uma das coisas mais bonitas em Praga é quando o morro se torna uma massa florida em abril e maio. Os pomares deterioraram-se no final do século XX, e hoje se percebe o esforço para recuperá-los. Grande parte do monte já foi propriedade privada, e parte ainda é, por isso não se permite o acesso do público ao jardim das embaixadas dos Estados Unidos e da Alemanha.

DESTAQUES
PETŘÍNSKÁ ROZHLEDNA
www.prague-info.cz

A Rozhledna (Torre de Observação) do Petřín foi erigida para a grande Exposição do Jubileu, em 1891. Sua inspiração, a Torre Eiffel, havia sido muito admirada

pela delegação tcheca à Exposição de Paris de 1889. Com uma galeria de observação a 53m de altura, ela não tenta competir com a francesa, ainda que, por estar no topo de um morro, nem precise. Dizem que em dia claro se avistam lá do alto as montanhas Gigantes, no Norte da Boêmia, e os distantes Alpes.
✉ Petřínské sady, Malá Strana, Praga 1 ☎ 257 320 112 🕐 Maio-fim ago diariam 10h-22h (última entrada 21h30); abr diariam 10h-19h; set-fim out diariam 10h-18h; nov-fim mar sáb-dom 10h-17h 🎟 Adulto 100Kč, criança (6-16) 50Kč 🚋 Bondes 12, 20, 22, 23 para Újezd, depois *lanovka* para Petřín

DICA
» Se você chegar ao monte Petřín por Malá Strana, dê uma olhada no Obětem komunismu (monumento às vítimas do comunismo). Essas esculturas polêmicas ficam na encosta do morro, perto da parada de bonde de Újezd.

BLUDIŠTĚ
www.prague-info.cz

O Bludiště (Labirinto de Espelhos), perto da torre, está em uma construção pseudogótica esquisita feita para ser um dos pavilhões da Exposição de 1891. Depois de tantos anos, as distorções dos espelhos ainda são um desafio para você ficar de cara séria. No mesmo prédio, o diorama *A batalha dos praguenses com os suecos na Ponte Carlos em 1648* é exatamente o que diz o título, uma versão do século XIX de realidade virtual que tenta dar vida a esse episódio.
✉ Petřínské sady, Malá Strana, Praga 1 ☎ 257 315 212 🕐 Maio-fim ago diariam 10h-22h (última entrada 21h30); abr diariam 10h-19h; set-fim out diariam 10h-18h; nov-fim mar sáb-dom 10h-17h 🎟 Adulto 70Kč, criança (6-16) 50Kč, (menor de 6) 20Kč 🚋 Bondes 12, 20, 22 para Újezd, depois o *lanovka* para Petřín

KINSKÉHO ZAHRADA

O lado sul do monte Petřín foi comprado pela família aristocrática Kinský no início do século XIX e transformada em um parque ao estilo inglês. Entra-se nesse local romântico, em parte descuidado, pela parte principal do morro, atravessando a Hladová zed' (Muralha da Fome). Essa fortificação foi construída nos anos 1360, por ordem do imperador Carlos IV, mais para dar emprego aos súditos destituídos do que para fortalecer de verdade as defesas de Praga.

Um elemento interessante do lugar é a Kostel svatého Michal (Igreja de São Miguel). Essa bela igrejinha de madeira do século XVII, com telhados em degraus e três campanários, foi transportada para lá em 1919 das montanhas da Rutênia, região distante ligada à Tchecoslováquia e hoje integrante da Ucrânia.

No pé do morro, junto ao agitado subúrbio de Smíchov, está a elegante mansão do início do século XIX construída pelos Kinský para ser sua residência de verão – hoje é o Musaion (▷ 164).

À esq. *A barroca Kostel svatého Vavrince (Igreja de São Lourenço), também no monte*

Abaixo *O funicular do monte Petřín*

PANNY MARIE VÍTĚZNÉ

www.pragjesu.info

A Igreja da Virgem Maria da Vitória recebe peregrinos de todo o mundo, que vêm até aqui para venerar a imagem de cera conhecida como *Menino Jesus de Praga*.

A igreja, um dos primeiros lugares religiosos barrocos de Praga, foi concluída em 1611 para a congregação de luteranos germânicos. Dedicada inicialmente à Santa Trindade, recebeu o nome atual após a batalha da montanha Branca, em 1620, quando foi entregue à ordem carmelita espanhola. Em 1628 a igreja ganhou a pequena imagem do Menino Jesus, que em seguida se tornou motivo de culto universal, particularmente na América Latina. O *Menino Jesus de Praga* destaca-se no interior escuro da igreja, que, impregnado da atmosfera de devoção hispânica intensa, parece estar a anos-luz da Europa central.

Na Bílá Hora (montanha Branca), as tropas espanholas, que compunham uma parte considerável do exército imperial, foram incitadas contra os inimigos protestantes por um sermão inflamado de um compatriota carmelita. Quando a Igreja da Santa Trindade ficou em suas mãos, os carmelitas a adaptaram, construindo um claustro e retirando o altar do lado oeste, permitindo assim a construção de uma nova fachada de frente para a rua que ainda leva o nome deles (Karmelitská).

Os carmelitas desfrutavam o patronato de Polyxena de Lobkowicz, aristocrata com forte devoção pelo catolicismo que dera abrigo a Vilém Slavata, um dos conselheiros imperiais lançado da janela do castelo na Segunda Defenestração de Praga (▷ 31). Polyxena havia herdado de sua mãe uma estatueta do menino Jesus, relíquia de família feita na Andaluzia, e a doou em 1628 aos carmelitas, garantindo-lhes que a imagem protegeria a eles e à igreja.

Logo correu a notícia de milagres, e o *Menino Jesus de Praga* passou a ser conhecido por toda a Europa católica e em outros lugares. Colocada em uma luxuosa caixa de prata na nave lateral norte da igreja e vestida com diversas roupas rebuscadas, ela já viu passar gerações de admiradores. Pode-se admirar uma amostra das roupas no pequeno museu no andar de cima.

✝ 161 D6 ✉ Karmelitská 9, Malá Strana, Praga 1 ☎ 257 533 646 ⊙ Igreja: diariam 8h30-19h. Museu: seg-sáb 9h30-17h30, dom 13h-18h 🖐 Gratuito 🚋 Bondes 12, 20, 22 para Hellichova ou Malostranské náměstí 🍴

PANNY MARIE POD ŘETĚZEM

A Igreja da Virgem Maria sob Correntes, em estilo gótico, compõe-se de duas torres baixas, um coro e uma área aberta onde deveria haver uma nave, mas nunca foi concluída. A igreja pertence aos Cavaleiros de Malta, uma ordem cruzada. Os cavaleiros governaram durante séculos essa parte da cidade, que era um território inteiramente soberano. A Maltézské náměstí (praça Maltesa) leva o nome deles e, logo ao lado, o Velkopřevorský palác ainda é a residência do grão-prior.

Ele é um dos muitos palácios barrocos do local. O mais bonito é o Nostický palác (Palácio Nostic), outrora lar do conde Franz Nostitz (1725-94) – fundador do Teatro das Classes – e hoje Embaixada dos Países Baixos. Perto dali há o Muro John Lennon, coberto de grafites, onde os fanáticos pelo ex-beatle ainda fazem homenagens. Nos anos 1980, o muro foi local de muitos confrontos entre a polícia e os fãs que refaziam o retrato barbado do seu herói toda vez que ele era apagado.

✝ 161 D6 ✉ Velkopřevorské náměstí, Malá Strana, Praga 1 ☎ 257 530 876 ⊙ Visitas a combinar com antecedência. Missa: dom 9h30 🖐 Gratuito 🚋 Bondes 12, 20, 22 para Malostranské náměstí ou Hellichova

SCHÖNBORNSKÝ PALÁC

O Palácio Schönborn, de estilo barroco, foi construído em meados do século XVII pelo conde Rudolf Colloredo. No século XVIII ganhou ampliação e reforma, mas no século seguinte estava malcuidado e acabou dividido em apartamentos. Em 1917, Franz Kafka morou por pouco tempo em um dos apartamentos. Sete anos depois os Estados Unidos compraram o palácio para ser sua legação, e ele se tornou embaixada plena em 1945.

Seu traço mais atraente é o jardim, feito nas encostas baixas do monte Petřín e terminando em um pavilhão pequeno e bonito, que já foi adega e é visível de várias partes da cidade.

As estrelas e as listras tremulando no mastro irritavam constantemente o regime comunista, cuja polícia secreta usava o campanário da Igreja de São Nicolau para observar as atividades da embaixada.

✝ 161 C6 ✉ Tržiště 15/365, Malá Strana, Praga 1 🚋 Bondes 12, 20, 22 para Malostranské náměstí

Abaixo *Panny Marie Vítězné, uma das mais antigas igrejas barrocas de Praga*

MALÁ STRANA: ATRAÇÕES TURÍSTICAS

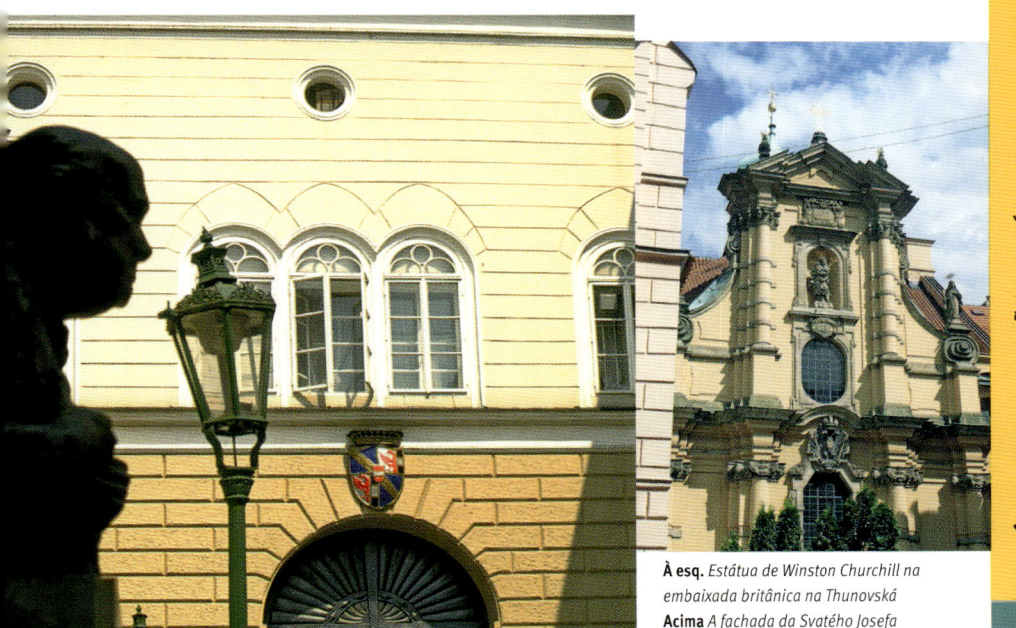

À esq. Estátua de Winston Churchill na embaixada britânica na Thunovská
Acima A fachada da Svatého Josefa

SVATÉHO JANA NA PRADLE

A pequena Igreja de São João na Lavanderia dá um toque rústico a esse lado do Malá Strana. Construção românica na origem, do início do século XII, foi refeita em estilo gótico cem anos depois. Como ocorre com muitas instituições religiosas, a hospedaria fechou no final do século XVIII. A ilha de Kampa, bem próxima, com uma grande calha de moinho, sempre fora um lugar de reunião de lavadeiras, e pareceu muito natural transformar uma igreja supérflua em lavanderia, daí o nome. Às vezes ela é usada para concertos.

✚ 161 D7 ✉ Říční 1, Malá Strana, Praha 1 ☎ 776 366 650 ⓘ Visitas a combinar antes 🚋 Bondes 6, 9, 12, 20, 22 para Újezd

SVATÉHO JOSEFA

A Igreja de São José localiza-se em uma travessa do Malá Strana. Com a pedra fundamental lançada pelo imperador Leopoldo I em 1683, ela foi construída para a ordem dos carmelitas, cujo mosteiro ocupava o que hoje é o Vojanový sady (Parque Vojan), na parte de trás. Com uma rica fachada esculpida, colunas de bandas e frontão alto, ela é quase certamente obra de um membro dos carmelitas de Leuven, onde hoje está a Bélgica, e é mais típica do estilo barroco dos Países Baixos que qualquer outra coisa vista em Praga.

✚ 161 D6 ✉ Josefská 4, Malá Strana, Praha 1 ☎ 257 532 100 ⓘ Aberta para cultos privadas ter 16h-18h, qui 10h-12h. Missas: qui 19h, dom 11h (em francês) 🚋 Bondes 12, 20, 22 para Malostranské náměstí

SVATÉHO MIKULÁŠE
▷ 172.

SVATÉHO TOMÁŠE

A São Tomás, oculta perto da Malostranské náměstí (praça do Malá Strana), é uma das mais grandiosas igrejas da cidade e sua torre, um dos maiores pontos de referência da região. A igreja foi construída no século XIII para os agostinianos. Bem depois do saque feito pelos hussitas em 1420, ela se tornou um dos locais prediletos de culto. Sua congregação de aristocratas e burgueses ricos contratou Kilián Ignác Dientzenhofer para reconstruí-la, e a partir de 1723 ela ganhou belas pinturas dos melhores artistas da época. Os agostinianos eram ótimos cervejeiros, e as cervejas começaram a sair daí ainda em 1358. A famosa cerveja escura servida na cervejaria ao lado é muito apreciada por grupos de turistas. Hoje a igreja é a sede da primeira comunidade católica de língua inglesa da cidade.

✚ 161 D5 ✉ Josefská 8, Malá Strana, Praha 1 ☎ 257 532 675 ⓘ Visitas a combinar antes. Missas em inglês dom 11h 🚋 Bondes 12, 20, 22 para Malostranské náměstí

THUNOVSKÁ

A estreita rua Thunovská leva à Nové zámecké schody (Escadaria Nova do Castelo), uma alternativa à rua Nerudova para subir ao castelo. No final de um curto beco está o Thunovský palác (Palácio Thun) – hoje embaixada britânica e antes propriedade de Walter Leslie, um dos três mercenários que assassinaram o general Wallenstein em 1634. Diante do palácio, perto do busto de Winston Churchill, está o compartimento do qual a Segurança Estatal Comunista vigiava a movimentação na embaixada.

✚ 161 D5 ✉ Thunovská, Malá Strana, Praha 1 🚋 Bondes 12, 20, 22 para Malostranské náměstí

SVATÉHO MIKULÁŠE

MALÁ STRANA: ATRAÇÕES TURÍSTICAS

INFORMAÇÕES

www.psalterium.cz

✝ 161 D6 ✉ Malostranské náměstí 25, Malá Strana, Praha 1 ☎ Igreja: 257 534 215 🕐 Nov-fim fev diariam 9h-16h; mar-fim out diariam 9h-17h 💰 Igreja: adulto 70Kč, criança (6-16) 35Kč. Concertos: adulto 490Kč, criança (6-16) 300Kč 🚋 Bondes 12, 20, 22 para Malostranské náměstí 👉 Visita guiada à igreja (combinar duas semanas antes): sem taxa extra. Visita guiada ao campanário: sem taxa extra 📖 Guia 70Kč

Acima *A imponente igreja tem um interior riquíssimo*

INTRODUÇÃO

Uma das mais esplêndidas igrejas barrocas da Europa central, a São Nicolau tem um interior ornamentado que é uma obra-prima da dramaticidade desse estilo.

O enorme prédio da Igreja de São Nicolau ergue-se na Malostranské náměstí (praça do Malá Strana). Se o lado de fora dela foi feito para impressionar, o interior é quase irresistível pelo dinâmico jogo de espaço, luz e cor, pinturas e estátuas. Talvez seja o exemplo supremo na Boêmia do modo como a Igreja Católica da Contrarreforma procurou seduzir o povo apelando diretamente aos sentidos, não ao intelecto. Para conhecer o que os construtores jesuítas da São Nicolau pretendiam, em vez de andar de um lado para o outro é bem melhor ir a um dos concertos noturnos realizados nela, quando o som e a luz artificial enaltecem a riqueza do ambiente. Tem-se outro tipo de experiência no campanário, com entrada separada no lado sul da igreja: além do panorama amplo de parte da cidade, há uma pequena exposição sobre a música das galerias de órgão de Praga. O único obstáculo são os 215 degraus até o topo!

Após a vitória católica na batalha da montanha Branca em 1620, os jesuítas firmaram presença no centro do Malá Strana. Propagaram sua mensagem na faculdade que ainda é vizinha da Igreja de São Nicolau. Chegaram a usar a igreja exisente na praça, mas a acharam inadequada. Iniciaram em 1673 a construção de um novo prédio que proclamasse seu prestígio e poder.

Diversos arquitetos trabalharam no projeto, que acabou nas mãos da família Dientzenhofer. Kryštof Dientzenhofer iniciou a nave, concluída somente após a sua morte, em 1722, por seu filho Kilián Ignác, também responsável pela cúpula. Com a morte de Kilián em 1751, seu genro, Anselmo Lurago, o substituiu e acrescentou o campanário em 1755. A decoração do interior só foi terminada em 1775. Os jesuítas tiveram apenas dois anos para usufruir os frutos de sua obra de cem anos, já que em 1777 o imperador José II os expulsou do país. Em 1791, a cidade que adotara Mozart homenageou-o em sua morte com um réquiem na São Nicolau.

DESTAQUES

DO LADO DE FORA

A cúpula e o campanário da São Nicolau, ambos com 74m de altura, são inseparáveis da paisagem do Malá Strana. O corpo principal da igreja termina em uma fachada que se volta para a ladeira da Malostranské námêstí (praça do Malá Strana), a oeste. Trata-se de uma composição sutil de superfícies convexas e côncavas, enfeitadas com estátuas que declaram o triunfo da ordem jesuíta sob o patronato da casa dos Habsburgos. O fundador da ordem, santo Inácio de Loiola, e são Francisco Xavier, grande missionário jesuíta, aparecem com destaque, assim como a águia símbolo dos Habsburgo e o próprio são Nicolau.

DO LADO DE DENTRO

Cheia de imagens de santos e com uma pintura enorme no teto, que celebra a vida e a obra de são Nicolau, a nave conduz ao grande espaço central sob a cúpula. Quatro figuras gigantes montam guarda aqui, representando os pais da Igreja; um deles brande um raio, enquanto outro despacha um demônio, fazendo seu báculo de lança. Lá no alto, a pintura ao redor da parte interna da cúpula comemora a Santa Trindade. O grande órgão em que Mozart tocou é enfeitado com as figuras divertidas de querubins fazendo música, mas o elemento mais ornamentado do interior é o magnífico púlpito, obra rococó com douração e rocalhas (estilo decorativo feito com conchas, origem da palavra "rococó").

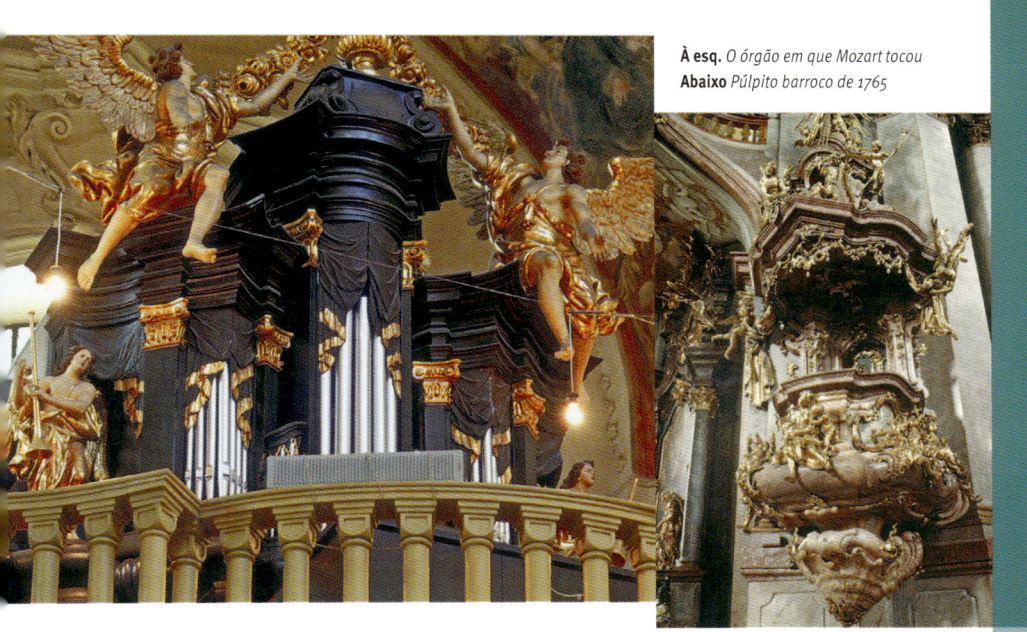

À esq. *O órgão em que Mozart tocou*
Abaixo *Púlpito barroco de 1765*

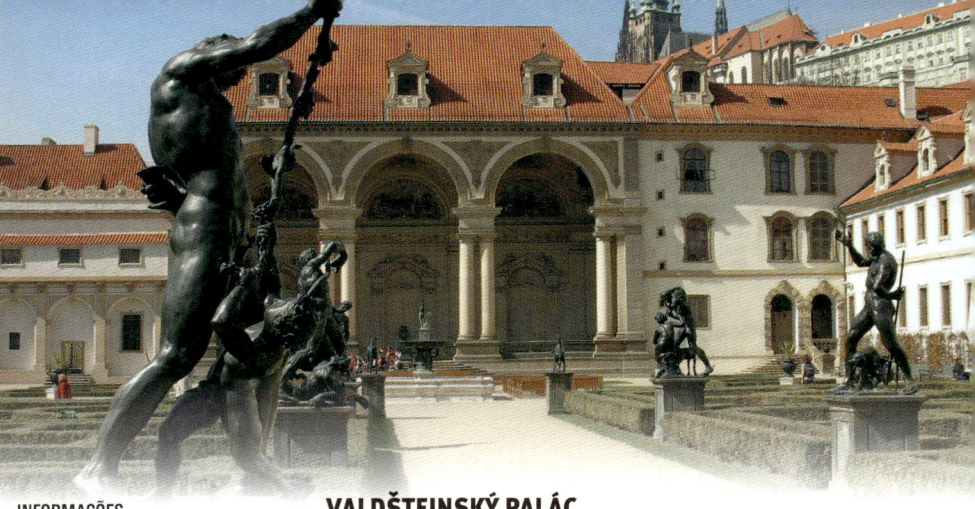

REGIÕES | **MALÁ STRANA:** ATRAÇÕES TURÍSTICAS

INFORMAÇÕES
www.senat.cz
✚ 161 D5 ✉ Valdštejnské náměstí 4, Malá Strana, Praga 1 (entrada do jardim pela rua Letenská ou pelo portão da estação Malostranská do metrô) ☎ 257 075 707 (para marcar a visita) 🕒 Palácio: abr-fim out sáb-dom 10h-17h; nov-fim mar 10h-16h; jardim: abr-fim out diariam 10h-18h 💰 Gratuito palácio e jardim Ⓜ Malostranská 🚋 Bondes 12, 20, 22 para Malostranské náměstí ou Malostranská; 17, 18 para Malostranská

Acima Estátuas de bronze (cópias das originais) no jardim

VALDŠTEJNSKÝ PALÁC

O palácio mais luxuoso do Malá Strana é um monumento à ambição do seu construtor, o general Wallenstein. O jardim paisagístico do palácio compõe um ambiente encantador para os concertos de verão.

Hoje sede do Senado tcheco, o Palácio Wallenstein, do período final do Renascimento, ocupa uma quadra inteira abaixo do castelo. Construído de 1624 a 1630, sua obra implicou a demolição de mais de 20 casas, uma olaria e um dos portões da cidade. A fachada principal destaca-se na Valdštejnské náměstí (praça Wallenstein), mas seu componente mais conhecido é a maravilhosa Sala Terrena, com três arcos, que liga o palácio aos canteiros e à estatuária do jardim de muros altos.

GENERAL AMBICIOSO
Albrecht von Wallenstein (Valdštejn, em tcheco), um nobre menor do Norte da Boêmia, ascendeu a um poder e uma riqueza enormes até se exceder e acabar assassinado. Sua fortuna começou com o casamento cuidadosamente planejado com uma viúva mais velha, porém demasiadamente rica; depois, veio de espólios de guerra. Como comandante bem-sucedido das forças católicas na primeira fase da Guerra dos Trinta Anos (1618-48), Wallenstein não só conduziu o exército como enriqueceu ao se responsabilizar por seus suprimentos. De início muito favorecido pelo imperador, ele tornou-se o maior proprietário de terras do país, comprando imóveis de aristocratas protestantes exilados por preço baixíssimo. Apesar do sucesso, era supersticioso, temeroso e ocultista e consultava regularmente astrólogos e adivinhos. Sua ambição não tinha limites. De sua pequena capital em Jičín, governava seu vasto ducado como rei e suspeitava-se, com toda a razão, que ele tramava com os inimigos do imperador. Em 25 de fevereiro de 1634, um grupo de soldados mercenários acordou Wallenstein na cidade de Cheb (Eger) e o retalhou com uma alabarda.

PALÁCIO, JARDIM E GRUTA
O espírito de Wallenstein parece continuar no palácio. O Salão Principal tem no teto uma pintura extravagante que o retrata como Marte, deus da guerra. Na ventilada Sala Terrena, uma alameda de estátuas musculosas de bronze, obras-primas do escultor Adrien de Vries (1545-1626), indica o caminho para o jardim. São cópias, pois as originais foram levadas para Estocolmo pelo exército sueco no final da Guerra dos Trinta Anos. Junto ao muro do jardim há um aviário e uma gruta, cujo estranho trabalho em pedra, formando gotas e glóbulos, faz entrever rostos humanos. Não deixe de ver a bela estátua de Vênus, que enfeita a fonte diante da Sala Terrena.

VOJANOVÝ SADY

Bem mais antigo que os outros jardins do Malá Strana descritos nesta página, o Parque Vojan fez parte do medieval Arcibiskupský palác (Palácio do Arcebispo) até se tornar propriedade do mosteiro ligado à vizinha Kostel svatého Josefa (Igreja de São José). Escondido por muros altos, o parque constitui um refúgio sereno da agitação à volta e, apesar de refeito muitas vezes, ainda transmite um leve ar de reclusão medieval. A lembrança de sua idade avançada está em duas capelas, uma com interior como o de uma gruta. Gramados, arbustos e árvores exóticas esparsas dão a ele um caráter informal que contrasta com a geometria barroca dos outros jardins da região.

161 D5 U Lužického semináře 17, Malá Strana, Praga 1 257 531 839
Verão 8h-19h; inverno 8h-17h
Gratuito Malostranská Bondes 12, 18, 20, 22 para Malostranské náměstí

VRTBOVSKÁ ZAHRADA

www.vrtbovska.cz

Este jardim barroco, distribuído em terraços nas encostas mais baixas do monte Petřín, esconde-se atrás de uma modesta passagem para a rua Karmelitská. É um dos segredos mais preciosos do Malá Strana. Chega-se a ele por um pátio com arco rematado por uma estátua dourada de Hércules, obra de Matthias Bernard Braun. Um dos destaques do jardim são as estátuas vindas da oficina desse grande escultor. Do nível mais baixo, com um aviário e uma *sala terrena*, sobe-se por uma escada para o terraço com balaustrada, de onde se tem uma vista incomum dos telhados do Malá Strana e da Svatého Mikuláše (Igreja de São Nicolau, ▷ 172-3). Mais acima, um pavilhão permite um panorama mais amplo. O jardim ficou abandonado muitos anos e sua recente restauração foi uma quase reconstrução, por isso perdeu um pouco do charme da época.

161 D6 Karmelitská 25, Malá Strana, Praga 1 272 088 350 Abr-fim out diariam 10h-18h Adulto 55Kč, criança (6-16) 35Kč Bondes 12, 20, 22 para Malostranské náměstí

Acima *Vrtbovská zahrada (Jardim Vrtba), com a Svatého Mikuláše ao fundo*

ZAHRADY POD PRAŽSKÝM HRADEM

www.palacovezahrady.cz (em tcheco)
Também conhecidos como Palácové zahrady pod Pražským hradem (jardins abaixo do Castelo de Praga), esses lindos jardins escalonados agarram-se à encosta quase vertical que desce das muralhas do Castelo de Praga para os palácios da rua abaixo, a Valdštejnská. Eram terrenos privados de famílias aristocráticas como Pálffy, Ledebour, Kolowrat e Fürstenberg, e que hoje tem seus jardins abertos ao público. Além de serem atraentes, eles formam um percurso alternativo interessante (só na temporada) para a parte de Hradčany e de lá para baixo. Anteriormente, a área abaixo do castelo ficava vazia, a fim de não haver obstáculos aos tiros contra quem quisesse invadir os prédios, mas a partir de meados do século XVI começaram a ser construídos palácios, que ganharam jardins dispostos da única forma possível, em terraços. No século XVIII a maioria dos jardins foi refeita, e os paisagistas exploraram ao máximo elementos barrocos como escadas curtas e escadarias, estátuas e fontes, *loggie* (galerias com arcos abertas de um lado), gazebos e outras construções típicas de jardins.

O regime comunista resolveu abrir os jardins para o público, mas sua manutenção não tinha grande prioridade e as técnicas de restauração eram grosseiras. Hoje, com linda restauração, os jardins voltaram a ser tão elegantes quanto em seu auge, durante o século XVIII.

161 D5 Valdštejnské náměstí 3, Malá Strana, Praga 1 (entrada do jardim pelo portão de ferro da Valdštejnská ul.12)
257 010 401, 257 010 111 Jun-fim jul diariam 9h-21h; maio, set diariam 9h-19h; ago diariam 9h-20h; abr, out diariam 10h-18h
Adulto 79Kč, criança (6-16) 49Kč
Malostranská Bondes 12, 20, 22 para Malostranské náměstí

REGIÕES **MALÁ STRANA:** ATRAÇÕES TURÍSTICAS

175

PASSEIO A PÉ

UMA VOLTA PELO MALÁ STRANA

Este percurso relaxante leva por ruas, praças e vielas do mais pitoresco e mais bem preservado bairro da cidade, com vistas incomuns do rio durante a caminhada.

O PASSEIO
Distância: 3,5km
Duração: 2 horas
Começo/fim: estação do metrô e parada de bondes Malostranská

COMO CHEGAR LÁ
🚇 Malostranská
🚋 Bondes 12, 18, 20, 22 para Malostranská

★ Da estação do metrô ou da parada de bondes Malostranská desça a rua Klárov na direção da Manesův most (Ponte Mánes). Pela entrada sul da ponte, desça para o pequeno parque junto ao rio.

❶ A área malcuidada à beira da água é aonde os cavalos costumavam ser levados para descansar e beber. Desse parque tem-se uma vista incomum da Karlův most (Ponte Carlos) e da Staré Město (Cidade Velha), no sentido do contrário ao do rio.

Acima *As poucas mesas de um café ficam à sombra dos prédios altos da praça Na Kampě, na ilha de Kampa*

Saia do parque, vire à esquerda na rua Cihelná e veja o conjunto da Hergetova cihelná (Olaria Herget), com restaurante à beira do rio e o Museu Kafka (▷ 164). Ao se aproximar da Ponte Carlos, vire à esquerda, atravessando por cima do Čertovka (riacho do Diabo) e por baixo de um dos arcos largos da ponte para a praça de formato oval, chamada Na Kampě. Você está na ilha de Kampa.

❷ A ilha de Kampa fica entre o Čertovka e o canal principal do Vltava. Durante boa parte da sua existência, a ilha ficou sem construções por causa do risco de enchente. A maior parte dela virou parque público em 1940. Da balaustrada tem-se vistas ótimas através do Vltava, olhando desta vez para o lado da Ponte Carlos, no sentido da correnteza do rio. O Čertovka ainda tem uma grande roda-d'água em um dos moinhos, enquanto outro moinho, o Sova, é atualmente a sede do Muzeum Kampa (▷ 166), galeria particular de arte moderna tcheca.

Volte para a praça Na Kampě, mas vire à esquerda antes de entrar nela e siga a rua até chegar a uma ponte sobre o Čertovka, que conduz à Velkopřevorské náměstí (praça dos Grão-Priores).

❸ Dois palácios esplêndidos destacam-se na Velkopřevorské náměstí: o rococó Buquoyský palác (Palácio Buquoy), hoje Embaixada da França, e o Velkopřevorský palác (Palácio dos Grão-Priores), residência do grão-prior dos Cavaleiros de Malta. Aí você vê o famoso Muro John Lennon, com homenagens em grafites ao beatle assassinado.

Prossiga na mesma direção, saindo da praça, e ao passar pela Kostel Panny Marie pod řetězem (Igreja da Virgem Maria sob Correntes, ▷ 170), à sua direita, atravesse o lado de cima de Maltézské náměstí (praça Maltesa) e entre na estreita rua Prokopská, vire à direita na rua Karmelitská e na Malostranské náměstí (praça do Malá Strana, ▷ 165), com o vulto urpreendente da Svatého Mikuláše (Igreja de São Nicolau, ▷ 172-3). Para ver a vista, suba o alto campanário até a galeria de observação (aberta de abril ao fim de outubro). Depois, passe pela abertura na esquina sudoeste da praça para a rua Tržiště.

❹ A Tržiště tem uma leve subida e passa a se chamar Vlašská mais acima. As embaixadas dos EUA e da Alemanha ocupam dois belos palácios nessa parte da cidade, respectivamente o Schönbornský, na rua Tržiště (▷ 170), e o Lobkovický, na Vlašská (▷ 164). Nesta região moravam os construtores e artesãos italianos cujo conhecimento fez surgir grande parte da Praga renascentista e barroca (vlašská significa "italiano").

Logo após a embaixada alemã, vire à direita, subindo a ladeira, e siga pela pequena rua Šporkova direto até um lance de escada à esquerda. Suba a escada e vire à direita na Nerudova (rua Neruda, ▷ 167). Você pode passar boa parte do dia descobrindo as placas das casas nessa rua de residências barrocas e rococós, mas por enquanto siga a rua até a Malostranské náměstí (praça do Malá Strana) e vire à esquerda na Sněmovní, passando a Câmara dos Deputados tcheca (nº 176) e entrando na Pětikostelní náměstí (praça Fünfkirchen).

❺ Essa pracinha charmosa é um dos poucos lugares da cidade que mantiveram o nome nas placas em alemão e tcheco. Séculos atrás, o principal caminho para o castelo era por aí, mas a ruazinha íngreme que sobe para a praça é hoje um beco sem saída. Chamada U zlaté studně (O Poço Dourado), leva a um hotel elegante e a um restaurante com terraço de mesmo nome.

Desça a ladeira para a Valdštejnské náměstí, onde o que mais chama a atenção é a fachada principal do grandioso Valdštejnský palác (Palácio Wallenstein, ▷ 174). À esquerda, na rua Valdštejnská, em curva, há uma série de palácios aristocráticos construídos ao pé do castelo, com acesso aos maravilhosos jardins em terraços pelo pátio do Ledeburský palác (Palácio Ledebour). Vire à direita e caminhe pela arcada no mesmo lado da rua Tomášská.

❻ Apesar de a Tomášská ser prejudicada pelo tráfego constante de veículos em mão única, vale a pena passar por ela por causa das casas barrocas. Nenhuma é mais bonita que a do nº 26/4, U zlatého jelena (O Veado Dourado), construída em 1726 pelo grande arquiteto barroco Kilián Ignác Dientzenhofer. O portal é enfeitado por uma escultura em tamanho natural de um veado na companhia de São Huberto, padroeiro da caça, criada por F. M. Brokoff (1688-1731).

No final da Tomášská, atravesse para o outro lado da rua, vire à esquerda e passe pelo arco para pedestres – de forma alguma ande pelo arco da linha do bonde! Siga pela rua Letenská, que faz uma curva junto ao muro alto do Valdštejnská zahrada (Jardim Wallenstein). Vire à esquerda no final da rua para voltar à estação do metrô e à parada de bonde Malostranská.

Acima *Estátua sustenta o balcão do Morzinský palác (Palácio Morzin)*

QUANDO IR
Faça esse passeio em qualquer época, mas verifique quando está aberta a torre da Igreja de São Nicolau.

ONDE COMER
O Malá Strana poderia ser chamado de bairro dos restaurantes de Praga, e não falta onde comer e beber. O Hergetova cihelná (▷ 184), perto do início e do fim do passeio, é um restaurante chique junto ao rio, enquanto o David (▷ 183-4), perto da embaixada alemã, tem fama de ser um dos mais acolhedores restaurantes gastronômicos da cidade.

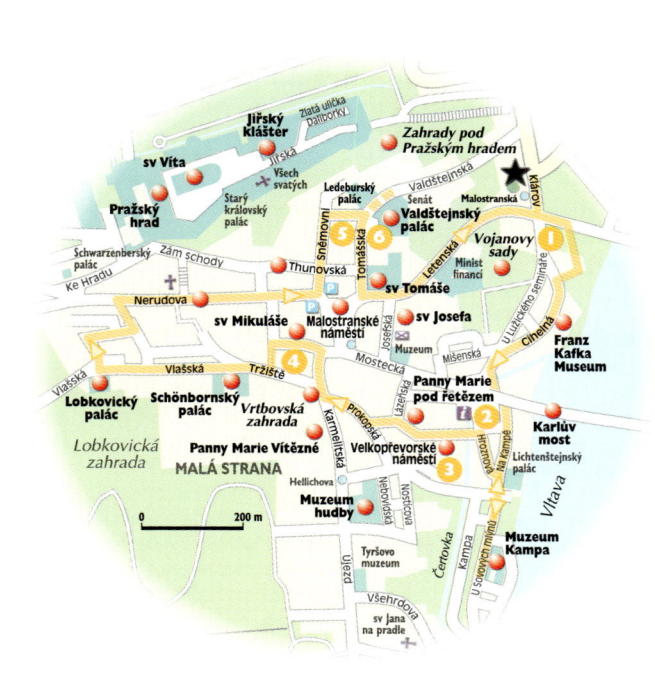

REGIÕES MALÁ STRANA: ROTEIROS E PASSEIOS

PASSEIO A PÉ

MALÁ STRANA: ROTEIROS E PASSEIOS

A VISTA DO MONTE PETŘÍN

Este passeio é ótimo para pais com filhos pré-adolescentes, pois inclui não só a emocionante viagem morro acima no funicular *(lanovka)* de Praga, mas também a subida da "Torre Eiffel" e até um labirinto estrambótico de espelhos. Os pais gostam das lindas vistas para toda a cidade que se tem do vale amplo, assim como das roseiras e da oportunidade de fugir da agitação e do trânsito de turistas lá embaixo. Este passeio pode ser feito junto com o das pp. 176-7, iniciando este último no Strahovský klášter.

O PASSEIO
Distância: 2km
Duração: 2 horas
Começo: Funicular *(lanovka)* na parada de bondes Újezd
Fim: Malostranské náměstí

COMO CHEGAR LÁ
 Bondes 12, 20, 22 até a parada de bondes Újezd

★ Para evitar a cansativa subida do monte Petřín, pegue o prático funicular *(lanovka)* de Praga, que leva ao cume em questão de minutos pelo preço de uma passagem comum de bonde. Essa ferrovia a cabo de 500m foi construída para a Exposição do Jubileu de Praga, em 1891 – que também deu à cidade de Výstaviště (▷ 221) e outras atrações –, e hoje faz parte do sistema municipal de transportes. O funicular para também a meio caminho, na chamada Nebozízek, onde há um restaurante excelente de mesmo nome que vale a pena conhecer para almoçar ou jantar.

Se preferir ir andando a pegar o bondinho, existem várias trilhas pitorescas morro acima. São cerca de 20 minutos até o topo, em uma caminhada de moderada a extenuante. Há bancos para descansar no caminho.

❶ Lá no alto, ao sair da estação do funicular, vire à esquerda para ir ao venerável Štefánikova hvězdárna (Observatório Štefánik), que foi usado para mapear estrelas e planetas por cerca de um século. Se você tem uma queda por astronomia e topar com uma noite de céu límpido, vale a pena voltar ao Petřín para espiar através do clássico telescópio Zeiss. O observatório fica aberto até tarde (23h) no verão, e por 50Kč você pode olhar o céu mais de perto.

Bem à frente do observatório e depois dele há um grande roseiral muito bem cuidado, que atinge o ponto mais bonito em meados de junho. Os bancos que pontilham o jardim são muito procurados pelos moradores de Praga, especialmente os mais velhos, para relaxar e ver o movimento.

Volte à estação do funicular e passe por ela para localizar a imitação da Torre Eiffel, a Petřínská rozhledna. É fácil encontrá-la: basta seguir a multidão ou as placas de "rozhledna". Em um momento da curta caminhada você passa pelos restos de parte das fortificações medievais de Praga, a Muralha da Fome (Hladová zed'), com ameias. "Fome" é referência ao fato de que a muralha foi construída pelos pobres da cidade no século XIV por causa de uma espécie de plano de bem-estar social da Idade Média. Seu propósito original era proteger o lado de trás da cidade da ameaça de

Acima A vista do Petřín é ampla

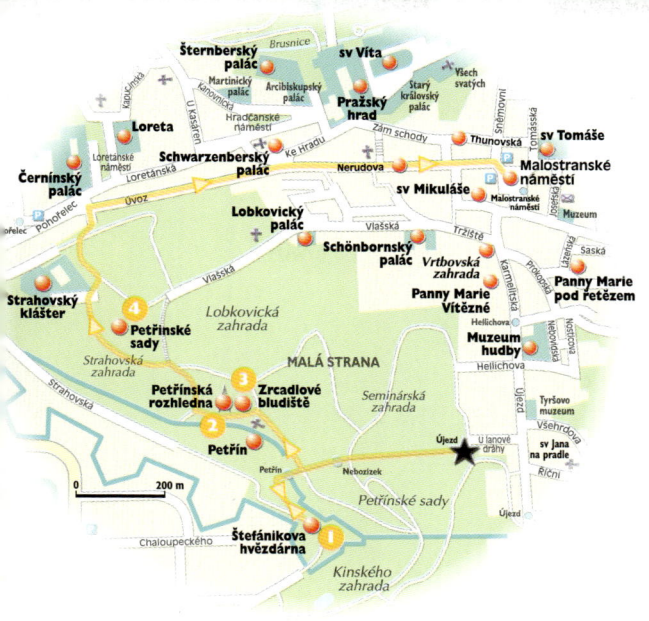

invasão. Por volta do século XVII, a ameaça deixou de existir e a muralha ficou abandonada desde então.

❷ A Petřínská rozhledna (Torre de Observação do Petřín, ▷ 168-9) é sem dúvida a maior atração lá em cima. Como o funicular, essa Torre Eiffel, feita com aproximadamente um terço do tamanho da original de Paris, foi construída para a Exposição de 1891. As vistas da galeria de observação, a 53m de altura, são fabulosas. Diz-se que em dias limpos pode-se ver até as montanhas Gigantes, na fronteira com a Polônia, ao norte (quando estiver mirando o centro, vire os olhos para a esquerda), embora, infelizmente, esses dias sem nebulosidade sejam cada vez mais raros.

❸ Ao lado, o Bludiště (Labirinto de Espelhos, ▷ 169) é outra das excentricidades feitas para a Exposição de 1891. É uma casa de espelhos à moda antiga, como as que se veem em parques de diversões. No mesmo prédio há um diorama que retrata o cerco dos suecos à Ponte Carlos no fim da Guerra dos Trinta Anos, intitulado, bem a calhar, *A batalha dos praguenses com os suecos na Ponte Carlos em 1648*. Há um pouco de tudo para todos.

Volte agora no sentido da Torre de Observação do Petřín para encontrar uma trilha atrás dela, saindo à esquerda, mais ou menos na direção do Castelo de Praga. Continue descendo e dirigindo-se ligeiramente para a esquerda em meio ao bosque até chegar a uma área plana e a uma trilha bem cuidada, que corre pelo alto de um campo amplo em aclive. Daí se tem uma das mais lindas vistas que a cidade proporciona. No verão, os bancos que se sucedem no caminho ficam tomados por desocupados e gente fazendo piquenique.

❹ O Petřínské sady (Parque do Petřín), como é conhecido, já foi recoberto por vinhedos, e muitos séculos atrás abastecia de vinho boa parte da cidade. Os vinhedos foram destruídos na Guerra dos Trinta Anos, no século XVII, e por algum motivo nunca os replantaram. Hoje, uma grande extensão do parque tem árvores frutíferas.

O caminho leva até a parte alta do Malá Strana, mais ou menos na altura do Strahovský klášter. Nesse ponto você pode iniciar o roteiro das pp. 176-7, ou então vire à direita na Úvoz e vá descendo a ladeira até a Nerudova e depois até a Malostranské náměstí, onde passam bondes para vários pontos da cidade.

QUANDO IR
Este passeio pode ser feito o ano inteiro, mas lembre-se de que no inverno a Petřínská rozhledna (Torre de Observação do Petřín) e o Štefánikova hvězdárna (Observatório Štefánik) fecham mais cedo. Na primavera, os pomares e o roseiral estão inteiramente floridos.

ONDE COMER
O Nebozízek (▷ 184), no meio da subida do funicular, tem comida deliciosa e vistas até mais espetaculares – mas se paga por isso. Se não quiser comer muito no almoço, tente reservar uma mesa junto à janela para o jantar. Há um bufê dentro da Torre de Observação com sanduíches e cachorro-quente por cerca de 20Kč.

À esq. Parque pitoresco do Malá Strana

ARTE, COMPRAS, DIVERSÃO E NOITE

COMPRAS

MARIONETY
www.marionettes.cz
Você encontra lojas de marionetes por toda a cidade, mas na maioria os bonecos são de baixa qualidade e feitos à máquina, para abocanhar o dinheiro dos turistas. Estas marionetes são genuínas, feitas à mão, conforme desenhos e detalhes usados em terras tchecas durante séculos.
✚ 188 C6 ✉ Nerudova 51, Malá Strana, Praga 1 ☎ 257 533 035 ⊕ Diariam 10h-19h Ⓜ Malostranská

NOVÝ SMÍCHOV
www.novysmichov.eu
Símbolo dos tempos, esse enorme shopping ocupa o terreno da indústria ferroviária ČKD-Tatra no subúrbio de Smíchov. Além das lojas de sempre, há também grande variedade de lanchonetes. As crianças podem usufruir dos carrinhos bate-bate e todos podem aproveitar o último sucesso do cinema no multiplex.
✚ 188 D9 ✉ Plzeňská 8, Smíchov, Praga 5 ⊕ Diariam 9h-21h Ⓜ Anděl 🚋 Bondes 4, 6, 7, 9, 10, 12, 14, 20 para Anděl

Acima *O shopping Novy Smíchov tem lojas, diversões infantis, um cinema multiplex e lugares para comer*

PAVLA & OLGA: ORIGINAL CZECH FASHION
A julgar pelo número de fotos na parede, as modelos adoram essa lojinha no Malá Strana. Os vestidos e as saias agarradas e as camisetas justas de manga longa de Pavla Michálková sempre aparecem na *Elle* e na *Harper's Bazaar* tchecas.
✚ 188 C6 ✉ Vlašská 13, Malá Strana, Praga 1 ☎ 728 939 872 ⊕ Seg-sex 14h-19h, sáb 15h-18h Ⓜ Malostranská 🚋 Bondes 12, 20, 22 para Malostranské náměstí

SHAKESPEARE & SONS
www.shakes.cz
Uma das melhores livrarias de língua inglesa de Praga esconde-se atrás de uma fachada enganadora logo abaixo da Ponte Carlos.
✚ 189 D6 ✉ U Lužického semináře 10, Malá Strana, Praga 1 ☎ 257 531 894 ⊕ Diariam 11h-19h Ⓜ Malostranská 🚋 Bondes 12, 20, 22 para Malostranské náměstí

DIVERSÃO E NOITE

BAR BAR
www.bar-bar.cz
Oculto numa ruazinha perto do rio no Malá Strana, esse pequeno bar de subsolo tem uma freguesia fiel de moradores e expatriados, que toda noite se juntam em volta do balcão de madeira em semicírculo. A decoração é eclética: máscaras de gesso, fotos abstratas e esculturas graciosas dão ao bar um clima acolhedor.
✚ 189 D7 ✉ Všehrdova 17, Malá Strana, Praga 1 ☎ 257 312 246 ⊕ Dom-qui 12h-0h, sex, sáb 12h-2h Ⓜ Malostranská 🚋 Bondes 9, 12, 22 para Újezd

BERTRAMKA
www.bertramka.cz
Wolfgang Amadeus Mozart morou aqui quando ficou por um tempo em Praga, no final do século XVIII. Hoje é um museu que realiza concertos de música clássica em um salão elegante e no jardim de verão.
✚ 160 C9 ✉ Mozartova 169, Smíchov, Praga 5 ☎ 257 318 461 ⊕ Concertos: abr-fim out qua e sáb 17h 🎫 Adulto 390Kč; criança (menor de 12) 250Kč; preços podem variar Ⓜ Anděl, depois bondes 4, 6, 9, 10 para Bertramka

FUTURUM MUSIC BAR
www.musicbar.cz
Essa danceteria em prédio histórico tem DJs e apresentações excelentes, e o recinto inovador, com metal e tijolos, cria uma atmosfera de fábrica atraente. Sextas-feiras e sábados às

21h há as muito procuradas festas anos 80 e 90.
✚ 189 D8 ✉ Zborovská 7, Smíchov, Praga 5 ☎ 257 328 571 ⏰ Diariam 20h-3h ✋ 100Kč 🚇 Anděl 🚌 Bondes 4, 9, 10 para Anděl

JET SET
www.jetset.cz
Com estofados chiques pretos e brancos e arte moderna chamativa, é um parquinho para festeiros que se acham da alta-roda. Relaxe, dance ou prove pratos de inspiração mediterrânea oferecidos pelos donos, que são gregos.
✚ 188 C6 ✉ Radlická 1C, Smíchov, Praga 5 ☎ 257 327 251 ⏰ Seg-qui 12h-2h, sex-sáb 12h-3h, dom 12h-1h 🚇 Anděl 🚌 Bondes 4, 9, 10, 16 para Anděl

JO'S BAR
Esse ponto tradicional de expatriados, meio decaído, fica à sombra da Svatého Mikuláše (Igreja de São Nicolau), no Malá Strana, e durante anos atraiu americanos saudosos de casa que podiam se solidarizar e comer os únicos burritos autênticos de Praga. Estudantes americanos e britânicos ainda são grande parte da freguesia nesse bar de muitos andares, com danceteria embaixo e salão para refeições nos fundos.
✚ 189 D6 ✉ Malostranské náměstí 7, Malá Strana, Praga 1 ☎ 257 531 422 ⏰ Diariam 11h-2h 🚇 Malostranská 🚌 Bondes 12, 20, 22 para Malostranské náměstí

KLUB 007 STRAHOV
www.klub007strahov.cz
Apresentações de rap, hip hop, reggae e punk pesados ocupam o palco na maioria das noites antes de o DJ entrar em cena. Fica um pouco fora de mão, mas é o único desse tipo em Praga.
✚ 188 B7 ✉ Conjunto de dormitórios Strahov (Koleje ČVUT), bloco 7, Vaníčkova 7, Strahov, Praga 6 ☎ 257 211 439 ⏰ Dom-qui 19h30-1h, sex-sáb 19h30-2h. Shows 19h30 ✋ 120Kč-150Kč 🚇 Dejvická, depois ônibus 143, 149 ou 217 para Chaloupeckého

À dir. Um tradicional sebo de livros e cartazes na rua Nerudova

LICHTENŠTEJNSKÝ PALÁC
Solistas de ópera e grupos de música clássica dão concertos íntimos em um salão elegante.
✚ 189 C6 ✉ Malostranské náměstí 13, Malá Strana, Praga 1 ☎ 257 534 206 ⏰ Espetáculos 19h30 ✋ Adulto 200Kč, criança (menor de 12) 50Kč; preços podem variar 🚇 Malostranská 🚌 Bondes 10, 20, 22 para Malostranské náměstí

POPOCAFEPETL MUSIC CLUB
www.popocafepetl.cz
Aberto em 2006, essa vibrante boate de porão oferece uma experiência musical multicultural, promovendo muitas bandas novas. Se preferir sentar para conversar, há outra parte com mesas e cadeiras de madeira, e você até pode se servir da adega ao lado, com vinhos por taça e também por garrafa.
✚ 189 D6 ✉ Újezd 19, Malá Strana, Praga 1 ☎ 602 277 226 ⏰ Diariam 16h-2h; shows a partir de 20h30 ✋ Ingresso 80Kč (às vezes gratuito) 🚌 Bondes 6, 9, 12, 20, 22 para Újezd

ST. NICHOLAS
O St. Nicholas é um dos bares de porão mais confortáveis da cidade. Na mesma rua de diversas embaixadas, o bar, com teto baixo de pedra e luzinhas nas mesas, acolhe o cliente assim que ele desce da rua. Dê uma olhada na placa que indica a "mesa política", no canto dos fundos à direita, onde o pessoal das embaixadas se reúne no fim do dia.
✚ 189 D6 ✉ Tržiště 10, Malá Strana, Praga 1 ⏰ Seg-sex 12h-1h, sáb-dom 14h-1h 🚇 Malostranská 🚌 Bondes 12, 20, 22 para Malostranské náměstí

ŠVANDOVO DIVADLO
www.svandovodivadlo.cz
Esse é um dos cinco teatros mais importantes de peças clássicas e contemporâneas e o pioneiro na tecnologia de legendagem para espectadores estrangeiros (▷ 15). O moderno e simpático auditório, de 317 lugares, dá uma ótima visão do palco, que também recebe companhias de repertório, grupos de flamenco,

récitas e concertos. Nas paredes do café costuma haver exposições de arte e fotos.
✚ 189 D8 ✉ Štefánikova 57, Smíchov, Praga 5 ☎ 257 318 666 ⊙ Apresentações: diariam 19h. Bilheteria: diariam 14h-19h. Café: seg-sáb 10h-0h, dom 14h-0h
💰 280Kč-365Kč 🚇 Anděl 🚋 Bondes 9, 12, 20 para Švandovo divadlo

SVATÉHO MIKULÁŠE, MALÁ STRANA
www.psalterium.cz
A enorme igreja barroca de São Nicolau (▷ 172-3) sobressai na praça do Malá Strana. Sua construção começou em 1673, mas a decoração do interior só foi finalizada em 1775. Mozart tocou o órgão de 2.500 tubos. Há concertos clássicos diários, porém no inverno a igreja é fria.
✚ 189 D6 ✉ Malostranské náměstí, Malá Strana, Praga 1 ☎ 257 534 215
⊙ Varia conforme o espetáculo
💰 Adulto 490Kč, criança (6-15) 300Kč
🚇 Malostranská 🚋 Bondes 12, 20, 22 para Malostranské náměstí

U MALÉHO GLENA
www.malyglen.cz
As ofertas musicais no informal e popular Little Glen, de dono americano, podem ter jazz, blues ou música latina. Quintas, sextas e sábados cabem a grupos de jazz tchecos. Há jam sessions que aceitam amadores, sobretudo na noite de domingo, uma cozinha que serve comida no ponto e gente de sobra que vai por causa do clima animado.
✚ 189 D6 ✉ Karmelitská 23, Malá Strana, Praga 1 ☎ 257 531 717 ⊙ Diariam 10h-2h (cozinha aberta até 0h). Shows: dom-qui 21h30, sex-sáb 22h 💰 150Kč
🚇 Malostranská 🚋 Bondes 12, 20, 22 para Malostranské náměstí

VILLAGE CINEMAS ANDĚL
www.villagecinemas.cz
Esse cinema moderno de 14 salas tem os adereços esperados, mas é o único na cidade com o certificado de som THX e também com o serviço "classe ouro". Por cerca de 350Kč você assiste aos filmes em uma sala confortável, sentando-se em poltrona reclinável. Os garçons servem lanchinhos e bebidas durante a projeção. O site do cinema informa que filmes se enquadram na "classe ouro" a cada semana.
✚ 189 C9 ✉ Plzeňská, entre Radlická e Stroupežnického, Smíchov, Praga 5
☎ 251 115 111 ⊙ Diariam 10h-1h
💰 Adulto 169Kč, criança (menor de 12) 119Kč 🚇 Anděl

ESPORTES E ATIVIDADES
DELROY'S GYM
www.delroys-gym.cz
Fundada em 1993 pelo instrutor de artes marciais Delroy Scarlett, essa academia dá aulas coletivas de boxe tailandês e caratê, além de aulas particulares de pilates. Depois de algumas horas de malhação, relaxe com uma massagem ou no solário.
✚ 189 D8 ✉ Zborovská 4, Smíchov, Praga 5 ☎ 257 327 042 ⊙ Seg-sex 7h-22h, sáb 9h-21h, dom 9h-22h 🚇 Anděl 🚋 Bondes 4, 7, 10, 14 para Zborovská

GOLF CLUB PRAHA
www.gcp.cz
Esse campo de nove buracos perto da cidade também tem minigolfe, campo de treino, loja para profissionais e restaurante. Inaugurado em 1926, atrai pela tranquilidade do local e pela dificuldade das tacadas.
✚ 188 C9 ✉ Plzeňzká 401/2, Motol, Praga 5 ☎ 257 216 584 ⊙ Abr-fim nov diariam 8h-19h. Restaurante: abr-fim out diariam 9h-20h 💰 500Kč-1.100Kč 🚇 Anděl

LOKALBLOK
www.lokalblok.cz
O Lokalblok diz ser o terceiro maior bar de escalada de toda a Europa. Tem vários locais com níveis de dificuldade diferentes. Há aluguel de calçados e pessoal experiente para ajudar os novatos. O atraente bar-restaurante no andar de cima serve para relaxar após o exercício.
✚ 189 D8 ✉ Náměstí. 14. října 10, Smíchov, Praga 5 ☎ 608 880 617
⊙ Seg-sex 12-22h 💰 60Kč, mais 25Kč aluguel de calçados 🚇 Anděl

ZIMNÍ STADION NIKOLAJKA
Rinque de patinação de bom tamanho, com aluguel de patins.
✚ 188 C10 ✉ U Nikolajky 28, Smíchov, Praga 5 ☎ 251 561 554 ⊙ Seg-sex 8h-12h (sex também 20h-22h), sáb-dom 13h-15h30; horário pode variar; ligue antes 💰 40Kč
🚇 Anděl, depois 10min a pé

PARA CRIANÇAS
DĚTSKÝ OSTROV
Há um parquinho fechado e seguro dentro da ilha das Crianças, bonita e arborizada, com fácil acesso pelo rio do lado do Malá Strana. Os adultos têm muitos bancos à disposição para cuidar das crianças e aproveitar a vista.
✚ 189 D7 ✉ rio Vltava, Malá Strana, Praga 1. Entrada na Janáčkovo nábřeží (ponte mais próxima Jiráskův most) 🚇 Karlovo náměstí, depois bonde para Zborovská

JUNGLELAND
wwwenrentyky.cz
Esse parquinho moderno e fechado tem muitas atividades seguras para crianças cheias de energia.
✚ Fora do mapa 188 C9 ✉ Radlická 298/105, Radlicé, Praga 5 ☎ 251 555 149
⊙ Diariam 9h-19h 💰 70Kč 🚇 Radlická

PETŘÍNSKÁ ROZHLEDNA E BLUDIŠTĚ
A maioria das crianças adora a vista panorâmica do alto da Rozhledna (Torre de Observação) do monte Petřín, baseada na Torre Eiffel. Perto, no pequeno castelo gótico vizinho, está o Bludiště, um labirinto cheio de espelhos convexos e côncavos. Aproveite a viagem de *lanovka* (funicular) para ir ao topo desse morro verdejante.
✚ 188 C7 ✉ Petřínské sady, Malá Strana, Praga 1 ⊙ Horários e preços, ▷ 168-9
🚋 Bondes 12, 20, 22 para Újezd, depois *lanovka* para Petřín

NA HOUPACÍM KONI
www.nahoupacimkoni.cz
Esse lugar para mães e filhos passarem o dia fica em uma casa comum atrás da boate de rock Hells Bells. Há um café e um parquinho interno no térreo, e o salão no andar de cima é usado para todo tipo de aula. Você e seus filhotes podem ficar de graça com a turma, ou até fazer amigos.
✚ 189 D9 ✉ Na bělidle 27, Smíchov, Praga 5 ☎ 777 139 123 ⊙ Seg-qui 10h-20h, sex 10h-19h 💰 Aulas a partir de 80Kč 🚇 Anděl

ONDE COMER

PREÇOS E SÍMBOLOS
Os restaurantes estão em ordem alfabética (desconsiderando Le, La e Les). Os preços correspondem a um almoço de dois pratos (A) e um jantar de três pratos (J) para uma pessoa, sem bebida. O preço do vinho é o da garrafa mais barata.

Para a legenda dos símbolos, ▷ 2.

ALCHYMIST
www.alchymist.cz
Nada consegue descrever bem o extraordinário interior desse restaurante fascinante. Abóbadas com pintura delicada, sofás chiques, cadeiras estofadas de pele de zebra e objetos de todo tipo combinam-se para criar um choque de decoração. Afinal, a exuberância convence, tal como o serviço dedicado e a elogiada cozinha internacional.
✚ 189 D6 ✉ Nosticova 1, Malá Strana, Praga 1 ☎ 257 312 518 ⏰ Diariam 12h-0h
🖐 A 800Kč, J 1.100Kč, vinho 590Kč
🚋 Bondes 12, 20, 22 para Hellichova

CAFÉ SAVOY
www.ambi.cz
Prático ponto de referência no fim da most Legií (Ponte das Legiões), o elegante Savoy está instalado em uma sala de canto arejada com um andar superior em galeria e um teto todo trabalhado. Há café da manhã, lanches e refeições completas por preços razoáveis, e o serviço é bom.
✚ 189 D7 ✉ Vítězná 5/Zborovská 68, Malá Strana, Praga 5 ☎ 257 311 562
⏰ Seg-sex 8h-22h30, sáb-dom 9h-22h30
🖐 A 320Kč, J 640Kč, vinho 360Kč
🚋 Bondes 6, 9, 12, 20, 22 para Újezd

LA CAMBUSA
www.lacambusa.cz
É fácil chegar a esse excelente restaurante de frutos do mar, ao lado da estação Anděl do metrô, em Smíchov. A comida é comprovadamente fresca e o seu preparo inspira-se nas culinárias diferentes do Livorno e da Provença. Não deve existir *bouillabaisse* melhor em Praga.
✚ 189 D9 ✉ Klicperova 2, Smíchov, Praga 5 ☎ 257 317 949 ⏰ Seg-sáb 19h-0h (almoço a combinar) 🖐 J 1.100Kč, vinho 450Kč 🚇 Anděl 🚋 Bondes 4, 6, 7, 9, 10, 12, 14, 20 para Anděl

COWBOYS
www.kampagroup.cz
O que antes era o Bazaar, de estilo mediterrâneo, foi transformado pelos donos, o Grupo Kampa, em uma churrascaria formidável. A comida, embora muito boa, talvez fique em segundo plano diante do clima exótico do interior cavernoso, e o prêmio para quem sobe os 68 degraus até o terraço e o jardim de inverno é a vista fabulosa do Malá Strana e do monte Petřín. É um lugar imbatível para se demorar numa noite de verão.
✚ 188 C5 ✉ Nerudova 40, Malá Strana ☎ 296 826 107 ⏰ Diariam 6h-23h (terraço 12h-23h) 🖐 A 600Kč, J 1.200Kč, vinho 500Kč
🚋 Bondes 12, 20, 22 para Malostranské náměstí mais subida longa a pé

CUKR KÁVA LIMONÁDA
Esse café muito chique fica a um passo da Karlův most (Ponte Carlos). À sua escolha, uma boa variedade de chás, cafés, bebidas alcoólicas ou não e pratos de um cardápio inventivo, com deliciosos bolos, crepes e outros petiscos gostosos.
✚ 189 D6 ✉ Lázeňská 7, Malá Strana, Praga 1 ☎ 257 530 628 ⏰ Seg-sáb 9h-12h
🖐 A 250Kč, J 550Kč, vinho 345Kč
🚋 Bondes 12, 20, 22 para Malostranské náměstí

DAVID
www.restaurant-david.cz
Ao tocar a campainha de uma casa que parece ser residencial numa pequena rua, você é muito bem atendido e se vê num salão atraente, com pinturas vívidas do artista contemporâneo Michal Halva. Após 1989, esse foi um dos primeiros restaurantes que

Acima *O Savoy fica aberto do café da manhã ao jantar*

se voltaram ao atendimento de estrangeiros. Você não se decepcionará com nenhum dos pratos boêmios tradicionais reinventados. Entre os pratos internacionais estão um chateaubriand excelente e diversos peixes de mar, inclusive o peixe-lobo. A carne de veado enrolada e grelhada, servida com zimbro e cogumelo, é particularmente substanciosa.

✚ 188 C6 ✉ Tržiště 21/611, Malá Strana, Praga 1 ☎ 257 533 109 ◉ Diariam 11h30-23h ✋ A 520Kč, J 1.100Kč, vinho 590Kč 🚋 Bondes 12, 20, 22 para Malostranské náměstí

ESSENSIA
www.mandarianoriental.com
Dentro do suntuoso hotel Mandarin Oriental, instalado em um mosteiro antigo, o Essensia compõe-se de uma série de salas aconchegantes com iluminação sutil. A base da culinária oferecida nesse ambiente excepcional consiste em pratos clássicos asiáticos, sobretudo tailandeses, preparados com todo o cuidado e servidos com esmero. Dada a qualidade, a conta pode ser uma surpresa.

✚ 189 D6 ✉ Nebovidská 1, Malá Strana ☎ 233 088 888 ◉ Seg-sáb 12h-14h30, 18h-23h, dom 19h-22h ✋ A 540Kč, J 1.100Kč, vinho 400Kč 🚋 Bondes 12, 20 ,22 para Hellichova

GITANES
www.gitanes.cz
Esse restaurante pequeno, ao lado da Malostranské náměstí, tem duas saletas muito confortáveis e decoração efusiva. A comida, o vinho e o clima são os da antiga Iugoslávia e de seus vizinhos mediterrâneos. Há uma boa variedade de massas e peixes, além de especialidades do Bálcãs como čevapčiči (linguiça de carneiro condimentada) e vitela assada em grelha. Bastante recomendado.

✚ 189 D6 ✉ Tržiště 7, Malá Strana, Praga 1 ☎ 257 530 163 ◉ Diariam 12h-0h ✋ A 350Kč, J 630Kč, vinho 300Kč 🚋 Bondes 12, 20, 22 para Malostranské náměstí

HERGETOVA CIHELNÁ
www.kampagroup.com
Essa ambiciosa adaptação de uma olaria histórica desfruta uma ótima localização às margens do Vltava, pouco acima da Karlův most (Ponte Carlos). Embaixo do bar elegante e espaçoso há um salão de refeições fascinante, com abóbadas de berço, que se abre para um terraço de 75m junto ao rio, com uma vista inesquecível da ponte e da Cidade Velha. A comida e a bebida fazem jus à qualidade do ambiente, mas faça reserva dias antes para garantir uma mesa no terraço.

✚ 189 D6 ✉ Cihelná 2b, Malá Strana, Praga 1 ☎ 257 535 534, 296 826 103 ◉ Diariam 11h30-1h (cozinha fecha 23h) ✋ A 650Kč, J 1.200Kč, vinho 550Kč 🚇 Malostranská 🚋 Bondes 12, 18, 20, 22 para Malostranská

KAMPA PARK
www.kampagroup.com
Esse decano da boa comida servida em ambiente luxuoso continua atraindo clientes classe A e também gente comum, apesar dos preços, que subiram loucamente. Localiza-se em belo lugar na ponta da ilha de Kampa, quase embaixo dos arcos da Karlův most (Ponte Carlos). Faça seu pedido em meio a uma variedade de ótimos pratos, sobretudo de frutos do mar, como vieiras douradas, e uma carta de vinhos excelente. O serviço é impecável.

✚ 189 D6 ✉ Na Kampě 8b, Malá Strana, Praga 1 ☎ 296 826 112 ◉ Diariam 11h30-1h ✋ A 1.000Kč, J 1.800Kč, vinho 700Kč 🚋 Bondes 12, 20 , 22 para Malostranské náměstí

NEBOZÍZEK
www.nebozizek.cz
O "Pequeno Trado" ocupa um local panorâmico maravilhoso no monte Petřín que já foi o retiro de verão de um aristocrata em meio a vinhedos. O nome vem das trilhas que serpenteiam pela encosta como se fossem a rosca de um parafuso. Nada desabona os pratos internacionais servidos no salão ou no terraço, mas é pela vista que a maioria dos fregueses vai lá – então, faça reserva. Você também pode se hospedar em um dos dois apartamentos do restaurante.

✚ 188 C7 ✉ Petřínské sady 411, Malá Strana, Praga 1 ☎ 257 315 329 ◉ Diariam 11h-23h ✋ A 500Kč, J 800Kč, vinho 160Kč 🚋 Bondes 6, 9, 12, 20, 22 para Újezd, depois estação do meio da *lanovka* (funicular)

OLYMPIA
www.olympia-restaurant.cz
O Olympia, como o Celnice (▷ 149) e o Kolkovna (▷ 104), é um dos superbares abertos pela cervejaria Plzeňský prazdroj. Junto à most Legií (Ponte das Legiões), no lado do Malá Strana, já mostrou que faz sucesso com o pessoal que espera algo mais de um bar, ainda assim mantendo o mesmo clima. Comida tcheca da boa é servida com aquela que muitos consideram a melhor cerveja do mundo.

✚ 189 D7 ✉ Vítězná 7, Smíchov, Praga 5 ☎ 251 511 080 ◉ Diariam 11h-12h ✋ A 100Kč, J 400Kč, vinho 265Kč 🚋 Bondes 6, 9, 12, 20, 22 para Újezd

PÁLFFY PALÁC
www.palffy.cz
Daria para subir a cavalo na esplêndida escadaria desse prédio, um dos vários palácios do Malá Strana ao longo da Valdštejnská, logo abaixo do castelo. O salão do segundo andar, de teto alto com candelabros de cristal, propicia uma oportunidade rara de comer em meio ao esplendor barroco. Há também um terraço pequeno. A refinada cozinha internacional iguala-se ao ambiente e oferece excelente custo-benefício, principalmente se você encomendar antes o *table d'hôte* do almoço. A adega é grande e bem avaliada.

✚ 189 D5 ✉ Valdštejnská 14, Malá Strana, Praga 1 ☎ 257 530 522 ◉ Diariam 11h-23h ✋ A 800Kč, J 1.200Kč, vinho 600Kč 🚇 Malostranská 🚋 Bondes 12, 18, 20, 22 para Malostranská

RYBÁŘSKÝ KLUB
www.rybklub.cz
Esse estabelecimento modesto situa-se na margem do Vltava, na ponta sul da ilha de Kampa, e é o restaurante do Clube dos Pescadores. Serve pratos baratos preparados com o peixe abundante nos rios e nas numerosas lagoas do país. O Rybářský Klub é sem dúvida o melhor lugar para experimentar pratos tchecos como enguia defumada, lucioperca assada ou

carpa ao alho. O vinho branco da Morávia compõe um bom acompanhamento.

✚ 189 D7 ✉ U Sovových mlýnů 1, Malá Strana, Praga 1 ☎ 257 534 200 ⏰ Diariam 12h-23h 🍴 A 370Kč, J 700Kč, vinho 379Kč 🚊 Bondes 6, 9, 12, 20, 22 para Újezd

U MALÍŘŮ
www.umaliru.cz

Esse lindo prédio antigo, "Ao Pintor", em praça sossegada no lado sul do Malá Strana, já era restaurante no século XVI. Os donos atuais oferecem o melhor da culinária francesa. Pratos de qualidade impecável são preparados e servidos com o máximo de cuidado e atenção ao detalhe, em ambiente acolhedor embelezado por pinturas murais e no teto. Uma carta de vinhos excepcional complementa uma das melhores experiências gastronômicas em Praga. O filé chateaubriand flambado com molho de shitake é apenas uma das tentações. Reserve com antecedência.

✚ 189 D6 ✉ Maltézské náměstí 11, Malá Strana, Praga 1 ☎ 257 530 000 ⏰ Diariam 12h-23h 🍴 A 600Kč, J 1.100Kč, vinho 650Kč 🚊 Bondes 12, 20, 22 para Malostranské náměstí

U MALTÉZSKÝCH RYTÍŘŮ
www.umaltezskychrytiru.cz

Em um canto tranquilo do Malá Strana, esse restaurante acolhedor dirigido por uma família ocupa um prédio que já foi dos Cavaleiros de Malta. A recepção amistosa, o charme das velas acesas e a boa cozinha tcheca fizeram dele um lugar bem procurado, onde é improvável que você ache uma mesa se não tiver reservado com grande antecedência.

✚ 189 D6 ✉ Prokopská 10/297, Malá Strana, Praga 1 ☎ 257 530 075 ⏰ Diariam 13h-23h 🍴 A 500Kč, J 700Kč, vinho 350Kč 🚊 Bondes 12, 20, 22 para Malostranské náměstí

U MECENÁŠE
www.umecanse.cz

Instalado na casa "O Leão Dourado", uma das residências renascentistas com arcada no lado sul da praça do Malá Strana, esse é um dos restaurantes mais cheios de clima de Praga,

Acima *O pequeno terraço do restaurante internacional Pálffy Palác*

antigo refúgio de Jan Mydlář, famoso carrasco do século XVII. A assinatura dele faz parte da decoração das duas salas, juntamente com armas de fogo, espadas, pedaços de cadafalsos e mobília de madeira escura. A comida é um misto da refinada culinária boêmia tradicional e de pratos internacionais.

✚ 189 D6 ✉ Malostranské náměstí 10, Malá Strana, Praga 1 ☎ 257 531 631 ⏰ Diariam 12h-23h30 🍴 A 450Kč, J 700Kč, vinho 290Kč 🚊 Bondes 12, 20, 22 para Malostranské náměstí

U MODRÉ KACHNIČKY
www.umodrekachnicky.cz

Em uma ruazinha obscura no Malá Strana, "O Patinho Azul" virou tradição assim que abriu as portas, no começo dos anos 1990, tanto que já tem filial, U Modré Kachničky II, na Staré Město (Michalská 16, tel. 224 213 418; diariam 11h30-23h). Seu sucesso deve-se em parte à requintada culinária da Boêmia, com ênfase em carne de caça (inclusive meia dúzia de tipos de pato), e no clima aconchegante de suas salas pequenas, cada qual com decoração própria e enfeitada com peças antigas.

✚ 189 D6 ✉ Nebovidská 6, Malá Strana, Praga 1 ☎ 257 320 308, 257 316 745 ⏰ Diariam 12h-16h, 18h30-0h 🍴 A 600Kč, J 1.100Kč, vinho 420Kč 🚊 Bondes 12, 20, 22 para Hellichova

U SEDMI ŠVÁBŮ
www.svabove.cz

Em uma rua pequena na parte alta do Malá Strana, o bar "Os Sete Suábios" é um dos diversos estabelecimentos "medievais" da cidade e dos mais ambiciosos. Aqui você pode se esbaldar a noite inteira bebendo hidromel, comendo pratos preparados de acordo com receitas consagradas e se divertir com engolidores de fogo, malabaristas, espadachins e dançarinas ciganas.

✚ 188 C6 ✉ Jánský vršek 14, Malá Strana, Praga 1 ☎ 257 531 455 ⏰ Diariam 11h-23h 🍴 A 300Kč, J 600Kč, vinho 200Kč 🚊 Bondes 12, 20, 22 para Malostranská

ONDE FICAR

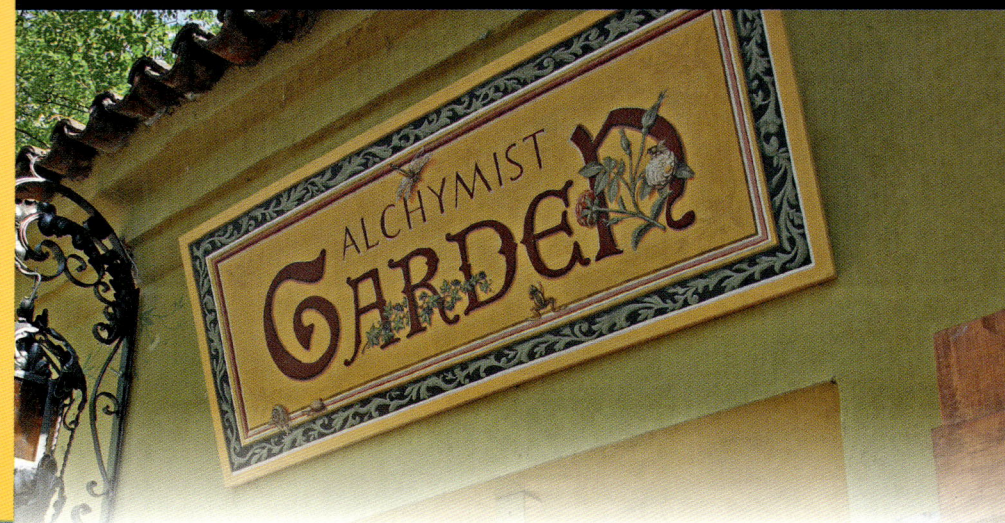

PREÇOS E SÍMBOLOS
Os preços são de uma diária em quarto duplo com café da manhã, a não ser que haja indicação em contrário. Os hotéis relacionados aqui aceitam cartão de crédito, a menos que indicado. Os preços variam muito durante o ano.

Para a legenda dos símbolos, ▷ 2.

ALCHYMIST
www.alchymisthotel.com
Um prédio de esquina notório, do lado contrário da embaixada americana, foi transformado em hotel exclusivo dos que gostam de decoração italiana exagerada e serviço atencioso. A decoração conta com pinturas e esculturas do século XVI ao XIX, além de complementos vistosos. As suítes vão do luxo simples ao superluxo. Há um café, um restaurante aberto para o pátio, um bar-academia de ginástica, salas de massagem e piscina em um porão gótico de verdade. A filial Residence Nosticova oferece estadia parecida.
✚ 188 C6 ✉ Tržiště 19, Malá Strana, Praga 1 ☎ 257 286 011 💷 5.000Kč-8.000Kč ⓘ 46 🛏 🍴 🚋 Bondes 12, 20, 22 para Malostranské náměstí

Acima O Alchymist é o hotel perfeito para quem adora a decoração e o estilo italianos

ANDEL'S HOTEL PRAGUE
www.andelshotel.com
Os quartos neste estabelecimento ultracontemporâneo são confortáveis e têm ótimos equipamentos. O hotel é a pedra angular do grupo de negócios e varejo que deu vida nova a Smíchov. O centro histórico fica a poucos minutos de transporte coletivo. A infraestrutura luxuosa conta com o Delight Restaurant e uma academia e centro de relaxamento. As luxuosas suítes do Andel's são ideais para estadias prolongadas.
✚ 189 D9 ✉ Stroupežnického 21, Smíchov, Praga 5 ☎ 296 889 688 💷 3.340Kč-5.740Kč ⓘ 239, 51 suítes 🍴 🍷 🚇 Anděl 🚋 Bondes 4, 6, 7, 9, 10, 12, 14, 20 para Anděl

ARIA
www.aria.cz
Esse hotel imaculado criou identidade própria com temática musical. Os quartos confortáveis têm nome de músicos e os andares chamam-se "clássico", "contemporâneo", "jazz" e "ópera". Há também uma sala de música, e um diretor musical pode sugerir uma diversão apropriada à sua estadia. Alguns dos quartos têm vista para os jardins barrocos Vrtbovská zahrada. O restaurante internacional conta com jardim de inverno e terraço de verão panorâmico.
✚ 189 D6 ✉ Tržiště 9, Malá Strana, Praga 1 ☎ 225 334 111 💷 5.640Kč-9.540Kč ⓘ 52 🍴 🍷 🚇 Malostranská 🚋 Bondes 12, 20, 22 para Malostranské náměstí

BEST WESTERN HOTEL KAMPA
www.euroagentur.cz
Fica no lado mais distante do Čertovka. Os quartos nos fundos de um prédio do século XVII têm vista para o riacho e o parque, mas todos propiciam bom padrão de conforto por preço razoável. Às vezes o Knight Hall sedia reuniões ruidosas.
✚ 189 D7 ✉ Všehrdova 16, Malá Strana, Praga 1 ☎ 257 404 444, 271 090 832 💷 4.130Kč-6.610Kč ⓘ 84 🚋 Bondes 6, 9, 12, 20, 22 para Újezd

THE CHARLES HOTEL
www.thecharleshotelprague.com
Esse hotel pequeno e elegante fica em uma travessa perto da Karlův most. Dentro do prédio barroco, os quartos, confortáveis e espaçosos, têm mobília tradicional de madeira e quase sempre são reservados com bastante antecedência.
✚ 189 D6 ✉ Josefská 1, Malá Strana, Praga 1 ☎ 283 890 530 💷 A partir de 2.250Kč ⓘ 31 🚋 Bondes 12, 20 ,22 para Malostranské náměstí

CONSTANS
www.hotelconstans.cz

O charmoso Constans, oculto numa viela estreita, ocupa três casas do século XVII. Tem clima histórico e quartos confortáveis, alguns com sacada. Pode-se pedir camas extras. Há um salão para café da manhã e restaurante.
✚ 189 C6 ✉ Břetislavova 309, Malá Strana, Praga 1 ☎ 234 091 818 ✋ 4.410Kč-7.910Kč 🛏 31 ⓢ Em alguns quartos 🚌 Bondes 12, 20, 22 para Malostranské náměstí

DIENTZENHOFER
www.dientzenhofer.cz

Esta pousadinha amistosa fica ao sul da Karlův most. O prédio foi o lar da dinastia de arquitetos Dientzenhofer, que tanto fez para dar a esse lado da cidade seu belo traço barroco. Tem acomodações simples com instalações privadas e ainda um pátio e um jardim deliciosos.
✚ 189 D6 ✉ Nosticova 2, Malá Strana, Praga 1 ☎ 257 311 319 ✋ 2.100Kč-4.200Kč 🛏 9 🚌 Bondes 12, 20, 22 para Hellichova

MANDARIN ORIENTAL
www.mandarinoriental.com

Em local sossegado, a filial em Praga da conhecida rede internacional de hotéis fica em um mosteiro medieval. A reforma resultou num estabelecimento charmoso de luxo. O grau de conforto e infraestrutura é surpreendente e o serviço, irretocável.
✚ 189 D6 ✉ Nebovidská 1, Malá Strana ☎ 233 088 668 ✋ 4.400Kč-9.000Kč 🛏 99 ⓢ 🚌 Bondes 12, 20 22 para Hellichová

MÖVENPICK
www.moevenpick-prague.com

O alto padrão de conforto e os recursos de luxo do Mövenpick mais que compensam o fato de ele ser fora de mão. As duas partes do hotel são ligadas por um funicular íngreme, de onde se tem vistas maravilhosas durante a curta viagem. Localiza-se no morro acima de Smíchov, e alguns quartos dão para o Museu Mozart, na mansão Bertramka. Há opções de restaurante e bar.
✚ 188 C9 ✉ Mozartova 1, Smíchov, Praga 5 ☎ 257 151 111 ✋ 2.730Kč-6.750Kč 🛏 442 ⓢ 🅿 ♿ Anděl 🚌 Bondes 6, 12, 14, 20 para Anděl; 4, 7, 9, 10 para Bertramka

NERUDA
www.hotelneruda.cz

Quase no alto da ladeira da rua Nerudova, esse hotel elitista com o nome do escritor praguense do século XIX fica perto do castelo. Seu prédio histórico foi reformado com esmero para ter quartos atraentes e confortáveis. O restaurante, com teto de vidro, e o Café Carolina têm lanches, refeições e bebidas em ambiente agradável.
✚ 188 C5 ✉ Nerudova 44, Malá Strana, Praga 1 ☎ 257 535 557-61 ✋ 4.500Kč-8.000Kč 🛏 42 ⓢ 🚌 Bondes 12, 20, 22 para Malostranské náměstí

POD VĚŽÍ
www.hotelpodvezi.cz

O pequeno Pod Věží está instalado em prédio histórico. Não fica em local dos mais tranquilos, mas combate o ruído com vidros duplos e um restaurante agradável no átrio, que serve comida tcheca e pratos internacionais. Os quartos confortáveis têm bela decoração.
✚ 189 D6 ✉ Mostecká 2, Malá Strana, Praga 1 ☎ 257 532 041 ✋ 2.400Kč-3.200Kč 🛏 12 ⓢ 🚌 Bondes 12, 20, 22 para Malostranské náměstí

SAX
www.hotelsax.cz

Esse prédio solene do século XIX é hoje um hotel fino que se importa com a decoração. Está a curta caminhada do castelo. Tem mobília e complementos em divertido estilo retrô e quartos confortáveis que dão para um átrio.
✚ 188 C6 ✉ Jánský vršek 3, Malá Strana, Praga 1 ☎ 257 531 268 ✋ 3.600Kč-4.500Kč 🛏 22 ♿ 🚌 Bondes 12, 20, 22 para Malostranské náměstí

U BRANY
www.ubrany.cz

Esse hotel pequeno, na íngreme e pitoresca rua Nerudova, fica a meio caminho entre a Karlův most (Ponte Carlos) e o castelo. Os quartos são silenciosos e confortáveis e os funcionários, discretos e cordiais. Há diversos bares e restaurantes a poucos minutos a pé.
✚ 188 C6 ✉ Nerudova 21, Malá Strana, Praga 1 ☎ 257 534 050 ✋ 1.500Kč-3.000Kč 🛏 11 🚌 Bondes 12, 20, 22 para Malostranské náměstí

U PAVA
www.romantichotels.cz

"O Pavão" proporciona uma boa estadia em lugar aprazível. A casa gótica foi reconstruída pelo arquiteto barroco Kilián Ignác Dientzenhofer, e a restauração ressaltou ainda mais a beleza desse ótimo exemplo do patrimônio de Praga. Tem mobília de madeira escura, lustres grandes e obras de arte, além de um restaurante e adega no porão.
✚ 188 D6 ✉ U Lužického semináře 32, Malá Strana, Praga 1 ☎ 257 533 360, 257 533 573 ✋ A partir de 4.000Kč 🛏 27 ⓢ ♿ Malostranská 🚌 Bondes 12, 18, 20, 22 para Malostranská

U ZLATÉ STUDNĚ
www.goldenwell.cz

Não se pode ficar mais perto do castelo do que nesse hotelzinho, no alto de uma ladeira íngreme. A viela é um beco sem saída, de modo que tranquilidade e silêncio são garantidos, como algumas das melhores vistas de Praga. Os quartos luxuosos têm banheira de hidromassagem e decoração de bom gosto em estilo antigo. O excelente restaurante tira o máximo proveito da vista.
✚ 189 D5 ✉ U zlaté studně 166/4, Malá Strana, Praga 1 ☎ 257 011 213 ✋ 3.500Kč-7.000Kč 🛏 20 ⓢ 🚌 Bondes 12, 20, 22 para Malostranské náměstí

WALDSTEIN
www.hotelwaldstein.cz

Vale a pena sair em busca desse hotel, bem acomodado no canto de uma pracinha ao lado do Valdštejnský palác. Sua localização garante paz e silêncio, e os quartos são confortáveis e diferentes entre si.
✚ 189 D5 ✉ Valdštejnské náměstí 6, Malá Strana, Praga 1 ☎ 257 533 938 ✋ 2.400Kč-5.000Kč 🛏 37 ♿ Malostranská 🚌 Bondes 12, 20, 22 para Malostranské náměstí

REGIÕES
MALÁ STRANA: ONDE COMER E ONDE FICAR

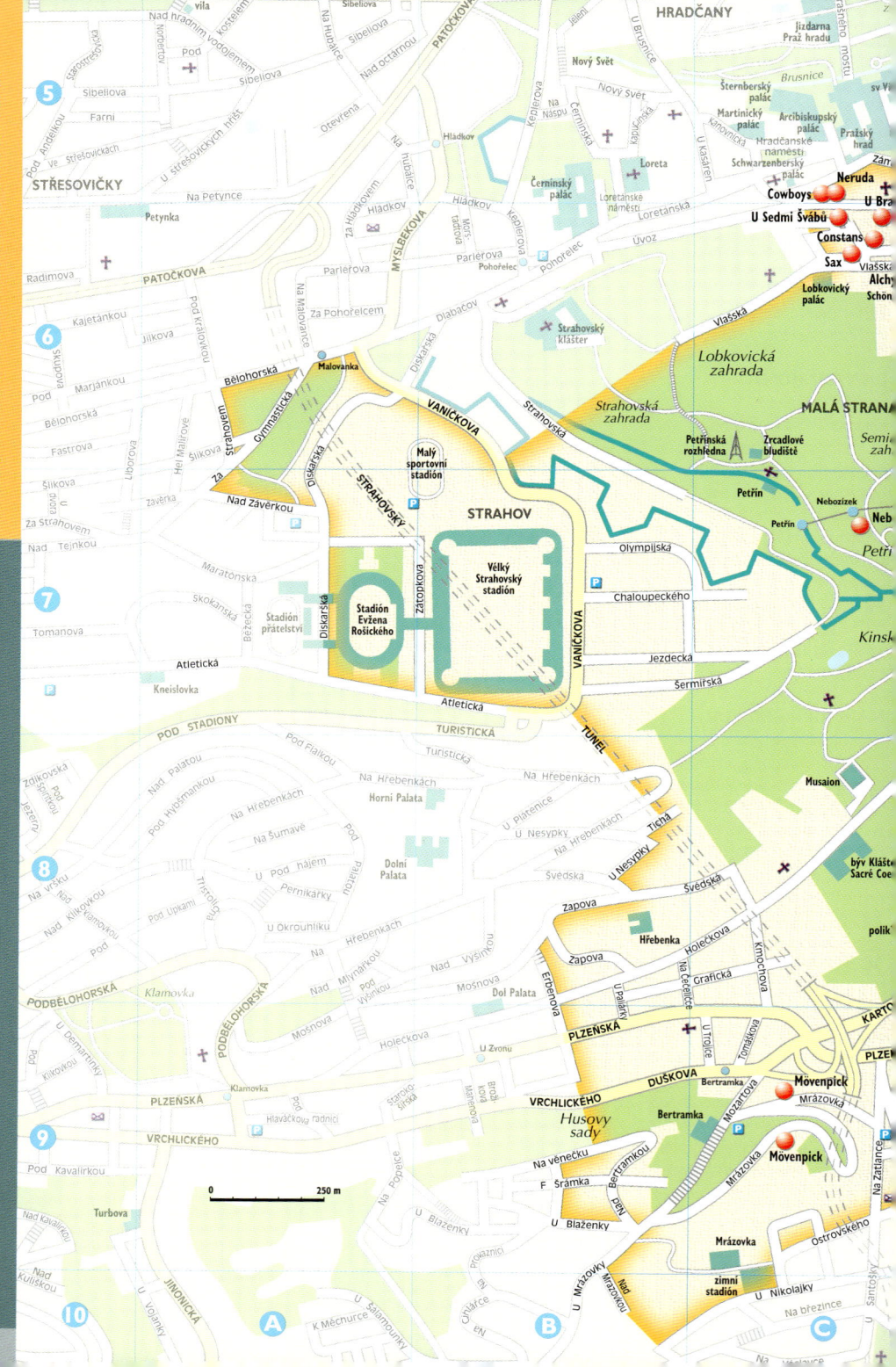

188

REGIÕES | MALÁ STRANA: ONDE COMER E ONDE FICAR

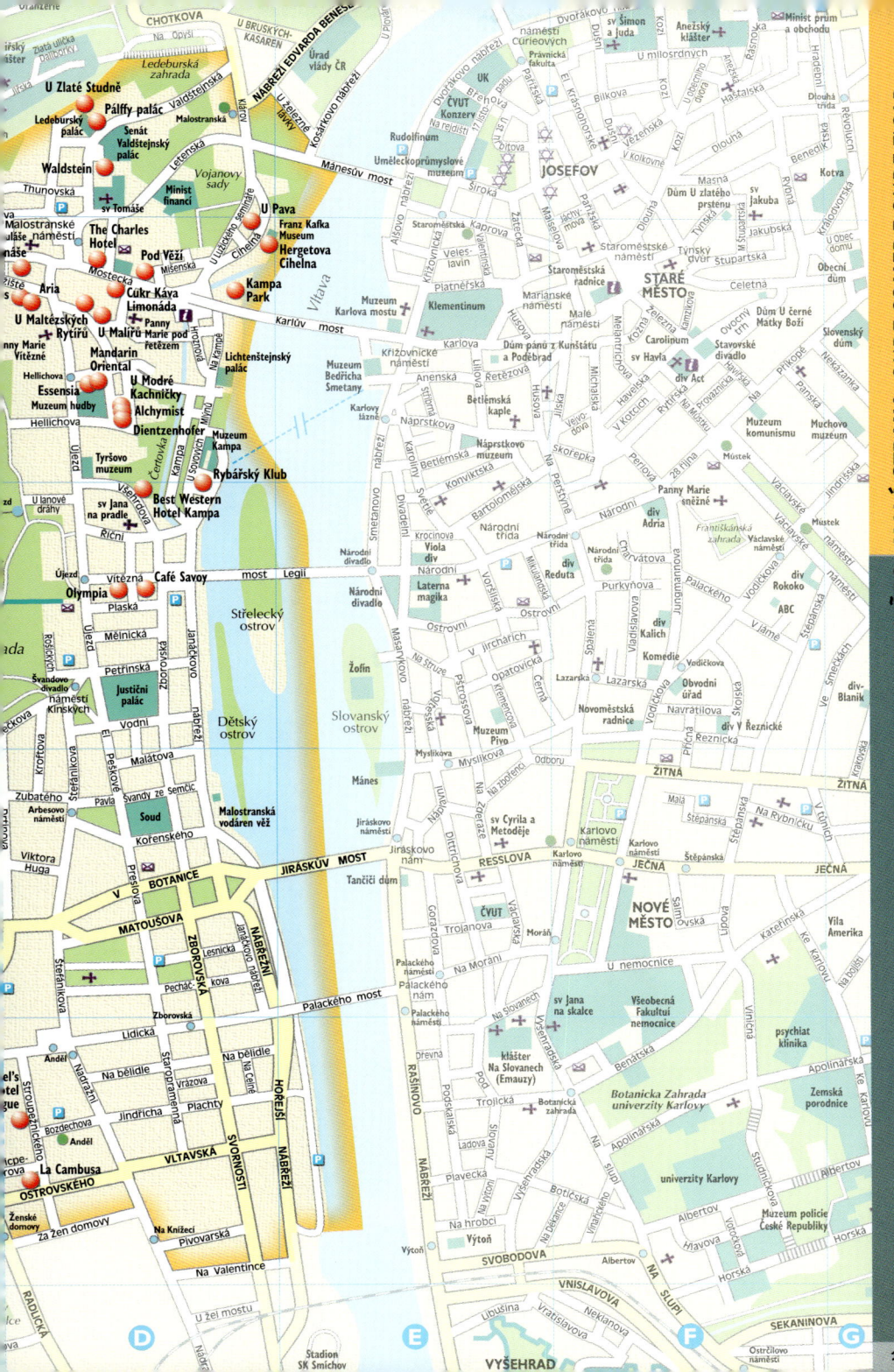

REGIÕES HRADČANY

ATRAÇÕES TURÍSTICAS 192

ROTEIROS E PASSEIOS 222

ARTE, COMPRAS, DIVERSÃO E NOITE 226

ONDE COMER 228

ONDE FICAR 229

HRADČANY

Hradčany, a surpreendente elevação na margem oeste do Vltava, com o Pražský hrad (Castelo de Praga) no alto, tem sido o centro do poder em terras tchecas por mais de mil anos, quando os primeiros príncipes da Boêmia deixaram Vyšehrad e lá instalaram sua sede.

É preciso um dia inteiro para ver todas as atrações turísticas existentes em Hradčany. Se boa parte do castelo é fechada ao público, muitas salas estão abertas, inclusive o Palácio Real Antigo, da Idade Média, e seu enorme Salão Vladíslav. Aqui, sob o seu lindo teto gótico com abóbadas, eram realizadas as coroações, os torneios de cavaleiros e os circos itinerantes.

Uma atividade "obrigatória" no Castelo de Praga é ver a Svatého Vitá (Catedral de São Vito), coração espiritual da pátria tcheca, embora hoje seja um símbolo mais nacional que religioso. Não é preciso pagar para entrar na catedral, mas é provável que você encontre milhares de turistas acotovelando-se para ver o que há de melhor, como os vitrais pintados pelo mestre art nouveau Alfons Mucha e a Kaple svatého Václava (Capela de São Venceslau), coberta de joias.

Do lado de fora dos portões da Hradčanské náměstí você pode contemplar o que talvez seja o melhor acervo de pinturas europeias de todo o país no Šternberský palác ou admirar o exterior de esgrafitos do Schwarzenberský palác, do outro lado da praça.

A leste do Pražský hrad estende-se o Letenské sady (Parque de Letná), uma cordilheira verde com vistas incríveis da Staré Město, abaixo, e, de quebra, a melhor cervejaria ao ar livre da cidade, no lado leste. Além de Letná estão os bairros de Dejvice, Bubeneč e Holešovice, todos residenciais e agradáveis, sendo que o último tem dois museus que valem a pena: o Veletržní palác, que abriga o acervo de arte moderna da Galeria Nacional, e o Národní technické muzeum, o Museu Técnico Nacional, também interessante para crianças, que foi reconstruído durante anos e reinaugurado em fevereiro de 2011.

REGIÕES
HRADČANY: ATRAÇÕES TURÍSTICAS

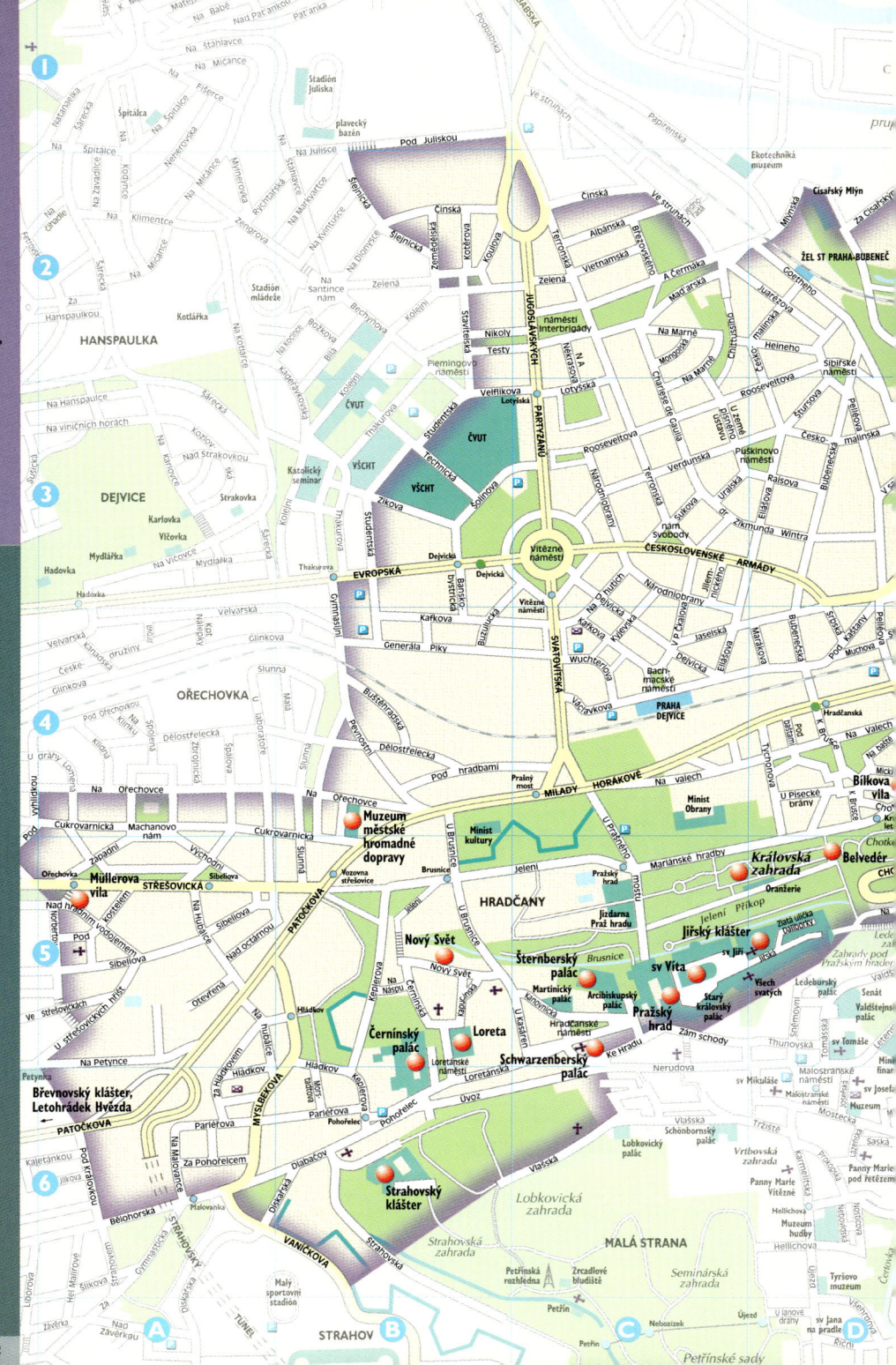

REGIÕES | **HRADČANY: ATRAÇÕES TURÍSTICAS**

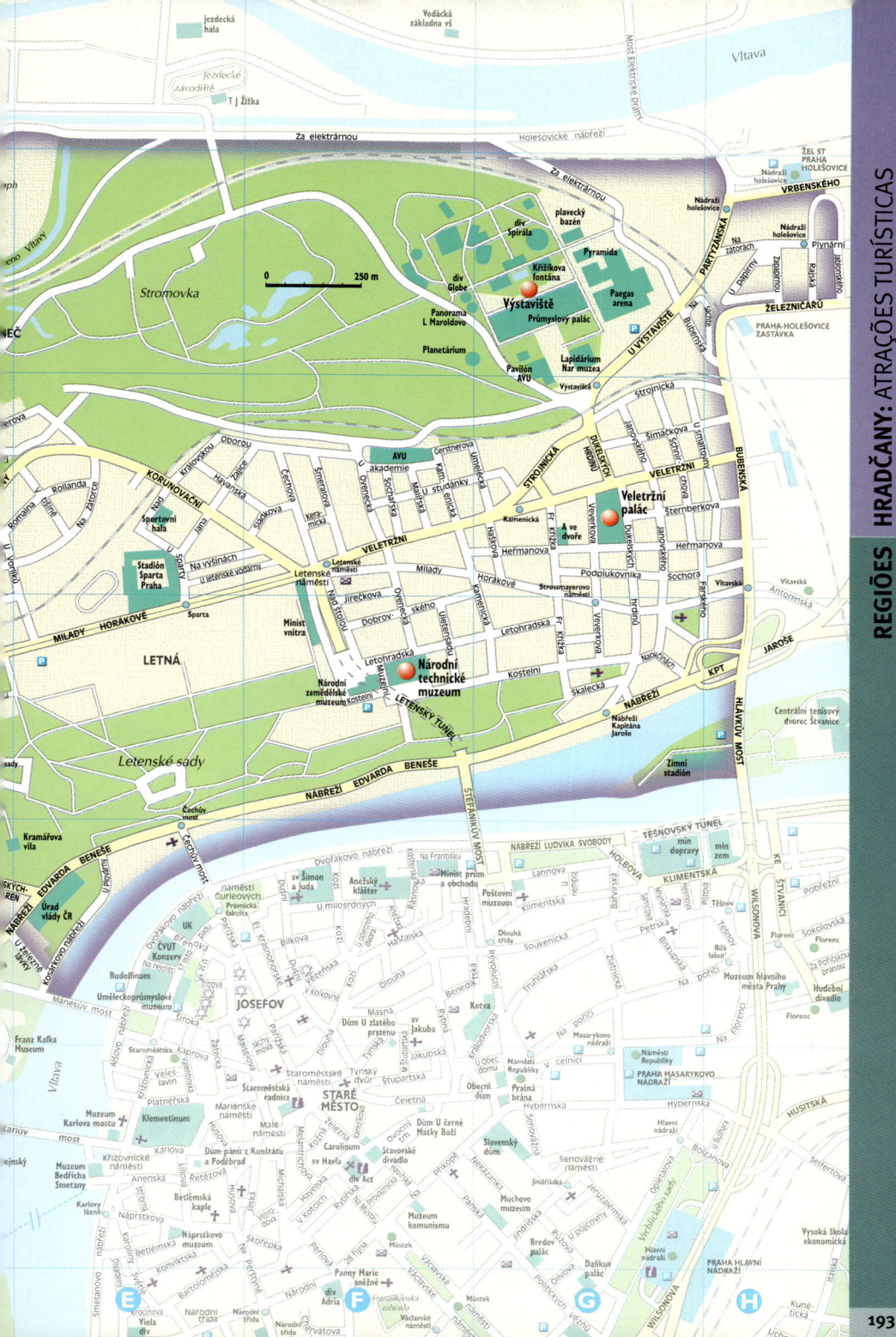

REGIÕES
HRADČANY: ATRAÇÕES TURÍSTICAS

BELVEDÉR
www.hrad.cz

Também conhecido como Královský letohrádek (Palácio Real de Verão), o Belvedere remata o lado leste do Jardim Real (▷ adiante) com um floreio elegante. Foi uma das primeiras construções renascentistas a norte dos Alpes, feita em meados do século XVI por arquitetos italianos para Ferdinando I, que pretendia que ele fosse um retiro para sua querida esposa, Anna. Rodeado por uma arcada singela, tem telhado em forma de barco emborcado coberto de cobre. É usado para exposições de arte temporárias.

✚ 192 D5 ✉ Letohrádek královny Anny, Mariánské hradby, Hradčany, Praga 1 ☎ 224 372 327 ⏰ Ter-dom 10h-18h durante as exposições temporárias 💰 Variável 🚋 Bonde 22 para Královský letohrádek

BÍLKOVA VILA
www.citygalleryprague.cz

Na subida para o Castelo de Praga, a mansão projetada pelo escultor simbolista František Bílek (1872-1941) é excepcional, mas mesmo assim foge à atenção dos turistas. Bílek, nome desconhecido da maioria dos estrangeiros, foi famoso em sua época e muito admirado por Franz Kafka (1883-1924), entre outros. Kafka referiu-se à sua obra como "arte nua suplicante, cheia de visões, anseios místicos e pontadas de culpa". O prédio que ele desenhou para morar e trabalhar tem o mesmo grau de expressividade, com as colunas do pórtico em estilo egípcio simbolizando os talos do milho e as paredes de tijolo vermelho representando a boa terra. A escultura na frente retrata o reformador educacional tcheco Comênio (1592-1670) dando adeus à sua terra natal, e dentro da casa há mais esculturas. A maior parte da mobília e dos objetos foi desenhada por Bílek e reflete sua visão de vida intensamente espiritual.

✚ 193 D4 ✉ Mickiewiczova 1, Hradčany, Praga 6 ☎ 224 322 021 ⏰ Ter-dom 10h-18h 🚋 Bondes 18, 20 para Chotkovy sady

BŘEVNOVSKÝ KLÁŠTER
▷ 196.

ČERNÍNSKÝ PALÁC

O Palácio de Černín, com fachada de 150m, domina o Loreto e a parte alta do bairro Hradčany. Maior palácio de Praga, foi iniciado por Jan Humprecht, conde de Černín, em 1669, mas permanecia inacabado quando ele morreu, e sua construção e manutenção continuaram a consumir a fortuna da família nos anos posteriores. O palácio acabou vendido para o Estado. Serviu de quartel aos austríacos e na década de 1920 tornou-se o Ministério do Exterior do novo Estado tchecoslovaco. Durante a ocupação nazista virou quartel-general do Reichsprotektor Reinhard Heydrich, o "carrasco", que em sua viagem matutina ao palácio foi alvejado e morreu dias depois, em 1942. Outra morte ocorreu no palácio: em 1948, logo após o golpe de Estado comunista, o corpo do popular ministro do Exterior Jan Masaryk (1886-1948) foi encontrado no pátio, abaixo da janela do seu gabinete. Nunca se soube se o último democrata do governo caiu ou foi empurrado.

✚ 192 B5 ✉ Lorentánské náměstí 5, Hradčany, Praga 1 ⏰ Fechado ao público 🚋 Bonde 22 para Pohořelec

JIŘSKÝ KLÁŠTER
▷ 197.

KRÁLOVSKÁ ZAHRADA
www.hrad.cz

Ao norte do Jelení příkop (Fosso do Veado), o Jardim Real proporciona vistas incomuns do castelo e da catedral, além de ser um local relaxante. Feito de início em estilo geométrico em meados do século XVI, o jardim é atualmente informal, com muitas árvores bonitas e canteiros de flores. A única parte projetada está à frente do Belvedér (▷ ao lado), o pequeno *giardinetto*, recriação de um jardim renascentista feita no século XX. Compõe um lugar ideal para a Zpívající fontána (Fonte Cantante), de bronze, executada em 1568. O jardim era apreciado especialmente pelo imperador Rodolfo II, que mandou construir um piso abaixo da ponte do fosso para que pudesse chegar ao jardim sem ser visto.

O nome do restaurante Lví dvůr (Pátio do Leão), na entrada mais próxima do castelo, é uma lembrança da reserva de animais, que tinha não apenas leões, mas também bichos estranhos, alojados em jaulas aquecidas para protegê-los do frio. Outra importação exótica para o jardim eram as tulipas – foi aí que essas flores conheceram o solo europeu, depois que o sultão turco deu sementes ao embaixador austríaco em Constantinopla.

Do lado contrário do Pátio do Leão está a Jízdárna (Escola de Equitação), prédio amplo usado hoje para exposições temporárias. Dentro do jardim há um pavilhão renascentista, chamado Míčovna (Salão do Jogo de Bola). Sua decoração de esgrafito foi restaurada no período comunista – se você olhar com muita atenção vai achar o símbolo da foice e do martelo.

✚ 192 C5 ✉ Pražský hrad, Hradčany, Praga 1 ☎ 224 372 423 ⏰ Jun, jul diariam 10h-21h; ago 10h-20h; maio, set diariam 10h-19h; abr, out diariam 10h-18h 💰 Gratuito 🚋 Bonde 22 para Královský letohrádek ou Pražský hrad

Acima *A fachada renascentista do Černínský palác refletida no rio*

Página ao lado *Pinturas enfeitam o teto de abóbada do mosteiro Břevnov*

INFORMAÇÕES

✚ Fora do mapa 192 A6 ✉ Markétská 28/1, Břevnov, Praga 6 ☎ 220 406 111
🕐 Abr-fim out sáb-dom 10h, 14h, 16h; Nov-fim mar sáb-dom 10h, 14h
🎟 Adulto 50Kč, criança (6-16) 30Kč
🚋 Bondes 15, 22, 25 para Břevnovský klášter ⓘ Só visitas guiadas (em tcheco)
📖 Guia 50Kč

DICAS

» Se você chegou aos subúrbios a oeste, continue até o Letohrádek Hvězda (Castelo da Estrela), que fica em meio a um parque, o local da batalha da montanha Branca em 1620 (▷ 31).
» O restaurante do mosteiro é um ótimo lugar para comer.

Abaixo *O conjunto de prédios do mosteiro*

BŘEVNOVSKÝ KLÁŠTER

Uma das maiores instituições religiosas de Praga, esse conjunto de prédios barrocos da abadia foi erigido pela família de arquitetos Dientzenhofer.

O mosteiro beneditino de Břevnov, com mil anos de idade e outrora no meio do campo, conserva o clima rústico apesar de ter sido engolfado pela zona oeste da cidade. Seus prédios barrocos foram obra dos Dientzenhofer e, entre eles está não só uma das igrejas mais grandiosas feitas por eles, mas diversas construções, como o imponente silo que se destaca no caminho para o conjunto.

INÍCIO LENDÁRIO

Todos esses edifícios são apenas os mais recentes de uma série de construções e reconstruções. Um dos aspectos mais fascinantes de uma visita a eles é a cripta, abaixo do piso da igreja barroca, onde se veem as colunas grossas e os arcos arredondados da igreja pré-românica inicial, além de escombros da alvenaria gótica.

O mosteiro foi fundado pelo príncipe Bořivoj e pelo bispo Vojtěch (ou Adalberto), os quais, diz a lenda, tiveram sonhos idênticos e se encontraram no ponto em que uma fonte jorrava do chão. Seja qual for a verdade, Břevnov tem origem no ano de 993, quando Vojtěch voltou de Roma com um grupo de monges beneditinos e se instalou aqui. Nobre e primeiro bispo eslavo de Praga, ele empreendeu a cristianização do Leste da Europa e morreu como mártir na Polônia. Isso lhe valeu um lugar entre os santos padroeiros do país. Seus restos mortais um dia voltaram a Praga.

LUXO RECENTE

Os últimos sucessores de Vojtěch, os abades do século XVIII, não só criaram um dos lugares de culto mais deslumbrantes de Praga, mas também viveram muito bem, como demonstra uma visita aos suntuosos prédios do mosteiro e suas riquezas. O ponto alto é o Salão Teresino, decorado para a visita da imperatriz Maria Teresa em 1753: o teto de afrescos, o maior de Praga, representa o milagre do ermitão Gunther (*c.* 955-1045), que se esquivou de comer carne em um dia de jejum fazendo um pavão assado levantar voo da mesa. Para relaxar no verão, os abades retiravam-se para o charmoso pavilhão do jardim, erigido sobre o local da fonte lendária.

Břevnov foi confiscado pelo regime comunista em 1950, os monges foram expulsos e os prédios utilizados para guardar livros e documentos da polícia. A instituição foi restituída em 1990 e depois disso retomou grande parte do antigo esplendor a partir de um rígido cronograma de restauro e reforma.

JIŘSKÝ KLÁŠTER

INTRODUÇÃO

No centro do terreno do castelo, o antigo Convento de São Jorge teve diversas funções antes de se tornar a espaçosa sede do acervo nacional de arte tcheca do século XIX.

Próximos da Bazilika svatého Jiří (Basílica de São Jorge) mas desvinculados dela, os prédios restaurados e modernizados do convento conservam pouco da atmosfera original, embora ainda estejam dispostos em volta de um pátio. Os recintos internos formam um ambiente neutro para as maiores coleções do país de pintura e escultura do século XIX, antes guardadas em vários locais. Aqui elas estão muito bem expostas e, embora alguns artistas sejam conhecidos somente pelos tchecos e especialistas em arte, seus trabalhos são comparáveis com o que se produziu em qualquer outro país nesse período de rápida mudança. A maioria das tendências europeias está representada, de paisagens românticas, retratos à Biedermeier, pinturas históricas grandiosas e esculturas públicas a obras da juventude de artistas que depois abraçariam o Impressionismo, a Art Nouveau e outras tendências artísticas do início do século XX.

O Convento de São Jorge, uma das primeiras instituições desse tipo, foi fundado para a ordem dos beneditinos em 973 pela princesa Milada, sobrinha de São Venceslau. Muitas das abadessas posteriores tinham a mesma categoria, e o convento ganhou fama com a produção de iluminuras e a instrução de moças da nobreza. Reconstruído várias vezes, sua vocação religiosa terminou em 1782, quando, como muitas instituições parecidas do império habsburgo, fechou as portas por ordem do imperador José II. Seu salvador inusitado foi o regime comunista, que o refez de 1963 a 1976. A intenção primeira era transformá-lo em "Museu do Povo Tchecoslovaco", mas a ideia caiu por terra e em 1975 o convento tornou-se sede das coleções barrocas da Galeria Nacional, que hoje se encontram no Schwarzenberský palác (Palácio Schwarzenberg, ▷ 208-9).

DESTAQUES
PINTURA DE PAISAGENS

Os pintores de índole romântica encontraram motivos suficientes no interior da Boêmia, que tem desfiladeiros de rio, despenhadeiros e ruínas de castelos no topo de penhascos. Suas telas são bem agradáveis, embora pareçam convencionais na obra de Julius Mařák (1832-99), mestre na representação das mudanças

INFORMAÇÕES

www.ngprague.cz

✝ 192 D5 ✉ Národní galerie, Jiřský klášter, Jiřské náměstí 33, Hradčany, Praha 1 ☎ 257 531 644 🕐 Ter-dom 10h-18h 🎟 Adulto 150Kč, criança (6-15) 80Kč 🚋 Bonde 22 para Pražský hrad 🛍 Loja da galeria

Acima *Turistas e outros visitantes juntam-se no pátio do castelo*

DICAS

» Depois de instalado na nova sede em maio de 2007, o acervo ainda leva um tempo para se acomodar, de modo que algumas obras descritas aqui podem não estar expostas.
» O Convento de São Jorge faz parte da Galeria Nacional, e por isso é preciso comprar um ingresso separado daquele que dá acesso ao castelo.

da paisagem. Mařák deleitava-se com as paisagens naturais intocadas de florestas e charcos como os das montanhas ao longo da fronteira com a Baviera. Seu *Floresta virgem de Šumava* (1891) transmite com perfeição a atmosfera fantasmagórica da antiga floresta, mergulhada em névoa, com árvores caídas e em decomposição e mato impenetrável. Um aspecto muito diferente, doméstico, é dado por *Abaixo da cabana*, de Josef Mánes (1820-71), uma representação em formato oval de mãe e filhos divertindo-se em um lago.

PINTURA HISTÓRICA

Durante o século XIX, o povo tcheco pretendia provar que, apesar de todos os esforços dos governantes habsburgos, sua nação tinha história. Os artistas tiveram papel destacado nesse movimento, produzindo quadros monumentais de momentos significativos de um passado cheio de acontecimentos e às vezes glorioso. Poucas pinturas foram tão reproduzidas quanto *A condenação do mestre Jan Hus*, de Václav Brožík (1851-1901), que mostra esse herói tcheco prototípico em pose desafiadora perante seu martírio na fogueira. Outra figura histórica muito celebrada pelos patriotas do século XIX era Jorge de Poděbrady, o "rei hussita". Em obra de Mikuláš Áles (1852-1913), *O encontro de Jorge de Poděbrady com Matias Corvino*, ele é retratado confrontando seu adversário derrotado, o rei húngaro Matias.

A GERAÇÃO DO TEATRO NACIONAL

Nas últimas décadas do século XIX, os pintores e os escultores ocuparam-se embelezando os grandiosos edifícios públicos que eram construídos por toda a cidade de Praga, especialmente o Národní divadlo (Teatro Nacional). Agrupados sob o título de Geração do Teatro Nacional e bem representados na galeria, eles tinham como integrante mais preeminente Josef Václav Myslbek (1848-1922). A façanha suprema de Myslbek foi a estátua de Venceslau na praça homônima, obra que passou por muitas versões antes de chegar à forma triunfal definitiva.

Abaixo *Esta paisagem do rio Elba criada por Josef Mánes faz parte do acervo nacional*

LORETA

INTRODUÇÃO
O Loreto é um exemplo irresistível da extravagância barroca, por dentro e por fora, com uma mulher barbada, esqueletos bem vestidos e a lenda da casa voadora. O santuário e seu famoso carrilhão atraem multidões de turistas hoje em dia, do mesmo modo que antigamente atraíam comitivas de peregrinos. É uma das atrações turísticas mais procuradas do bairro do castelo. Sua fachada barroca alegre, animada com estátuas, cria um contraste gritante com o grande volume do Černínský palác (Palácio de Černín), que fica no alto terraço do lado contrário. Por trás da fachada estão os claustros, cujo ponto central é a Santa Casa, supostamente réplica da casa de Virgem Maria na Terra Santa. Do outro lado do pátio encontra-se um dos prédios religiosos barrocos mais suntuosos da cidade, a Kostel Narození Páně (Igreja do Nascimento do Senhor). Há mais evidências da grande riqueza do santuário no Tesouro, com objetos preciosos extraordinários. A lenda do Loreto conta que a humilde casa da Virgem Maria foi transportada por anjos desde a Terra Santa quando ameaçada pelo avanço do islamismo. A casinha sobrevoou terra e mar e acabou aterrissando em Loreto, na Itália. O santuário construído lá foi imitado em toda a Europa, sobretudo em terras tchecas, e seu culto viu-se promovido com vigor durante a Contrarreforma. O Loreto de Praga tinha grande popularidade com a nobreza católica novo-rica, que se beneficiou da distribuição dos espólios dos protestantes após a batalha da montanha Branca, em 1620, e estava sequiosa para demonstrar tanto sua riqueza quanto sua devoção.

DESTAQUES
DO LADO DE FORA
Kilián Ignác Dientzenhofer concluiu a fachada principal do Loreto em 1724. Diante dela está uma magnífica fileira de querubins, os correlatos alegres das representações mais acima de santos, anjos e da própria Virgem. Os 27 sinos do seu carrilhão foram fundidos na Holanda em 1694 – toda hora eles tocam o amado hino tcheco em louvor a Maria, *Mil vezes vos saudamos!*, em versão orquestrada pelo compositor Antonín Dvořák (1841-1904). O carrilhão pode ser programado para tocar outras melodias.

INFORMAÇÕES
www.loreta.cz
192 B5 Loretánské náměstí 7, Hradčany, Praga 1 220 516 740
Ter-dom 9h-12h15, 13h-16h30
Adulto 110Kč, criança (6-16) 90Kč
Bonde 22 para Pohořelec Guia em inglês 70Kč Loja pequena com lembranças e artigos religiosos

Acima *A pródiga decoração barroca na Kostel Narození Páně*

DICA

» Tente chegar no momento em que o carrilhão toca, em todas as horas redondas.

SANTA CASA

A Santa Casa era de início um prediozinho despojado, até ganhar painéis de estuque com relevos requintados contando a história de sua origem. Foi construído e financiado no fim dos anos 1620 por Kateřina Lobkowicz, nobre bastante devota, e diversos familiares dela estão enterrados sob o prédio. Sem janelas, o interior simples de tijolo pretende evocar o ambiente humilde em que a Sagrada Família vivia. Além de partes de murais, o altar, com uma imagem de calcário da Virgem Maria, é o único elemento decorativo.

PÁTIO

A Santa Casa era um prédio isolado, mas na década de 1660 viu-se rodeado de claustros, aos quais se acrescentou outro andar um século depois. Entre as capelas, de decoração profusa, está aquela que tem uma pintura mística de São Francisco recebendo os estigmas, mas a capela que mais chama a atenção é a consagrada a Nossa Senhora das Dores. A estátua de uma senhora barbada é a de Santa Starosta (ou Wilgefortis, ou Liberada). Prometida em matrimônio por seu pai pagão a um pretendente não desejado, essa jovem infeliz rezou para ficar feia a ponto de ele recusá-la. Da noite para o dia cresceu-lhe uma barba, e por isso o pai mandou crucificá-la.

KOSTEL NAROZENÍ PÁNĚ

Construída pelos Dientzenhofer nas primeiras décadas do século XVIII, a Igreja da Natividade do Loreto é um dos mais bem preservados exemplos barrocos de Praga, com decoração particularmente preciosa. A ideia barroca de a missa ser um espetáculo dramático confirma-se aqui, com a existência de oratórios no primeiro andar para a nobreza, equivalentes a um camarote de teatro. Em meio ao luxo dos dourados, o toque macabro fica com os esqueletos vestidos e mascarados de São Felicíssimo e Santa Márcia e pela figura de Santa Ágata segurando seus seios decepados em uma bandeja.

TESOURO

O Tesouro do Loreto, no primeiro andar dos claustros, era assaltado frequentemente pelos Habsburgo empobrecidos, mas ainda tem alguns dos objetos litúrgicos mais exuberantes que existem, entre eles a fabulosa custódia chamada Sol de Praga, que leva alguns dos 6.500 diamantes legados ao Loreto em 1695 pela condessa Eva Franziska Kolowrat, cujo retrato está exposto com destaque.

Abaixo *A parte externa do conjunto arquitetônico do Loreto*
À dir. *Uma das estátuas que se encontra no telhado da igreja*

MÜLLEROVA VILA

www.mullerovavila.cz

Esse casarão construído pela família Müller em 1930, no subúrbio de classe média de Ořechovka (Castanhal), é um edifício importante na evolução da arquitetura funcionalista. Teve projeto do arquiteto vienense Adolf Loos (1870-1933), famoso pela afirmação inflexível de que "enfeite é crime" e pelo conceito de Raumplan, segundo o qual os espaços internos fluem entre si, contrariando a tradição. O Casarão Müller certamente é anticonvencional. O exterior é bastante grave, mas no interior se alivia a austeridade espacial com materiais preciosos. Os comunistas restringiram a família Müller a um canto da sua residência e subdividiram o restante em escritórios. Desde 1990, esse ícone da arquitetura entreguerras tem sido restaurado com fidelidade por custo muito alto.

✚ 192 A5 ✉ Nad Hradním vodojemem 14, Střešovice, Praha 6 ☎ 224 312 012
🕐 Abr-fim out ter, qui, sáb, dom visitas guiadas 9h, 11h, 13h, 15h, 17h; nov-fim mar ter, qui, sáb, dom visitas 10h, 12h, 14h, 16h. Visitas devem ser marcadas com antecedência 👉 Adulto 300Kč, criança (6-16) 200Kč (visita em inglês 100Kč a mais por pessoa)
🚇 Hradčanská, depois bondes 1, 2, 18 para Ořechovka

MUZEUM MĚSTSKÉ HROMADNÉ DOPRAVY

O Museu do Transporte Público da Cidade é um armazém histórico no subúrbio de Střešovice. Além de homenagear os bondes, ele tem uma amostra de veículos antigos, como os trólebus e ônibus Škoda. O mais antigo é um bonde aberto puxado por cavalos de 1886, e há curiosidades como os bondes particulares do prefeito e ainda uma abundância de objetos dos transportes públicos, como mapas e cartazes.

✚ 192 B4 ✉ Vozovna Střešovice, Patočkova 4, Střešovice, Praha 6
☎ 296 124 900 🕐 Final mar a meados set sáb-dom e feriados 9h-17h; outros horários para grupos a combinar (tel. 296 124 905)
👉 Adulto 35Kč, criança (6-16) 20Kč
🚇 Hradčanská, depois bondes 1, 2, 15, 18, 25 para Vozovna Střešovice

NÁRODNÍ TECHNICKÉ MUZEUM

▷ 202.

NOVÝ SVĚT

Bairro mais tranquilo e pitoresco do distrito, o Nový Svět (Mundo Novo) lembra um sonho antigo. Esse é o nome dado tanto à região isolada, parecida com uma vila, ao norte do Loreto e também à sua via principal, uma viela irregular que levava do castelo para o campo e hoje está bloqueada em um trecho pelos enormes escombros de fortificações barrocas. Atualmente, as casas velhas porém charmosas dessa região são muito procuradas, mas em um passado distante o Nový Svět parecia uma favela, onde os criados do castelo eram espremidos em alojamentos miseráveis.

Duas vielas descem em ladeira para o trecho próximo do Loreto: a oeste, a Černínská tem por mascote, em cima de um muro, uma estátua de São João Nepomuceno, e seu morador mais conhecido é o cineasta e artista surrealista Jan Švankmajer; a leste, a Kapucínská pegou emprestado o nome do mosteiro capuchinho de frente para a praça do Loreto, mas seu prédio mais famoso, ou perceptível, fica no nº 10 e foi a sede do pessoal do serviço de contraespionagem da Tchecoslováquia comunista. O mosteiro guarda uma verdadeira curiosidade, um presépio com figuras em tamanho natural. Vale a pena vê-lo se você estiver em Praga na época do Natal.

No próprio Nový Svět, a maioria das casas com cores vivas fica no lado sul da rua, de frente para o muro alto. Além de números, muitas têm nome, quase sempre relacionado ao ouro: há a Estrela Dourada, o Sol Dourado e o Cordeiro Dourado. A Pera Dourada (U zlaté hrušky) é um restaurante famoso, enquanto o Grifo Dourado (U zlatého noha), no nº 1/76, foi durante um tempo a residência dos astrônomos da corte do imperador Rodolfo II, Tycho Brahe e Johannes Kepler (▷ 30). O barulho dos sinos dos capuchinhos incomodava Tycho de tal modo que ele convenceu o imperador de que os monges planejavam assassiná-lo. Sob ordem de deixar o país, os capuchinhos conseguiram adiar a expulsão indefinidamente subornando o imperador com uma pintura dos três reis magos.

✚ 192 B5 ✉ Hradčany, Praha 1
🚇 Hradčanská, depois bonde 22 para Brusnice

Abaixo *A Černínská, uma das vielas que saem do Loreto, no Nový Svět*

REGIÕES | **HRADČANY:** ATRAÇÕES TURÍSTICAS

INFORMAÇÕES

www.ntm.cz

✚ 193 F4 ✉ Kostelní 42, Holešovice, Praga 7 ☎ 220 399 111 🕓 Ter-dom 10h-18h; 1ª qui do mês 10h-20h; fechado seg, exceto em feriados (10h-18h) ✋ Kč 170; maiores de 70 anos, estudantes, crianças de 6 a 15 anos Kč 90; pais de família com crianças até 15 anos (máximo 2 adultos e 6 pessoas) Kč 370; crianças até 6 anos grátis; verifique o site para demais descontos 🚇 Vltavská ou Hradčanská, depois bondes 1, 8, 15, 25, 26 para Letenské náměstí

DICA

» Fechado por muito tempo por causa de obras de reconstrução, o museu foi reaberto em fevereiro de 2011.

Acima Peças do acervo no gigantesco Salão do Transporte

NÁRODNÍ TECHNICKÉ MUZEUM

O principal museu de ciência e tecnologia de Praga tem um acervo magnífico de veículos de rua e de ferrovia. A localização do Museu Técnico Nacional, no alto da planície de Letná, tem feito turistas desistirem de vê-lo, mas é fácil chegar lá de transporte público e vale mesmo a pena conhecer seu rico acervo, sobre praticamente qualquer aspecto da ciência e da tecnologia, ainda mais depois de o prédio ter sido restaurado e da instalação de novos mostruários interativos.

EXPOSIÇÃO DE TRANSPORTES

O enorme Salão do Transporte, de teto de vidro, formava o núcleo do museu antes da restauração, e o novo prédio faz grande justiça à mostra de veículos de todos os tipos. Antes da derrocada do império habsburgo, as terras tchecas eram a parte mais industrializada e avançada tecnicamente da monarquia. As ferrovias foram reflexo disso, e há belas locomotivas a vapor e diversos vagões de passageiros expostos. Após 1918, a nova República da Tchecoslováquia despontou como uma das principais fabricantes de automóveis da Europa. Refrigerado a ar, o aerodinâmico Tatra 77a de 1937 conseguia atingir 160km/h, e muitas de suas características acabaram adotadas pela bem mais conhecida Volkswagen. Os carros Škoda têm longa linhagem – alguns dos modelos em exibição desmentem a reputação que os veículos ganharam durante o regime comunista. Além dos automóveis de passeio, há bicicletas e motocicletas, enquanto entre os aviões estão veteranos dos primeiros tempos da aviação e também máquinas mais recentes. Há mais aviões para ver no Letecké muzeum (Museu da Aviação), no campo de Kbely.

DO INFERNO AO PARAÍSO

Mais de uma dúzia de outras seções chamam a atenção dos visitantes. A emocionante recriação de uma mina de carvão costuma ser uma das grandes atrações do museu; aqui há muito material para explicar as técnicas usadas desde a Idade Média para extrair os minerais abundantes no arco montanhoso do país. Como se não bastasse, existem ainda vitrines irresistíveis sobre temas tão diferentes como impressão, registro do tempo e acústica, e há também apresentações inteiramente novas sobre arquitetura e construção, tecnologia na vida diária e astronomia, assunto que exerce fascinação particular sobre os tchecos, que, sem acesso direto para o mar, há muito tempo decidiram voltar os olhos para cima.

PRAŽSKÝ HRAD

INTRODUÇÃO

O Castelo de Praga, altivo na cidade sobre um rochedo, tem sido residência de príncipes, reis, imperadores e presidentes há mais de mil anos.

Dentro das muralhas do castelo aglomeram-se a Catedral de São Vito, gótica, e a Basílica de São Jorge, românica, bem como museus, galerias, palácios, ruas, praças e os chalés dilapidados da Zlatá ulička (viela Dourada). Com tanto para oferecer, o castelo é um desafio aos visitantes. Em vez de se juntar à multidão que sobe as ruas íngremes e as escadarias do Malá Strana, você pode pegar o bonde 22 até as paradas Belvedér ou Pražský. Restrinja sua primeira visita a um passeio pelos pátios e jardins, dando uma espiada na catedral e na viela Dourada. Nas visitas seguintes, inclua os recintos altos e abobadados do Vladislavský sál (Salão de Vladislav) e, sendo apreciador de arte, veja os tesouros do século XIX do Jiřský klášter (Convento de São Jorge), instituição que faz parte da Galeria Nacional (▷ 197-8). Há algumas belas pinturas dos grandes mestres na Obrazárna (Pinacoteca), e as exposições temporárias realizadas na Jízdárna (Escola de Equitação) sempre valem a pena. Para entender as raízes profundas do reino da Boêmia, passe um tempo na catedral, que tem uma cripta e um santuário a São Venceslau, depois explore o subsolo labiríntico do Starý královský palác (Palácio Real Antigo), com exposição fascinante sobre a história do castelo. A visita só se completa quando você desfrutar várias perspectivas de Praga nos mirantes do próprio castelo e ao redor dele – entre os melhores estão a torre da catedral e os jardins que embelezam o lado sul da cidadela.

Nem todos os governantes das terras tchecas moraram no castelo desde que ele foi fortificado pela primeira vez, pelo príncipe Bořivoj, no final do século IX. Alguns preferiram o rochedo de Vyšehrad e, se o imperador Carlos IV construiu para si um suntuoso palácio gótico aqui, seu filho Venceslau IV escolheu morar no centro, onde hoje está a Obecní dům (Casa Municipal). O medo do populacho na cidade fez os dirigentes seguintes voltarem ao monte, facilmente defensável, que Rodolfo II transformou em um grande centro de arte e estudo. Os Habsburgo posteriores trocaram Praga por Viena, e o castelo ficou abandonado, mesmo sem ter sido finalizado o seu ponto central, a catedral. As fachadas nuas e as incontáveis janelas idênticas acrescentadas no século XVIII parecem ser uma metáfora do governo dos Habsburgo e depois do regime comunista. Após a Revolução de Veludo, o presidente Havel empenhou-se para fazer do castelo um lugar mais acolhedor para cidadãos e visitantes.

INFORMAÇÕES

www.hrad.cz
www.story-castle.cz

✚ 192 C5 ✉ Os centros de informação estão no segundo e no terceiro pátio do terreno do castelo ☎ 224 372 423 (centro de informação do segundo pátio), 224 373 368 (centro de informação do terceiro pátio) 🕐 Áreas externas, inclusive Jardins do Sul: abr-fim out diariam 5h-0h; nov-fim mar diariam 6h-23h. Prédios históricos: abr-fim out diariam 9h-17h; nov-fim mar diariam 9h-16h 💰 Áreas externas: gratuito. Visita principal: adulto 350Kč, criança (6-16) 175Kč; visita parcial: adulto 250Kč, criança 125Kč; Pinacoteca do Castelo: adulto 150Kč, criança 80Kč; História do Castelo: adulto 140Kč, criança 70Kč.
Ingressos válidos por 2 dias
🚇 Malostranská, depois subida íngreme pela Staré zámecké schody (Escadaria Antiga do Castelo) 🚊 Bonde 22 para Pražský hrad 🎧 Visita guiada em inglês (mínimo de 4 pessoas) 100Kč por pessoa. Audioguia: adulto 250Kč, criança (6-16) 200Kč 📖 Folheto gratuito com ingresso; guia *Praga Castle Hradčany*, 350Kč
🍴 Restaurante Lví dvůr (▷ 228) defronte à Escola de Equitação ☕ Café no Palácio Lobkowicz recomendado 🛍 Três lojas de lembranças bem abastecidas

Acima *No alto do rochedo, o castelo dá vista para a cidade*

REGIÕES **HRADČANY:** ATRAÇÕES TURÍSTICAS

DICAS

» O melhor horário para ver a troca da guarda no castelo é ao meio-dia, quando há acompanhamento musical, com corneteiros e trompetistas tocando uma fanfarra nas janelas acima. Os uniformes de cores vivas dos guardas são criação de Theodor Pištěk, figurinista do filme *Amadeus* (1984).

» Se os lances de escada íngreme não são um obstáculo, pegue um caminho incomum até Hradčany partindo do Malá Strana, pelos terraços do Zahrady pod Pražským hradem (Jardins abaixo do Castelo de Praga, ▷ 175).

» O jogo do castelo é divertido, educativo e muito recomendado para crianças. Existe também em DVD. Para os adultos, vale a pena assistir à projeção do filme em inglês sobre o castelo em um auditório junto à Escada dos Cavaleiros.

DESTAQUES
PÁTIOS DO CASTELO

A metade oeste do terreno do castelo distribui-se em volta de três pátios, cada qual com características próprias. O První nádvoří (Primeiro Pátio) serve de entrada grandiosa, com portões guardados por dois soldados de uniforme azul-marinho e um portal com dois gigantes barrocos lutando acima deles. A multidão se junta aqui ao meio-dia para assistir à cerimônia da troca da guarda. Chega-se ao Druhé nádvoří (Segundo Pátio) pelo Matyášova brána (Portão de Matias), construção de arenito de 1607 que dá vida às fachadas bem simples por toda a volta. A atração nesse ponto é a fonte barroca com a estátua de Hércules. Na ala norte (onde fica a Pinacoteca), há uma passagem que é uma entrada alternativa do castelo; depois dela, uma ponte cruza a profunda ravina natural chamada Jelení příkop (Fosso do Veado), na direção da Escola de Equitação e do Královská zahrada (Jardim Real, ▷ 195), enquanto, no próprio pátio, a Kaple svatého Kříže (Capela da Santa Cruz) contém uma bilheteria e uma das lojas de lembranças do castelo. O Třetí nádvoří (Terceiro Pátio), o maior de todos, serve principalmente de cenário para a arquitetura altiva da catedral, mas procure ver elementos como o obelisco de granito, um monumento aos mortos na Primeira Guerra Mundial e a elegante estátua de São Jorge e o dragão. No canto sudeste, perto da entrada para o Palácio Real Antigo, um dossel incomum cobre a entrada de uma escadaria espetacular que leva para os Jižní zahrady (Jardins do Sul). Pela viela ao norte da catedral, uma passagem leva às fortificações e à enorme Mihulka (Torre da Pólvora), que contém vários mostruários sobre temas militares.

STARÝ KRÁLOVSKÝ PALÁC

O Palácio Real Antigo tem alguns recintos históricos, todos interessantes, mas nenhum com o impacto do Vladislavský sál (Salão de Vladislav), talvez o mais extraordinário de Praga. Com 62m de comprimento e 16m de largura, abóbadas delicadas do gótico tardio que sobem em espiral com facilidade, é uma obra-prima do arquiteto do castelo Benedikt Ried (c. 1454-1534), que o concluiu em 1502. Antigamente o salão era usado em ocasiões festivas, como torneios. Os cavaleiros conseguiam conduzir os cavalos até o salão pela chamada Escadaria dos Cavaleiros, com esplêndidas abóbadas feitas por Ried. Hoje o salão só retoma sua função nas cerimônias de juramento e posse do presidente da República.

Acima, à esq. *A escada em curva da Bazilika svatého Jiří*
Acima, à dir. *A pintura no teto do Novo Tribunal de Apelações*

Em uma das salas vizinhas encontra-se a janela pela qual os irados nobres protestantes lançaram os conselheiros católicos do imperador na mais famosa das defenestrações de Praga, em 1618 (▷ 31).

Abaixo do salão há um labirinto de câmaras, corredores e outros recintos de épocas passadas. Abandonados por muito tempo, desde 2002 eles servem a uma exposição muito bem-feita chamada *A história do Castelo de Praga*. Modelos, telas sensíveis, armas e armaduras, obras de arte de todo tipo e objetos preciosos, como joias fúnebres de governantes boêmios, juntam-se para fazer um relato movimentado da longa evolução da grande cidadela e do destino de seus habitantes. Há um filme em inglês e, para crianças, um "jogo do castelo".

BAZILIKA SVATÉHO JIŘÍ
A leste da catedral, a Jiřské náměstí (praça de São Jorge) leva o nome da Basílica de São Jorge e do Jiřský klášter (Convento de São Jorge), logo ao lado, hoje sede do acervo de arte do século XIX da Galeria Nacional (▷ 197-8). A aparência atual da basílica, fundada no início do século X, deve-se à reconstrução de meados do século XII, embora a fachada vermelha tenha sido acrescentada no período barroco, rematada por torres marcantes de calcário claro. O interior austero da mais importante construção românica de toda a Boêmia compõe um contraste fascinante com a complexidade gótica da catedral e é um ótimo lugar para concertos.

LOBKOVICKÝ PALÁC
www.lobkowiczevents.cz
Do lado leste do castelo encontra-se o Lobkovický palác (Palácio Lobkowicz), que voltou a ser propriedade da família nobre Lobkowicz. O palácio abriga uma das coleções de arte e outros objetos mais ricos e mais bem apresentados do país. Entre as pinturas estão duas das amplas paisagens de Londres feitas por Canaletto e *A colheita do feno*, de Pieter Brueghel, o Velho. Há também uma variedade espantosa de armas e armaduras e muitos objetos que comprovam o apadrinhamento dado pelos Lobkowicz a músicos como Mozart e Beethoven. A divertida visita com áudio dá vida às coleções e à história da família.

✉ Jiřská 3, Hradčany, Praga 1 ☎ 233 312 925 🕐 Diariam 10h-18h 🎫 Adulto 275Kč, criança (7-15) 175Kč

Abaixo *A vista aérea do castelo mostra a complexidade do conjunto*

LEGENDA DA PLANTA
1. Portão de Matias
2. Fonte
3. Obelisco
4. Estátua de São Jorge
5. Escombros românicos
6. Pátio do palácio
7. Ala Louis
8. Capela de Todos os Santos
9. Antigo Diaconato (Casa Mladota)
10. Capela de São João Nepomuceno

REGIÕES HRADČANY: ATRAÇÕES TURÍSTICAS

Abaixo *Estátua equestre de São Jorge matando o dragão, no Terceiro Pátio*

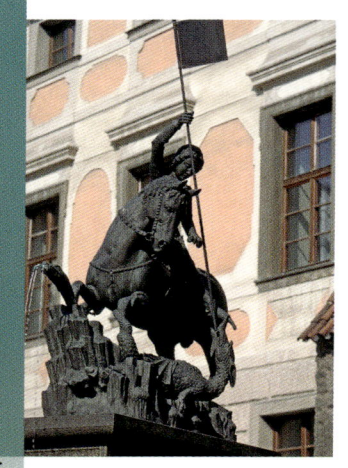

ZLATÁ ULIČKA
A pitoresca viela Dourada, com os "chalés dos alquimistas" pintados em cores vivas, é a grande atração da parte leste do terreno do castelo. Diz a lenda que o nome desse caminho de pedra veio da missão dada pelo imperador Rodolfo II ao estranho grupo de cientistas e aventureiros contratado por ele: transformar metal comum em ouro. É mais provável, porém, que o nome refira-se aos ourives que se instalaram aqui, longe da regulamentação das associações de ofícios da cidade. Franz Kafka achou agradável o clima sinistro da rua e morou por um tempo no nº 22, onde escrevia seus contos. Hoje, nas pequenas casas estão instaladas lojas de suvenires de qualidade.

JIŽNÍ ZAHRADY
Os Jardins do Sul, que ocupam toda a extensão do lado sul do castelo, proporcionam vistas esplêndidas, criando um contraste maravilhoso com a arquitetura sombria e os espaços fechados do restante do conjunto. O arquiduque Ferdinando deu início a eles em meados do século XVI, mas a sua aparência atual coube em grande parte ao arquiteto esloveno Josip Plečnik, do início do século XX. Ele foi a escolha inspirada do presidente Masaryk para restaurar o castelo arruinado e transformá-lo em símbolo digno da nova e democrática República da Tchecoslováquia, fundada em 1918. Sob o regime comunista, os jardins estavam, em sua maioria, fechados ao público, mas um dos primeiros atos do presidente Havel foi reabri-los, após 1989. Pode-se entrar pelos dois lados, mas a chegada mais sensacional é pela escadaria que sobe do Terceiro Pátio. Não deixe de ver a enorme bacia de granito colocada como par (feminino) do monolito (masculino) do pátio acima e as colunas de arenito que assinalam o local em que a queda dos conselheiros defenestrados em 1618 foi atenuada por um monte de estrume.

Acima *Passeio tranquilo por um caminho nos jardins do castelo*

SCHWARZENBERSKÝ PALÁC

INFORMAÇÕES
www.ngprague.cz
✚ 192 C5 ✉ Hradčanské náměstí, Hradčany, Praha 1 ☎ 224 810 758
🕐 Ter-dom 10h-18h 💰 Adulto 150Kč, criança (6-16) 80Kč 🚊 Bonde 22 para Pražský hrad

Acima *Uma perspectiva incomum da fachada do palácio*

INTRODUÇÃO
Este prédio renascentista de Praga teve restauração primorosa e tornou-se um local esplêndido para um acervo inigualável de arte barroca.

O palácio passou por uma longa fase de reformas meticulosas antes de ser reaberto ao público, no começo de 2008, e tem alguns recintos com linda decoração. As exposições, em três andares, representam generosamente o período barroco, começando pela arte maneirista da corte extravagante do imperador Rodolfo II, passando pelo sublimes exemplos de arte e escultura barrocas da época áurea de Praga, no início do século XVIII, e terminando com a arte do período rococó, talvez menos substancial mas profundamente encantadora.

Localizado na Hradčanské náměstí (praça Hradčany), o palácio, com esgrafitos espetaculares, foi construído em meados do século XVI para a família Lobkowicz, passando depois para as mãos de vários aristocratas até se tornar propriedade dos Schwarzenberg. Essa família católica da Baviera foi recompensada por sua lealdade ao imperador após a batalha da montanha Branca, de 1620. No início do século XX, seus imóveis estendiam-se por grande parte do Sul da Boêmia. Parte das propriedades acabou nacionalizada nos anos 1920 e o restante foi confiscado durante o regime comunista. Antes da sua transformação em sede das coleções barrocas da Galeria Nacional, o Palácio Hradčany dos Schwarzenberg abrigou uma série de museus – mais recentemente, o acervo do Museu Militar. Depois da Revolução de Veludo, o príncipe Karel Schwarzenberg voltou do exílio para trabalhar como chefe da chancelaria do presidente Havel; de 2006 a 2009, ele atuou como ministro do Exterior da República Tcheca.

DESTAQUES

ESCULTURA BARROCA
A exposição começa no andar térreo de um jeito especial: quem chega é recebido por estátuas feitas pelos dois principais escultores da época. O tirolês Matthias Bernhard Braun (1684-1738) contribui com duas figuras que antes embelezavam o ático do Palácio Clam-Gallas, na Cidade Velha, enquanto F. M. Brokoff (1688-1731) está representado por dois mouros musculosos, gêmeos do campo daquele par que sustenta o portal do Morzinský palác (Palácio Morzin, ▷ 167), na Nerudova.

PRAGA RODOLFINA
O gosto do imperador Rodolfo por arte da mais alta qualidade, de preferência com algum fundo erótico, torna-se evidente na pequena quantidade de obras da época em que sua corte atraía artistas de toda a Europa. Beldades com os seios à mostra são surpreendidas no momento do suicídio pelo pintor antuerpiano Bartholomaeus Spranger (1546-1611), que também fez para o patrão figuras masculinas em pose acanhada. O imperador enviou Roeland Savery (1576-1639), patrício de Spranger, às florestas da Boêmia e até aos Alpes em busca de cenas com clima de decadência romântica que mexessem com sua sensibilidade impaciente e melancólica.

PINTURA BARROCA
As pinturas de grandes dimensões de Karel Škréta (1610-74) são uma característica do interior de muitas igrejas de Praga. Seu gênio criativo fica claro em obras ambiciosas como *São Carlos Borromeo visita as vítimas da peste em Milão*, na qual o artista se retrata na personagem de nariz romano à direita do santo.

Uma figura particularmente interessante é Johann Kupecký (1667-1740). Expulso da sua Boêmia natal por ser protestante, ele pintou em Viena seu magistral *Retrato do miniaturista Karl Bruni*.

Entretanto, o artista mais fascinante do período é Peter Brandl (1688-1735). Bon-vivant e esbanjador, Brandl desfrutou a companhia tanto de patronos aristocráticos quanto da plebe de Praga. Sua visão penetrante torna-se mais evidente no impiedoso *Autorretrato* de cerca de 1725.

ESGRAFITO
Esgrafito é um tipo de decoração realizado por meio da raspagem de uma superfície para revelar uma camada inferior de cor contrastante.

À esq. *O palácio faz parte do belo conjunto de edificações da praça Hradčany*
Abaixo *Triângulos esgrafiados decoram uma das paredes externas do palácio*

ŠTERNBERSKÝ PALÁC

INFORMAÇÕES

www.ngPrague.cz
✚ 192 C5 ✉ Hradčanské náměstí 15, Hradčany, Praga 1 ☎ 233 350 068
🕐 Ter-dom 10h-18h ✋ Adulto 150Kč, criança (6-16) 70Kč 🚋 Bonde 22 para Pražský hrad 🏷 Visita guiada, combinar antes; preço a combinar (tel. 233 350 068)
📖 Livros de arte e suvenires ☕ Café em pátio atraente 🛍 Loja da galeria

Acima Chega-se ao Palácio Sternberg por um arco e um caminho de pedra

INTRODUÇÃO

O Palácio Sternberg, barroco, do século XVIII, brilha com o impressionante acervo de grandes mestres e de arte europeia da Galeria Nacional.

Com uma entrada modesta e quase despercebida, o Palácio Sternberg fica junto do Arcibiskupský palác (Palácio do Arcebispo), bem mais exuberante, na praça Hradčany. Depois de um arco, um caminho de pedra conduz ao palácio, construção ambiciosa que merecia estar em local mais vistoso. Em alguns dos cômodos preservou-se a decoração original, mas a razão da visita não é a arquitetura nem a decoração interna, e sim a coleção dos grandes mestres da Europa, com exceção da Boêmia (*A antiga arte boêmia* está exposta no Convento de São Jorge e no Convento de Santa Inês). Embora o espectro de obras da galeria seja amplo e realmente existam algumas preciosidades, não se pode dizer que ela esteja no mesmo nível do Louvre, em Paris, ou da Galeria Nacional de Londres. Muitos nomes famosos estão representados por obras menores, e a galeria perdeu algumas obras, devolvidas aos proprietários depois de confiscadas pelo regime comunista. Entretanto, existe o suficiente para qualquer amante da arte se ocupar por boa parte do dia, ainda que talvez seja melhor concentrar-se nas poucas obras excepcionais.

Iniciado em 1698, o palácio leva o nome do conde Wenzel Adalbert Sternberg (Václav Vojtěch Šternberk, em tcheco), provavelmente o homem mais rico de Praga. Sua grande riqueza lhe permitira construir antes o enorme palácio em Troja (▷ 253-5). Residência comparativamente modesta, o Palácio Šternberg foi concluído em 1708 pelo arquiteto italiano Giovanni Battista Alliprandi. Perto do final do século XVIII, outro Sternberg, o conde Franz Josef, teve participação essencial na fundação da Associação Patriótica dos Amigos da Arte, cujas coleções ficaram guardadas por pouco tempo no palácio. Elas voltaram para o palácio só quando este foi absorvido pela Galeria Nacional, em 1946. O acervo superlativo de arte moderna europeia da galeria mudou-se em 1995 desse espaço diminuto para o Veletržní palác (Palácio da Feira do Comércio, ▷ 218-20), e em 2003 uma restauração meticulosa do Palácio Šternberg melhorou drasticamente as condições de exposição do acervo.

DICA
» Não deixe de ver o "Armário antigo", no segundo andar. Foi preservado o arremate original de 1707 com uma estrela – um jogo com o nome Sternberg (*Stern* significa estrela em alemão).

DESTAQUES
PINTURA GERMÂNICA
A pintura renascentista alemã e austríaca exibida no térreo constitui a parte principal do acervo. Entre diversas obras de Lucas Cranach, o Velho (1472-1553), estão fragmentos de um retábulo retirado em 1619 da Katedrála svatého Víta (Catedral de São Vito) pelos protestantes, um estupendo *Adão e Eva* e um *Velho* tão bobo a ponto de não perceber que sua acompanhante está menos interessada nele que em seu bolso. A brutalidade dos tempos está presente em várias pinturas de martírios, embora a *Decapitação de Santa Doroteia*, de Hans Baldung (chamado Grien; *c.* 1485-1545), retrate a santa serenamente à espera de seu terrível destino.

A obra mais famosa da galeria feita por um pintor germânico é *A festa das grinaldas de rosas*, de Albrecht Dürer (1471-1528). Encomendada em 1506 para uma igreja germânica de Veneza, a tela, cheia de gente, mostra a Virgem Maria coroando o imperador Maximiliano. O quadro tornou-se cobiçado pelo ardente colecionador Rodolfo II, que mandou embrulhá-lo em tapetes para ser trazido através dos Alpes por quatro homens fortes. É uma das poucas pinturas da famosa coleção de Rodolfo que permaneceu em Praga.

PINTURA FLAMENGA E HOLANDESA
A qualidade das pinturas flamengas e holandesas expostas no primeiro andar serve para lembrar que em certa época o império habsburgo incluía não só a Boêmia, mas também os próprios Países Baixos, e que os governantes estavam plenamente cientes das riquezas artísticas da província. Entre os quadros mais antigos estão a *Lamentação*, de Dieric Bouts (*c.* 1415-1475), e *São Lucas desenhando a Virgem Maria*, de Jan Gossaert (*c.* 1475-*c.* 1533), exercício maravilhoso de geometria arquitetônica complexa. Em meio às obras mais recentes encontram-se *São Bruno*, de Van Dyck (1599-1641), um retrato do aparentemente arrogante *Jasper Schade van Westrum*, de Frans Hals (*c.* 1581-1666), e várias obras de Rubens. Rembrandt (1606-69) está representado com o esplêndido *Erudito em seu estúdio*.

Acima, à esq. *A galeria de pinturas alemãs e austríacas, com* A festa das grinaldas de rosas, *de Albrecht Dürer, à esquerda*
Acima, à dir. *A galeria onde estão expostas a arte flamenga e a holandesa*

STRAHOVSKÝ KLÁŠTER

INFORMAÇÕES
www.strahovskyklaster.cz
✚ 192 B6 ✉ Strahovské nádvoří 1/132, Hradčany, Praga 1 ☎ 233 107 711. Pinacoteca 233 107 746 ⊙ Bibliotecas: diariam 9h-12h, 13h-17h. Pinacoteca: ter-dom 9h-12h, 12h30-17h ✋ Bibliotecas: adulto 80Kč, criança (6-16) 50Kč. Pinacoteca: adulto 60Kč, criança (6-16) 30Kč 🚋 Bonde 22 para Pohořelec 📖 Guia em inglês para bibliotecas, 50Kč 🍴 Restaurante e cervejaria do mosteiro; restaurante Bellavista no terraço do mosteiro

INTRODUÇÃO
Visíveis de toda a cidade, as torres gêmeas do Mosteiro de Strahov, no alto do monte Petřín, são um ponto de referência tentador. Entre as preciosidades do mosteiro estão magníficas bibliotecas históricas.

O enorme conjunto do mosteiro estende-se por uma encosta escarpada do monte Petřín para oeste. Disposto em volta de um pátio de pedra que se espraia, tem lugares para comer e também museus, dependências monásticas, igrejas, uma pinacoteca e duas grandes bibliotecas, que são as maiores atrações. A entrada principal fica do lado de cima do pátio, a oeste, mas também se pode entrar pelo monte Petřín e pela escada que sobe por um túnel na praça Pohořelec. Dos museus, o Památník národního písemnictví (Museu de Literatura Nacional) realmente só interessa a tchecos, mas o Muzeum miniatur (Museu de Miniaturas), com um acervo de curiosidades microscópicas, talvez seja mais interessante.
Na entrada principal, a pequena Kaple svatého Rocha (Capela de São Roque), renascentista, atualmente funciona como pinacoteca para exposições temporárias. Embora a maravilhosa igreja principal do mosteiro só abra para os serviços religiosos, do pórtico consegue-se ver o interior. A Strahovská obrazárna (Pinacoteca de Strahov) tem algumas obras-primas em seu acervo de pinturas, gravuras, desenhos e outras obras, mas a visita só é prioritária para os verdadeiros amantes da arte.

Os monges premonstratenses instalaram-se em Strahov em 1143. Depois de passarem por uma série de desastres ao longo dos séculos, seu mosteiro conseguiu superar a ordem de dissolução dada por José II no final do século XVIII, pois seu eloquente abade convenceu o imperador de que o Mosteiro de Strahov era em essência um local de instrução, capaz de proporcionar abrigo seguro para os livros confiscados de instituições menos felizes. No século XX, os comunistas mostraram-se menos afáveis: os monges de Strahov foram presos ou executados e as bibliotecas passaram a integrar o Museu de Literatura Nacional.

Acima Entrada do mosteiro, com estátuas de santos no alto

DESTAQUES
NANEBEVZETÍ PANNY MARIE
Com obra de alvenaria realizada na época românica, a Basílica da Assunção da Virgem Maria recebeu, em meados do século XVIII, profundo tratamento barroco do arquiteto Anselmo Lurago e do projetista Ignaz Palliardi. Este foi responsável pela obra de estuque que realça o mobiliário escuro e os afrescos das paredes e do teto. A igreja é o túmulo de São Norberto (c. 1080-1134), fundador da Ordem Premonstratense, à qual o mosteiro pertence.

FILOSOFICKÝ SÁL
O Salão Filosófico, o maior cômodo das bibliotecas, foi construído por Palliardi no final do século XVIII para acomodar as estantes de livros levadas do mosteiro de Louka, na Morávia. Feitas de nogueira e com um mezanino, as estantes têm uma altura surpreendente de 15m. Chegam até as pinturas do teto, obra ambiciosa do grande artista vienense Franz Anton Maulpertsch (1724-96). Retratando a luta da humanidade para encontrar a verdadeira sabedoria, elas glorificam os grandes pensadores de todos os tempos, com exceção de hereges do século XVIII como Voltaire e Diderot, que aparecem sendo expulsos para o inferno. Os objetos intrigantes do Kabinet kuriozit (Gabinete de Curiosidades) do mosteiro estão expostos na entrada da biblioteca.

TEOLOGICKÝ SÁL
A mais antiga das duas bibliotecas do Strahov, o Salão Teológico ainda conserva as estantes originais. Foi iniciado em 1671 por Giovanni Domenico Orsi. Com abóbada de berço ricamente decorada com estuque, volumes preciosos expostos em leitoris e globos antigos esparsos, é um dos recintos mais atraentes da "Praga mágica", com um clima misterioso do conhecimento oculto. As pinturas do teto, feitas por um dos monges, afirmam a superioridade da sabedoria divina sobre a mera racionalidade. Algumas das estantes têm grades, atrás das quais envelhecem volumes que fizeram parte do índice de leituras proibidas pela Igreja.

STRAHOVSKÁ OBRAZÁRNA
A maioria das obras expostas na Pinacoteca Strahov, no andar acima dos claustros, foi reunida no século XIX, confiscada pelo regime comunista nos anos 1950 e devolvida na década de 1990. Muitas não têm grande qualidade, mas vale a pena ver a *Virgem de Strahov* – obra do século XIV que lembra um ícone –, um autorretrato de Peter Brandl (1668-1735), um retrato revelador de Rodolfo II, de Hans von Aachen (1552-1615), e a encantadora *Alegoria do governo de Rodolfo II*, de Van Ravenstein (em atividade em Praga de 1589 a 1599 e de 1606 a 1608).

DICA
» A maioria dos regentes de bandas do exército austro-húngaro era tcheca. Seguindo essa tradição, as bandas de metais da República Tcheca estão entre as melhores do mundo, mas são menos ouvidas em público do que nos tempos do comunismo. O restaurante em um pátio do Strahov é um dos lugares em que quase sempre se pode ouvi-las tocar.

Abaixo *O Filosofický sál é a maior das bibliotecas do mosteiro*

REGIÕES HRADČANY: ATRAÇÕES TURÍSTICAS

SVATÉHO VÍTA

REGIÕES | **HRADČANY:** ATRAÇÕES TURÍSTICAS

INTRODUÇÃO

Maior ponto de referência de Praga e grande símbolo nacional, a Catedral de São Vito é um lugar que nenhum turista deve perder. Em construção por 600 anos, é uma mina da arte de todos os tempos.

Com torres e pináculos que se erguem altivos para cima das muralhas do castelo, a catedral é o coração espiritual do catolicismo romano tcheco. Sente-se melhor a atmosfera da igreja quando se assiste a uma missa. Em outros momentos, ela pode estar inundada por um número descomunal de visitantes. A maioria das pessoas vai à catedral enquanto visita o castelo. A chegada pelo lado oeste é a que dá a visão mais impressionante da enorme construção, com toda a sua fachada muito alta aparecendo de repente quando se sai da passagem que liga o Segundo e o Terceiro pátios. Depois disso, vale dar uma volta pelo lado de fora, para admirar detalhes como portas e biombos e também a delicadeza, a complexidade e a grande escala da arquitetura. A entrada na nave é gratuita pelas duas portas – oeste e sul –, mas, se tiver tempo, compre um ingresso, que, além de permitir entrar em vários recintos do castelo, dá acesso também à cripta, ao coro e à torre. O prêmio por subir cerca de 300 degraus são as vistas maravilhosas da cidade.

A catedral reflete o espírito de Carlos IV, que mandou construí-la em 1344 seguindo seu plano de transformar Praga em capital digna do Sacro Império Romano. Seu primeiro arquiteto, o francês Mathieu d'Arras (morto em 1352), foi substituído em 1353 pelo germânico Peter Parler, mas, após a morte de Parler, em 1399, o ritmo das obras caiu, tendo sido concluídos apenas o coro e a parte inferior da torre sul. Na metade do século XIX, com a fundação da Associação para Concluir a Catedral, as obras recomeçaram. Elas prosseguiram em ritmo constante até que, em 1929, no milésimo aniversário do assassinato de São Venceslau, o prédio voltou a ser consagrado.

DESTAQUES
FACHADA OESTE

Surpreendentemente, a fachada da catedral que aparece primeiro para os visitantes é a moderna. Junto com a nave, a fachada oeste, com duas torres idênticas

INFORMAÇÕES

www.hrad.cz

✚ 192 C5 ✉ Pražský hrad, III nádvoří, Hradčany, Praga 1 ☎ 224 372 423 (Centro de Informação do Castelo de Praga) ◷ Abr-fim out seg-sáb 9h-17h, dom 12h-17h; nov-fim mar seg-sáb 9h-16h, dom 12h-16h ✋ Gratuito 🚋 Bonde 22 para Pražský hrad 🎧 Audioguia (incluindo a catedral) do Departamento de Turismo, no Terceiro Pátio

DICA

» A catedral é tão visitada que em geral se usam medidas de controle da multidão. Chegue o mais próximo possível do horário de abertura.

Página ao lado A paixão de Cristo, *em relevo, acima da porta oeste da catedral*
Acima *A catedral vista do Petřín*

SÃO VITO

Um dos primeiros mártires cristãos, São Vito é mais conhecido como santo padroeiro dos que sofrem de epilepsia (e outras doenças), antes chamada "dança de São Vito". Não se sabe ao certo por que a maior das igrejas em terras tchecas foi consagrada a ele, embora seu nome – Svatý Vít, em tcheco – estranhamente seja muito parecido com o de Svetovit, divindade pagã muito estimada antes de os tchecos terem sido cristianizados.

de 82m, foi reconstruída nos últimos anos do século XIX reproduzindo fielmente o estilo gótico original. Assim como na metade da Idade Média, ela é rica em esculturas e outros tipos de decoração. As portas de bronze têm painéis em relevo fascinantes, mostrando, no meio, a construção da catedral e, à esquerda, cenas da vida de São Vojtěch (Santo Adalberto), o primeiro bispo eslavo de Praga. A porta da direita conta a história de São Venceslau – um dos painéis representa seu assassinato, com o santo agarrando-se a uma aldraba em forma de cabeça de leão, enquanto seu irmão traiçoeiro Boleslav o apunhala nas costas.

FACHADA SUL

A esplêndida torre sul, de 95,5m, destaca-se no Terceiro Pátio. Suas seções inferiores fazem parte do prédio medieval, ao passo que a galeria remonta a meados do século XVI, e a refinada cúpula, do final do século XVIII. À direita, no pé da torre, está o Zlatá brána (Portal Dourado), de três arcos. Acima dele há um belo mosaico veneziano de 1371 retratando o Juízo Final, junto com uma das muitas representações de Carlos IV existentes na catedral – o imperador aparece em súplica à esquerda do arco, com uma de suas mulheres à direita. O gradil moderno de metal tem reproduções fascinantes dos signos do zodíaco e dos trabalhos de cada estação do ano.

NAVE

A alta nave é iluminada por uma série impressionante de vitrais, obra de artistas tchecos renomados do início do século XX. A roseácea do lado oeste, composta por František Kysela (1881-1941) com 27 mil pedaços de vidro, retrata a criação do mundo, enquanto o vitral da primeira capela à direita, mostrando a descida do Espírito Santo, foi realizado por Max Švabinský (1873-1962). Alfons Mucha (1860-1939) respondeu pela obra no vidro da janela da terceira capela à esquerda, com cenas da vida de São Cirilo e São Metódio em estilo art nouveau, o qual consagrou o artista.

Acima *O Zlatá brána (Portal Dourado) no Terceiro Pátio*

PLANTA DA CATEDRAL DE SÃO VITO

1. Capela Bartoň de Dobenín
2. Capela Schwarzenberg
3. Nova Capela do Arcebispo (Capela Hora)
4. Tesouro Antigo (o tesouro da catedral está na Capela da Santa Cruz no Segundo Pátio)
5. Sacristia Nova
6. Coro de Wohlmut (Galeria do Órgão)
7. Capela de São Sigismundo (Capela Čzernin)
8. Sacristia Antiga
9. Capela de Santa Ana (Capela Nostitz)
10. Relevos históricos
11. Estátua do cardeal Friedrich von Schwarzenberg
12. Antiga Capela do Arcebispo
13. Capela de São João Batista (Capela Pernstein)
14. Capela da Senhora (Capela da Trindade, Capela Imperial)
15. Túmulo de São Vito
16. Capela do Relicário (Capela Saxã, Capela Sternberg)
17. Túmulo de São João Nepomuceno
18. Capela de São João Nepomuceno (Capela de Santo Adalberto)
19. Capela Wallenstein (Capela de Maria Madalena)
20. Oratório Real (Oratório Vladislav)
21. Capela da Santa Cruz
22. Entrada da Abóbada Real
23. Monumento do conde Leopold Schlick
24. Capela Martinitz (Capela de Santo André)
25. Capela de São Venceslau (acima, Câmara da Coroa)
26. Portal Dourado
27. Capela Hasenburg
28. Biblioteca Capitular
29. Capela Thun
30. Capela do Santo Sepulcro
31. Capela de Santa Ludmila (Batistério)

CORO E CRIPTA

Formando o núcleo medieval da catedral, o coro mostra a habilidade do arquiteto gótico de expandir o espaço com pedras aparentemente sem peso. Bem no alto há uma série de cabeças em tamanho real, não só de Carlos IV, mas também do arquiteto Peter Parler. Ainda mais impressionantes são os túmulos ao nível do solo, sobretudo o de São João Nepomuceno, criação suntuosa. Abaixo do coro está a cripta, local de descanso eterno de muitos governantes da Boêmia, como os imperadores Rodolfo II e Carlos IV, este acompanhado de suas quatro mulheres.

KAPLE SVATÉHO VÁCLAVA

Para homenagear seu ilustre antecessor no trono da Boêmia, Carlos IV mandou construir a Capela de São Venceslau sobre o túmulo deste. É a parte mais sagrada da catedral, decorada com a mesma extravagância da Capela da Santa Cruz, no Castelo de Karlštejn, com pinturas e pedras semipreciosas, e encimada pela imagem de calcário de um santo. A aura da capela aumenta com a proibição da entrada – pode-se só espiar pelo lado de fora. Na câmara no andar superior são guardadas as joias da coroa da Boêmia, que só ficam à vista do público em ocasiões muito especiais.

À esq. *A catedral tem vitrais lindos de artistas consagrados*

VELETRŽNÍ PALÁC

INFORMAÇÕES

www.ngprague.cz

193 G3 ✉ Dukelských hrdinů 47, Holešovice, Praha 7 ☎ 224 301 111
🕒 Ter-dom 10h-18h 🎫 Adulto 160Kč (100Kč após 16h), criança (6-16) 80Kč (50Kč após 16h); taxa adicional em exposições temporárias. Gratuito 1ª qua do mês 🚋 Bondes 5, 12, 17 para Veletržní 🗺 Visita guiada a combinar. Audioguia 📖 Planta da galeria em tcheco/inglês com o ingresso; brochura de arte francesa dos séculos XIX e XX, 155Kč
☕ Dois cafés no térreo 🛍 Loja da galeria com variedade acima da média de livros de arte, cartões-postais etc.

INTRODUÇÃO

Somente uma parte do enorme Palácio da Feira do Comércio é cedida ao acervo de arte dos séculos XX e XXI da Galeria Nacional. Contudo, com mais de 2.000 objetos expostos em quatro andares, há mais que o suficiente para ocupar o visitante por um dia ou mais. Pinturas e esculturas predominam, mas os elegantes espaços brancos das galerias que saem do átrio central do grande edifício ganham vida com mobília, artes aplicadas, cenografia, maquetes e desenhos arquitetônicos e até uma dupla de automóveis. Para evitar uma indigestão cultural, é melhor decidir as prioridades. A galeria orgulha-se de seu ótimo acervo de arte moderna de outros países e tem a tentação de se concentrar em obras de mestres franceses como Cézanne, Dégas, Renoir, Gauguin e Matisse, além de outros artistas europeus, como Van Gogh, Klimt, Kokoschka e Schiele, Miró, Munch e Chagall. Todavia, se o tempo é curto, parece compensar mais mergulhar na obra de artistas tchecos do século XX, cuja contribuição para a arte não é menos fascinante só por serem relativamente desconhecidos. Os andares do palácio são interligados por escadas largas, mas pode-se economizar tempo e energia usando os elevadores.

DESTAQUES
ARTE TCHECA DO INÍCIO DO SÉCULO XX

O espírito otimista da maior parte da arte tcheca desse período é simbolizado pela escultura na entrada das galerias do terceiro andar, *Motociclista* (1924), de Otakar Sveč, que retrata um homem queimando pneu numa curva fechada. Os temas cotidianos do mundo moderno também são aproveitados por Otto Gutfreund nas pequenas e encantadoras esculturas policromáticas como *Comércio* (1923), que mostra um gerente e sua secretária absorvidos pelo trabalho. Antes de se preocupar com esses assuntos, Gutfreund foi pioneiro do Cubismo, e estão expostas algumas das suas cabeças atormentadas desse período, entre as quais *Dom Quixote* (1912).

Outra figura de destaque do breve movimento cubista tcheco tinha um nome bem apropriado, Bohumil Kubišta (1884-1918), representado aqui por várias telas, entre elas *Fumante* (1910), autorretrato irônico com cachimbo. Um grande número de quadros traça a evolução do ótimo pintor František Kupka (1871-1957), do Simbolismo a um Abstracionismo esplêndido e vivaz, mas a pintura mais atraente em exibição é a curvilínea *Cleópatra II* (1942-57), de Jan Zrzavý, em que a tentadora mulher reclina-se num cenário mágico de pirâmides e palmeiras.

Ocupando uma quadra inteira da cidade, o Veletržní palác foi concluído em 1928 pelos arquitetos tchecos Oldřich Tyl e Josef Fuchs para ser sede de feiras industriais e comerciais e de exposições. Esse monumento de vidro, aço e concreto, do período heroico da arquitetura moderna, era uma construção tremendamente avançada na época, principalmente pelo espantoso átrio que se eleva por muitos andares. Ao dar uma volta pelo prédio após a inauguração, o grande arquiteto franco-suíço Le Corbusier (1887-1965) só pôde invejar seus colegas tchecos por terem feito o tipo de obra com que ele até então só havia sonhado.

Sob o comunismo, o palácio foi utilizado como depósito, para abastecer de produtos ocidentais as lojas que só aceitavam moeda forte. Reabriu em 1995 após restauração e adaptação para uma verdadeira galeria de arte moderna.

ARTE TCHECA (1930-2000)

Como ocorreu com o Cubismo, os artistas tchecos criaram um modo próprio e diferente de Surrealismo. Entre as obras expostas no segundo andar estão pinturas de Marie Čermínová, que usava o nome Toyen. Seu *Susto* (1937) não é, todavia, tão amedrontador quanto a aterradora escultura *Homem com máquina*

DICAS

» Pegue o elevador de vidro e comece a visita pelo quarto andar para admirar o tamanho e as características desse edifício extraordinário.

» As exposições temporárias, geralmente de altíssima qualidade, são realizadas no térreo e em outras galerias.

» Saiba que os curadores desse museu parecem gostar de mudar as peças de um lado para o outro e até fechar andares inteiros durante meses. Algumas das obras apresentadas aqui podem não estar expostas durante a sua visita.

Página ao lado *Vista do quarto andar do palácio para o átrio*
Abaixo *Em primeiro plano,* Frutonium *(1999), de Milan Kunc (nascido em 1944)*

PALÁCIO FLAMBADO

Parece que o enorme incêndio que devastou o Palácio da Feira do Comércio em 1974 enfureceu a todos ainda mais por ter sido alimentado por uma quantidade enorme de conhaque francês e uísque escocês que estava guardada lá. Conta-se que alguns bombeiros estavam mais interessados em resgatar os desejados bens de consumo ocidentais do que em apagar o fogo.

Abaixo *Visto de fora, o Palácio da Feira do Comércio parece um prédio de escritórios*

(1945), de Ladislav Zívr. A desolação provocada pela ocupação nazista motivou um movimento expressivo único em solo tcheco, conhecido por Grupo 42, do qual está exposta, entre outras, *Estação ferroviária com Moinho* (1941), de František Hudeček. Contrastando com a melancolia do tempo da guerra há pinturas absurdamente otimistas do Realismo socialista, como *Produzimos mais, vivemos melhor*, do início dos anos 1950, executada por Alena Čermáková, uma das raras obras de arte que retratam uma lata de sardinha. Mas muitos artistas continuaram a trilhar seu caminho sob o comunismo – procure a escultura ameaçadora intitulada *Cadeira-usurpador*, de Aleš Veselý (nascido em 1935), ou as figuras satíricas gritando no *Grande diálogo*, de Karel Nepraš (1932-2002).

ARTE MODERNA ESTRANGEIRA

Os contatos entre os círculos artísticos franceses e Praga eram intensos nos primeiros anos do século XX, quando os tchecos procuraram contrabalançar a influência de tudo que fosse alemão. Disso resultou uma coleção nacional de pintura e escultura francesas da mais alta qualidade, em que está representado praticamente qualquer grande artista do final do século XIX ao começo do XX. Além de telas de Corot e Courbet, há esculturas de Rodin e, além do mais, uma diversidade de pinturas de muitos dos principais impressionistas, entre eles Cézanne, Degas, Monet, Pissarro, Sisley, Toulouse-Lautrec, Gauguin e Van Gogh, e obras cubistas de Braque e Picasso. Também há trabalhos de Seurat, Vlaminck, Derain e Matisse. São igualmente interessantes as obras dos contemporâneos dos artistas franceses na Europa central, particularmente Klimt, Schiele e Kokoschka – esse último realizou retratos amplos de Praga quando morou na cidade fugindo do nazismo.

VÝSTAVIŠTĚ

O Výstaviště foi feito para comemorar o jubileu do imperador Francisco José em 1891. Atraiu 2 milhões de visitantes na época e a partir de então mais gente tem ido vê-lo. No terreno de 36 hectares, no lado leste do Parque Stromovka, ainda predomina o Průmyslový palác (Palácio da Indústria), erigido para exibir as maiores atrações. A esplêndida construção de aço e vidro, com uma escada que sobe em espiral pela torre do relógio central, foi usada para feiras e eventos comerciais até ser parcialmente destruída por um incêndio em 2008 e ter de ficar fechada por muito tempo para reconstrução. Entre outros prédios e detalhes em todo o parque existem teatros (inclusive uma reprodução do Globe de Shakespeare), um parque de diversões bem dilapidado, o Luna Park, e uma fonte requintada controlada por computador. Há também o assombroso Maroldovo panorama (Panorama Marold, abr-fim out ter-sex 14h-17h, sáb-dom 10h-17h; 20Kč), uma espécie de realidade virtual do fim do século XIX. Outra atração importante, mas pouco vista, é o Lapidarium do Museu Nacional (Výstaviště 422, tel. 233 375 636; ter-dom 12h-18h; adulto 40Kč, criança 20Kč), reaberto em julho de 2009, após ter passado um período fechado para reconstrução.

ALVENARIA E ESTÁTUAS

A palavra "lapidarium" pode lembrar pedaços de pedra desordenados, mas algumas das esculturas reunidas em um pavilhão da Exposição de 1891 são formidáveis. As estátuas públicas de Praga são, em sua maioria, reproduções. Tiradas dos lugares originais para serem protegidas da ação do tempo, muitas das maravilhosas peças verdadeiras podem ser admiradas aqui, em local fechado. Entre as estátuas que eram da Karlův most estão as de Santo Inácio de Loiola e São Francisco Xavier, de F. M. Brokoff (1688-1731), junto com outras resgatadas do rio Vltava depois da enchente de 1890. Da Torre da Ponte da Cidade Velha há um grupo de esculturas hierarquizadas, com o imperador Carlos IV no centro.

Existem ainda monumentos a figuras desprezadas ou esquecidas, à espera do momento para voltar à paisagem urbana. O mais sensacional deles é o que celebra um dos militares de maior sucesso da Áustria, o marechal-de-campo Radetzky, que aparece erguido no alto por vários de seus soldados. Essa personalidade e seu monumento tiveram posição destacada na Malostranské náměstí. Como os generais dos Habsburgos não despertavam popularidade entre os tchecos, a estátua foi aposentada assim que a Tchecoslováquia tornou-se independente, em 1918.

INFORMAÇÕES
www.nm.cz
193 G2 Výstaviště, Holešovice, Praha 7 220 103 111 Parque: diariam 9h-0h. Atrações: horários variam Parque: gratuito. Atrações: preços variam Bondes 5, 12, 14, 15, 17 para Výstaviště

NOTA
Em 2008 um incêndio destruiu parcialmente o Palácio da Indústria. As obras de reconstrução se estenderam por 2010, mas o palácio já foi reaberto.

Acima *O Průmyslový palác destaca-se no Výstaviště do Parque Stromovka*

PASSEIO A PÉ

NAS ALTURAS

Este passeio repleto de verde leva a uma série de parques e jardins com vistas maravilhosas do rio Vltava e da cidade.

O PASSEIO
Distância: 3km
Duração: 1h30
Início: Parada de bondes Letenské náměstí
Fim: Parada de bondes Pražský hrad (Castelo de Praga) ou no próprio Pražský hrad

COMO CHEGAR LÁ
🚋 Bondes 1, 8, 15, 25, 26 para Letenské náměstí

★ Veja se você está no lado sul da rua Milady Horákové e desça um pouco a ladeira, virando na primeira à direita, na rua Ovenecká. No final vire à direita, depois à esquerda e atravesse a esplanada defronte dos prédios sóbrios do Národní technické muzeum (Museu Técnico Nacional, ▷ 202), para o leste. Você está agora na parte leste do Letenské sady (Parque de Letná), área verde com jardins bem cuidados que se espalha acima do Vltava, pela beira da planície de Letná.

❶ A planície de Letná é a continuação a leste do rochedo em que o castelo se assenta. Suas ribanceiras cobertas de arbustos despencam para o rio e formam o fundo de muitas vistas da Cidade Velha, enquanto da beira do platô tem-se vistas sempre diferentes da grande curva do rio e da Cidade Velha, na margem contrária. A parte de Letná em cima da ribanceira, com árvores lindas, é um local de passeio muito procurado. Ao norte há um trecho bem mais aberto, usado antigamente pelos comunistas nas paradas do Dia do Trabalho. No canto noroeste está o lugar proposto para a construção da nova Biblioteca Nacional, prédio polêmico projetado pelo arquiteto Jan Kaplický, tcheco radicado no Reino Unido.

Passe pelo Letenský zámeček (▷ 228), restaurante com enorme espaço ao ar livre e coreto, e aproveite a vista do rio e da cidade que se tem do platô. Continue a oeste entre as árvores, pelo caminho no alto da ribanceira, e você acabará descendo uma ladeira que leva ao gigantesco pedestal de granito que já suportou a estátua de Stálin.

❷ A Tchecoslováquia comunista estava à frente de outros satélites soviéticos quanto à adoração a Stálin. Pretendia-se que o monumento ao ditador tivesse o mesmo destaque que o castelo, Vyšehrad e o Monumento Nacional no morro de Žižkov no horizonte da cidade. Com 30m de altura, a figura monstruosa de Stálin tinha na retaguarda duas filas de trabalhadores – soviéticos de um lado, tchecoslovacos do outro. Os gozadores logo apelidaram o monumento de "fila da carne". Ele foi concluído em 1955, bem no momento em que o culto a Stálin era condenado em sua

Acima *O jardim do Belvedér*

pátria. A estátua de Praga resistiu embaraçosamente, mas em 1962 acabou demolida, em uma operação que durou duas semanas e precisou de várias explosões. No lugar de Stálin, um misterioso metrônomo gigante hoje dita o compasso do tempo.

Suba a escada à esquerda do pedestal e depois, ligeiramente à esquerda, suba o caminho íngreme que dá no Hanavský pavilon (▷ 228).

❸ Hoje restaurante, esse pequeno pavilhão neobarroco foi uma das estrelas da Exposição de 1891. Encomendado pelo duque de Hanau para ser uma vitrine dos produtos de sua fundição, ele é composto de peças de ferro fundido. Não é preciso gastar no restaurante para aproveitar a paisagem – uma vista atraente do Vltava e suas pontes. A oeste há muitos escombros das fortificações barrocas de tijolo e, em cima delas, está encarapitada a Kramářova vila (Mansão Kramář). Karel Kramář (1860-1937) foi um dos arquitetos da independência tchecoslovaca e inaugurou a lista de primeiros-ministros do país. Sua casa é hoje a residência oficial do primeiro-ministro.

Dê a volta no Hanavský pavilon e continue descendo para retomar o caminho principal, virando um pouco à esquerda imediatamente para atravessar a moderna passarela sobre uma avenida. Da ponte pode-se ver a Bílkova vila (▷ 196), construída pelo artista František Bílek. Do outro lado da passarela entra-se no Chotkovy sady (Parque Chotek).

❹ Este parque pequeno e arborizado leva o nome do conde Chotek, governador de Praga de 1826 a 1843. Homem ativo e de espírito público, o conde foi o responsável por uma série de "melhoramentos cívicos", como o aterro das margens do Vltava e a avenida sinuosa entre o castelo e a cidade que você acaba de cruzar. O Parque Chotek tem um elemento central maravilhoso, uma gruta com estátuas de um jovem e um grupo de donzelas melancólicas. É uma homenagem ao escritor neorromântico Julius Zeyer, do século XIX, e as estátuas representam seus personagens. Do outro lado do parque vê-se o Kralovský letohrádek, ou Belvedér (▷ 196), de um ângulo incomum.

Saia do Parque Chotek pela passagem à direita do Belvedér, vire à esquerda e de novo à esquerda no Královská zahrada (Jardim Real, ▷ 196). Há muitas coisas bonitas para se entreter, como uma vista do castelo e da catedral do outro lado do Jelení příkop (Fosso do Veado). Ande pela beirada sul do parque e olhe para baixo, na direção da resplandecente Oranžerie (Estufa de Laranjeiras), uma substituta moderna da construída na época do imperador Rodolfo. Do lado contrário do Jardim Real vire à esquerda para o castelo, no sentido

Acima *Flores no Královská zahrada*

da parada de bondes Pražský hrad, se quiser voltar para o centro.

QUANDO IR
É eminentemente um passeio de verão, até porque o Jardim Real está fechado de novembro a março.

ONDE COMER
É agradável sentar-se em uma das mesas do lado de fora do Letenský zámeček (▷ 228) e, estando no Hanavský pavilon (▷ 228), a vista complementa a refeição.

REGIÕES HRADČANY: ROTEIROS E PASSEIOS

PASSEIO A PÉ

HRADČANY E MALÁ STRANA

Este passeio evita a dura caminhada de subida até o castelo, pois usa os bondes para chegar rápido a Hradčany, com vistas fascinantes, vielas e palácios barrocos. Depois de andar pelos pátios e jardins do castelo, você pode pegar o caminho fácil de descida até o conservado distrito de Malá Strana.

O PASSEIO
Distância: 4km
Duração: 2 horas
Início: Parada de bondes Pohořelec
Fim: Malostranské náměstí (praça do Malá Strana)

COMO CHEGAR LÁ
🚇 Malostranská, depois bonde 22 para Pohořelec

★ Da parada de bondes Pohořelec, atravesse a rua Keplerova e vá para o lado contrário da praça Pohořelec. Vire à direita, suba a ladeira e entre no terreno do Strahovský klášter (Mosteiro Strahov, ▷ 212-3) pelo portal barroco. Cruze o pátio do mosteiro, passe a entrada das bibliotecas e a Kostel Nanebevzetí Panny Marie (Igreja da Assunção da Virgem Maria), à sua direita. Atravesse a passagem do outro lado do terreno e vire à direita, entrando no mirante do vinhedo.

❶ À sua frente, as encostas do monte Petřín descem quase na vertical. Petřín já foi coberto de vinhedos, que há muito cederam lugar às árvores frutíferas. O pequeno vinhedo que existe aí, plantado nos anos 1990, é uma espécie de homenagem aos antigos. A vista abre-se para praticamente toda a parte histórica de Praga.

Volte e entre no pátio do mosteiro. Vire à direita e desça a escada, que leva para baixo da casa chamada U zlatého stromu (A Árvore Dourada), um dos vários prédios antigos em volta da praça Pohořelec.

❷ Uma estátua de São João Nepomuceno ergue-se na parte alta da praça com alguns arcos, cujo nome, "Lugar dos Incêndios", lembra sua devastação em uma série de incêndios e cercos militares.

Desça a rua Loretanská, virando à esquerda para o trecho plano onde está o gigantesco Černínský palác (Palácio Černín, ▷ 196). Daí você pode olhar para baixo para o Santuário de Loreto, (▷ 199-200). A seguir, desça a escada, dirija-se em diagonal para a esquerda através da praça e depois desça a estreita viela Černínská, de pedras, passando pela estátua de Nepomuceno, no topo de um muro de jardim. Você está entrando na pequena zona reclusa do Nový Svět (Mundo Novo, ▷ 201). Vire à direita e caminhe pelo próprio Nový Svět para admirar suas muitas casas pitorescas e antigas. Prossiga pela rua Kanovnická e entre na Hradčanské náměstí (praça Hradčany).

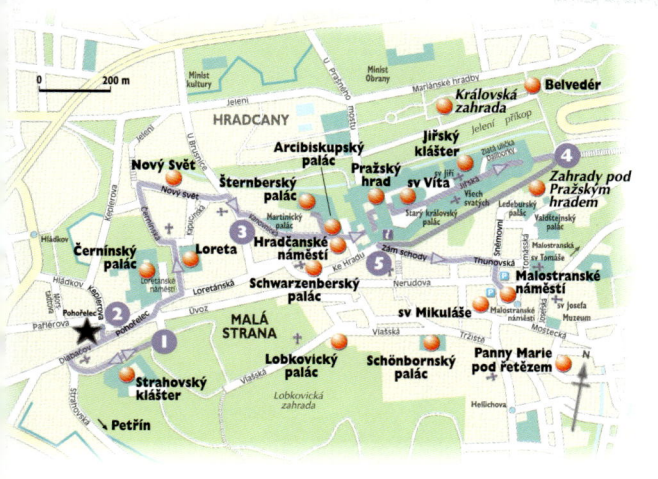

3 A ampla Hradčanské náměstí, por onde não passam veículos, é cercada de palácios da nobreza e de casas do clero da catedral. O primeiro palácio à esquerda, o renascentista Martinický palác (Palácio Martinic), foi o lar de um dos conselheiros reais lançado de uma das janelas do castelo em 1618 (▷ 31). À sua direita, no limite superior da praça, está o monumental Toskánský palác (Palácio Toscano), mas os dois grandes marcos da praça defrontam-se na sua parte mais baixa: à direita, o Schwarzenberský palác (Palácio Schwarzenberg, ▷ 208-9), com esgrafitos ousados, uma amostra esplêndida

Página ao lado A Zámecké schody (Escadaria Nova do Castelo)
Abaixo A escadaria, vista de baixo para cima

dos tesouros barrocos da Galeria Nacional, e, à esquerda, o suntuoso Arcibiskupský palác. Chega-se por uma ladeira ao Šternberský palác (Palácio Sternberg, ▷ 210-1), que guarda as pinturas dos grandes mestres da Galeria Nacional.

Passe pelo portal, onde ficam dois guardas de azul, e entre no terreno do castelo. Volte em outro dia para ver por dentro o Pražský hrad (Castelo de Praga, ▷ 203-7). Por enquanto, atravesse o Primeiro e o Segundo Pátios e entre no Terceiro Pátio, em que se destaca a Svatého Víta (Catedral de São Vito, ▷ 214-7). A entrada na catedral é gratuita; aproveite para dar uma espiada nos vitrais. Atravesse a Jiřské náměstí (praça São Jorge), do lado leste da São Vito, e desça a viela à direita da fachada barroca oeste da Bazilika svatého Jiří (Basílica de São Jorge). Saia do castelo pela Černá věž (Torre Preta), no final da viela, e vire quase 180 graus para entrar nos Jižní zahrady (Jardins do Sul, ▷ 207).

4 Caminhando pelos Jardins do Sul, você tem lindas vistas por cima dos telhados do Malá Strana, além de ver as imensas muralhas do castelo. Um dos melhores pontos de observação, assinalado por uma coluna fina encimada por uma esfera dourada e com raios, é o Moravská bašta (Baluarte Morávio); outro, perto da esquisita pirâmide de pedra na parte mais distante dos jardins, é um pequeno mirante com colunata.

Um jeito interessante de descer para o Malá Strana é ir pela escada ao lado do Baluarte Morávio e depois comprar um ingresso para os Zahrady pod Pražským hradem (Jardins Abaixo dos Castelo de Praga, ▷ 175), uma sucessão de jardins barrocos em terraços pertencentes a diversos palácios. Por ora, continue pelos Jardins do Sul e suba os degraus largos na ponta oeste, para chegar à Zámecké schody (Escadaria do Castelo).

5 Chamada de Escadaria Nova do Castelo para se diferenciar da Staré zámecké schody (Escadaria Antiga do Castelo), essa pitoresca ligação entre o Malá Strana e a cidadela é na verdade um caminho bem mais antigo para a cidadela, utilizado já no século XIII.

Desça as escadas em ladeira, com o muro alto dos jardins do castelo à sua esquerda. À sua direita, admire o Palác pánů z Hradce (Palácio dos Senhores de Hradec), renascentista. A escadaria leva à estreita rua Thunovská (▷ 171), com a embaixada britânica pouco acima em uma viela à esquerda. Não deixe de ver o busto de Winston Churchill no muro à esquerda. Na ponta de baixo da Thunovská, vire na primeira à direita, a rua Sněmovní, e entre na Malostranské náměstí (praça do Malá Strana, ▷ 165), onde o destaque é a Svatého Mikuláše (Igreja de São Nicolau, ▷ 172-3).

ONDE COMER

O local mais atraente para beber e lanchar na área do castelo é o café do Lobkovický palác (Lobkowitz Palace, ▷ 228). Há também muitos outros cafés, restaurantes e bares na praça do Malá Strana e ao redor. Uma alternativa é descer do Baluarte Morávio, nos Jardins do Sul, pela escada e apreciar uma bebida ou um almoço especial no terraço do hotel e restaurante U Zlaté studně (▷ 187).

ARTE, COMPRAS, DIVERSÃO E NOITE

HRADČANY: ARTE, COMPRAS, DIVERSÃO E NOITE

COMPRAS
HUNT KASTNER ARTWORKS
www.huntkastner.com
Estrangeiras e moradoras da capital tcheca, Camille Hunt e Katherine Kastner criaram o que faltava havia muito tempo em Praga: um espaço de exposição voltado somente para a arte moderna e contemporânea e instalações tchecas. Veja no site as exposições correntes durante sua viagem. No verão, junte a visita à galeria a uma bebida na cervejaria ao ar livre Letná.
✚ 231 G4 ✉ Kamenická 22, Holešovice, Praga 7 ☎ 233 376 259 ⊕ Ter-sex 13h-18h, sáb 14h-18h 🚋 Bondes1, 25, 26 para Kamenická

MŇAU MIAOU
Ao descer de Strahov para o castelo, na esquina bem à frente está mais que uma loja de presentes para quem gosta de gato. Negócio de família, é tocado por Katka Urbanová e suas duas filhas, de portas abertas para um mundo de sonho com camisetas pintadas a mão, brincos, colares esmaltados e um monte de coisas mais.
✚ 230 B6 ✉ Pohořelec 26, Hradčany, Praga 1 ☎ 233 350 639 ⊕ Diariam 10h-18h 🚋 Bonde 22 para Pohořelec

PRAŽSKÁ TRŽNICE
Esse é o maior mercado descoberto da cidade, que mais lembra um shopping center a céu aberto do que uma feira livre. A maior parte do que está à venda aqui, principalmente roupas e eletrônicos, é de má qualidade, mas vale a pena ver um lado diferente de Praga. Há uma quantidade enorme de bancas de comida e bebida para recompor as forças no meio de sua aventura.
✚ Fora do mapa 231 H4 ✉ Holešovice, Praga 7 ⊕ Seg-sex 8h-18h, sáb 8h-13h 🚋 Vltavská 🚋 Bondes 1, 3, 5, 25 para Pražská tržnice

DIVERSÃO E NOITE
LA BODEGA FLAMENCA
www.labodega.cz
Esse ótimo ponto de encontro pega emprestada a cultura de bar da Espanha, com mesas altas, piso de lajotas e tapas pequenas servidas no balcão. Vez ou outra dançarinos de flamenco ou cantores se apresentam. O clima é alegre e amistoso.
✚ 231 F3 ✉ Šmeralova 5, Bubeneč, Praga 7 ☎ 233 374 075 ⊕ Dom-qui 16h-1h, sex-sáb 16h-3h 🚋 Hradčanská, depois bonde para Letenské náměstí 🚋 Bondes 1, 8, 15, 25, 26 para Letenské náměstí

DIVADLO SPEJBLA A HURVÍNKA
www.spejbl-hurvinek.cz
Criadas em 1945 por Josef Skupa, as histórias de Spejbl e Hurvínek, pai e filho, são uma tradição muito estimada, mas é bom saber que as apresentações são em tcheco. No saguão há uma mostra sobre a história do teatro e das marionetes que têm sido usadas nesses anos todos. O teatro passou por reforma em 2009.
✚ 230 C4 ✉ Dejvická 38, Dejvice, Praga 6 ☎ 224 316 784 ⊕ Espetáculos infantis: qua-sex 10h, sáb-dom 14h e 16h30. Espetáculos para crianças maiores e adultos: 19h, dias variados. Bilheteria: ter-sex 10h-14h, 15h-18h, sáb-dom 13h-17h ✋ 160Kč 🚋 Dejvická

FRAKTAL
www.fraktalbar.cz
Fraktal não é só um bar, mas um modo de vida. O dono, estrangeiro, pôs quinquilharias, velhos mapas e rádios em um espaço apertado mas relaxado no subsolo. A clientela é jovem, internacional e tranquila; cães são bem-vindos.
✚ 231 F3 ✉ Šmeralova 1, Bubeneč, Praga 7 ☎ 777 794 094 ⊕ Diariam 12h-1h 🚋 Hradčanská, depois bondes 25, 26, 8 ou 1 para Letenské náměstí

MECCA CLUB
www.mecca.cz
Esta discoteca superlegal ganhou o título de mais bacana e com a melhor música para dançar na cidade por anos consecutivos. Como é ponto conhecido de modelos, não se espante se topar com um monte de beldades de pernas compridas largadas nos divãs de couro branco. A boate, com vários andares, tem diversas salas temáticas e serve as menores cervejas da cidade – então, a pedida são mesmo os coquetéis.

✚ Fora do mapa 231 H3 ✉ U průhonu 3, Holešovice, Praga 7 ☎ 283 870 522 ⊙ Diariam 22h-6h ✋ 150Kč-250Kč 🚇 Vltavská, depois bonde 15 para Dělnická

LE TRAM
Esse bar de bairro atrai expatriados e também turistas. Honrando o nome, tem paredes vermelhas e pretas decoradas com números de bondes e dá aos fregueses a oportunidade de ocupar assentos vermelhos de fibra de vidro típicos dos bondes, em um balcão feito de trilhos antigos. Há DJs às sextas e aos sábados.

✚ 231 F3 ✉ Šmeralova 12, Bubeneč, Praga 7 ☎ 233 370 359 ⊙ Diariam 12h-0h 🚇 Bondes 1, 8, 15, 25, 26 para Letenské náměstí

ESPORTES E ATIVIDADES
AC SPARTA
www.sparta.cz
O Sparta costuma ser o campeão do futebol tcheco e é o time com mais torcedores. Já houve quebra-quebra entre os fanáticos nos jogos.

✚ 231 E3 ✉ Milady Horákové 98, Bubeneč, Praga 7 ☎ 296 111 400 ✋ Preços variam 🚇 Hradčanská, depois bondes 1, 8, 15, 25, 26 para Sparta

HC SPARTA
www.hcsparta.cz
No hóquei no gelo e no futebol, o Sparta e o Slavia – do outro lado da cidade – são adversários ferrenhos.

✚ 231 G2 ✉ Tesla Arena, Pavilhão de Exposições Výstaviště, Holešovice, Praga 7 ☎ 266 727 443 ⊙ Veja detalhes no site ✋ Preços variam 🚇 Nádraží Holešovice

PARA CRIANÇAS
MUZEUM HRAČEK
www.muzeumhracek.cz
O Museu do Brinquedo tem uma exposição de brinquedos antigos e modernos, dos séculos XVIII, XIX e XX. Dispõe ainda de uma coleção surpreendente de bonecas Barbie de todos os tempos.

✚ 230 C5 ✉ Castelo de Praga, Jiřška 6, Hradčany, Praga 1 ☎ 224 372 294 ⊙ Diariam 9h30-17h30 ✋ Adulto 60Kč; criança (6-16) 30Kč 🚇 Malostranská

NÁRODNÍ TECHNICKÉ MUZEUM
www.ntm.cz
Com locomotivas, carros antigos e aviões e balões pendendo do teto, o maravilhoso Museu Técnico Nacional é conhecido das crianças há muito tempo (▷ 202). Foi fechado para reforma, mas está tendo um sucesso ainda maior com os jovens após a reabertura.

✚ 193 F4 ✉ Kostelní 42, Holešovice, Praga 7 ☎ 220 399 111 🚇 Bondes 1, 8, 15, 25, 26 para Letenské náměstí

SEA WORLD
www.morsky-svet.cz
Tanques com peixes estranhos e cheios de cores deixam os pequenos fascinados, mas esse é um passeio para as crianças menores: há uma abundância de peixinhos, mas nada dos "excitantes" tubarões e golfinhos.

✚ 231 G2 ✉ Výstaviště, Holešovice, Praga 7 ☎ 220 103 305 ⊙ Diariam 10h-19h ✋ Adulto 240Kč, criança (4-15) 145Kč 🚇 Holešovice, depois bondes 5, 12, 14, 15 ou 17 para Výstaviště

VÝSTAVIŠTĚ
www.krizikovafontana.cz
O pavilhão de feiras de Výstaviště tem muito para entreter as crianças: bancas, parque marinho, teatros e carrinhos sobre trilhos. À noite, a fonte Križík, repleta de luzes, "dança" conforme a música. Pegue o antigo bonde 91 para ir até lá – ele para por toda a cidade.

✚ 231 G2 ✉ Holešovice, Praga 7 ⊙ Horários variam ✋ Preços variam 🚇 Bondes 5, 12, 14, 15 ou 17 para Výstaviště

Página ao lado *Uma das livrarias da Zlatá ulička (Viela Dourada), na área do castelo*
Abaixo *A placa do Muzeum hraček (Museu do Brinquedo), xodó das crianças*

REGIÕES | HRADČANY: ARTE, COMPRAS, DIVERSÃO E NOITE

ONDE COMER

PREÇOS E SÍMBOLOS
Os restaurantes estão em ordem alfabética (desconsiderando Le, La e Les). Os preços correspondem a um almoço de dois pratos (A) e um jantar de três pratos (J) para uma pessoa, sem bebida. O preço do vinho é o da garrafa mais barata.

Para a legenda dos símbolos, ▷ 2.

BELLAVISTA
Esse restaurante faz jus ao nome, pois tem uma vista estonteante que abrange os pomares a perder de vista do Mosteiro de Strahov (▷ 212-3), do qual fazem parte. É gostoso comer no terraço, mas o interior com abóbadas tem seus atrativos também. A cozinha é internacional, com ênfase nos pratos de peixe.
✚ 230 B6 ✉ Strahovské nádvoří 1, Hradčany ☎ 220 517 274 ☉ Diariam 11h-0h ✋ A 480Kč, J 840Kč, vinho 395Kč 🚃 Bonde 22 para Pohořelec

FRAKTAL
www.fraktalbar.cz
Bar e hamburgueria movimentada, com couvert decente, alguns pratos mexicanos, bons bifes e hambúrgueres. O bife Lidstrom – contrafilé grelhado com molho de vinho tinto apurado – talvez seja a melhor carne servida em Hradčany. Os especiais de almoço incluem ao menos um prato principal tcheco e têm ótimo preço, menos de 100Kč.
✚ 231 F3 ✉ Šmeralova 1, Bubeneč, Praga 7 ☎ 777 794 094 ☉ Diariam 11h-0h ✋ A 130Kč, J 300Kč, vinho 200Kč 🚃 Vltavská depois bondes 1, 8, 25, 26 para Letenské náměstí

HANAVSKÝ PAVILON
www.hanavskypavilon.cz
A vista é o maior chamariz do pavilhão, feito para a Exposição de 1891 e depois levado para esse lugar. Mesas à janela e no terraço têm panorama incrível. A culinária é a velha boêmia modernizada e a internacional.
✚ 231 E5 ✉ Letenské sady 173, Holešovice, Praga 7 ☎ 233 323 641

☉ Diariam 10h-23h ✋ A 800Kč, J 1.200Kč, vinho 690Kč 🚃 Bondes 18, 20 para Chotkovy sady

LETENSKÝ ZÁMEČEK
www.letenskyzamecek.cz
A "Mansão de Letná" é pegada a um jardim com mesas. Para algo mais refinado, fique no andar de cima da própria casa, onde o restaurante Belcredi serve pratos internacionais. No térreo há ainda o restaurante Ullmann e o do jardim.
✚ 231 F4 ✉ Letenské sady 341, Holešovice, Praga 7 ☎ 233 378 208 ☉ Diariam 11h-23h ✋ Restaurante: A 500Kč, J 800Kč, vinho 360Kč 🚃 Bondes 1, 8, 15, 25, 26 para Letenské náměstí

LOBKOWICZ PALACE CAFÉ AND RESTAURANT
www.lobkowiczevents.com
O estabelecimento ocupa cômodos elegantes de um palácio urbano (▷ 205) da dinastia Lobkowicz. Há mesas no pátio, e a sacada espaçosa, aquecida no inverno, propicia boas vistas. Os lanches, sopas e saladas são acima da média.
✚ 230 D5 ✉ Jiřská 3, Hradčany, Praga 1 ☎ 233 312 925 ☉ Diariam 10h-18h ✋ A 375Kč, vinho 440Kč Ⓜ Malostranská 🚃 Bondes 12, 18, 20, 22 para Malostranská

LVÍ DVŮR
www.lvidvur.cz
Em memória das feras selvagens mantidas aqui para o prazer do imperador, o movimentado "Pátio do Leão" tem localização estratégica no caminho para o castelo pelo norte, decoração atraente e um terraço. A cozinha é da Boêmia e também internacional, com especialidade em leitão.
✚ 230 C5 ✉ U Prašného mostu 6/51, Hradčany, Praga 1 ☎ 224 372 361 ☉ Diariam 11h-0h ✋ A 600Kč, J 1.000Kč, vinho 700Kč 🚃 Bonde 22 para Pražský hrad

PEKLO
www.peklo.com
Os monges do Mosteiro de Strahov chamavam esse jardim no topo do

monte Petřín de "Paraíso"; a adega, escavada embaixo, era o "Inferno" (Peklo). O restaurante que se instalou aqui conservou o nome. É uma experiência e tanto sentar-se bem abaixo da terra e deliciar-se com pratos como porco à Mefisto.
✚ 230 B6 ✉ Strahovské nádvoří 1/132, Hradčany, Praga 1 ☎ 220 516 652 ☉ Diariam 12h-0h ✋ A 500Kč, J 650Kč, vinho 225Kč 🚃 Bonde 22 para Pohořelec

U CÍSAŘŮ
www.ucisaru.cz
"O Imperador", com sua decoração de armas e armaduras, lembra um passado diferente. Sob um teto de abóbada, saboreiam-se pratos de um cardápio boêmio e internacional, como javali e alce. As adegas do século XIII são abastecidas de bons vinhos.
✚ 230 C5 ✉ Loretánská 5, Hradčany, Praga 1 ☎ 220 518 484 ☉ Diariam 9h-1h ✋ A 450Kč, J 800Kč, vinho 690Kč 🚃 Bonde 22 para Pohořelec

U ŠEVCE MATOUŠE
www.usevcematouse.cz
"Ao Sapateiro Mateus", que mostra vestígios de seu passado como sapataria, é especializado em carne servida com molhos diversos. Os fregueses sentam-se em bancadas antigas. A comida é modesta, com boa relação preço-qualidade.
✚ 230 B6 ✉ Loretánské náměstí 4, Hradčany, Praga 1 ☎ 220 514 536 ☉ Diariam 11h-23h ✋ A 400Kč, J 600Kč, vinho 160Kč 🚃 Bonde 22 para Pohořelec

U ZLATÉ HRUŠKY
www.uzlatehrusky.cz
"A Pera Dourada" é um dos mais famosos restaurantes históricos de Praga, com reputação invejável. Instalado em lindo prédio barroco, tem também um jardim. Cardápio de pratos tchecos e internacionais.
✚ 230 B5 ✉ Nový Svět 3, Hradčany, Praga 1 ☎ 220 914 244 ☉ Diariam 11h-1h ✋ A 900Kč, J 1.500Kč, vinho 750Kč 🚃 Bonde 22 para Brusnice

ONDE FICAR

PREÇOS E SÍMBOLOS
Os preços são de uma diária em quarto duplo com café da manhã, a não ser que haja indicação em contrário. Os hotéis relacionados aqui aceitam cartão de crédito, a menos que indicado. Os preços variam muito durante o ano.

Para a legenda dos símbolos, ▷ 2.

ABSOLUTUM
www.absolutumhotel.cz
Esse hotel chique e moderno tem estacionamento grátis. Mesmo que você não esteja de carro, o hotel, defronte da estação Nádraží Holešovice do metrô, fica a dez minutos do centro. Quartos de bom tamanho com mobília elegante confirmam o preço vantajoso. Seu restaurante é o melhor desse lado de Praga.
✚ 231 H2 ✉ Jablonského 639/4, Holešovice, Praga 7 ☎ 222 541 406 💰 3.500Kč-5.200Kč ⓘ 34
🚇 Nádraží Holešovice

CROWNE PLAZA
www.crowneplaza.cz
O luxuoso Crowne Plaza é um dos poucos espigões stalinistas em estilo "bolo de noiva" construídos fora da União Soviética. Monumento nacional tombado, é em si uma atração turística, com tapeçarias, mosaicos, vitrais e candelabros. Nos quartos dos andares superiores a vista é ampla. Fica no badalado Dejvice, com ponto final de bondes convenientemente diante da porta. Há uma adega e um restaurante de pratos tchecos e internacionais.
✚ 230 B2 ✉ Koulova 15, Dejvice, Praga 6 ☎ 296 537 111 💰 A partir de 3.000Kč
ⓘ 254 🚌 Bonde 8 para Podbaba

DIPLOMAT
www.diplomathotel.cz
O Diplomat, já construído para ser hotel, atrai muito quem viaja a negócios, pois fica a apenas 20 minutos do aeroporto de ônibus municipal (menos ainda na van do hotel). Por dentro é espaçoso, limpíssimo e tem quartos confortáveis, decoração contemporânea e excelente infraestrutura, com três restaurantes. Pode-se subir a pé até o castelo, e a zona histórica fica a apenas duas estações de metrô.
✚ 230 B3 ✉ Evropská 15, Dejvice, Praga 6 ☎ 296 559 111 💰 6.240Kč-7.160Kč
ⓘ 398 🚇 Dejvická 🚌 Bondes 2, 8, 20, 26 para Vitězné náměstí; ônibus 119 para o aeroporto

HOFFMEISTER
www.hoffmeister.cz
Os recintos do luxuoso Hoffmeister são espaçosos, modernos, com obras originais do pai do proprietário, o artista Adolf Hoffmeister. Os quartos, confortáveis, têm projeto individual e vidros duplos. O centro de bem-estar, que oferece "tratamento balneário com aromaterapia", ocupa uma gruta do século XV. Há ainda um restaurante excelente.
✚ 231 D5 ✉ Pod Bruskou 7, Malá Strana, Praga 1 ☎ 251 017 111 💰 3.200Kč-6.000Kč
ⓘ 41 🚇 Malostranská
🚌 Bondes 12, 18, 20, 22 para Malostranská

HOTEL VILLA SCHWAIGER
www.villaschwaiger.cz
No bairro de mansões mais elitista de Praga, na beira do vasto Parque Stromovka, esse lindo casarão era a residência prestigiosa de um pintor do século XIX. Restaurado, dispõe de acomodações de luxo.
✚ 231 D3 ✉ Schwaigerova 3, Bubeneč, Praga 6 ☎ 233 320 271 💰 3.500Kč-5.000Kč
ⓘ 22 🚌 Ônibus 131 para Hradčanská

QUESTENBERK
www.hotelq.cz
O Questenberk, do século XVII, parece igreja e tem uma cavalaria no topo da escada de entrada. O café da manhã é servido em uma capela consagrada a Santa Elisabete. Quartos confortáveis, clima acolhedor, mas o verdadeiro chamariz desse prédio histórico é a localização, logo abaixo do Strahovský klášter (Mosteiro de Strahov), a curta caminhada do castelo.
✚ 230 B6 ✉ Úvoz 15/155, Hradčany, Praga 1 ☎ 220 407 600 💰 3.000Kč-5.000Kč ⓘ 30 🚌 Bonde 22 para Pohořelec

ROMANTIC HOTEL U RAKA
www.romantikhotel-uraka.cz
Essa casa de fazenda de toras de madeira, telhas retangulares de madeira e decorada com gosto apurado poderia estar nas florestas da Boêmia. Oferece uma experiência única aos sortudos que conseguem reservar um quarto. O castelo fica a dez minutos a pé, e o ponto de bonde é ainda mais próximo.
✚ 230 B5 ✉ Černínská 10/93, Hradčany, Praga 1 ☎ 220 511 100 💰 3.800Kč-7.000Kč
ⓘ 6 🚌 Bonde 22 para Brusnice

SAVOY
www.hotel-savoy.cz
O art nouveau Savoy, de 1911, ganhou bela restauração nos anos 1990. Une elegância aos confortos modernos e se orgulha de mimar os hóspedes. Das lareiras da biblioteca à decoração dos quartos e das suítes, todo detalhe é pensado para induzir relaxamento. O restaurante tem uma cúpula retrátil e serve uma culinária internacional opulenta. Com uma caminhada suave ladeira abaixo, você está nos portões do castelo.
✚ 230 B6 ✉ Keplerova 6, Hradčany, Praga 1 ☎ 224 302 430 💰 3.000Kč-8.000Kč ⓘ 61
🚌 Bonde 22 para Pohořelec

U KRÁLE KARLA
www.romantichotels.cz
Aninhado no pé da escada que dá na Hradčanské náměstí, "O Rei Carlos" ocupa um prédio cuja história se inicia na Idade Média, apesar de sua aparência atual ser barroca. O mobiliário e os acessórios harmonizam-se com o teto decorado com pinturas e os vitrais nos quartos, e há dois salões para refeições. No entanto, fica bem distante do ponto de bonde.
✚ 230 C6 ✉ Úvoz 4, Hradčany, Praga 1 ☎ 257 531 211, 257 533 594 💰 3.000Kč-4.000Kč ⓘ 19 🚌 Bondes 12, 20, 22 para Malostranské náměstí

REGIÕES
HRADČANY: ONDE COMER E ONDE FICAR

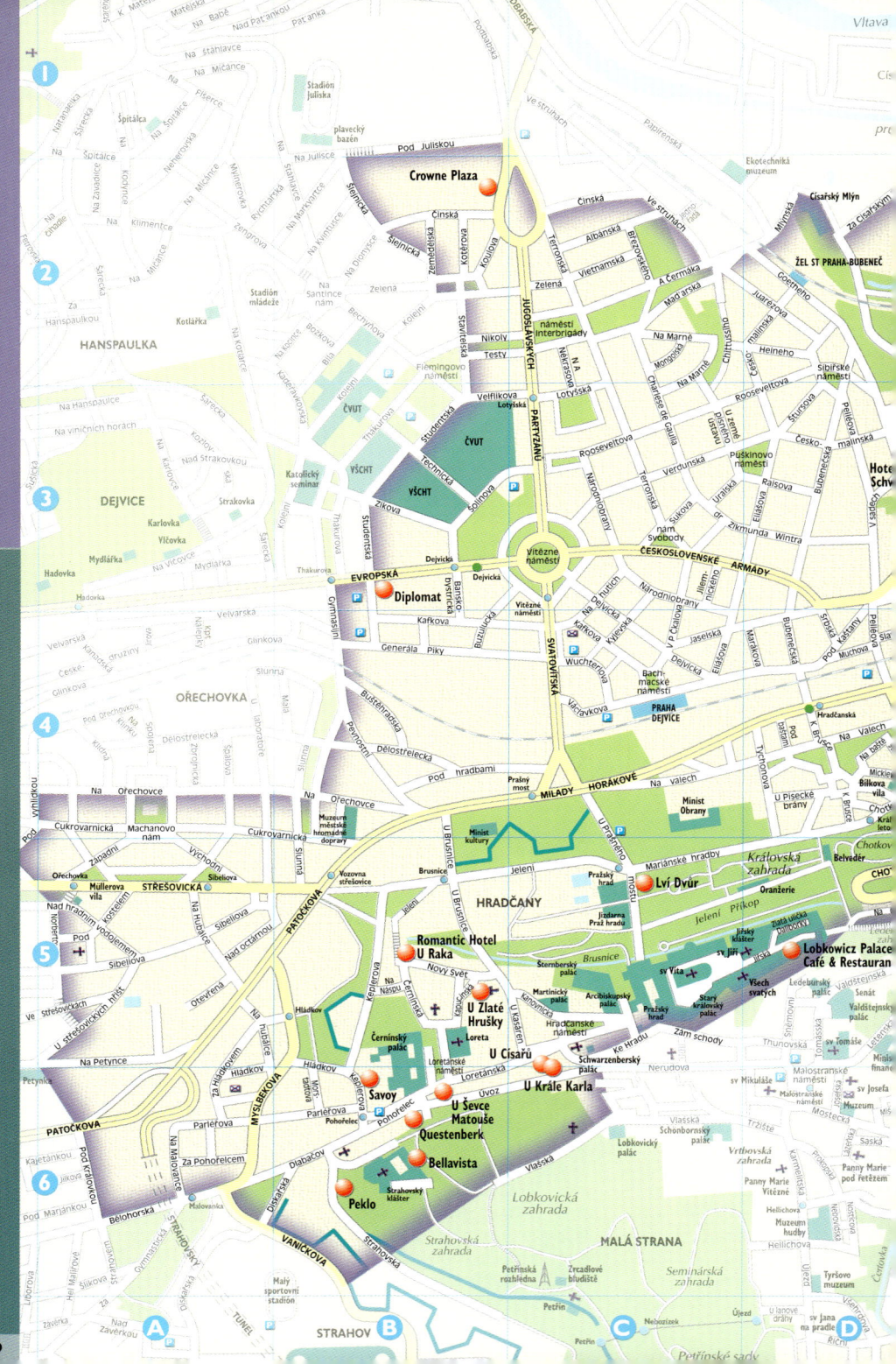

HRADČANY: ONDE COMER E ONDE FICAR

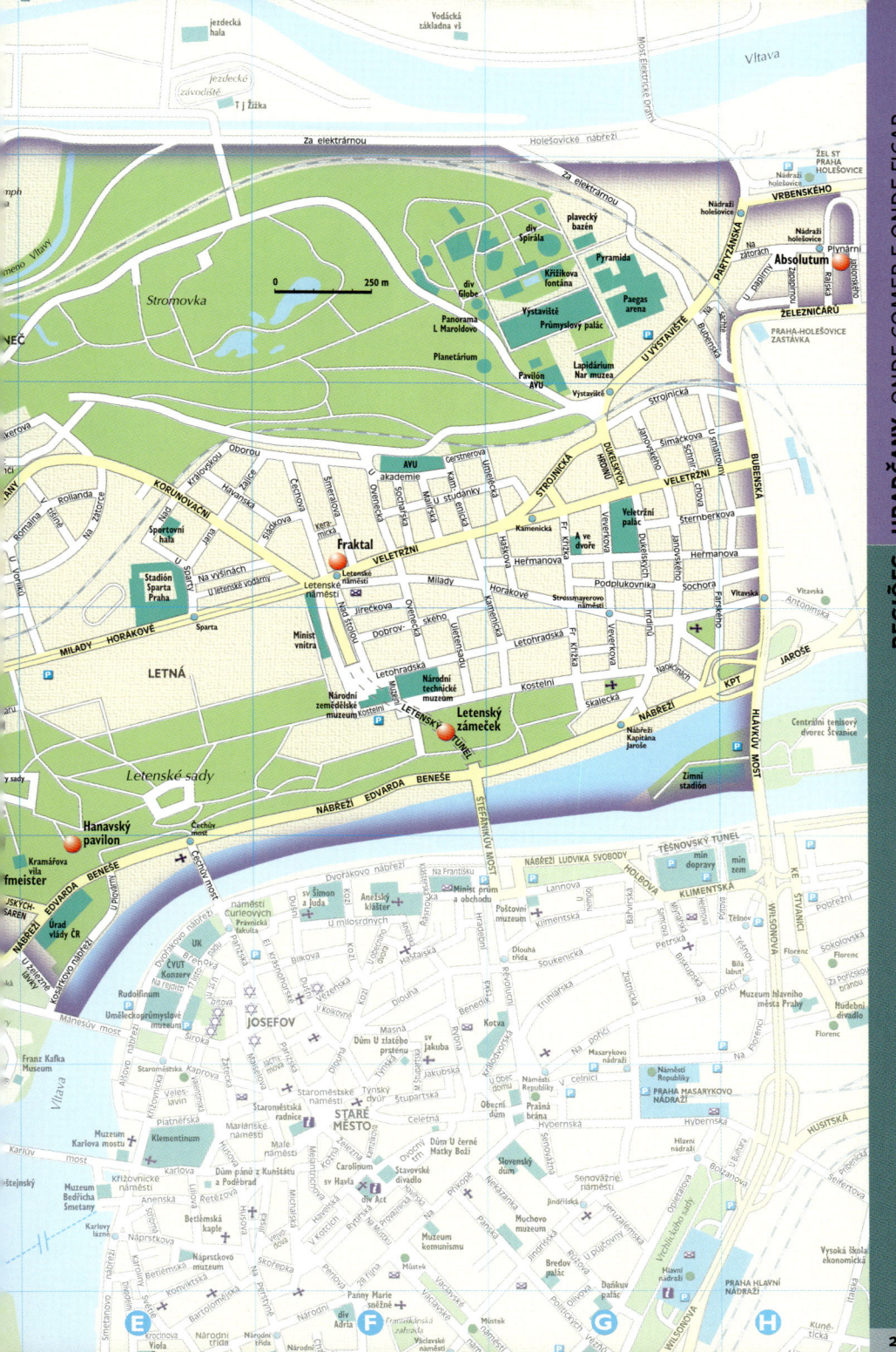

EXCURSÕES | PRAGA

ČESKÝ KRUMLOV 236

KARLŠTEJN 240

KONOPIŠTĚ 242

KUTNÁ HORA 244

NELAHOZEVES 246

PLZEŇ 248

TEREZÍN 250

TROJA 253

ZBRASLAV 256

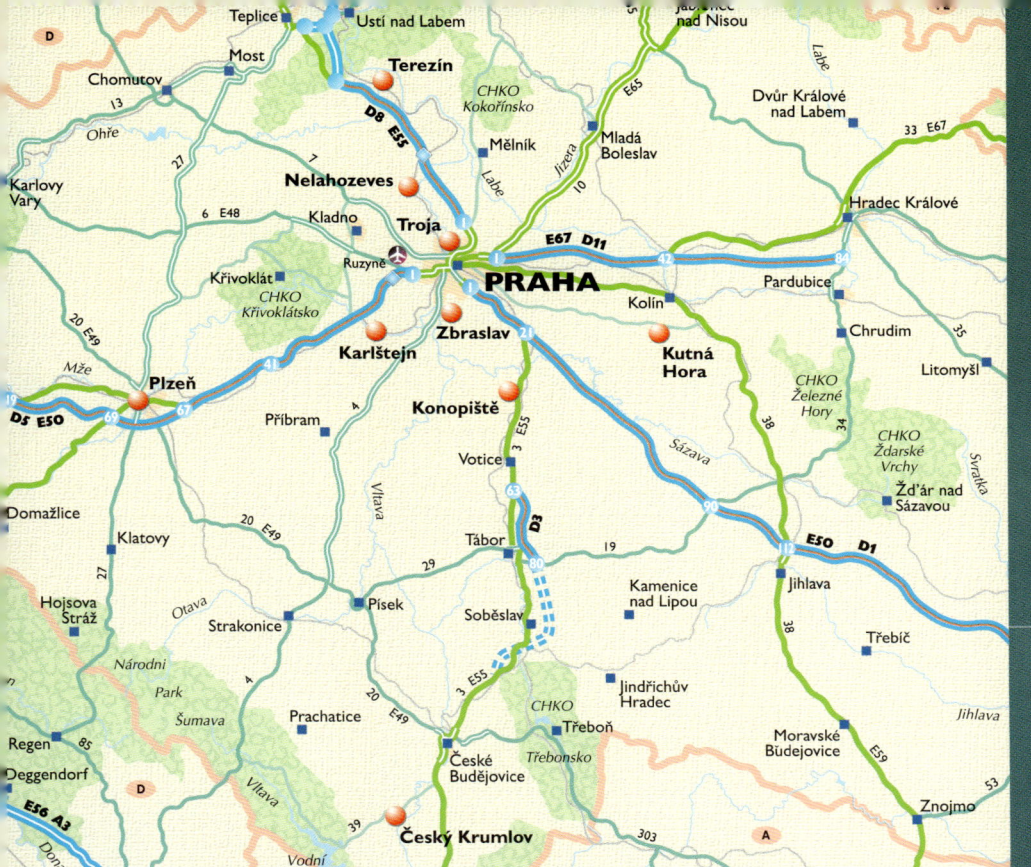

EXCURSÕES

Praga é um ótimo lugar para passar alguns dias, mas às vezes o turista sente necessidade de ir mais longe. Isso acontece principalmente no verão, quando a multidão na Staroměstské náměstí (praça da Cidade Velha) chega a incomodar bastante. Felizmente existem várias escapadas em excursões de meio dia ou com pernoite.

Se você gosta de castelos e só tem poucas horas livres, pense em fazer a curta viagem de trem a Karlštejn, um castelo majestoso do século XIV concebido pelo imperador Carlos IV como repositório das joias da coroa. Embora as joias não estejam mais aqui, você pode marcar um passeio guiado com antecedência ou simplesmente aparecer na cidade e dar uma volta. Do mesmo modo, Konopiště é um castelo a que se pode ir e voltar no mesmo dia. Esse castelo pertenceu ao arquiduque austríaco Francisco Ferdinando, cujo assassinato em Sarajevo, em 1914, motivou a Primeira Guerra Mundial.

Se você tem um dia inteiro disponível, uma boa opção é a cidade de mineração de Kutná Hora, que se enriqueceu com a prata na Idade Média. Pode-se vestir roupas de mineiro, caminhar pelos velhos túneis e depois dar uma olhada na famosa "igreja de ossos", uma capela arrepiante feita de ossos humanos.

O melhor local para passar a noite fora é Český Krumlov, outra cidade da realeza no Vltava que compete em beleza com Praga. São de três a quatro horas de ônibus ou trem, o que torna o pernoite indicado.

Os apreciadores de cerveja vão querer conhecer Plzeň, ou Pilsen, cidade no Oeste da Boêmia que foi o berço da lager moderna e é a casa do mais popular produto de exportação tcheco: a Pilsner Urquell. A visita à cervejaria inclui uma caneca de lager recém-feita.

Quem tem interesse pelo Holocausto não pode deixar de conhecer Terezín, local do repugnante campo de concentração de Theresienstadt, onde milhares de judeus de Praga e de toda a Boêmia ficaram presos antes de serem transportados para Auschwitz.

EXCURSÕES MAPA

EXCURSÕES MAPA

Regions & Major Cities:
- LIBERECKÝ
- KRÁLOVÉHRADECKÝ
- STŘEDOČESKÝ
- VYSOČINA
- PRAHA
- Jablonec nad Nisou
- Mladá Boleslav
- Troja
- Zbraslav
- Konopiště
- Kolín
- Kutná Hora
- Český Krumlov

Towns and localities:

- Česká Lípa
- Kravaře
- Zákupy
- Mimoň
- Zahrádky
- Jestřebí
- Doksy
- Dubá
- Štětí
- Kokořín
- CHKO Kokořínsko
- Liběchov
- Mšeno
- Dolní Krupá
- Bělá pod Bezdězem
- Kosmonosy
- Hodkovice nad Mohelkou
- Ještěd 1012
- Turnov
- Prisovice
- Mnichovo Hradiště
- CHKO Český Ra´j
- Železný Brod
- Semily
- Sobotka
- Jičín
- Úlibice
- Domousnice
- Libáň
- Kopidlno
- Slavhostice
- Smidary
- Nový Bydžov
- Mělník
- Byšice
- Neratovice
- Kostelec nad Labem
- Brandýs nad Labem-Stará Boleslav
- Roztoky
- Zdiby
- Benátky nad Jizerou
- Jabkenice
- Čachovice
- Křinec
- Lysá nad Labem
- Nymburk
- Čelákovice
- Starý Vestec
- Sadská
- Poděbrady
- Činěves
- Městec Králové
- Chlumec nad Cidlinou
- Týnec nad Labem
- Uhříněves
- Úvaly
- Český Brod
- Nupaky
- Říčany
- Kostelec nad Černými lesy
- Mnichovice
- Pyšely
- Jílové u Prahy
- Štěchovice
- Davle
- Sázava
- Uhlířské Janovice
- Zbraslavice
- Kalná
- Kácov
- Zruč nad Sázavou
- Ledeč nad Sázavou
- Čáslav
- Žleby
- Golčův Jeníkov
- Habry
- Světlá nad Sázavou
- Lipnice nad Sázavou
- Konopiště
- Benešov
- Neveklov
- Struhařov
- Bystřice
- Vlašim
- Jankov
- CHKO Blanik
- Čechtice
- Švihov
- Votice
- Sedlčany
- Sedlec-Prčice

Rivers: Labe, Vltava, Ploučnice, Jizera, Sázava, Doubrava

EXCURSÕES | ATRAÇÕES TURÍSTICAS

ČESKÝ KRUMLOV

INTRODUÇÃO

Concorrente do Hradčany de Praga em tamanho, o enorme castelo de Český Krumlov tem vista para a mais encantadora cidade medieval do Sul da Boêmia.

O castelo (hrad) no alto do rochedo e a cidadezinha apertada em uma curva do rápido Vltava formam um conjunto quase perfeito. Iniciado no princípio do século XIII, o castelo, assim como a cidade, acabou pertencendo à família nobre Schwarzenberg, que governou como um reino extensos territórios no Sul da Boêmia, tendo até um exército privado. Foram expropriados em 1947, pouco depois da expulsão da população de língua alemã, maioria na cidade. Resgatada da ruína quase definitiva, a encantadora Krumlov hoje faz parte dos patrimônios da humanidade na República Tcheca e, por estar perto da Alemanha e da Áustria, é um dos destinos turísticos mais procurados.

Saiba que as crianças talvez não apreciem tanto Český Krumlov como os adultos. As maravilhas góticas e renascentistas da cidade não vão significar muito para elas, e para conhecer a cidade é necessário bater perna por umas boas horas – e também galgar as inevitáveis escadarias. Mas de uma coisa as crianças vão gostar: dos ursos que ainda guardam o castelo em um pequeno fosso, logo na entrada. As crianças maiores talvez queiram experimentar o passeio de barco Vltava abaixo. Há várias companhias de turismo ao longo do rio e também se pode alugar barcos por algumas horas ou até pelo dia todo.

O CASTELO

Os prédios desordenados do castelo distribuem-se em volta de uma série de pátios, e entre eles destaca-se uma alta torre gótico-renascentista, que vale a pena subir pela esplêndida vista da cidade e do rio que ela proporciona. Uma ponte extraordinária de vários pisos atravessa por sobre uma ravina até um platô, onde

INFORMAÇÕES

www.ckrumlov.info

✉ Infocentrum, Náměstí Svornost 2, 381 01 Český Krumlov ☎ 380 704 622

🕐 Jun-fim set diariam 9h-19h; out, abr-fim maio diariam 9h-18h; nov-fim mar diariam 9h-17h

COMO CHEGAR LÁ

Český Krumlov está 161km ao sul de Praga.

🚗 De Praga, dirija na direção sudeste pela rodovia D1 e, na saída 21, pegue a autoestrada nº 3 para Tábor e depois para České Budějovice. Cerca de 4km após České Budějovice, vire à direita na rodovia 159 na direção de Český Krumlov.

🚆 Não recomendado.

🚌 Saídas diretas frequentes das estações rodoviárias de Florenc ou Na knízeci de Praga para Český Krumlov (cerca de 3 horas).

Página ao lado *Vista do castelo e dos telhados de Český Krumlov*
Acima *Capela da Santa Cruz, dentro do conjunto do castelo, com a torre atrás*

EXCURSÕES | ATRAÇÕES TURÍSTICAS

237

DICAS

» Český Krumlov fica no coração do sul boêmio, tido pelos tchecos como a parte mais característica da Boêmia. Se você chegou até aqui, vale a pena pernoitar para conhecer as vilas, as cidades históricas e as belas paisagens da região.

» A maior parte da zona histórica de Český Krumlov é proibida para veículos. Os carros devem seguir para os amplos estacionamentos localizados ao redor da cidade. A chegada pode ser confusa de início. O melhor é seguir as placas para a área de estacionamento nº 2, que acaba descendo para uma estrada pequena e uma ponte estreita. Aí você está a cinco minutos a pé do centro da cidade antiga. É preciso pagar uma taxa insignificante para estacionar, mas comodidade não tem preço.

» Um aviso sobre o transporte público: chegando de trem a Český Krumlov, a estação ferroviária fica a uns bons 15 ou 20 minutos a pé do centro da cidade. Assim, é bem melhor pegar um ônibus, porque você só terá de caminhar por cerca de cinco minutos até os hotéis centrais. Lembre-se disso se estiver com malas pesadas.

há um lindo jardim barroco planejado, um palácio de verão e um teatro ao ar livre. Os recintos do castelo são tão variados e extensos que você precisará de algumas visitas guiadas só para ver parte deles – faça a visita que inclui o Maškarní sál (Salão dos Mascarados), do século XVIII, com pinturas ilusionistas divertidas de foliões de máscara. Ainda mais fascinante é o teatro barroco, um dos poucos que restaram e ainda têm todo o equipamento original.

Há uma visita guiada só para o teatro, que apresenta recriações genuínas de óperas barrocas e outros espetáculos.

A CIDADE

Saindo para qualquer lado da praça principal, que tem uma coluna comemorando o fim da peste e a prefeitura com arcos, você topa com diversas construções antigas e bonitas da era medieval ou posteriores. A velha cervejaria, hoje Centro Artístico Egon Schiele, homenageia esse artista austríaco do começo do século XX, cuja mãe nasceu em Krumlov. A igreja paroquial gótica da cidade, com uma torre alta e fina, constitui um belo ponto de referência.

KRUMLOV E SCHIELE

Český Krumlov e Egon Schiele, famoso pintor austríaco do começo do século XX, têm uma relação especial que remonta ao tempo em que a mãe dele nasceu

Acima *Torre perto da entrada do castelo*

na cidade. Aliás, Schiele ficou encantado com Krumlov, que mesmo naquela época era um lindo refúgio, bem distante das pressões da vida moderna. Schiele nasceu na Áustria em 1890, mas quando jovem, nos anos que antecederam a Primeira Guerra Mundial, ele morou em Český Krumlov por curto período com sua namorada, a modelo Wally Neuzil. A predileção de Schiele pela nudez feminina, particularmente seu fascínio por mulheres mais jovens retratadas em poses francas e indecorosas, colocou-o em conflito com a moralidade pública vigente na época. Não demorou para que Schiele e sua namorada fossem expulsos da cidade pelos habitantes mais reservados.

Schiele reinstalou-se em Viena, cidade grande em que ele esperava encontrar maior tolerância. Mas mesmo lá o artista acabou sendo acusado de violar as leis do decoro e passou quase um mês na prisão em 1912. Ficou durante parte da guerra em Praga, onde pôde continuar a pintar. Morreu tragicamente de gripe espanhola em 1918, com apenas 28 anos, poucos dias depois da morte, também causada pela gripe, de sua mulher, Edith, grávida de seis meses.

Pode-se dizer que Český Krumlov influenciou bastante a arte de Schiele. A ideia que ele fazia da cidade, como uma formosura em ruínas, é mais bem representada pelas duas séries de pinturas que ele denominou de *Die Tote Stadt* (A cidade morta) e *Die Kleine Stadt* (A cidadezinha). Hoje, o Egon Schiele Art Centrum em Český Krumlov pretende manter viva a lembrança da obra e a ligação dele com a cidade natal de sua mãe. O centro tem um pequeno acervo de obras de Schiele e promove regularmente boas exposições dos melhores artistas tchecos e estrangeiros.

ARREDORES

A região rural é linda e, se você tem um dia de sobra e procura um bom jeito de esticar as pernas, por que não sair caminhando – ou pedalando – pelos arredores? Há trilhas em muitas direções (peça mapas e orientações no posto de informação turística). Várias agências de viagem alugam bicicletas, e há ciclovias demarcadas ao redor da cidade. Lembre-se de que Český Krumlov está em um vale, e portanto é preciso vencer uma subida bem íngreme. Um dos melhores (e mais fáceis) passeios de bicicleta é simplesmente seguir a rua principal, que vai acompanhando o rio, no sentido de Rožmberk nad Vltavou.

O QUE VISITAR
HRAD

Státní hrad a zámek Český Krumlov, Zámek 59, 38 101 Český Krumlov ☎ 380 704 711 ⊙ Visita à parte interna: jun-fim ago ter-dom 9h-18h; abr-fim maio, set-fim out ter-dom 9h-17h Visita ao teatro: maio-fim out, ter-dom 10h-16h

ONDE COMER
ZLATÝ ANDĚL

www.hotelzlatyandel.cz
O histórico Hotel Anjo Dourado, na praça principal de Český Krumlov, dispõe de dois restaurantes, um bar e um bar de coquetéis, além, é claro, de acomodações.
Hotel Zlatý Anděl, Náměstí Svornosti 11, 381 01 Český Krumlov ☎ 380 712 310-5 ⊙ Diariam 11h-22h

NA LOUŽI

www.nalouzi.cz
Evocativo bar tradicional com lanches típicos tchecos e uma das melhores sobremesas – bolinhos de fruta – que você encontra fora de Praga. Há também quartos de dormir no andar de cima.
Kájovská 66, junto à praça principal, 381 01 Český Krumlov ☎ 380 711 280 ⊙ Diariam 11h-22h

ONDE FICAR

O Zlatý Anděl (▶ acima) tem vários quartos com bela decoração.
Quartos duplos: 2.300Kč-2.900Kč

HOTÝLEK U MALÉHO VÍTKA

www.vitekhotel.cz
Hospedaria charmosa e simples, em que cada quarto é dedicado a uma personagem de desenho tcheco e tem um clima diferente. Muitos dos dormitórios têm lindos entalhes de madeira e todos são limpos e confortáveis. O restaurante serve boa comida tcheca.
Radniční 27, na rua principal que atravessa a cidade, ao lado da ponte, 381 01 Český Krumlov ☎ 380 711 925
Quartos duplos 1.500Kč-1.700Kč

Acima *Turistas misturam-se a moradores nas ruas, mais movimentadas no verão*

KARLŠTEJN

INFORMAÇÕES
Hrad Karlštejn
www.hradkarlstejn.cz
✉ 267 18 Karlštejn ☎ 311 681 617, 311 681 695 ⏰ Jul-fim ago ter-dom 9h-12h, 12h30-18h; maio-fim jun, set ter-dom 9h-12h, 12h30-17h; abr, out ter-dom 9h-12h, 13h-16h; mar ter-dom 9h-12h, 13h-15h; 1-final nov, 26-31 dez, primeira semana jan ter-dom 9h-12h, 13h-15h (horários podem variar) 💰 1º roteiro: adulto 250Kč, criança (6-15) 150Kč. 2º roteiro: adulto 300Kč, criança (6-15) 200Kč. Passeios guiados apenas. 2º roteiro deve ser marcado com antecedência: Národní památkový ústav, caixa postal 45, 130 11 Praha 3, tel. 274 008 154. Taxa de reserva: 30Kč

COMO CHEGAR LÁ
Karlštejn está a 32km ao sul de Praga.
🚗 10km pela rodovia 4, depois 22km pela rodovia 116 e pare na vila de Karlštejn.
🚆 Trens de subúrbio frequentes partem da estação principal de Praga, Hlavní nádraží (cerca de 35min), ou de Smíchov (cerca de 30min) para a estação de Karlštejn.
Obs.: Não há acesso de veículo motorizado ao castelo, que fica a 1,5km de subida da vila a pé ou de carroça.

INTRODUÇÃO

A silhueta do Castelo de Karlštejn, uma das imagens símbolo da Boêmia medieval, ergue-se em um quadro romântico de florestas e um cânion sinuoso de rio.

A zona rural começa bem à porta de Praga, mas o lindo e frondoso vale do rio Berounka – uma viagem de 30 minutos em trem de subúrbio – parece outro mundo. Em 1348, foi nesse lugar aparentemente remoto e inviolável que o imperador Carlos IV ordenou a construção de uma grande fortaleza. Não existia motivo estratégico para construir Karlštejn, mas sim o desejo de fazer uma espécie de cofre-forte de pedra, um repositório de relíquias religiosas e joias da coroa. Carlos, profundamente devoto, tinha a obsessão de comprar partes do corpo de santos diversos (▷ 28) e relíquias robustas como espinhos da coroa de Cristo. Guardados em segurança bem próximos das joias da coroa do Sacro Império Romano e do Reino da Boêmia, elas confirmariam o fundamento espiritual do governo de Carlos e dos seus sucessores da Casa de Luxemburgo.

O ambicioso projeto do imperador, concebido para durar toda a eternidade, foi concluído no curto intervalo de sete anos, mas suas esperanças de futuro não se realizaram. Iniciados os problemas com os hussitas no começo do século XV (▷ 29), as joias imperiais foram levadas para Nuremberg e depois para Viena, e nunca retornaram. Já as joias da Boêmia foram recolhidas em 1619, no princípio da Guerra dos Trinta Anos, e, como medida de precaução, foram colocadas em câmara blindada na parte de cima da Capela de Venceslau, na Catedral de São Vito, onde continuam até hoje.

Sem a destinação principal, Karlštejn permaneceu em relativa obscuridade até começar o século XIX, quando se percebeu seu potencial pitoresco. Iniciou-se a restauração, que o superdedicado arquiteto restaurador Josef Mocker (1835-99) assumiu na segunda metade do século. O que se vê hoje é em grande parte resultado das tentativas dele de dar a aparência original ao castelo. Isso implicou demolição e reconstrução em escala impensável atualmente, e reflete menos a realidade de Karlštejn do que aquilo que as pessoas do século XIX achavam que fosse um castelo medieval. Mas o núcleo espiritual do castelo – as capelas cravejadas de joias onde o imperador se entregava em êxtase religioso – está intacto.

DO LADO DE FORA

O castelo exibe a inesquecível silhueta das muralhas e das torres com telhado em forma de cinzel, que se erguem em meio às copas das árvores, muito acima do rio. Parece impenetrável, o que se comprovou quando os hussitas tentaram tomá-lo, fracassaram e estancaram em um cerco de sete meses. Apesar do esforço, Karlštejn resistiu e nunca mais sofreu ataque. Entende-se melhor a planta incomum do castelo como uma espécie de rota de peregrinação, que começa nas salas oficiais do Cisářský palác (Palácio Imperial) e sobe primeiro para a Mariánská věž (Torre Mariana), com a Kaple svatého Kateřiny (Capela de Santa Catarina), e daí, por uma ponte de tábuas, prossegue para a Velká věž (Torre Grande), que abriga a sacrossanta Kaple svatého Kříže (Capela da Santa Cruz).

Depois da longa caminhada partindo da vila de Karlštejn, entra-se no castelo por um pavilhão externo. Enquanto não começa a visita guiada, você pode ir pelo caminho murado até a torre que tem um poço de 80m de profundidade escavado na rocha por mineiros levados de Kutná Hora. O panorama do vale e do campo em volta é amplo.

PRIMEIRO ROTEIRO

Você só pode conhecer os recintos do castelo em visitas guiadas. O primeiro roteiro concentra-se no Palácio Imperial e nos andares inferiores da Torre Mariana, inclusive a prisão do castelo. Os cômodos do palácio foram na maioria inteiramente reconstruídos por Mocker e seus colegas e estão bem vazios, animados apenas por algumas obras de arte e mostras sobre a história de Karlštejn. O Salão de Audiências é uma exceção. Com lambris e teto de caixotão originais, era aqui que o imperador, de costas para a luz, recebia seus súditos.

SEGUNDO ROTEIRO

O segundo roteiro, bem mais interessante, abrange os recintos mais preciosos de Karlštejn (faça reserva com antecedência). No andar de cima, a Kostel Nanebezvetí Panny Marie (a Igreja da Assunção da Virgem Maria situa-se na Torre Mariana) manteve grande parte da decoração gótica original. Sob um teto pintado com inúmeros anjos, pinturas murais um tanto desbotadas mostram cenas do Apocalipse e de Carlos IV tomando posse de várias relíquias sagradas. Ainda se realiza uma missa anual no dia 29 de novembro, aniversário da morte do imperador.

Da igreja, uma passagem estreita leva à pequena Capela de Santa Catarina, decorada do mesmo modo opulento que a Capela de Venceslau, na Catedral de São Vito, com paredes de gesso dourado cravejadas de pedras semipreciosas. A pintura acima da porta retrata Carlos com uma de suas quatro mulheres, Ana de Schwednitz. O imperador passava dias aqui, em contemplação, preparando-se para subir ao espaço sacrossanto na Torre Grande. Hoje com acesso por ponte de madeira construída por Josef Mocker, a torre contém a Capela da Santa Cruz, abobadada, o clímax da peregrinação do imperador. Sua decoração é realmente extraordinária, não apenas com as já conhecidas paredes incrustadas de joias, mas com um séquito celestial de mais de cem santos, uma profusão de retratos saídos do pincel do pintor favorito de Carlos, mestre Theodorik (morto *c.* 1381).

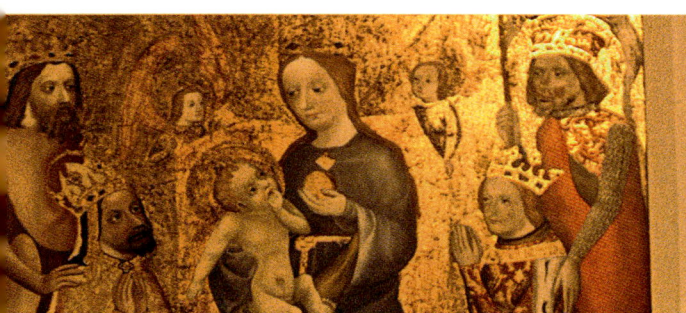

ONDE COMER

Karlštejn é um vilarejo turístico, porém sem muitas opções para comer e beber. Um local agradável é o restaurante do Romantic Hotel Mlýn (tel 311 744 411; qua-sex 13h-21h30, sáb-dom 12h-21h30), à beira-rio.

Da esq. p/ dir. *No topo do monte*, o castelo volta-se para a vila abaixo; detalhe de pintura em cômodo residencial no Palácio Imperial; interior da Kaple svatého Kříže

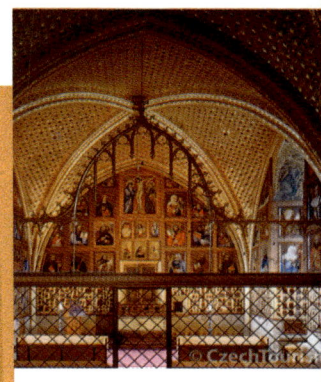

KONOPIŠTĚ

INFORMAÇÕES
Státní zámek Konopiště
www.zamek-konopiste.cz
✉ 256 01 Benešov ☎ 317 721 366
🕐 Maio-fim ago ter-dom 9h-12h, 13h-17h; abr, set ter-sex 9h-12h, 13h-16h, sáb-dom 9h-17h; out ter-sex 9h-12h, 13h-15h, sáb-dom 9h-16h; nov ter-sex grupos a combinar, sáb-dom 9h-12h, 13h-15h
💰 1º e 2º roteiro: adulto 200Kč, criança 130Kč. 3º roteiro: adulto 300Kč, criança (6-15) 200Kč (com guia bilíngue)
🎫 Visitas guiadas apenas

COMO CHEGAR LÁ
Konopiště está 40km a sudeste de Praga.
🚗 De Praga, dirija a sudeste pela autoestrada D1 e pegue a saída 21 para Benešov/Tábor. Em Benešov, vire à direita na estrada principal 106 e continue por 1km até Konopiště.
🚆 Trens rápidos (50 minutos) e com paradas (1h10) saindo da estação principal de Praga, Hlavní nádraží, para Benešov u Prahy, depois 2,5km a pé sinalizado.
🚌 Da estação Roztyly do metrô (40min) ou estação rodoviária Florenc (1 hora) para a estação rodoviária de Benešov ou Benešov-odbočka (entrada), depois 2,5km a pé por caminho sinalizado.

INTRODUÇÃO
O castelo medieval de Konopiště tem recintos mobiliados com luxo, refletindo a complexa personalidade do trágico arquiduque Francisco Ferdinando.

Em meio a extensas florestas e áreas verdes, o castelo de Konopiště nasceu no século XIII, mas sua aparência e caráter atuais devem-se à transformação em prestigiosa residência de campo, na segunda metade do século XIX, para o arquiduque Francisco Ferdinando, herdeiro do trono habsburgo. Poucos lugares lembram tão bem a atmosfera dos últimos anos do condenado Império Austro-Húngaro.

De meia idade, o arquiduque, sobrinho de Francisco José, tornara-se herdeiro do trono após o suicídio do príncipe Rodolfo, filho do imperador. Conservador instintivo, Francisco Ferdinando esperava, no entanto, reformar o moribundo reino que ele herdaria, sobretudo dando maior direito de expressão aos povos eslavos sub-representados, como os tchecos. Embora fosse de sangue real, a esnobe corte vienense o isolou por ter se casado com uma mera aristocrata, Sophie Chotek, de antiga família boêmia. Homem de família dedicado e marido fiel, ele se incomodava e se tornava formal quando na companhia de alguém e era sujeito a acessos de raiva. É mais lembrado por seu assassinato em Sarajevo em junho de 1914, acontecimento que precipitou a eclosão da Primeira Guerra Mundial. O assassino, o jovem sérvio Gavrilo Princip, foi preso, levado à Boêmia e encarcerado em Terezín, onde morreu de tuberculose.

Konopiště, residência predileta do arquiduque, é propriedade do Estado desde 1921, com exceção de breve intervalo na Segunda Guerra Mundial, quando se tornou quartel-general da SS e foi destinado a futura provável residência de Heinrich Himmler.

DO LADO DE FORA
Com alta torre redonda que se ergue acima das árvores, Konopiště tem aparência romântica à primeira vista. A torre, parte da fortaleza original construída por Tobiáš de Benešov na década de 1290, junto com o restante do castelo, foi bastante modificada por Francisco Ferdinando, e seu aspecto atual, com cobertura cônica, reflete mais a arquitetura do Tirol austríaco que a da Boêmia. O arquiteto do arquiduque era Josef Mocker (1835-99), responsável pela virtual reconstrução

do Castelo de Karlštejn. Mocker desfez tudo que se construíra em Konopiště desde o fim da Idade Média, a não ser o portão barroco e suas estátuas.

DO LADO DE DENTRO
Os recintos do castelo são extensos, e você precisará fazer no mínimo três visitas guiadas para conhecer todos. As pinturas, os retratos, a mobília e os objetos decorativos de todos os tipos espelham o gosto de Francisco Ferdinando e criam uma atmosfera bem pesada. O arquiduque era grande entusiasta das comodidades da época: em meio às modernas instalações, havia água corrente quente e fria, aquecimento central e até um elevador com apetrechos de luxo. O primeiro roteiro abrange o conjunto de quartos da ala sul do castelo, inclusive o "corredor dos troféus de caça", um quase pesadelo. Com chifres, galhadas e ursos empalhados e de boca escancarada, o corredor dá uma boa ideia da paixão do arquiduque pela caça – ele adorava promover carnificinas de animais selvagens em escala que beirava a industrial. Alguns dos cômodos estão arrumados para lembrar a visita a Konopiště do imperador alemão Guilherme II e do almirante Tirpitz, ocorrida apenas duas semanas antes da morte de Francisco Ferdinando em Sarajevo. O segundo roteiro inclui outros quartos de hóspedes, um gabinete e a capela do castelo, com pinturas e esculturas góticas. O destaque desse roteiro, porém, é o armamento. A coleção de armas e armaduras do arquiduque é uma das melhores do gênero; o item mais espetacular é uma armadura italiana para torneios do século XVI. O terceiro roteiro concentra-se nas dependências privadas da família e inclui o quarto principal, o estúdio usado pela arquiduquesa e os quartos dos filhos. Entre as outras partes do castelo que você pode visitar (ingresso 30Kč) estão a galeria de tiro original e o Museu São Jorge – uma das obsessões de Francisco Ferdinando era sua coleção de objetos relativos ao santo.

O TERRENO
O parque e os jardins, como o interior do castelo, portam a marca de Francisco Ferdinando. Ele tinha um orgulho todo particular do vasto roseiral que criou e mandou adaptar o terreno para exibir sua vasta coleção de esculturas. Árvores e arbustos incomuns foram plantados, enquanto as partes mais distantes da propriedade viraram reservas de caça.

ARREDORES
Se você começa a gostar dos castelos da Boêmia, a viagem a Konopiště pode ser ampliada para ir a uma enorme construção em local dos mais românticos do país. Seguindo por estradas vicinais 25km a leste, surge o Český Šternberk, empoleirado em um penhasco diante do rio Sázava.

ONDE COMER
O castelo dispõe de lanchonete, bistrô e café, mas a opção mais saborosa é o restaurante de carne de caça Stará Myslivna, no jardim do castelo (tel. 317 700 280; diariam 10h-22h).

Acima *Troféus de caça enfeitam a parede em corredor do castelo*
Abaixo *A estátua* Condutor de cães, *provavelmente de Emil Fuchs*

KUTNÁ HORA

Acima A Chrám svaté Barbory, igreja do gótico tardio com tamanho de catedral

INFORMAÇÕES
www.kutnohora.cz
✉ Sankturinovský dům, Palackého náměstí 377, 284 01 Kutná Hora
☎ 327 512 378

COMO CHEGAR LÁ
Kutná Hora está 70km a leste de Praga.
🚗 Autoestrada D11 até saída 39, depois rodovia 38 via Kolín; alternativamente, rodovia 12 via Kolín, ou rodovia 333 via Říčany (mais lenta, porém mais bonita).
🚆 Poucos trens vão direto da estação principal de Praga, Hlavní nádraží, para Kutná Hora Hlavní nádraží (estação principal), em viagem de cerca de 1 hora, que depois continua por trem local para Kutná Hora město (estação da cidade) ou ônibus municipal nº 1 ou nº 4 até o centro da cidade.
🚌 Da estação rodoviária Florenc, ônibus diretos frequentes (cerca de 1h15).

INTRODUÇÃO

Uma das cidades antigas mais bem conservadas da Boêmia, Kutná Hora tem muitas relíquias dos dias gloriosos quando foi centro de mineração de prata.

Certa vez, esta cidadezinha fascinante rivalizou com a capital em tamanho e lhe deu boa parte de sua riqueza. Minas de prata imensamente pródigas foram responsáveis pela ascensão da medieval Kutná Hora, e o esgotamento delas provocou seu declínio ainda no século XVI. Mesmo com o êxodo da maioria da população, a cidade sobreviveu, mas, no fim, os séculos de esquecimento é que a salvaram. Boa parte do seu patrimônio medieval e posterior está intacta, e nos últimos anos Kutná Hora viveu como que um renascimento: a facilidade de acesso a Praga faz dela um dos destinos turísticos mais visitados do país. Ao caminhar pelas ruas charmosas, você passa por muitos pequenos tesouros, como a gótica Kamenný dům (Casa de Pedra) e a reverenciada fonte pública de 12 lados. Todavia, o melhor monumento da cidade é a Chrám svaté Barbory (Igreja de Santa Bárbara), construção com dimensões de catedral que é uma das mais extraordinárias façanhas da arquitetura do gótico tardio na Europa. No subúrbio de Sedlec há uma atração bem macabra: os ossos de cerca de 40 mil enterros compondo formas em um ossário com abóbada.

CHRÁM SVATÉ BARBORY

No início do século XIII foi fundado um mosteiro em Sedlec. Sua igreja era um dos maiores e mais bonitos prédios góticos do reino, mas no final do século XIV os mineradores de Kutná Hora já estavam suficientemente ricos para tentar superá-la. Só os melhores dariam conta da obra: Jan Parler, filho do arquiteto da Catedral de São Vito, de Praga, foi chamado da capital em 1388 para iniciar o trabalho. No devido momento, seguiram-no mestres como Matyáš Rejsek (c. 1445-c. 1506) e Benedikt Ried (c. 1454-1534).

Ried respondeu pelo inesquecível telhado da igreja, uma silhueta extraordinária de formas exóticas imitando tendas, visível de muito longe. Projetou também as abóbadas da nave, igualmente incomuns, baseando-se em suas ideias para a abóbada do Palácio Real Antigo, no Castelo de Praga, e levando ao limite as obras de alvenaria, com padrões imaginativos de extrema delicadeza. A abóbada de Ried só se completou após sua morte, em 1547, mas a construção parou e seria retomada apenas na era moderna.

Santa Bárbara é a padroeira dos mineiros. Sua igreja tem muito para lembrar a fonte da riqueza da cidade, especialmente nas capelas laterais, com pinturas murais de cenas da mineração. A igreja assenta-se em uma ponta do platô em curva em que se construiu Kutná Hora. Da rua Barborská, que corre pela beira do platô e tem uma balaustrada com estátuas barrocas de santos, tem-se belas vistas da cidade e dos arredores. Atrás estende-se a longuíssima fachada do colégio jesuíta da cidade, também barroco.

HRADEK

Chamado Hradek ("pequeno forte"), esse prédio tem uma história que principia no século XIII. Hoje é sede do České muzeum stříbra (Museu da Prata Tcheco), que conta a respeito do metal precioso e de seu papel na ascensão de Kutná Hora. Ele tem duas seções: "Cidade da Prata" trata do lugar em si e "Rota da Prata" recupera todo o processo de transformação do minério em moedas. Você também pode pôr um uniforme de mineiro para descer em um túnel medieval.

VLAŠSKÝ DVŮR

Se a Igreja de Santa Bárbara proclamava a fé e também a riqueza dos mineiros de Kutná Hora, era aqui, no Vlasský dvůr (Palácio Italiano), que a prata extraída por eles se transformava na moeda corrente do reino.

Concebido como fortaleza no final do século XIII, em 1330 o palácio havia sido convertido em casa da moeda para processar o metal precioso, extraído em quantidade crescente. Especialistas italianos foram trazidos de Florença para instruir os moradores na arte e no ofício de criar moedas como a famosa *groschen* de Praga. A *groschen* tornou-se moeda legal na maioria da Europa e só foi suplantada no século XVI pela ainda mais famosa *Joachimsthaler*, da Boêmia, moeda que legou ao mundo a palavra "dólar". A importância de Kutná Hora confirmou-se por volta de 1400, quando o rei Venceslau IV fez do Palácio Italiano a residência oficial da coroa.

SEDLEC

Outrora um povoado independente centrado em seu grande mosteiro, Sedlec hoje faz parte de Kutná Hora. A sorte do mosteiro variou drasticamente ao longo dos séculos; seu auge de riqueza e influência ocorreu no século XIII, mas em 1420 os hussitas o saquearam.

Houve um renascimento no início do século XVIII, quando o "Grande Santini", arquiteto de Praga, de ascendência italiana, refez a igreja da abadia em seu estilo profundamente individual, uma mistura inspirada de barroco e gótico. Sedlec foi fechada no final do século XVIII, e seus prédios passaram a funcionar como fábricas de tabaco. Há muitos anos a igreja de Santini vem passando por constantes restaurações e ampliações, mas Sedlec ainda atrai muitos turistas para sua outra atração, o Kostnice (Ossário).

A origem desse extraordinário ossário remonta à Idade Média, quando a guerra e a peste abarrotaram o cemitério ao lado e foi necessário encontrar espaço para mais corpos. Conta-se que um monge cego arrumou os ossos numa ordem simples na primeira metade do século XVI, mas a fascinante apresentação atual data da segunda metade do século XIX, quando František Rint e sua família usaram os ossos de que puderam dispor para criar candelabros, cálices, sinos e até brasões dos membros da família Schwarzenberg, que haviam se tornado donos da capela. Não é um ambiente para pessoas mais sensíveis.

DICA

» Kutná Hora tem várias estações ferroviárias. Se você vai de trem, lembre-se de que a Kutná Hora Hlavní nádraží (estação principal) fica a cerca de 2km da cidade. O trem do ramal que vai daí para a estação da cidade (Kutná Hora město) primeiro atravessa Kutná Hora Sedlec, a estação para ir ao ossário.

O QUE VISITAR
CHRÁM SVATÉ BARBORY

✉ Barborská, 284 01 Kutná Hora
🕐 Maio-fim set ter-dom 9h-17h30, seg 10h-16h; out-fim abr ter-dom 10h-16h
💰 Adulto 50Kč, criança (6-15) 30Kč

HRADEK

✉ České muzeum stříbra, Barborská 28, 284 01 Kutná Hora ☎ 327 512 159
🕐 Jul-fim ago ter-dom 10h-18h; maio, jun, set ter-dom 9h-18h; abr, out ter-dom 9h-17h. Fechado nov-fim mar 💰 Só museu: adulto 60Kč, criança (6-15) 30Kč. Museu e mina de prata: adulto 130Kč, criança (6-15) 80Kč ✱ Visita guiada em inglês: 400Kč

VLAŠSKÝ DVŮR (PALÁCIO ITALIANO)

✉ Havlíčkovo náměstí 552, 284 24 Kutná Hora ☎ 327 512 873 🕐 Abr-fim set diariam 9h-18h; mar, out diariam 10h-17h; nov-fim fev diariam 10h-16h 💰 Adulto 100Kč, criança (6-15) 60Kč

OSSÁRIO DE SEDLEC

www.kostnice.cz
✉ Kostnice, Zámecká 127, 284 03 Kutná Hora ☎ 728 125 488 🕐 Abr-fim set diariam 8h-18h; out, mar diariam 9h-12h, 13h-17h; nov-fim fev diariam 9h-12h, 13h-16h 💰 Adulto 50Kč, criança (6-15) 30Kč

ONDE COMER

Há opções razoáveis de lugares para comer em Kutná Hora, como o restaurante Kometa (Barborská 29, tel. 327 515 515; diariam 9h-23h).

EXCURSÕES | ATRAÇÕES TURÍSTICAS

NELAHOZEVES

INTRODUÇÃO
Esse vilarejo no Vltava, ao norte de Praga, tem dois tesouros dignos de nota. Um é o humilde lar natal do compositor Antonín Dvořák; o outro, um castelo renascentista único, que abriga a melhor coleção particular de arte do país.

Antes de Antonín Dvořák nascer aqui em 1841, a vila fora escolhida como ponto ideal para a construção de um castelo pelo rico cortesão Florian Griespeck von Griesbach. Iniciada em 1553, essa prestigiosa residência era a última palavra em construção, por incorporar ideias da Itália renascentista. O prédio logo passou à família aristocrática Lobkowicz, que, fora os períodos de expropriação pelos nazistas e pelos comunistas, é a dona, desde então, do Zámek Nelahozeves.

DO LADO DE DENTRO
Uma série de recintos esplêndidos recebeu decoração luxuosa para transmitir o estilo de vida de uma família aristocrática, e estão cheios de objetos preciosos das coleções dos Lobkowicz, entre eles muitos nunca exibidos. Algumas das inestimáveis pinturas dos grandes mestres que estavam expostas aqui hoje se encontram no palácio urbano da família em Hradčany (▷ 205), mas outras permaneceram.

VILA NATAL DE DVOŘÁK
O pai de Antonín Dvořák era o açougueiro da vila de Nelahozeves. Também cuidava de um bar, onde a família morava. A música influenciou Dvořák desde pequeno: o pai tocava cítara e comandava um conjunto local, seu professor era músico e os operários italianos que construíam a ferrovia próxima passavam as noites cantando no bar. Isso pode ter dado ao jovem Antonín não só gosto por música, mas também por estradas de ferro, pois adorou trens a vida toda. Depois de iniciar-se na carreira musical, ele raramente voltou a Nelahozeves, mas manteve o amor pelo campo. A casa onde ele nasceu (Památník Antonína Dvořáka) é hoje um museu pequeno.

COMO CHEGAR LÁ
Nelahozeves está a 27km ao norte de Praga, junto ao rio Vltava.

🚗 De Praga, pegue a autoestrada D8 até a saída 18 e dirija para o sul pela estrada 16. Vire à esquerda após 2km para Veltrusy, depois, em menos de 1km, à direita para a estrada secundária paralela ao Vltava, que leva a Nelahozeves em 4km.

🚆 Trem local de 2h em 2h saindo de Praga da Masarykovo nádraží (estação Masaryk) e da estação Holešovice para Nelahozeves zastávka (final). Duração da viagem: cerca de 50 minutos.

DICA
» Esticando a viagem a Nelahozeves, vale a pena visitar a cidade de Mělník, 15km a nordeste. A pequena Mělník e seu castelo foram construídas num promontório rochoso diante da confluência do Vltava com o Elba (Labe, em tcheco).

O QUE VISITAR
ZÁMEK NELAHOZEVES
www.lobkowiczevents.cz
✉ 277 51 Nelahozeves ☎ 315 709 155 🕐 Ter-dom 9h-12h, 13h-17h (última entrada 16h) 🍴 Restaurante gourmet (ter-dom 10h-17h) 💰 Adulto 120Kč, criança (7-15) 60Kč (com visita guiada em língua estrangeira) 🚶 Passeios guiados apenas (em inglês) 🛍 Boa loja de presentes e suvenires

PAMÁTNÍK ANTONÍNA DVOŘÁKA
www.nm.cz
✉ 277 51 Nelahozeves ☎ 315 785 099 🕐 1ª e 3ª semana do mês, qua-dom 9h30-12h, 13h-17h; 2ª e 4ª semana, qua-sex 9h30-12h, 13h-17h 💰 Adulto 30Kč, criança (6-15) 15Kč 🎧 Audioguia 🛍 Pequena variedade de suvenires

ONDE COMER
Prove um almoço gourmet no restaurante do castelo, com vinho ou cerveja da família Lobkowicz.

Página ao lado *O castelo nas margens do rio Vltava*
À esq. *Monumento a Antonín Dvořák*

EXCURSÕES | ATRAÇÕES TURÍSTICAS

PLZEŇ

INFORMAÇÕES
✉ Náměstí Republiky 41, 301 16 Plzeň
☎ 378 035 330 🕐 Abr-fim set diariam 9h-18h; out-fim mar seg-sex 10h-17h, sáb-dom 10h-15h30

COMO CHEGAR LÁ
Plzeň está 88km a sudoeste de Praga.
🚗 É fácil ir de carro de Praga a Plzeň pela autoestrada D5. Saia dela no trevo para a rodovia 20.
🚆 Trens semirrápidos saem da estação central de Praga, Hlavní nádraží, e de Smíchov para Plzeň Hlavní nádraží (estação principal) mais ou menos toda hora. Duração da viagem: 1h40.
🚌 Ônibus frequentes da rodoviária Florenc de Praga (a maioria também para nas estações Hradčanská e Zličín do metrô) para a rodoviária central de Plzeň. Duração da viagem: cerca de 1h30 (menos tempo saindo das estações Hradčanská e Zličín).

Acima Casas renascentistas se sucedem na Náměstí Republiky, uma das maiores praças do país, no centro de Plzeň

INTRODUÇÃO
Capital histórica da Boêmia ocidental e hoje cidade industrial movimentada, Plzeň orgulha-se de seu produto mais famoso, a cerveja Pilsner.

Espalhando-se dos dois lados da velha rodovia entre Praga e as grandes cidades da Baviera e conhecida no mundo pelo nome alemão de Pilsen, Plzeň prosperou durante a maior parte de sua história. No século XIX tornou-se sede de gigantes comerciais como as indústrias técnicas e armamentistas Škoda, mas seu produto mais conhecido era – e é – a Pilsner, cerveja de lúpulo de baixa fermentação bastante imitada, mas nunca igualada.

Plzeň foi um dos poucos lugares da Tchecoslováquia libertados pelo exército dos Estados Unidos no fim da Segunda Guerra Mundial. As tropas do general Patton entraram na cidade em 6 de maio de 1945 e teriam libertado Praga caso essa primazia não tivesse sido concedida à União Soviética por acordo aliado.

A CIDADE
Plzeň manteve sua planta quadriculada medieval, centrada na Náměstí Republiky – uma das maiores praças públicas da Boêmia –, que se cerca de prédios de quase todos os períodos de sua história. Há entre eles a prefeitura, prédio com decoração renascentista espetacular, mas o que realmente se destaca é a gótica Kostel svatého Bartoloměje (Igreja de São Bartolomeu). Sua torre é a mais alta do país, e de sua galeria tem-se ótima vista da cidade.

Entre outros superlativos de Plzeň estão a Velká synagóga (Grande Sinagoga), a segunda maior da Europa, hoje usada como sala de concertos e exposições.

A CERVEJARIA
Bem ao lado do centro de Plzeň está a grande atração turística da cidade, a Plzeňský Prazdroj – Cervejaria Pilsen –, embora também haja o excelente Pivovarské muzeum (Museu da Cerveja). A Plzeňský Prazdroj, mais conhecida no exterior por seu nome alemão, Pilsner Urquell, oferece ótimas visitas guiadas pelo seu vasto estabelecimento, que termina com a degustação da cerveja.

PLZEŇ E PATTON

Mesmo sob o comunismo, os cidadãos de Plzeň sempre tiveram uma queda pelos Estados Unidos. A cidade foi uma das poucas em território tcheco libertada por tropas americanas, e não soviéticas, na Segunda Guerra Mundial. As tropas comandadas pelo general George S. Patton entraram na cidade em 6 de maio de 1945 aplaudidas por uma multidão de habitantes. Até hoje a data é comemorada como dia extraoficial da libertação, e pracinhas americanos sobreviventes comparecem para um fim de semana de concertos, discursos e a obrigatória reencenação, com tchecos dirigindo jipes antigos dos Estados Unidos para todo o lado.

A libertação de Plzeň pelas tropas de Patton deixou os historiadores com um dos mais intrigantes "e se?" da guerra. Patton não se contentava em parar em Plzeň e desejava ardentemente completar os quase 100km até Praga para libertar também a capital. E poderia tê-lo feito com facilidade. Na época, os alemães estavam batidos e a resistência era mínima.

Diz a lenda que Patton telefonou ao general Dwight Eisenhower para exigir que lhe dessem sinal verde. Infelizmente para Patton, como os líderes aliados haviam concordado em Yalta em dar aos soviéticos a honra da libertação de Praga, Eisenhower ordenou que suas tropas mantivessem a posição. Parece que Patton ignorou a ordem de início e enviou um grupo de batedores até a capital. No fim, porém, ele obedeceu a seus comandantes e não saiu do lugar.

Até hoje os historiadores se perguntam se o destino da Tchecoslováquia comunista não teria sido outro se os americanos estivessem no comando em Praga no fim da guerra em lugar dos soviéticos. A Tchecoslováquia acabou fazendo parte do bloco oriental europeu por mais de 40 anos.

DICAS

» Mesmo que você esteja de carro, pense em pegar um trem ou um ônibus para Plzeň, ainda mais se quiser participar da visita guiada à Plzeňský Prazdroj (Pilsner Urquell). Depois do preparo da cerveja, mesmo que você não seja um fã da lager vai sentir vontade de provar um pouquinho do néctar. Se estiver dirigindo, basta uma gota de álcool no sangue para levar uma multa pesada.

» Não deixe de perguntar no posto de informação turística sobre a programação da Grande Sinagoga durante sua estada. A sinagoga tem promovido excelentes exposições históricas e fotográficas, sobretudo de fotos antigas dos judeus da cidade.

» Tente fazer sua viagem coincidir com a época do 6 de maio (em geral na semana seguinte), quando a cidade comemora sua libertação da Alemanha nazista pelas tropas dos Estados Unidos. A praça principal transforma-se no centro da festança, com bebidas e concertos o dia inteiro. É preciso fazer reserva com antecedência, pois os hotéis ficam lotados de turistas da Europa e dos Estados Unidos.

O QUE VISITAR
PLZEŇSKÝ PRAZDROJ
www.pilsner-urquell.com,
www.prazdroj.cz
✉ U Prazdroje, Plzeň ☎ 377 062 888
🕐 Diariam visitas às 12h45, 14h15, 16h15 (em inglês) 💰 250Kč (cervejaria e museu), 120Kč (só museu)

ONDE COMER
NA SPILCE
O enorme restaurante da Cervejaria Pilsen serve os pratos substanciosos da Boêmia.
✉ Plzeňský Prazdroj ☎ 337 062 755
🕐 Seg-sáb 11h-22h, dom 11h-21h

À esq. Entrada da Cervejaria Pilsnen

EXCURSÕES | ATRAÇÕES TURÍSTICAS

TEREZÍN

INTRODUÇÃO
A propaganda nazista afirmava que esta fortaleza do século XVIII era um "gueto-modelo" para os judeus obrigados a viver nele, mas a realidade era bem outra. Hoje Terezín é um monumento comovente ao sofrimento imposto no local.

Como cidade-fortaleza barroca em perfeito estado, Terezín merece mais que uma menção na história do urbanismo, mas sua fama, ou melhor, notoriedade, deve-se a seu papel na Segunda Guerra Mundial, quando os nazistas evacuaram os habitantes e a tornaram um gueto judeu, uma escala para a "solução final".

A fortaleza foi construída por ordem do imperador austríaco José II, perturbado com o crescente poder do reino da Prússia, ao norte. Deu-lhe o nome de Theresienstadt em homenagem à sua mãe, imperatriz Maria Teresa. Bloqueando o acesso direto a Praga, ela incorporou as novidades da tecnologia militar da época, com muralhas duplas em formato de estrela ligadas por uma rede de passagens subterrâneas protegidas por um fosso largo, parte do qual se formou com o desvio do rio Ohře (Eger, em alemão). Dentro das muralhas, uma planta clássica em grade, com ruas perpendiculares, contava com quartéis austeros e uma igreja neoclássica lúgubre. Do outro lado do fosso, a Malá pevnost (Pequena Fortaleza) era usada como prisão militar. Embora até 50 mil soldados estivessem aquartelados lá, Theresienstadt nunca foi convocada a mostrar sua eficiência – quando os prussianos invadiram o território em 1866, eles apenas a contornaram.

Em 1941, a primeira leva de judeus tchecos chegou à fortaleza, e um ano depois todos os seus habitantes anteriores foram retirados para dar espaço não só a judeus do Protetorado da Boêmia-Morávia, mas a judeus privilegiados levados da Alemanha, como veteranos de guerra condecorados e os casados com "arianos". Theresienstadt nunca foi um campo de extermínio propriamente dito. Manteve-se a aparência de vida normal, sobretudo para fins de propaganda. Fez-se um filme enganoso intitulado *O Führer dá uma cidade aos judeus*, que retratava Terezín como uma espécie de balneário. Todavia, cerca de 30 mil pessoas morreram lá, bem distantes das outras dezenas de milhares que pereceram depois de transportadas para o leste, para os campos da morte, na acepção da palavra. Mesmo após a libertação do gueto pelo exército soviético, em maio de 1945, muitas outras pessoas caíram vítimas do tifo.

INFORMAÇÕES
www.pamatnik-terezin.cz
✉ Terezín-Památník (Monumento de Terezín), Principova alej 304, 411 55 Terezín ☎ 416 782 225, 416 782 442

COMO CHEGAR LÁ
Terezín está 65km a noroeste de Praga.
🚗 De Praga, dirija para o norte pela autoestrada D8, pegue a saída 35 e siga as placas até Terezín.
🚆 Terezín não tem estação própria. A mais próxima é em Bohušovice nad Ohří, 2km ao sul, sem trens diretos, só de passagem. Na estação principal de Praga, Hlavní nádraží, e de Holešovice ou Masarykovo nádraží (estação de Masaryk), pegue um trem rápido para Roudnice nad Labem e faça baldeação para um trem local com destino a Ústí nad Labem (cerca de 1h15).
🚌 Ônibus diretos frequentes partem da estação rodoviária Florenc, em Praga (cerca de 1 hora).

Página ao lado *O Cemitério Judeu simbólico*
Acima *Dentro do antigo gueto e campo de trânsito de Terezín*

O QUE VISITAR
MUZEUM GHETTA E MAGDEBURSKÁ KASÁRNA
✉ Komenského, 411 55 Terezín ⊕ Abr-fim out diariam 9h-18h; nov-fim mar diariam 9h-17h30 ✋ Adulto 160Kč, criança 130Kč. Ingresso conjunto com Pequena Fortaleza: adulto 200Kč, criança 150Kč 🎫 Visita guiada: sem taxa extra

MALÁ PEVNOST
✉ Principova alej 304, 411 55 Terezín ⊕ Abr-fim out diariam 8h-18h; nov-fim fev diariam 8h-16h30

ONDE COMER
Há vários cafés e restaurantes na cidade de Litoměřice, a apenas 2km ao norte de Terezín.

MUZEUM GHETTA
O Museu do Gueto conta a história de Terezín entre 1941 e 1945 com mostruários informativos que utilizam bastante material da época. Alguns dos momentos mais arrepiantes da visita se manifestam na projeção de um filme com sequências da tentativa cínica mas bem-sucedida dos nazistas de edulcorar o local.

O museu só foi criado nos anos 1990. No comunismo, os sofrimentos particulares do povo judeu costumavam ser minimizados, dando-se muito mais atenção aos atos heroicos da "luta antifascista", comandada, obviamente, pelo Partido Comunista da Tchecoslováquia e inspirada pela União Soviética.

MAGDEBURSKÁ KASÁRNA
O antigo Quartel de Magdeburg complementa o Museu do Gueto com um relato completo da extraordinária vida cultural que floresceu em Terezín, parte dela com aprovação oficial, parte clandestina. Muitos integrantes da elite cultural tcheca de antes da guerra eram judeus, e o gueto contava com um número desproporcional de artistas, músicos, escritores, jornalistas e acadêmicos. A ópera infantil *Brundibar* foi composta e apresentada dezenas de vezes e até havia um grupo musical chamado Ghetto Swingers. Mas a ópera de Viktor Ullman *O imperador da Atlântida* foi proibida quando os alemães perceberam que ela poderia ser interpretada como sátira a Hitler e ao Terceiro Reich.

MALÁ PEVNOST
Defronte da Pequena Fortaleza há um amplo cemitério simbólico, onde se destacam uma cruz cristã e uma estrela de davi. Com entrada por um portal que ostenta o infame lema nazista "Arbeit Macht Frei" (O trabalho liberta), a fortaleza foi utilizada durante muitos anos pelos austríacos como prisão militar. Centenas de amotinados tchecos da Primeira Guerra Mundial estiveram encarcerados aqui, e o prisioneiro mais famoso foi Gavrilo Princip, sérvio que assassinou o arquiduque Francisco Ferdinando e sua mulher em Sarajevo, em 1914. Embora as condições fossem horrorosas no período austríaco, sob os nazistas elas se tornaram indescritíveis. A fortaleza passou a servir principalmente de prisão de tchecos da resistência antialemã, mas também estiveram presos representantes de mais de uma dúzia de nações aliadas. Muitos acabaram executados, outros trabalharam até morrer; ao todo, cerca de 2.500 pessoas perderam a vida lá. De 1945 a 1948, a Pequena Fortaleza funcionou como casa de detenção de alemães, muitos deles presos arbitrariamente. Dos 4 mil internados, cerca de 600 não sobreviveram. Atualmente é um museu excelente a respeito da função da fortaleza e um monumento à memória dos que sofreram aqui, ainda que a visita às celas sombrias e aos locais de execução não seja uma experiência agradável.

TROJA

INTRODUÇÃO

Grande palácio barroco no limite da cidade, o Troja tem jardins planejados no estilo francês, esculturas esplêndidas e recintos com decoração suntuosa.

    Construído no final do século XVII pelo conde Sternberg, aristocrata ambicioso, o palácio localiza-se às margens do Vltava, a curta distância do centro de Praga, rio abaixo. Pode-se chegar lá de metrô e depois ônibus ou, numa alternativa mais interessante, caminhando através do Parque Stromovka e atravessando o rio por uma ponte. Melhor ainda seria pegar um barco e descer na margem, ao lado do Troja, como o conde queria que seus hóspedes fizessem. Desse modo, eles chegavam à imponente fachada principal do palácio através do magnífico jardim. Então entravam no prédio pela escadaria monumental, com uma profusão fabulosa de esculturas.

    Hoje em dia a entrada dos visitantes é feita pelo pátio, do lado norte do palácio, mas não deixe de ver o lado do jardim, como Sternberg queria de seus hóspedes – e não se paga nada por isso.

    Lá dentro, a escala enorme do que se pretendia que fosse um lugar para ser usado no verão é quase acachapante. A principal atração, no entanto, são as pinturas nas paredes e no teto, uma glorificação épica dos superiores imperiais de Sternberg, a casa dos Habsburgo. Há também mostras bem-feitas sobre a história do palácio e o estilo de vida da aristocracia, além de uma seleção de pinturas do século XIX provenientes de coleções municipais. Foi instalado um museu do vinho na cripta cavernosa.

    Muito próxima da cidade, mas ainda assim com um ar rural, a região do Troja tem outras características "verdes" que fazem dela um lugar bastante procurado: de um lado do palácio está o jardim zoológico da cidade e, nas encostas atrás dele, estendem-se o jardim botânico e um vinhedo.

INFORMAÇÕES
Trojský zámek
www.citygalleryPraga.cz
✉ U Trojského zámku 1, Troja, Praga 7
☎ 283 851 626 ⏱ Abr-fim out ter-dom 10h-18h; nov-fim mar sáb-dom 10h-17h
✋ Adulto 120Kč, criança (6-16) 60Kč
🚌 Ônibus 112 da estação Holešovice do metrô para Zoologická zahrada
🚢 Vapor no cais da Cidade Nova
👉 Visita guiada a combinar (2 semanas antes) ☕ Café ao ar livre no verão
🍴 🎁 Loja de presentes

Acima *Jardim planejado na frente do barroco palácio Troja*

EXCURSÕES ATRAÇÕES TURÍSTICAS

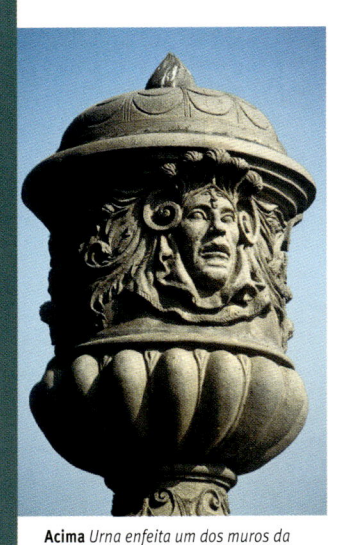

Acima Urna enfeita um dos muros da propriedade
Abaixo Detalhe de um afresco de teto
Página ao lado Detalhe de portão de ferro fundido na entrada do palácio

DESTAQUES
JARDINS E ESCADARIA
Os jardins do Troja definharam no período do comunismo e tiveram de ser recriados do zero, em vez de restaurados, à custa da perda de um pouco do caráter de sua época. São dispostos em torno de um eixo central do rio à entrada principal do palácio. A parte mais baixa, com canteiros de flores aparados e padrões geométricos, centra-se em uma fonte circular, ainda com a escultura original. Um muro rematado por vasos de barro limita o terraço acima, embora seu tamanho não se equipare ao da escadaria em forma de ferradura e suas esculturas de extraordinário dinamismo, retratando o esforço de deuses e gigantes (os gigantes sumiram). A cor escura das escadas e da estatuária faz intenso contraste com as paredes claras e com os detalhes em vermelho do palácio.

SALÃO
O Salão compõe o centro do palácio. Cada centímetro das paredes e do teto é coberto de pinturas ilusionistas feitas pelos irmãos Godyn de Flanders, que iniciaram a obra em 1690. São um tributo descarado e excessivo ao superior de Sternberg, o imperador habsburgo, que derrotara os turcos recentemente em uma grande batalha nos arredores de Viena, em 1683. Vários episódios da história dos Habsburgo estão retratados, enfatizando a luta do "cristianismo ocidental contra a Porta Otomana". Uma cena particularmente forte mostra um turco de turbante sendo lançado de uma sacada por bravos guerreiros vestidos de romanos.

ZOOLÓGICO
www.zoopraha.cz

O Zoológico de Praga, grande e com muitos animais, é muito bem distribuído nas encostas verdes que sobem da margem do rio.

Anos de baixo investimento e os danos causados pelas enchentes de 2002 vêm sendo superados com uma programação contínua de melhorias e expansão do zoológico, que envolve a construção de prédios moderníssimos e de cercados. As crianças costumam adorar o passeio de teleférico.

✉ U Trojského zámku 3/120 ☎ 296 112 111 ⏰ Jun-fim ago diariam 9h-19h; abr, maio, set, out diariam 9h-18h; mar diariam 9h-17h; nov-fim fev diariam 9h-16h 🎫 Adulto 150Kč, criança (3-15) 100Kč. 🚌 Ônibus 112 da estação Holešovice do metrô para Zoologická zahrada 🚢 Vapor no cais da Nové Město

ANTECEDENTES
Com a construção do Troja, o conde Sternberg esperava promover tanto a sua imagem quanto a da aristocracia da Boêmia em geral. Pretendia que o palácio servisse de hospedaria de caça de alto nível, na qual seu soberano pudesse se divertir depois de caçar no Parque Stromovka, perto dali.

Sendo o homem mais rico de Praga, Sternberg podia dar-se ao luxo de fazer uma construção das mais suntuosas. Seu arquiteto foi Jean-Baptiste Mathey (c. 1630-c. 1695), que utilizou ideias do Barroco francês. O local exigiu uma remoção caríssima de terra, para que o palácio fosse erguido exatamente onde Sternberg o queria, com visão em linha reta para o Castelo de Praga.

EXCURSÕES | ATRAÇÕES TURÍSTICAS

ZBRASLAV

INFORMAÇÕES
www.ngPraga.cz

✉ Zámek Zbraslav, Bartoňova 2, Zbraslav, Praga 5 ☎ 257 921 638 🕐 ter-dom 10h-18h 🎫 Adulto 80Kč, criança (6-16) 40Kč. Gratuito 1ª qua do mês 15h-20h
🚌 Ônibus 129, 241, 243, 255, 360 da estação Smíchovské nádraží do metrô, para Zbraslavské náměstí (14min)
👉 Visita guiada a combinar com antecedência; preço a combinar 🍵 Čajovna (sala de chá) com vários chás diferentes (ter-dom 10h-17h) 🛍 Loja de suvenires e livros relacionados com o museu

Acima *O Zámek Zbraslav exibe o acervo de arte asiática do país*

INTRODUÇÃO

A cidadezinha de Zbraslav hoje faz parte da Grande Praga, e seu esplêndido palácio tornou-se uma sede digna do acervo de arte asiática do país.

Na primeira metade do século XX, essa pequena cidade ribeirinha, logo ao sul da populosa zona urbana de Praga, era muito procurada por viajantes nos fins de semana. Uma multidão passava os dias nos campos dos arredores ou nos bares e cervejarias ao ar livre da cidade. Hoje os turistas vão lá para ver o Zámek Zbraslav, palácio barroco que abriga as coleções de arte e objetos da Galeria Nacional vindos da China, do Japão, da Índia, do Tibete, do Sudeste da Ásia e do mundo islâmico. O palácio é enorme e imponente, mas não há por que sentir-se intimidado: o acervo é da mais alta qualidade e, embora muito extenso, a quantidade de obras não é grande a ponto de cansar. São apresentadas impecavelmente, com legendas em inglês e tcheco e painéis explicativos na forma de rolos de pergaminho. Sem dúvida é uma experiência agradável passar algumas horas aqui e descansar um pouco nos estofados da Čajovna (sala de chá), até mesmo para quem não é aficionado por museus.

DESTAQUES
ARTE JAPONESA

Esmaltados, cerâmica, leques, biombos, objetos religiosos, laqueados, pinturas e desenhos japoneses estão expostos em uma série de salas do andar térreo. Muitos objetos, como caixas e punhos de bengala, são pequenos como joias, enquanto outros, tal qual o enorme prato cloasonado exposto na parede, são enormes, mas mesmo assim trabalhados com esmero. A galeria tem uma ótima coleção de pinturas e artes gráficas de mestres como Hiroshige (1797-1858) e Hokusai (1760-1849). Por serem muito frágeis, sempre são exibidas em sistema de rodízio, e talvez você não consiga ver a famosa obra de Hokusai *A grande onda de Kanagawa*, com o monte Fuji ao longe. No entanto, outras páginas igualmente maravilhosas de seu livro *36 vistas do monte Fuji* certamente estarão à vista, assim como exemplos da obra de Hiroshige de paisagens e cenas do cotidiano da vida no Japão antes da industrialização.

ARTE CHINESA

Junto com a arte japonesa, a arte chinesa, no segundo andar, forma o núcleo do acervo da Galeria Nacional e é ainda mais completa, abrangendo sua evolução desde tempos primordiais. Entre os artigos da Idade do Bronze, há cerca de 4 mil potes muito simples, estatuetas funerárias e outras figuras mais recentes feitas para servir de acompanhantes após a morte. Além de animais míticos, existem soldados, oficiais, noivos e uma dupla de guardas de dentes horríveis gesticulando, sem dúvida para afastar os ladrões de túmulos. No século VIII d.C., as figuras tornaram-se mais ostentosas, com uso intenso de acabamento vitrificado – os cavalos em poses variadas são particularmente bonitos. No século XI, já se produzia porcelana, e há ótimos exemplares de vasos de diversos tipos, entre eles um par de vasos palacianos monumentais do século XVII. Há uma seção especial dedicada à arte do budismo, que culmina em um panteão de divindades com linda iluminação.

ANTECEDENTES

O *zámek* de Zbraslav era de início um mosteiro, fundado por monges cistercienses ainda no século XIII. Sua sorte oscilou: destruído primeiramente pelos hussitas no começo do século XV, sofreu o mesmo destino na Guerra dos Trinta Anos (1618-48). A atual construção palaciana barroca data do início do século XVIII e resultou da colaboração dos arquitetos František Maximilian Kaňka (1674-1766) e Jan Blažej Santini-Aichl (1677-1723). Não muito tempo após sua conclusão, os monges foram expulsos e parte do conjunto de prédios passou a ser usada como usina de açúcar. Uma fábrica ainda domina a praça principal de Zbraslav. Na primeira metade do século XX, o palácio foi restaurado pelo consciente industrial Cyril Dobenín, cujo busto se vê no final do claustro do andar térreo. Sob o comunismo, o palácio tornou-se uma sede um tanto incongruente da coleção de escultura moderna tcheca da Galeria Nacional. Ainda há exemplares espalhados pelo terreno, como uma cópia da charmosa *Grupo familiar*, de Otto Gutfreund, embora a própria coleção tenha sido transferida para o Veletržní palác (Palácio da Feira do Comércio, ▷ 218-20).

Como quase todas as comunidades ribeirinhas, Zbraslav foi duramente atingida pelas enchentes de 2002. Amplos trechos acabaram inundados e a modesta retomada das riquezas da cidade foi suspensa. O bom é que Zbraslav conseguiu recuperar-se quase completamente e hoje voltou a ser considerada uma área residencial atraente.

Abaixo *Três guardas de túmulos chineses de aproximadamente 300 a.C.*

PASSEIOS GUIADOS

A melhor maneira – às vezes a única – de conhecer a cidade é a pé, e há várias opões de caminhada com guia. Enquanto os passeios de barco são uma delícia e proporcionam vistas inesperadas, as excursões de ônibus dão uma ideia rápida da cidade e um passeio em carro antigo pode ser bem divertido.

DE ÔNIBUS

MARTIN TOUR
www.martintour.cz
Oferece diversas viagens, inclusive uma apresentação de Praga a bordo de um ônibus aberto panorâmico.
✉ Štěpánská 61, Nové Město, Praga 1
☎ 224 212 473 ⊙ Excursão histórica de 2h pela cidade: diariam 9h15, 10h30, 11h30, 13h45, 14h45, 16h; início: Staroměstské náměstí (praça da Cidade Velha) e vários pontos no percurso ✋ Adulto 370Kč, criança (4-12) 200Kč

PRAGA SIGHTSEEING TOURS
www.pstours.cz
Vários passeios de ônibus, alguns também com caminhada. Disponíveis excursões para fora da cidade.
✉ Klimentská 52, Nové Město, Praga 1 (escritório). Início: Náměstí Republiky ☎ 222 314 661; cel. 0602 375 552 ⊙ Passeio de 2h de ônibus pela cidade: diariam 11h, 13h30, 16h ✋ Adulto 450Kč, criança (4-12) 310Kč

PREMIANT CITY TOUR
www.premiant.cz
Vários passeios pela cidade, de ônibus ou a pé, além de muitos para fora da cidade.
✉ Na příkopě 23, Staroměstské náměstí, Praga 1 ☎ 606 600 123 ⊙ Passeio de 1h "Praga em Resumo": até 7 vezes diariam, saídas Národní 40 ✋ Adulto 250Kč, criança (4-12) 150Kč

NO RIO

EVROPSKÁ VODNÍ DOPRAVA (EVD)
www.evd.cz
Passeios de uma ou duas horas de dia e de três horas à noite.
✉ Čechův most (Ponte Čech), Staré Město, Praga 1 (cais da Na Františku perto do hotel InterContinental) ☎ 224 810 030 ⊙ Passeio de 1h: 10h, 11h, 12h, 13h, 14h, 15h, 16h, 17h, 18h; passeio de 2h: 12h, 15h, 17h; passeio noturno de 3h: 19h ✋ Passeio de 1h: adulto 220Kč, criança 110Kč. Passeio de 2h a 12h: adulto 690Kč (com almoço), criança 380Kč

PRAŽSKÁ PAROPLAVEBNÍ SPOLEČNOST A.S.
www.paroplavba.cz
Vários passeios de barco, também de um dia, e excursões a lugares fora de Praga, como à cidade histórica de Mělník, área de recreação do reservatório Slapy, e viagem a Troja para o zoológico, o palácio e os jardins.
✉ Rašínovo nábřeží (marginal Rašín), Nové Město, Praga 2 ☎ 224 931 013 ⊙ Passeio circular de 55min ao rochedo de Vyšehrad: meados mar-início nov diariam 11h, 14h, 16h, 17h, 18h; passeio de 90min pelo centro, para a ilha de Štvanice e volta pela Čechův most (Ponte Čech): meados mar-início nov diariam 15h30; passeios com almoço, noite e discoteca a pedido. Viagem de um dia a Mělník: 7h. Slapy: maio-fim ago sex-dom 9h. Viagem a Troja sem volta (75min): maio-meados set diariam 9h30, 10h30, 15h30; abr, meados set a out, sáb-dom 9h30, 12h30, 15h30. Viagens ida e volta possíveis ✋ Passeio a Vyšehrad: adulto 190Kč, criança 90Kč. Passeio pelo centro da cidade: adulto 290Kč, criança 140Kč. Mělník: adulto 490Kč, criança 250Kč. Slapy: adulto 340Kč, criança 170Kč. Troja (sem volta): adulto 140Kč, criança 70Kč

A PÉ

Lugar confiável para encontrar guias qualificados é o Pragotur Guides Centre, no centro de informação turística da Prefeitura da Cidade Velha.

CITY WALKS
www.Pragar.com
A City Walks oferece ampla opção de passeios temáticos, além da Insider Tour, como introdução à cidade. Telefone antes para combinar. A Insider Tour começa "embaixo do cavalo", na praça Venceslau.
☎ 222 244 531; cel. 0608 200 912

⊙ Horário e duração variados ✋ Adulto a partir de 600Kč (Insider Tour), criança (10-16) a partir de 300Kč

PRAGA WALKS
www.Pragawalks.com
Guias experientes conduzem passeios pela cidade com temas como Revolução de Veludo, Praga Literária e Praga Sobrenatural, além de levarem a bares difíceis de conhecer. Há um passeio introdutório aos destaques de Praga, com passeio de barco opcional. Todos começam no Orloj (Relógio Astronômico), na praça da Cidade Velha.
✉ Jakubská 4, Staré Město, Praga 1 ☎ 222 322 309, 0608 339 099 ⊙ Horário e duração variados ✋ Adulto a partir de 300Kč, criança a partir de 250Kč

WITTMANN TOURS
www.wittmann-tours.com
A Wittmann é especializada em passeios com temática judaica, inclusive excursões a Terezín e Lídice, além de passeios por Josefov. Os passeios começam na praça diante do hotel InterContinental.
✉ Novotného lávka 5 ☎ 222 252 472 ⊙ Em geral dom-sex 10h30 (também 14h no verão). Horários podem variar ✋ Adulto 880Kč, criança 700Kč (com ingresso para o Museu Judaico)

DE CARRO ANTIGO

3 VETERÁNI S.R.O.
www.3veterani.cz
Passeios em vários automóveis de luxo antigos à escolha, inclusive Pragas e Tatras do pré-guerra e Škoda Felicias lustrosos dos anos 1960. Início: lado norte da praça da Cidade Velha, Malé náměstí, Můstek, esquina sudeste da Malostranské náměstí.
✉ Tobrucká 705/9, Praga 6 ☎ 603 521 700, 777 838 873 ⊙ Diariam 9h-18h ✋ Passeio de 40min: 1.200Kč

INFORMAÇÕES ESSENCIAIS

Esta seção apresenta todas as informações práticas de que você vai precisar durante a visita, desde detalhes da moeda corrente até telefones de emergência.

Informações	**260**
Clima e temperatura	260
Documentos	260
Dinheiro	262
Saúde	263
Indicações úteis	265
Ajuda	267
Comunicação	268
Mídia, livros, mapas e filmes	270
Horários e ingressos	272
Informação turística	272
Sites	273
Arte, compras, diversão e noite	**274**
Compras	274
Diversão e noite	275
Esportes e atividades	277
Saúde e beleza	277
Para crianças	277
Festivais e eventos	279
Onde comer	**280**
Onde ficar	**286**
Palavras e frases	**287**

INFORMAÇÕES

CLIMA E TEMPERATURA

No meio da Europa central, Praga tem clima continental, que sofre certa influência do Atlântico, resultando às vezes em verões bastante úmidos e invernos frios, ocasionalmente muito frios. O verão também se caracteriza por chuvaradas repentinas com trovões, sobretudo em agosto.

Sempre se diz que a melhor época na cidade é a primavera, quando as árvores nas ruas e nos parques estão viçosas e verdes e os pomares do monte Petřín viram um mar de flores. É então que se realiza o principal festival de música da cidade, o Primavera de Praga. De setembro ao começo de outubro é também uma boa época para a viagem, pois os dias ainda são bem longos e o sol continua a aquecer. Porém, as variações do tempo são imprevisíveis, e pode-se ter sorte ou não em qualquer momento do ano. Como Praga é um destino muito procurado na Páscoa e nos feriados do Natal, especialmente perto do Ano-novo, faça reservas com boa antecedência.

PRAGA
TEMPERATURA

CHUVAS

Com menos turistas, o inverno talvez surpreenda com um tempo agradável. Quando cai neve, a cidade ganha um clima mais mágico que o normal, e o período da véspera do Natal é bem alegre: como o grande momento é a ceia de 24 de dezembro, estão à venda nas ruas carpas vivas (▷ 12) e há uma feira de Natal animada na Staroměstské náměstí (praça da Cidade Velha, ▷ 279).

O QUE LEVAR

» Basicamente, leve documentos de viagem, moeda local ou algo para obtê-la (dinheiro e cartões de crédito, traveller's cheques) e os seus remédios. A carteira de habilitação também é necessária se você pretende dirigir (▷ 54).

» Lembrando que o tempo é imprevisível, prepare-se para enfrentar mudanças bruscas. Um guarda-chuva e capas leves costumam ser úteis em qualquer época do ano, e roupa de verão é necessária do final de abril em diante. É bom repetir que os dias e as noites de inverno podem ser extremamente frios, e um casaquinho ou jaqueta não devem bastar – leve casaco quente, luvas e algo para cobrir a cabeça. No entanto, se acontecer alguma surpresa, em Praga você vai encontrar praticamente tudo que precisa comprar.

» Uma prioridade são calçados confortáveis. As pedras das ruas de Praga não dão refresco para os pés.

» Os tchecos vestem-se muito informalmente, e na maioria das situações não é necessário usar trajes formais, embora você possa querer se vestir com mais elegância para ir à ópera, ao teatro ou a um restaurante fino.

» Leve endereços e números de telefone de contatos de emergência, inclusive o número para ligar se você perder cartões de crédito. Anote os números de série dos traveller's cheques e o número de registro de coisas caras, como laptops, caso seja preciso procurar a polícia para dar queixa de perda ou furto.

» As tomadas elétricas da República Tcheca são de dois pinos cilíndricos (▷ 265).

» É aconselhável tirar fotocópia de todos os documentos importantes (passaporte, carteira de habilitação etc.) e guardá-las separadas dos originais.

DOCUMENTOS

» A República Tcheca faz parte da Zona Schengen (acordo de livre circulação por fronteiras que congrega todos os países da União Europeia, menos Irlanda e Reino Unido, e outros três países não membros da UE: Islândia, Noruega e Suíça).

» Todos os turistas devem portar um passaporte válido na República Tcheca. Ou, se forem cidadãos da União Europeia, carteira de identidade nacional fornecida por seu país.

» Cidadãos brasileiros não necessitam de visto para países da Zona Schengen por um período de até 90 dias. As exigências, além do passaporte válido, são seguro-saúde internacional com cobertura de €30.000, comprovante de renda e comprovante de hospedagem.

» As normas sobre passaporte e vistos podem mudar a qualquer momento – é bom averiguar a situação vigente com a embaixada ou um consulado tcheco no Brasil. Você também pode consultar o site do Ministério de Assuntos Exteriores tcheco: www.mzv.cz (em inglês).

SITES DE TEMPO E TEMPERATURA	
SERVIÇO	SITE
Previsão de 12 dias	www.prague.ic.cz/Praga-weather.htm
Previsão de 24 horas	www.myczechrepublic.com/weather/Praga-weather.html

ALFÂNDEGA

» A maioria dos artigos de uso pessoal que entram na República Tcheca não está sujeita a imposto alfandegário. Mas é aconselhável verificar quais são eles antes de viajar.

» Entre os artigos que não podem ser levados estão plantas, chá e café.

» Para sair da República Tcheca existem restrições a mercadorias de valor histórico ou cultural. Antiguidades valiosas podem ser inseridas nessa categoria e exigir a emissão de um certificado oficial.

» Antes de levar ou enviar qualquer coisa da República Tcheca, verifique sempre as permissões e as restrições alfandegárias relevantes.

» Existem escritórios da alfândega na Sokolovská 22, Praga 8, tel. 224 816 256, e no aeroporto Ruzyně, Aviatická 12/1048, tel. 220 113 100 ou 220 114 447.

» Os turistas de países não pertencentes à União Europeia podem pedir o reembolso do imposto (VAT) sobre mercadorias compradas na República Tcheca acima de 2.000Kč. Apresente o recibo ou a nota desses artigos ao funcionário da alfândega ao deixar o país. Veja mais informações e detalhes em www.globalrefund.com.

SEGURO DE VIAGEM

» Verifique se o seu seguro, além de cobrir perda ou furto de dinheiro e pertences, cobre a repatriação em caso de emergência.

» Se você viaja com frequência, avalie se não é mais vantajoso comprar uma apólice anual. Seja qual for o seguro que lhe oferecerem, compare sempre com o custo e as condições de outras seguradoras.

» Leve sempre com você o número de atendimento de urgência da sua seguradora.

» É aconselhável contratar um seguro de saúde completo para emergências no exterior (▷ 263-4).

FUSOS HORÁRIOS

Praga acompanha o horário da Europa central, uma hora à frente do GMT (horário médio de Greenwich). O horário de verão tcheco vigora (com variações) de março a outubro, e os relógios são adiantados uma hora.

CIDADE	DIFERENÇA DE HORAS	12 HORAS EM PRAGA
Amsterdã	0	12h
Berlim	0	12h
Brasília*	-4	8h
Bruxelas	0	12h
Chicago	-7	5h
Londres	-1	11h
Madri	0	12h
Nova York	-6	6h
Paris	0	12h
Roma	0	12h
São Francisco	-9	3h
São Paulo*	-4	8h
Rio de Janeiro*	-4	8h
Tóquio	+8	20h

* 5 horas de diferença durante o horário de verão tcheco (fim mar-out) e 3 horas durante o horário de verão brasileiro (fim out-fim fev)

ALFÂNDEGA

Veja quais produtos e em que quantidade os turistas (acima de 18 anos) podem levar para a República Tcheca, desde que estejam de posse deles e sejam de uso pessoal.

» 200 cigarros ou	» 2 litros de vinho ou
» 100 cigarrilhas ou	» 1 litro de bebida destilada
» 50 charutos ou 250g de fumo	» 50ml de perfume ou 250ml de água-de-colônia

Verifique antes de viajar, pois os limites podem mudar.

EMBAIXADAS E CONSULADOS DA REPÚBLICA TCHECA NO BRASIL E NO EXTERIOR

PAÍS		ENDEREÇO	CONTATOS
Alemanha	E	Wilhelmstrasse 44, 10117 Berlin-Mitte	Tel. 030 226 380; www.mfa.cz/berlin
Argentina	E	Junin, 1461, 1113 Buenos Aires	Tel. 54 (0) 11 4807 3107; www.mfa.cz/buenosaires
Brasil	E	SES 805, lote 21A, via L2 Sul, Asa Sul, 70200-901, Brasília	Tel. (61) 3242 7785/7905; www.mfa.cz/brasilia
	C	Avenida Morumbi, 635, Jardim Leonor, São Paulo	Tel. (11) 3031 1729/8997; www.mzv.cz/saopaulo
Canadá	E	251 Cooper Street, Ottawa, Ontário K2P 0G2	Tel. 613 562 3875; www.mfa.cz/ottawa
	C	1305 Avenue des Pins Ouest, Montréal, Québec H3G 1B2	Tel. 514 849 4495; www.mfa.cz/montreal
Estados Unidos	E	3900 Spring of Freedom Street NW, Washington DC 20008	Tel. 202 274 9100; www.mfa.cz/washington
	C	1109 Madison Avenue, New York, NY 10028	Tel. 646 981 4040; www.mfa.cz/newyork
Reino Unido	E	28 Kensington Palace Gardens, London W8 4QY	Tel. 020 7243 1115; www.mfa.cz/london

EMBAIXADA DO BRASIL NA REPÚBLICA TCHECA

República Tcheca	E	Panská 5, 110 00, Praga 1	Tel. (420) 224 321 910; www.praga.itamaraty.gov.br

DINHEIRO

A moeda é a coroa tcheca (*koruna česká*, abreviada Kč ou CZK). A coroa divide-se em 100 hellers (*halíř*, abreviado com h), praticamente sem valor. Existem moedas com valor de 1, 2, 5, 10, 20 e 50Kč; cédulas com valor de 50, 100, 200, 500, 1.000, 2.000 e, bem rara, 5.000Kč.

TAXAS DE CÂMBIO
No momento da edição deste guia, €1 equivalia a aproximadamente 26Kč, enquanto US$1 somava cerca de 20Kč. Verifique as taxas antes de viajar. O euro não circula na República Tcheca, embora alguns hotéis afixem os preços em euros e cobrem na mesma moeda.

ANTES DE VIAJAR
» É bom levar seu orçamento de viagem em cédulas e traveller's cheques, além de cartões de crédito e de débito, para não precisar depender de apenas um meio de pagamento em emergências.
» Troque uma pequena quantia em dinheiro vivo antes de viajar (ou no aeroporto), o suficiente para cobrir as despesas na chegada.

CARTÕES DE CRÉDITO E DÉBITO
» Verifique se o seu cartão de crédito ou débito pode ser usado para retirar dinheiro de caixas eletrônicos na República Tcheca.
» Normalmente se paga juro ao retirar dinheiro com cartão de crédito, e a maioria dos bancos cobra uma taxa quando se usa o cartão de débito. É melhor comparar as taxas de vários bancos.
» Existem muitos caixas eletrônicos em Praga (inclusive no aeroporto) e outros lugares do país, e as instruções geralmente estão em inglês, alemão e tcheco.
» A maioria dos estabelecimentos que costumam atender a turistas estrangeiros aceita cartão de crédito, mas um número significativo não, e outros talvez exijam um valor mínimo de compra.

TRAVELLER'S CHEQUES
» Traveller's cheques oferecem segurança, desde que você anote separadamente seu número de série, mas a comissão de câmbio pode ser alta. Em estadas curtas, eles podem ser mais um empecilho que uma vantagem. Lembre-se de que em geral só os bancos trocam traveller's cheques.

BANCOS E CASAS DE CÂMBIO
» Existe uma profusão de bancos e caixas econômicas em Praga e por todo o país, e a maioria segue uma *směnárna* (taxa de câmbio).
» A comissão varia de banco para banco, mas invariavelmente é menor que nas casas de câmbio e raramente ultrapassa 3%.
» O Komerční banka costuma cobrar uma das taxas mais baixas (agência central na Na příkopě 33, Staré Město, Praga 1, tel. 222 432 111).
» Há casas de câmbio nos roteiros turísticos por toda a cidade, mas, apesar da concorrência, elas costumam cobrar taxa de comissão alta, muito embora a taxa de câmbio cotada possa parecer generosa.
» Os bancos abrem normalmente das 8h às 17h.
» Muitas casas de câmbio estendem o expediente se acharem que há possibilidade de fazer negócio.
» Nos hotéis, a recepção troca dinheiro com frequência, mas não espere uma taxa de câmbio boa.

REMESSA DE DINHEIRO
» Você só deve fazer transferência de dinheiro de seu país em último caso, já que a comissão cobrada pode ser alta e o tempo de compensação, grande.
» Bancos convencionais, como a agência central do Komerční banka (▷ acima) fazem esse serviço. A American Express (Václavské náměstí 56, Nové Město, Praga 1) não presta mais esse serviço.
» O Correio Tcheco (Česká pošta) tem um acordo com a Western Union para transferência relativamente rápida de dinheiro para o exterior e vice-versa. A documentação necessária está em inglês e tcheco, e o serviço existe em determinadas agências do correio (www.cpost.cz – em tcheco e inglês).

DESCONTOS
Crianças, estudantes e idosos têm direito a descontos substanciais em muitos serviços e atrações em Praga, de transportes públicos a ingressos de museus. Sabendo disso, é sempre bom ter algum documento que comprove idade ou condição, como passaporte e carteira internacional de estudante ou da International Youth Travel Card (IYTC). Você pode obter uma carteirinha internacional de estudante com o seu grêmio estudantil ou outra entidade estudantil. Para mais informações, acesse os sites www.isic.org e www.istc.org, ambos em inglês.

Crianças menores de 6 anos viajam de graça nos transportes públicos de Praga, assim como moradores permanentes com mais de 70 anos.

GORJETA
» Nos restaurantes e nos cafés, às vezes a taxa de serviço vem incluída na conta, caso em que dar gorjeta fica a seu critério. O costume é dar em torno de 10% de gorjeta.
» Espera-se que os turistas estrangeiros sejam mais generosos que os habitantes da cidade.
» Só arredonde para cima o preço da corrida de táxi se o atendimento tiver sido satisfatório.
» Os banheiros públicos cobram de 5Kč a 10Kč.

QUANTO CUSTAM OS PRODUTOS DO DIA A DIA	
ITEM	PREÇO (Kč)
Cafezinho	30-50
Garrafa de água mineral	40
Cerveja (500ml)	25-40
Taça de vinho da casa	45-70
Jornal *The Praga Post*	50
Jornal estrangeiro	80-150
Litro de combustível	26
Passagem no transporte público	26
Sanduíche aberto pequeno	40

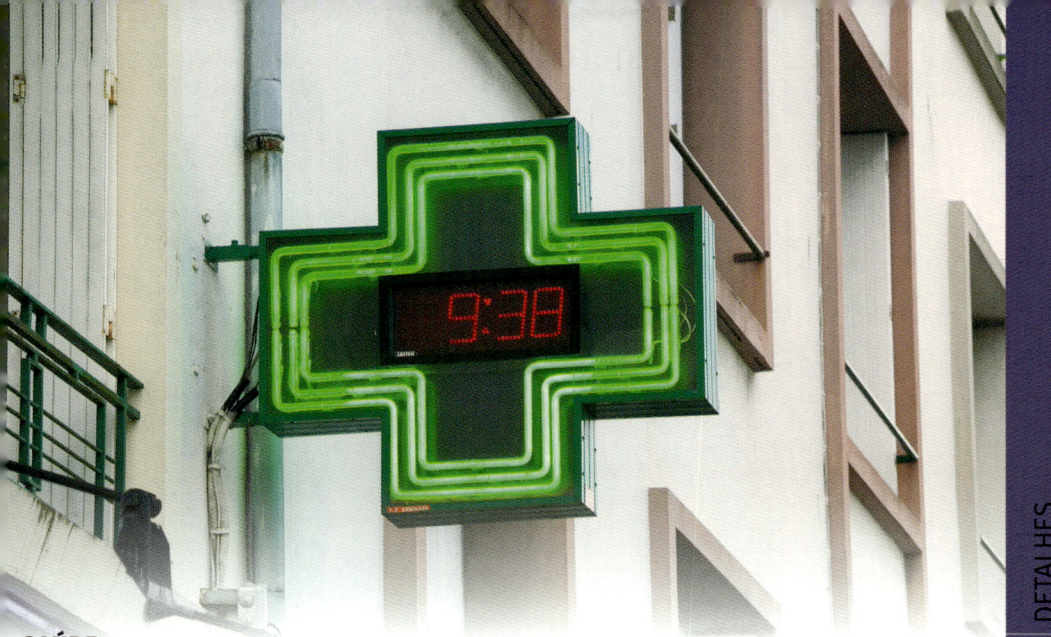

SAÚDE

A República Tcheca tem boa reputação em assistência à saúde, apesar da falta de recursos financeiros e da emigração de pessoal qualificado que se sentiu atraído por salários mais altos em outras partes do mundo.

Existem acordos de atendimento recíproco com países membros da União Europeia, inclusive o Reino Unido. Presta-se assistência sem custo em hospital ou clínica, e em outros casos pode-se pedir reembolso (▷ 264). Talvez seja preciso pagar também pelos remédios e pedir reembolso depois. Os cidadãos do Reino Unido e dos outros países da UE devem portar o cartão de seguro-saúde europeu (EHIC).

Para ficar mais tranquilo em relação a um tratamento de que você precise, contrate um seguro de saúde antes de viajar, o que, aliás, é essencial se você não é da União Europeia. Verifique sempre o que a cobertura garante, especialmente no que diz respeito à repatriação.

ANTES DE VIAJAR

» Não são exigidas vacinas para entrar na República Tcheca, mas veja se a sua antitetânica está em dia (é preciso tomar reforço a cada dez anos).

» Se você toma um medicamento que precise de nova receita quando estiver em viagem, peça-a bem antes de viajar. Peça também ao médico que lhe faça uma receita com o nome genérico dos medicamentos que você toma – o nome comercial de muitos remédios pode ser diferente na República Tcheca.

» Se você vai ficar fora por um mês ou mais, pode ser bom fazer um check-up clínico e odontológico antes da viagem.

COMO ENCONTRAR UMA CLÍNICA OU UM HOSPITAL

Muitos profissionais da medicina falam inglês e estão acostumados a tratar de turistas. Se você precisar de atendimento médico, peça no hotel indicação de um médico, mas o Nemocnice Na Homolce (Hospital Na Homolce) é bem recomendado. Dispõe de todo tipo de tratamento, inclusive de emergência, e tem uma ala especial para estrangeiros com médicos que falam inglês.

Contato
Nemocnice Na Homolce
✉ Roentgenova 2, Smíchov, Praga 5 ☎ 257 271 111; www.homolka.cz 🕐 24 horas para emergências 🚌 Ônibus 167 da estação Anděl do metrô para Nemocnice Na Homolce

A clínica central de primeiros socorros, da Faculdade de Medicina da Universidade Carlos, fica na praça Carlos:
✉ Karlovo náměstí 32, Nové Město, Praga 2 ☎ 224 961 111 🕐 Seg-sex 7h-16h 🚋 Bondes 4, 6, 10, 14, 16, 18, 22, 24 para Karlovo náměstí

Também há um pronto-socorro 24 horas perto daí, na Všeobecná nemocnice, U nemocnice 2.

Abaixo, mais dois endereços, indicados para turistas da América do Norte:

Canadian Medical Care
www.cmcpraha.cz
✉ Veleslavínská 1, Dejvice, Praga 6 ☎ 235 360 133 🕐 Dias úteis 8h-18h (24 horas: tel. 724 300 301) 🚌 Bondes 20, 26 para Nádraží Veleslavín

Health Center Praga
✉ Vodičkova 28, 2º andar, Nové Město, Praga 1 ☎ 224 220 040, 296 236 000 (consultas); 603 433 833, 603 481 361 (emergência) 🕐 24 horas para emergências; consultas seg-sex 8h-17h Ⓜ Můstek 🚋 Bondes 3, 9, 14, 24 para Václavské náměstí

ÁGUA

A água de torneira pode ter um gosto esquisito, mas é potável, embora a maioria beba água mineral *(minerální voda* ou *minerálka)* em casa e ao comer fora. Em um país famoso pelos spas, existem várias marcas de água – a que mais se encontra, levemente gasosa, é a Mattoni, da Karlovy Vary.

TRATAMENTO DENTÁRIO

Tudo que se disse sobre a assistência médica aplica-se ao tratamento odontológico. Mesmo que você seja da União Europeia, verifique se o seu seguro tem cobertura para tratamentos dentários. Tratamento de emergência gratuito ou com desconto pode ser obtido em:
✉ Palackého 5, Nové Město, Praha 1 ☎ 224 946 981 ✈ 24 horas
Ⓜ Můstek 🚋 Bondes 3, 9, 14, 24 para Václavské náměstí

Entre as clínicas odontológicas particulares com experiência no tratamento de turistas estrangeiros estão:

European Dental Center
www.edcdental.cz
✉ Václavské náměstí 33, Nové Město, Praha 1 ☎ 224 228 984
✈ Seg-sex 8h30-20h, sáb 9h-18h; 24 horas para emergências
Ⓜ Můstek 🚋 Bondes 3, 9, 14, 24 para Václavské náměstí

American Dental Associates
www.americandental.cz
✉ Stará Celnice Building, 2º andar do átrio, V Celnici 4/1031, Nové Město, Praha 1 ☎ 221 181 121
✈ Seg-sex 8h-20h Ⓜ Náměstí Republiky 🚋 Bondes 5, 8, 14 para Náměstí Republiky

FARMÁCIAS

As farmácias são identificadas pelo símbolo internacional da cruz verde e a palavra Lékárna. Em geral têm boa variedade, ainda que nem todas as marcas conhecidas em seu país, e os atendentes costumam ser experientes e atenciosos.

Farmácias 24 horas:
✉ Palackého 5, Nové Město, Praha 1

☎ 224 946 982 Ⓜ Můstek
🚋 Bondes 3, 9, 14, 24 para Václavské náměstí

✉ Belgická 37, Vinohrady, Praha 2
☎ 222 513 396 Ⓜ Náměstí Míru
🚋 Bondes 4, 10, 16, 22 para Náměstí Míru

ÓTICAS

Se você usa óculos ou lentes de contato, leve um par de reserva e uma cópia da sua receita, para o caso de perdê-los ou quebrá-los.

Se você pretende ficar muito tempo fora, saiba que as farmácias e as óticas vendem normalmente solução de limpeza de lentes de contato, de modo que você não precisa levar seu estoque.

Entre as maiores redes de óticas com várias filiais em Praga estão a Eiffel Optic e a GrandOptical.

Eiffel Optic
✉ Na příkopě 25, Staré Město, Praha 1 ☎ 224 234 966 ✈ Seg-sáb 8h-20h, dom 9h30-19h Ⓜ Můstek

GrandOptical
✉ Myslbek, Na příkopě 19-21, Staré Město, Praha 1 ☎ 224 238 371
✈ Seg-sex 9h30-20h, sáb 10h-19h, dom 10h-18h Ⓜ Můstek

MEDICINA ALTERNATIVA

Os tchecos acreditam nos medicamentos feitos de plantas, e as farmácias dispõem de "remédios" que normalmente não se encontram nesse tipo de estabelecimento. Praga tem seus terapeutas alternativos, encontrados nas Zlaté stránky (Páginas Amarelas – ou Douradas), com índice em inglês (www.zlatestranky.cz). Os "remédios de plantas" tchecos podem ser considerados incomuns. Costuma-se dizer que o popular licor Becherovka é um fitoterápico por ter ervas. O gosto é bom, mas será que é remédio? Talvez não.

REEMBOLSO PARA CIDADÃOS DA UE

O reembolso dos custos de tratamento em hospitais públicos ou clínicas e de remédios deve ser pedido pessoalmente ou por correio no *Centrum mezistátních úřad* (Centro de Reembolsos Internacionais). Esteja com a sua carteira EHIC e outros recibos dados pelo hospital, pela clínica ou pela farmácia.

Contato
✉ Náměstí Winstona Churchilla 2, Žižkov, Praha 3
☎ 234 462 041
🚋 Bondes 5, 9, 26 para Husinecká

As queixas contra qualquer apólice de seguro particular também precisam ser comprovadas por documentação completa, recibos inclusive.

VOO SAUDÁVEL

» Os turistas do Brasil que vão a Praga podem se preocupar com o efeito dos voos longos sobre sua saúde. O problema mais divulgado é a trombose venosa profunda, ou TVP. Chamada enganosamente de "síndrome da classe econômica", a TVP ocorre pela formação de um coágulo de sangue em veias profundas, particularmente nas pernas. O coágulo pode ser levado pela corrente sanguínea e ser fatal.

» Quem corre mais risco são os idosos, grávidas e mulheres que usam pílula anticoncepcional, fumantes e obesos. Se o seu risco de TVP é maior, procure um médico antes de viajar. As viagens aéreas aumentam a probabilidade da TVP porque os passageiros estão sempre sentados em posição incômoda por muito tempo e podem ficar desidratados.

PARA DIMINUIR OS RISCOS:
Beba água (não álcool).
Não fique imóvel durante muitas horas.
Estique e exercite as pernas periodicamente.
Use meias elásticas, que sustentam as veias e diminuem a probabilidade de se formar um coágulo.

OUTROS RISCOS
Outros riscos à saúde para quem viaja de avião são doenças de bordo e microrganismos espalhados pelo sistema de ar-condicionado do avião. Não se pode evitá-los, mas se você tem algum problema grave de saúde procure orientação médica antes de viajar.

INDICAÇÕES ÚTEIS

ENERGIA ELÉTRICA
A potência elétrica na República Tcheca é de 220 volts, e as tomadas aceitam plugues de dois pinos redondos. Se você pretende levar aparelhos com plugues diferentes, será necessário levar também um adaptador (em geral vendidos nos aeroportos internacionais). Aparelhos que sejam apenas de 110V precisam de um transformador.

LAVANDERIA
Existem muitas lavanderias a seco e também lavanderias comuns em Praga, como:
» **Laundryland** Londýnská 71, Nové Město, Praga 2, tel. 222 516 692; diariam 8h-22h. Há outras filiais, como a do shopping Černá růže, Na příkopě 12, Staré Město, Praga 1.
» **Praga Laundromat** Korunní 14, Vinohrady 14, Praga 2, tel. 222 510 180; diariam 8h-20h.

BANHEIROS
» Os banheiros públicos em geral são escassos e distantes entre si, mas até estações de metrô têm um.
» As lojas de departamento e as lanchonetes têm banheiros que podem ser usados, pagando a taxa de 5Kč.

» Talvez seja bom programar sua visita às atrações e as paradas em um café ou um restaurante, para poder usar as instalações deles. Costuma ser cobrada uma taxa baixa para usá-las, e se há um funcionário e o banheiro está em boas condições deve-se deixar uma gorjeta de uma ou duas coroas, sobretudo se lhe deram um pouco de papel higiênico.

» *WC* ou *záchod* são os banheiros, e *muži* ou *páni* significa homens e *dámy* ou *ženy* significa mulheres.

FUMO
» Muitos tchecos ainda são fumantes inveterados. Os bares podem ser opressivos para não fumantes, mas muitos restaurantes têm área de não fumantes. Talvez o único lugar em que fumar seja terminantemente proibido é nos transportes públicos (metrô, bondes e ônibus), assim como perto de paradas de bonde e ônibus e em todos os trens.

VIAGEM COM CRIANÇAS
Muitas das atrações turísticas de Praga agradam tanto a crianças quanto a adultos. A cidade tem um ar de conto de fadas que encanta a maioria das crianças ao menos por um tempo. Os músicos e os artistas de rua no roteiro dos turistas são uma grande diversão, como a troca da guarda no castelo, ao meio-dia.

Nem todas as crianças já viram algo como o Orloj (Relógio Astronômico), na Staroměstská radnice (Prefeitura da Cidade Velha). Além dele, os passeios de bonde são novidade para muitas delas, ainda mais no modelo antigo. Algumas crianças gos-

CONVERSÃO DE MEDIDAS

DE	PARA	MULTIPLIQUE POR
Polegada	Centímetro	2,54
Centímetro	Polegada	0,3937
Pé	Metro	0,3048
Metro	Pé	3,2810
Jarda	Metro	0,9144
Metro	Jarda	1,0940
Milha	Quilômetro	1,6090
Quilômetro	Milha	0,6214
Acre	Hectare	0,4047
Hectare	Acre	2,4710
Galão	Litro	4,5460
Litro	Galão	0,2200
Onça	Grama	28,35
Grama	Onça	0,0353
Libra	Grama	453,6
Grama	Libra	0,0022
Libra	Quilograma	0,4536
Quilograma	Libra	2,205
Tonelada	Tonelada métrica	1,0160
Tonelada métrica	Tonelada	0,9842

MEDIDAS	
Em toda a República Tcheca usa-se o sistema métrico.	
Distância	medida em quilômetros
Velocidade	medida em quilômetros por hora
Comida	vendida em gramas e quilos
Líquidos	vendidos em litros
Combustível	vendidos em litros

tam muito de passear nas carruagens puxadas a cavalo que ficam na Staroměstské náměstí (praça da Cidade Velha); outras preferem um passeio pelo rio para tentar um bote a remo ou um pedalinho. E existem muitas atrações mais específicas:

» Zoológico de Praga, com um passeio em seu teleférico (▷ 254).

» Os espetáculos de marionetes no Národní divadlo marionet (▷ 100).

» O parque de diversões no pavilhão de exposições de Výstaviště (▷ 221).

» As crianças que gostam de tecnologia vão adorar o Národní technické muzeum (Museu Técnico Nacional, ▷ 202) e o Muzeum městské hromadné Dopravy (Museu do Transporte Público, ▷ 201), enquanto os fãs de roupas antigas e dança apreciam os espetáculos de folclore apresentados no "Jardim do Folclore", no subúrbio de Hlubočepy (www.folkloregarden.cz, tel. 724 334 340, bondes 12, 14, 20 para Hlubočepy).

» O Bludiště, ou Labirinto de Espelhos (▷ 182), perto do topo do monte Petřín, encanta todas as idades, sobretudo fazendo ao mesmo tempo a viagem a bordo do atraente funicular.

ALUGUEL DE CARROS

As maiores locadoras de veículos internacionais têm lojas em Praga, e o aluguel com antecedência pode render um desconto. Todavia, normalmente é menos caro alugar um veículo em uma das muitas companhias locais (▷ 41).

As autolocadoras listadas na tabela no pé desta página têm escritório no centro.

COMPORTAMENTO

» O comportamento é ligeiramente formal em Praga e no resto da República Tcheca.

» Títulos como Dr. e Ing. (engenheiro) são respeitados e devem ser utilizados.

» É costume dar um aperto de mão nos encontros, ao ser apresentado e às vezes ao ir embora.

» Se lhe fizerem um convite para ir à casa de alguém, lembre-se de tirar os sapatos na entrada e calçar os chinelos que vão lhe emprestar. É simpático levar um presentinho, como chocolates ou flores, mas nada de exageros.

» É costume dividir a mesa em restaurantes, desde que se peça licença (je tu volno?).

Sempre deseje aos acompanhantes de refeição *dobrou chuť* (bom apetite) antes de comer e *na zdraví* (saúde) antes de beber qualquer bebida alcoólica.

» Ao pegar as escadas rolantes no metrô, deve-se ficar do lado direito, pois aqueles que estão com pressa passam sempre pela esquerda.

» Nos bondes e no metrô, tenha atenção com os outros passageiros. Deve-se oferecer o lugar aos idosos, a mulheres grávidas e a pessoas com deficiência.

LOCAIS DE CULTO

Anglicano
Svatého Klimenta, Klimentská 5, Nové Město, Praga 1, tel. 283 310 266, bondes 5, 8, 14 para Dlouhá třída (serviço dominical 11h).

Batista
International Baptist Church, Vinohradská 68, Vinohrady, Praga 3, tel. 731 778 735, metrô Jiřího z Poděbrad (serviço dominical 11h).

Católico
Svatého Tomáše (▷ 171), Josefská 8, Malá Strana, Praga 1, tel. 257 532 675, bondes 12, 20, 22 para Malostranské náměstí (missa sáb 18h, dom 11h).
Panny Marie Vítězné (▷ 170), Karmelitská 9, Malá Strana, Praga 1, tel. 257 533 646, bondes 12, 20, 22 para Malostranské náměstí (missa dom 12h).

Judaico
Serviços realizados nas sinagogas Velha-Nova, Espanhola e Jerusalém (▷ 68-73), tel. 222 310 199, www.bejt-praha.cz

Muçulmano
Centro e Mesquita Islâmicos, 14 Politických vězňů, Nové Město, Praga 1, tel. 732 111 611, metrô Muzeum ou Můstek.

Ortodoxo
Svatého Cyrila a Metoděje (Igreja de São Cirilo e São Metódio, ▷ 124), Resslova 9, Nové Město, Praga 2, tel. 224 920 686, metrô Karlovo náměstí (serviço dominical 9h30).

LOCADORAS DE VEÍCULOS EM PRAGA			
EMPRESA	ENDEREÇO	TELEFONE	SITE
A-Rent Car (Thrifty)	Washingtonova 9, Nové Město, Praga 1	224 233 265	www.a-rentcar.cz
Budget	Reservation Centre, Hotel InterContinental		
	Náměstí Curieových 5, Staré Město, Praga 1	222 319 795	www.budget.cz
Czechocar	5. května 65, Nusle, Praga 4	261 222 079	www.czechocar.cz
Dvořák-Rent a Car	Revoluční 25, Staré Město, Praga 1	224 826 260	www.dvorak-rentacar.cz
Europcar	Elišky krásnohorské 9, Staré Město, Praga 1	224 811 290	www.europcar.cz
Hertz	Karlovo náměstí 15, Nové Město, Praga 2	225 345 031	www.hertz.cz
Sixt Speed Rent	Hilton Praga, Pobřežní 1, Praga 8	222 324 995	www.e-sixt.cz
Todas essas empresas têm balcão no aeroporto de Praga.			

AJUDA

TELEFONES DE EMERGÊNCIA
GERAL
112
AMBULÂNCIA
155
BOMBEIROS
150
POLÍCIA
156 (municipal)
158 (nacional)

Praga e a República Tcheca em geral não têm riscos, crimes ou problemas de segurança para turistas, e o índice de criminalidade, embora crescente, continua menor que na maioria das cidades ocidentais de mesmo porte.

No entanto, devem ser tomadas todas as precauções possíveis. Entre elas estão um seguro de viagem adequado que cubra quaisquer emergências de saúde, furtos ou custas legais que possam surgir.

Crimes violentos contra pessoas são bastante improváveis. O problema mais corriqueiro é o dos pequenos furtos, como o de carteiras e passaportes.

SEGURANÇA PESSOAL

» Leve com você apenas a quantia de dinheiro necessária para o dia e deixe itens valiosos no cofre do quarto ou aos cuidados da recepção do hotel.

» Leve bolsas e câmeras com a tira atravessada sobre o peito, e coloque-as embaixo do braço em locais movimentados. As mochilas são tentadoras para os ladrões, alguns dos quais são especialistas em rasgá-las com faca afiada e retirar o conteúdo.

» Mantenha seus pertences perto de você. Não deixe objetos como carteiras, celulares, MP3 players e câmeras em mesas nos cafés ou restaurantes. Se deixar a bolsa no chão, enrole a alça na perna da cadeira ou da mesa.

» Lugares cheios são ótima oportunidade para batedores de carteira e ladrões de bolsa. Tenha mais cuidado principalmente na Karlův most (Ponte Carlos) e em outros locais mais frequentados por turistas.

» Cuidado com qualquer pessoa que se ofereça para trocar dinheiro na rua. Além de ser ilegal, não vale a pena – o "cambista" pode estar junto com um falso policial, que pedirá seu passaporte para averiguação e então sairá correndo com ele.

» Algumas partes da cidade são frequentadas à noite por figuras nada atraentes, inclusive transeuntes. Entre os locais que é melhor evitar após o entardecer estão o parque junto à Hlavní nádraží (Estação Ferroviária Principal) e o interior da própria estação, enquanto a Václavské náměstí (praça Venceslau), a rua Uhelný trh, na Staré Město, e a estação rodoviária Florenc podem ser bem desagradáveis, mas não exatamente perigosas.

» Os carros são os alvos preferidos dos ladrões. Depois de estacionar o seu carro – de preferência em área de

ACHADOS E PERDIDOS

Escritório Central de Achados e Perdidos
✉ Karoliny Světlé 5, Staré Město, Praga 1
☎ 224 235 085
🕐 Seg, qua 8h-17h30, ter, qui 8h-16h, sex 8h-14h
Ⓜ Národní třída
🚊 Bondes 6, 9, 17, 18, 21, 22 para Národní divadlo

CARTÕES PERDIDOS OU ROUBADOS

» Antes de viajar, anote o telefone para o qual você deve ligar se o seu cartão de crédito for perdido ou roubado. Lembre-se de deixar a anotação separada do próprio cartão.

estacionamento vigiada –, não deixe nada à vista dentro dele e leve com você o que for de valor, inclusive o aparelho de som, se possível.

» Se for vítima de furto ou roubo, procure a polícia. Ainda que seja improvável que os criminosos sejam presos e os seus pertences recuperados, você vai precisar de um boletim de ocorrência para ser ressarcido pela companhia de seguro. Seu agente de seguros deve ser informado o mais rápido possível.

» A polícia deve ser informada primeiro sobre a perda ou o furto do seu passaporte, e depois a embaixada do seu país. Antes de viajar, faça uma fotocópia da página do passaporte com as informações pessoais, pois você economizará muito tempo em uma situação dessas.

POLÍCIA

Existem dois tipos de polícia (*policie*) na República Tcheca. A polícia nacional usa paletó azul-marinho e calça cinza e geralmente anda em carros de patrulha, e a polícia municipal (*městská policie*) veste-se de preto e invariavelmente anda a pé.

Os policiais geralmente são solícitos com turistas estrangeiros.

Tenha paciência ao lidar com a burocracia policial, às vezes lenta demais. Se quiser dar parte de um roubo, procure um policial na rua ou entre em contato com o posto policial mais próximo, em vez de ligar para a emergência. Os postos policiais constam da maioria dos mapas da cidade, em geral representados por uma estrela verde sobre fundo amarelo.

POSTOS POLICIAIS
POSTO POLICIAL CENTRAL

✉ Bartolomějská 14, Staré Město, Praga 1
☎ 974 851 700 Ⓜ Národní třída 🚋 Bondes 6, 9, 18, 21, 22 para Národní třída ou 6, 9, 17, 18, 21, 22 para Národní divadlo

OUTROS POSTOS POLICIAIS NO CENTRO DE PRAGA

✉ Vlašská 3, Malá Strana, Praga 1 ☎ 974 851 730
🚋 Bondes 12, 20, 22 para Malostranské náměstí

✉ Benediktská 1, Staré Město (atrás da loja de departamentos Kotva), Praga 1 ☎ 974 851 710
Ⓜ Náměstí Republiky

✉ Jungmannovo náměstí 9, Nové Město (perto da parte baixa da Václavské náměstí), Praga 1 ☎ 974 851 750 Ⓜ Můstek

✉ Krakovská 11, Nové Město (perto da parte alta da Václavské náměstí), Praga 1 ☎ 974 851 720 Ⓜ Muzeum

EMBAIXADAS E CONSULADOS EM PRAGA

PAÍS	ENDEREÇO	TELEFONE	METRÔ/PONTO DE BONDE
Austrália	Austrade, 6º andar, Solitaire Building, Klimentská 10, Nové Město, Praga 1; seg-sex 9h-13h, 14h-17h	296 578 350	Bondes 5, 8, 14 para Dlouhá třída
Brasil	Panská 5, Praga 1; seg-sex 9h-17h	224-321 910	Metrô Můstek; Bondes 3, 9, 14, 24, 51, 52, 55, 56, 58
Estados Unidos	Tržiště 15, Malá Strana, Praga 1 (www.usembassy.cz); seg-sex 9h-12h	257 022 000	Bondes 12, 20, 22 para Malostranské náměstí
Irlanda	Tržiště 13, Malá Strana, Praga 1; seg-sex 9h30-12h30, 14h30-16h30	257 530 061-4	Bondes 12, 20, 22 para Malostranské náměstí
Nova Zelândia	Cônsul honorário, Dykova 19, Vinohrady, Praga 3; seg-sex 9h-12h	222 514 672	Bondes 10, 16 para Vinohradská vodárna
Reino Unido	Thunovská 14, Malá Strana, Praga 1 (www.britain.cz); seg-sex 9h-12h	257 402 111	Bondes 12, 20, 22 para Malostranské náměstí

COMUNICAÇÃO

Em Praga, é fácil manter contato com sua casa, por meio dos cibercafés, dataports e celulares que existem.

TELEFONES

O sistema de telefonia melhorou tanto nos últimos anos que está irreconhecível.

» A maioria dos telefones públicos só aceita cartões, que podem ser comprados nos correios, em bancas de revista e qualquer estabelecimento com o logotipo azul e amarelo da Český Telecom. Existem cartões de 50 unidades para cima.

» Muitos telefones têm instruções em inglês. Seja como for, insira o cartão, espere o mostrador LCD ligar, ouça o tom de linha e digite o número. O tom de linha é uma série de bipes longos; o sinal de ocupado é curto e rápido.

» A unidade custa mais das 7h às 19h e menos fora desse horário, nos fins de semana e nos feriados.

» Chamadas internacionais de telefone público são caras. O mostrador mostra quantas unidades estão sendo usadas.

» Telefonar do hotel pode ser cômodo, mas também é caro, às vezes até quatro vezes a tarifa normal.

» É um pouco mais barato fazer ligações internacionais do anexo da agência principal do correio, na Politických vězňů 4, pedindo-a no balcão e aguardando que ela seja encaminhada a um telefone. Você também pode fazer ligações a cobrar nesse local.

» Geralmente se pode ligar para o seu país de um celular, mas é caro.

LIGAÇÕES DA REPÚBLICA TCHECA PARA O EXTERIOR

Para ligar da República Tcheca para o exterior, digite o código internacional (00) + o código do país (55, no caso do Brasil) + o código local + o número.

CÓDIGOS DE PAÍS
DIGITE 00 SEGUIDO DE:

Argentina	54
Austrália	61
Brasil	55
Canadá	1
Estados Unidos	1
Reino Unido	44

Seja qual for a duração da sua estada, é melhor comprar um cartão SIM com ligações pré-pagas.

CORREIO

» O Česká Pošta tem agências com horários de funcionamento diferentes em toda a cidade, inclusive uma no castelo.

» A agência central (www.cpost.cz), que dispõe de todos os serviços, inclusive posta-restante, fica junto à Václavské náměstí (praça Venceslau). Há um balcão de informações no saguão principal.

✉ Hlavní pošta, Jindřišská 14, Nové Město, Praga 1 ☎ 221 131 111 🕐 Diariam 2h-0h Ⓜ Můstek 🚋 Bondes 3, 9, 14, 24 para Václavské náměstí

» A cor oficial do correio é laranja. Não confunda as caixas de correio afixadas em paredes com cestos de lixo.

» Os selos *(známky)* podem ser comprados em bancas de revista, tabacarias, alguns hotéis e lojas, bem como nas agências do correio.

» Os serviços do correio são bastante imprevisíveis. Cartas e cartões-postais para o Brasil e os Estados Unidos podem levar até duas semanas para chegar.

» Suas cartas e cartões para o exterior devem ter o selo *Par Avion*.

» Pacotes de até 2kg podem ser enviados de qualquer agência do correio. Os mais pesados devem ser mandados pelo correio alfandegário (Celní pošta): Plzeňská 139, Smíchov, Praga 5, tel. 257 019 111, bondes 4, 7, 9, 10 para Klamovka.

» Por outro lado, é muito mais rápido usar um serviço de entrega como o DHL, na Václavské náměstí 47 (entrada pela Opletalova), metrô Muzeum.

ACESSO À INTERNET

Muitos hotéis oferecem acesso à internet, e existem também diversos cibercafés espalhados por Praga, como:

Bohemia Bagel Masná 2, Staré Město, Praga 1, tel. 224 812 560, diariam 8h-23h, bondes 5, 8, 14 para Dlouhá třída.

Globe Bookstore & Coffeehouse Pštrossova 6, Nové Město, Praga 1, tel. 224 934 203, diariam 10h-0h, bondes 6, 9, 17, 18, 21, 22 para Národní divadlo.

Jáma V Jámě 7, Nové Město, Praga 1, tel 224 222 383, diariam 11h-1h, bondes 3, 9, 14, 24 para Vodičkova.

LIGAÇÕES DO BRASIL PARA A REPÚBLICA TCHECA

O código de país da República Tcheca é 420. Para ligar para Praga do Brasil, digite 00 + o código da operadora + 420 + o número local de nove algarismos (incluindo o código 2, de Praga).

TELEFONES ÚTEIS

Emergência	112
Auxílio à lista/catálogo telefônico (nacional)	1180
Auxílio à lista/catálogo telefônico (internacional; telefonistas devem falar inglês)	1181
Serviço de Informação de Praga (P.I.S; seg-sex 8h-19h)	12 444

TARIFAS DE CORREIO

		para países fora da Europa	para a Europa
Cartões-postais e cartas			
(via terrestre)	até 20g	18Kč	17Kč
	até 50g	24Kč	21Kč
	até 100g	35Kč	30Kč
Pacotes		para países fora da Europa	para a Europa
(via terrestre) até 1kg		210Kč	
(via aérea) até 1kg		260Kč	210Kč

Obs.: as tarifas postais internacionais estão sujeitas a aumento. Para saber o valor correto da postagem, pese as cartas e os pacotes na agência do correio.

INFORMAÇÕES ESSENCIAIS | **DETALHES**

MÍDIA, LIVROS, MAPAS E FILMES

JORNAIS

Muitos dos principais jornais europeus estão à venda em Praga, mas costumam chegar no dia seguinte ao da publicação. Uma exceção é o *Guardian*, que, por ser impresso em Frankfurt, começa a ser vendido no meio da manhã. O *International Herald Tribune* e o *USA Today* também estão nas bancas no dia da publicação. Com exceção do *Guardian*, os jornais estrangeiros são vendidos por um preço várias vezes superior ao de capa. Revistas de notícias, como *Time* e *Newsweek*, são fáceis de encontrar.

A banca de jornal com maior variedade de títulos parece ser a da parte baixa da Václavské náměstí (praça Venceslau).

Entre os principais jornais tchecos estão o liberal *Lidové noviny*; o *Právo*, ex-órgão do Partido Comunista, respeitado e completamente reformulado; e o *Mladá fronta Dnes*, voltado, na encarnação anterior, para a juventude comunista. O jornal sensacionalista de maior sucesso é o *Blesk*.

JORNAIS E PERIÓDICOS TCHECOS EM INGLÊS

The Praga Post
Esse tradicionalíssimo semanário foi fundado em 1991, tendo como editor-chefe o autor e jornalista americano Alan Levy, que morreu em 2004. Seu suplemento semanal *Night & Day* dá um excelente apanhado dos eventos da cidade, e sua relação de restaurantes e outros locais de interesse ajuda muito os turistas. www.praguepost.com

Czech Business Weekly
Periódico de negócios voltado para a comunidade de expatriados. www.cbw.cz

The New Presence/Přítomnost
Sucessor do principal jornal liberal da Tchecoslováquia de antes da guerra. www.new-presence.cz

The Praga Daily Monitor
Jornal on-line diário em inglês, com notícias interessantes e cobertura do mundo cultural. http://Pragamonitor.com

Entre os periódicos com programação de lazer estão:
Culture in Praga
Publicado mensalmente em inglês e em tcheco.
Kulturní přehled (Panorama Cultural)
Periódico mensal completo, só em tcheco, mas decifrável.

TELEVISÃO
A maioria dos quartos de hotel tem TV com diversos canais internacionais, grande parte em alemão e italiano, embora a CNN e a Sky News geralmente estejam presentes e talvez até a BBC News 24.

A televisão estatal tcheca tem dois canais, ČT 1 e ČT 2. O último é mais "sério". Transmite diariamente, de manhã cedo, um noticiário em inglês e passa alguns filmes em inglês com legendas em tcheco. O canal privado de maior sucesso é a TV Nova, com conteúdo majoritariamente dos Estados Unidos.

RÁDIO
A excelente variedade de programas conta com notícias fornecidas pelo Serviço Internacional da BBC, que se ouve na 101,1 FM. Uma das quatro emissoras de rádio estatais tchecas, a ČR1 centra-se em notícias e assuntos cotidianos, enquanto a ČR3 toca sobretudo música clássica. Há notícias em inglês na 92,6 FM. As estações comerciais de Praga são dominadas por DJs que falam bem rápido e tocam uma mistura trivial de pop.

LIVROS
História e cultura
» Dos muitos livros publicados em inglês sobre a história de Praga e o território tcheco, o mais atraente e erudito talvez seja *Praga in Black and Gold* (1997), de Peter Demetz, que cresceu em Praga e emigrou para os Estados Unidos.
» *Praga – A Cultural and Literary History* (2003), de Richard Burton, da série Cities of the Imagination, é uma boa introdução ao tema.
» Em *The Coasts of Bohemia* (1998), o acadêmico canadense Derek Sayer fez um texto exaustivo, sempre perspicaz, a respeito da ideia que os tchecos modernos fazem de si como nação, reescrevendo sua história seletivamente.
» Ilustrado com fotos em preto e branco, *Praga in the Shadow of the Swastika* (1995), de Callum MacDonald e Jan Kaplan, lembra os dias difíceis da ocupação nazista.
» *Praga: the Turbulent Century* (1997), de Jan Kaplan e Krystyna Nosarzewska, é um ótimo compêndio de fotos, ilustrações de revistas, cartões-postais e objetos de todos os tipos.
» O jornalista e escritor britânico Timothy Garton Ash estava com Václav Havel quando o futuro presidente discursou da sacada na praça Venceslau para a multidão durante a Revolução de Veludo, em 1989. *We the People* (1990) é o seu testemunho da queda do comunismo, publicado nos Estados Unidos sob o título de *The Magic Lantern*.
» Benjamin Kuras, jornalista e intelectual tcheco radicado na Grã-Bretanha, realizou um similar tcheco de *1066 and All That* em um livro histórico satírico chamado *Czechs and Balances – A Nation's Survival Kit* (1996).
» Existem muitos livros com lindas imagens do esplendor da arquitetura de Praga, mas, para ir mais fundo, leia *Praga – Eleven Centuries of Architecture: Historical Guide* (1992), de vários autores. Para complementá-lo e chegar à atualidade, conheça o útil guia *Praga – Twentieth Century Architecture* (2002).

Literatura
» O clássico tcheco de que todos ouviram falar é *The Good Soldier Švejk and His Fortunes in the World War* (1923), do cômico Jaroslav Hašek. É uma história hilariante de um tonto sábio convocado para um caótico exército austro-húngaro na Primeira Guerra Mundial.

» O romancista mais adorado de Praga era Bohumil Hrabal, conhecido no exterior pela adaptação para o cinema de seu tragicômico *Trens estreitamente vigiados* (1966, ▷ Filmes). Ainda mais fácil de entender, *Eu servi o rei da Inglaterra* (1989) é a empolgante história da vida de um espertíssimo garçom de Praga.

» Em exílio permanente em Paris, Milan Kundera hoje escreve em francês e é mais admirado no exterior que em seu país. Mas seu *A insustentável leveza do ser* (1984) continua sendo um clássico, assim como o menos conhecido *Risíveis amores* (1967), escrito muito antes como sátira do comunismo.

» Outro escritor que preferiu o exílio (no Canadá) após 1989 é Josef Škvorecký. *Os covardes* (1972) é seu sucedâneo para *O apanhador no campo de centeio*, relato demolidor do comportamento dos tchecos nos últimos dias da Segunda Guerra Mundial.

» O romancista, contista e ensaísta Ivan Klíma sobreviveu ao encarceramento em Terezín quando criança. *The Spirit of Praga* (1994) revê as muitas influências que teve em seu desenvolvimento como escritor.

» Um modo tolerável de provar da riqueza literária de Praga é comprar *Praga: A Traveller's Literary Companion* (1995), de Paul Wilson, com trechos de obras da maioria dos grandes escritores da cidade.

» O jornalista norueguês Terje Englund viveu em Praga o suficiente para expor o caráter tcheco em seu *The Czechs in a Nutshell – A User's Manual for Foreigners* (2004).

MAPAS

As maiores livrarias de Praga têm mapas para todos os gostos. Os mapas deste guia são ideais para sua estada em Praga, mas você também pode conhecer estes:

» *Marco Polo městský plan Praha-Prag-Praga 1:12.000*. Mapa da cidade detalhadíssimo, com ótima impressão. Legendas em inglês e índice de ruas.

» *Marco Polo městský plan Praha-Prag-Praga 1:6.000*. Mapa do centro de Praga ainda mais detalhado.

» *EuroCity velký městský atlas*. Atlas de A a Z de 126 páginas em escala 1:20.000. Inclui mapa do centro de Praga e de transportes públicos.

» *Plán města Prahy: městská hromadná doprava*. Mapa dos transportes públicos em escala 1:23.000. Detalhado e superclaro, inclui todas as estações de metrô, paradas de bonde e ônibus e encarte com mapa dos transportes noturnos.

» *Praha pro motoristy (Praga para motoristas)*. Inclui mapa em 1:10.000 do centro de Praga com detalhes de ruas de mão única e estacionamentos; encarte de zonas de estacionamento; mapa em 1:30.000 da Grande Praga mostrando as vias expressas e locais de integração carros-transportes; mapa rodoviário da região em 1:150.000. Disponível nos postos de informação PIS (▷ 272). Para viagens fora de Praga e caminhadas no interior, as folhas soltas do mapa topográfico oficial em 1:100.000, 1:50.000 e 1:25.000 são excelentes. É complementado nas regiões de atrações turísticas por mapas com informações específicas publicadas pela empresa austríaca Freytag & Berndt e a alemã Kompass.

» Caso queira explorar a República Tcheca, é indispensável o *Autoatlas Česká Republika*, de 288 páginas.

» Se precisar atravessar a Alemanha para ir a Praga, o *Big Road Atlas Germany* – em escala de 3 milhas por 1 polegada –, publicado na Grã-Bretanha pela AA (www.theAA.com), inclui a região Oeste da República Tcheca.

» Ou então, se quiser um mapa detalhado da cidade, entre no site www.mapy.cz (em tcheco, mas fácil de entender).

FILMES

Praga já desempenhou papel importante em diversos filmes e figurou em muitos outros. A indústria cinematográfica tcheca teve muitos altos e baixos. Seu auge ocorreu de meados ao final da década de 1960, quando a censura comunista foi relaxada e filmes como *Os amores de uma loira* (Miloš Forman, 1965), *Iluminação íntima* (Ivan Passer, 1966) e *Trens estreitamente vigiados* (Jiří Menzel, 1966) ganharam fama internacional como estandartes da "nova onda" tcheca, em analogia com a *nouvelle vague* francesa. O emigrado Forman usou sua Praga natal para fazer as vezes da Viena de Mozart em seu aclamado *Amadeus* (1984).

O clima claustrofóbico intenso da era comunista é evocado de modo inquietante em *O ouvido* (1970), de Karel Kachyňa, passado no apartamento com escuta de um paranoico funcionário do Partido Comunista e sua mulher. A invasão em si compõe o pano de fundo de *A insustentável leveza do ser* (1988), baseado no romance de Milan Kundera, cujos personagens se afligem com sua vida arrevesada enquanto os tanques soviéticos esmagam a Primavera de Praga.

Mais alegres, os acontecimentos da Revolução de Veludo, em 1989, formam o pano de fundo de *Kolya* (1996), feito por Zdeněk e Jan Svěrák, pai e filho. Conta a história agridoce de um praguense de meia idade mal-humorado, redimido por ter de cuidar de um garotinho. A mesma dupla realizou em seguida o miniépico do tempo da guerra *Num céu azul-escuro* (2001), que homenageia os pilotos tchecos cujos feitos heroicos na Força Aérea Real britânica foram recompensados com prisão no comunismo. Outra lembrança da guerra é *Herói acidental* (2000), de Jan Hřebejk, com uma visão tipicamente tcheca da fragilidade humana. Esse também é o tema da bem-sucedida versão para cinema do livro de Hrabal *Eu servi o rei da Inglaterra* (2006).

Os filmes de animação são uma especialidade tcheca elevada à categoria de arte máxima na obra de Jiří Trnka, ainda que a obra do surrealista Jan Švankmajer seja mais conhecida. Um dos filmes mais inteligentes mas mais perturbadores de Švankmajer é *O comilão Otesánek* (2000), história de um bebê-monstro que cresce da raiz arrancada de uma árvore.

Desde 1989, muitos filmes estrangeiros foram rodados em Praga, entre eles *Missão impossível* (1996) e *As crônicas de Nárnia: príncipe Caspian* (2008).

HORÁRIOS

Bancos
Seg-sex 8h-17h (às vezes mais cedo na sexta). Agências menores podem fechar ao meio-dia.

Igrejas
Algumas igrejas estão abertas no mesmo horário de museus e galerias, mas muitas abrem apenas pouco antes dos serviços.

Museus e galerias
Ter-dom 10h-18h. Quase todos os museus e galerias não abrem às segundas. Podem abrir à noite às quintas-feiras.

Farmácias
Seg-sáb 8h-18h. Há farmácias 24 horas (▷ 264). Os detalhes em geral são afixados na porta de todas as farmácias.

Correio
Seg-sex 8h-18h. Agência central 2h-0h (▷ 269).

Restaurantes
Alguns restaurantes abrem para o almoço e fazem um intervalo antes de voltar a abrir no começo da noite. Certos restaurantes de bairro podem fechar às 22h ou mais cedo. Estabelecimentos com clientela estrangeira às vezes ficam abertos até a meia-noite.

Lojas
Em geral as lojas abrem seg-sex 8h/9h-17h, sáb 9h-12h. Supermercados e lojas de departamentos: seg-sex 8h/9h-20h, sáb 10h-19h (só indicações). Shoppings: dom 10h-19h. Shopping Nový Smíchov: diariam 9h-21h.

INGRESSOS

O custo da viagem, de entradas e de diversões em Praga é baixo para os padrões da Europa ocidental e dos Estados Unidos. No entanto, o custo pode ser reduzido ainda mais.
» Compre ingressos de concertos e outros espetáculos no próprio local e não por meio de agência.
» Verifique se os museus e as galerias têm ingresso grátis ou mais barato em determinados dias.
» A carteira internacional de estudante dá direito a descontos nos transportes públicos, em museus, galerias e teatros. Idosos de mais de 70 anos (60, em alguns casos), portando uma identidade, às vezes têm os mesmos descontos.
» Compre um Prague Card (▷ 46) ou passe de transporte público.

INFORMAÇÃO TURÍSTICA

Praga dispõe de um órgão de turismo muito profissional, o PIS (Pražská informační služba – Serviço de Informação de Praga; www.prague-info.cz), que publica mapas e informações sobre assuntos diversos, em várias línguas, e também administra algumas atrações. Conduzidos por um pessoal multilíngue prestativo, seus postos de informação dão conselhos sobre o que fazer e aonde ir, além de vender ingressos para eventos e procurar acomodações. A maioria das cidades da República Tcheca frequentadas por turistas estrangeiros tem postos turísticos, mas a qualidade da informação pode variar.
» O escritório principal do PIS em Praga fica na Staroměstská radnice (Prefeitura da Cidade Velha), na Staroměstské náměstí 1, Staré Město, Praga 1; abr-fim out seg-sex 9h-19h, sáb-dom 9h-18h; nov-fim mar seg-sex 9h-18h, sáb-dom 9h-17h.
» Há outros postos, no saguão da Hlavní nádraží (Estação Ferroviária Principal), na Rytířská 31, Cidade Velha, e, de abril ao fim de outubro, na Torre da Ponte da Cidade Velha, no lado oeste da Karlův most (10h-18h).

Turismo Tcheco é o órgão que promove o turismo na República Tcheca. A matriz encontra-se em Praga, na Vinohradská 46, Vinohrady, Praga 2, tel. 221 580 111; www.czechtourism.com. Seu escritório na Staroměstské náměsti (praça da Cidade Velha) 4/1, tel. 221 714 302, dispõe de grande variedade de informação sobre viagens para fora de Praga (seg-sex 9h-18h, sáb 10h-15h). Também tem representações no exterior:

Canada Czech Tourism
2 Bloor Street West, Suite 5000, Toronto, Ontário M4W 3E2, tel. 416 363 9928

UK Czech Tourism
13 Harley Street, Londres W1G 9QG, tel. 020 7631 0427

US Czech Tourism
Czech Center, 1109 Madison Avenue, Nova York, NY 10028, tel. 212 288 0830

FERIADOS NACIONAIS
1º de janeiro
Ano-novo; criação da República Tcheca (1993)
Março/abril
Segunda-feira de Páscoa
1º de maio
Dia do Trabalho
8 de maio
Dia da Libertação (Praga libertada da ocupação alemã, 1945)
5 de julho
Dia de São Cirilo e São Metódio
6 de julho
Dia do mestre Jan Hus
28 de setembro
Dia Nacional da República Tcheca (Dia de São Venceslau)
28 de outubro
Fundação da República da Tchecoslováquia (1918)
17 de novembro
Dia da Luta por Liberdade e Democracia (Revolução de Veludo, 1989)
24 de dezembro
Véspera do Natal
25 de dezembro
Natal
26 de dezembro
Continuação das festas natalinas

SITES

INFORMAÇÕES GERAIS
http://Praga.tv
Tudo que se deve saber sobre Praga, inclusive um localizador de acomodações, fofocas e dicas sobre táxis.

www.radio.cz
Usa os recursos da rádio estatal para fornecer uma boa dose de informações sobre assuntos atuais, cultura e negócios.

www.myczechrepublic.com
Compêndio bem escrito e bem pesquisado sobre a República Tcheca em geral e também Praga.

www.czech.cz
Site oficial do Ministério do Exterior, com informações básicas sobre a República Tcheca e também os requisitos para entrada no país, entre outros detalhes.

CULTURA
www.ngPraga.cz
Introdução à Národní galerie (Galeria Nacional) de Praga e suas sedes.

www.nm.cz
Detalhes das muitas filiais do Národní muzeum (Museu Nacional), inclusive fora de Praga.

COMIDA E BEBIDA
http://Pragaspoon.blogspot.com
Blog inteligente e bem escrito sobre o mundo da comida em Praga, feito por um expatriado com faro para culinária de qualidade.

http://czeckoutchannel.blogspot.com
Casa do Czech Please, um blog sobre comida prática e restaurantes escrito por um expatriado americano chamado Brewsta.

ACONTECIMENTOS
www.praguepost.com
Versão on-line do principal jornal de língua inglesa, ou melhor, americana, com a programação atualizada e também algumas informações para turistas.

www.sdmusic.cz
O que está acontecendo no mundo da música tcheca de todo tipo.

www.ticketsbti.cz
Informações sobre casas de espetáculos e conjuntos musicais, com reserva on-line para concertos clássicos e ópera.

INFORMAÇÕES AO TURISTA
www.pis.cz or
www.prague-info.cz
Site do serviço oficial de turismo de Praga – *Pražská informační služba* (PIS) –, com informações abrangentes sobre todos os aspectos da cidade.

www.prague.com
Site diversificado com informações sobre atrações, hotéis, temperatura e notícias.

www.czechtourism.com
Informações gerais de viagens pela República Tcheca e de lugares para visitação.

www.xe.com
Conversor de moedas.

LOCOMOÇÃO
www.jizdnirad.cz
Informação de horários de viagens de trem e ônibus interurbano.

www.vlak-bus.cz
Uma alternativa ao anterior.

www.cd.cz
Site oficial das České drahy (Ferrovias Tchecas), com horários e outras informações, inclusive tarifas reduzidas.

www.dpp.cz
Informações amplas sobre os transportes públicos do Dopravní podnik hl. m. Prahy (departamento de trânsito municipal).

TEMPO E TEMPERATURA
www.prague.ic.cz/Praga-weather.htm
Portal de Praga com previsão do tempo de 12 dias.

www.myczechrepublic.com/weather/Praga-weather.html
Informação geral sobre o tempo e previsão diária detalhada sobre a região de Praga.

PRINCIPAIS ATRAÇÕES E SEUS SITES E PÁGINAS		
ATRAÇÃO	SITE	PÁGINA
Anežský klášter	www.ngPraga.cz	62
Jiřský klášter	www.ngPraga.cz	197
Josefov	www.jewishmuseum.cz	68
Karlův most		74
Loreta	www.loreta.cz	199
Muchovo muzeum	www.mucha.cz	116
Národní divadlo	www.narodni-divadlo.cz	120
Národní muzeum	www.nm.cz	121
Národní technické muzeum	www.ntm.cz	202
Obecní dům	www.obecnidum.cz	80
Pražský hrad	www.hrad.cz	203
Schwarzenberský palác	www.ngPraga.cz	208
Šternberský palác	www.ngPraga.cz	210
Strahovský klášter	www.strahovskyklaster.cz	212
Svatého Mikuláše	www.psalterium.cz	172
Svatého Víta	www.hrad.cz	215
Troja	www.citygalleryPraga.cz	253
UPM muzeum	www.upm.cz	88
Valdštejnský palác	www.senat.cz	174
Veletržní palác	www.ngPraga.cz	218
Výstaviště	www.nm.cz	221
Zbraslav	www.ngPraga.cz	256

COMPRAS

Quando se trata de compras, Praga tem bastante para oferecer: butiques extravagantes e superchiques, antiquários, lojas de departamentos, shopping centers modernos, mercados, livrarias e quase tudo mais. Dos produtos nacionais que estão à venda, não deixe de comprar os famosos cristais e vidros tchecos ou as lindas joias de granada da Boêmia.

MODA
Ao contrário de outras cidades europeias, Praga ainda não teve tempo para avançar. As lojas de departamentos da era comunista, como a Máj (hoje Tesco), não seguiam propriamente as tendências estilísticas internacionais.

Os praguenses, enquanto apuravam sua noção de estilo, eram fortemente influenciados por outros países, especialmente a Itália e a Espanha. A mulher alta e magra de salto, jeans desbotados e top, com uma bolsa enorme Gucci ou Dior, é a supermodelo eslava prototípica, e são mulheres assim, retratadas em todos os jornais, que comandam a moda.

Na rua Na příkopě, a principal da zona da moda, nunca se está longe de uma butique moderna. São ao menos 15 lojas de calçados, e aqui também se veem filiais da Zara e da Mango. A H&M abriu duas lojas no centro de Praga, na Na příkopě e na Jindřišská. Nada se equipara à Pařížská em Praga: de Hermès a Dior, a avenida, com cinco quadras cravejadas de butiques, é como a Rodeo Drive de Beverly Hills na capital tcheca.

Os estilistas tchecos formaram um séquito entre os ligados em moda na cidade. Suas peças estilosas podem ser encontradas nas butiques das ruas transversais na Cidade Velha (conhecidas coletivamente como Centro da Moda Tcheca).

JOIAS
As granadas da Boêmia são magníficas. Engastadas em ouro ou prata, essas pedras, de um vermelho intenso, são elegantes e eternas. Na maioria dos antiquários acham-se joias antigas de granada, com pedras mais escuras e desenho art déco delicado.

Os preços e a variedade da Český Granát Turnov (lojas na Dlouhá e na Celetná) são dos melhores da cidade, e a mercadoria vem direto da fábrica.

CRISTAL, VIDRO E PORCELANA
Praga ganhou fama com seus excelentes cristais, vidros e porcelanas. Pratica-se a arte do vidro soprado na Boêmia desde o século XIV, e o cristal tcheco é motivo de grande orgulho nacional.

A Moser é a vovó das empresas de cristais, mas os preços refletem seu status de "cristal dos reis". A antiga via Celetná (▷ 65) tem várias lojas boas, como a Celetná Crystal (nº 15) e a Celetná 7. Muitas embalam e enviam as compras aos hotéis da cidade, sem custo adicional, para você não sair na rua com objetos frágeis.

COMIDA
É fácil achar comidas deliciosas, sejam frescas ou industrializadas. Há lojas gastronômicas excelentes no centro de Praga, como a Culinaria, na Skořepka 9, Cidade Velha, embora tenha mais produtos importados que tchecos.

Entre os típicos produtos tchecos estão o presunto Praga enlatado, as bolachas crocantes chamadas *oplatky*, o licor de ervas Becherovka, de Carlsbad, ou o absinto, recém-redescoberto. Não tenha receio de conhecer uma mercearia fina *(lahudky)* e comprar os deliciosos sanduíches abertos *(obložené chlebíčky)* ou outros quitutes para o lanche.

Os melhores lugares para comprar verduras e frutas são as feiras livres, como a da Havelská, e há uma boa variedade de vinhos nacionais e estrangeiros em casas como Monarch e U Závoje e nas lojas das vinícolas.

ANTIGUIDADES
Se quiser objetos antigos, procure a placa starožitnosti; para livros antigos, a antikvariát. Os preços estão marcados, mas você pode fazer uma contraoferta educada se estiver confiante. Artigos de renda, pinturas pequenas e conjuntos de chá art déco são fáceis de encontrar e não muito caros. A Art Decoratif, na Melantrichova, tem preciosidades de sobra. O feirão da estação Palmovka do metrô é um paraíso dos caçadores de tesouro, com móveis novos e antigos aos montes.

FEIRAS
As placas de tržnice indicam o caminho de feiras pequenas, em geral feitas por vietnamitas, que vendem artigos de matéria-prima barata mas úteis, de maletas plásticas para guardar roupas a carteiras, bolsas e sapatos. As feiras costumam ser montadas em vielas estreitas que dão em pátios internos. A maior feira ao ar livre fica em Holešovická tržnice.

Em dezembro, monta-se uma feira de Natal na praça da Cidade Velha (▷ 279). São vendidos os enfeites e presentes feitos à mão tradicionais.

INFORMAÇÕES ESSENCIAIS
A maioria das lojas abre das 9h ou 10h às 18h de segunda a sexta, com horário reduzido no sábado. Nas zonas comerciais movimentadas a maioria abre também no domingo. Ao entrar, repare no letreiro de cartão de crédito na porta – as lojas de roupas e calçados costumam aceitá-los, mas várias butiques pequenas não (assim, não custa perguntar).

Você deverá ouvir *dobrý den* quando entrar em uma loja e *na shledanou* ao sair. A educação recomenda retribuir as boas-vindas e a despedida.

DIVERSÃO E NOITE

Praga tem uma boa variedade de opções de diversão. A maioria localiza-se no centro da cidade, o que significa que é fácil chegar a elas de metrô ou bonde. Para saber o que está acontecendo, pegue um exemplar do *Praga Post*, publicado toda quarta-feira, e verifique a programação no encarte *Night & Day*. Uma alternativa é procurar informações no site www.prague.tv (em espanhol).

A vida noturna de Praga assume formas variadas, de cassinos a cervejarias, bares chiques e cafés refinados. A bebida preferida é a cerveja. Com tantas cervejas tchecas excelentes, é também a pedida mais prática e barata, mas hoje existem diversos bares de coquetel da moda que se orgulham de seu cardápio grosso como um livro.

CINEMA
Kolya, de Jan Svěrák, que em 1996 ganhou o Oscar de melhor filme estrangeiro, revigorou a indústria cinematográfica tcheca. Os Estúdios Barrandov e a excelente escola de cinema Famu, de Praga, abastecem constantemente as telas nacionais com filmes gestados no país. Pode-se escolher entre vários multiplex no estilo ocidental, cinemas de arte independentes como o Aero (▷ 144) e cinemas antigos enormes, como o Lucerna (▷ 145). O Kino Světozor (▷ 145) apresenta um desfile diário de filmes tchecos atuais e clássicos com legendas em inglês. A maioria dos filmes em inglês passa na versão original com legendas em tcheco. Outros filmes estrangeiros podem até ter legendas nas duas línguas.

MÚSICA CLÁSSICA
O suprassumo da música clássica em Praga é uma noitada no dourado Stavovské divadlo (Teatro das Classes, ▷ 87, 101) para assistir à produção de *La Bohème* em um dos mais belos palcos da Europa. Do lado oposto, está entrar à tarde em uma igreja barroca do Malá Strana para ouvir um quarteto de cordas dar vida à música de Vivaldi. E ainda há violoncelistas na Karlův most (Ponte Carlos) e sinfonias comoventes com a Filarmônica Tcheca no Rudolfinum (▷ 86, 100). Pegue a programação dos concertos em igrejas com as pessoas que distribuem panfletos perto dos maiores pontos turísticos, como a Staroměstské náměstí (praça da Cidade Velha). Pessoas com roupas de época anunciam concertos pelo saguão da Obecní dům (Casa Municipal), e a programação do Národní divadlo (Teatro Nacional) e do Stavovské divadlo está no site www.narodni-divadlo.cz.

DANÇA
O balé é a forma de dança mais difundida nos palcos da cidade. No Národní divadlo e na Státní opera Praha, o Balé Nacional Tcheco faz apresentações habituais de clássicos como *Bela adormecida* e *Giselle*. O melhor lugar para dança moderna e companhias visitantes é o Divadlo Ponec (▷ 145).

JAZZ E BLUES
O jazz e o blues em Praga voltam-se tanto para o entusiasta como para o fã eventual. Em 1994, quando Bill Clinton pegou um saxofone e subiu ao palco para uma jam session no Reduta (▷ 146), a popularidade e o público do jazz surgiram. Várias boates hoje chamam grupos nacionais e internacionais. Certos lugares, como a AghaRTA (▷ 98), vendem CDs raros, e a U Malého Glena (▷ 182) tem uma noitada de amadores concorrida. As boates tendem a ser pequenas e acolhedoras, e uma noite não deixa ninguém pobre. O couvert artístico gira em torno de 200Kč.

MÚSICA POPULAR
Praga oferece música popular variada. O Palác Akropolis (▷ 135) programa com regularidade música africana e étnica, e o Lucerna Music Club (▷ 146) talvez seja o lugar mais divertido para ver uma banda – o palco semicircular aproxima a música do público, e a multidão está sempre entusiasmada.

TEATROS
Todas as peças profissionais apresentadas em Praga são em tcheco, mas algumas salas passam a ter legendas (▷ 15).

COMPRA DE INGRESSOS
Além das bilheterias dos teatros e das casas de música, há vários lugares na cidade onde se pode encontrar informação sobre os espetáculos e comprar ingressos. Há em geral uma sobretaxa de cerca de 50Kč por ingresso. A Ticketpro, no Escritório de Turismo de Praga (Rytířská 31), tem um site em inglês (www.ticketpro.cz). Bohemia Ticket (www.bohemiaticket.cz) é outra empresa de venda de ingressos, com loja no nº 16 da Na příkopě e outra na Malé náměstí 13. Não é preciso comprar entrada com antecedência para os concertos em igrejas; chegue alguns minutos antes e compre na porta.

ROUPA ADEQUADA
A única norma de vestuário em vigor aplica-se às apresentações de música clássica, balé e ópera nos palcos tradicionais, quando se espera que a roupa seja condizente com o local.

FUMO
É proibido fumar na plateia dos cinemas e teatros e cada vez mais na sala de espera dos teatros também.

BARES
Como a cerveja ocupa um lugar sagrado na vida tcheca, não é de admirar que Praga esteja abarrotada de bares (procure as placas de *hospoda* ou *pivnice*). Os bares são lugares aco-

lhedores, mas às vezes o serviço pode parecer um pouco ríspido.

Ao pedir uma cerveja *(pivo)*, vão lhe perguntar *velké* ou *malé* – normal ou pequena. A primeira são 500ml; a última, 330ml. Em geral, cada pedido é marcado em um pedaço de papel que fica na mesa – não pegue o papel nem fique mexendo nele, porque os funcionários podem achar que você quer rasurá-lo. Quando pedir a conta, existe a opção de pagar individualmente ou o total.

Nos muitos bares irlandeses e ingleses espalhados pelo centro de Praga, as regras de etiqueta são praticamente as mesmas. Em geral há um cardápio extenso de pratos, com cafés da manhã fartos e, em vários deles, televisores para assistir às partidas de futebol. Esses bares às vezes ficam um tanto conturbados porque são reduto de grupos grandes de turistas do Reino Unido que fazem despedidas de solteiro.

CAFÉS
A vida nos cafés não é tão agitada quanto foi em seu auge, na primeira metade do século XX, mas felizmente muitos cafés daquela época continuam abertos e seu antigo esplendor foi restaurado com habilidade.

As sensações são o Café Imperial, o Café Louvre, o Kavárna, na Obecní dům (Casa Municipal) e o Café Slavia, onde Václav Havel costumava se encontrar com seus amigos dissidentes na década de 1970. Todos são lugares deliciosos para passar o tempo com um café, um vinho ou um prato tradicional tcheco. Eles preservam o recinto original, as janelas enormes e o serviço eficiente. A maioria abre às 8h e fecha por volta de 23h ou meia-noite. Só o Café Louvre dispõe de uma área de não fumantes, mas todos têm teto alto e a fumaça em geral sobe e não incomoda os fregueses. Procure a estante com uma seleção de jornais; a maioria dos principais diários tchecos está à disposição em todos os cafés, e outros contam também com o *Guardian* e o *International Herald Tribune*.

Um hábito mais novo é a *čajovná*, ou sala de chá, local relaxante com ambiente oriental que oferece uma variedade de chás e geralmente lanches e pratos vegetarianos.

DANCETERIAS
Quando fizer o giro pelas boates da cidade, não tenha receio dos olhares dos porteiros, a menos que você vá a um lugar ostentoso como a Mecca ou a Duplex. Etiqueta de vestuário praticamente não existe, o que não significa que você possa entrar de camisa rasgada. Nas danceterias realmente glamorosas, o padrão é, em suma, que você se pareça com a multidão aparatosa que as frequenta; não existem regras do tipo "nada de tênis nem jeans".

Em geral as boates abrem perto das 19h, hora das bebidas, e o DJ solta a música às 22h. Se há um show em cartaz, ele deve começar entre 20h30 e 21h.

GAYS E LÉSBICAS
Os ambientes para gays e lésbicas em Praga não são tão óbvios para um observador comum, mas a cidade tem lugares excelentes para eles. Casas noturnas agitadas como Gejzeer, na Vinohradská, e Termis, na Trebizského, são superelegantes, e há também bares de coquetel luxuosos como Escape, na V jámě, e uma cervejaria onde gays são bem-vindos, U Rudolfa, na Mezibranská. Procure a *Amigo* nas bancas de jornal maiores e nas *tabaks* para ver a relação geral de lugares (em tcheco). Tente também os seguintes sites para obter informações sobre hotéis e diversões: www.praguegaycity.com e www.feminismus.cz (este, em tcheco).

CASSINOS
Praga tem os seus cassinos. Se você sente que sua estrela está em alta, pode tentar a sorte em diversos lugares. Além dos hotéis maiores – como o Marriott, o Hilton e o President –, há cassinos na Václavské náměstí e na Na příkopě com pessoal profissional e ambiente elegante, onde você ou perde a camisa ou ganha muito.

Paga-se com euros ou coroas tchecas; deve-se ter mais de 18 anos e estar vestido razoavelmente bem para entrar (leve o passaporte como identidade). O Banco Casino (Na příkopě 27) é um palácio de jogos 24 horas, com tudo que se possa imaginar; o Casino Ambassador (Václavské náměstí 5) é um salão sofisticado com os vícios tradicionais – pôquer, roleta, blackjack, flíper; o Casino Palais Savarin (Na příkopě 10) tem ambiente elegante, quase nobre.

ESPORTES E ATIVIDADES

Os tchecos são fanáticos por esportes. Suas maiores paixões são o hóquei e o tênis, esportes que produziram uma longa história de campeões para o país. Os maiores eventos do calendário esportivo anual incluem as eliminatórias de hóquei da Extraliga Tcheca, na primavera, o Campeonato Aberto de Tênis de Praga, em agosto, e a Maratona de Praga (www.praguemarathon.com), que atravessa a Karlův most (Ponte Carlos), em maio.

É grande a rivalidade entre os dois times de futebol de Praga, Sparta e Slavia, cada qual com fãs dedicados. Os ingressos de esportes como hóquei no gelo e futebol estão à venda na TicketPro (www.ticketpro.cz), na Ticketcentrum (Rytířská 31, Praga 1) e outras lojas.

Todavia, os praguenses não são apenas espectadores. Assim que a neve vai embora, começam partidas improvisadas de frisbee e softball no Parque de Letná.

Existem muitas quadras de tênis na cidade e nos arredores, e o Parque Stromovka tem caminhos extensos para corredores e patinadores (há aluguel de patins no caminho para o Planetário). O campo de golfe de 18 buracos mais próximo tem localização bucólica, abaixo do castelo, em Karlštejn (▷ 240-1). Outro campo de classe internacional fica na estância balneária de Mariánské Lázně.

Esportes aquáticos são diversos, e você pode escolher entre remar pelo rio Vltava, no coração da cidade (uma empresa aluga barcos na ilha Žofin), ou ir ao interior para fazer canoagem e velejar.

Pode-se achar que Praga, por ter morros, paralelepípedos e bondes, não é boa para ciclismo, mas ao sair do movimento do centro há ciclovias excelentes que acompanham o rio para o sul e o norte.

As trilhas para o sul começam abaixo do Teatro Nacional; para o norte, em volta do Zoológico de Praga. A Praha Bike (www.prahabike.cz), na Staré Město, aluga bicicletas e faz excursões (▷ 101).

SAÚDE E BELEZA

As estâncias de Karlovy Vary e Mariánské Lázně são dignas da fama por causa de suas amplas instalações balneárias e do ambiente tranquilo. Poucos dias aqui já bastam para rejuvenescer, mas, se não tiver como sair de Praga, você pode ter a mesma experiência na cidade com algumas visitas a lugares especializados em saúde e bem-estar. A maioria das academias de ginástica oferece sessões avulsas com personal trainers e saunas para relaxar após os exercícios. Experimente a academia do Hotel InterContinental, na Staré Město; tem pessoal atencioso e boa variedade de aparelhos. Os estúdios de massagem são comuns em toda a cidade – procure os lugares com a placa *masáž*. Uma profusão de produtos e cosméticos para a pele está à venda no empório de beleza Sephora, que tem várias filiais na cidade. O Dermacol Studio oferece uma grande variedade de tratamentos de beleza e balneários. Para a saúde do organismo, você encontra um enorme sortimento de chás de ervas, pães orgânicos e cereais na Country Life (▷ 96), loja e restaurante de produtos naturais.

PARA CRIANÇAS

Uma cidade que tem bonecos por todo canto e grandes bondes vermelhos que se esgueiram por vielas, Praga fascina a maioria das crianças sem esforço. Entre as experiências diferentes estão o labirinto de espelhos do morro Petřín e o jardim de borboletas, perto do Zoológico. Por outro lado, uma tarde em Dětský ostrov transforma-se em ótima oportunidade para dar comida aos patos. Na Jungleland, as crianças podem brincar em um cercado cheio de bolas de plástico, e é capaz que outras adorem os aviões e trens antigos do Národní technické muzeum (Museu Técnico Nacional, ▷ 202). A produção de *Don Giovanni* no teatro de marionetes (www.mozart.cz) vai encantar as crianças e os adultos, e a mistura de dança, pantomima, música e ilusionismo nos espetáculos de luz negra atrai o interesse até de crianças pequenas. Ou então suba num bonde, como o antigo nº 91, que faz uma parada no pavilhão das feiras, onde existe uma versão em miniatura do SeaWorld (www.morskysvet.cz) e se assiste à apresentação noturna de uma fonte cantante.

INFORMAÇÕES ESSENCIAIS | ARTE, COMPRAS, DIVERSÃO E NOITE

FESTIVAIS E EVENTOS

Durante o ano inteiro, Praga é anfitriã de diversos eventos culturais, tradicionais, artísticos e esportivos. Sempre que há um grande feriado, alguma coisa é montada na Staroměstské náměstí (praça da Cidade Velha) – uma feira de artesanato, uma árvore de Natal ou um palco para que os cantores e dançarinos da cidade se apresentem.

FEVEREIRO
MASOPUST
Žižkov, Praha 3
www.praha3.cz
Esse festejo antes da Quaresma dura cinco dias, começando na sexta-feira anterior à Quarta-Feira de Cinzas. Não é tão agitado quanto o Carnaval, mas tem bonecos gigantes e um desfile. À noite, música e eventos no Palác Akropolis e no Kino Aero.
Jiřího z Poděbrad

MARÇO/ABRIL
FEBIOFEST
www.febiofest.cz
Criado pelo diretor eslovaco Fero Fenič, esse festival internacional de cinema é realizado na primeira semana de abril. A programação conta com a projeção de estreias de estudantes de cinema, filmes alternativos e poucos lançamentos de grandes estúdios.
Fim mar-início abr Detalhes no site

PÁLENI ČARODĚJNIC
O tradicional festejo da primavera chamado Queima das Bruxas é comemorado com fogueiras no campo e queima de vassouras, o que afastaria o mal. Em Praga, os melhores lugares para ver as fogueiras são a ilha de Kampa e o monte Petřín. Procure no *Praga Post* da semana onde as fogueiras serão acesas na cidade.
30 abr Parque Kampa: bonde 9 ou 22 para Újezd. Monte Petřín: bondes 9 ou 22 para Újezd, depois funicular até o cume

MAIO
MAJÁLES
Nesse desfile de comemoração do Dia do Trabalho, os estudantes puxam o cortejo desde a Náměsti Jana Palacha até a Staroměstské náměstí.
1º maio Staroměstská

PRAGA MARATHON
www.pim.cz
A maratona anual tem um dos percursos mais pitorescos do mundo: atravessa a Karlův most (Ponte Carlos) e termina na Staroměstské náměstí (praça da Cidade Velha).
Maio Staroměstská Bondes 17, 18 Detalhes no site

FESTIVAL MUNDIAL DE MÚSICA ROMA KHAMORO
www.khamoro.cz
Este festival anual de música e cultura da comunidade cigana roma começou em 1999. O evento de seis dias tem música de diversos países, filmes, seminários e mostras.
260Kč-460Kč (para cada show, pela Ticketpro e nos locais) Locais diversos; detalhes no site

MAIO/JUNHO
PRIMAVERA DE PRAGA
Tel. 257 312 921
www.festival.cz
Todo ano esse festival de música de fama internacional começa em 12 de maio, aniversário da morte do compositor tcheco Bedřich Smetana (1824-84). Desde 1952, abre suas três semanas de concertos com *Má vlast (Minha pátria)* e as encerra com a *Nona sinfonia* de Beethoven. Atrai regentes e músicos de todo o mundo. Um festival similar mas menor, chamado Outono de Praga, é realizado em outubro.
12 maio-3 jun Detalhes dos locais e das apresentações no site

JUNHO
FESTIVAL ALTERNATIVO PRAHA
www.praguefringe.com
Inspirado no Festival Alternativo da Escócia, esse festejo de uma semana de música, teatro e dança alternativos é realizada em vários palcos, em recintos fechados e ao ar livre.
1ª semana de junho Ingressos a partir de 50Kč Detalhes no site

AGOSTO
LETNÍ LETNÁ
www.letniletna.cz
"Verão em Letná" traz artistas de circos experimentais a esse parque da cidade por uma quinzena em agosto.
Ingressos 60Kč-250Kč Bondes 18, 20 para Chotkovy sady

SETEMBRO
VINDIMA DE VINOHRADY
www.praha2.cz; www.praha3.cz
No final de setembro, o distrito de Vinohrady (que significa "vinhedos") comemora a colheita das uvas. Há exposição de objetos tradicionais, artistas com roupas de época e as primeiras garrafas de *burčak*, vinho jovem tcheco com sabor de cidra.
3º ou 4º fim de semana de setembro Náměstí Míru Bondes 4, 10, 16, 22 para Náměstí Míru

DEZEMBRO
FEIRA DE NATAL
Todo ano, no primeiro domingo do Advento, uma grande feira de artesanato e uma enorme árvore de Natal são montadas na praça da Cidade Velha (▷ foto na p. ao lado). Vale a pena coincidir sua visita a Praga com a feira para conhecê-la e comprar seus presentes. Dezenas de barracas de madeira vendem enfeites de Natal, objetos para presente e outros ornamentos festivos. Para espantar o frio, pegue uma caneca de *svařené víno* (vinho quente).
Barracas de artesanato: diariam 10h-22h a partir do primeiro dom de dezembro ao primeiro dom de janeiro (aproximadamente)
Gratuito Staroměstská

ONDE COMER

Praga desfruta hoje um grande dinamismo na área dos restaurantes, com novos estabelecimentos juntando-se quase diariamente aos velhos favoritos. Eles proporcionam de tudo, desde a pesada comida tradicional tcheca em versões remodeladas à ótima culinária de várias partes do mundo.

COZINHA TRADICIONAL

A culinária convencional da Boêmia apoia-se bastante nos abundantes recursos naturais do país. A paisagem é cortada por rios e marcada por lagos, lares de peixes de água doce como lucioperca, truta e sobretudo carpa. As florestas densas e os campos extensos compõem o habitat de vários tipos de animais – veado, lebre, coelho, faisão, perdiz e até javali –, mas mesmo assim a carne mais popular entre os tchecos é porco, servido, como a maioria dos pratos principais, com os acompanhamentos tradicionais de chucrute e bolinhos. Estes são feitos com uma diversidade surpreendente de ingredientes, como pão, batata e sêmola, além de farinha, e servem para ficar encharcados de molho. Uma entrada, em geral na forma de sopa, pode anteceder o prato principal, e bolos leves e deliciosos costumam ser a única sobremesa.

TIPOS DE RESTAURANTE

O *restaurace* varia enormemente no tipo e no preço. Em uma ponta da escala estão os estabelecimentos modestos que servem almoço aos funcionários de escritório por preço inacreditavelmente baixo; na outra ponta estão os palácios reluzentes da fina culinária, que atendem os novos-ricos do país e os turistas estrangeiros. Alguns dos melhores lugares dessa última categoria são os restaurantes dos grandes hotéis (Allegro ▷ 102, no Four Seasons; Sarah Bernhardt ▷ 106, no Paříž), assim como aqueles que confiam na decoração e no clima tanto quanto na comida servida, como os restaurantes dos grupos Kampa (▷ 184), Ambiente (▷ 102, 148) e Zátiší (▷ 106). Entre as duas pontas existe um novo tipo de bar, formulado detidamente por cervejarias como Plzeňský Prazdroj e Staropramen para atrair fregueses jovens, enquanto até mesmo o bar tradicional *(hospoda* ou *pivnice)* faz normalmente algum tipo de comida.

Em sentido estrito, a *vinárna* é uma adega, ou enoteca, mas o significado que se estabeleceu veio a ser o de restaurante em que o vinho, e não a cerveja, acompanha a refeição.

CAFÉS
No início e em meados do século XX, Praga era um dos baluartes da cultura dos cafés da Europa central. Poucos estabelecimentos históricos sobreviveram como o Slavia (▷ 106) e os cafés da Obecní dům (Casa Municipal, ▷ 104) e do Grand Hotel Evropa (▷ 153). São mais típicos da cidade atual os redutos dos expatriados anglo-saxônicos (Globe, ▷ 143, Bohemia Bagel) ou lugares chiques como o Cukr Káva Limonáda (▷ 183). Salas de chá contemporâneas também deram o ar da graça (Dobrá čajovná).

PREÇOS
É fácil economizar quando se come fora em Praga. O segredo é seguir os hábitos dos moradores. As melhores apostas costumam estar ao largo das rotas turísticas e nos subúrbios, mas as listas deste guia, em cada capítulo, incluem vários estabelecimentos baratos no centro de Praga. Peça os pratos do dia, que afinal devem ser mais frescos e saborosos. Comida sofisticada custa mais, o preço chega perto das cidades europeias ocidentais. Sempre se paga pelo ambiente e pela comida. O preço de uma refeição pode subir vertiginosamente se você, sem se dar conta, pegar um pouco das entradas oferecidas antes do prato principal, que, claro, não são cortesia. Como os preços normalmente incluem o imposto, atenção para que os garçons não o ponham de novo na conta. O serviço em geral também é incluso, embora seja uma prática comum arredondar o valor final.

Um jeito de preservar o orçamento é comer fast-food. Todavia, em vez de entrar num lugar conhecido, com ofertas previsíveis, experimente a salsicha de uma banca de rua, lambuzada em mostarda suave. Ou então procure um bufê que sirva o mesmo tipo de coisa e tenha também, se você estiver com sorte, diversos tipos de sanduíche aberto e pequeno. Chamados *obložené chlebíčky*, eles podem trazer misturas deliciosas de ingredientes como queijo, salmão, ova de peixe, ovo cozido e maionese, com verdura cortada, salpicados com páprica.

HORÁRIOS
Muitos tchecos saem cedo para o trabalho. Por isso vários restaurantes fecham bem antes da meia-noite, mas alguns poucos, sobretudo os que têm uma clientela de turistas, ficam abertos até tarde.

ETIQUETA
Em geral não há um modo certo de se vestir, e roupas informais elegantes servem na maioria das ocasiões. Os restaurantes mais chiques ainda tentam fazer os fregueses deixarem o paletó na chapelaria.

Em locais mais modestos é normal dividir a mesa quando não há lugares vagos – basta pedir licença a quem está sentado. Diga *dobrou chuť!* (bom apetite!) antes de comer e *na zdraví!* (saúde!) antes de beber. Nos bares, sua caneca de cerveja é substituída automaticamente pelo garçom, a não ser que você se oponha.

LEITURA DO CARDÁPIO

Pikantní polévka nebo závitek
0,5 Piwo nebo čínsky zelený čaj 99
B2) Vepřové směs s rýží
Pikantní polévka nebo závitek
0,5 Piwo nebo čínsky zelený čaj 9
B3) Krevety (výlopane) po sičuansi

O ESSENCIAL

brynza	queijo de ovelha
česnek	alho
chléb	pão
cukr	açúcar
domácí	da casa
džem	presunto
hořčice	mostarda
klobása	linguiça
křen	raiz-forte
kysaná smetana	creme azedo
majonéza	maionese
máslo	manteiga
maso	carne
míchaná vejce	ovo mexido
mléko	leite
oběd	almoço
ocet	vinagre
olej	óleo
omáčka	molho
ovoce	fruta
párek	salsicha
pepř	pimenta
rohlík	pãozinho doce
ryba	peixe
rýže	arroz
šlehačka	creme de leite
smetana	creme, nata
snídaně	café da manhã
sůl	sal
sýr	queijo
tartarská omáčka	molho tártaro
večeře	jantar
vejce	ovo
vařená vejce	ovo cozido
vejce na měkko	ovo *poché*
vejce na tvrdo	ovo cozido duro
vejce se slaninou	ovo com bacon
voda	água

POLÉVKY (SOPAS)

boršč	sopa de beterraba
bramborová polévka	sopa de tomate
čočková polévka	sopa de lentilha
dršťková polévka	dobradinha
drůbeží krém	creme de galinha
francouzská cibulačka	sopa de chalota
gulášová polévka	sopa de carne
hovězí polévka	caldo de carne
hrachová polévka	sopa de ervilha
kapustnicá	sopa de chucrute
slepičí vývar	canja
zelná polévka	sopa de repolho

PŘEDKRMY (ENTRADAS)

husí játra	fígado de ganso
kozí sýr	queijo de cabra
krabí koktejl	coquetel de caranguejo
krevety	camarões
losos	salmão
omeleta s cibulí	omelete de cebola
ruské vejce	ovos à moda russa
studené předkrmy	entradas frias
teplé předkrmy	entradas quentes

SALÁTY (SALADAS)

hlávkový	alface
listový	folhas verdes
mrkvový	cenoura
rajčatový	tomate

HLAVNÍ JÍDLA (PRATOS PRINCIPAIS)

biftek	bife
čevapčiči	almôndegas à moda dos Bálcãs
hovězí guláš	gulache de carne de vaca
játra	fígado
jehněčí karé	costela de carneiro
koleno	jarrete
krkovice	pescoço de porco assado
moravský vrabec	"pardal morávio" (porco com alcaravia)
svíčková na smetaně	bife com creme azedo
telecí ledvinky	rins de vitela
telecí řízek	bife de vitela
vepřová pečeně	porco assado
vepřové řízek	bife de porco

DRŮBEŽ (AVE)

husa pečená	ganso assado
kachna	pato
krůtí medailonky	medalhões de peru
kuře	frango
smažená kuřecí prsa	peito de frango frito

ZVĚŘINA (CARNE DE CAÇA)
- bažant .... faisão
- dančí hřbet .... lombo de veado
- holub .... pombo
- jelení .... veado
- kančí .... javali
- koroptev .... perdiz
- králík .... coelho
- perlička .... galinha-d'angola
- srnčí .... veado (corço)
- zajíc .... lebre

RYBY (PEIXE)
- filé .... filé (de peixe branco)
- humr .... lagosta
- kapr .... carpa
- kapr na černou ....
- .... carpa com molho escuro
- krevety .... camarões
- losos .... salmão
- pstruh .... truta
- sardelka .... anchova
- sardinka .... sardinha
- sleď .... arenque
- štika .... lucioperca
- treska .... bacalhau
- úhoř .... enguia
- zavináč .... arenque à escabeche

BEZMASÁ JÍDLA (PRATOS SEM CARNE)
- pečená špenátová roláda ....
- .... torta assada de espinafre
- smažené žampiónové kloboučky .
- .... cogumelos fritos
- smažený sýr .... queijo frito
- zapečený chřest se sýrem ....
- .... aspargo assado com queijo
- zeleninová omeleta
- .... omelete de legumes

PŘÍLOHY/ZELENINA (PORÇÕES/LEGUMES)
- bramborák .... panqueca de batata
- brambory .... batatas
- bramborový knedlík ....
- .... bolinho de batata
- brokolice .... brócolis
- celer .... aipo
- chřest .... aspargo
- cibule .... cebola
- fazole .... feijão
- houby .... cogumelos
- houskový knedlík .... bolinho de pão
- hranolky .... batatas fritas
- hrašek .... ervilhas
- kapusta .... couve
- knedlíky .... bolinhos
- květák .... couve-flor
- lečo .... letcho (refogado de legumes)
- okurka .... pepino
- pórek .... alho-poró
- rajče .... tomate
- rýže .... arroz
- špenát .... espinafre
- vařený brambor .... batata cozida
- žampiony .... cogumelos
- zelí .... repolho

OVOCE (FRUTA)
- ananas .... abacaxi
- banán .... banana
- borůvky .... mirtilos
- broskev .... pêssego
- citrón .... limão
- hrozny .... uvas
- hruška .... pera
- jablko .... maçã
- jahoda .... morango
- kompot .... compota
- malina .... framboesa
- meruňka .... abricó
- pomeranč .... laranja
- rozinky .... passas
- rybíz .... groselha
- švestka .... ameixa
- třešeň .... cereja

DESERTY/MOUČNÍKY A PEČIVO (SOBREMESAS/DOCES)
- buchty .... pãezinhos com recheio
- .... de fruta ou geleia
- dort .... torta/bolo cremoso
- jablečný závin .... torta de maçã
- koláč .... bolo
- ovocné knedlíky ... bolinhos de fruta
- palačinky .... crepes com recheio
- tvaroh .... coalho
- zmrzlina .... sorvete

NÁPOJE (BEBIDAS)
- Becherovka Carlsbad .... aperitivo
- bílé vino .... vinho branco
- borovička .... gim
- čaj .... chá
- čaj s mlékem .... chá com leite
- čaj se citrónem .... chá com limão
- džus .... suco
- horká čokoláda ... chocolate quente
- káva .... café
- minerální voda/minerálka ....
- .... água mineral
- neperlivá voda .... água sem gás
- černé pivo .... cerveja escura
- červené vino .... vinho tinto
- perlivá voda .... água com gás
- pivo .... cerveja
- sekt .... vinho espumante
- slivovice .... licor de ameixa
- stará myslivecká ... "velho caçador"
- .... (digestivo)
- světlé pivo .... cerveja clara
- vino .... vinho

NO RESTAURANTE
V kolik hodin otevírá ta restaurace?
A que horas este restaurante abre?

Stůl pro ..., prosím.
Uma mesa para ..., por favor.

číšník/číšnice
garçom/garçonete

Prosím jídelní/nápojový lístek
Por favor, podemos ver o cardápio/lista de bebidas?

Máte ten jídelní lístek anglicky?
Você tem um cardápio em inglês?

Máte denní nabídku?
Há um prato do dia?

Co je specialita podniku?
Qual é a especialidade da casa?

Kolik stojí to jídlo?
Quanto custa este prato?

Jsem vegetarián(ka).
Sou vegetariano(a).

Dám si...
Gostaria de...

Sůl a pepř, prosím.
Sal e pimenta, por favor.

Jídlo bylo výborné.
A comida estava excelente.

Zaplatím!
A conta, por favor.

RESTAURANTES POR REGIÃO

CENTRO

HRADČANY
Bellavista
Lobkowicz Palace Café and
    Restaurant
Lví dvůr
Peklo
U Císařů
U Ševce Matouše
U Zlaté Hrušky

MALÁ STRANA
Em volta da Malostranské náměstí
(praça do Malá Strana) e Nerudova
Cowboys
David
Gitanes
U Mecenáše
U Sedmi Švábů

NORTE DO MALÁ STRANA
Hergetova Cihelna
Kampa Park
Pálffy Palác

**SUL DO MALÁ STRANA
E ILHA DE KAMPA**
Alchymist
Café Savoy
Cukr Káva Limonáda
Essensia
Olympia
Rybářský Klub
U Malířů
U Maltézských Rytířů
U Modré Kachničky

NOVÉ MĚSTO
Em volta da Václavské náměstí
(praça Venceslau)
Alcron
Brasserie M
Bredovský dvůr
Dobrá čajovna
Ferdinanda
Le Grill
Káva Káva Káva
Kogo
Taj Mahal
Triton
U Pinkasů
Zahrada v Opeře
Zvonice

SUL DE NÁRODNÍ TŘÍDA
Café Louvre
Příčný Řez
U Fleků
Universal

SUL DA NOVÉ MĚSTO
Celeste
Mánes
Pivovarský dům
U Kalicha

NORTE DA NOVÉ MĚSTO
Café Imperial
Celnice
Hybernia
Zinc

PETŘÍNSKÉ SADY
Nebozízek

STARÉ MĚSTO
Em volta da Staroměstské náměstí
(praça da Cidade Velha)
Ambiente Brasileiro
Country Life
Havelská Koruna
Metamorphis
Rybí Trh
U Modré Růže
U Sádlů

**EM VOLTA DA OBECNÍ DŮM
(CASA MUNICIPAL)**
Buddha-Bar Praga
Francouzská Restaurace
Grand Café Orient
Kavárna Obecní dům
Plzeňská Restaurace
La Provence
Le Saint Jacques
Sarah Bernhardt

**JOSEFOV E NORTE DA
STARÉ MĚSTO**
Amici Miei
Angel
Barock
Le Café Colonial
Chez Marcel
La Degustation
King Solomon Restaurant
Kolkovna

Lary Fary
Les Moules
Pizza Nuovo
Pizzeria Rugantino
Potrefená Husa
Pravda
U Sádlů
Zlatá Praha

**SUL DA STARÉ MĚSTO
E KARLŮV MOST
(PONTE CARLOS)**
Allegro
Bellevue
Flambée
Mlýnec
Slavia
Le Terroir
La Veranda
V Zátiší

**SUBÚRBIOS
BUBENEČ**
Fraktal

HOLEŠOVICE
Hanavský Pavilón
Letenský zámeček

SMÍCHOV
La Cambusa

VINOHRADY
Ambiente The Living Restaurants
Aromi
Masala
Mozaika
Radost FX
U bílé Krávy

VRŠOVICE
Včelín

RESTAURANTES POR TIPO DE CULINÁRIA

AMERICANA
Ambiente The Living Restaurants 148
Cowboys 103

ASIÁTICA
Angel 102
Barock 102
Buddha-Bar Praga 103
Essensia 104
Masala 150
Taj Mahal 150

BALCÂNICA
Gitanes 184

FRANCESA
Brasserie M 148
Le Café Colonial 103
Chez Marcel 103
Francouzská Restaurace 103
La Provence 105
Le Saint Jacques 105
Le Terroir 106
U bílé Krávy 151
U Malířů 185
Universal 151

FRUTOS DO MAR
Alcron 148
La Cambusa 183
Celeste 149
Rybářský Klub 184
Rybí trh 105

INTERNACIONAL
Alchymist 183
Allegro 102
Bellavista 228
Bellevue 102
Café Savoy 183
La Degustation 103
Flambée 103
Fraktal 228
Le Grill 149
Hanavský Pavilón 228
Hergetova Cihelná 184
Kampa Park 184
Letenský zámeček 228
Lví dvůr 228
Mánes 150
Metamorphis 104
Mlýnec 104
Les Moules 104
Mozaika 150
Nebozízek 184
Pálffy Palác 184
Potrefená Husa 105
Pravda 105
Příčný Řez 150
Sarah Bernhardt 106
Triton 151
U Ševce Matouše 228
U Zlaté Hrušky 228
Včelín 151
La Veranda 106
V Zátiší 106
Zahrada v Opeře 151
Zinc 151
Zlatá Praha 106
Zvonice 151

ITALIANA
Amici Miei 102
Aromi 148

KOSHER
King Solomon Restaurant 104

SUL-AMERICANA
Ambiente Brasileiro 102

LANCHES
Cukr Káva Limonáda 183
Dobrá Čajovna 149
Grand Café Orient 103
Káva Káva Káva 150
Kavárna Obecní dům 104
Lobkowicz Palace Café and Restaurant 228
Slavia 106

MEDIEVAL
U Sádlů 106
U Sedmi Švábů 185

MEDITERRÂNEA
Kogo 150

PIZZA
Pizza Nuovo 104
Pizzeria Rugantino 105

TCHECA
Bredovský dvůr 148
Café Imperial 148
Café Louvre 149
Celnice 149
David 183
Ferdinanda 149
Havelská Koruna 104
Hybernia 149
Kolkovna 104
Lary Fary 104
Olympia 184
Peklo 228
Pivovarský dům 150
Plzeňská Restaurace 105
U Císařů 228
U Fleků 151
U Kalicha 151
U Maltézských Rytířů 185
U Mecenáše 185
U Modré Kachničky 185
U Modré Růže 106
U Pinkasů 151

VEGETARIANA/NATURAL
Country Life 103
Radost FX 150

ONDE FICAR

Praga destaca-se com seus imóveis históricos que foram restaurados com esmero e transformados em lugares confortáveis e peculiares para se hospedar. Após muitos anos em que a procura de quartos de hotel superou a oferta, a reforma generalizada de prédios antigos e algumas novas construções contrabalançaram a situação. Mesmo assim é melhor fazer reserva bem antes da sua chegada. Existe uma boa variedade de opções e tem aumentado o número de hotéis bons.

LUXO
Os hotéis internacionais têm os confortos, serviços e instalações que seus preços implicam. Muitos estão em prédios históricos reformados. Bom exemplo é o Four Seasons, também com ótima localização junto ao rio, pouco abaixo da Ponte Carlos. O Hilton e o InterContinental são hotéis modernos, construídos com tal fim.

NÍVEL MÉDIO
A cidade está repleta de hotéis quatro-estrelas, em geral bem pequenos, em prédios típicos nos bairros centrais. Os preços se equiparam à faixa mundial dos quatro-estrelas, mas as instalações talvez não. Uma deficiência antiga dos três-estrelas está para ser solucionada – quase sempre longe do centro, mas com acesso por transportes públicos.

ECONÔMICO
É pequeno o número de hotéis uma e duas-estrelas, mas existem muitos albergues. Lembre-se de que vários hotéis põem uma cama a mais no quarto por uma taxa simbólica.

Em estadias longas é melhor alugar um apartamento. Alguns são no centro, mas existe maior oferta nos subúrbios. As pousadas são hotéis pequenos de particulares ou casas de cômodos.

ONDE FICAR
O excelente sistema de transporte público da cidade torna a maioria dos lugares da região metropolitana acessível por metrô, bonde ou ônibus. No entanto, é uma delícia explorar Praga a pé, e sua estadia dará mais prazer se você se hospedar a uma distância cômoda para caminhar até algumas das principais atrações turísticas. Não é difícil, pois a maioria dos hotéis está nos distritos históricos ou bem perto deles.

O bairro do castelo, Hradčany, é tranquilo e traz uma atmosfera especial, mas tem menos opções de lugares para se hospedar, além do que fica no topo de um morro. O belo Malá Strana, na margem esquerda do rio, é bastante procurado e tranquilo, a não ser em algumas poucas ruas, e com hotéis em casas históricas e palácios convertidos.

Do lado contrário da Karlův most (Ponte Carlos), a Staré Město (Cidade Velha) está no meio de tudo, com diversos lugares históricos para ficar, restaurantes e locais de diversão. Bem maior, a Nové Město (Cidade Nova) dispõe de enorme variedade de acomodações.

Nos subúrbios, os distritos centrais de Vinohrady (classe média) e Smíchov (classe operária, mas já se aburguesando) são os mais interessantes, com acomodações que vão de pensões modestas ao luxuoso Mövenpick, que tem duas partes ligadas por um funicular maravilhoso.

Para todos os lugares fora de Praga, o fator principal é a qualidade do transporte público – prefira ficar perto de uma estação do metrô.

A alta temporada vai de abril ao fim de outubro, além do Natal e do Ano-Novo, mas quase sempre há bons negócios, sobretudo para fins de semana e reservas pela internet.

AGÊNCIAS
A mais confiável talvez seja a agência oficial de informação, PIS (▷ 272), cujos postos ajudam a encontrar hospedagem rapidamente. Para reservas antecipadas, contate a Pragotour: Praga 5, Arbesovo náměstí 4, tel. 221 714 130, e-mail: pragotour@pis.cz. Tente também a AVE, Hlavní nádraží (estação principal), Nové Město, Praga 2, tel. 224 223 226, ou no aeroporto, tel. 220 114 650; ou pelo site www.avetravel.cz.

Para alugar apartamentos com boa antecedência experimente a Apartments in Praga, tel. 251 512 502, www.apartments-in-Praga.org. Para aluguéis de curto prazo, fale com a Svoboda & Williams, tel. 257 328 281, www.svoboda-williams.com.

PALAVRAS E FRASES

O tcheco é uma das línguas mais fonéticas da Europa e certas combinações de letras lembram muito a pronúncia do português.

Se você dominar algumas normas básicas, especialmente quanto aos acentos, vai achar fácil ler e pronunciar o tcheco.

As vogais são pronunciadas assim:

a	como em	p**a**to
e	como em	t**e**to
i/y	como em	b**i**co
o	como em	c**o**po
u	como em	t**a**mpa
ě	como em	qui**e**to
ů	como em	b**u**le

Acrescentando um acento agudo (´) à vogal, o som fica mais longo. Por exemplo:

á	como em	c**aa**tinga
í	como em	fri**í**ssimo

Veja também estas combinações:

au	como em	p**au**ta
ou	como em	d**ou**to

Consoantes como em português, com exceção de:

c	ts
j	entre i e j
ch	aspirado como rr
č	tch
š	ch
ž	j
ň	nh
ř	mistura de r com j
ý	i
d'	dch
t'	ti
w	v

Todos os substantivos tchecos podem ser masculinos, femininos ou neutros. Têm também terminações que mudam conforme seu uso na frase. A terminação dos adjetivos também se altera para concordar com o substantivo. Assim, você verá diversas variações da mesma palavra. Por isso é mais fácil considerar frases básicas como um todo.

CONVERSAÇÃO

Não falo tcheco.
Nemluvím česky.

Só falo um pouco de tcheco.
Mluvím česky jenom trochu.

Você fala inglês?
Mluvíte anglicky?

Você fala português?
Mluvíte portugalsky?

Não compreendo.
Nerozumím.

Repita, por favor.
Můžete to zopakovat.

Fale mais devagar, por favor.
Mluvte pomalu, prosím.

Pode soletrar isso?
Jak se to píše?

Escreva para mim, por favor
Napište mi to, prosím

Meu nome é...
Jmenuji se...

Como você se chama?
Jak se jmenujete?

Olá, prazer em conhecer.
Těší mě.

Este(a) é meu amigo / minha amiga.
To je můj přítel / moje přítelkyně.

Esta(e) é minha mulher / meu marido / minha filha / meu filho.
To je moje žena / můj muž / moje dcera / můj syn.

Onde você mora?
Kde bydlíte?

Moro em...
Bydlím v...

Estou aqui de férias.
Jsem tady na dovolené.

Bom dia.
Dobrý den.

Boa tarde / boa noite
Dobrý den / dobrý večer

Até logo.
Na shledanou.

Tchau / oi
Ahoj (cumprimento comum usado para ambos)

Vejo você amanhã.
Na shledanou zítra.

Vejo você em breve.
Uvidíme se brzy.

Que horas são?
Kolik je hodin?

Como vai?
Jak se máte?

Bem, obrigado.
Díky, dobře.

Desculpe-me.
Promiňte.

VOCABULÁRIO ÚTIL

sim	ano
não	ne
por favor	prosím
obrigado	děkují
de nada	prosím / nemáte zač
desculpe-me!	promiňte!
onde	kde
aqui	tady
lá	tam
quando	kdy
agora	ted'
mais tarde	později
por quê	proč
quem	kdo
posso	můžu

COMPRAS

Pode me ajudar, por favor?
Pomůžete mi, prosím?

Quanto custa isto?
Kolik to stojí?

Quanto custa esse / aquele?
Kolik stojí tohle / tamto?

Quero...
Hledám...

Onde posso comprar...?
Kde dostanu...?

Quando a loja abre / fecha?
Kdy tady otevíráte / zavíráte?

Obrigado, estou só olhando.
Děkují, jenom si prohlížím.

Não é o que eu quero.
Není to ono.

Vou levar isto.
Vezmu si to.

Você tem algo menos caro / menor / maior?
Máte něco levnějšího / menšího / většího?

As instruções vêm junto?
Jsou u toho pokyny pro uživatele?

Tem uma sacola para isto?
Máte na to tašku?

Estou procurando um presente.
Hledám dárek.

Embrulhe para presente, por favor.
Zabalte to jako dárek, prosím.

Vocês aceitam cartão de crédito?
Můžu platit kreditní kartou?

Quero um quilo de...
Prosím kilo...

Vocês têm sapatos que combinem com isto?
Máte boty, které by s tím ladily?

Este é o tamanho certo.
To je správná velikost.

Pode ver o meu tamanho?
Můžete mě prosím změřit?

Isto não serve em mim.
To není pro mě.

Você tem este em...?
Máte to v...?

Deve ser lavado a seco?
Musí se to nechat čistit?

Há um mercado / uma feira por aqui?
Je tady někde trh/tržnice?

NUMERAIS

0	nula
1	jedna
2	dvě
3	tři
4	čtyři
5	pět
6	šest
7	sedm
8	osm
9	devět
10	deset
11	jedenáct
12	dvanáct
13	třináct
14	čtrnáct
15	patnáct
16	šestnáct
17	sedmnáct
18	osmnáct
19	devatenáct
20	dvacet
21	dvacet jedna
22	dvacet dva
30	třicet
40	čtyřicet
50	padesát
60	šedesát
70	sedmdesát
80	osmdesát
90	devadesát
100	sto
1.000	tisíc
milhão	milión
um quarto	čtvrt
metade	půl
três quartos	tři čtvrtě

CORREIO E TELEFONE

Onde fica o correio / caixa de correio mais próximo(a)?
Kde je tady nejblíž pošta / poštovní schránka?

Qual é a tarifa (em selos) para...?
Kolik stojí poštovné do...?

Um selo, por favor.
Jednu známku prosím.

Quero mandar isto por via aérea / carta registrada.
Leteckou poštou / rekomando prosím.

Onde há um telefone público?
Kde je tady telefonní budka?

Qual é a tarifa por minuto?
Kolik stojí hovor za minutu?

Posso ligar direto para...?
Můžu točit přímo...?

É preciso discar o zero primeiro?
Musím nejprve točit nulu?

Onde há uma lista telefônica?
Kde najdu telefonní seznam?

Onde posso comprar um cartão de telefone?
Kde koupím telefonní kartu?

Qual é o número de informações?
Číslo telefonních informací, prosím.

Por favor transfira para...
Spojte mě prosím s...

Alguém me ligou?
Nevolal mi někdo?

Olá, sou...
Haló, tady je...

Quem está falando?
Kdo je u telefonu?

Eu gostaria de falar com...
Chtěl(a) bych mluvit s...

Ramal... por favor.
Klapka ... prosím.

Por favor peça a ele / ela que ligue para mim.
Vyřiďte mu / jí prosím, ať mi zavolá.

DINHEIRO

Há um banco / casa de câmbio por aqui?
Je tady někde blízko banka / směnárna?

Eu gostaria de trocar dólares / libras por coroas (Kč).
Americké dolary / anglické libry za české koruny (Kč) prosím.

Posso usar o cartão de crédito para retirar dinheiro?
Mohu vybírat hotovost na svoji kreditní kartu?

Quero trocar este traveller's cheque.
Mám tady cestovní šek k proplacení.

Posso trocar isto por dinheiro aqui?
Můžu si tady nechat proplatit šek?

Qual é a taxa de câmbio hoje?
Jaký je dnešní kurz?

CIRCULANDO NOS TRANSPORTES

Onde fica a estação de trem / ônibus?
Kde je tady vlakové / autobusové nádraží?

Este trem / ônibus vai para...?
Jede ten vlak/autobus do...?

Este trem / ônibus para em...?
Staví ten vlak/autobus v...?

Pare no próximo ponto, por favor.
Zastavte mi na další zastávce, prosím.

Onde estamos?
Kde jsme?

Tenho de descer aqui?
Musím tady vystoupit?

Onde eu compro um bilhete?
Kde si mohu koupit lístek?

Este lugar está ocupado?
Je tady obsazeno?

Onde eu reservo um lugar?
Kde si mohu rezervovat místo?

Por favor, quero um bilhete simples / de volta para...
Prosím jízdenku / zpáteční jízdenku do...

Onde está o quadro de horários?
Kde je jízdní řád?

Quando sai o primeiro / último ônibus para...?
Kdy jede první / poslední autobus do...?

Por favor, um bilhete comum / de primeira classe para...
Prosím lístek druhé třídy / první třídy do...

Onde é o balcão de informações?
Kde jsou informace?

Você tem um mapa do metrô / de itinerário de ônibus?
Máte mapu metra / autobusů?

Onde encontro um (ponto de) táxi?
Kde najdu (stanoviště) taxi?

Por favor, quero ir para...
...(endereço), prosím.

Quanto custa?
Kolik platím?

Ligue o taxímetro, por favor.
Zapněte prosím taxametr.

Quero descer aqui, por favor.
Dovolíte, vystoupím tady.

Pode me esperar, por favor?
Můžete na mě počkat, prosím?

Este é o caminho de / para...?
Je to správný směr k / do...?

INFORMAÇÃO TURÍSTICA

Onde fica o posto / balcão de informação turística, por favor?
Kde je informační středisko pro turisty, prosím?

O que podemos conhecer lá?
Co stojí za vidění tady v okolí?

Você tem um mapa da cidade?
Máte mapu města?

Por favor, uma informação sobre...?
Prosím informace o...?

Que atrações / hotéis / restaurantes você recomenda?
Co doporučíte k vidění/které hotely/ restaurace doporučujete?

Pode me mostrar onde ficam no mapa, por favor?
Můžete mi je ukázat na mapě, prosím?

Quanto custa a entrada?
Kolik stojí vstupné?

Há desconto para idosos / estudantes?
Máte slevu pro důchodce / studenty?

Há visitas guiadas?
Máte obhlídku s průvodcem?

Há passeios de barco?
Dá se jet na výlet lodí?

Para onde eles vão?
Kam to jezdí?

Há um guia que fale inglês?
Máte anglické průvodce?

Vocês organizam excursões?
Organizujete výlety?

Podemos fazer reservas aqui?
Můžeme si tady rezervovat místo?

A que horas abre / fecha?
V kolik hodin otevíráte/zavíráte?

É permitido tirar fotos?
Je možné tady fotografovat?

Há um folheto em inglês?
Máte brožuru v angličtině?

Qual é a programação no cinema / nos cinemas, por favor?
Máte program kina / kin, prosím?

Onde há uma boa boate / discoteca?
Kde najdu dobrý klub / disko?

A que horas começa o espetáculo?
V kolik hodin začíná představení?

Quero reservar ingressos, por favor.
Chci si rezervovat lístky, prosím.

Quanto custa o ingresso?
Kolik stojí lístek?

É preciso usar roupa chique?
Je nutný večerní oděv?

AJUDA
Socorro!
Pomoc!

Pegue o ladrão!
Pozor, zloděj!

Pode me ajudar, por favor?
Pomozte mi prosím?

Chame os bombeiros / a polícia / uma ambulância.
Zavolejte hasiče / policii / sanitku.

Perdi meu passaporte / minha carteira / minha bolsa.
Ztratil(a) jsem pas/náprsní tašku/ peněženku/kabelku.

Onde é o achados e perdidos?
Jsou tady ztráty a nálezy?

Onde fica o posto policial?
Kde je policejní stanice?

Fui assaltado / assaltada.
Okradli mě.

Tive um acidente.
Měl(a) jsem nehodu.

Aí estão meu nome e endereço.
Tady je moje jméno a adresa.

Você viu o acidente?
Viděli jste tu nehodu?

Você tem seguro?
Máte pojištění?

Qual o seu nome e endereço?
Mohu vs vzít vaše jméno a adresu?

Preciso de informação para a minha seguradora.
Potřebuji informace pro svoji pojišťovnu.

Desculpe-me, acho que estou perdido(a).
Promiňte prosím, asi jsem se ztratil(a).

DOENÇA
Não me sinto bem.
Není mi dobře.

Chame um médico, por favor.
Zavolejte prosím doktora.

Há um médico / farmacêutico atendendo?
Má tady službu lékař/lékárník?

Preciso consultar um médico / dentista.
Potřebuji doktora/zubaře.

Onde é o hospital?
Kde je nemocnice?

Quando abre o consultório?
Kdy má tato ordinace otevřeno?

Preciso marcar uma consulta de emergência.
Potřebuji nutně vidět lékaře

Preciso marcar consulta?
Musím se objednat?

Estou doente.
Je mi zle.

Sou alérgico a...
Mám alergii na...

Tenho um problema cardíaco.
Mám nemocné srdce.

Tenho diabetes.
Mám cukrovku.

Tenho asma.
Mám astmu.

Uma vespa / abelha me picou.
Štípla mě vosa / včela.

Por favor, me dê um analgésico.
Prosím prášek proti bolesti.

Quantos comprimidos eu devo tomar?
Kolik tabletek mám denně brát?

Quanto tempo vou ficar de cama / no hospital?
Jak dlouho budu muset zůstat v posteli/v nemocnici?

Estou com dor de dente forte.
Moc mě bolí zub.

Quebrei um dente / uma coroa.
Ulomil se mi zub / korunka.

Uma obturação caiu.
Vypadla mi plomba.

Pode consertar minha dentadura?
Opravíte mi zubní protézu?

HOTÉIS
Estou procurando um hotel.
Hledám hotel.

Estou procurando um albergue da juventude.
Hledám studentskou ubytovnu
Hledám hostel.

Vou ficar poucos dias.
Zůstanu několik dnů.

Pretendo ficar uma semana.
Zůstanu jeden týden.

Pretendo ficar duas semanas.
Zůstanu dva týdny.

Vou ficar um mês.
Zůstanu jeden měsíc.

Tenho uma reserva de quarto.
Mám reservaci za pokoj.

Meu nome é...
Jmenuji se...

Há um quarto para hoje?
Máte volný pokoj na dnešek?

Há um quarto para três dias?
Máte volný pokoj na tři dny?

Há um quarto para uma semana?
Máte volný pokoj na týden?

Quero um quarto de solteiro.
Chci jednolůžkový pokoj.

Quero um quarto para duas pessoas.
Chci dvojlůžkový pokoj.

Quero um quarto com banheiro.
Chci pokoj s koupelnou.

Quero um quarto com chuveiro.
Chci pokoj se sprchou.

Quero um quarto com uma vista bonita.
Chci pokoj s pohledem.

Quanto custa o quarto?
Kolik stojí pokoj?

Quanto custa o quarto com café da manhã?
Kolik stojí pokoj se snídaní?

Posso ver o quarto, por favor?
Můžu vidět ten pokoj, prosím?

Dê-me a chave, por favor.
Dejte mi klíč, prosím.

Dê-me a conta, por favor.
Dejte mi účet, prosím.

COMÉRCIO
padaria	pekařství
livraria	knihkupectví
açougue	maso uzeniny
confeitaria	cukrárna
loja de roupas	oděvy
mercearia	lahůdky
tinturaria	čistírna
peixaria	ryby
floricultura	květinářství
loja de presentes	suvenýry/dárky
armazém/mercado	potraviny
salão de beleza	kadeřnictví
joalheria	klenoty
lavanderia	prádelna
roupas íntimas	prádlo
banca de jornal	trafika
drogaria	drogerie
lojas de fotografia	fotopotřeby
sapataria	obuv
loja de esportes	sportovní zboží
tabacaria	tabák

DIAS / PERÍODOS / MESES / ESTAÇÕES / FERIADOS
segunda-feira	pondělí
terça-feira	úterý
quarta-feira	středa
quinta-feira	čtvrtek
sexta-feira	pátek
sábado	sobota
domingo	neděle
noite	noc
dia	den
manhã (até cerca de 9h)	ráno
manhã (restante da manhã)	dopoledne
tarde	odpoledne
anoitecer / começo da noite	večer
mês	měsíc
ano	rok
hoje	dnes
ontem	včera
amanhã	zítra
janeiro	leden
fevereiro	únor
março	březen
abril	duben
maio	květen
junho	červen
julho	červenec
agosto	srpen
setembro	září
outubro	říjen
novembro	listopad
dezembro	prosinec
primavera	jaro
verão	léto
outono	podzim
inverno	zima
Páscoa	Velikonoce
feriado nacional	Státní svátek
Dia de Todos os Santos	Všech svatých
Natal	Vánoce
26 de dezembro (Santo Estêvão)	Štěpána
Véspera de Ano-Novo (São Silvestre)	Silvestr
Ano-novo	Nový rok

CORES
preto	černá
marrom	hnědá
rosa	růžová
vermelho	červená
laranja	oranžová
amarelo	žlutá
verde	zelená
azul	modrá
roxo	fialová
branco	bílá
ouro	zlatá
prata	stříbrná
cinza	šedá
turquesa	tyrkysová

MAPAS | PRAGA

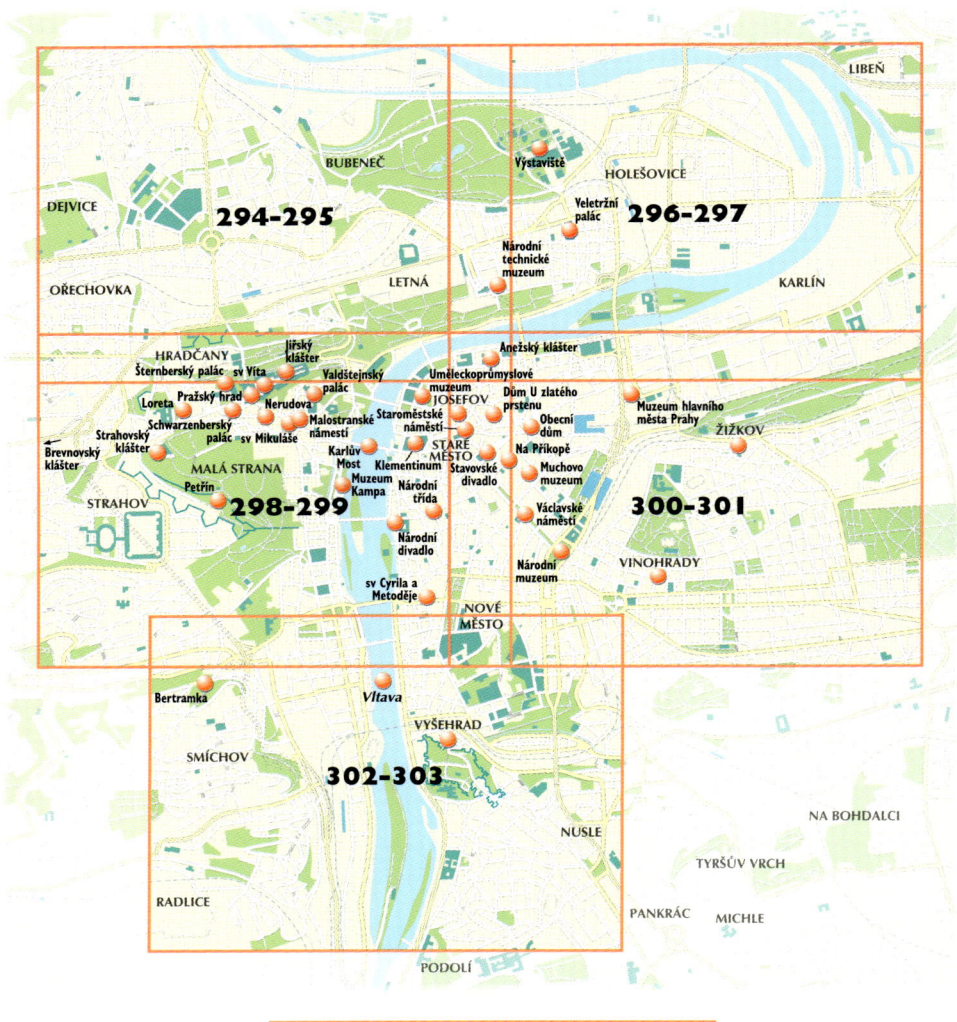

	Via principal	Principal atração
	Via secundária/trilha	Monumento
	Outra via	Fonte
	Via de mão dupla	Informação turística
	Túnel	Igreja
	Via menor	Sinagoga
	Escadas	Correio
	Estação de trem	Estação de metrô
	Parque ou jardim	Parada de bonde
	Local de interesse	Estacionamento

MAPAS

As referências aos mapas feitas nas atrações remetem aos mapas de localização nos próprios capítulos sobre as regiões da cidade. Por exemplo, Karlův most (Ponte Carlos) tem a referência ✚ 60 E6, que indica o número da página (60) do mapa de localização e as coordenadas em que a Karlův most está (E6). Essas mesmas coordenadas são usadas para localizar as atrações nesta seção. Por exemplo, Karlův most volta a aparecer no quadrado E6 da página 299 do atlas.

Mapas	292
Índice dos mapas	304

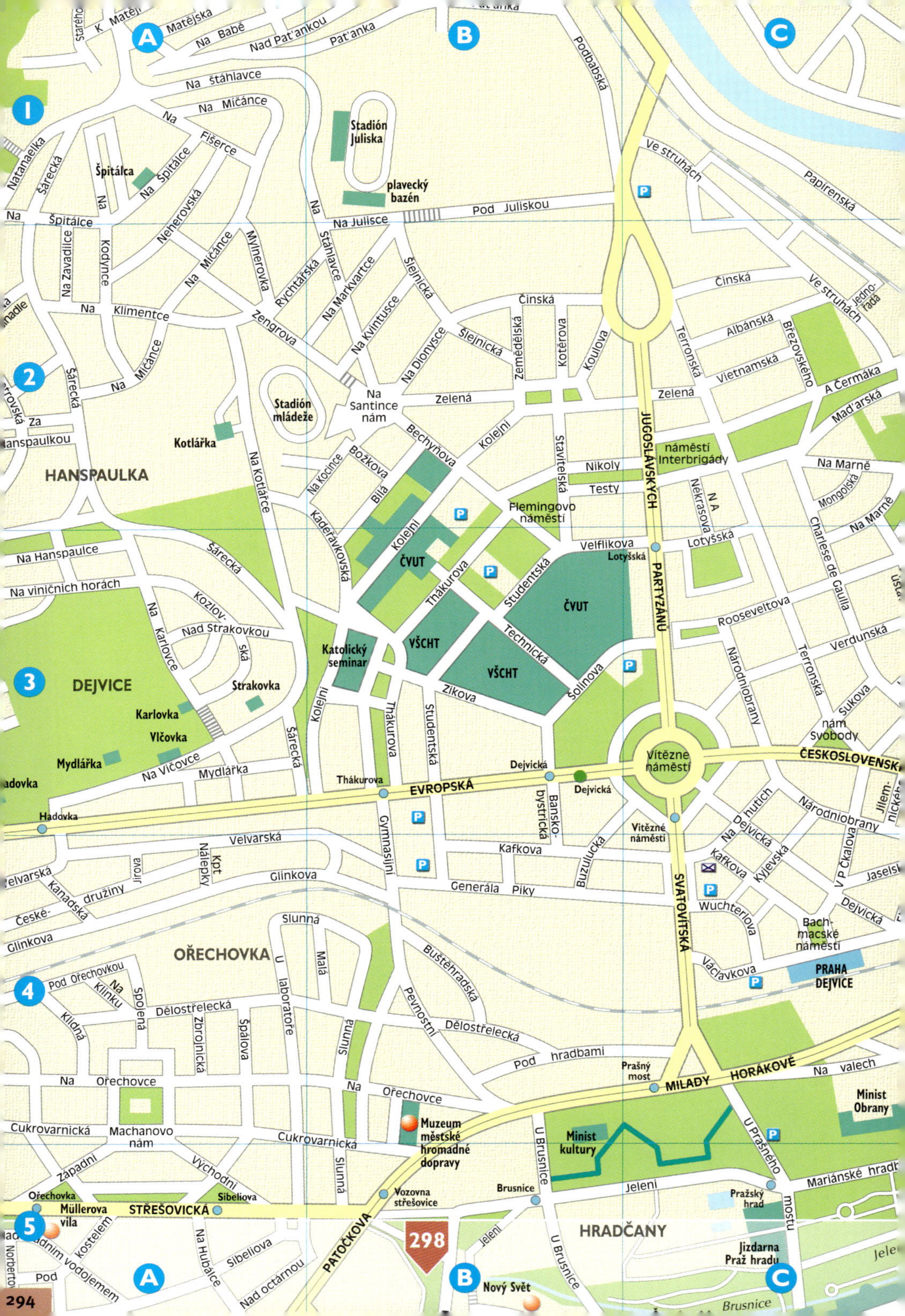
A
B
C
1
2
3
4
5
K Matěji
Matějská
Na Babě
Nad Paťankou
Paťanka
Podbabská
Na Šťáhlavce
Na Míčánce
Fišerce
Stadión Juliska
plavecký bazén
Pod Juliskou
Na Julisce
Ve struhách
Papírenská
Natanaelka
Šárecká
Špitálka
Na Špitálce
Neherovská
Mylnerovka
Rychtářská
Šťáhlavce
Na Markvartce
Šlejnická
Čínská
Na Zavadilce
Kodymce
Klimentce
Na Míčánce
Zengrova
Na Kvintusce
Na Dionysce
Zemědělská
Kotěrova
Koulova
Terronská
Albánská
Březovského
Vietnamská
Jednořadá
A Čermáka
Maďarská
Stadión mládeže
Na Santince nám
Zelená
Kotlářka
HANSPAULKA
Na Kotlářce
Na Kocínce
Božkova
Bechyňova
Kolejní
Stavitelská
JUGOSLÁVSKÝCH
PARTYZÁNŮ
náměstí Interbrigády
Nikoly
Testy
Na Marně
Mongolská
Bílá
Flemingovo náměstí
Nekrasova
Lotyšská
Velflíkova
Charlese de Gaulla
Na Hanspaulce
Šárecká
Kadeřávkovská
ČVUT
Thákurova
Studentská
Na viničních horách
Kozlovská
Nad Strakovkou
Na Karlovce
Rooseveltova
Verdunská
Technická
Katolický seminář
VŠCHT
Šolínova
Terronská
Národní obrany
DEJVICE
Strakovka
Karlovka
Vlčovka
Mydlářka
Na Vlčovce
Mydlářka
Zikova
Kolejní
Sukova
nám Svobody
Vítězné náměstí
ČESKOSLOVENSKÉ
Hadovka
Thákurova
Dejvická
EVROPSKÁ
Banskobystrická
Dejvická
Gymnasijní
Národní obrany
Jilemnického
Velvarská
Kafkova
Vítězné náměstí
Na hutích
Dejvická
Kafkova
Kyjevská
V P Čkalova
Jaselská
Kanadská
družiny
Jirova
Kpt Nálepky
Glinkova
Generála Píky
Buzulucká
Wuchterlova
SVATOVÍTSKÁ
České-
Glinkova
Slunná
OŘECHOVKA
U laboratoře
Malá
Buštěhradská
Bachmačské náměstí
Václavkova
PRAHA DEJVICE
Pod Ořechovkou
Na Klínku
Spojená
Klidná
Dělostřelecká
Zbrojnická
Šपálova
Slunná
Pevnostní
Dělostřelecká
Pod hradbami
Prašný most
MILADY HORÁKOVÉ
Na valech
Na Ořechovce
Na Ořechovce
Ministerstvo Obrany
Cukrovarnická
Machanovo nám
Cukrovarnická
Muzeum městské hromadné dopravy
U Brusnice
Minist kultury
U Prašného mostu
Západní
Východní
Slunná
Ořechovka
Müllerova vila
STŘEŠOVICKÁ
Sibeliova
Vozovna střešovice
Brusnice
Jelení
Pražský hrad
Mariánské hradby
Nad vodojemem
Pod kostelem
Na Hubálce
Sibeliova
Nad octárnou
PATOČKOVA
298
Jelení
U Brusnice
HRADČANY
Jízdárna Praž hradu
Nový Svět
Brusnice
Jelení

D
E
F
I
2
3
4
5
Vltava
jezdecká hala
Císařský ostrov
jezdecké závodiště
T J Žižka
pruplav
Za elektrárnou
Ekotechniká muzeum
Za Císařským Mlýnem
T J Olymph Praha
Mlýnská
Císařský Mlýn
ŽEL ST PRAHA-BUBENEČ
rameno Vltavy
Goetheho
Juarézova
Česko-malinská
Heineho
Sibiřské náměstí
Rooseveltova
Stromovka
BUBENEČ
296
Gotthardská
Šturová
Pelléova
Česko-malinská
Wolkerova
K St Bubenči
Oborou
AVU
U akademie
Raisova
Bubenečská
V sadech
Eliášova
Wintra
POD KAŠTANY
Romaina
V tišině
Rollanda
Na Zátorce
KORUNOVAČNÍ
Královskou
Havanská
Zájice
Čechova
Šmeralova
Ovenecká
Sochařská
Sládkova
Kera-mická
Nad
Sportovní hala
Jana
U Sparty
Na výšinách
U letenské vodárny
Stadión Sparta Praha
VELETRŽNÍ
Letenské náměstí
Letenské náměstí
Jirečkova
Dobrov-
Na Zátorce
U Vorlíků
Srbská
Pod Kaštany
Pelléova
Slavíčkova
Muchova
Marákova
Bubenečská
MILADY HORÁKOVÉ
Sparta
Nad Štolou
Minist vnitra
LETNÁ
Letohradská
Národní zemědělské muzeum
Kostelní
Muzejní
Hradčanská
Pod baštami
K Brusce
Na Valech
Na Špejcharu
BADENIHO
Na baště sv Ludmily
Mickiewiczova
Bílkova vila
Chotkovy sady
Tychonova
U Písecké brány
K Brusce
Chotkova
Královský letohrádek
Letenské sady
NÁBŘEŽÍ EDVARDA BENEŠE
Čechův most
Chotkovy sady
Belvedér
Královská zahrada
Oranžerie
CHOTKOVA
Pod Bruskou
Kramářova vila
U BRUSKÝCH KASÁREN
EDVARDA BENEŠE
NÁBŘEŽÍ
299
U Plovárny
Úřad vlády ČR
Čechův most
Dvořákovo nábřeží
sv Šimon a Juda
Anežský klášter
náměstí Curieových
Právnická fakulta
Dušní
Kozí
U milosrdných
Jiřský klášter
Zlatá ulička
Daliborky
Na Opyší
zahrada
Zahrady pod
Jiřská
Dvořákovo nábřeží
UK
Pařížská
Bílkova
U obecního dvora

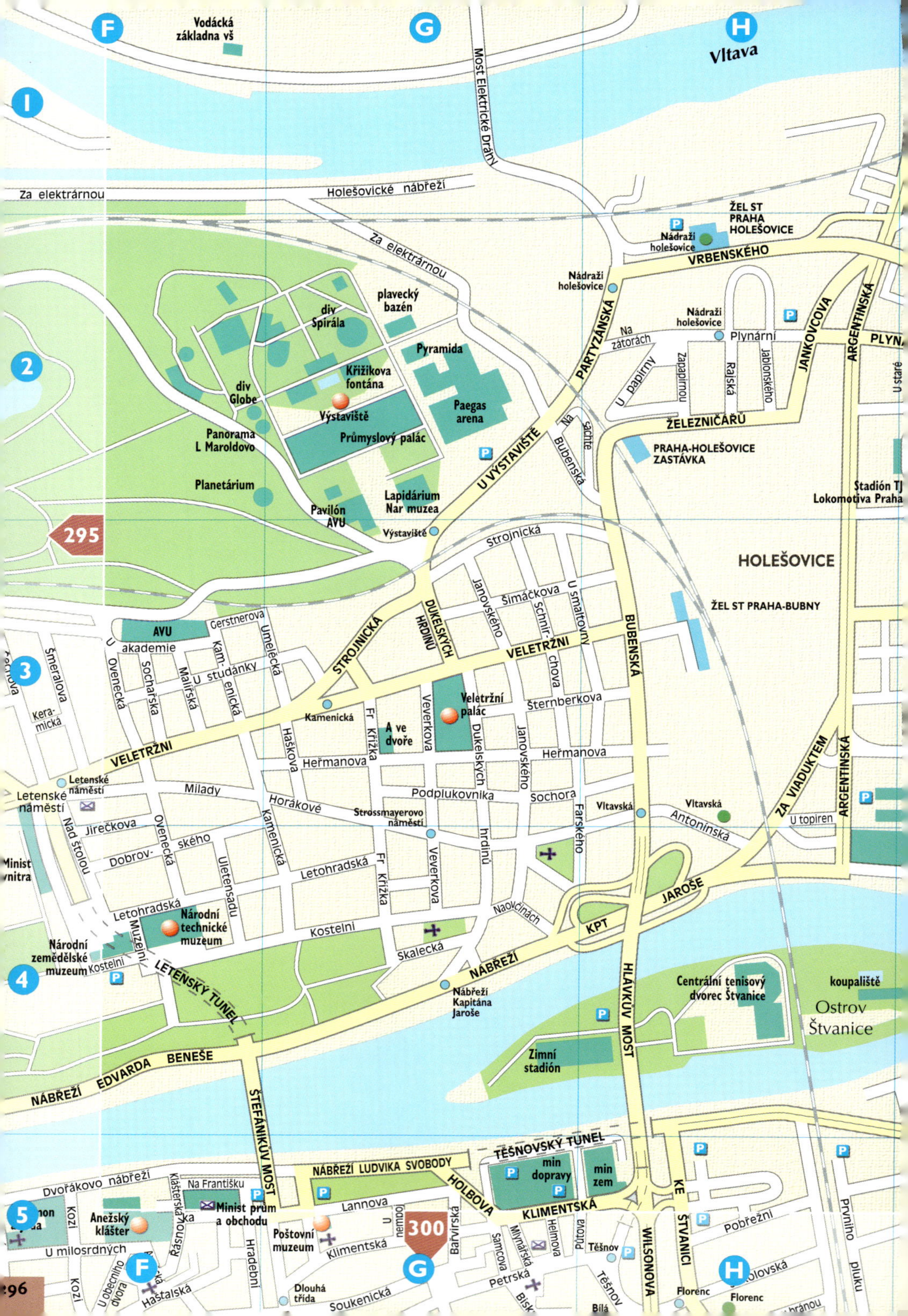
F
G
H
I
2
3
4
5
Vodácká základna vš
Vltava
Most Elektrické Dráhy
Za elektrárnou
Holešovické nábřeží
Za elektrárnou
ŽEL ST PRAHA HOLEŠOVICE
Nádraží holešovice
VRBENSKÉHO
Nádraží holešovice
Nádraží holešovice
Plynární
PLYNÁ
Na zátorách
U papírny
Zapalirnou
Rajská
Jablonského
JANKOVCOVA
ARGENTINSKÁ
U staré
PARTYZÁNSKÁ
plavecký bazén
div Spirála
Pyramida
Křižíkova fontána
div Globe
Výstaviště
Paegas arena
Panorama L Maroldovo
Průmyslový palác
U VÝSTAVIŠTĚ
Na Bubenská
ŽELEZNIČÁŘŮ
PRAHA-HOLEŠOVICE ZASTÁVKA
Planetárium
Lapidárium Nar muzea
Pavilón AVU
Výstaviště
Stadión TJ Lokomotiva Praha
295
Strojnická
HOLEŠOVICE
Janovského
Šimáčkova
Schnirchova
U smaltovny
ŽEL ST PRAHA-BUBNY
DUKELSKÝCH HRDINŮ
STROJNICKÁ
BUBENSKÁ
AVU
Gerstnerova
U akademie
Umělecká
VELETRŽNÍ
Šmeralova
Sochařská
Kamenická
U studánky
Malířská
Ovenecká
Kera-mická
Kamenická
Veletržní palác
Šternberkova
A ve dvoře
Fr Křížka
Veverkova
Dukelských
Janovského
VELETRŽNÍ
Haškova
Heřmanova
Heřmanova
Letenské náměstí
Letenské náměstí
Milady
Horákové
Podplukovnika
Sochora
Vltavská
Vltavská
Antonínská
U topíren
ZA VIADUKTEM
ARGENTINSKÁ
Strossmayerovo náměstí
Jirečkova
Nad štolou
Ovenecká
Dobrovského
Kamenická
Uletensadu
Letohradská
Fr Křížka
Veverkova
hrdinů
Farského
Minist vnitra
JAROŠE
Letohradská
Muzejní
Národní technické muzeum
Kostelní
Naoklcinách
KPT
Národní zemědělské muzeum
Kostelní
LETENSKÝ TUNEL
Skalecká
NÁBŘEŽÍ
Nábřeží Kapitána Jaroše
HLÁVKŮV MOST
Centrální tenisový dvorec Štvanice
koupaliště
Ostrov Štvanice
Zimní stadión
NÁBŘEŽÍ EDVARDA BENEŠE
ŠTEFÁNIKŮV MOST
TĚŠNOVSKÝ TUNEL
NÁBŘEŽÍ LUDVIKA SVOBODY
min dopravy
min zem
Dvořákovo nábřeží
Na Františku
Klášterská
Minist prům a obchodu
Lannova
HOLBOVA
KLIMENTSKÁ
KE ŠTVANICI
Anežský klášter
Poštovní muzeum
U nemoc
300
Barvířská
Samcova
Mlynářská
Helmova
Půtova
Těšnov
Pobřežní
U milosrdných
Rásnova
Hradební
Klimentská
Petrská
Těšnov
WILSONOVA
Florenc
Florenc
Prvního pluku
Kozí
U obecního dvora
Haštalská
Dlouhá třída
Soukenická
Bílá

J
K
L
I
2
3
4
5
Krejčího
LIBEŇ
POVLTAVSKÁ
Varhulíkové
U vody
Jankovcova
U Pergamenky
U Českých loděnic
Thomayerovy sady
Vltava
Ortenovo náměstí
Plynární
U URANIE
Na Maninách
U parního mlýna
Poupětova
Komunardů
Osadní
U městských domů
U měšť. pivovaru
Libeňský ostrov
U průhonu
V háji
JANKOVCOVA
Přístavní
Letecké muzeum
Storchová
TÁBOROVA
DĚLNICKÁ
LIBEŇSKÝ MOST
Libeňský most
VOC.
Tusarova
Stupkova
Jateční
Vojenova
ŠVABKY
Div Milénium
Bubenské nábřeží
KARLÍN
K Olympiku
Stadión TJ Sparta Karlín-Dukla
Invalidovna
Nekvasilova
Kult. středisko
Karolinská
SOKOLOVSKÁ
kaizlovy sady
Za invalidovnou
Molákova
ROHANSKÉ NÁBŘEŽÍ
U nádražní lávky
Pobřežní
Thámova
Urxova
Slezáká
Šaldova
Křižíkova
Březinova
Lyčkovo nám
Hybešova
U invalidovny
U Sluncové
Sokolovská
Kubova
Sovova
Pernerova
Karlínské náměstí
Cyril a Metoděj
Koriybutova
Na Špitálsku
Pražačka
301
29

Mapa Hradčany a Strahov

294 HRADČANY

Ulice a místa

- Západní, Východní, Ořechovka, Sibeliova, Slunná
- STŘEŠOVICKÁ, Vozovna Střešovice, Brusnice
- Müllerova vila
- Nad hradním vodojemem, Pod hradním kostelem
- Sibeliova, Nad Hubálce, Otevřená, Na Hubálce
- PATOČKOVA, Keplerova, Na Náspu, Černínská
- Nový Svět
- U Brusnice, Jeleni, Pražský hrad, most
- Mariánské hradby
- Jízdárna Pražského hradu
- Šternberský palác, sv. Víta
- Martinický palác, Arcibiskupský palác
- Pražský hrad, Starý královský palác
- U střešovických hřišť, Na Petynce
- Hládkov, Za Hládkovem, Hládkov
- Mars. tadova, Keplerova
- Kapucínská, Kanovnická
- Hradčanské náměstí
- Loreta
- Černínský palác
- Loretánské náměstí, Loretánská
- Schwarzenberský palác
- Zámecké schody, Ke Hradu
- Petynka
- Krevnovský klášter, Letohrádek Hvězda
- PATOČKOVA
- Parléřova, Za Pohořelcem, Parléřova
- Pohořelec, Úvoz
- Nerudova
- Pod Královkou, Bělohorská
- Dlabačov
- Strahovský klášter
- Vlašská
- Lobkovický palác, Schönbornský palác
- Malovanka
- VANIČKOVA
- Strahovská zahrada
- Lobkovická zahrada
- MALÁ STRANA
- Gymnastická, Strahovem, Šíkova, Za
- Hel Malířové
- STRAHOVSKÁ, Diskařská
- Malý sportovní stadión
- Petřínská rozhledna, Zrcadlové bludiště
- Seminářská zahrada
- Nad Závěrkou
- STRAHOV
- Petřín, Nebozízek
- Maratónská
- Velký Strahovský stadión
- Petřín, Petřínsk
- Skokanská, Běžecká
- Stadión Evžena Rošického
- Zátopkova, Diskařská
- Olympijská, Chaloupeckého
- Kinského zah.
- Atletická
- Jezdecká, Šermířská
- Kneislovka
- POD STADIONY, Atletická, TURISTICKÁ, TUNEL
- Pod Fialkou, Pod Palatou
- Turistická, Na Hřebenkách
- Musaion
- Pod Hybšmankou, Na Hřebenkách
- Horní Palata
- Na Šumavě, Pod hájem
- U Platenice, U Nesypky, Tichá
- Dolní Palata
- Perníkářky, Pod Palatou
- Švédská, Na Hřebenkách, U Nesypky
- býv. Klášter Sacré Coeur
- U Okrouhlíku, Na Hřebenkách
- Zápova
- Hřebenka
- Holečkova, Kmochova
- poliklinika
- Tristoli, U Lipkami
- Na Mlynářku, Nad Výšinkou, Nad Vyšínou, Mošnova
- Erbenova, U palátky, Na Čečeličce, Grafická
- **302**
- PODBĚLOHORSKÁ, Mošnova, Holečkova, U Zvonu
- PLZEŇSKÁ, U Trojice, Tomaškova, KARTOUZSKÁ, Radlická, PLZEŇSKÁ

Chotkovy sady
Královská zahrada
Belv
D
E
F
Kramářova vila
295
Čechův most
Oranžerie
CHOTKOVA
Pod Bruskou
NÁBŘEŽÍ EDVARDA BENEŠE
Dvořákovo nábřeží
Kozí
Kozí
Klášterská
Na
U BRUSKÝCH KASÁREN
U Plovárny
sv Šimon a Juda
Anežský klášter
Na Opyši
Úřad vlády ČR
náměstí Curieových
Dušní
U milosrdných
Jiřský klášter
Zlatá ulička
Daliborky
Právnická fakulta
Řásnova
Ledeburská zahrada
Dvořákovo nábřeží
UK
Pařížská
Bílkova
U obecního dvora
Anežská
Haštal
5
Jiřská
Zahrady pod Pražským hradem
Kosárkovo nábřeží
Břehová
El. Krásnohorské
Valdštejnská
Klárov
U železné lávky
ČVUT Konzerv
17. listop
Vězeňská
Kozí
Dlouhá
Všech svatých
Ledeburský palác
Senát
Malostranská
Na rejdišti
U st. hřbitova
Rudolfinum
Valdštejnský palác
Vojanovy sady
Uměleckoprůmyslové muzeum
V Kolkovně
Sněmovní
Tomášská
Letenská
Mánesův most
JOSEFOV
Masná
Thunovská
sv Tomáše
Široká
Dům U zlatého prstenu
sv Jaku
Malostranské náměstí
Minist financí
Franz Kafka Museum
Alšovo nábřeží
Staroměstská
Kaprova
Žatecká
Maiselova
Jáchymova
Pařížská
Dlouhá
Týnská
M Štupartská
Jakub
Mikuláše
Malostranské náměstí
Josefská
sv Josefa
U Lužického semináře
Cihelná
Vltava
Křižovnická
Valentinská
Veleslavín
Staroměstské náměstí
Týnský dvůr
Štupartská
Muzeum
Mišeňská
Staroměstská radnice
STARÉ MĚSTO
Celetná
Mostecká
Tržiště
Platnéřská
Lázeňská
Saská
Muzeum Karlova mostu
Klementinum
Mariánské náměstí
Malé náměstí
Melantrichova
Železná
Kamzíkova
Ovocný trh
Vrtbovská zahrada
Karmelitská
Prokopská
Karlův most
Husova
Kožná
Carolinum
Stavovské divadlo
6
Panny Marie pod řetězem
Hroznová
Na Kampě
Karlova
Dům pánů z Kunštátu a Poděbrad
Panny Marie Vítězné
Lichtenštejnský palác
Muzeum Bedřicha Smetany
Křižovnické náměstí
sv Havla
div Act
Havelská
Havířská
Hellichova
Nosticova
Anenská
Liliová
Řetězová
Michalská
Rytířská
Provaznická
Na Můstku
Na
Muzeum hudby
Nebovidská
Karlovy lázně
Stříbrná
Betlémská kaple
Jilská
V Kotcích
Hellichova
Mlýnů
Náprstkova
Vejvodova
Muzeum komu
Muzeum Kampa
Náprstkovo muzeum
Skořepka
Perlová
Můstek
Újezd
Čertovka
Kampa
U Sovových
Karoliny Světlé
Betlémská
28. října
Tyršovo muzeum
Konviktská
Na Perštýně
Bartolomějská
Panny Marie sněžné
Újezd
U lanové dráhy
Všehrdova
Smetanovo nábřeží
Divadelní
Národní
div Adria
sv Jana na pradle
Františkánská zahrada
Říční
Krocínova
Národní třída
Národní třída
Václa nám
Malostranské nábřeží
Národní divadlo
Viola div
Národní třída
Charvátova
ady
Újezd
Vítězná
most Legií
Národní
div Reduta
Vodičkova
Palackého
Purkyňova
Národní divadlo
Laterna magika
Voršilská
Mikulandská
Jungmannova
Plaská
Střelecký ostrov
Ostrovní
Vladislavova
300
7
Mělnická
Újezd
Masarykovo nábřeží
Ostrovní
div Kalich
Janáčkovo
V Jirchářích
Spálená
Komedie
Vodičkova
Rošických
Žofín
Na Struze
Opatovická
Lazarská
Lazarská
Obvodní úřad
Petřínská
Zborovská
Pštrossova
Křemencova
Černá
Švandovo divadlo
náměstí Kinských
Justiční palác
Vojtěšská
Novoměstská radnice
Vodičkova
Navrátilova
Školská
Holečkova
Vodní
Dětský ostrov
Slovanský ostrov
nábřeží
Muzeum Pivo
Příčná
div V Řezní
Řeznická
Kroftova
Štefánikova
El. Peškové
Malátova
Myslíkova
Myslíkova
Odborů
Žitná
Mánes
Na Zbořenci
Malá
Zubatého
Pavla
Švandy ze Semčic
Na Zderaze
Štěpánská
Na
Arbesovo náměstí
Soud
Malostranská vodárenská věž
Jiráskovo náměstí
Náplavní
sv Cyrila a Metoděje
Karlovo náměstí
Štěpánská
Štěpánská
Drtinova
Kořenského
Dittrichova
Karlovo náměstí
Karlovo náměstí
Viktora Huga
Preslova
Jiráskovo nám
JIRÁSKŮV MOST
RESSLOVA
JEČNÁ
8
V BOTANICE
Tančící dům
ČVUT
NOVÉ MĚSTO
Salmovská
Lipová
Gorazdova
Trojanova
Václavská
MATOUŠOVA
Moráň
ZBOROVSKÁ
Lesnická
Janáčkovo nábřeží
NÁBŘEŽNÍ
Palackého náměstí
Na Moráni
U nemocnice
Štefánikova
Pecháčkova
Palackého nám
Palackého most
Palackého náměstí
303
Na Slovanech
sv Jana na skalce
Všeobecná Fakultní nemocnice
Viničná
Zborovská
Vyšehradská
Lidická
Anděl
D
Stroupežnického
Na bělidle
Na bělidle
E
Trojická
Na
Plavecká
klášter Na Slovanech (Emauzy)
F
Benátská

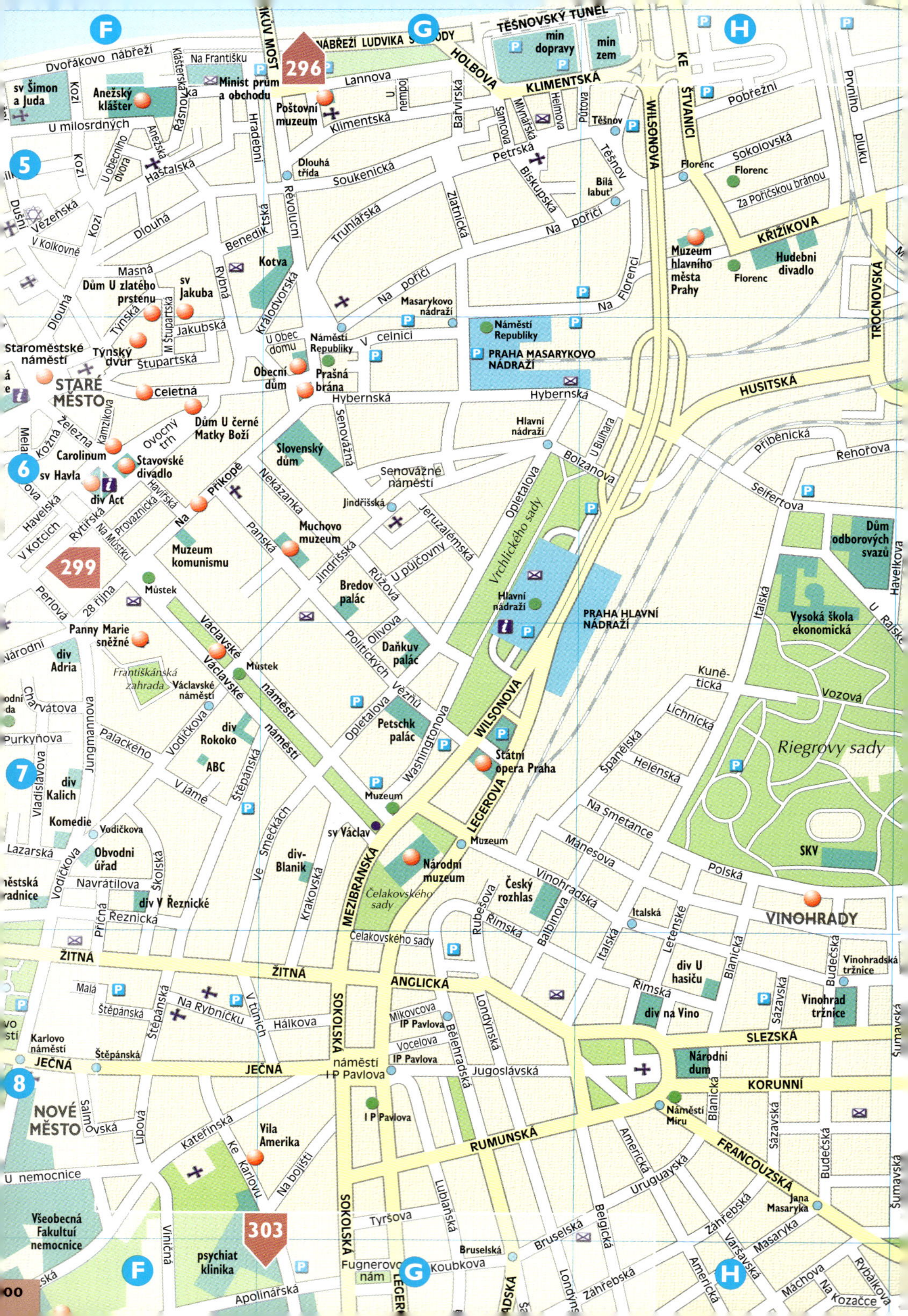

F
G
H
5
6
7
8
296
299
303
TĚŠNOVSKÝ TUNEL
NÁBŘEŽÍ LUDVÍKA SVOBODY
Dvořákovo nábřeží
Na Františku
Minist prům a obchodu
sv Šimon a Juda
Anežský klášter
Klášterská
Kozí
U milosrdných
Lannova
Poštovní muzeum
Klimentská
HOLBOVA
KLIMENTSKÁ
min dopravy
min zem
Bárvířská
Samcova
Mlynářská
Helmova
Půtova
Těšnov
KE ŠTVANICI
Pobřežní
Prvního pluku
Sokolovská
Florenc
Za Poříčskou bránou
KŘIŽÍKOVA
Muzeum hlavního města Prahy
Hudební divadlo
TROCNOVSKÁ
WILSONOVA
Petrská
Biskupská
Bílá labuť
Na poříčí
Na Florenci
Dlouhá třída
Soukenická
Hradební
Revoluční
Zlatnická
Truhlářská
Haštalská
U obecního dvora
Anežská
Řásnovka
Dušní
Vězeňská
V Kolkovně
Kozí
Dlouhá
Benediktská
Kotva
Králodvorská
Masná
Dům U zlatého prstenu
sv Jakuba
Rybná
Týnská
M Štupartská
Jakubská
Masarykovo nádraží
Náměstí Republiky
PRAHA MASARYKOVO NÁDRAŽÍ
U Obec domu
V celnici
Staroměstské náměstí
Týnský dvůr
Štupartská
Obecní dům
Prašná brána
STARÉ MĚSTO
Celetná
Hybernská
HUSITSKÁ
Železná
Kamzíkova
Ovocný trh
Dům U černé Matky Boží
Melantrichova
Kožná
Carolinum
Stavovské divadlo
Slovenský dům
Senovážná
Hlavní nádraží
U Bulhara
Bolzanova
Příběnická
Řehořova
Seifertova
sv Havla
div Act
Havelská
Havířská
Provaznická
Rytířská
Na Můstku
V Kotcích
Na Příkopě
Nekázanka
Senovážné náměstí
Jindřišská
Opletalova
Vrchlického sady
Jeruzalémská
Dům odborových svazů
Panská
Muchovo muzeum
Muzeum komunismu
U půjčovny
Růžová
Bredov palác
Perlová
28 října
Můstek
PRAHA HLAVNÍ NÁDRAŽÍ
Italská
Vysoká škola ekonomická
Havelkova
U Rajské
Národní
div Adria
Panny Marie sněžné
Václavské
Františkánská zahrada
Václavské náměstí
Politických vězňů
Olivova
Daňkův palác
Kunětická
Vozová
Charvátova
Purkyňova
Jungmannova
Palackého
Vodičkova
div Rokoko
ABC
Petschk palác
Washingtonova
Lichnická
Riegrovy sady
Španělská
Helénská
Státní opera Praha
LEGEROVA
Vladislavova
div Kalich
V jámě
Štěpánská
Muzeum
sv Václav
Ve Smečkách
div Blaník
Krakovská
MEZIBRANSKÁ
Národní muzeum
Na Smetance
Mánesova
Polská
SKV
Komedie
Lazarská
Obvodní úřad
Školská
Navrátilova
Novoměstská radnice
div V Řeznické
Řeznická
Příčná
Čelakovského sady
Rubešova
Římská
Český rozhlas
Vinohradská
Balbínova
VINOHRADY
ŽITNÁ
Malá
Na Rybníčku
V tůních
Hálkova
ANGLICKÁ
Londýnská
Mikovcova
IP Pavlova
Bělehradská
Vocelova
Legerova
div U hasičů
Blanická
Sázavská
Budečská
Vinohradská tržnice
Šumavská
div na Vinohradech
SLEZSKÁ
Národní dům
KORUNNÍ
Karlovo náměstí
JEČNÁ
náměstí I P Pavlova
Jugoslávská
I P Pavlova
SOKOLSKÁ
NOVÉ MĚSTO
Salmovská
Lípová
Kateřinská
Ke Karlovu
Vila Amerika
Na bojišti
RUMUNSKÁ
Americká
Uruguayská
FRANCOUZSKÁ
Náměstí Míru
U nemocnice
Všeobecná Fakultní nemocnice
Viničná
psychiat klinika
Apolinářská
Tyršova
Fügnerovo nám
Koubkova
Lublaňská
Bruselská
Belgická
Londýnská
Záhřebská
Varšavská
Jana Masaryka
Máchova
Na Kozačce
Rybalkova

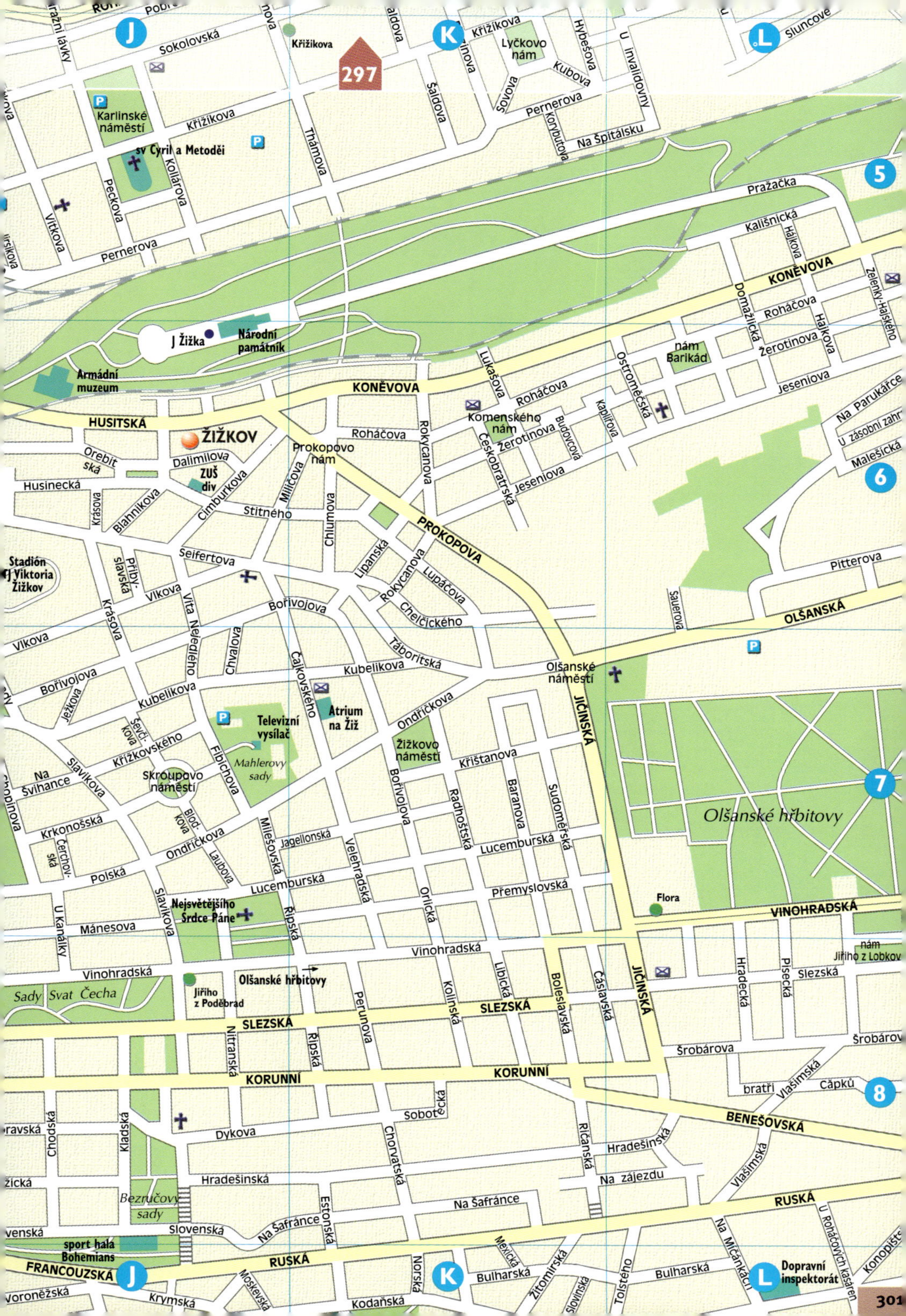

297
J
K
L
5
6
7
8
Sokolovská
Křižíkova
Lyčkovo nám
Hybešova
Kubova
U invalidovny
Sluncové
Karlínské náměstí
sv Cyril a Metoděj
Kollárova
Peckova
Thámova
Šaldova
Sovova
Pernerova
Korybutova
Na Špitálsku
Vítkova
Pražačka
Kališnická
Hájkova
KONĚVOVA
Zelenky-Hajského
Domažlická
Roháčova
Žerotínova
Jeseniova
nám Barikád
J Žižka
Národní památník
Armádní muzeum
HUSITSKÁ
ŽIŽKOV
Lukášova
Ostromečská
Komenského nám
Českobratrská
Budovcova
Kaplířova
Na Parukářce
U zásobní zahr
Malešická
Orebitská
Dalimilova
ZUŠ
Husinecká
Prokopovo nám
Rokycanova
Cimburkova
Milíčova
Chlumova
Štítného
Krásova
Blahníkova
PROKOPOVA
Stadion FK Viktoria Žižkov
Seifertova
Příbyslavská
Lipanská
Lupáčova
Chelčického
Pitterova
Vlkova
Bořivojova
Víta Nejedlého
Sauerova
OLŠANSKÁ
Táboritská
Chvalova
Čajkovského
Kubelíkova
Olšanské náměstí
JIČÍNSKÁ
Ježkova
Ševčíkova
Křížkovského
Televizní vysílač
Atrium na Žiž
Ondříčkova
Mahlerovy sady
Fibichova
Žižkovo náměstí
Křišťanova
Na Švihance
Slavíkova
Škroupovo náměstí
Baranova
Sudoměřská
Olšanské hřbitovy
Krkonošská
Čerchovská
Blodkova
Jagellonská
Radhošťská
Lucemburská
Laubova
Milešovská
Velehradská
Polská
Přemyslovská
Orlická
Flora
VINOHRADSKÁ
U Kanálky
Nejsvětějšího Srdce Páně
Řipská
Mánesova
Vinohradská
Libická
Boleslavská
Čáslavská
nám Jiřího z Lobkovic
Hradecká
Písecká
Slezská
Sady Svat Čecha
Jiřího z Poděbrad
Olšanské hřbitovy
Kolínská
SLEZSKÁ
Perunova
Nitranská
Šrobárova
KORUNNÍ
bratří Čapků
Vlašimská
BENEŠOVSKÁ
Chodská
Kladská
Sobotecká
Dykova
Chorvatská
Říčanská
Hradešínská
Na zájezdu
Bezručovy sady
Estonská
Na Šafránce
RUSKÁ
Slovenská
sport hala Bohemians
Na Míčánkách
U Roháčových kasáren
Konopišťská
FRANCOUZSKÁ
Moskevská
Norská
Mexická
Žitomírská
Slovinská
Tolstého
Bulharská
Dopravní inspektorát
Voroněžská
Krymská
Kodaňská

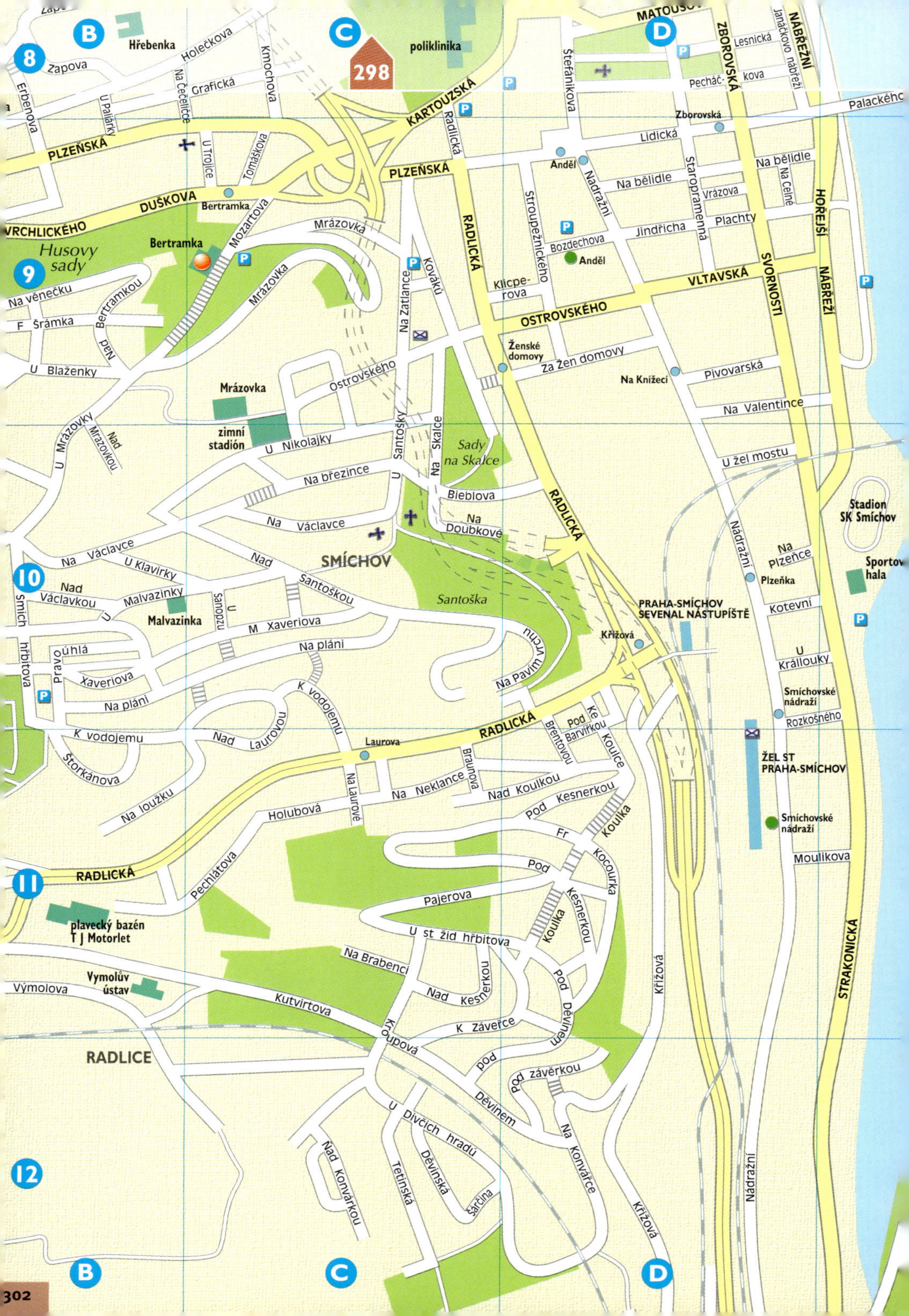

Hřebenka
poliklinika
298
Zapova
Holečkova
Grafická
Kmochova
Erbenova
U Paliárky
Na Čečeličce
Kartouzská
Plzeňská
Duškova
Vrchlického
Bertramka
Husovy sady
Mozartova
Mrázovka
Tomášková
U Trojice
Matoušova
Zborovská
Nábřeží
Lesnická
Janáčkovo nábřeží
Štefánikova
Pecháčkova
Palackého
Radlická
Lidická
Anděl
Nádražní
Na bělidle
Na Celné
Stroupežnického
Staropramenná
Vrázova
Plachty
Jindřicha
Bozdechova
Svornosti
Hořejší nábřeží
Vltavská
Ostrovského
Klicperova
Kováků
Na Zatlance
Na věnečku
Šrámka
U Bertramky
Nad Blaženky
U Blaženky
Ženské domovy
Za žen domovy
Na Knížecí
Pivovarská
Na Valentince
U žel mostu
Mrázovka
zimní stadión
U Mrázovky
Nad Mrázovkou
U Nikolajky
U Santošky
Na Skalce
Sady na Skalce
Na březince
Bieblova
Na Václavce
Na Doubkové
Stadion SK Smíchov
Sportovní hala
Na Václavce
U Klavírky
Nad Santoškou
SMÍCHOV
Santoška
Nádražní
Na Plzeňce
Plzeňka
Nad Václavkou
Malvazinky
U Malvazinky
Malvazinka
U Sanopzu
M Xaveriova
Kotevní
PRAHA-SMÍCHOV SEVENAL NÁSTUPIŠTĚ
Smíchovský hřbitova
Pravoúhlá
Xaveriova
Na pláni
K vodojemu
Na Pavím vrchu
Křížová
U Královky
Smíchovské nádraží
Rozkošného
Na pláni
K vodojemu
Nad Laurovou
Laurova
Radlická
Brentovou
Pod Barvířkou
Ke Koulce
ŽEL ST PRAHA-SMÍCHOV
Štorkánova
Na loužku
Holubová
Na Laurové
Na Neklance
Braunova
Nad Koulkou
Pod Kesnerkou
Koulka
Smíchovské nádraží
Moulíkova
Radlická
Pechlátova
Fr
Pod
Kocourka
Pajerova
Kesnerkou
Koulka
plavecký bazén T J Motorlet
U st žid hřbitova
Na Brabenci
Nad Kesnerkou
Pod Děvínem
Vymolův ústav
Výmolova
Kutvirtova
Kroupova
K Závěrce
Křížová
Strakonická
RADLICE
pod
Pod závěrkou
Děvínem
U Dívčích hradů
Nad Konvárkou
Tetínská
Děvínská
Šárčina
Na Konvářce
Křížová
Nádražní
B
C
D
8
9
10
11
12

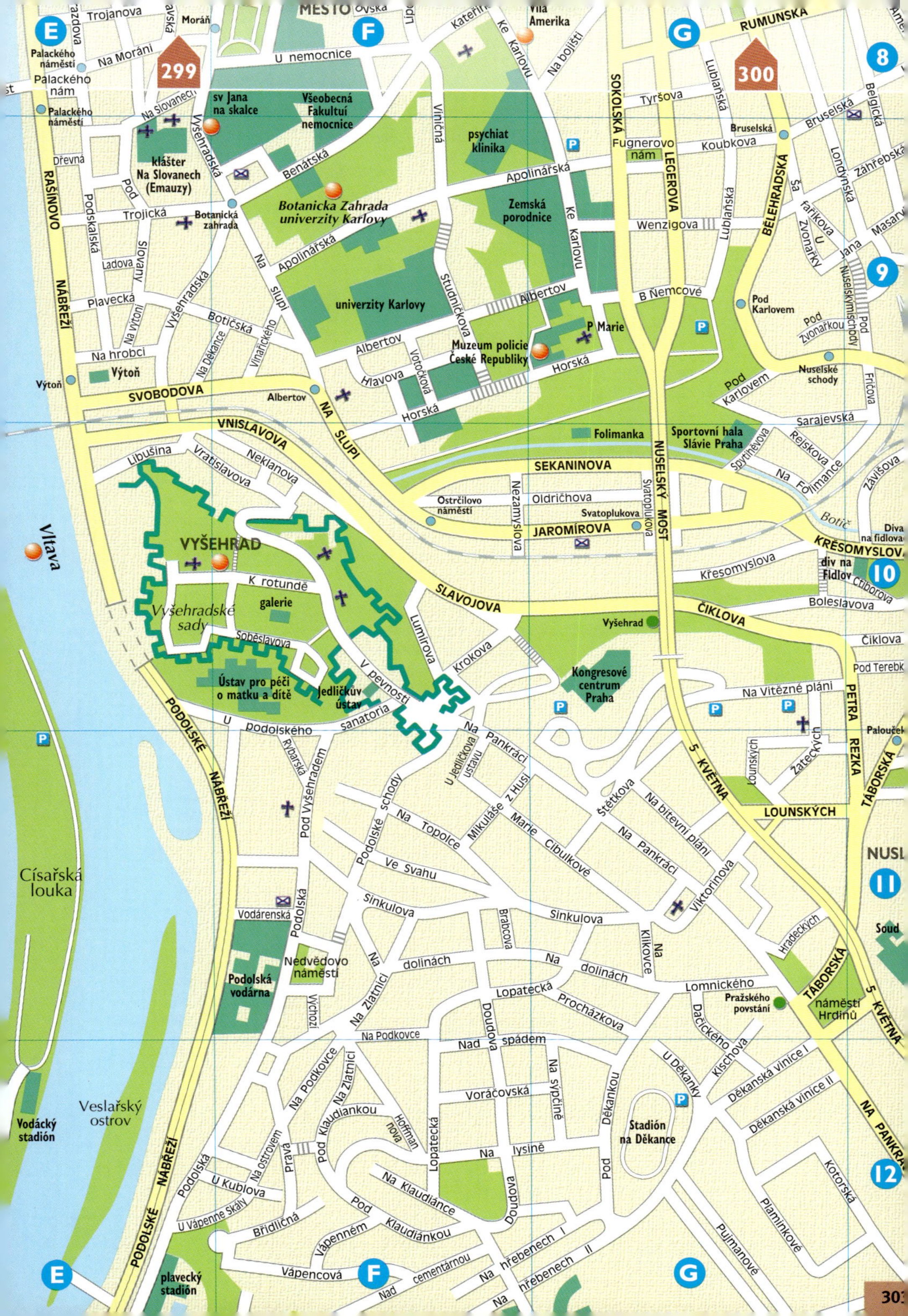

E
F
G
8
9
10
11
12
299
300
Trojanova
Moráň
MĚSTO
Vila Amerika
Ke Karlovu
Na bojišti
Rumunská
Palackého náměstí
Na Moráni
U nemocnice
Palackého nám
Na Slovanech
sv Jana na skalce
Všeobecná Fakultuí nemocnice
Viničná
psychiat klinika
Sokolská
Tyršova
Lublaňská
Bruselská
Belgická
Londýnská
Záhřebská
Dřevná
klášter Na Slovanech (Emauzy)
Vyšehradská
Benátská
Apolinářská
Fugnerovo nám
Koubkova
Legerova
Bělehradská
Rašínovo
Pod
Podskalská
Trojická
Botanická zahrada
Botanicka Zahrada univerzity Karlovy
Zemská porodnice
Wenzigova
Šafaříkova
U Zvonařky
Jana Masaryk
Ladova
Slovany
Na
Plavecká
Na Výtoni
Botičská
Na Slupi
Vinohradská
univerzity Karlovy
Studničkova
Albertov
B Němcové
Pod Karlovem
Pod Zvonařkou
Nuselskými schody
Nábřeží
Na Děkance
Vinařského
Na hrobci
Výtoň
Albertov
Hlavova
Votočkova
Muzeum policie České Republiky
Horská
P Marie
Nuselské schody
Fričova
Pod Karlovem
Svobodova
Albertov
Horská
Sarajevská
Vnislavova
Na Slupi
Folimanka
Sportovní hala Slávie Praha
Rejskova
Libušina
Neklanova
Vratislavova
Sekaninova
Nuselský most
Spytihněvova
Na Folimance
Závišova
Ostrčilovo náměstí
Nezamyslova
Oldřichova
Svatoplukova
Botič
Jaromírova
Svatoplukova
Diva na fidlova
Vltava
Vyšehrad
Křesomyslova
Křesomyslova
div na Fidlov
Ctiborova
K rotundě
Slavojova
Boleslavova
Vyšehradské sady
galerie
Lumírova
Čiklova
Vyšehrad
Soběslavova
Čiklova
Pod Terebk
Krokova
Kongresové centrum Praha
Ústav pro péči o matku a dítě
Jedličkův ústav
V pevnosti
Na Vítězné pláni
Petra Rezka
Podolské nábřeží
U podolského sanatoria
Na Pankráci
Paloučck
Rybářská
Pod Vyšehradem
U Jedličkova ústavu
Lounských
Žatecких
Táborská
5 Května
Štětkova
Na bitevní pláni
Mikuláše z Husí
Podolské schody
Na Topolce
Marie Cibulkové
Lounských
Na Pankráci
Nusl
Ve Svahu
Viktorinova
Císařská louka
Sinkulova
Sinkulova
Vodárenská
Podolská
Brabcova
Hradeckých
Soud
Nedvědovo náměstí
Na dolinách
Na dolinách
Na Zlatnici
Na Klikovce
Podolská vodárna
Lopatecká
Lomnického
Táborská
Pražského povstání
náměstí Hrdinů
Východní
Procházkova
Doudova
Na Podkovce
Nad spádem
Dačického
Kischova
U Děkanky
Děkanská vinice I
5 Května
Na Podkovce
Na Zlatnici
Na Sýpčině
Děkanská vinice II
Veslařský ostrov
Vodácký stadión
Voráčovská
Nad Klaudiánkou
Hoffmanova
Děkanka
Stadión na Děkance
Na Pankráci
Na ostrovem
Pod Klaudiánkou
Lopatecká
Na lysině
Kotorská
Podolská
Pravá
Pod
U Kublova
Na Klaudiánce
Doudova
Plamínkové
Podolské nábřeží
U Vápenné skály
Břidličná
Pod Klaudiánkou
Vápenném
Na hřebenech I
Na hřebenech II
Pujmanové
plavecký stadión
Vápencová
Nad cementárnou
Na

Name	Page	Grid	Name	Page	Grid	Name	Page	Grid	Name	Page	Grid
5 Května	303	G11	Čajkovského	301	K7	Fibichova	301	J7	Jaselská	294	C4
17 Listopadu	299	E5	Čápků	301	L8	Flemingovo náměstí	294	B2	Jateční	297	J3
28 Října	299	F6	Čáslavská	301	K8	Francouzská	300	H8	Ječná	299	F8
			Čechova	295	F3	Fráni Šrámka	302	B9	Jednořadá	294	C2
Albánská	294	C2	Čechův most	295	E5	Fričova	303	H9	Jeleni	298	B5
Albertov	303	F9	Čelakovského Sady	300	G8	Fr Kocourka	302	D11	Jeruzalémská	300	G6
Alšovo Nábřeží	299	E6	Celetná	300	F6	Fr Křížka	296	G3	Jeseniova	301	K6
Americká	300	H8	Čerchovská	301	J7	Fugnerovo náměstí	303	G9	Jezdecká	298	B7
Anenská	299	E6	Černá	299	E7				Ježkova	301	J7
Anežská	300	F5	Černínská	298	B5	Generála Piky	294	B4	Jičínská	301	K7
Anglická	300	G8	Českédružiny	294	A4	Gerstnerova	296	F3	Jilemnického	294	C3
Antonína Čermáka	294	C2	Českobratrská	301	K6	Glinkova	294	A4	Jilská	299	F6
Antonínská	296	H3	Českomalínská	295	D2	Goetheho	295	D2	Jindřicha	302	D9
Apolinářská	303	F9	Československé Armády	294	C3	Gorazdova	299	E8	Jindřišská	300	G6
Argentinská	296	H3	Chaloupeckého	298	B7	Gotthardská	295	D3	Jiráskovo náměstí	299	E8
Atletická	298	A7	Charlese de Gaulla	294	C2	Grafická	298	C8	Jiráskův most	299	E8
			Charvátova	299	F7	Gymnasijní	294	B3	Jirečkova	295	F4
Bachmacské náměstí	294	C4	Chelčického	301	K6				Jirova	294	A4
Badeniho	295	D4	Chittussiho	295	C2	Hajkova	301	L5	Jirsíkova	301	J5
Balbínova	300	G8	Chlumova	301	K6	Hálkova	300	G8	Jiřská	299	D5
Banskobystrická	294	B3	Chodská	301	J8	Haškova	296	G3	Josefská	299	D6
Baranova	301	K7	Chopinova	301	J7	Haštalská	300	F5	Juarézova	295	D2
Bartolomějská	299	E6	Chorvatská	301	K8	Havanská	295	E3	Jugoslávská	300	G8
Bařvířská	300	G5	Chotkova	295	D4	Havelkova	300	J6	Jugoslávských Partyzánů	294	C2
Bechyňova	294	B2	Chvalova	301	J7	Havelská	299	F6	Jungmannova	299	F7
Bělehradská	300	G8	Cihelná	299	D6	Havířská	300	F6			
Belgická	300	H8	Čiklova	303	G10	Heineho	295	D2	Kadeřávkovská	294	B2
Bělohorská	298	A6	Cimburkova	301	J6	Heleny Malířové	298	A7	Kafkova	294	B4
Benátská	303	F9	Čínská	294	B2	Helénská	300	H7	Kališnická	301	L5
Benediktská	300	F5	Ctiborova	303	H10	Hellichova	299	D6	Kamenická	296	F3
Benešovská	301	L8	Cukrovarnická	294	A4	Helmova	300	G5	Kampa	299	D6
Betlémská	299	E6				Heřmanova	296	G3	Kamzíkova	300	F6
Běžecká	298	A7	Dačického	303	G11	Hládkov	298	A6	Kanadská	294	A4
Bieblova	302	C10	Dalimilova	301	J6	Hlávkův most	296	H4	Kanovnická	298	C5
Bílá	294	B2	Dejvická	294	C3	Hlavova	303	F9	Kapitána Nálepky	294	A4
Bílkova	299	F5	Děkanská Vinice I	303	G12	Hoffman Nova	303	F12	Kaplířova	301	K6
Biskupská	300	G5	Děkanská Vinice II	303	G12	Holbova	296	G3	Kaprova	299	E6
Blahníkova	301	J6	Dělnická	297	J3	Holečkova	298	A9	Kapucínská	298	B5
Blanická	300	H8	Dělostřelecká	294	A4	Holešovické Nábřeží	296	G1	Karlínské náměstí	301	J5
Blodkova	301	J7	Děvínská	302	C12	Holubová	302	C11	Karlova	299	E6
Boleslavova	303	G10	Diskařská	298	A7	Hořejší Nábřeží	302	E9	Karlovo náměstí	299	F8
Boleslavská	301	K8	Dittrichova	299	E8	Horská	303	F9	Karlův most	299	D6
Bolzanova	300	G6	Divadelní	299	E7	Hradčanské náměstí	298	C5	Karmelitská	299	D6
Bořivojova	301	J6	Dlabačov	298	B6	Hradebni	300	F5	Karolinská	297	J4
Botičská	303	F9	Dlouhá	299	F6	Hradecká	301	L8	Karoliny Světlé	299	E6
Bozdechova	302	D9	Dobrovského	296	F4	Hradeckých	303	G11	Kartouzská	302	C9
Boženy Němcové	303	G9	Domažlická	301	L5	Hradešinská	301	J8	Kateřinská	300	F8
Božkova	294	B2	Doudova	303	F11	Hroznová	299	D6	K Brusce	295	D4
Brabcova	303	F11	Dřevná	303	E9	Husinecká	301	J6	Ke Hradu	298	C5
Bratří	301	L8	Drtinova	299	D8	Husitská	300	H6	Ke Karlovu	300	F8
Braunova	302	C11	Dr Zikmunda Wintra	294	C3	Husova	299	E6	Ke Koulce	302	D10
Břehová	299	E5	Dukelských Hrdinů	296	G3	Hybernská	300	G6	Keplerova	298	B5
Brentovou	302	D10	Duškova	302	B9	Hybešova	297	K5	Keramická	295	F3
Březinova	297	K5	Dušní	299	F5				Ke Štvanici	296	H5
Březovského	294	C2	Dvořákovo Nábřeží	299	E5	Italská	300	H8	Kischova	303	G12
Břidličná	303	F12	Dykova	301	J8				Kladská	301	J8
Bruselská	303	G9				Jablonského	296	H2	Klárov	299	D5
Bubenečská	295	D3	Eliášova	294	C4	Jáchymova	299	F6	Klášterská	296	F5
Bubenská	296	G2	El Krásnohorské	299	F5	Jagellonská	301	J7	Klicperova	302	C9
Bubenské Nábřeží	297	J4	El Peškové	299	D7	Jakubská	300	F6	Klidná	294	A4
Budečská	300	H8	Erbenova	298	B8	Jana Masaryka	303	H9	Klimentská	300	G5
Budovcová	301	K6	Estonská	301	K8	Jana Zajíce	295	E3	K Matěji	294	A1
Bulharská	301	K9	Evropská	294	B3	Janáčkovo Nábřeží	299	D7	Kmochova	298	C8
Buštěhradská	294	B4				Jankovcova	296	H2	Kodaňská	301	K9
Buzulucká	294	B4	Farského	296	G3	Janovského	296	G3	Kolejní	294	B3
			Fetrovská	294	A2	Jaromírova	303	G10	Kolínská	301	K8

Kollárova	301	J5	Lichnická	300	H7	Moskevská	301	J9	Na Julisce	294	B2
K Olympiku	297	L4	Lidická	302	D9	Mošnova	298	A9	Na Kampě	299	D6
Komenského náměstí	301	K6	Liliová	299	G8	Most Barikádníků	296	J1	Na Karlovce	294	A3
Komunardů	297	J2	Lipanská	301	K6	Mostecká	299	D6	Na Klaudiánce	303	F12
Koněvova	301	K6	Lípová	300	F8	Most Elektrické Dráhy	296	G1	Na Klikovce	303	G11
Konopištská	301	L9	Lomnického	303	G11	Most Legií	299	D7	Na Klimentce	294	A2
Konviktská	299	E7	Londýnská	300	G8	Moulíkova	302	D11	Na Klinku	294	A4
Kořenského	299	D8	Lopatecká	303	F11	Mozartova	302	C9	Na Kocince	294	B2
Korunní	300	H8	Loretánská	298	B6	Mrázovka	302	C9	Na Kodyňce	294	A1
Korunovační	295	E3	Loretánské náměstí	298	B5	Muchova	295	D4	Na Konvářce	302	D12
Korybutova	301	K5	Lotyšská	294	C3	Muzejní	296	F4	Na Korábě	297	L1
Kosárkovo Nábřeží	299	E5	Lounských	303	G11	Mydlářka	294	A3	Na Kotlářce	294	A2
Kostelní	295	F4	Lublaňská	300	G8	Mylnerovka	294	A2	Na Kozačce	300	H9
Kotěrova	294	B2	Lucemburská	301	J7	Myslbekova	298	A6	Na Kvintusce	294	B2
Kotevní	302	D10	Lukašova	301	K6	Myslíkova	299	E8	Na Laurové	302	C11
Kotorská	303	G12	Lumírova	303	F10				Na Loužku	302	B11
Koubkova	303	G9	Lupáčova	301	K6	Na Babě	294	A1	Na Lysině	303	F12
Koulka	302	D11	Lužická	301	J8	Na Baště sv Ludmily	295	D4	Na Malovance	298	A6
Koulova	294	B2	Lyčkovo náměstí	297	K5	Na Bělidle	302	D9	Na Manináchr	297	J2
Kováků	302	C9				Na Bitevní Pláni	303	G11	Na Markvartce	294	B2
Kozí	299	F5	Machanovo náměstí	294	A4	Na Bojišti	300	G8	Na Marně	294	C2
Kozlovská	294	A3	Máchova	300	H9	Na Brabenci	302	C11	Náměstí Barikád	301	L6
Kožná	299	F6	Maďarská	294	C2	Nábřeží Edvarda Beneše	299	D5	Náměstí Curieových	299	E5
Krakovská	300	G7	Maiselova	299	E5	Nábřeží Kpt Jaroše	296	G4	Náměstí Hrdinů	303	G11
Královdorská	300	F6	Malá	294	B4	Nábřeží Ludvika Svobody	296	G5	Náměstí I P Pavlova	300	G8
Krásova	301	J6	Mala Plynárni	297	J2	Na Březince	302	C10	Náměstí Interbrigády	294	C2
Krejčího	297	L1	Mala Štěpánská	299	F8	Nábřeží	299	D8	Náměstí Jiřího Z Lobkovo	301	L8
Křemencova	299	E7	Malá Štupartská	300	F6	Na Čečeličce	298	B8	Náměstí Kinských	299	D7
Křesomyslova	303	G10	Malátova	299	D8	Na Celné	302	D9	Náměstí Svobody	294	C3
Křišťanova	301	K7	Malá Xaveriova	302	C10	Na Čihadle	294	A2	Na Mičánce	294	A2
Křižíkova	300	H5	Malého	300	J5	Nad Bertramkou	302	B9	Na Míčánkách	301	L8
Křížkovského	301	J7	Malé náměstí	299	F6	Nad Cementárnou	303	F12	Na Moráni	299	E8
Křížová	302	D11	Malešická	301	L6	Na Děkance	303	E9	Na Můstku	299	F6
Křižovnická	299	E6	Malířská	296	F3	Nad Hradním Vodojemem	298	A5	Na Náspu	298	B5
Křižovnické náměstí	299	E6	Malostranské Nábřeží	299	D7	Na Dionysce	294	B2	Na Neklance	302	C11
Krkonošská	301	J7	Malostranské Náměstí	299	D6	Nad Kesnerkou	302	C11	Na Opyši	299	D5
Krocinova	299	E7	Mánesova	300	G7	Ňad Konvárkou	302	C12	Na Ořechovce	294	A4
Kroftova	299	D8	Mánesův most	299	E5	Nad Koulkou	302	C11	Na Ostrovem	303	F12
Krokova	303	F10	Marákova	295	D4	Nad Královskou Oborou	295	E3	Naovčinách	296	G4
K Rotundě	303	F10	Maratónská	298	A7	Nad Laurovou	302	C11	Na Pankráci	303	F11
Kroupová	302	C11	Mariánské Hradby	294	C5	Nad Mlynářkou	298	A8	Na Parukářce	301	L6
Krymská	301	J9	Mariánské náměstí	299	E6	Nad Mrazovkou	302	B10	Na Pavím Vrchu	302	D10
K Starému Bubenči	295	D3	Marie Cibulkové	303	F11	Nad Octárnou	298	A5	Na Perštýně	299	E6
Kubelikova	301	J7	Masarykovo Nábřeží	299	E7	Na Dolinách	303	F11	Na Petynce	298	A5
Kubova	297	K5	Masná	300	F5	Na Doubkové	302	C10	Na Pláni	302	B10
Kuněticka	300	H7	Matějská	294	A1	Nad Palatou	298	A8	Náplavní	299	E8
Kutvirtova	302	C11	Matoušova	299	D8	Nad Paťankou	294	A1	Na Plzeňce	302	D10
K Vodojemu	302	B11	Melantrichova	299	F6	Nadražni	302	D9	Na Podkovce	303	F11
Kyjevská	294	C4	Mělnická	299	D7	Nad Santoškou	302	C10	Na Poříčí	300	G5
K Záveřce	302	C11	Mexická	301	K8	Nad Spádem	303	F12	Na Příkopě	300	F6
			Mezibranská	300	G7	Nad Štolou	295	F3	Náprstkova	299	E6
Ladova	303	E9	Michalská	299	F6	Nad Strakovkou	294	A3	Na Rejdišti	299	E5
Lannova	296	G5	Mickiewiczova	295	D4	Nad Václavkou	302	B10	Národní	299	E7
Laubova	301	J7	Mikovcova	300	G8	Nad Výšinkou	298	B8	Národní Třida	299	E7
Lazarská	299	F7	Mikulandská	299	E7	Nad Závěrkou	298	A7	Národniobrany	294	C3
Lázeňská	299	D6	Mikuláše Z Husi	303	F11	Na Fišerce	294	A1	Na Rybníčku	300	F8
Legerova	300	G7	Milady Horákové	294	C4	Na Florenci	300	H5	Na Sachte	296	G2
Lesnická	299	D8	Milešovská Řipská	301	J7	Na Folimance	303	G10	Na Šafránce	301	J8
Letenská	299	D5	Miličova	301	J6	Na Františku	296	F5	Na Santince náměstí	294	B2
Letenské	300	H8	Mišenská	299	D6	Na Hanspaulce	294	A3	Na Skalce	302	C10
Letenské náměstí	295	F3	Mlynářská	300	G5	Na Hřebenech I	303	F12	Na Slovanech	303	E8
Letenský Tunel	296	F4	Mlýnská	295	D2	Na Hřebenech II	303	F12	Na Slupi	303	F9
Letohradská	296	F4	Molákova	297	L4	Na Hřebenkach	298	A6	Na Smetance	300	H7
Liběňský most	297	K3	Mongolská	294	C2	Na Hrobci	303	E9	Na Špejcharu	295	D4
Libická	301	K8	Moravská	301	J8	Na Hubálce	298	A5	Na Špitálce	294	A1
Libušina	303	E10	Morstadtova	298	B5	Na Hutích	294	C4	Na Špitálsku	301	K5

Na Štáhlavce	294	A1	Palackého náměstí	299	E8	Pohořelec	298	B6	Šárecká	294	A1
Na Struze	299	E7	Panská	300	F6	Politických Vězňů	300	G7	Saská	299	D6
Na Šumavě	298	A8	Papírenská	294	C1	Polská	300	H7	Sauerova	301	L6
Na Švihance	301	J7	Pařížská	299	E5	Poupětova	297	J2	Sázavská	300	H8
Na Sýpčině	303	G12	Parléřova	298	A6	Povltavská	297	K1	Schnirchova	296	G3
Natanaelka	294	A1	Partyzánská	296	G2	Pravá	303	F12	Seifertova	300	H6
Na Topolce	303	F11	Paťanka	294	B1	Pravouhlá	302	B10	Sekaninova	303	G10
Na Václavce	302	B10	Patočkova	298	A6	Pražačka	301	L5	Senovážná	300	G6
Na Valech	294	C4	Pavla Švandy Ze Semčic	299	D8	Přemyslovská	301	K7	Senovážné náměstí	300	G6
Na Valentince	302	D9	Pecháčkova	299	D8	Preslova	299	D8	Šermířská	298	B7
Na Věnečku	302	B9	Pechlátova	302	C11	Pribenická	300	H6	Sevčikova	301	J7
Na Vičovce	294	A3	Peckova	301	J5	Pribyslavská	301	J6	Sibeliova	298	A5
Na Viničních Horách	294	A3	Pelléova	295	D3	Příčná	300	F8	Sibiřské náměstí	295	D2
Na Vítězné Pláni	303	G10	Perlová	299	F6	Přistavni	297	J3	Šimáčkova	296	G3
Navrátilova	299	F7	Pernerova	301	J5	Procházkova	303	G11	Sinkulova	303	F11
Na Výšinách	295	E3	Pernikářky	298	A8	Prokopova	301	K6	Široká	299	E5
Na Výtoni	303	E9	Perunova	301	K8	Prokopovo náměstí	301	K6	Skalecká	296	G4
Na Zájezdu	301	L8	Petra Rezka	303	H10	Prokopská	299	D6	Skokanská	298	A7
Na Zatlance	302	C9	Petra Slezáka	297	K4	Provaznická	300	F6	Školská	300	F7
Na Zátorách	296	H2	Petřinská	299	D7	Prvniho Pluku	296	H5	Skořepka	299	F6
Na Zátorce	295	D3	Petřínská	300	G5	Pštrossova	299	E7	Skroupovo náměstí	301	J7
Na Zavadilce	294	A2	Pevnostní	294	B4	Pujmanové	303	G12	Sládkova	295	F3
Na Zbořenci	299	E8	Pisecká	301	L8	Purkyňova	299	F7	Slavíčkova	295	D4
Na Zderaze	299	E8	Pitterova	301	L6	Puškinovo náměstí	295	C3	Slavikova	301	J7
Na Zlatnici	303	F11	Pivovarská	302	D9	Půtova	300	H5	Slavojova	303	F10
Nebovidská	299	D6	Plachty	302	D9				Šlejnická	294	B2
Nedvědovo náměstí	303	F11	Plaminkové	303	G12	Radhoštská	301	K7	Slezská	300	H8
Neherovská	294	A2	Plaská	299	D7	Radlická	302	C9	Šikova	298	A6
Nekázanka	300	G6	Platnéřská	299	E6	Raisova	295	D3	Slovenská	301	J8
Neklanova	303	F10	Plavecká	303	E9	Rajská	296	H2	Slovinská	301	K9
Nekvasilova	297	L4	Plynární	296	H2	Rašinovo Nábřeží	303	E9	Slunná	294	A4
Nerudova	298	C6	Plzeňská	302	B9	Řásnovka	300	F5	Šmeralova	295	F3
Nezamyslova	303	F10	Pobřežní	300	H5	Rehorova	300	H6	Smetanovo Nábřeží	299	E7
Nikolaje Alexejeviče			Podbabská	294	B1	Rejskova	303	G10	Sněmovni	299	D5
Někrasova	294	C2	Pod Barvířkou	302	D11	Resslova	299	E8	Soběslavova	303	F10
Nikoly	294	B2	Pod Baštami	295	D4	Řetězová	299	E6	Sobotecká	301	K8
Nitranská	301	J8	Podbělohorská	298	A9	Řevolucní	300	G5	Sochařská	296	F3
Norbertov	298	A5	Pod Bruskou	295	D5	Řeznická	300	F7	Sochora	296	G3
Norská	301	K9	Pod Děkankou	303	G12	Ričanská	301	K8	Sokolovská	297	J5
Nosticova	299	D6	Pod Děvinem	302	C12	Říčni	299	D7	Sokolská	300	G8
Nový Svět	298	B5	Pod Fialkou	298	A8	Římská	300	G7	Šolinova	294	B3
Nuselský most	303	G10	Pod Hradbami	294	B4	Řipská	301	K8	Soukenická	300	G5
			Pod Hybšmankou	298	A8	Roháčova	301	K6	Sovova	301	K5
Odboru	299	E8	Pod Juliskou	294	B1	Rohanské Nábřeží	297	J4	Spálená	299	F7
Oldrichova	303	G10	Pod Karlovem	303	G9	Rokycanova	301	K6	Špálova	294	A4
Olivova	300	G7	Pod Kaštany	295	D4	Romaina Rollanda	295	D3	Španělská	300	H7
Olšanská	301	L6	Pod Kesnerkou	302	D11	Rooseveltova	294	C3	Spojená	294	A4
Olšanské náměstí	301	K7	Pod Klaudiánkou	303	F12	Rošických	299	D7	Spytihěvova	303	G10
Olympijská	298	B7	Pod Kostelem	298	A5	Rozkošného	302	D10	Srbská	295	D4
Ondríckova	301	J7	Pod Královkou	298	A6	Rubešova	300	G8	Šrobárova	301	L8
Opatovická	299	E7	Pod Lipkami	298	A8	Rumunská	300	G8	Starého	294	A1
Opletalova	300	G7	Pod Nuselskýmischodny	303	H9	Ruská	301	J9	Staroměstské náměstí	299	F6
Orebit Ská	301	J6	Podolská	303	E12	Růžová	300	G6	Staropramenná	302	D9
Orlická	301	K7	Podolské Nábřeží	303	E10	Rybářkova	300	H9	Stavitelská	294	B2
Ortenovo náměstí	297	J2	Podolské Schody	303	F11	Rybarská	303	F11	Štefánikova	299	D7
Osadni	297	J2	Pod Ořechovkou	294	A4	Rybná	300	F5	Štefáníkův most	296	F4
Ostroměčská	301	L6	Pod Palatou	298	A8	Rychtářská	294	A2	Štěpánská	300	F8
Ostrovní	299	E7	Podplukovníka	296	G3	Rytířská	299	F6	Šternberkova	296	G3
Ostrovského	302	C9	Podskalská	303	E9				Štětkova	303	G11
Otevřená	298	A5	Pod Slovany	303	E9	Ša Fařikova	303	G9	Stitného	301	J6
Ovenecká	296	F3	Pod Stadiony	298	A8	Šaldova	297	K4	Storchová	297	L3
Ovocný Trh	300	F6	Pod Terebkou	303	H10	Salmovská	299	F8	Štorkánova	302	B11
			Pod Vyšehradem	303	F11	Samcova	300	G5	Strahovem	298	A6
Pajerova	302	C11	Pod Výšinkou	298	A8	Sanatoria	303	F10	Strahovská	298	B6
Palackého	300	F7	Pod Závěrkou	302	D12	Sarajevská	303	G9	Strahovský Tunel	298	A7
Palackého most	303	E8	Pod Zvonařkou	300	G9	Šárčina	302	C12	Strakonická	302	E11

Název	Str.	Pozice	Název	Str.	Pozice	Název	Str.	Pozice	Název	Str.	Pozice
Střešovická	294	A5	U Lanové Dráhy	299	D7	Vaníčkova	298	B6	Washingtonova	300	G7
Stříbrná	299	E6	Uletensadu	296	F4	Vápencová	303	F12	Wenzigova	303	G9
Strojnická	296	G3	U Letenské Vodárny	295	E3	Vápenném	303	F12	Wilsonova	300	H5
Stroupežnického	302	D9	U Lužického Semináře	299	D6	Varhulikové	297	J1	Wolkerova	295	D3
Studentská	294	B3	U Malvazinky	302	B10	Varšavská	300	H8	Wuchterlova	294	C4
Studničkova	303	F9	Umelěcká	296	G3	V Botanice	299	D8			
Štupartská	300	F6	U Měštanských Domů	297	J2	V Celnici	300	G6	Xaveriova	302	B10
Stupkova	297	J3	U Měštpivovaru	297	J2	Vejvodova	299	F6			
Štursova	295	D3	U Milosrdných	299	F5	Velehradská	301	K7	Za Cisařským Mlynem	295	D2
Sudoměřská	301	K7	U Mrázovky	302	B10	Veleslavin	299	E6	Za Elektrárnou	295	F1
Sukova	294	C3	U Nádražni Lávky	297	J4	Veletržni	296	F3	Za Gymnastická	298	A6
Šumavská	300	J8	U Nemocnice	299	F8	Velflikova	294	B3	Za Hanspaulkou	294	A2
Švábky	297	L3	U Nempoj	300	G5	Velvarská	294	A4	Za Hládkovem	298	A6
Svatoplukova	303	G10	U Nesypky	298	B8	Verdunská	294	C3	Záhřebská	300	H8
Svatovítská	294	C4	U Nikolajky	302	C10	Ve Smečkách	300	F7	Za Invalidovnou	297	L4
Švédská	298	B8	U Obec Domu	300	G6	Ve Struhách	294	C1	Zám Schody	298	C5
Svobodova	303	E9	U Obecniho Dvora	300	F5	Ve Svahu	303	F11	Západni	294	A5
Svornosti	302	D9	U Okrouhlíku	298	A8	Veverkova	296	G3	Zapapirnou	296	H2
			U Paliárky	298	B8	Vězeňská	299	F5	Za Pohořelcem	298	A6
Táboritská	301	K7	U Papirny	296	H2	V Háji	297	K2	Za Poříčskou Bránou	300	H5
Táborská	303	G11	U Parniho Mlýna	297	K2	Vietnamská	294	C2	Zapova	298	B8
Technická	294	B3	U Pergamenky	297	J1	Viktora Huga	299	D8	Žatecká	299	E5
Terronská	294	C2	U Pisecké brány	295	D4	Viktorinova	303	G11	Žateckých	303	G11
Těšnov	300	H5	U Plátenice	298	B8	Vinařického	303	F9	Zátopkova	298	B7
Těšnovský Tunel	296	G5	U Plovárny	299	E5	Viničná	303	F8	Závěrka	294	A7
Testy	294	B2	U Pod Hájem	298	A8	Vinohradská	300	G7	Za Viaduktem	296	H3
Tetinská	302	C12	U Podolského	303	F10	Vita Nejedlého	301	J6	Závišova	303	H10
Thákurova	294	B3	U Prašného mostu	294	C4	Vítězná	299	D7	Za Žen Domovy	302	D9
Thámova	297	J4	U Průhonu	297	J2	Vítězne náměstí	294	C3	Zborovská	299	D7
Thunovská	299	D5	U Půjčovny	300	G6	Vitkova	297	J5	Zbrojnická	294	A4
Tichá	298	B8	U Rajské Zahrady	300	H6	V Jámě	300	F7	Zelená	294	B2
Tolstého	301	L9	Uralská	294	C3	V Jirchářích	299	E7	Zelenky-Hajského	301	L5
Tomáškova	302	C9	U Roháčových Kasáren	301	L8	V Kolkovně	299	F5	Železna	299	F6
Tomásská	299	D5	Uruguayská	300	H8	V Kotcich	299	F6	Železničářů	296	H2
Továrni	297	J3	Urxova	297	K4	Vladislavova	299	F7	Zemědělská	294	B2
Tristoli Čná	298	A8	U Sanopzu	302	C10	Vlašimská	301	L8	Zengrova	294	A2
Trocnovská	300	H6	U Santošky	302	C10	Vlašska	298	C6	Žerotinova	301	K6
Trojanova	299	E8	U Sluncové	297	L5	Vlkova	301	J7	Zikova	294	B3
Trojická	303	E9	U Smaltovny	296	G3	Vltavská	302	D9	Žitná	299	F8
Truhlářská	300	G5	U Smich Hřbitova	302	B10	Vnislavova	303	F10	Zitomirská	301	K9
Tržiště	299	D6	U Sovových Mlýnů	299	D6	Vocelova	300	G8	Žižkovo náměstí	301	K7
Turistická	298	B7	U Sparty	295	E3	Voctářova	297	L3	Zlatá Ulička Daliborky	299	D5
Tusarova	297	J3	U St Hřbitova	299	E5	Vodárenská	303	F11	Zlatnická	300	G5
Tychonova	295	D4	U St Žid Hřbitova	302	C11	Vodičkova	299	F7	Zubatého	299	D8
Týnská	300	F6	U Staré Plynárny	296	J2	Vodni	299	D7			
Týnský Dvůr	300	F6	U Střešovických Hřišt	298	A5	Vojenova	297	L3			
Tyršova	303	G8	U Studánky	296	F3	Vojtesská	299	E7			
			U Topiren	296	H3	Voráčovská	303	F12			
U Akademie	296	F3	U Trojice	302	C9	Voronězská	301	J9			
U Blaženky	302	B9	U Uranie	297	J2	Voršilská	299	E7			
U Bruskýchkasaren	299	D5	U Vápenne Skály	303	E12	Votočková	303	F9			
U Brusnice	294	B4	U Vody	297	J1	Vozová	300	H7			
U Bulhara	300	H6	U Vorlíků	295	D3	V P Čkalova	294	C4			
U Českých Loděnic	297	L2	Úvoz	298	B6	V Pevnosti	303	F10			
U Děkanky	303	G12	U Výstaviště	296	G2	Vratislavova	303	E10			
U Divčich Hradů	302	C12	U Zásobní Zahrady	301	L6	Vrázova	302	D9			
U Garáží	296	J3	U Žel mostu	302	D10	Vrbenského	296	H2			
U Invalidovny	297	L5	U Železné Lávky	299	E5	Vrchlického	302	B9			
U Jedličkova Ustavu	303	F11	U Země Pisného Ústavu	294	C3	V Sadech	295	D3			
Újezd	299	D6	U Zvonařky	303	G9	Všehrdova	299	D7			
U Kanálky	301	J7				V Tišině	295	E3			
U Kasáren	298	C5	Václavkova	294	C4	V Tůnich	300	F8			
U Klavirky	302	B10	Václavova	299	E8	Východni	294	A5			
U Krállouky	302	D10	Václavské náměstí	300	F7	Výchozí	303	F11			
U Kublova	303	F12	Valdštejnská	299	D5	Výmolova	302	B11			
U Laboratoře	294	A4	Valentinská	299	E6	Vyšehradská	303	E8			

A

Aachen, Hans von 213
academia de ginástica 182
achados e perdidos 267
Adamova lékárna
 (Farmácia Adão) 128
Adega Gótica 133
Adria, hotel 127
Adria, Palácio 123
aeroporto de Praga 40
agências imobiliárias 286
água potável 264
Águia Vermelha, A 167
Aleš, Mikuláš 91, 120, 198
Alfa, Palácio 128
Alfândega de Výtoň 137
alfândega, normas 261
Alliprandi, Giovanni Battisa
 164, 211
Alta Sinagoga 70
Altdorfer, Albrecht 64
Anežský klášter 8, 62-64
antiguidades 94, 96, 274
apartamentos, aluguel 286
Arcibiskupský palác
 (Palácio do Arcebispo)175
Armádní muzeum
 (Museu do Exército) 135
arte e arquitetura 14
 Art Déco 128
 Art Nouveau 80-81, 127,
  128, 131, 141
 Barroco 124, 125, 164,172,
  173, 177, 195, 199, 209,
  210
 Cubismo 21, 65, 122, 133,
  137, 219
 Funcionalismo 89, 141, 201
 Gótico 63, 67, 83, 84, 85,
  86, 123, 170, 204, 215-7
 Neorrenascimento 86, 118,
  127, 129
 Esgrafito (decoração) 127,
  196, 208, 209
 Surrealismo 219-20
arte, coleções de
 veja museus e galerias
artes veja cultura e arte
Árvore Dourada 224
assistência médica 263, 264
Atiradores, ilha dos 131, 138
atrações turísticas, o melhor
 de Praga 8-10

B

Bairro Judeu veja Josefov
bairros 7
balé e dança moderna 145,
 147, 275
Balšánek, Antonín 81
balsas 44
Baluarte Morávio 225
Bambino di Praga 170
Banco de Investimento 120
bancos 262, 272
banheiros 265
bar de escalada 182
bares 19, 135, 275-6
 veja também diversão e
 noite
Barokní knihovní 78
Basílica da Assunção
 da Virgem Maria 213
Basílica de São Jorge 9, 205
Bat'a, prédio 128
Bayer, Paul Ignaz 124
Bazilika svatého Jiří 9, 205
beleza, tratamentos de 147,
 277
Belvedér 195
Bendl, Jan 66
Beneš, Edvard 34
Bertramka 163, 180
Betlémská kaple
 (Capela de Belém) 65
Biblioteca Nacional 78
bicicletas, aluguel de 53,
 101, 277
Bilá hora (montanha Branca)
 170
Bílek, František 131, 195
Bílkova vila 196
Bludiště 169, 179
boates 276
 veja também diversão
 e noite
bonecos veja marionetes
Botanická zahrada (Jardim
 Botânico) univerzity
 Karlovy 117
Bouts, Dieric 211
Brahe, Tycho 30, 84, 93, 201
Brandl, Peter 209, 213
Braun, Matthias Bernhard
 125, 167, 175, 209
Bretfeld, Palácio 167
Bretfeldský palác 167
Břevnovský klášter 196
brinquedos, lojas de 97
Brokoff, Ferdinand
 Maximilian 86, 177, 209,
 221
Brokoff, Jan 125
Brožik, Václav 198
Brueghel, Pieter, o Velho 205
Budweiser 13
Buquoy, Palácio 176
Buquoyský palác 176

C

cabeleireiros 101
cafés 33, 276
caixas eletrônicos 262
calçados e acessórios 94,
 142, 143
Caminho Real 74, 90, 92-3
Canaletto 205
Capela da Santa Cruz,
 Castelo de Praga 204
Capela da Santa Cruz,
 Castelo de Karlštejn 241
Capela de São Roque 212
Capela de São Venceslau 217
Capela dos Espelhos 78, 101
cardápio, leitura do 282-3
Carlos IV, imperador 28, 29,
 75, 215, 217, 240, 241
Carlos, ponte 8, 32, 74-7, 93
Carlos, praça 137
Carolinum 65
carrilhão (Loreta) 199
carro 54
 aluguel 41, 266
 até Praga 44
 balsas 44
 bebida 54
 criminalidade 267-8
 dirigirindo em Praga 22,
  41, 54
 estacionamento 54
 GPS 54
 limites de velocidade 54
 normas de trânsito 54
 pedágio 44
 travessia de fronteiras 44
Carta 77 36
cartão de seguro-saúde
 europeu (EHIC) 263
cartões de crédito e débito 262
 criminalidade 267-8
 perda/roubo 267
cartões telefônicos 268
Casa da Virgem Negra 21, 65
Casa do Anel Dourado 67
Casa do Cordeiro de Pedra 85
Casa do Diminuto 83
Casa do Sino de Pedra 85
Casa dos Senhores de
 Kunštát e Poděbrady 66
Casa Municipal 8, 80-1,
 90, 100
Casa Štorch 85
Casamatas 133
casas de câmbio 262
cassinos 277
Castelo das Donzelas 27
Castelo de Praga 9, 203-7
 Basílica de São Jorge 205
 Capela da Santa Cruz 204
 Catedral de São Vito 9,
  214-7
 Convento de São Jorge 9,
  197-8
 Escadaria dos Cavaleiros
  204
 Fosso do Veado 196
 Jardins do Sul 9, 207
 mapa 206
 Palácio Lobkowicz 205
 Palácio Real Antigo
  204-5
 pátios 204
 Pinacoteca 203
 Portão de Matias 204
 Salão Vladislav 203
 Torre da Pólvora 204
 troca da guarda 204
 viela Dourada 207
Catedral de São Vito 9,
 214-217
Cavaleiros da Cruz, praça
 66
Cavaleiros da Cruz da
 Estrela Vermelha 66
Cavaleiros de Malta 170
Čech, Ponte 131, 139
Čech, Svatopluk 131
Čechův most 131, 139
Celetná 65
celular 269
cemitérios
 Cemitério Nacional 132,
  133, 136
 Novo Cemitério Judeu 135
 Olšany 135
 Terezín 252
 Velho Cemitério Judeu 9,
  69-70
Centro do Congresso 136
Čermáková, Alena 220
Čermínová, Marie (Toyen)
 67, 219
Černínský palác
 (Palácio Černín) 9, 195
Černy, David 135
Čertovka (riacho do Diabo)
 131, 139
cerveja 12, 13, 276

Museu da Cerveja 249
cervejarias 101
Český Krumlov 236-9
 castelo 237, 239
 Egon Schiele Art Centrum 238, 239
 jardins 237
 teatro barroco 237
Český Šternberk 243
Chochol, Josef 133
Chotek, Parque 223
Chotkovy sady 223
Chrám Nejsvětějšího Srdce Páně 129, 140
Chrám Panny Marie před Týnem 8, 84
Chrám svaté Barbory, Kutná Hora 244-5
chuvas 260
ciclismo 53, 277
Cidade Nova *veja* Nové Město
Cidade Velha *veja* Staré Město
Cidade Velha, praça da 82-5, 91
Cihelná brána 133
cinemas 15, 144, 146, 182, 275
 veja também filmes/locais de filmagem
circos 279
Clam-Gallas, Palácio 91
Clam-Gallasovský palác 91
clima e temperatura 260
Comênio 196
comida e bebida 12-13
 absinto 21
 carpa 12
 água potável 264
 fast-food 13, 281
 estabelecimentos 95, 96, 144, 274
 cogumelo 18
 cozinha tradicional 280
 comida vegetariana 13
 vinhos 13
 cerveja 12, 13, 276
 veja também restaurantes
comida vegetariana 13
companhias aéreas 40
comportamento 266
compras 274
 horários 272
 Hradčany 226
 Malá Strana 180
 Nové Město 142-4

palavras e frases 288, 291
Staré Město 94-8
comunismo 16-7, 23, 36-7
 Museu do Comunismo 16, 119
conventos
 Convento de Santa Inês 62-4
 Convento de São Jorge 9, 197-8
conversão de medidas 265
Correio
 agências e serviços 269, 272
 palavras e frases 288
Cranach, Lucas, o Velho 64, 211
crianças
 diversão 182, 227, 265-6
 ilha das Crianças 131, 138, 182
 Praga para 265-6, 277
 transporte público 46
cristais e vidros 15, 95, 143, 274
cubismo 21, 65, 123, 133, 137, 219
culto, locais de 266
 veja também igrejas e capelas
cultura e arte 14-5, 18-9
 veja também arte e arquitetura

D
danceterias *veja* diversão e noite
decoração, lojas de 97, 143
Dee, John 30
defenestrações de Praga 29, 31
Dejvice 7
dentes, tratamento 264
descontos 262, 272
 Prague Card 46
 transportes públicos 262
despedidas de solteiros 20
Dětský ostrov 131, 138, 182
Děvín 27
Diabo, riacho do 131, 139
Dientzenhofer, Kilián Ignác 85, 120, 124, 125, 171, 173, 177, 196, 199
Dientzenhofer, Kryštof 173
dinheiro 262
 bancos 262, 272
 caixas eletrônicos 262

cartões de crédito e débito 262
casas de câmbio 262
descontos 262
gorjeta 262
moeda 262
palavras e frases 289
produtos do dia a dia 262
remessa 262
taxa de câmbio 262
traveller's cheques 262
dique da Cidade Velha 139
Divadlo na Vinohradech 129, 140, 145
Divadlo na zábradlí 91, 99
diversão e noite 275-6
 Hradčany 226-7
 Malá Strana 180-2
 Nové Město 144-7
 Staré Město 98-101
Divórcio de Veludo 38
Dois Sóis, Os 167
Don Giovanni (Mozart) 87, 163
Doppler, Christian 93
Dubček, Alexander 36, 37
Dürer, Albrecht 211
Dům pánů z Kunštátu a Poděbrad 66
Dům U černé Matky Boží 21, 65
Dům U kamenného zvonu 85
Dům U Minuty 83
Dům U zlatého prstenu 67
Dvořák, Antonín 14, 199
 cidade natal 247
 túmulo 133
Dyck, Antoon van 211

E
economia 7, 22
Edifício Dançante 14, 138
Egon Schiele Art Centrum 238-9
Einstein, Albert 92
Emauzy 125
embaixadas e consulados
 em Praga 268
 no exterior 261
emergências 267-8
 palavras e frases 290
enchentes (2002) 24, 38
energia elétrica 265
Escadaria dos Cavaleiros 204
Escola de Equitação 203

esgrafito, decoração 127, 196, 208, 209
Eslava, ilha 131
esportes aquáticos 277
esportes e atividades 277
 veja também por atividade
esqui no gelo 182
estacionamento 54
estações 260
estâncias balneárias 277
estudantes 262, 272
Evropa, hotel 127
taxas de câmbio 262
excursões 232-57
 Český Krumlov 236-9
 Karlštejn 240-1
 Konopiště 242-3
 Kutná Hora 244-5
 mapa 234-5
 Nelahozeves 246-7
 Plzeň 248-9
 Terezín 250-2
 Troja 7, 253-5
 Zbraslav 7, 256-7
expatriados 7

F
farmácias 264, 272
Faustův dům (Casa Fausto) 137
Feira Designblok 15
feriados nacionais 272
festivais de arte 279
festivais e eventos 279
 sites 273
filmes/locais de filmagem 14, 87
 veja também cinemas
Filosofický sál 213
Fischer von Erlach, Johann 86
Fosso do Veado 196
Francisco Ferdinando, arquiduque 242, 243
Františkánská zahrada (Jardim Franciscano) 128
Fred e Ginger, Casa 138
fronteiras, travessia de 44
Fuchs, Josef 219
Fünfkirchen, praça 177
fumantes 46, 265, 275
funicular 52, 178
fusos horários 261
futebol 227, 277

G

Gabinete do Alcaide-mor 81
Galeria Nacional
  Convento de Santa Inês
  63-4
  Convento de São Jorge
  197-8
  Palácio da Feira do
  Comércio 218-20
  Palácio Kinský 85
  Palácio Schwarzenberg
  208-9
  Palácio Sternberg 210-1
  Zbraslav 256-7
galerias de arte comerciais
  96, 226
Gato, O 167
gays e lésbicas 99, 276
Gehry, Frank 138
Golem 31
golfe 182, 277
gorjeta 262
Gossaert, Jan 211
Gotický sklep 133
Gottwald, Klement 36, 85
Grand Café Orient 21, 103
Grande Sinagoga 248
Grão-priores, praça 176
Grifo Dourado 201
Grupo 42 (artistas) 67, 220
Guerra das Solteiras 27
Guerra dos Trinta Anos 30, 174
gueto *veja* Josefov
Gutfreund, Otto 166, 219, 257

H

Habsburgo, dinastia 30
Hals, Frans 211
Hanavský pavilon 223
Havel, Václav 6, 36, 38, 91, 93, 123, 126
Havlová, Olga 134
Heydrich, Reinhard 29, 35, 124
história de Praga 25-38
  celtas 26
  comunismo 16-7, 36-7
  defenestrações 29, 31
  Despertar Nacional 32
  distúrbios religiosos 28, 29
  Divórcio de Veludo 38
  enchentes (2002) 24, 38
  era áurea 28-9
  eslavos 26
  governo habsburgo 30-1

guerras mundiais 34-5, 241-2, 248, 249
invasão soviética (1968) 36, 37
mito da fundação 26
montanha Branca, batalha da (1620) 31
ocupação alemã 34-5
Primavera de Praga 36
República Tcheca, proclamação da 34
Revolução de Veludo 36
Temno 30, 32
Hitler, Adolf 34, 35
Hladová zed 169, 178-9
Holešovice 7, 24
hóquei no gelo 19, 227
Horáková, Milada 37
horários de funcionamento 272
hospitais e clínicas 263
hospodas 19, 144
hotéis 286
  Hradčany 229, 230-1
  Malá Strana 186-7, 188-9
  Nové Město 152-5, 156-7
  palavras e frases 290-1
  Staré Město 107-9, 110-1
Hrabal, Bohumil 93
Hradčanské náměstí 224-5
Hradčany 7, 190-231
  atrações 9, 194-221
  diversão e noite 226-7
  hotéis 229, 230-1
  lojas 226
  mapa das ruas 192-3
  passeio 222-5
  restaurantes 228, 230-1
  veja também Castelo de Praga
Hradčany, praça 224-5
Hudeček, František 220
Hus, Jan 28, 29, 65
hussitas 28, 29, 63, 241
Hvězdárenská věž 78
Hynais, Voytěch 120

I

idosos 262
Igreja de Santa Ludmila 129
Igreja de Santa Maria
  Madalena 164
Igreja de Santo Inácio 137
Igreja de São Cirilo e São
  Metódio 124
Igreja de São Francisco 66

Igreja de São João na
  Lavanderia 171
Igreja de São João
  Nepomuceno na Rocha
  125
Igreja de São José 171
Igreja de São Nicolau, Malá
  Strana 9, 172-173, 182
Igreja de São Nicolau, praça
  da, Cidade Velha 85
Igreja de São Pedro e
  São Paulo132
Igreja de São Salvador 78
Igreja de São Tiago 86, 90
Igreja de São Tomás 171
Igreja de Týn 8, 84
igrejas
  concertos 86, 100, 101, 171, 182
  horários 272
igrejas e capelas
  Basílica da Assunção da
  Virgem Maria 213
  Basílica de São Jorge 9, 205
  Bazilika svatého Jiří 9, 205
  Betlémská kaple
  (Capela de Belém) 65
  Capela da Santa Cruz,
  Castelo de Praga 204
  Capela da Santa Cruz,
  Castelo de Karlštejn 241
  Capela de São Roque 212
  Capela de São Venceslau 217
  Capela dos Espelhos 78
  Catedral de São Vito 9, 214-7
  Chrám Nejsvětějšího
  Srdce Páně 129, 140
  Chrám Panny Marie před
  Týnem 8, 84
  Chrám svaté Barbory,
  Kutná Hora 24-5
  Igreja da Natividade 200
  Igreja da Virgem Maria
  da Vitória 170
  Igreja da Virgem Maria
  diante de Týn 8, 84
  Igreja da Virgem Maria
  das Neves 117
  Igreja da Virgem Maria
  sob Correntes 170
  Igreja de Santa Bárbara,
  Kutná Hora 24-5
  Igreja de Santa Ludmila 129

Igreja de Santa Maria
  Madalena 164
Igreja de Santo Inácio 137
Igreja de São Cirilo e São
  e Métodio 124
Igreja de São Francisco 66
Igreja de São Havel 86
Igreja de São João na
  Lavanderia 171
Igreja de São João
  Nepomuceno na Rocha
  125
Igreja de São José 171
Igreja de São Miguel 169
Igreja de São Nicolau
  (Malá Strana) 9, 172-3, 182
Igreja de São Nicolau
  (praça da Cidade Velha) 85
Igreja de São Pedro e
  São Paulo 132
Igreja de São Salvador 78
Igreja de São Tiago 86, 90
Igreja de São Tomás 171
Igreja de Týn 8, 84
Igreja do Sagrado Coração
  de Nosso Senhor 129, 140
Kaple svatého Kříže,
  Castelo de Praga 204
Kaple svatého Kříže,
  Castelo de Karlštejn 241
Kaple svatého Rocha 212
Kaple svatého Václava 217
Kostel Narození Páně 200
Kostel svatého Františka 66
Kostel svatého Ignace 137
Kostel svatého Ludmily 129
Kostel svatého Michal 169
Kostel svatého Mikuláš 85
Kostel svatého Petra a
  Pavla 132
Kostel svatého Salvátora 78
Loreta 199-200
Nanebevzetí panny Marie 213
Panny Marie pod řetězem 170
Panny Marie Sněžné 117
Panny Marie Vítězné 170
Rotunda de São Martinho 136
Rotunda svatého Martina 136
Svatého Cyrila a Metoděje 124

Svatého Františka 66
Svatého Havla 86
Svatého Ignace 137
Svatého Jakuba 86, 90
Svatého Jan na skalce 125
Svatého Jana na pradle 171
Svatého Josefa 171
Svatého Ludmily 129
Svatého Maří Magdaleny 164
Svatého Michal 169
Svatého Mikuláše (Malá Strana) 9, 172-3, 182
Svatého Mikuláš (praça da Cidade Velha) 85
Svatého Petra a Pavla 132
Svatého Salvátora (Klementinum) 78
Svatého Salvátora (Convento de Santa Inês) 63
Svatého Tomáše 171
Svatého Víta 9, 214-7
ilhas
 ilha das Crianças 131, 138, 182
 ilha de Kampa 131, 176
 ilha dos Atiradores 131, 138
 ilha Eslava) 131
informação turística 272
 palavras e frases 289-90
 sites 273
ingressos 272, 275, 277
internet, acesso à 269
itinerários turísticos 51

J
Jalta, hotel 127-8
Jan Hus, Monumento a 8, 84, 92
Jardim Real 9, 196, 223
Jardim Vrtba 9, 175
Jardim Wallenstein 174
Jardins do Sul 9, 207
jardins e parques
 Botanická zahrada (Jardim Botânico)
 univerzity Karlovy 117
 Český Krumlov 237
 Chotkovy sady (Parque Chotek) 223
 Františkánská zahrada (Jardim Franciscano) 128
 Jardim Real 9, 196, 223

Sady Svatopluka Čecha 129
Jardim Wallenstein 174
jardins abaixo do Castelo de Praga 175
Jardins do Sul 9, 207
Jižní zahrady 9, 207
Kinského zahrada (Jardim Kinský) 169
Královská zahrada 9, 195, 223
Letenské sady (Parque Letná) 222
Palácio Schönborn 170
Parque de Kampa 9, 176
Parque Svatopluk Cech 129
Petřínske sady (Parque Petřín) 179
Riegrovy sady (Parque Rieger) 129, 141, 146
Troja 253-5
Valdštejnská zahrada 177
Vojanový sady (Parque Vojan) 175
Vrtbovská zahrada (Jardim Vrtba) 9, 175
Zahrady pod pražským hradem 175
jazz e blues 98, 100, 146, 182, 275
Jelení příkop 196
jesuítas 78, 172-3
Jirásek, Alois 131
Jiráskův most (Ponte Jirásek) 131
Jiřský klášter 9, 197-8
Jizdárna 203
Jižní zahrady 9, 207
joalheria 95, 97-8, 142, 143, 274
joias da coroa da Boêmia 240
Jorge de Poděbrady 28, 198
 praça 129
jornais e periódicos 143, 270
José II 33, 173, 241
Josefov 68-73
Jungmann, Josef 32, 123

K
Kafka, Franz 33, 85, 92, 170, 195, 207
Museu Franz Kafka 164
 túmulo 135
Kampa
 ilha de 131, 176
 parque de 9, 176

Kaňka, Frantisek
 Maximilian 257
Kaple svatého Rocha 213
Kaple svatého Václava 217
Karlín 7, 24
Karlovo náměstí 137
Karlovy Vary 277
Karlštejn 240-241
Karlův most 8, 32, 74-7, 93
Kasematy 133
Kepler, Johannes 30, 93, 201
Kinského zahrada 169
Kinský
 Jardim 169
 Palácio 85, 92-3
Klaus, Václav 23, 38
Klausová synagóga 71
Klementinum 78
Kongresové centrum Praha 136
Konopiště 242-3
Kostel Narození Páně 200
Kostel svatého Františka 66
Kostel svatého Ignace 137
Kostel svatého Ludmily 129
Kostel svatého Michal 169
Kostel svatého Mikuláš 85
Kostel svatého Petra a Pavla 132
Kostel svatého Salvátora 78
Kovár, Karel 125
Královská zahrada 9, 195, 223
Královský letohrádek 196
Kramář, Karel 223
Kramářova vila (Mansão Kramář) 223
Křižovnici 66
Křižovnické náměstí 66
Kubišta, Bohumil 219
Kundera, Milan 93
Kupecký, Johann 209
Kupka, Frantisek 166, 219
Kutná Hora 244-5
 Chrám svaté Barbory 244-5
 Hradek 245
 Museu da Prata Tcheco 245
 ossário 245
 Palácio Italiano 245
 Sedlec 245
 Vlašský dvůr 245
Kysela, František 88, 216

L
Labirinto de Espelhos 169, 179
Langweil, maquete de

Praga 119
lanovka 52, 178
Lapidarium 221
Laterna Magika 145
lavanderia 265
Ledebour, Palácio 177
Ledeburský palác 177
Legião Tchecoslovaca 34
Leopoldova brána 133, 136
Leslie, Walter 171
Letenské sady 222
Letná
 Parque de 222
 planície de 222
Levý Hradec 26
Libuše, princesa 26
Lichtenstein, príncipe
 Karl von 31, 165
Lichtenštejnský palác (Palácio Lichtenstein) 165, 181
Lídice 35
língua 7
 cardápio, leitura do 282-3
 palavras e frases 287-91
 Langweil, Anton 118
Literatura Nacional, Museu da 212
livrarias 94, 95, 143, 144, 146-7, 180
livros 270, 271
Lobkovický palác (Hradčany) 205
Lobkovicý palác (Malá Strana) 164
Lobkowicz, Palácio (Hradčany) 205
Lobkowicz, Palácio (Malá Strana) 164
locomoção na cidade 6
Loew, rabino 31, 70, 79
Loos, Adolf 201
Loreta 9, 199-200
Lucerna, Palácio 128
Luna Park 221
Lurago, Anselmo 119, 173, 213
Lurago, Carlo 133

M
Mahler, Gustav 123
Maisel, Mordecai 68, 72
Maiselova synagóga 72
Malá Strana 7, 158-89
 atrações 9, 162-75
 compras 180

diversão e noite 180-2
hotéis 186-7, 188-9
mapa das ruas 160-1
passeios 176-9, 225
restaurantes 183-5, 188-9
Malá Strana, praça 165
Malá Strana, Torre da Ponte do 75
Malá Strana, Torre de Água do 138
Malé náměstí 91
Malostranská mostecká věž 75
Malostranská vodáren věž 138
Malostranské náměstí 165
Maltesa, praça 170
Maltézské náměstí 170
Mánes, Josef 119, 198
Mánes, Ponte 131, 139
Mánesův most 131, 139
mansões
 Bertramka 163
 Bílkova 196
 Kramář vila 223
 Müllerova vila 201
 Musaion 164
 Vila Amerika 125, 147
 Vila Kovařovič 133
mapas 271
 atlas 294-307
 transportes públicos 49
 veja também por bairro
Mařák, Julius 197-8
maratona 279
marginais do Vltava 131
Mariana, praça 79, 91
Mariánské Lazne 277
Mariánské náměstí 79, 91
marionetes 15, 97, 180, 226
Martinic, Jaroslav 31
Martinický palác (Palácio Martinic) 224
Masaryk, avenida marginal 131
Masaryk, Jan 196
Masaryk, Tomáš 34, 35
Masarykovo nábřeží 131
Mathey, Jean-Baptiste 66
Mathieu d'Arras 215
Matias, imperador 30, 31
Matyašova brána 204
Maulpertsch, Franz Anton 213
medidas 265, 266

Mělník 247
Menino Jesus de Praga 170
mercados e feiras 96, 226, 274
mestre de Litoměřice, retábulo do 64
mestre de Třeboň, retábulo do 64
mestre de Vyšší Brod, retábulo do 64
mestre Teodorico 64, 241
metrô 47-8
Milunič, Vlado 138
Miniaturas, Museu de 212
Mládek, Jan e Meda 166
Mocker, Josef 86, 241, 242-3
moda, compras 94, 95, 96, 97, 98, 142, 143, 144, 180, 274
moeda 262
Moinho Sova 139, 166
Monumento a Jan Hus 8, 84, 92
Monumento a Venceslau 9, 127
Monumento às Vítimas do Comunismo 169
Monumento Nacional aos Heróis do Terror de Heydrich 124
Moravská bašta 225
Morzin, Palácio 167
Morzinský palác 167
Moser, cristais 15
Moser, Ludwig 15
most Legií 131, 138
Mosteiro de Strahov 9, 212-3
Mosteiro dos Emaús 125
mosteiros
 Břevnovský klášter 194-5
 Křižovnici 66
 Mosteiro dos Emaús 125
 Mosteiro de Strahov 9, 212-23
 Sedlec, Kutná Hora 245
Mozart, Wolfgang Amadeus 87, 163
Museu Mozart 163
Mucha, Alfons 79, 81, 118, 216
museu 116-8
túmulo 133
Mucha, Jiří 37
Muchovo muzeum 118
Müllerova vila 201

Mundo Novo 201
Muralha da Fome 169, 178-9
Muro John Lennon 170, 176
Musaion 164
Museu da Ponte Carlos 66
Museu da Prata Tcheco, Kutná Hora 245
Museu de Artes Decorativas 9, 88-9
Museu do Brinquedo 227
Museu do Gueto, Terezín 252
Museu do Transporte Público 201
Museu Dvořák 125
Museu Franz Kafka 164
Museu Judaico 68, 69
Museu Nacional 9, 121
Museu Principal da Cidade de Praga 118
Museu Tcheco de Música 164
Museu Técnico Nacional 9, 202, 227
museus e galerias
 Alfândega de Výtoň 137
 Anežský klášter 62-4
 Armádní muzeum (Museu do Exército)135
 Bertramka 163, 180
 Casa do Anel Dourado 67
 Dům U zlatého prstenu 67
 Galeria Nacional (Convento de São Jorge) 197-8
 Galeria Nacional (Convento de Santa Inês) 63-4
 Galeria Nacional (Palácio da Feira do Comércio) 218-20
 Galeria Nacional (Palácio Kinský) 85
 Galeria Nacional (Palácio Schwarzenberg) 208-9
 Galeria Nacional (Palácio Sternberg) 210-1
 Galeria Nacional (Zbraslav) 256-7
 Jiřský klášter 197-8
 horário 272
 Lapidarium 221
 Muchovo muzeum 116-7
 Musaion 164
 Museu da Cerveja, Plzen 248

Museu da Literatura Nacional 212
Museu da Música 164
Museu da Polícia 123
Museu da Ponte Carlos 66
Museu da Prata Tcheco, Kutná Hora 245
Museu de Artes Decorativas 9, 88-9
Museu de Miniaturas 212
Museu do Brinquedo 227
Museu do Comunismo 16, 119-20
Museu do Gueto, Terezín 252
Museu do Transporte Público 201
Museu Dvořák 125
Museu Franz Kafka 164
Museu Judaico 68, 69
Museu Mozart 163
Museu Nacional 9, 122
Museu Principal da Cidade de Praga 118
Museu Tcheco de Música 164
Museu Técnico Nacional 9, 202, 207
Muzeum Antonín Dvořáka 125
Muzeum Bedřicha Smetany 79
Muzeum hlavního města Prahy 119
Muzeum hudby 164
Muzeum Kampa 166
Muzeum Karlova mostu 66
Muzeum komunismu 16, 120
Muzeum městské hromadné dopravy 201
Muzeum miniatur 212
Muzeum policie České republiky 117
Náprstkovo muzeum (Museu de Etnografia Náprstek) 79
Národní muzeum 9, 122
Národní technické muzeum 9, 202, 227
Obrazárna 203
Palácio da Feira do Comércio 9, 218-20
Památník národního písemnictví 212
Pinacoteca do Castelo 203

Pinacoteca Strahov 212-3
Poštovní muzeum (Museu do Correio) 79
Strahovská obrazárna 212-3
Uměleckoprůmyslové muzeum (UPM) 9, 88-9
Veletržní palác 9, 218-20
Židovské muzeum 68, 69
música
  concertos em igreja 86, 100, 101, 171, 182
  festivais 279
  jazz e blues 98, 100, 146, 182, 275
  lojas de discos 142, 144, 146
  Museu Nacional de Música 164
  música clássica 14, 86, 100, 101, 171, 182, 275
  música popular 275
  ópera 19, 101, 147
  rock 17
  veja também boates
Myslbek, Josef Václav 121, 127, 131, 132, 198
  túmulo 133

N
Na príkopě 120
Náměstí Jiřího z Poděbrad 129
Náměstí Míru (praça da Paz) 129, 140
Nanebevzetí panny Marie 213
Náprstek, Museu de Etnografia 79
Náprstek, Vojta 79
Náprstkovo muzeum 79
Národní divadlo 9, 121, 146
Národní divadlo marionet 100
Národní knihovna 78
Národní muzeum 9, 122
Národní památník hrdinů Heydrichiády 124
Národní technické muzeum 9, 202, 227
Národní třída 123
natação 19, 147
Natal, Feira de 279
Nelahozeves 246-7
  castelo 247
  cidade natal de Dvořák 247

Nepomuk, Jan (João Nepomuceno, são) 32, 76, 217
Nepraš, Karel 166, 220
Neruda, Jan 167
Nerudova 167
Neurath, Konstantin von 35
noite
  bares 19, 135, 276-7
  boates e danceterias 276
  cafés 276
  cassinos 277
  gays e lésbicas 99, 276
  veja também diversão e noite
Noite das Bruxas 279
Nostic, Palácio 170
Nostický palác 170
Nové Město 6, 7, 112-57
  atrações 9, 116-35
  compras 142-4
  diversão e noite 144-7
  hotéis 152-155, 156-7
  mapa das ruas 114-5
  passeio no rio 138-9
  passeios 136-7, 140-1
  restaurantes 148-51
Novo Cemitério Judeu 135
Novoměstská radnice 137
Novotného lávka 139
Novotný, atracadouro 139
Nový svět 201
Nový židovský hřbitov 135

O
Obecní dům 8, 80-1, 90, 100
Obětem komunismu 169
objetos para a viagem 260
Obřadní síň 70
Obrazárna 203
Olšanské hřbitovy (cemitérios de Olšany) 135
ônibus
  bondes 50-1
  de longa distância 43
  excursões 258
  ônibus municipais 52
  portadores de deficiência 56
ópera 19, 101, 147
Opletal, Jan 35
Oranzerie (estufa de laranjeiras) 223
Orloj 8, 83-4
Orsi, Giovanni Domenico 213
ossário de Kutná Hora 245
Ostrov Štvanice 131

Otacar II da Boêmia 27
óticas 264

P
Palach, Jan 37, 135
Palácio da Feira do Comércio 9, 218-220
Palácio dos Grão-priores 170, 176
Palácio Real Antigo 204-5
Palácio Real de Verão
  veja Belvedér
Palácio Toscano 224
palácios
  Belvedér 195
  Casa dos Senhores de Kunštát e Poděbrady 66
  Dům pánů z Kunštátu a Poděbrad 66
  Královský letohrádek 196
  Palác Adrie 123
  Palác Alfa 128
  Palác Kinských 85, 92-3
  Palác Lucerna 128
  Palác Smirických 165
  Palác Sylva-Taroucca 120
  Palácio Adria 123
  Palácio Alfa 128
  Palácio Bretfeld 167
  Palácio Buquoy 176
  Palácio de Černín 9, 195
  Palácio Clam-Gallas 91
  Palácio da Feira do Comércio 9, 218-220
  Palácio da Indústria 221
  Palácio do Arcebispo 175
  Palácio dos Grão-priores 170, 176
  Palácio Kinský 85, 92-3
  Palácio Ledebour 177
  Palácio Lichtenstein 165, 181
  Palácio Lobkowicz (Hradčany) 205
  Palácio Lobkowicz (Malá Strana) 164
  Palácio Lucerna 128
  Palácio Martinic 224
  Palácio Morzin 167
  Palácio Nostic 170
  Palácio Real Antigo 204-5
  Palácio Real de Verão
    veja Belvedér
  Palácio Schönborn 170
  Palácio Schwarzenberg 9, 208-9

Palácio Sternberg 9, 210-1
Palácio Thun 171
Palácio Thun-Hohenstein 167
Palácio Toscano 224
Palácio Vernier 119
Palácio Wallenstein 174
Průmyslový palác 221
Starý královský palác 204-5
Toskánský palác 224
Troja 7, 253-5
Valdštejnský palác 174
Veletržní palác 9, 218-20
Velkopřevorský palác 170, 176
Palackého most 131
Palacký, František 32, 33
Palacký, Ponte 131
palavras e frases 287-91
  veja também hotéis
Palliardi, Ignaz 213
Památník Antonína Dvořáka 247
Památník národního písemnictví 212
Panny Marie pod řetězem 170
Panny Marie Sněžné 117
Panny Marie Vítězné 170
Panorama Marold 221
Parler, Jan 245
Parler, Peter 75, 215
Parque Svatopluk Čech 129
Parque Vojan 175
parques veja jardins e parques
parquinhos infantis 182
passaporte 260
  perda/roubo 268
passeios
  Caminho Real 92-3
  guiados 258
  Hradčany e Malá Strana 224-5
  Malá Strana 176-9
  monte Petřín 178-9
  pelo rio 138-9, 258
  nos montes 222-3
  Staré Město 90-3
  Vinohrady 140-1
  Vyšehrad e Nové Město 136-7
  Pátio de Týn 86, 90
Patton, general 249
pavilhão de feiras 227

pavlač 6, 165
Paz, praça da 129
pasáž 6
pedágios 44
Pequena, praça 91
Pera Dourada 201
Peterkův dům 128
Pětikostelní náměsti 177
Petřín
   monte 168-9, 178-9
   parque 179
   Torre de Observação
   168-9, 179
Petřínská rozhledna
   168-9, 179
Petřínské sady 179
Pilsen, Cervejaria 248-9
Pinacoteca de Strahov 212, 213
Pinacoteca do Castelo de Praga 203
Pinkasova synagóga
   (Sinagoga Pinkas) 71-2
Plastic People of the Universe (PPU) 17
Plečnik, Josip 129, 140, 207
Plzeň 248-9
Poço Dourado, o 177
Podskalí 137
polícia 268
   Museu da Polícia 123
política 6-7, 23, 38
Polívka, Osvald 81
Polyxena de Lobkowicz 170
Pomník Jana Husa 8, 84, 92
pontes
   Ponte Carlos 8, 32, 74-7, 93
   Ponte Čech 131, 139
   Ponte das Legiões 131,138
   Ponte Jirásek 131
   Ponte Mánes 131, 139
   Ponte Palacký 131
   Ponte Štefáník 131, 139
porcelana 142, 274
portadores de deficiência 56
Portão de Leopoldo 133, 136
Portão de Matias 204
Portão de Tijolo 133
Portão Tábor 133, 136
Poštovní muzeum
   (Museu Postal) 79
Prague Card 46
Prašná brána 86
Pražský hrad 9, 203-7
Prédio Peterka 128
Prédio Wiehl 127

Prefeitura da Cidade Nova 137
Prefeitura da Cidade Velha 8, 83
Prefeitura Judia 70
premislidas, dinastia 26
Primavera de Praga 36
Princip, Gavrilo 242, 252
průchod 6
Průmyslový palác 221

R
rádio 270
Rašin, Alois 138
Reiner, Václav Vavřinec 86
Rejsek, Matyás 245
Relógio Astronômico 8, 83-4
Rembrandt 211
remédios 263
restaurantes
   cardápio, leitura do
   282-3
   etiqueta 281
   Hradčany 228, 230-1
   Malá Strana 183-5, 188-9
   Nové Město 148-51
   horários 272, 281
   por culinária 285
   por região 284
   preços 281
   Staré Město 102-6, 110-1
   tipos 280-1
Revolução de Veludo 36
Ried, Benedikt 204, 245
Riegrovy sady (Parque Rieger) 129, 141, 146
Rodolfo II, imperador 30, 31, 196, 209, 211, 217
roma, comunidade 7, 134
Rotunda de São Martinho 136
Rotunda svatého Martina 136
Rozhledna 168-9
Rubens, Peter Paul 211
Rudolfinum 86, 100
Ruzyně, aeroporto de 40

S
Sady Svatopluka Čecha 129
Sala Smetana 81
Salão Cerimonial 70
Salão da Biblioteca 78
Salão de Vladislav 203
Salão do Jogo de Bola 195

Salão Filosófico 213
Salão Teológico 213
Šaloun, Ladislav 79
Santa Casa 200
Santa Inês 63
Santini-Aichl, Jan Blažej 257
São Bartolomeu, Igreja de 248
saúde 263-4
   água potável 264
   assistência médica 263, 264
   drogas e remédios 263
   farmácias 264, 272
   hospitais e clínicas 263
   medicina alternativa 264
   óticas 264
   palavras e frases 290
   seguro 263
   tratamento dentário 264
   vacinas 263
   viagem aérea 264
Savery, Roeland 209
Schiele, Egon 238-9
Schnirch, Bohuslav 120
Schönborn, Palácio 170
Schönbornský palác 170
Schwarzenberský palác
   (Palácio Schwarzenberg) 9, 208-9
Sea World 227
Sedlec, Kutná Hora 245
segurança pessoal 267-8
seguro
   seguro de viagem 261, 267
   seguro-saúde 263
Seifert, Jaroslav 134
selos 269
Sinagoga Klausen 71
Sinagoga Maisel 72
Sinagoga Velha-Nova 9, 69
sinagogas
   Alta Sinagoga 70
   Grande Sinagoga, Plzeň 248, 249
   Maisel Sinagoga 72
   Sinagoga Espanhola 72
   Sinagoga Klausen 71
   Sinagoga Pinkas 71-2
   Sinagoga Velha-Nova 9, 69
sites 273
Škréta, Karel 209
Slánský, Rudolf 37
Slavata, Vílem 31, 170
Slavín 133
Slovanský ostrov 131

Smetana, Bedřich 14, 24, 279
   museu 79
   túmulo 133
Smetanova síň 81
Smíchov 7, 24
Smiřický, Jan Albrecht 165
Sol de Praga 200
Soldado Desconhecido 134
Španělská synagóga
   (Sinagoga Espanhola) 72
spas 142, 147
   veja também estâncias
   balneárias
Spranger, Bartholomaeus 209
Staré Město 7, 58-111
   atrações 8-9, 62-89
   compras 94-8
   diversão e noite 98-101
   hotéis 107-9, 110-1
   mapa das ruas 60-1
   passeios 90-3
   restaurantes 102-6, 110-1
Staroměstská mostecká věž 8, 75
Staroměstská radnice 8, 83
Staroměstské náměstí 82-5, 91
Staronová synagóga 9, 69
Starý královský palác 204-5
Starý židovský hřbitov 9, 69-70
Státní opera Praha
   (Ópera Estatal) 117, 147
Stavovské divadlo 87, 101
Štefáník, Ponte 131, 139
Štefáník, Observatório 168, 178
Štefáník, Milan 34
Štefáníkova hvězdárna 168, 178
Štefáníkův most 131, 139
Sternberg, Palácio 9, 210-1
Šternberský palác 9, 210-1
Storchův dům 85
Strahovská obrazárna 212, 213
Strahovský klášter 9, 212-3
Strauss, Richard 123
Střelecký ostrov 131, 138
Štursa, Jan 131
Štvanice, ilha 131
Štyrský, Jindřich 67
Surrealismo 219-20
Suttner, baronesa Bertha von 93

Švabinský, Max 67, 216
Svandovo divadlo 15
Švankmajer, Jan 201
Svatého Cyrila a Metoděje 124
Svatého Františka 66
Svatého Havla 86
Svatého Ignace 137
Svatého Jakuba 86, 90
Svatého Jan na skalce 125
Svatého Jana na pradle 171
Svatého Josefa 171
Svatého Ludmily 129
Svatého Maří Magdaleny 164
Svatého Michal 169
Svatého Mikuláš (Malá Strana) 9, 172-3, 182
Svatého Mikuláše (praça da Cidade Velha) 85
Svatého Petra a Pavla 132
Svatého Salvátora (Klementinum) 78
Svatého Salvátora (Convento de Santa Inês) 63
Svatého Tomáše 171
Svatého Víta 9, 214-7
Sveč, Otakar 219

T

Táborská brána 133, 136
Taça de Ouro, A 167
tai chi 147
Tančicí dům 14, 138
táxis 21, 41, 53
teatro 15, 99, 100, 144-5, 146, 181-2, 275
teatro da luz negra 98, 145
Teatro das Classes 87, 101
Teatro de Vinohrady 129, 140, 145
Teatro na Balaustrada 91, 99
Teatro Nacional 9, 120, 146
Teatro Nacional de Marionetes 100
Teinitzerová, Marie 88
telefones 268-9
televisão 270
Televizní vysílač 135, 141
tempo e temperatura 260, 273
Teologický sál 213
Terezín 250-2
 Malá pevnost 252
 Museu do Gueto 252
 Quartel de Magdeburg 252

Terezka 79
Thun, Palácio 171
Thun-Hohenstein, Palácio 167
Thun-Hohenštejnský palác 167
Thunovská 171
Thunovský palác 171
Tomášská 177
Torre Astronômica 78
Torre da Pólvora, Castelo de Praga 204
Torre da Pólvora, Staré Město 86
Torre da Ponte da Cidade Velha 8, 75
torre de televisão 135, 140, 141
Toskánský palác 224
Trabant, escultura 164
transporte aeroporto-cidade 40-1
portadores de deficiência 56
riscos à saúde 264
transportes públicos 45-53
 bilhetes e passes 46
 bondes 50-1
 funicular 52
 mapa 49
 metrô 47-8
 ônibus 52
 palavras e frases 289
 para crianças 46
 portadores de deficiência 56
 postos de informação 45
 sites 273
 táxis 21, 41, 53
 trens de subúrbio 52
 traveller's cheques 262
 trens 42, 55
 bondes 50-1, 56
 estações 42
 internacionais 42
 metrô 47-8, 56
 noturnos 51
 portadores de deficiência 56
 suburbanos 52
Três violinozinhos, Os 167
troca da guarda 204
Troja 7, 253-5
Trojský zámek 9, 253-5
turismo 20-1
Tyl, Josef Kajetán 87
Tyl, Oldřich 219
Týnský dvůr 86, 90

U

U červeného orla 167
U dvou sluncu 167
U kocoura 167
U petržílka 165
U tří housliček 167
U zlaté číše 167
U zlaté hrušky 201
U zlaté studne 177
U zlatého jednorožce 85
U zlatého jelena 177
U zlatého noha 201
U zlatého stromu 224
Ullman, Viktor 252
Uměleckoprůmyslové muzeum (UMP) 9, 88-9
União Europeia, admissão na 23
 produtos diários e preços 262
Unicórnio Dourado, O 85
universidade 65
UPM 9, 88-9

V

vacinas 263
Václavské náměstí 126-8
Valdštejnská zahrada 177
Valdštejnský palác 174
Van Ravenstein 213
vapor, passeios de 138-9
Veado Dourado, O 177
Veletržní palác 9, 218-20
Velho Cemitério Judeu 9, 69-70
Velkopřevorské náměstí 176
Velkopřevorský palác 170, 176
Venceslau 27, 29
Venceslau IV, rei 32
Venceslau, praça 126-8
 batalha da montanha Branca (1620) 31, 170
Vernier, Palácio 119
Vernierovský palác 119
Veselý, Aleš 220
vestuário, etiqueta 260, 275, 276, 281
viagem
 em Praga 45-54
 indo para Praga 40-4
 palavras e frases 289
 portadores de deficiência 56
 saindo de Praga 55
 seguro de viagem 261, 267
 veja também carro;
 transportes públicos

viagem aérea 40-1
viela Dourada 207
Vila Amerika 125, 147
Vila Kovařovič 133
vindima, festa da 279
vinhedos 13, 129, 168, 179, 224
vinho 13, 98
Vinohrady 7, 129, 140-1
vistos 260
Vladislavský sál 203
Vlašsky dvůr 245
Vltava 6, 24, 130-1
 passeios de vapor 138-9
Vojanový sady 175
Vrtbovská zahrada 9, 175
Vyšehrad 132-3
Vyšehradský hřbitov 132, 133, 136
Vysoká synagóga 70
Výstaviště 221, 227

W

Wallenstein, Albrecht von 171, 174
Wallenstein, Palácio 174
Wiehlův dům 127

Z

Zahrady pod pražským hradem 175
Zbraslav 7, 256-7
Želivský, Jan 29
Ženišek, Frantisek 120
Zeyer, Julius 223
Židovská radnice 70
Židovské muzeum 68, 69
Zítek, Josef 120
Živnostenská banka 120
Zívr, Ladislav 220
Žižka, Jan 29, 134
Žižkov 7, 134-5
Zlatá ulička 207
zoológico 254
Zrcadlová kaple 78
Zrzavý, Jan 67, 219

IMAGENS

A Automobile Association agradece aos seguintes fotógrafos, empresas e bancos de imagens pela ajuda que prestaram na preparação deste livro.
A AA agradece ao Departamento Turístico Tcheco – Turismo Tcheco (http://photo.czechtourism.com) pelo auxílio prestado.
As abreviações dos créditos de imagens são as seguintes:
(a) no alto;
(b) embaixo;
(d) direita;
(e) esquerda;
(AA) AA World Travel Library.
F/C AA/S. McBride;
Spine AA/C. Sawyer;
B/C AA/C. Sawyer;

4 AA/J. Smith;
5 AA/J. Wyand;
6 eye ubiquitous / hutchison;
7 AA/S. McBride;
8 AA/C. Sawyer;
10 S. Pitamitz/Robert Harding;
11 eye ubiquitous / hutchison;
12 AA/S. McBride;
13a Departamento Turístico Tcheco – Czech Tourism;
13b AA/J. Wyand;
14 Departamento Turístico Tcheco – Turismo Tcheco;
15a AA/J. Smith;
15b Statni opera Praha/ Peter Bremkus;
16 Photolibrary Group;
17e AA/J. Wyand;
17d Profimedia International s.r.o. / Alamy;
18 Photolibrary Group;
19e Departamento Turístico Tcheco – Turismo Tcheco;
19d N Greenstreet / Alamy;
20 Departamento Turístico Tcheco – Turismo Tcheco;
21e AA/J. Smith;
21d AA/J. Wyand;
22 Lonely Planet/Getty Images;
23 David Lyon / Alamy;
24 AA/S. McBride;
25 Departamento Turístico Tcheco – Turismo Tcheco;
26 Jan Kaplan;
27e Jan Kaplan;
27d AA/C. Sawyer;
28 Departamento Turístico Tcheco – Turismo Tcheco;
29e akg-images;
29d Jan Kaplan;
30 German School,(17ah century),The Battle of White Mountain (Weissen Berg),8ah November 1620/Bibliotheque Nationale,Paris/ Bridgeman Art;
31e AA/S. McBride;
31d AA/C. Sawyer;
32 AA/J. Smith;
33e Jan Kaplan;
33d Jan Kaplan;
34 Getty Images;
35e AA/C. Sawyer;
35d AA/J. Wyand;
36 P Turnley/Corbis;
37e akg-images;
37d P Turnley/Corbis;
38 Getty Images;
39 S Westmorland/Corbis;
40 C Polidano / Touch The Skies / Alamy;
44 M Bubnik/UAMK;
45 Getty Images;
46 Departamento Turístico Tcheco – Turismo Tcheco;
47 AA/J. Wyand;
50 AA/S. McBride;
52 AA/C. Sawyer;
53 AA/J. Smith;
55 T Olson / Alamy;
56 AA/N Summer;
57 AA/S. McBride;
58 AA/S. McBride;
62 AA/J. Smith;
64 AA/C. Sawyer;
65 AA/J. Wyand;
66 AA/S. McBride;
67 AA/J. Smith;
68 AA/S. McBride;
69e eye ubiquitous / hutchison;
69d AA/J. Smith;
70 Departamento Turístico Tcheco – Turismo Tcheco;
71e AA/J. Wyand;
71d AA/J. Wyand;
73 AA/J. Smith;
74 eye ubiquitous / hutchison;
75 AA/C. Sawyer;
76 Departamento Turístico Tcheco – Turismo Tcheco;
78 AA/J. Smith;
79 AA/J. Smith;
80 Departamento Turístico Tcheco – Turismo Tcheco;
81 AA/C. Sawyer;
82 AA/C. Sawyer;
84 AA/S. McBride;
85e Departamento Turístico Tcheco – Turismo Tcheco;
85d AA/T Souter;
87 Departamento Turístico Tcheco – Turismo Tcheco;
88 AA/J. Smith;
89e AA/J. Smith;
89d AA/J. Smith;
90 AA/J. Smith;
91 AA/J. Smith;
92 Departamento Turístico Tcheco – Turismo Tcheco;
94 AA/S. McBride;
97 AA/J. Smith;
98 Departamento Turístico Tcheco – Turismo Tcheco;
101 Photolibrary Group;
102 eye ubiquitous / hutchison;
105 AA/S. McBride;
107 eye ubiquitous / hutchison;
108 AA/J. Smith;
109 Departamento Turístico Tcheco – Turismo Tcheco;
112 AA/J. Smith;
116 Alphonse Marie Mucha, 1911/ Mucha Trust/Bridgeman Art;
117 Departamento Turístico Tcheco – Turismo Tcheco;
118 Courtesy of Mucha Museum;
119 AA/J. Smith;
120 Franz-Marc Frei/Corbis;
121 AA/S. McBride;
122 AA/J. Wyand;
123 AA/J. Smith;
124 AA/C. Sawyer;
125 AA/J. Wyand;
126 Photolibrary Group;
127 AA/C. Sawyer;
128e AA/J. Smith;
128d AA/J. Smith;
129 AA/J. Smith;
130 AA/J. Wyand;
131 AA/C. Sawyer;
132 AA/J. Smith;
133 AA/S. McBride;
134 AA/J. Smith;
135 AA/C. Sawyer;
136 AA/J. Wyand;
138 AA/J. Smith;
140 Profimedia International s.r.o. / Alamy;
141 Peter Erik Forsberg / Alamy;
142 AA/J. Smith;
148 AA/S. McBride;

152 AA/J. Smith;
158 AA/C. Sawyer;
162 Departamento Turístico Tcheco – Turismo Tcheco;
163 AA/T Souter;
165 Vincent Leduc/Robert Harding;
166 Museum Kampa;
167 AA/C. Sawyer;
168 AA/J. Smith;
169e Roger Hatley;
169d Departamento Turístico Tcheco – Turismo Tcheco;
170 AA/C. Sawyer;
171e AA/J. Wyand;
171d AA/J. Smith;
172 AA/J. Wyand;
173e AA/S. McBride;
173d AA/T Souter;
174 Departamento Turístico Tcheco – Turismo Tcheco;
175 eye ubiquitous / hutchison;
176 AA/C. Sawyer;
177 AA/T Souter;
178 Frank Chmura / Alamy;
179 Photolibrary Group;
180 Departamento Turístico Tcheco – Turismo Tcheco;
181 AA/J. Smith;
183 Frank Chmura / Alamy;
185 AA/J. Smith;
186 C Fredriksson/Alamy;
190 AA/S. McBride;
194 AA/J. Wyand;
195 AA/C. Sawyer;
196 Departamento Turístico Tcheco – Turismo Tcheco;
197 Departamento Turístico Tcheco – Turismo Tcheco;
198 Interfoto / Alamy;
199 AA/J. Wyand;
200e AA/C. Sawyer;
200d AA/S. McBride;
201 AA/J. Smith;
202 Photolibrary Group;
203 AA/C. Sawyer;
204e AA/J. Wyand;
204d AA/S. McBride;
205 Departamento Turístico Tcheco – Turismo Tcheco;
206 AA/C. Sawyer;
207 AA/C. Sawyer;
208 isifa Image Service s.r.o. / Alamy;
209e Photolibrary Group;
209d AA/T Souter;
210 AA/J. Smith;
211e AA/J. Smith;
211d AA/J. Smith;
212 AA/S. McBride;
213 AA/S. McBride;
214 AA/S. McBride;
215 AA/C. Sawyer;
216 AA/S. McBride;
217 J Strachan/Robert Harding;
218 AA/J. Smith;
219 AA/J. Smith;
220 AA/J. Smith;
221 AA/C. Sawyer;
222 eye ubiquitous / hutchison;
223 AA/J. Smith;
224 Departamento Turístico Tcheco – Turismo Tcheco;
225 AA/C. Sawyer;
226 eye ubiquitous / hutchison;
227 Peter Barritt / Alamy;
232 Departamento Turístico Tcheco – Turismo Tcheco;
236 Departamento Turístico Tcheco – Turismo Tcheco;
237 Departamento Turístico Tcheco – Turismo Tcheco;
238 Departamento Turístico Tcheco – Turismo Tcheco;
239 Departamento Turístico Tcheco – Turismo Tcheco;
240 AA/C. Sawyer;
241e AA/C. Sawyer;
241d Departamento Turístico Tcheco – Turismo Tcheco;
242 Departamento Turístico Tcheco – Turismo Tcheco;
243a AA/J. Wyand;
243b Departamento Turístico Tcheco – Turismo Tcheco;
244 Departamento Turístico Tcheco – Turismo Tcheco;
246 Departamento Turístico Tcheco – Turismo Tcheco;
247 Departamento Turístico Tcheco – Turismo Tcheco;
248 Photolibrary Group;
249e Photolibrary Group;
249d Departamento Turístico Tcheco – Turismo Tcheco;
250 Profimedia International s.r.o. / Alamy;
251 AA/J. Wyand;
252e AA/J. Wyand;
252d Jan Kaplan;
253 AA/C. Sawyer;
254e AA/C. Sawyer;
254d AA/J. Wyand;
255 AA/J. Wyand;
256 Departamento Turístico Tcheco – Turismo Tcheco;
257 AA/J. Smith;
259 Departamento Turístico Tcheco – Turismo Tcheco
261 F Chmura / Alamy;
263 AA/Tims;
265 Departamento Turístico Tcheco – Turismo Tcheco;
267 RFoxPhotography / Alamy;
269 Digital Vision;
276 Photolibrary Group;
278 M Cizek/AFP/Getty Images;
280 AA/S. McBride;
281 AA/S. McBride;
282 Carpe Diem – Menu / Alamy;
285 Pegaz / Alamy;
286 AA/J. Smith;
293 Departamento Turístico Tcheco – Turismo Tcheco.

Fizemos o possível para localizar os detentores dos direitos autorais e nos desculpamos de antemão por eventuais erros. Teremos o prazer de realizar as correções na próxima edição deste guia.

© 2010 AA Media Limited
AA Publishing, uma companhia da AA Media Limited.
O "AA KeyGuide – Praga" foi publicado originalmente na Austrália em 2010 pela AA Publishing,
Fanum House, Basing View, Basingstoke, RG21 4EA, Reino Unido. Número de registro 06112600. A04750.

Os mapas deste guia foram produzidos com dados © MAIRDUMONT/Falk Verlag 2011
Mapas regionais com dados © ISTITUTO GEOGRAFICO DE AGOSTINI S.p.A, Novara – 2009
Mapa de transportes © Communicarta Ltd, UK
Tabelas estatísticas de tempo e temperatura de Weatherbase © Copyright 2003 Canty and Associates, LLC

© 2012 Publifolha – Divisão de Publicações da Empresa Folha da Manhã S.A.

ISBN 978-85-7914-327-4

*Todos os direitos reservados. Nenhuma parte desta publicação pode ser reproduzida,
arquivada ou transmitida de nenhuma forma ou por nenhum meio sem permissão expressa
e por escrito da Publifolha – Divisão de Publicações da Empresa Folha da Manhã S.A.*

Proibida a comercialização fora do território brasileiro.

PUBLIFOLHA
Divisão de Publicações do Grupo Folha
Al. Barão de Limeira, 401, 6º andar
CEP 01202-900, São Paulo, SP
Tel.: (11) 3224-2186/2187/2197
www.publifolha.com.br

COORDENAÇÃO DO PROJETO
Publifolha
Editora-assistente Mell Brites
Coordenação de produção gráfica Mariana Metidieri

PRODUÇÃO EDITORIAL
Editora Página Viva
Edição Rosimeire Ribeiro
Tradução Carlos Rosa
Direção de arte Priscylla Cabral
Assistência de arte Bianca Galante

AA TRAVEL GUIDES
Editora Sheila Hawkins
Edição do projeto Bookwork Creative Associates Ltd
Projeto gráfico Drew Jones, Pentacorbig
Pesquisa iconográfica Michelle Aylott
Diagramação e retoque de imagens Sarah Montgomery e James Tims
Mapas Departamento de Serviços de Cartografia da AA Publishing
Colaboradores principais Mark Baker, Maureen Fronczak-Rogers, Ky Krauthamer, Michael Ivory, Heather Maher
Atualizações Mark Baker
Indexação Marie Lorimer
Produção Lorraine Taylor

Impressão e acabamento: Leo Paper Products Ltd, China.

*Foi feito o possível para garantir que as informações deste livro fossem as mais atualizadas disponíveis
até o momento da impressão. No entanto, alguns dados como telefones, preços, horários de funcionamento
e informações de viagem estão sujeitos a mudanças. Os editores não podem se responsabilizar por qualquer
consequência do uso deste guia, nem garantir a validade das informações contidas nos sites indicados.*

*Os leitores interessados em fazer sugestões ou comunicar eventuais correções podem
escrever para a Publifolha, Al. Barão de Limeira, 401, 6º andar, CEP 01202-900, São Paulo, SP,
enviar um fax para: (11) 3224-2163 ou um e-mail para: atendimento@publifolha.com.br*

Dados internacionais de Catalogação na Publicação (CIP)
(Câmara Brasileira do Livro, SP, Brasil)

AA Keyguide : Praga / AA Publishing ; [tradução Carlos Rosa]. –
1. ed. – São Paulo : Publifolha, 2012.

Título original: AA Keyguide : Prague
ISBN 978-85-7914-327-4
1. Praga - Descrição e viagens - Guias I. AA Publishing.

10-10693   CDD-914.69

Índices para catálogo sistemático:
1. Guias de viagem : Praga 914.69
2. Praga : Guias de viagem 914.69

Este livro segue as regras do Acordo Ortográfico da Língua Portuguesa (1990), em vigor desde 1º de janeiro de 2009.

CONHEÇA TAMBÉM:

KEY GUIDES
Alemanha • Canadá • Espanha • França
Inglaterra, Escócia e País de Gales • Itália • Londres
Nova York • Paris • Portugal • Praga • Roma

GUIAS ESPIRAL
Argentina • Califórnia • Canadá • Egito
Florença • Flórida • França • Irlanda
Itália • Lisboa • Marrocos • Portugal
República Dominicana • Tailândia • Tunísia
Vancouver e Rochosas Canadenses • Washington

GUIAS DE PASSEIOS
Roteiros Para Você Explorar a Cidade a Pé
Amsterdã • Barcelona • Chicago
Londres • Nova York • Paris
Roma • São Francisco • Veneza

GUIAS AS MELHORES VIAGENS DE CARRO
Itinerários Completos Para Você
Viajar Sobre Quatro Rodas
Califórnia • Espanha • França • Itália

GUIAS MUNDO NOVO
Um Jeito Diferente de Viajar
Viagens de Aventura • Viagens Ecológicas

Acompanhe os lançamentos no site da Publifolha:
www.publifolha.com.br